FORSCHUNGEN UND BERICHTE ZUR VOR- UND FRÜHGESCHICHTE
IN BADEN-WÜRTTEMBERG

LANDESAMT FÜR DENKMALPFLEGE IM REGIERUNGSPRÄSIDIUM STUTTGART

FORSCHUNGEN UND BERICHTE ZUR VOR- UND FRÜHGESCHICHTE
IN BADEN-WÜRTTEMBERG

BAND 116

2009

KONRAD THEISS VERLAG · STUTTGART

LANDESAMT FÜR DENKMALPFLEGE IM REGIERUNGSPRÄSIDIUM STUTTGART

STEFFEN KNÖPKE

Der urnenfelderzeitliche Männerfriedhof von Neckarsulm

Mit einem Beitrag von
JOACHIM WAHL

2009

KONRAD THEISS VERLAG · STUTTGART

HERAUSGEBER:
LANDESAMT FÜR DENKMALPFLEGE IM REGIERUNGSPRÄSIDIUM STUTTGART
BERLINER STRASSE 12 · D-73728 ESSLINGEN AM NECKAR

Bibliografische Information Der Deutschen Bibliothek

Die Deutsche Bibliothek verzeichnet diese Publikation in der Deutschen Nationalbibliografie;
detaillierte bibliografische Daten sind im Internet über <http://dnb.ddb.de> abrufbar.

Die vorliegende Arbeit wurde von der Philosophischen Fakultät der Universität Zürich im Frühjahrssemester 2009
auf Antrag von Prof. Dr. Philippe Della Casa und PD Dr. habil. Dirk L. Krausse als Dissertation angenommen.

Redaktion und Herstellung
Verlags- und Redaktionsbüro Wais & Partner, Stuttgart

Produktion
Druckerei Gulde, Tübingen

© Landesamt für Denkmalpflege im Regierungspräsidium Stuttgart, Esslingen am Neckar, 2009.
Das Werk einschließlich aller seiner Teile ist urheberrechtlich geschützt.
Jede Verwertung außerhalb der engen Grenzen des Urheberrechtsgesetzes
ohne Zustimmung des Herausgebers ist unzulässig und strafbar.
Dies gilt insbesondere für Vervielfältigungen, Übersetzungen, Mikroverfilmungen
sowie Einspeicherung und Verarbeitung in elektronischen Systemen.
Printed in Germany · ISBN 978-3-8062-2336-1

Vorwort

Seit den Anfängen der archäologischen Forschung in Baden-Württemberg ist der Raum Heilbronn als eine der fundreichsten Regionen bekannt. Dies betrifft auch die Periode der Urnenfelderzeit, die sich dort in zahlreichen Grab-, Siedlungs- und Depotfunden feststellen lässt. Als Ende des Jahres 2000 die Planungen für ein neues Gewerbegebiet südlich von Neckarsulm, den „Trendpark-Süd", kurzfristig aktuell wurden, galt für die Archäologische Denkmalpflege erhöhte Alarmbereitschaft. Unter der Leitung der damaligen Kreisarchäologin Dr. Andrea Neth (jetzt Landesamt für Denkmalpflege Esslingen) und des Landeskonservators a. D. Dr. Jörg Biel wurde das 25 ha große Gelände im Frühjahr 2001 zunächst durch Baggerschnitte prospektiert. An die Aufdeckung der ersten spätbronzezeitlichen Körpergräber schloss sich eine Flächengrabung des Landesdenkmalamtes an, in deren Verlauf einer der interessantesten bronzezeitlichen Befunde im südwestdeutschen Raum zutage kam: eine urnenfelderzeitliche Körperbestattungsnekropole mit – soweit anthropologisch bestimmbar – ausschließlich männlichen Bestatteten, von denen mehrere aufgrund ihrer Beigabenausstattung als „Krieger" ausgewiesen sind.

Aufgrund der herausragenden Qualität dieses singulären Quellenmaterials waren mit der wissenschaftlichen Bearbeitung seitens der Landesarchäologie hohe Erwartungen verbunden. Die vorliegende Dissertation von Steffen Knöpke hat diese Erwartungen erfüllt, indem sie die Funde und Befunde nicht nur detailliert und sorgfältig vorlegt, sondern darüber hinaus zu ergründen versucht, welche Rolle den in mehrerlei Hinsicht außergewöhnlich bestatteten Toten von Neckarsulm innerhalb ihrer Gesellschaft einst zukam. Seine These, dass es sich hier um eine Art männer- oder kriegerbündische Gruppe handelt, kann der Autor durch den Rückgriff auf ethnologische Parallelen und kulturanthropologische Modelle überzeugend darlegen.

Die vorliegende Arbeit wurde im Frühjahr 2009 als Dissertation an der Universität Zürich angenommen. Die Promotion erfolgte bei Prof. Philippe Della Casa, dem ich für die Unterstützung der Bearbeitung danken möchte. Dank gebührt auch dem Schweizer Nationalfond für die Förderung des Vorhabens im Rahmen eines Dissertationsstipendiums. Ganz besonderer Dank gebührt Frau Dr. Neth, die als Ausgräberin bereit war, dieses hervorragende Quellenmaterial einem jungen Kollegen zur Bearbeitung zu überlassen. Dies ist keineswegs selbstverständlich und verdient größten Respekt, denn allzu oft werden wichtige Materialkomplexe von den Ausgräbern blockiert, obwohl ihnen die Zeit für eine Bearbeitung nicht zur Verfügung steht. Unser Dank gilt auch Prof. Dr. Joachim Wahl (Landesamt für Denkmalpflege, Arbeitsstelle Konstanz) für die anthropologische Bearbeitung, deren Ergebnisse er dem Autor schon vor der Publikation zur Verfügung stellte. Dadurch war es im vorliegenden Band möglich, eine Vielzahl anthropologischer Daten und Beobachtungen bei der archäologischen Analyse und Deutung gewinnbringend zu berücksichtigen.

Die Restaurierung der Funde erfolgte direkt im Anschluss an die Ausgrabung in der Arbeitsstelle Lauffen des damaligen Landesdenkmalamtes durch Frau Leena Fischer. Ihr sowie Frau Irena Marszalek (†) und Frau Marlene Pfeifer, die die Fundzeichnungen anfertigten, danken wir für ihre Arbeit.

Die redaktionelle Betreuung des Bandes lag in den erfahrenen Händen von Dr. Martin Kempa (Verlagsbüro Wais & Partner, Stuttgart) und von Herrn Dr. Oeftiger (Landesamt für Denkmalpflege Esslingen).

Esslingen, im November 2009 *Dirk Krausse*

Im Andenken an meine Großmutter
Magda Schöttl

Inhalt

Danksagung 11

I Einleitung 12

II Die Urnenfelderkultur in Württemberg und Baden 14
    1 Die Anfänge der Archäologie im Raum Heilbronn 14
    2 Arbeiten zur Chronologie der Urnenfelderzeit 14
    3 Die untermainisch-schwäbische Gruppe 17
    4 Die Bestattungsriten der Urnenfelderkultur 19

III Neckarsulm „Trendpark-Süd": Befunde und Funde 25
    1 Einführung in die Befunde 25
        1.1 Neckarsulm und Umland 25
        1.2 Geologie des Fundplatzes des urnenfelderzeitlichen Gräberfeldes .. 26
        1.3 Ausgrabung des urnenfelderzeitlichen Gräberfeldes 26
        1.4 Weitere Befunde 30
            1.4.1 Urnenfelderzeitliche Feuergruben 30
            1.4.2 Siedlungsspuren der jüngeren Urnenfelderzeit 32
            1.4.3 Befunde aus dem Neolithikum und der Neuzeit 32
    2 Das Gräberfeld von Neckarsulm 33
        2.1 Belegungsstruktur des Gräberfeldes 34
        2.2 Grabbau 34
        2.3 Bestattungsritus (Körperbestattung) 36
        2.4 Bestattungsform (Einzel-, Doppel- und Mehrfachbestattungen) 38
        2.5 Archäologische Geschlechtsbestimmung 45
        2.6 Körperhaltungen 45
        2.7 Bestattungsabfolge der Doppel- und Mehrfachbestattungen 47
        2.8 Todesursache und Totenfolge 48
        2.9 Grabraub 51
        2.10 Fazit 53
    3 Katalog der Gräber 54
    4 Fundmaterial 84
        4.1 Bronzenadeln 84
            4.1.1 Typ Wollmesheim 84
                4.1.1.1 Variante Weinheim (Grab 2/2) 84
                4.1.1.2 Variante Plaidt (Grab 2/3) 89
            4.1.2 Plattenkopfnadeln (Gräber 8/1; 21/1; 26) 92
            4.1.3 Rollennadeln (Gräber 21/2; 23; 33) 95
            4.1.4 Form Schwabsburg 97
                4.1.4.1 Große Nadel Form Schwabsburg (Grab 18/2) .. 97
                4.1.4.2 Kleine Nadel Form Schwabsburg (Grab 28) ... 103
            4.1.5 Typ Neckarsulm (Gräber 2/1; 4; 7/1; 12/2; 17; 18/1; 24/2) ... 105
            4.1.6 Stabkopfnadel (Grab 19) 109

4.2 Schwerter 110
   4.2.1 Griffangelschwert (Grab 22/1) 110
      4.2.1.1 Griffangelschwerter allgemein 112
      4.2.1.2 Typ Unterhaching 113
      4.2.1.3 Vergleichsfunde 115
   4.2.2 Griffzungenschwert 1 (Grab 18/1) 121
      4.2.2.1 Vergleich mit dem Griffangelschwert aus Grab 22/1 . . . 122
      4.2.2.2 Typ Hemigkofen 124
      4.2.2.3 Variante Uffhofen und Variante Elsenfeld 127
      4.2.2.4 Vergleichsfunde Variante Uffhofen 128
      4.2.2.5 Vergleichsfunde Variante Elsenfeld 131
   4.2.3 Griffzungenschwert 2 (Grab 21/1) 134
4.3 Messer 134
   4.3.1 Messer mit durchlochtem Griffdorn 134
   4.3.2 Messer mit umgeschlagenem Griffdorn 135
4.4 Bronzene Kleinfunde und Einzelstücke 137
   4.4.1 Rasiermesser 137
   4.4.2 Armreif 139
   4.4.3 Bronzeringe, Bronzehülsen, Bronzeknebel und Doppelknopf 140
      4.4.3.1 Rekonstruktion des Schwertgehänges (Grab 18/1) 142
      4.4.3.2 Rekonstruktion einer Gürteltasche (Grab 18/1) 145
   4.4.4 Tordierter Ring 146
   4.4.5 Streufunde 147
      4.4.5.1 Lanzenspitze 147
      4.4.5.2 Sonstige 148
4.5 Funde aus anderen Materialien 149
   4.5.1 Goldener Fingerring (Grab 22/1) 149
   4.5.2 Wetzstein (Grab 18/1) 150
   4.5.3 Bernsteinperle (Grab 20) 151
   4.5.4 Pfriem (Grab 20) 151
4.6 Keramik 157
   4.6.1 Allgemeines zur urnenfelderzeitlichen Keramik 157
   4.6.2 Keramik des Neckarsulmer Gräberfelds 159
      4.6.2.1 Becher 160
      4.6.2.2 Kleine Schüssel 162
      4.6.2.3 Mittelgroße Schrägrandschüsseln
      mit randständigem Henkel 162
      4.6.2.4 Große Schrägrandschüsseln mit randständigem Henkel . . 165
      4.6.2.5 Kleine gehenkelte Schale 167
      4.6.2.6 Große Knickwandschale 168
      4.6.2.7 Kleine Amphora 169
      4.6.2.8 Unvollständige Gefäße 170
      4.6.2.9 Einzelne Scherben 172

IV Chronologie des Gräberfeldes 173
  1 Hallstatt A1-zeitliche Gräber 173
  2 Hallstatt A-zeitliche Gräber 186
  3 Nicht datierbare Gräber 188
  4 Fazit 189

V Diskussion zur Sozialstruktur der Urnenfelderzeit 191
1 Vorüberlegungen zur Aussagekraft von Grabbeigaben für die Rekonstruktion der urnenfelderzeitlichen Sozialstruktur 191
1.1 Grabbau 192
1.2 Beigaben 195
1.2.1 Keramik 195
1.2.2 Bronzeobjekte (ohne Waffen) 196
1.2.3 Gold 197
1.2.4 Wagen 198
1.2.5 Waffen 199
1.2.6 Fazit 202
2 Modelle zur sozialen Organisation: Begriffe, Konzepte, Theorien 203
2.1 Einführung 203
2.1.1 Prestige und sozialer Status 204
2.2 Neo-evolutionistische Modelle, Stufenmodelle 206
2.2.1 Einführung und Gegenüberstellung 206
2.2.2 *Tribe* und *Chiefdom* 208
2.2.3 *Ranked Society* und *Stratified Society* 210
2.2.4 Weitere Modelle 211
2.2.5 Kritik 213
3 Archäologische Modelle der urnenfelderzeitlichen Gesellschaft 215
3.1 Archäologische Begriffe und Konzepte sozialer Differenzierung ... 215
3.2 Diskussion zum neueren deutschsprachigen Modell 218
3.3 Schwertträgeradel und Wagengrab-Herren 223
3.4 *Chiefdom* statt *Tribe*? 226
3.5 Blick in die eisenzeitliche Hallstattperiode 228
3.6 Fazit 232
4 Die Bestattungsgemeinschaft von Neckarsulm 233
4.1 Gefolgschaften 234
4.2 Griechische Kriegerverbände und Hetairos-Gruppen 241
4.3 Krieger und Kriegerverbände 244
4.4 Männerbünde 247
4.5 Fazit 250

VI Schluss 255

VII Bibliografie 258

VIII Kurzkatalog 271

IX Tafeln 277

Die menschlichen Skelettreste aus dem urnenfelderzeitlichen Männerfriedhof von Neckarsulm „Trendpark Süd" (*Joachim Wahl*) 339

Danksagung

Mein Dank geht an Prof. Dr. Philippe Della Casa für die Betreuung und Unterstützung meiner Promotion sowie an den Koreferenten und Hauptkonservator des Landesamts für Denkmalpflege Baden-Württemberg PD Dr. habil. Dirk L. Krausse. Mein Dank gilt ebenso Dr. Jörg Biel, der mir als damaliger Hauptkonservator des LDA Baden-Württemberg diesen Fund zur Bearbeitung anvertraute. Frau Dr. Andrea Neth (LAD Baden-Württemberg in Lauffen a. N.) danke ich für ihre Unterstützung bei der Materialbearbeitung und für die Zeit, die sie sich für mich genommen hat. Für die schönen Fundzeichnungen möchte ich mich bei Frau Marlene Pfeifer und Frau Iréna Marszalek (†) bedanken, sowie bei der Restauratorin Frau Lena Fischer für die Restaurierung und Konservierung der Funde.

Zu besonderem Dank bin ich Prof. Dr. Joachim Wahl (LAD Baden-Württemberg in Konstanz) verpflichtet, der mit den anthropologischen Untersuchungen der Knochenfunde maßgebliche Grundlagen für die Interpretation dieses Fundkomplexes erarbeitete.

Der Schweizerische Nationalfonds (SNF) hat es mir durch die Gewährung eines zweijährigen Stipendiums ermöglicht, mich voll dieser Arbeit widmen zu können. Auch dafür möchte ich mich an dieser Stelle bedanken.

Für die weitere finanzielle wie auch emotionale Unterstützung möchte ich mich bei meinen Eltern, Dr. Hartmut Knöpke und Dr. Heidemarie Knöpke-Schöttl, und meiner Tante Almut Knöpke bedanken. Meinem Bruder Guido Knöpke danke ich für die Anfertigung von Illustrationen. Bei meiner Lebensgefährtin Dr. Kerstin Bauer möchte ich mich für ihre große Unterstützung und ihren Rückhalt bedanken und dafür, dass sie mir eine wichtige Gesprächspartnerin gewesen ist.

Ein großer Dank geht an meine Kollegen der Abteilung für Ur- und Frühgeschichte in Zürich, lic. phil. Ariane Ballmer und Dr. Thomas Reitmaier, sowie an meine Tante Lydia Knöpke für das Korrekturlesen dieser Arbeit. Meinem liebem Freund Kai Jochem danke ich für die digitale Bearbeitung der Fundzeichnungen.

Für Diskussionen, Anregungen und Hinweise danke ich abschließend: Dr. Barbara Armbruster (Universität Toulouse); Dr. Dietmar-Wilfried R. Buck (LDA Brandenburg, Zossen); Dr. Rolf Dehn (Freiburg); Dr. Klaus Eckerle (Landesmuseum Karlsruhe); Dipl. Agr. Biol. Michael Friedrich (Heidelberger Akademie der Wissenschaften, Stuttgart); Dr. Alix Hänsel (Museum für Vor- und Frühgeschichte Schloss Charlottenburg, Berlin); Dr. Michael Hoppe (LDA Bayern, Würzburg); Hartmut Kaiser M.A. (Zentrales Fundarchiv Rastatt); E. Kirsch (Stadtmuseum Berlin); Ulrike Klotter M.A. (Landesmuseum Württemberg, Stuttgart); Dr. Rainer Kreutle (LAD Baden-Württemberg, Tübingen); Barbara Löslein M.A. (Stadtarchiv Neckarsulm); Dr. Christian Maise (Laufenburg); Dr. Claus Oeftiger (LAD Baden-Württemberg); Dr. Nils Müller-Scheeßel (Römisch-Germanische Kommission, Frankfurt a. M.); Prof. Dr. Jörg Schibler (IPNA Basel); Dr. Elisabeth Stephan (LAD Baden-Württemberg, Konstanz); Dr. Richard Petrovsky (Historisches Museum Speyer); Martin Spies (Historisches Museum Speyer); Markus Steffen M.A. (LAD Baden-Württemberg, Esslingen a. N.); Dr. Hans-Peter Stika (Universität Hohenheim); Dr. Lothar Sperber (Historisches Museum Speyer); Manuela Vehma-Ciftci (Kreismuseum Oranienburg); Dr. Roland Wiermann (Museum Schloss Bernburg); Prof. Dr. em. Harry Wüstemann (Rostock); Dr. Helge Zöller (Mainfränkisches Museum Würzburg).

I Einleitung

Eine Voruntersuchung des sich damals in Planung befindlichen Gewerbegebietes Neckarsulm „Trendpark-Süd" führte im Jahr 2001 zu einer der außergewöhnlichsten Entdeckungen von Grabfunden der späten Bronzezeit.[1] Unter der Leitung von Dr. Andrea Neth[2], Kreisarchäologin des Landesamts für Denkmalpflege Baden-Württemberg in Lauffen a. N., legte hier ein in wechselhafter Besetzung bestehendes Team von zwölf Grabungshelferinnen und Grabungshelfern ein Gräberfeld der Urnenfelderzeit (Ha A) frei, wie man es in der Gestalt bis dato nicht gekannt hatte.

Das Gräberfeld von Neckarsulm[3] unterscheidet sich in verschiedenen Merkmalen deutlich von anderen Gräberfeldern der Urnenfelderzeit. Mit insgesamt 32 Gräbern und 50 Bestattungen handelt es sich zunächst einmal um die größte Nekropole dieser Periode in Nordwürttemberg und zugleich um einen der wenigen, vollständig untersuchten urnenfelderzeitlichen Bestattungsplätze im Bereich der so genannten untermainisch-schwäbischen Gruppe. Was den Friedhof von Neckarsulm zu etwas Besonderem macht und ihn von allen zeitgleichen Friedhöfen abhebt, ist die Tatsache, dass die Toten ausnahmslos in Form von Körperbestattungen beerdigt wurden. Urnenfelderzeitliche Körperbestattungen sind zwar bereits bekannt, stellen aber neben der damals vorherrschenden Brand- bzw. Urnenbestattung eine Seltenheit dar. Unbekannt waren bislang jedoch Nekropolen, auf denen, wie im vorliegenden Fall, die Toten ausschließlich körperbestattet wurden. Überraschend am Neckarsulmer Gräberfeld ist, neben 18 Einzelbestattungen und zwei zerstörten Gräbern, die hohe Zahl von acht Doppelbestattungen, drei Dreifachbestattungen und gar einer Fünffachbestattung. Diese Beobachtung ließ bereits zu Beginn die Vermutung aufkommen, dass man es hier offenbar mit den Mitgliedern einer Gruppe zu tun hat, deren großer Zusammenhalt und enge Beziehung untereinander noch im Tode ihren Ausdruck fanden. Einen Hinweis, wie dieser außergewöhnliche Fund zu interpretieren ist, lieferte bereits zu einem frühen Zeitpunkt der Anthropologe Prof. Dr. Joachim Wahl (LAD Baden-Württemberg in Konstanz) mit seinen ersten Geschlechtsbestimmungen. So konnte J. Wahl nachweisen, dass diejenigen Individuen, deren Knochenerhaltung nähere Untersuchungen erlaubten, durchweg männlichen bzw. vermutlich oder tendenziell männlichen Geschlechts waren. In keinem einzigen Fall liegt der Hinweis vor, dass sich unter den Toten auch Frauen befinden. Es handelt sich hier also um einen Bestattungsplatz, dessen Bezeichnung als Männerfriedhof mehr als gerechtfertigt ist.

Aber auch die Grabausstattung der Toten ist ungewöhnlich. So fehlen die für die Urnenfelderzeit typischen Gefäßsets, stattdessen fand sich bei den einzelnen Bestattungen überwiegend nur ein einziges, häufig gehenkeltes Gefäß. Unter den Bronzen dominieren Nadelfunde, darunter sieben einander sehr ähnliche Exemplare, die ich als „Typ Neckarsulm" definieren werde. Für Aufsehen sorgten gleich drei Schwertfunde, die zusammen mit einer Lanzenspitze den größten in die Urnenfelderzeit zu datierenden Waffenfund darstellen, der in den letzten Jahrzehnten in Baden-Württemberg gemacht wurde.

Das Gräberfeld von Neckarsulm ist trotz der genannten Funde allerdings nicht als eine reiche Nekropole zu bezeichnen. Die Zahl der Grabfunde nimmt sich, verteilt auf 50 Bestattungen, eher gering aus und auch der Grabbau ist als überaus einfach zu bezeichnen. Während einige Gräber offensichtlich im Zuge der jahrhundertelangen landwirtschaftlichen Nutzung des Areals zerstört wurden, gibt es auch deutliche Hinweise auf Grabraub. Dies lässt vermuten, dass die Zahl der Bronzefunde ursprünglich höher gewesen ist.

Die vorliegende Arbeit gliedert sich grob in vier Teile. In einer Einführung in die Forschungsgeschichte und den Forschungsstand zur so genannten untermainisch-schwäbischen Gruppe der Urnenfelderzeit lege ich zum besseren Verständnis zunächst den chronologischen Kontext des Neckarsulmer Befunds dar (Kap. II). Im umfangreichen zweiten Teil (Kap. III) stelle ich das Gräberfeld von Neckarsulm ausführlich vor. Begonnen wird mit der Ortsge-

---

[1] Einige ausgewählte Funde sind seit Dezember 2006 im neu eingerichteten Stadtmuseum von Neckarsulm ausgestellt.

[2] A. Neth, Ein außergewöhnlicher Friedhof der Urnenfelderzeit in Neckarsulm, Kreis Heilbronn. Archäologische Ausgrabungen in Baden-Württemberg 2001, 51–55.

[3] Im weiteren Verlauf dieser Arbeit wurde davon Abstand genommen, den offiziellen Namen der Ausgrabung „Neckarsulm Trendpark-Süd" fortzuführen. Stattdessen wird der gesamte Befund der Einfachheit halber das „Gräberfeld von Neckarsulm" genannt.

schichte der Stadt Neckarsulm, der Geologie des Fundplatzes sowie der Geschichte dieser Ausgrabung. Bevor auf die Gräber der Nekropole eingegangen wird, sollen kurz die übrigen Befunde des Grabungsareals „Trendpark-Süd" vorgestellt werden (Kap. III.1.4). Die Beschreibung des Gräberfeldes und der Bestattungen (Kap. III.2) beinhaltet Ausführungen zum Grabbau, zum Bestattungsritus und zur Bestattungsform. Die Abschnitte zur Geschlechtsbestimmung und zur möglichen Todesursache erfolgen zunächst aus archäologischer Perspektive, die umfangreichen anthropologischen Untersuchungen von Prof. J. Wahl finden sich in einem gesonderten Beitrag in diesem Buch. Die Abschnitte zur Bestattungsabfolge, den Körperhaltungen der Toten und zum beobachteten Grabraub schließen in einem vorläufigen Fazit das zweite Unterkapitel ab. Im dritten Unterkapitel (Kap. III.3) findet sich ein ausführlicher Katalog zu den einzelnen Gräbern und den darin enthaltenen Bestattungen. Im Anschluss werde ich getrennt nach Fundtypen die Bronzefunde (Kap. III.4.1 bis III.4.4), die Funde aus Materialien wie Gold, Stein, Bernstein und Knochen (Kap. III.4.5) und zuletzt die keramischen Beigaben (Kap. III.4.6) ansprechen. Diese Kapitel beinhalten zudem jeweils eine Typologisierung und Datierung der einzelnen Funde. Unter Hinzuziehung von Vergleichsfunden lege ich dar, wie sich die Neckarsulmer Funde in den bisher bekannten Fundstoff einfügen, ob es sich um regional typische Produkte handelt und auch, ob sich Verbindungen zu anderen Regionen der Urnenfelderkultur aufzeigen. Im darauf folgenden Kapitel (Kap. IV) fasse ich in einer Synthese die Datierungen der einzelnen Bestattungen bzw. der Gräber zusammen.

Ziel des letzten Teils der Arbeit (Kap. V) ist die Interpretation des Männerfriedhofs von Neckarsulm. Dazu werde ich zunächst methodologische Überlegungen anstellen und die Aussagekraft von Grabbau und Grabfunden für die Rekonstruktion der urnenfelderzeitlichen Sozialstrukturen diskutieren. Anschließend sollen verschiedene Grundkonzepte, Theorien und Gesellschaftsmodelle aus der Ethnologie, Soziologie und Archäologie vorgestellt werden. In kritischer Weise überdenke ich dabei die bisherigen Interpretationsansätze, Konzepte und Modelle und wende mich den Fragen zu, welche Personengruppe in Neckarsulm bestattet wurde und wie diese Gruppe von Männern „im besten Alter" in die urnenfelderzeitliche Gesellschaft der Region eingebettet gewesen sein könnte. Der Fokus liegt hier vor allem auf deren Organisationsform und der potenziellen Rolle der Männer als Krieger. Ich werde alternative Ansätze der Interpretation aufzeigen und in einem abschließenden Kapitel (Kap. V.4.5) die Neckarsulmer Bestattungsgemeinschaft als soziale Gruppe in ein eigenes Gesellschaftsmodell einbinden. Der Schlussteil (Kap. VI) fasst die wichtigsten Ergebnisse der Arbeit zusammen. Im Anhang der Arbeit finden sich ein Kurzkatalog, Befundpläne sowie Tafeln der Funde und ausgewählter Vergleichsfunde.

II Die Urnenfelderkultur in Württemberg und Baden

1 Die Anfänge der Archäologie im Raum Heilbronn

Für die Region Neckarsulm wurden archäologische Funde erstmals durch den in Neckarsulm wohnhaften Oberamtsrichter Wilhelm Ganzhorn[4] zwischen den Jahren 1862 und 1877 publiziert. Die Fundmeldungen von W. Ganzhorn[5] genügen jedoch in der Beschreibung der Befunde und bei der Datierung der gesammelten Funde den heutigen Maßstäben nicht. So ist in diesen Berichten beispielsweise nur von „germanischen" Grabstätten und gefüllten „Aschekrügen" die Rede. Zumindest die Gräber der fränkischen Periode wurden als frühmittelalterlich erkannt, wenngleich es sich hierbei meist um bereits geplünderte Grabhügel handelte. Interessant ist der Umstand, dass es um die Mitte des 19. Jahrhunderts noch einige sichtbare Grabhügel in der Region Neckarsulm gegeben haben muss, was zeigt, wie sehr sich hier die Kulturlandschaft seit dem Einsetzen der Industrialisierung verändert hat. Der zu Beginn des 20. Jahrhunderts aktivste Archäologe in Nordwürttemberg war der zeitlebens in Heilbronn sesshafte Arzt und Anthropologe Dr. Alfred Schliz[6], welcher von 1899–1915 Leiter des Historischen Vereins Heilbronn gewesen ist. Bis zu seinem Tode im Jahre 1915 führte Schliz zahlreiche Grabungen in und um Heilbronn durch, bekannt wurde er zudem durch anthropologische Untersuchungen an prähistorischen Skeletten. Unter seiner Initiative wurden unter anderem die bronzezeitlichen Grabhügel in Schweinsberg und bronzezeitliche Urnengräber bei Horkheim ausgegraben. Der größte Teil der aus seinen Grabungen gemachten Funde wanderte in das 1879 in Heilbronn eröffnete Naturhistorische Museum, welches bereits die Sammlung von W. Ganzhorn als Nachlass übernommen hatte. Die Leistungen und Verdienste von Schliz würdigte die Stadt Heilbronn, indem sie das 1935 neu errichtete Archäologische Museum unter dem Namen „Alfred-Schliz-Museum" eröffnete. Leider wurde das Museum während der Bombardierung Heilbronns am 4. Dezember 1944 vollständig zerstört, was einen großen Verlust für die Archäologie im Raum Heilbronn bedeutete. Nur wenige Funde konnten durch den ehrenamtlichen Denkmalschützer Wilhelm Mattes aus den Trümmern geborgen werden und sind heute zusammen mit neuen Funden in dem 1955 gegründeten Archäologie-Museum Heilbronn ausgestellt.

Auch in der Stadt Neckarsulm und den umliegenden Gebieten war man in den frühen Jahrzehnten des 20. Jahrhunderts nicht untätig. Besonders hervorzuheben ist hier der freiwillige Denkmalschützer Gustav Scholl, der seit den 1920er-Jahren eine umfangreiche Bestandsaufnahme der archäologischen Hinterlassenschaften erstellte. Scholl war freiwilliger Mitarbeiter des Historischen Museums in Heilbronn und veröffentlichte vor allem in den 1920er- und 1930er-Jahren einzelne Fundberichte. Die Ergebnisse seiner zahlreichen Feldbegehungen bilden noch heute die Basis für die Kartierung archäologischer Fundstellen in der Region. Wesentliche Grundlage archäologischer Forschungen in der Region bildeten für lange Zeit die im Jahr 1921 von Oscar Paret[7] veröffentlichte Arbeit über die Urgeschichte im mittleren Neckarland sowie diejenige aus dem Jahr 1938 von Günter Beiler[8] über die archäologischen Fundstellen in der Region Heilbronn.

2 Arbeiten zur Chronologie der Urnenfelderzeit

Für den Raum Baden, unter Berücksichtigung des angrenzenden süd- und südwestdeutschen Raumes, erschien im Jahr 1940 eine der ersten systematischen Bearbeitungen urnenfelderzeitlichen Materials durch

---

[4] W. Ganzhorn war nicht nur Richter und Archäologe sondern auch ein Dichter. Aus seiner Feder stammt das bekannte Volkslied „Im schönsten Wiesengrunde".

[5] Einzusehen sind Kopien von Zeitschriften dieser Zeit beim Stadtarchiv Neckarsulm. Danken möchte ich hier Frau B. Löslein für ihre freundliche Unterstützung.

[6] C. Jacob (Hrsg.), Schliz, ein Schliemann im Unterland? 100 Jahre Archäologie im Heilbronner Raum (Heilbronn 1999).

[7] O. Paret, Urgeschichte Württembergs mit besonderer Berücksichtigung des mittleren Neckarlandes (Stuttgart 1921).

[8] G. Beiler, Die vor- und frühgeschichtliche Besiedlung des Oberamts Heilbronn a. N. (Heilbronn 1938). Beiler nennt sein Untersuchungsgebiet Oberamt Heilbronn, wenngleich dieses Oberamt im Jahr der Erscheinung seines Buches bereits mit dem Oberamt Neckarsulm in den Landkreis Heilbronn zusammengeführt worden war. Die Stadt Heilbronn erlangte zu diesem Zeitpunkt den Status einer kreisfreien Stadt.

W. Kimmig.[9] Kimmig orientierte sich in seiner Arbeit an der einige Jahrzehnte zuvor entwickelten Stufeneinteilung zur Bronzezeit von Hans Reinecke[10]. Sein Beitrag zur Chronologie liegt in einer Akzentuierung der Übergangszeit zwischen den Stufen Bz D und Ha A[11], wobei deren Phasentrennung noch relativ unscharf blieb und er selber diese Phasenteilung im Laufe der Jahre weiter modifizieren sollte.[12] Eine chronologische Gliederung der Stufe Ha A nahm er nicht vor. Die Bedeutung seiner Arbeit liegt auch in der Herausarbeitung der so genannten „untermainisch-schwäbischen Gruppe" und der „rheinisch-schweizerischen Gruppe", ein Konzept, welches auf E. Vogt zurückgeht und von ihm aufgenommen und erweitert wurde. Auf diese Gruppenunterscheidung wird an späterer Stelle näher eingegangen (Kap. II.3).

Durch das im Jahr 1959 von H. Müller-Karpe[13] vorgelegte Chronologiemodell zur Bronzezeit wurde dasjenige von Reinecke mit der Zeit abgelöst. Bei der Definierung der einzelnen Stufen orientierte sich Müller-Karpe aber weiterhin an der Stufeneinteilung Reineckes, da er deren Grundstruktur bis hin zur Stufenbezeichnung weiterführte. Nach Müller-Karpes noch immer aktueller Chronologie wird die Urnenfelderzeit[14] nun detaillierter in die Stufen Bz D,

---

9 W. Kimmig, Die Urnenfelderkultur in Baden, untersucht aufgrund der Gräberfunde (Freiburg i.Br. 1940).
10 P. Reinecke, Zur chronologischen Gliederung der süddeutschen Bronzezeit. Germania 8, 1924, 43 f.
11 Kimmig, Baden 7 ff.
12 Vgl. M. K. H. Eggert, Die Urnenfelderkultur in Rheinhessen (Wiesbaden 1976) 66 f.
13 H. Müller-Karpe, Beiträge zur Chronologie der Urnenfelderzeit nördlich und südlich der Alpen (Berlin 1959).
14 Nach dem Zweiten Weltkrieg hat sich die Bezeichnung der Stufe Bz D als „Spätbronzezeit" und der Stufen Ha A–B als „Urnenfelderzeit" nahezu vollständig etabliert (vgl. Fundber. Schwaben N. F. 14, 197 ff.). Eine Ausnahme bildet hier die Schweiz, wo man die Stufen Bz D1 bis Ha B3 als „Spätbronzezeit" bezeichnet (siehe W. Kimmig, Bemerkungen zur Terminologie der Urnenfelderkultur im Raum nordwestlich der Alpen. Archäologisches Korrespondenzblatt 1, 1982, 34 ff.; S. Hochuli u. a. [Hrsg.], Bronzezeit. SPM III [Basel 1998] 17 Abb. 1).

Tabelle 1: Vergleichende Übersicht von Chronologiesystemen der Bronzezeit (nach Kubach/Jockenhövel, Deutschland 12 Abb. 5; Reinecke, Frühe Hallstattzeit; Kimmig, Baden 128; Müller-Karpe, Chronologie 228, Abb. 64; Herrmann, Hessen 35; Dehn, Nordwürttemberg 49 ff.; Eggert, Rheinhessen 106 ff.; Sperber, Chronologie 254; SPM III, 17 Abb. 1; Kreutle, Schwarzwald und Iller 345).

Datierung	Süddeutschland Kubach 1994	Süddeutschland Reinecke 1911	Baden Kimmig 1940	Alpenraum Müller-Karpe 1959	Mittelhessen Südhessen Herrmann 1966	Nord-Württemberg Dehn 1972	Rheinhessen Eggert 1976	Rh.-schw. Gruppe Sperber 1999	Schweiz SPM III 1998	Schwarzwald und Iller Kreutle 2007
700	Hallstattzeit	Ha C	Ha C	Ha B 3	Ha B 3	Ha B 2	Spätes Ha B	SB III b	Ha C	SW V
725										
750										
775										
800	Späte UK			Ha B 2					Ha B 3	
825										
850		Ha B								
875					Ha B 1	Ha B 1	Frühes Ha B			
900			Ha B	Ha B 1				SB III a	Ha B 2	SW IV
925	Jüngere UK									
950										
975										
1000									Ha B 1	III-spät
1025	Mittlere UK	Ha A	Ha A	Ha A 2	Ha A 2	Ha A 2	Ha A	SB II c		
1050										SW III
1075										
1100									Ha A 2	
1125	Ältere UK							SB II b		III-früh
1150				Ha A 1	Ha A 1	Ha A 1 b			Ha A 1	
1175	Frühe UK									
1200								SB II a		SW II
1225	Ältere Bz			Bz D		Ha A 1 a			Bz D 2	
1250								SB I b		
1275		Bz D	Bz D		Bz D		Bz D			
						Bz D				
1300				Bz C				SB I a	Bz D 1	SW I
1325										
1350										

Ha A1, Ha A2, Ha B1, Ha B2 und Ha B3 untergliedert. In dieser Arbeit verwende ich eine Terminologie für die einzelnen Stufen nach F.-R. Herrmann und A. Jockenhövel[15], nach welcher Ha A1 als ältere Urnenfelderkultur, Ha A2 als mittlere UK und Ha B1 als jüngere UK bezeichnet wird.[16] (Tab. 1) Jede der genannten Stufen umfasst nach Müller-Karpe etwa ein ganzes Jahrhundert.[17] Während die Teilung der Stufe Ha A in Ha A1 und Ha A2 heute allgemein akzeptiert wird, sie fand bspw. in der im Jahre 1966 vorgelegten Arbeit von F.-R. Herrmann[18] über die urnenfelderzeitlichen Funde aus Mittel- und Südhessen[19] ihre Bestätigung, stieß die Gliederung der Stufe B und insbesondere die Existenz einer Stufe Ha B2 bei vielen Archäologen auf Ablehnung.[20] Die für diese Arbeit relevante Stufe Ha A mit ihren zwei Unterstufen Ha A1 und Ha A2 datiert Müller-Karpe dabei zwischen das 12. und den Beginn des 10. Jh. v. Chr.[21], wobei er gewisse Einschränkungen eingestand: „Bei den derzeit bestehenden methodischen Möglichkeiten, die uns für die Gewinnung einer absoluten Chronologie der Urnenfelderstufen zur Verfügung stehen, ist es klar, dass die genannten Jahrhundert-Angaben nicht festumrissene Zeitspannen, sondern stets nur allgemeine zeitliche Anhaltswerte sind."[22]

Diese Einschätzung Müller-Karpes besitzt noch heute ihre Gültigkeit,[23] da es nach wie vor an absolutchronologischen Daten für die Urnenfelderzeit mangelt. Absolute Daten in größerem Umfang liegen erst wieder aus den süddeutschen und schweizerischen Seeufersiedlungen[24] mit ihren dendrochronologisch datierbaren Holzfunden vor. Die Besiedlung der Schweizer Seeufer setzt allerdings nachweislich erst wieder Ende Stufe Ha A2 / Beginn Stufe Ha B1 (ca. 2. Hälfte des 11. Jh. v. Chr.) ein, es herrscht somit ein Mangel an absolut-datierbaren Funden aus der gesamten Stufe Ha A.[25]

Bei der eingehenden Prüfung von Müller-Karpes Chronologie aus dem Jahre 1959 wird deutlich, dass diese überwiegend auf den Bronzefunden des Alpenraumes basiert.[26] Zwar sind daher in seiner Chronologie die Funde aus Süddeutschland insgesamt unterrepräsentiert, es gelang ihm aber, für diesen Raum einige Leitformen von Bronzen herauszuarbeiten, die er zwei separaten Phasen Ha A1 und Ha A2 zuweisen konnte. Dass die Datierung von Funden nicht einfach ist, zeigen einzelne Übergangsformen und sehr langlebige Typen. Als charakteristische Bronzen für die Stufe Ha A1 nennt Müller-Karpe[27] vor allem folgende Objekte: Griffzungenschwerter mit parallelseitiger Klinge, wenig geschweifte Griffdornmesser mit keilförmigem Klingenquerschnitt, „junge" Griffplattenmesser, doppelschneidig halbmondförmige Rasiermesser mit wenig ausgeschnittenem Blatt, Nadeln vom Typ Binningen und Nenzingen, Plattenkopfnadeln, Bronzetassen vom Typ Friedrichsruhe, verzierte Lanzenspitzen mit abgesetztem Blatt und einschneidige Rechteckrasiermesser mit Hakengriff. Der Bronze zuzuordnen ist eine Keramik mit strenger Verzierung aus Horizontalriefen. Für die Stufe Ha A2 betrachtet Müller-Karpe[28] folgende Bronzetypen als charakteristisch: Messer mit umgeschlagenem Griffdorn, Rasiermesser mit weit ausgeschnittenem Blatt, Fibeln mit Spiralbügel und Zwiebelkopfnadeln. Bei der Keramik kommt als ein neuer Verzierungsstil jener mit Buckeln und girlandenförmig gerafften Riefen hinzu.

Speziell für den nordwürttembergischen Raum ist die Arbeit von R. Dehn[29] aus dem Jahr 1972 von Bedeutung. Im Gegensatz zu Müller-Karpes Vorgehensweise berücksichtigte Dehn für seine chronologische Analyse des Fundmaterials auch die urnenfelderzeitliche Keramik und gliederte diese in das von Müller-Karpe auf Bronzefunde basierende Chronologiemodell ein. Als Ergebnis meint

---

15 F.-R. Herrmann / A. Jockenhövel, Die Vorgeschichte Hessens (Stuttgart 1990) 220.
16 Kritik an dieser Terminologie bei H. Hennig, Urnenfelderzeitliche Grabfunde aus dem Obermaingebiet. In: K. Spindler, Vorzeit zwischen Main und Donau (Erlangen 1980) 140.
17 Müller-Karpe, Chronologie 228 u. Abb. 64.
18 F.-R. Herrmann, Die Funde der Urnenfelderkultur in Mittel- und Südhessen (Berlin 1966).
19 Im geografischen Sinne sind dieses das Rhein-Main-Tiefland, die Wetterau und die Untermainebene bis zum Rheingau.
20 Die Dreiteilung der Stufe Ha B ist bis heute umstritten, da sie am Fundmaterial anderer Regionen so nicht nachvollziehbar ist. Hier operiert man mit der Stufenteilung Ha B1 und Ha B2. Alternativ, in Anlehnung an Müller-Karpes Schema, werden die Phasen auch als Ha B1 und Ha B3 bezeichnet.
21 H. Müller-Karpe, Neues zur Urnenfelderkultur Bayerns. Bayerische Vorgeschichtsblätter 23, 1958, 6f.
22 Ebd. 7.
23 F. Falkenstein zieht für die Stufe Ha A einen Zeitraum von 100 bis 150 Jahren in Betracht. (F. Falkenstein, Eine Katastrophen-Theorie zum Beginn der Urnenfelderzeit. In: C. Becker u. a. (Hrsg.), Chronos. Beiträge zur prähistorischen Archäologie zwischen Nord- und Südosteuropa [Leidorf 1997] 561).
24 Siehe SPM III, 17 Abb. 1.
25 Siehe Schweizerische Gesellschaft für Ur- und Frühgeschichte (Hrsg.), Archäologische Daten der Schweiz. Antiqua 15 (Basel 1986) 74.
26 Eggert, Rheinhessen 83ff.
27 Nach Eggert, Rheinhessen 82f.
28 Nach Eggert, Rheinhessen 83.
29 R. Dehn, Die Urnenfelderkultur in Nordwürttemberg (Stuttgart 1972). Grabfunde aus Erlenbach und Bad Friedrichshall-Kochendorf (A. Neth, Neue Grabfunde der Urnenfelderzeit aus dem nordöstlichen Kreis Heilbronn. Archäologische Ausgrabungen in Baden-Württemberg 2004, 65–68) sowie zahlreiche weitere Funde und Befunde aus dem nordwürttembergischen Raum haben in den letzten drei Jahrzehnten die Zahl bekannter urnenfelderzeitlicher Fundstellen deutlich erhöht.

Dehn, die Stufe Ha A in die Subphasen Ha A1a und Ha A1b sowie die Stufe Ha A2 untergliedern zu können.[30]

In jüngerer Zeit legte R. Kreutle[31] mehrere kleinere Arbeiten über die Urnenfelderkultur Südwestdeutschlands und Württembergs vor, die einen guten Überblick über den aktuellen Stand der Forschung in diesen Regionen liefern. 2007 veröffentlichte Kreutle eine der umfangreichsten Materialübersichten der letzten Jahre, in welcher die bislang kaum behandelten Funde aus dem Gebiet zwischen Schwarzwald und Iller vorgelegt wurden.[32] Innerhalb dieses Raumes verläuft die Grenze zwischen der sogenannten untermainisch-schwäbischen und der rheinisch-schweizerischen Urnenfelderkultur, wobei Keramikformen und Verzierungen, aber auch Metallformen zeigen, dass man es hier mit einer durchlässigen Grenze, d. h. eher mit einer Mischzone beider Kulturen zu tun hat. Vor allem ab der Stufe Ha A2 (SW III) macht sich der Einfluss der rheinisch-schweizerischen Urnenfelderkultur bemerkbar. Im Folgenden seien die beiden Gruppen näher vorgestellt, wobei Nordwürttemberg der untermainisch-schwäbischen Gruppe zuzuordnen ist.

3 Die untermainisch-schwäbische Gruppe

Die im Jahre 1930 von E. Vogt[33] vorgelegte Dissertationsschrift über die spätbronzezeitliche Keramik der Schweiz und deren Chronologie gilt als eine der bedeutendsten Untersuchungen zur Verbreitung der materiellen Kultur während der Urnenfelderzeit. Zwar ging es Vogt in seiner Untersuchung in erster Linie um die Keramik aus den Schweizer Seeufersiedlungen und ein für sie stimmiges Chronologiesystem, doch lieferte er gleichzeitig mit seiner Arbeit auch wichtige Impulse für die süddeutsche Urnenfelderkultur. Vogt gelang es anhand der von ihm untersuchten Keramik und deren Verzierungsstilen, die Urnenfelderkultur in zwei räumlich voneinander trennbare Gruppen zu unterscheiden. Später hat Kimmig (s. u.) neben den schon von Vogt herausgearbeiteten Verzierungsstilen der Keramiken auch spezifische Gefäßformen innerhalb der beiden Gruppen herausarbeiten können. Bei den Bronzen zeigte sich, dass diese je nach Typ in beiden Gruppen auftreten können und auf keine der beiden Gruppen beschränkt sein müssen.[34] Ein weiteres besonderes Merkmal der untermainisch-schwäbischen Gruppe sind die sogenannten Steinkistengräber, auf welche ich an späterer Stelle genauer eingehen werde (Kap. II.4). Anhand der unterschiedlichen Verzierungsstile auf den Gefäßen unterschied Vogt[35] zwischen zwei geografischen Räumen, die er als „Westgruppe" und als „Ostgruppe" bezeichnete. Diese Gruppenbildung wurde wiederum im Jahre 1940 durch W. Kimmig[36] aufgegriffen, der die beiden Gruppen in „rheinisch-schweizerische Gruppe" und „untermainisch-schwäbische Gruppe" umbenannte. Die „rheinisch-schweizerische Gruppe" wird in der Forschung gelegentlich auch durch ostfranzösische oder elsässische Fundprovinzen erweitert. Der Begriff „Gruppe" sollte dabei im Sinne Eggerts[37] als Fund- bzw. Kombinationsgruppe verstanden werden. Die Gruppen bilden sich demnach aus Objekten der materiellen Kultur und nicht aus ihren Trägern. Es sollte daher vermieden werden, aus der Verbreitung von Objekten oder deren Merkmalen auf die Siedlungsgebiete von Bevölkerungsgruppen, Ethnien oder „Völkern" zu schließen. Der Begriff Urnenfelderkultur meint dementsprechend die regional eingrenzbaren archäologischen Überreste dieser materiellen Kultur während der Perioden Bz D, Ha A und Ha B. Von Kimmig stammt die wohl erste Verbreitungskarte dieser beiden Gruppen.[38] Als neue Variante sei an dieser Stelle auf eine Karte von U. Seidel verwiesen (Abb. 1).[39] Die ungefähre Grenze zwischen den beiden Gruppen sah Vogt[40] auf der rechtsrheinischen Seite, weshalb der Rhein daher keine (natürliche) Grenze darstellte. Etwa auf Höhe der Stadt Rastatt kann eine erste Grenze zwischen den beiden Gruppen gezogen werden. Die Ausdehnung der „Westgruppe" bzw. der „rheinisch-schweizerischen Gruppe" umfasst die Nordwestschweiz, das Elsass und Teile Ostfrankreichs. Ihre nördlichste Ausdehnung reicht rheinabwärts bis in den badischen Raum hinein. Im Norden schließen sich die linksrheinischen Gebiete des obe-

---

30 Dehn, Nordwürttemberg 44 ff. Kritik an der Chronologie Dehns bei L. Sperber, Untersuchungen zur Chronologie der Urnenfelderkultur im nördlichen Alpenvorland von der Schweiz bis Oberösterreich (Bonn 1987).
31 R. Kreutle, Die Grabsitten der Urnenfelderzeit. In: Goldene Jahrhunderte. Die Bronzezeit in Südwestdeutschland (Stuttgart 1997) 108–115; ders., Württemberg 171 ff.
32 R. Kreutle, Die Urnenfelderkultur zwischen Schwarzwald und Iller – südliches Württemberg, Hohenzollern und südöstliches Baden (Büchenbach 2007).
33 E. Vogt, Die spätbronzezeitliche Keramik der Schweiz und ihre Chronologie (Zürich 1930).
34 Kimmig, Baden 96–117; 124; Eggert, Rheinhessen 82.
35 Vogt, Keramik 17 ff.
36 Kimmig, Baden 5 f.
37 Eggert, Rheinhessen 62 Anm. 335. Siehe auch Müller-Karpe, Chronologie 145 Anm. 1 u. Dehn, Nordwürttemberg 48 Anm. 42.
38 Kimmig, Baden Taf. 46.
39 U. Seidel, Bronzezeit (Stuttgart 1995) 88; siehe auch A. Jockenhövel/W. Kubach (Hrsg.), Bronzezeit in Deutschland (Stuttgart 1994) 14 Abb. 8.
40 Vogt, Keramik 17–22; Eggert, Rheinhessen 81.

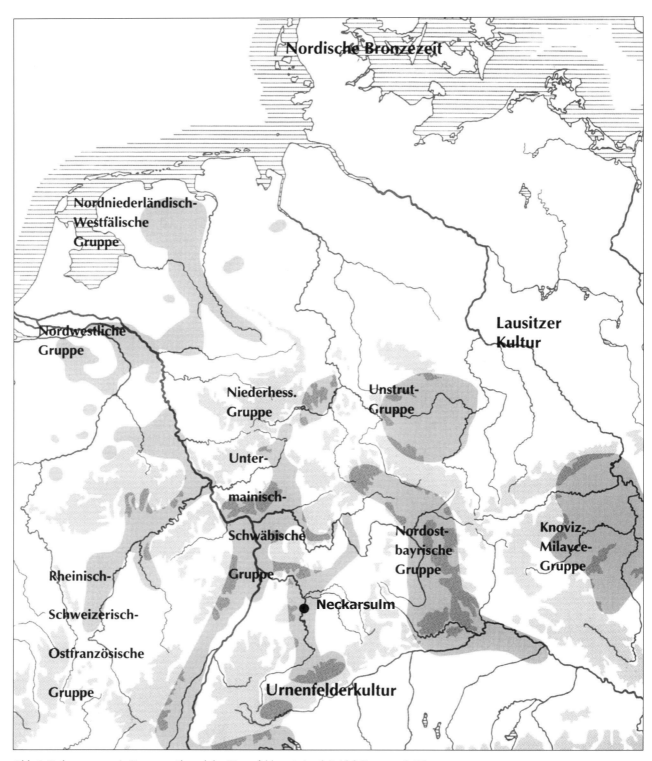

Abb. 1: Kulturgruppen in Europa während der Urnenfelderzeit (nach Seidel, Bronzezeit 88).

ren und mittleren Rheins sowie die Gebiete entlang der Saar und der Mosel an. Der Bereich nördlich des Bodensees fällt ebenfalls unter den Einfluss dieser Gruppe, kann aber als Mischzone betrachtet werden. Die „rheinisch-schweizerische Gruppe" besitzt als typische Keramikformen u. a. Trichterhalsurnen, Schulterbecher, Fußschalen und Hutschalen.[41] Besonders typisch für diese Gruppe ist die sogenannte Kammstrichverzierung der Gefäße, die im Sinne

---

41 Kimmig, Baden 72 ff.

Vogts auch als „lineare Ritzverzierung"⁴² bezeichnet werden kann. Die Ritzverzierung setzt sich dabei aus Geraden, Kreisen und Ellipsen zusammen. In deutlicher Abgrenzung zu diesem Verzierungsstil steht der eher schlichtere Stil der „untermainisch-schwäbischen Gruppe".⁴³ Dieser ist geprägt durch die horizontale Riefenverzierung und einfache Ritzlinien, die vom Verzierungsstil her „plastisch" und der „Linearornamentik der Westgruppe gerade entgegengesetzt"⁴⁴ ist. Im Verlauf der Phase Ha A2 kommen als weitere plastische Elemente einfache Buckel hinzu (siehe Kap. III.4.6), wenngleich ab diesem Zeitpunkt sich die Grenzen zwischen den beiden Gruppen zunehmend auflösen und bei den Gefäßen bzw. deren Verzierung der Stil der „rheinisch-schweizerischen Gruppe" spürbar an Einfluss gewinnt. Die Ursache für die Ausdehnung des „rheinisch-schweizerischen Stils" ist dabei kaum zu erklären. Ob nun deren „Produzenten" einwanderten oder die Beliebtheit ihrer Gefäße zunahm und diese sich verbreiteten, kann nicht eindeutig geklärt werden. Als typische Gefäßformen der „rheinisch-schweizerischen Gruppe" sind u.a. Kegelhalsurnen mit und ohne Rand, „urnenartige" Becher, Spitzbecher, kleine „Amphoren" und Knickwandschalen zu nennen.⁴⁵ Die Gebiete der „untermainisch-schwäbischen Gruppe" liegen entlang des Mains, des Neckars und den Gebieten östlich des oberen Rheins. Nach heutigen politischen Grenzen lag die „untermainisch-schwäbische Gruppe" im Raum der Bundesländer Hessen und Baden-Württemberg. Aber auch in den linksrheinischen Gebieten, wie etwa im Raum der heutigen Nordpfalz und Rheinhessens, ist die Keramik der „untermainisch-schwäbischen Gruppe" gelegentlich anzutreffen. Zudem ist diese Keramik im südlichen Baden nicht unbekannt. Ihre östlichste Ausdehnung hat diese Gruppe bis nach Unterfranken. Insgesamt ist zu beobachten, dass es lange nicht zu einer Vermischung oder einer Übernahme von Keramikstilen und Formen zwischen beiden urnenfelderzeitlichen Gruppen kam. Als mögliche Ausnahme zu betrachten sind die großen Zylinderhalsurnen und einige Becherformen, da diese Formen von Beginn an bei beiden Gruppen auftreten. Es existieren allerdings geografische Mischzonen im Mittelrheingebiet, im Hegau und im Süden auf der Schwäbischen Alb in denen Verzierungselemente beider Gruppen zusammen auftreten.

„Abweichungen vom rein untermainisch-schwäbischen stellen wir im Wesentlichen in der Region fest, wo wir Kammstrichkeramik nachweisen konnten. Im Süden befinden wir uns demnach in einer untermainisch-schwäbischen Provinz, deren Keramik sich durch westliche Beeinflussung und Eigenentwicklungen von der des mittleren Neckarraumes unterscheidet."⁴⁶

Wie dargelegt, dienen als Grundlage für Unterscheidung und Kartierung der beiden urnenfelderzeitlichen Gruppen in erster Linie die jeweiligen stilistischen Elemente und Formen der Keramik. Objekte aus Bronze werden hingegen kaum berücksichtigt, da diese eine zum Teil sehr große Streuung aufweisen und mit ihnen keine regionalen Gruppen herausgebildet werden können.⁴⁷ Wie wir im Einzelnen bei der Besprechung der Neckarsulmer Funde noch sehen werden, ist der Verbreitungsgrad der einzelnen Bronzetypen wie etwa Nadeln und Messern dabei recht unterschiedlich, eine große Verbreitung nehmen etwa Griffzungenschwerter vom Typ Hemigkofen (Kap. III.4.2.2.2) ein. Die Bronzen weisen darauf hin, dass trotz aller Unterschiede zwischen den beiden Gruppen ein kultureller und materieller Austausch stattfand. In Einzelfällen sind dabei Kontakte bis nach Bayern und weiter in Richtung Osten sowie nach Westeuropa, hier insbesondere Ostfrankreich und Südengland, festzustellen. Mögliche Produktionsstätten bestimmter Typen herauszuarbeiten fällt jedoch schwer, da sich beispielsweise die Verbreitung einzelner Schwerttypen nur selten auf ein bestimmtes Gebiet konzentriert und sich kaum regionale Entwicklungen von Typen abzeichnen. Auch für Württemberg geben sich bei der Analyse der Metallformen bislang keine Werkstattkreise zu erkennen.

4 Die Bestattungsriten der Urnenfelderkultur

Die Gegenüberstellung der Bestattungssitten aus der mittleren Bronzezeit mit ihren Körperbestattungen und dem Anlegen von Hügelgräbern sowie der Urnenfelderzeit mit ihren kleinen Friedhöfen mit Brandbestattungen zeigt ohne Zweifel große Veränderungen und Unterschiede auf. Über die möglichen Ursachen für diesen Wandel gehen die Meinungen nach wie vor auseinander, auch fällt die gesamte Bewertung dieses Phänomens unterschied-

---

42 Vogt, Keramik 17.
43 Kimmig, Baden 32 f.
44 Vogt, Keramik 20.
45 Kimmig, Baden 46 ff.
46 R. Kreutle, Spätbronzezeit und Urnenfelderzeit in Württemberg. In: D. Planck (Hrsg.), Archäologie in Württemberg (Stuttgart 1988) 184.
47 Kimmig, Baden 96.

lich aus, und zwar in der Hinsicht, ob nun von einem Wandel oder gar von einem Bruch mit den mittelbronzezeitlichen Traditionen gesprochen werden muss. Bis in die 1950er-Jahre galt die Lehrmeinung, dass die Veränderungen in den Bestattungsriten die Folge von Unruhen im gesamten spätbronzezeitlichen Europa waren, welche große Völkerverschiebungen mit sich brachten. Besonders populär war hier die Idee einer massiven Einwanderung von „Urnenfelderleuten", d. h. Volksgruppen, welche aus dem Osten Europas stammten und der Donau folgend bis nach Süddeutschland gelangten. Als Herkunftsgebiete dieser Volksgruppen wurden etwa der Donauraum oder die Gebiete der Lausitzer Kultur vermutet.[48] Mit diesen „Völkern" seien auch die in der Urnenfelderzeit neu auftretenden Keramikformen und Bronzegeräte sowie der Bestattungsritus der Urnengräber gekommen. Diese Urnenfeldergruppen hätten neue Siedlungsräume erschlossen[49] und in den bereits besiedelten Gebieten die bis dahin ansässige Bevölkerung, die ihre Toten in Hügelgräbern bestattete, vertrieben, getötet oder assimiliert.[50] Für Süddeutschland diente diese Theorie vor allem dazu, die in einigen Regionen, etwa dem Neckarmündungsgebiet[51], zu verzeichnenden Fundlücken zwischen der Mittelbronzezeit und der Urnenfelderzeit zu erklären. Man glaubte daher, dass die Urnenfelderkultur(en) nicht lokalen bzw. regionalen Ursprungs seien, sondern vielmehr in vorgefertigter Ausprägung von außen gekommen waren. Vor allem für den Ritus der Urnenbestattung konnte man keine Entwicklung aus der vorherigen Periode ausmachen. Erste Zweifel an der dargelegten Lehrmeinung äußerte W. Kimmig, der nicht glaubte, dass fremde Gruppen eingewandert seien, sondern dass sich aus der einheimischen Bevölkerung, „lediglich durch östliche Kultureinflüsse infiziert"[52], die Urnenfeldergruppen entwickelt haben:

„Das wesentliche Kulturgut dieser Leute hat keinerlei Vorformen im Osten. Selbst wo es sich um Neuerungen handelt (Brandritus, Messer), werden solche Elemente nach eigenen Gesetzen und Vorstellungen umgeformt."[53]

Auch F.-R. Herrmann konnte im Fundgut weder eine „Urnenfelderwanderung" noch eine unterbrochene Bevölkerungskontinuität ausmachen und schloss daher eine direkte Entwicklung von der Hügelgräber- zur Urnenfelderzeit nicht aus.[54] H. Müller-Karpe hielt ebenfalls wenig von der Theorie eingewanderter Stämme und vor allem nichts davon, mit der Herausarbeitung von Kulturgruppen zugleich eine „völkische Geschichte" zu schreiben. Als Hauptargument gegen solche „Pauschaltheorien"[55] verwies er auf andere mögliche Ursachen für das Aufkommen der Urnenbestattung und das Erscheinen neuer Formen in der materiellen Kultur:

„Dass das Urnengrab ein Charakteristikum, gleichsam ein Leitmerkmal eines bestimmten Volkes sei (man sprach geradezu von einem Urnenfeldervolk, mit dessen Einwanderung in Süddeutschland das Erscheinen der Urnenfriedhöfe erklärt wurde), dürfte heute wohl kaum mehr ernstlich vertreten werden. Vielmehr steht der archäologisch fassbare Wandel in den Bestattungssitten von der Mittel- zur Spätbronzezeit sicherlich in Zusammenhang mit religiösen Bewegungen dieser Zeit."[56]

Neben Erklärungsansätzen wie neuen Glaubensvorstellungen oder Migrationsbewegungen sind auch andere Gründe für gesellschaftliche Umwälzungen denkbar, wie etwa Kriege[57], Seuchen, Klimaveränderungen oder Naturkatastrophen[58]. Möglich ist auch die Kombination mehrerer Faktoren, etwa dass kriegerische Auseinandersetzungen als Folge von sozialem Stress entstehen.

Im Laufe der letzten Jahrzehnte ist eine zunehmende Zahl von Funden zutage gekommen, welche für Baden-Württemberg und Hessen einen fließenden Übergang von der Stufe Bz D zur Stufe Ha A belegen können. Nachweislich wurden noch in der mitt-

---

48 Siehe bspw. F. Holste, Die Bronzezeit in Süd- und Westdeutschland. Handbuch der Urgeschichte Deutschlands 1 (Berlin 1953) 123.
49 H. Müller-Karpe, Die Urnenfelderkultur im Hanauer Land (Marburg 1948) 59.
50 G. Kraft, Die Kultur der Bronzezeit in Süddeutschland (Augsburg 1926) 98; Beiler, Heilbronn 52; Kimmig, Baden 18.
51 R. Baumeister, Urnenfelder- und Hallstattkultur. In: Führer zu archäologischen Denkmälern in Deutschland 36: Heidelberg, Mannheim und der Rhein-Neckar-Raum (Stuttgart 1999) 51 f.
52 W. Kimmig, Neufunde der Urnenfelderkultur aus Baden. Badische Fundberichte 18, 1948–50, 94.
53 Ebd.
54 Herrmann, Hessen 4.
55 Müller-Karpe, Bayern 8; ders., Chronologie 173.
56 Müller-Karpe, Bayern 25 ff.
57 In diesem Zusammenhang ist oftmals von Migrationen infolge der so genannten „Seevölkerkriege" zu lesen, welche im 13. Jh. besonders den Ägyptern zu schaffen machten. Dies waren Gruppenverbände aus dem östlichen Mittelmeerraum bzw. Gebieten im Balkan, Griechenlands und der Ägäis.
58 F. Falkenstein (Falkenstein, Katastrophe 549 ff.) entwickelt die Theorie, dass es infolge eines Vulkanausbruchs auf Island zwischen den Jahren 1159–1141 v. Chr. zu einem Klimasturz gekommen sei, welcher Subsistenzkrisen und Migrationsbewegungen in Mittel- und Osteuropa auslöste. Der „epochale Kulturwechsel" zwischen den Stufen Bz D und Ha A sei vermutlich auf diese Katastrophe zurückzuführen. Demhingegen führt R. Drews (R. Drews, The End of the Bronze Age. Changes in Warfare and the Catastrophe ca. 1200 B.C. [Princeton 1993]) weitere mögliche Gründe wie Erdbeben, Dürren und einen allgemeinen „Systemkollaps" an, die er aber zugunsten einer anderen Erklärung fallen lässt. So seien die massiven Veränderungen durch die Entwicklung neuer Kriegstechniken (Streitwagen, Fußsoldaten und neue Waffentypen) entstanden.

leren Bronzezeit angelegte Grabhügel während der Urnenfelderzeit weiterhin genutzt und vor allem in der frühen Urnenfelderzeit weitere neue Grabhügel errichtet. In Bad Friedrichshall-Jagstfeld, Ldkr. Heilbronn, und auf der Schwäbischen Alb wurden über den Urnengräbern noch Hügel angelegt, was als ein Festhalten an mittelbronzezeitlichen oder gar familiären Traditionen interpretiert werden kann.[59] Auch aus Baden[60] und Hessen[61] liegen vereinzelt urnenfelderzeitliche Hügelgräber vor, in Rheinhessen[62] hingegen fehlen sie. Wie schon Müller-Karpe[63] im Jahr 1948 festgestellt hatte, scheinen Hügelgräber in der Urnenfelderzeit demnach nicht unbedingt selten gewesen zu sein. Sie fehlen zwar im freien Land, haben sich aber wie in Bad Friedrichshall im Schutz der Wälder erhalten. Für Baden-Württemberg hat R. Kreutle in einer Kartierung von Flach- und Hügelgräbern festgestellt, dass während der Perioden Bz D bis Ha B Hügelgräber im dicht bewaldeten Gebiet der Schwäbischen Alb auftreten, während die Flachgräber an den Talhängen der Alb und im Neckarraum zu finden sind.[64] Diese Verteilung der Grabhügel ist Kreutles Meinung nach das Resultat einer landwirtschaftlichen Nutzung der Naturräume und spiegelt weniger die tatsächliche Verbreitung der verschiedenen Grabtypen wider:[65]

„So lagen die Hügel Nordwürttembergs zur Zeit ihrer Untersuchung alle im Wald oder auf Wiesen, die Flachgräber dagegen wurden beim Pflügen, Sandabbau, Baumsetzen oder bei Baumaßnahmen entdeckt. Dem entspricht die Situation im Süden mit Flachgräbern vorwiegend in den beackerten Tallagen und Hügeln auf der erst seit dem letzten Jahrhundert intensiv bepflügten Albhochfläche. Wir können also vermuten, dass zumindest ein Teil der Flachgräber einen inzwischen verebneten Hügel besessen haben muss und dass in den hügelreichen Landschaften Flachgräber vielfach unentdeckt geblieben sind."[66]

Insgesamt betrachtet kann nach heutigem Kenntnisstand nicht von einem Bruch mit den Bestattungssitten gesprochen werden. Vielmehr lässt sich am Beispiel der Grabhügel zeigen, dass durchaus ein fließender Übergang in den Bestattungssitten bestand. Zumindest für einige Regionen spricht daher nicht viel gegen eine kontinuierliche Besiedlung durch ein und dieselbe Bevölkerung. Der Wandel in den Bestattungsriten vollzog sich nach heutiger Erkenntnis in einem Jahrzehnte andauernden Prozess, der schon in der Stufe Bz D begann. Kreutle[67] veranschlagt hierfür einen Zeitraum von etwa drei bis vier Generationen. Unter chronologischem Gesichtspunkt bleibt allerdings die Frage offen, ob die Phase Bz D, in welcher der beschriebene Wandel in der materiellen und geistigen Kultur einsetzte, als „Schlussphase des eigentlichen Bronzezeitalters" oder schon als „Frühphase der Urnenfelderzeit" zu verstehen ist. Wir hatten schon im Kapitel zur Forschungsgeschichte gesehen, dass hierüber die Meinungen seit jeher auseinandergingen, was vor allem mit dem Fundgut jener Stufe zusammenhängt.

Deutlicher ausgeprägt sind hingegen die urnenfelderzeitlichen Stufen Ha A und Ha B. Die Termini „Urnenfelderzeit", „Urnenfelderkultur" und „Urnenfelderstufen" verdeutlichen die große Bedeutung, die dabei der Urnenbestattung als Kennzeichen dieser Stufen zukommt. Die Urne ist dabei allerdings erst einmal nur das Gefäß für den Leichenbrand, denn es ist vielmehr die Brandbestattung im Allgemeinen, welche den Bestattungsritus dieser Zeit dominiert. Neben der Urnenbestattung wurde der Leichenbrand in einigen Fällen auch ohne Urne, vielleicht in einem organischen Gefäß, in der Grabgrube niedergelegt. Wurde der Leichenbrand nachweislich ohne Gefäß in die Grabgrube eingebracht, spricht man von Brandschüttungsgräbern. Der Ritus der Brandbestattung ist eine Prozedur, die sich aus der Leichenverbrennung, dem Auslesen der Knochen und Beigaben sowie der abschließenden Bestattung zusammensetzt.

Bei der Leichenverbrennung ist oftmals unklar, an welcher Stelle diese stattgefunden hat, ob nun auf einem gesonderten Platz oder innerhalb des Bestattungsareals. Da diese Plätze wohl ungeschützt in der Landschaft lagen, werden sie relativ schnell durch Regen und Wind von der Erdoberfläche verschwunden sein und sind daher archäologisch nicht nachweisbar. Bei den in Kapitel III.1.4.1. genannten Feuergruben ist nicht zu klären, ob sie zur Leichenverbrennung dienten oder anderen Riten zuzuordnen sind.

Nach der Feuerbestattung bleiben vom menschlichen Körper meist nur noch stark fragmentierte Knochen übrig. Der Grad der Fragmentierung richtet sich dabei unter anderem nach der Verbrennungstemperatur. Insgesamt sind nur wenige differenzierbare Knochenpartien erhalten, der größte Teil der Knochen und des Gewebes bleibt als Leichenasche zurück. Diese Asche ist in der Regel noch

---

59 Kreutle, Württemberg 109.
60 Kimmig, Baden 24 ff.
61 Herrmann, Hessen 20 ff. mit Abb. 2.
62 Eggert, Rheinhessen 56.
63 Müller-Karpe, Hanau 16.
64 Ähnliche Verhältnisse sind für Hessen (Herrmann, Hessen 20 ff.) und Rheinhessen (Eggert, Rheinhessen 99) festzustellen.
65 Kreutle, Württemberg, 173 ff. mit Abb. 1; 2.
66 Kreutle, Württemberg 175.
67 Kreutle, Grabsitten 108.

mit kleineren Holzkohlestückchen und Überresten der Beigaben durchmischt. Leider wurde in der Archäologie erst in den letzten Jahrzehnten den Leichenbränden genügend Aufmerksamkeit geschenkt, häufig wurden diese bei der Bergung der Urnen einfach entsorgt. Erst ab etwa den 1930er-Jahren wurde erkannt, welche Informationen noch in diesen Aschen verborgen sind, denn der modernen Anthropologie ist es je nach Zustand und Menge an Knochenmaterial möglich, das Geschlecht, das Alter der Toten und auch pathologische Auffälligkeiten zu ermitteln. Darüber hinaus kann die Anthropologie feststellen, ob tatsächlich nur ein Toter oder gar mehrere Tote in einer Urne bestattet wurden. Dies ist insofern ein Fortschritt, da sich gerade Doppel- und Mehrfachbestattungen nur in seltenen Fällen zu erkennen geben.

Nach dem Abbrennen des Scheiterhaufens lagen die Holzreste, die Asche des Toten und die Beigaben auf einer kleinen Fläche durcheinander. Da organische Materialien ein Bestattungsfeuer nur in Ausnahmefällen überstanden, handelt es sich bei den erhalten gebliebenen und noch identifizierbaren Beigaben daher meist um stark zerschmolzene Objekte aus Bronze. Dazu zählen etwa Trachtbestandteile und Schmuck oder Geräte wie Messer, Rasiermesser, seltener auch Waffen. Mehr als in der mittleren Bronzezeit scheint die Auswahl der Grabbeigaben sozial reglementiert gewesen zu sein, was möglicherweise auf den „sozialen Status" der Toten hinweist (siehe Kap. V). Bei einigen Beigaben wurde zudem festgestellt, dass sie im Gegensatz zu den anderen Beigaben nicht mit dem oder der Toten verbrannt wurden. Häufig handelt es sich dabei um Tongefäße und bei den Bronzen vor allem um Messer und Rasiermesser.[68] Den anschließenden Ausleseprozess der Knochen und Beigaben nach der vollzogenen Leichenverbrennung muss man sich als einen sehr sorgfältig durchgeführten Akt vorstellen. Große Holzkohlestückchen fehlen in der Regel und auch das Einsammeln der verbrannten Knochen und (verbrannten) Beigaben wird mehr oder weniger selektiv vor sich gegangen sein. Wiegt man nämlich prähistorische Leichenbrände, so ist festzustellen, dass in kaum einem Fall jene Mengen an Leichenbrand vorliegen, die von einem Menschen nach seiner Verbrennung übrig bleiben.[69] Der Leichenbrand wurde zuerst in die Urne gefüllt, die verbrannten oder unverbrannten Beigaben lagen häufig oben auf.

Als Behältnis für den Leichenbrand dienten vor allem Urnen, welche unter der Gesamtheit aller keramischen Gefäße der Urnenfelderzeit die zahlenmäßig am häufigsten vertretene Gefäßgattung darstellen. Da die Urnenbestattungen nicht mehr oder zumindest nur in seltenen Ausnahmen während der frühen Phase der Stufe Ha A in großen Grabhügeln, sondern in einzelnen Grabgruben ohne Überhügelung angelegt wurden, spricht man in Bezug auf die Grabform von sogenannten „Flachgräbern". In oder auch neben der Urne wurden gelegentlich weitere Gefäße deponiert, bei welchen es sich um Trink- oder Speisegefäße wie Becher, Tassen, Schalen, Schüsseln etc. handelt. Für die Abdeckung der Graburne diente gelegentlich eine Schale oder das Gefäßfragment einer anderen Urne als Deckel. Meist scheint eine Gefäßabdeckung für eine Urne allerdings zu fehlen, wobei eine Abdeckung auch aus organischem Material wie Holz oder Textilien gewesen sein könnte. Selten steht die Urne in einem größeren Gefäß oder wurde von einem anderen Gefäß überstülpt, wobei letztere Grabform auch als „Glocken- oder Doliengrab"[70] bezeichnet wird. Die Grabgruben können an ihren Seiten oder am Boden mit größeren Steinen oder Steinpackungen ausgekleidet sein. Die Gruben wurden nach der Deponierung der Urne mit Erde verfüllt, nur selten wurde eine Grube abschließend noch mit einem großen Stein abgedeckt. In der frühen Phase der Urnenfelderzeit finden sich auch körperlange Grabgruben, in welchen der Leichenbrand auf der gesamten Länge der Grube (Brandstreuungsgrab) oder nur in einen Bereich der Grube (Brandschüttungsgrab) ausgestreut wurde. Da das Volumen einer Urne recht gering ist, fielen die Urnenflachgräber im Gegensatz zur letzteren Grabform insgesamt sehr klein aus. Es ist davon auszugehen, dass viele Urnengräber in irgendeiner Art und Weise oberirdisch gekennzeichnet waren, da die einzelnen Bestattungen einander nicht berühren. Möglich wären hier kleine flache Hügel aus Erde, die vom Aushub der Grube übrig geblieben war. Denkbar sind auch Markierungen aus Holz oder Stein.

Um die Änderungen, welche die Urnenfelderzeit im Bestattungsbrauchtum mit sich bringt, zu verstehen, müssen die Grabriten der mittleren Bronzezeit in Erinnerung gerufen werden. In dieser Periode wurden die Toten in der Regel nicht verbrannt, sondern körperbestattet und gemeinsam mit anderen Toten in Hügelgräbern bestattet. In der Mitte des Hügels ist oftmals ein „Zentralgrab" anzutreffen, in dem die Bestattung eines Oberhaupts der Familie oder einer

---

68 Vgl. Schwertgrab Eschborn (Müller-Karpe, Hanau 15).
69 B. Großkopf, Leichenbrand – Biologisches und kulturhistorisches Quellenmaterial zur Rekonstruktion vor- und frühgeschichtlicher Populationen und ihrer Funeralpraktiken. (Dissertation Universität Leipzig 2004) 15 Tab. 2.
70 Herrmann, Hessen 19; M. K. H. Eggert, Prähistorische Archäologie. Konzepte und Methoden (Tübingen 2005) 59.

Sippe vermutet wird (vgl. Kap. V). In weiteren Segmenten des Hügels liegen häufig weitere Gräber, die alle in irgendeinem Bezug (Verwandtschaft, Dorfgemeinschaft etc.) zueinander gestanden haben dürften. Die Grabgruppen setzen sich aus Frauen, Männern und Kindern zusammen. Es sind häufig auch alle Altersgruppen vertreten, „reiche" wie „arme" Gräber liegen nebeneinander. Nicht immer wurden die Toten im „Sippenhügel" bestattet, es finden sich auch Hügel, die einzig für eine einzelne Person errichtet wurden. Im Gegensatz zu diesem Ritus steht, wie wir gesehen haben, in der Urnenfelderzeit jede Bestattung für sich. Bei den Gräberfeldern lässt sich eine Ordnung der Gräber in der Regel nicht oder nur sehr schwer ausmachen, häufig lässt sich allein die chronologische Belegungsabfolge ermitteln. Die einzelne Bestattung weist demnach keinen Bezug zu einem Zentralgrab auf, auch fehlt ein direkt beobachtbarer Bezug zu den umliegenden Bestattungen. Die Toten „individualisieren" sich, wie es R. Kreutle ausdrückte.[71] Es spricht jedoch nichts dagegen, dass es sich auch bei den einzeln gelegenen Bestattungen, wie man es umfassend von den Hügelgräbern zu meinen glaubt, um Repräsentanten ein und derselben Familie, Sippe oder allgemein um auf Verwandtschaft basierende Gruppen gehandelt hat. Geht man bei der Siedlungsform von kleinen Gehöften und Dörfern geringer Größe aus, so wäre zu vermuten, dass diese ihre Toten auf einer Nekropole bestatteten. Unter den Toten müsste demzufolge eine nicht geringe Zahl miteinander verwandt gewesen sein, auch wenn dieses ohne tiefer gehende anthropologische Untersuchungen von epigenetischen Merkmalen oder der Erbsubstanz nur vermutet werden kann.

Die Verwendung des Begriffs „Urnenfelderzeit" ist nicht unproblematisch, da außerhalb Bayerns im Grunde keine eigentlichen „Urnenfelder", d.h. Nekropolen mit hundert bis über tausend Urnenbestattungen zu finden sind.[72] Nach Eggert hätten größere Friedhöfe, wenn es sie denn gegeben hat, infolge der in den letzten Jahrzehnten gestiegenen Ausgrabungstätigkeit und der intensivierten Landnutzung längst entdeckt werden müssen. Seine Schlussfolgerung lautet daher, „dass in Südwestdeutschland während der Urnenfelderzeit über einen längeren Zeitraum kontinuierlich belegte Bestattungsplätze nicht üblich gewesen sind".[73] Die Ursachen für die nur recht geringen Größen der Gräberfelder werden „in einem häufigen Wechsel des Siedlungsplatzes" oder „in der kleinräumigen Landschaft des Südwestens, die die Bildung größerer Siedlungen behinderten"[74] gesehen. Im gesamten Gebiet der „untermainisch-schwäbischen Gruppe", d.h. im Rhein-Main-Gebiet, am Oberrhein und Neckar, fand sich kaum ein Bestattungsplatz, der mehr als 50 Bestattungen erbracht hat.[75] Die größeren urnenfelderzeitlichen Gräberfelder Süddeutschlands umfassen hingegen nur etwa 20–40 Bestattungen. Aus der Region Mittel- und Südhessens sind allerdings nur wenige Friedhöfe dieser Größe zu nennen.[76] F.-R. Herrmann spricht sogar von einem „Sonderfall"[77], wenn ein Bestattungsplatz mit mehr als zehn Gräbern vorliegt, gibt aber zu bedenken, dass in Hessen noch kein Gräberfeld vollständig ausgegraben wurde. An größeren Nekropolen Hessens sind Hanau/Töngesfeld mit ca. 24 Bestattungen, Hanau/Lehrhofer Heide mit über 20 Bestattungen und mit 20–40 Gräbern die Nekropole von Dietzenbach[78] zu nennen. Die mit Abstand wohl größte Nekropole Hessens ist jene von Wiesbaden-Erbenheim,[79] welche in den Jahren 1984–1986 ergraben wurde. Hier fanden sich bislang insgesamt 137 Bestattungen, die sich anhand der Grabfunde in die Stufen Ha A1 bis Ha B1 datieren lassen. Das größte Gräberfeld aus Rheinhessen ist mit etwa 30 Bestattungen jenes von Armsheim, Ldkr. Alzey-Worms, nur ist dieser Befund bei der Ausgrabung leider so gut wie nicht dokumentiert worden.[80] Für Nordwürttemberg zählte R. Dehn[81] im Jahre 1972 insgesamt 17 Fundorte[82] auf, welche mehr als ein Grab aufwiesen. Zu diesem Zeitpunkt war das Gräberfeld von Oberboihingen, Kr. Esslingen,[83] mit insgesamt 15 Gräbern das bis dato größte und am vollständigsten ausgegrabene Gräberfeld Nordwürttembergs. Diese Position dürfte nun mit 32 Gräbern und insgesamt 50 Bestattungen das in

---

71 R. Kreutle, 109. Ebenso H. Fokkens, The Genesis of Urnfields: Economic Crisis or Ideological Change? Antiquity 71, 1997, 369f.
72 Beiler, Heilbronn 51; Kreutle, 108.
73 Eggert, Rheinhessen 9.
74 Kreutle, Grabsitten 108.
75 Vgl. Dehn, Nordwürttemberg 39; Eggert, Rheinhessen 8f.; Herrmann, Hessen 18; Koch, Mannheim-Sandhofen 53; Müller-Karpe, Hanau 16.
76 Herrmann/Jockenhövel, Vorgeschichte Hessen 225.
77 Herrmann, Hessen 18.
78 Herrmann/Jockenhövel, Vorgeschichte Hessen 498f.
79 G. Rühl, Das Gräberfeld von Wiesbaden-Erbenheim. Hessen Archäologie 2001 (Stuttgart 2002).
80 Eggert, Rheinhessen 9.
81 Dehn, Nordwürttemberg 39.
82 Asch, Bad Friedrichshall-Jagstfeld, Bad Friedrichshall-Kochendorf, Blaubeuren, Criesbach, Duttenberg, Heilbronn „Burenstraße", Heilbronn „Bühn", Kirchheim am Neckar, Kornwestheim, Langenbeutingen, Meimsheim, Murr, Neuenstadt am Kocher, Sindelfingen, Sontheim an der Brenz, Stuttgart-Bad Cannstatt.
83 R. Dehn, Ein Gräberfeld der Urnenfelderkultur von Oberboihingen (Kr. Nürtingen). Fundberichte Schwaben N.F. 19, 1971, 66ff.

dieser Arbeit behandelte Gräberfeld von Neckarsulm, Ldkr. Heilbronn, einnehmen. Für gesamt Baden-Württemberg liegt eine doch recht hohe Zahl an größeren Gräberfeldern vor, was gemessen an der Größe dieses Bundeslandes nicht unbedingt verwundert. Die Gräberfelder von Gemmrigheim, Kr. Ludwigsburg,[84] und Feldkirch-Hartheim, Kr. Breisgau-Hochschwarzwald,[85] weisen jeweils 13 Gräber auf. Mit einer Belegung zwischen 18 und 25 Gräbern folgen Gräberfelder aus Mannheim-Käfertal „Achtelsack", Ilvesheim „Kiesgrube Wolf-Back", Rhein-Neckar-Kreis, und Wiesloch, Rhein-Neckar-Kreis. Insgesamt 30 Gräber fanden sich in Dautmergen, Zollernalbkreis[86]. Der größte Urnenfriedhof Baden-Württembergs ist jener von Mannheim-Sandhofen „Scharhof"[87] im Neckarmündungsgebiet. Hier wurden bislang 80 Gräber freigelegt, wobei sich die Gesamtzahl noch erhöhen könnte, da dieser Bestattungsplatz noch nicht vollständig ergraben wurde und weitere Gräber vermutet werden.

Abschließend ein kurzer Verweis auf die sogenannten „Steinkistengräber", welche durch ihr gehäuftes Vorkommen im Maingebiet[88] sowie in Württemberg[89] und Baden[90] als charakteristische Grabform der untermainisch-schwäbischen Gruppe gelten können.[91] Derartige Gräber sind jedoch auch in den angrenzenden Gebieten nicht unbekannt, wie es das Grab von Mimbach[92] im Saarland zeigt.

Im Neckarraum hielt sich der Bau von Steinkistengräbern noch bis in die ausgehende Stufe Ha A2, während sie in anderen Gebieten bis dahin schon verschwunden waren. Der Bau von Steinkistengräbern endet zu dem Zeitpunkt, als die Keramik der rheinisch-schweizerisch-ostfranzösischen Gruppe vermehrt auch im Raum der untermainisch-schwäbischen Kultur auftrat (Weiteres zu Steinkistengräbern siehe Kap. V).

---

84 J. Biel, Ein neuer Friedhof der Urnenfelderzeit bei Gemmrigheim, Kreis Ludwigsburg. Archäologische Ausgrabungen in Baden-Württemberg 1984 (1985), 57–60; M. Reichel, Das urnenfelderzeitliche Gräberfeld von Gemmrigheim, Kreis Ludwigsburg. Fundber. Baden-Württemberg 24, 2000, 215–306.

85 B. Grimmer-Dehn, Die Urnenfelderkultur im südöstlichen Oberrheingraben (Stuttgart 1991) 19.

86 H. Reim, Ein urnenfelderzeitliches Flachgräberfeld bei Dautmergen, Zollernalbkreis. Arch. Ausgr. Baden-Württemberg 1982, 69–73.

87 Koch, Gräber der Urnenfelder- und der Frühlatènezeit in Mannheim-Sandhofen, Scharhof. Archäologische Ausgrabungen in Baden-Württemberg 2003, 52 ff.

88 Zur Verteilung von Steinkistengräbern im Maingebiet siehe Herrmann, Hessen 23 Abb. 3. Als bekannteste Steinkistengräber wären zu nennen: Bad Nauheim (Wetteraukreis), Eschborn (Main-Taunus-Kreis) mit insgesamt drei Gräbern, Dietzenbach (Ldkr. Offenbach), Nidderau-Heldenbergen (Main-Kinzig-Kreis) und Wiesbaden-Erbenheim.

89 Aus Württemberg sind bislang Steinkistengräber von folgenden Fundorten bekannt: Breisach-Oberrimsingen (Kr. Breisgau-Hochschwarzwald), Gammertingen (Ldkr. Sigmaringen), Knittlingen (Enzkreis), Mannheim-Seckenheim, Ötisheim-Corres (Enzkreis), Offenau (Kr. Heilbronn) und Pfullendorf Grab 1 (Ldkr. Sigmaringen).

90 Aus Baden sind unter anderem zu nennen: Weinheim (Rhein-Neckar-Kreis), Wiesloch Grab 4 (Rhein-Neckar-Kreis).

91 Dehn, Nordwürttemberg 39; Eggert, Rheinhessen 59; Herrmann, Hessen 22 ff.; Kimmig, Baden 26 ff.; Müller-Karpe, Hanau 12 ff.

92 A. Kolling, Ein neues Schwertgrab der späten Bronzezeit von Mimbach (Kr. Homburg-Saar). 17. Bericht der staatlichen Denkmalpflege im Saarland. Beiträge zur Archäologie und Kunstgeschichte 1970, 41–55.

III Neckarsulm „Trendpark-Süd": Befunde und Funde

1 Einführung in die Befunde

1.1 Neckarsulm und Umland

Neckarsulm, eine große Kreisstadt im Landkreis Heilbronn in Nordwürttemberg, liegt ca. 6 km nördlich von Heilbronn. Der Ortsname bezieht sich auf jene Stelle, an welcher der kleine Fluss Sulm in den Neckar fließt. Da die von Osten kommende Sulm in ihrem letzten Verlauf heutzutage unterirdisch kanalisiert ist, lässt sich dieses Zusammentreffen der beiden Flüsse nicht mehr beobachten. Neckarsulm liegt geografisch gesehen in der Mitte des Neckarbeckens, welches hier im Nordwesten von Odenwald und Kraichgau sowie im Osten von den schwäbisch-fränkischen Waldbergen flankiert ist. Als größte Erhebungen bei Neckarsulm sind der nordwestlich der Stadt liegende 310 m hohe Scheuerberg und der unmittelbar im Süden an das Gräberfeld angrenzende Stiftsberg zu nennen.

Das Neckarbecken selbst gehört zu einem der waldärmsten Gebiete Baden-Württembergs. Das Klima ist hier durchgehend warm und trocken, mit einer mittleren Jahrestemperatur von 9,6 °C liegt Neckarsulm heute in einer der wärmsten Regionen Deutschlands. Der mittlere Jahresniederschlag ist mit 757 mm/m² zudem relativ gering.[93] Direkt an den Neckar angrenzend liegen fruchtbare, im Pleistozän gebildete Löss- und Braunerden, weshalb es nicht verwundert, dass diese Region schon in prähistorischer Zeit besiedelt und landwirtschaftlich genutzt wurde. So eignen sich das milde Klima und auch die Landschaft vorzüglich für Weinanbau, beispielsweise auf den unweit vom Neckar gelegenen steilen Muschelkalkterrassen und Keuperbergen.[94]

Geologisch interessant ist die Region, da hier unter den Sedimentschichten aus Löss, Hochterrassenschotter, Keuper und Muschelkalk Schichten aus Salz und salzhaltigem Gestein lagern. Dieses Salz stellt den Überrest eines sich während der Trias bis nach Südostdeutschland ziehenden Meeres dar. Die ältesten Belege für eine umfangreiche Gewinnung dieses Salzes im nördlichen Württemberg stammen aus Schwäbisch Hall.[95] Dort entdeckte Briquetagen werden in die Latènezeit bzw. in das 5. Jh. v. Chr. datiert. Ein gewerblicher Abbau des Salzes setzte in Schwäbisch Hall im Mittelalter ein, ab dem Beginn des 18. Jh. erfolgte ein industrieller Abbau in großem Ausmaß.[96]

Die ältesten archäologischen Funde in Neckarsulm wurden im heutigen Kerngebiet der Stadt entdeckt und lassen sich ins frühe Neolithikum bzw. in die Mitte des 6. Jahrtausends v. Chr. datieren. Funde aus den Perioden der Bronze- und Eisenzeit sowie aus dem Frühmittelalter verdeutlichen eine gewisse Siedlungskontinuität. Der früheste historische Beleg für die Stadt Neckarsulm findet sich in einer Urkunde aus dem Jahr 771. In dieser Schenkungsurkunde des Klosters Lorsch wird eine vermutlich von den Franken gegründete Siedlung namens „Villa Sulmana" aufgeführt.[97] Um das Jahr 1200 gelangte Neckarsulm als Lehen in den Besitz der Herren von Weinsberg, welche auf dem nahe der Stadt gelegenen Scheuerberg eine Burg errichteten. Zu Beginn des 14. Jh. erhielt Neckarsulm volle Stadt- und Marktrechte und, wohl ebenfalls in diesen Zeitraum zu datieren, eine Stadtmauer. 1484 gelangte die Stadt in den Besitz des Deutschen Ordens, der für lange Zeit auch der Eigentümer von Stadt und Land bleiben sollte.[98]

Eine erste bildliche Darstellung der Stadt Neckarsulm findet sich auf einer Landkarte aus dem Jahr 1579 (Abb. 2), die im Zuge von Gebietsstreitigkeiten erstellt wurde. In dem dargestellten Kartenausschnitt sind nicht nur die frühneuzeitliche Stadt zu erkennen, sondern auch der südlich von der Stadt gelegene Stiftsberg. Das in dieser Arbeit behandelte

---

93 Die genannten Daten stammen von der Wetterstation Weinsberg, unweit von Neckarsulm. Deutscher Wetterdienst (http://www.dwd.de).
94 Der Weinbau wird in der Region schon seit Jahrhunderten gepflegt und Neckarsulm kann sich rühmen, dass hier die älteste Weingärtnergenossenschaft Deutschlands beheimatet ist.
95 H. Maus/C. Raub, Bodenschätze in Württemberg – Gewinnung und Nutzung in Geschichte und Gegenwart. In: Planck, Württemberg 545 ff.; T. Simon, Salz und Salzgewinnung im nördlichen Baden-Württemberg. Geologie – Technik – Geschichte. Forschungen aus Württembergisch-Franken 42 (Sigmaringen 1995) 74 ff.
96 Simon, Salz 84 ff.
97 A. Vogt, Villa Sulmana Neckarsulm – Bilder einer Stadtentwicklung (Neckarsulm 2000); B. Griesinger (Hrsg.), Neckarsulm. Die Geschichte einer Stadt (Stuttgart 1992).
98 A. Seiler/D. Bader/B. Demel, Neckarsulm und der Deutsche Orden 1484–1805–1984. Katalog zu einer Ausstellung (Ludwigsburg 1984).

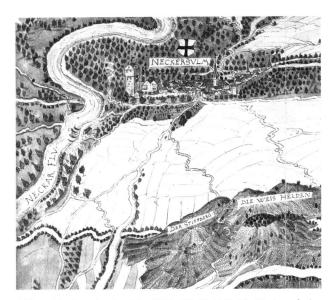

Abb. 2: Neckarsulm im Jahr 1579 (C3 Bü 4290 Nr. 12 Ausschnitt: © Hauptstaatsarchiv Stuttgart).

Gräberfeld lag schon damals in einem landwirtschaftlich genutzten Gebiet in unmittelbarer Nähe zu den Weinhängen des Stiftsbergs. Eine im Jahr 1779 im Auftrag des Deutschen Ordens erstellte Flurkarte belegt, dass das Gräberfeld zu dieser Zeit inmitten von mit Grenzen durchzogenen Ackerfluren lag.[99] An diesem Zustand sollte sich bis zur Freilegung des Gräberfeldes auch nichts ändern. Im Gegensatz dazu hat sich die Stadt Neckarsulm vor allem mit dem Beginn des industriellen Zeitalters ab dem 19. Jh. stark verändert. Sie entwickelte sich innerhalb einer durch Weinbau und Landwirtschaft geprägten Region zu einer modernen Industriestadt und ist über die Jahrzehnte stetig gewachsen.

1.2 Geologie des Fundplatzes des urnenfelderzeitlichen Gräberfeldes

Das in dieser Arbeit vorgestellte Gräberfeld liegt etwa 1,2 km südlich des heutigen Stadtzentrums von Neckarsulm, wenige Hundert Meter vom nördlichen Fuß des Stiftsbergs entfernt. Anhand der Höhenlinien im Kartenausschnitt (siehe Abb. 3) ist gut zu erkennen, dass das Gelände südlich der Stadt in Richtung Stiftsberg zunehmend ansteigt. Der Geländeanstieg macht sich auf dem Areal des Gräberfeldes selber kaum bemerkbar, da dieses entweder aufgrund der über Jahre erfolgten landwirtschaftlichen Nutzung oder auch infolge geologischer Prozesse zunehmend verflachte. Die während der Ausgrabung vorgenommene Vermessung des Geländes zeigt allerdings an, dass das untersuchte Areal zwischen seinem nördlichen und seinem südlichen Teil von ca. 165,6 m ü. NN auf ca. 168,4 m ü. NN ansteigt. Weiter in Richtung Süden steigt die Geländehöhe mit dem Stiftsberg zu einer topografisch deutlich sichtbaren Erhebung an. Der Höhenunterschied vom Bereich des Gräberfeldes und der Spitze des Stiftsbergs mit seinen 255,4 m ü. NN beträgt fast 90 m.

Die Geologie des Fundplatzes lässt sich aus den der Bebauung der Fläche vorangegangenen geologischen Untersuchungen erschließen, welche durch die Töniges GmbH vorgenommen wurden. Die Geologen nahmen an insgesamt sieben verschiedenen Punkten Bohrungen vor, wobei die ersten vier Bohrlöcher jeweils am nördlichen Rand des später archäologisch untersuchten Areals lagen und das Gräberfeld demnach nicht berührten. Der erste Bohrkern wurde am östlichen Rand des ersten, allerdings fundleeren Suchschnitts gezogen. Von einer gemessenen Bodenhöhe von 167,65 m ü. NN wurde der Bohrkern ca. 7 m in die Tiefe getrieben. Der Oberboden und die Auffüllung zeigen hier eine Mächtigkeit von insgesamt 1,20 m und bestehen überwiegend aus Silt[100], Ton und feinem Sand. Darunter liegen knapp 6 m mächtige Schichten aus Lösslehm und Silt. Der Oberboden ist allerdings nicht frei von Löss, sondern stark mit diesem durchsetzt. Innerhalb des Bestattungsareals konnten im Planum der fundtragenden Schicht verschiedenste Farbwechsel der Bodenoberfläche festgestellt werden, die von hell- und mittelbraunem bis zu dunkel- und rotbraunem Löss reichten. Die nur wenige Zentimeter im Boden eingetieften Grabgruben lagen in dieser Lössschicht.

1.3 Ausgrabung des urnenfelderzeitlichen Gräberfeldes

Die Ausgrabung archäologischer Bodendenkmäler ist heutzutage aufs Engste mit dem zunehmenden Bedarf an bebaubaren Flächen sowie einer verkehrstechnischen Erschließung ganzer Landschaften verknüpft. Auch der Naturraum um Neckarsulm hat sich daher in den letzten Jahrzehnten immer weiter verändert. Bei der Betrachtung der modernen Kartografierung (siehe Abb. 3) erkennt man im Süden der Stadt das kleeblattförmige Autobahnkreuz der hier aufeinandertreffenden Bundesstraße B 27 und der Autobahn A 6. Wie auf dem Kartenausschnitt zu

---

99 Neckarsulmer Tractus-Charten-Buch (1779), Stadtarchiv Neckarsulm (Sign.: S 20 K 1/L 2).

100 Mit Silt oder auch Schluff werden (Fein-)Böden bezeichnet, die zu mindestens 95 % aus Komponenten mit einer Korngröße unterhalb 0,06 mm bestehen.

sehen ist, ergibt sich auf diese Weise eine räumliche Aufteilung des Gebiets in vier Sektoren. Im Norden erkennt man die westlich der B 27 liegende Stadt Neckarsulm, im Südwesten bzw. im linken Bereich des Bildausschnitts ein Teilstück des Neckars und den an dieser Stelle angelegten, nach Süden verlaufenden Osthafen. Im nordöstlichen Sektor liegt das heutige Gewerbegebiet „Trendpark". Der größte Teil dieses Sektors wird jedoch nach wie vor landwirtschaftlich genutzt. Der für uns interessante südöstliche Sektor, im unteren Winkel zwischen B 27 und A 6 gelegen, wurde bis 2001 ebenfalls landwirtschaftlich genutzt. Zum Ende der 1990er-Jahre kamen Planungen auf, hier neues Bauland zu erschließen und weitere Gewerbeflächen anzusiedeln. Die Standortwahl begründete sich vor allem durch die gute verkehrstechnische Anbindung für die geplanten Gewerbeflächen. Infolgedessen entstand das Bauprojekt für den „Trendpark-Süd"[101], in dessen Verlauf die in dieser Arbeit vorgelegten archäologischen Funde entdeckt wurden.

Das Gräberfeld lag zum Zeitpunkt seiner Ausgrabung inmitten von Ackerfluren, auf welchen Getreide angebaut wurde. Im südlichen Bereich des untersuchten Areals liegen einzelne Obstbaumwiesen. Zum Beginn des Jahres 2001 wurde ein Areal von insgesamt 25 ha zur Bebauung freigegeben. Wie bei Bauvorhaben solcher Größe per Gesetz üblich, wurde das Landesamt für Denkmalpflege Baden-Württemberg über das geplante Bauvorhaben informiert. Dieses setzte seinerseits im Januar und Juni des Jahres 2001 wiederum die Planungskommission des Bauprojekts über zu erwartende archäologische Funde in Kenntnis. Zur Vorabklärung möglicher archäologischer Bodendenkmäler wurden an mehreren Tagen unter der Leitung von Dr. h.c. O. Braasch von einem kleinen Flugzeug aus Luftbildaufnahmen der Fläche angefertigt, auf denen sich jedoch keine im Boden abzeichnenden Strukturen zu erkennen gaben. Für die archäologische Sondierung einer zunächst nur 1,2 ha großen Fläche wurde die Leiterin der Außenstelle des Landesamts für Denkmalpflege in Lauffen, Frau Dr. Andrea Neth, beauftragt, welche auch die spätere Grabung leitete. Zu Beginn der Grabung wurden zunächst in ostwestlicher Richtung im Abstand von mehreren Metern Sondagen an-

---

101 H. Schreiner/U. Schreiner/C. Bräutigam, Verwaltungsraum Neckarsulm. Fortschreibung des Landschaftsplanes zur 4. Änderung des Flächennutzungsplanes – hier Gewerbegebiet „Trendpark Süd" (Stuttgart 2001).

Abb. 3: Topografische Karte von Neckarsulm. Topografische Karte Heilbronn 1:25 000. Nr. 6821-G; © Landesvermessungsamt Baden-Württemberg 2005.

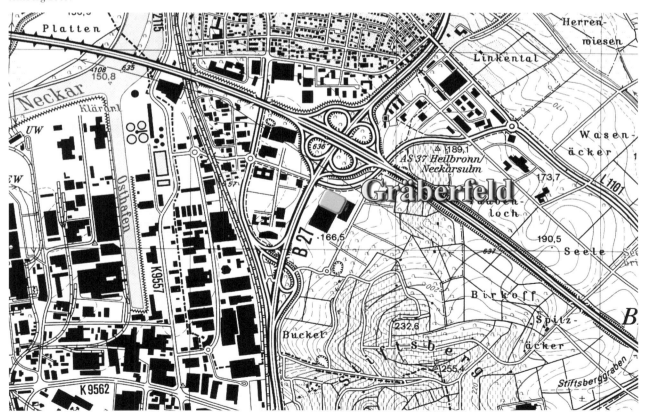

Abb. 4: Gräberfeldplan (nach A. Neth).

gelegt. Es folgten insgesamt sechs 25 bis 30 cm tiefe und 7 m breite Suchschnitte, wobei mit den Schnitten 1–3 in der Mitte des Areals begonnen und mit den darauf folgenden Suchschnitten 4–6 westlich an diese angeschlossen wurde. Die westliche Grenze bildete die B 27. Während der Grabung auftretende Gruben wurden ausgehoben, der Verlauf von Bodenstrukturen verfolgt und alles sorgfältig dokumentiert. Im Suchschnitt 2 stieß man am 22. März 2001 auf das erste Grab und man begann nach und nach, den Suchschnitt nach Norden und Süden mit sechs bzw. zwei Erweiterungen zu verbreitern. Die ausgegrabene Fläche umfasste zum Abschluss der Grabung eine Größe von etwa 172 m × 187 m. Das als Gräberfeld zu bezeichnende Areal besitzt hierbei eine Größe von etwa 95 m × 66 m. Im Zuge der Ausgrabung sollten 32 Gräber[102] mit insgesamt 50 Bestattungen aufgedeckt werden. Hinzu kamen zahlreiche Gruben und andere sich im Boden abzeichnende Strukturen (siehe Gräberfeldplan Abb. 4).[103] Die aufgedeckten Strukturen lassen sich als neolithische, urnenfelderzeitliche und neuzeitliche Bodeneingriffe interpretieren. Nach einer ersten Datierung der Grabfunde war davon auszugehen, ein Ha A-zeitliches, sprich urnenfelderzeitliches Gräberfeld entdeckt zu haben.

Es ist als Glücksfall zu werten, dass das Gräberfeld von Neckarsulm erst spät entdeckt wurde, da es so unter der Anwendung moderner Grabungsstandards dokumentiert werden konnte. Der Zeitpunkt der Entdeckung hätte andererseits nicht zu einem späteren Zeitpunkt erfolgen sollen, da die Gräber aufgrund der tiefgehenden Einwirkungen des Pfluges bereits sehr dicht an die Erdoberfläche gelangt waren. Stellenweise lagen die Gräber bereits direkt unter dem ersten, vom Bagger gezogenen Planum, d. h. in einer Tiefe von nur 5 bis 15 cm. Einige wenige Gräber waren offensichtlich bereits durch den Pflug gestört oder nahezu vollständig zerstört worden. Der Erhaltungszustand der einzelnen Skelette ist unterschiedlich gut. Der Großteil der Knochen befand sich im Zustand der Auflösung, zum Teil fehlen sogar größere Partien.[104] Vermutlich hat die Lage im Löss die Erhaltungsbedingungen der Knochen unterstützt, eine wie auch immer verursachte Verlagerung der Knochen könnte jedoch deren Auflösung beschleunigt haben. Die anorganischen Funde wie Keramik und Bronzen sind insgesamt in einem sehr guten Zustand. Bei den Gefäßen waren einige nur unvollständig erhalten geblieben, ein Phänomen, das in der gesamten Archäologie auch bei offensichtlich unberührten Bestattungen auftritt. Es bleibt zu vermuten, dass qualitativ mindere und schlecht gebrannte, wie auch absichtlich zerschlagende Gefäße sich selten erhalten haben. Festzustellen ist eine relativ hohe Zahl von Gefäßen, die nur noch durch einzelne Scherben dokumentiert sind, weshalb auf eine ursprünglich höhere Zahl an Gefäßen geschlossen werden kann (siehe Kap. III.4.6.2.9). Die Bronzen sind bis auf zwei Nadeln aus Grab 6 und Grab 8/2, welche sich nahezu vollständig aufgelöst hatten, recht gut erhalten. Die übrigen Bronzen befanden sich zum Teil in einem Zustand der Auflösung, verursacht durch ihre Lage unmittelbar unterhalb der

Abb. 5: Grabungssituation bei Grab 18 (Foto: A. Neth).

Erdoberfläche, wo sie in höherem Maße Feuchtigkeit und phosphathaltigen Düngemitteln ausgesetzt waren.

Die Ausgrabungen dauerten bis Ende Juli 2001, wobei in der letzten Phase die Grabungsbedingungen mit den steigenden Temperaturen schwieriger wurden (Abb. 5). Aufgrund der Sonneneinstrahlung begann der Boden relativ schnell auszutrocknen, weshalb in einzelnen Fällen die nur schwer erkennbaren Ausdehnungen der Grabgruben an weiterer Schärfe verloren. Aufgrund der ausgedehnten Suchschnitte ist mit großer Sicherheit davon auszugehen, dass das Gräberfeld in seiner gesamten Ausdehnung erfasst worden ist. Da sich mit diesem Befund der Raum südlich von Neckarsulm als Siedlungsgebiet einer bronzezeitlichen Bevölkerung bestätigt hat, ist davon auszugehen, dass bei zukünftigen Baumaßnahmen im Bereich östlich des Gräberfeldes mit weiteren Befunden der Bronzezeit und Urnenfelderzeit zu rechnen ist. Wie wir weiter unten sehen werden, weisen einige Gruben und Streufunde auf eine Besiedlung des Umlands bis hinein in die Stufe Ha B hin.

---

102 Bei einem als Grab 31 bezeichneten Befund handelt es sich offensichtlich nicht um eine Bestattung. Die Zahl der Gräber reduziert sich somit von anfänglich 33 auf 32 Gräber.

103 Der hier abgebildete Gräberfeldplan wurde grafisch bereinigt, d. h. dass nur die Gruben, Pfostenlöcher und Bodenstrukturen im Plan beibehalten wurden, bei denen es sich nachweislich um Befunde aus dem Neolithikum, der Urnenfelder- oder der Neuzeit handelt. In den meisten Fällen dienten zu deren grober Datierung kleinere Metallteile oder Keramik- bzw. Glasscherben.

104 J. Wahl, Nur Männer „im besten Alter"? Erste anthropologische Erkenntnisse zum urnenfelderzeitlichen Friedhof von Neckarsulm, Kreis Heilbronn. Archäologische Ausgrabungen in Baden-Württemberg 2001, 55–56.

1.4 Weitere Befunde
1.4.1 Urnenfelderzeitliche Feuergruben

Noch auf dem Areal des Gräberfeldes fanden sich weitere Befunde, welche aufgrund nur spärlicher Funde unter Vorbehalt ebenfalls aus der Urnenfelderzeit stammen und einen direkten Bezug zu den Bestattungen gehabt haben könnten. Auf der Karte zum Gräberfeld (Abb. 4) erkennt man zunächst etwa 30 m südlich des im westlichen Bereich des Gräberfeldes liegenden Grabes 14 insgesamt vier Gruben (Befund-Nr. 209, 208, 211, 207). Der Aufbau der Gruben folgte offensichtlich immer dem gleichen Schema (Abb. 6). Die Gruben waren jeweils ca. 3,00 m lang und zwischen 1,45 und 1,75 m breit. Sie lagen jeweils der Länge nach in ostwestlicher Orientierung auf einer nordnordwestlich-südsüdöstlich orientierten Achse in einer Reihe untereinander. Die Grubentiefe betrug in der Regel nur 10 bis 12 cm, eine vergleichbar geringe Tiefe, wie sie schon bei den Grabgruben beobachtet werden konnte, was möglicherweise als Indiz für eine Entstehung der Gruben in der Urnenfelderzeit zu deuten ist. Die Grubengrenzen waren häufig mit einer etwa 2 cm breiten Lage von orangeroten, offensichtlich verziegelten Sandsteinen gesäumt. In einigen Fällen waren mehrere dieser verziegelten Sandsteine bis ins Grubeninnere verlagert worden. Ein Gestaltungs- bzw. Bauprinzip ist aus der Anordnung der Steine allerdings nicht ersichtlich, vielmehr lagen sie verkantet und in unterschiedlicher Neigung in der Grube. Von einer Pflasterung kann daher keine Rede sein. Die Sandsteine waren allesamt sehr porös, was wie gesagt auf eine intensive Erhitzung dieser Steine schließen lässt. Dieser Vorgang führte auch zu ihrer charakteristischen roten Färbung. Zwischen den Steinen lagen oftmals kleine Holzkohlepartikel, jedoch nicht in ausreichenden Mengen, um hier weitere Analysen durchführen zu können. In zwei Gruben fanden sich zudem kleinere Scherben, die jedoch in einem sehr schlechten Erhaltungszustand waren und typologisch nicht näher bestimmt werden konnten. Womöglich gehört eine weitere Grube, oberhalb der nördlichsten Grube gelegen, ebenfalls zu dieser Reihe, da auch hier eine ostwestlich ausgerichtete Konzentration von Steinen zu beobachten war. Es handelt sich in diesem Fall um rötlichgraue Sandsteine, darunter befanden sich die Reste zerbrochener Mahlsteine (Abb. 7).

Interessant ist, dass vergleichbare Gruben auch auf anderen urnenfelderzeitlichen Gräberfeldern festgestellt wurden. Zu nennen ist hier das Gräberfeld von Eßfeld, Ldkr. Würzburg, welches insgesamt fünf Brandgräber aufwies, darunter auch ein reich ausge-

Abb. 6: Feuergrube, Befund 208 (Foto: A. Neth).

Abb. 7: Feuergrube, Befund 129 (Foto: A. Neth).

stattetes Steinkistengrab[105] mit Schwertbeigabe (siehe Kap. III.4.2.1.3). Auf dem Terrain des Eßfelder Friedhofs fanden sich drei offensichtlich in der Urnenfelderzeit angelegte Gruben der oben beschriebenen Art, welche zumeist Scherben enthielten. Von näherem Interesse sind hier zwei Gruben, die der Bearbeiter als „Herdstellen" bezeichnete.[106] Herd-

---

105 Ein weiteres Steinkistengrab fand sich im Jahre 1997 etwa 100 m vom Friedhof entfernt. Siehe S. Gerlach, Ein frühurnenfelderzeitliches Steinkammergrab aus Eßfeld. Das archäologische Jahr in Bayern 1998 (Stuttgart 1999) 33 ff.
106 C. Pescheck, Katalog Würzburg 1. Die Funde von der Steinzeit bis zur Urnenfelderzeit im mainfränkischen Museum (Kallmünz/Opf. 1958), 121.

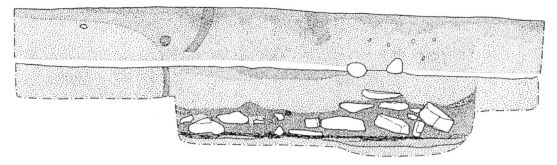

Abb. 8: Profil der Feuergrube Eberdingen-Hochdorf, Ldkr. Ludwigsburg (J. Biel, Polynesische Schweinebratereien 116 Abb. 2).

stelle 1 lag nur 6 m entfernt vom erwähnten Steinkistengrab. Es handelt sich um eine 1,60 m × 1,30 m große etwa 30 cm tiefe Grube, die mit kleinen roten Sandsteinen und Muschelkalkbrocken ausgekleidet war. Der Boden der Grube war mit einer Lage aus rot gebrannten Steinen und einer dünnen Holzkohleschicht bedeckt, ansonsten jedoch fundleer. Eine weitere Herdstelle von unregelmäßiger Größe war ebenfalls mit kleinen verbrannten Steinen und Kohlestückchen ausgelegt und enthielt überdies das Fragment eines dickwandigen Gefäßes. Auch vom großen, erst in jüngerer Zeit freigelegten Urnengräberfeld in Mannheim-Sandhofen sind solche Gruben bekannt.[107] U. Koch interpretiert diese Gruben als funktionellen Bestandteil der Feuerbestattung:

„Die Toten wurden in ihrer Kleidung mit allen Accessoires auf einem Scheiterhaufen über einer mit Steinpflaster ausgelegten, 3 m langen, rechteckigen Feuergrube verbrannt. Dass in den vier Gruben mehrfach heftige Feuer brannten, bezeugt das dick verziegelte anstehende Erdreich an den Grubenwänden, aber auch unter dem Steinlager. Von den mit auf den Scheiterhaufen gelegten Beigaben haben sich zahlreiche Reste, vor allem aber Keramikscherben und einmal ein Spinnwirtel auf dem Steinpflaster erhalten."[108]

Während für Eßfeld und Mannheim-Sandhofen die Funktion dieser Gruben durchaus in Zusammenhang mit den Brandbestattungen gebracht werden kann, ist eine solche Interpretation für die Gruben von Neckarsulm grundsätzlich auszuschließen, da man es hier mit einem Gräberfeld zu tun hat, auf dem die Toten ausschließlich körperbestattet wurden, d.h. keine einzige Brandbestattung nachgewiesen werden konnte. Es verlangt daher nach einer anderen Erklärung für diese Gruben. Schon während der Ausgrabung des Neckarsulmer Gräberfeldes schlug der damalige Landeskonservator Dr. Jörg Biel die Interpretation solcher Gruben als „Polynesische Schweinebraterei"[109] vor. Biel bezieht sich hier auf Gruben, die Ende der 1990er-Jahre am Süd-

rand des hallstattzeitlichen Fürstengrabes von Eberdingen-Hochdorf entdeckt wurden und trotz ihrer Fundleere in die frühe Eisenzeit datiert werden müssen. Es handelt sich hier um sieben, in nordsüdlicher Ausrichtung angelegte Gruben von durchschnittlich 2 m Länge und 1,2 m Breite (Abb. 8). Diese Gruben sind zwischen 0,5 und 1,0 m tief und wie in den vorherigen Fällen am Boden mit rot verziegelten Steinen und Holzkohlestücken bedeckt. In Bezug auf andere hallstattzeitliche Gruben hatte auch Ramseyer[110] bereits eine solche Interpretation als „Polynesische Schweinebratereien" bzw. „Four polynésien" vorgeschlagen:

„Es handelt sich um in den Boden eingelassene Gruben, in denen Hitzesteine stark erwärmt, Asche zum Teil entfernt, das Fleisch eventuell durch Blätter geschützt eingebracht und dann mit Erde überdeckt werden kann. Die Garzeit ist dem eingebrachten Kochgut anzupassen."[111]

Polynesische Erdöfen, in Polynesien Hangi oder Umu genannt, finden sich nahezu auf den gesamten polynesischen Inseln des Südpazifiks. Die beschriebene Art des Kochens ist jedoch nicht auf diese Region beschränkt, das Prinzip ist vielmehr auf allen Kontinenten der Erde bekannt. Vergleichbare Gruben finden sich auch schon auf Freilandstationen bzw. Siedlungsplätzen der mittleren und der jüngeren Steinzeit, was zeigt, dass das Garen in Gruben neben dem Kochen und dem Braten auf offenem Feuer wohl zu den ältesten Techniken der Nahrungszubereitung gehört.

---

107 Koch, Mannheim-Sandhofen 54 Abb. 28.
108 Ebd. 54.
109 J. Biel, Polynesische Schweinebratereien in Hochdorf. In: S. Hansen/V. Pingel (Hrsg.), Archäologie in Hessen. Neue Funde und Befunde. Festschrift für Fritz-Rudolf Herrmann zum 65. Geburtstag (Rahden 2001) 115f. mit Abb. 2.
110 D. Ramseyer, Des fours de terre (polynésiens) de l'époque de hallstatt à Jeuss FR. Archäologie Schweiz 8, 1985, 44ff.
111 Biel, Schweinebratereien 116.

Abb. 9: Eikopfnadel Befund 294 A.

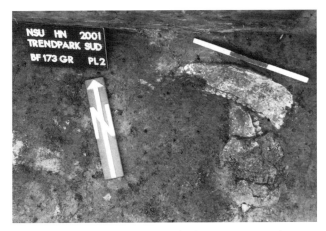

Abb. 10: Grube mit Tierknochen, Befund 173 (Foto: A. Neth).

Bei den erwähnten Gruben der urnenfelder- und hallstattzeitlichen Gräberfelder kann schlussendlich aufgrund ihrer Fundleere keine genaue Datierung erfolgen. Nach Biel ist eine Datierung derartiger Gruben in die Stufen Ha B3 bis Ha D1 belegt,[112] scheinbar lässt sich dieser Grubentyp aber mit den genannten urnenfelderzeitlichen Befunden sogar bis in die Stufe Ha A zurückverfolgen. Eine abschließende Erklärung der Funktion dieser Gruben kann allerdings nicht erbracht werden. Es steht jedoch fest, dass in den Gruben eine große Hitze geherrscht haben muss, wie es die rot verziegelten Steine verraten. Da es in der Regel an dicken Ascheschichten in den Gruben fehlt, ist davon auszugehen, dass die Steine außerhalb oder am Rand der Grube erhitzt worden sind. Was auch immer in den Gruben passierte, nach ihrer Benutzung wurden sie immer sorgfältig ausgeräumt und wenn überhaupt, blieben nur geringe Mengen an Holzkohle, Tierknochen und Keramikscherben zurück. Auffällig bleibt die unmittelbare Nähe solcher Gruben zu Grabhügeln und Gräbern. In den Hochdorfer Gruben sieht Biel einen Beleg für einen besonderen Totenkult:

„Die mindestens sieben am südlichen Hügelfuß gelegenen Gruben in einem Zusammenhang mit Feierlichkeiten oder Festen anlässlich der Bestattung oder der Aufschüttung des Hügels zu bringen, ist natürlich sehr reizvoll. Ihre auch anderwärts zu beobachtende charakteristische Aufreihung spricht für einen größeren Anlass und nicht nur für eine kleine Aktion. Die Deutung als Gar- oder Kochgrube hat vieles für sich und passt natürlich gut zu einem solchen Fest."[113]

Möglicherweise könnten auch für das Gräberfeld von Neckarsulm solche, die Bestattungsrituale begleitende oder nachfolgende Festlichkeiten in Betracht gezogen werden. Ob die Gruben allerdings gleichzeitig mit dem Gräberfeld angelegt wurden, ob sie mehrmals benutzt wurden oder ob für jedes Fest eine neue Grube ausgehoben wurde, kann nicht geklärt werden.

1.4.2 Siedlungsspuren der jüngeren Urnenfelderzeit

Auf dem Areal des Trendpark-Süd wurden nach Abschluss der Ausgrabung des Gräberfeldes in den Jahren 2002 und 2003 weitere Ausgrabungen durchgeführt, die vor allem Siedlungsgruben und große Mengen an Siedlungskeramik hervorbrachten. In diesen Kampagnen wurden nordöstlich und südwestlich an das Gräberfeld anschließend, mehrere Suchschnitte angelegt, zu einer flächigen Ausgrabung kam es jedoch nicht. Da es den Rahmen dieser Arbeit sprengen würde, zusätzlich zum Gräberfeld in aller Breite auch die Siedlungsfunde vorzustellen, möchte ich auf diesen sicherlich ebenfalls interessanten Befund jedoch nicht weiter eingehen.[114] Diese Entscheidung gründet sich vor allem auf der Tatsache, dass Siedlung und Gräberfeld nachweislich nicht zur selben Zeit genutzt wurden, da die Siedlung – dieses belegen Gefäßreste und wenige Bronzefunde – erst nach der Aufgabe des Bestattungsplatzes angelegt wurde. Chronologisch besonders aussagekräftig ist hier der Kopf einer so genannten Eikopfnadel (Abb. 9), ein charakteristischer Nadeltyp der jüngeren Urnenfelderzeit bzw. der Stufe Ha B1.[115] Auch diejenigen Gefäßreste, die chronologisch aussagekräftig sind, datieren in die Stufe Ha B und zeigen zusammen mit den Bronzefunden an, dass das Gebiet um das Gräberfeld noch bis mindestens in diese Stufe besiedelt war.

1.4.3 Befunde aus dem Neolithikum und der Neuzeit

Auf dem Plan zum Gräberfeld sind mehrere Strukturen und Gruben zu erkennen, auf welche nun kurz

---

112 Ebd. 116.
113 Ebd. 117.
114 Geplant ist ein gesonderter Artikel, in welchem die Veröffentlichung des Siedlungsbefundes erfolgen wird.
115 Dehn, Nordwürttemberg, 33.

eingegangen werden soll. Sämtliche Befunde wurden in ihrer oberflächigen Ausdehnung verfolgt und im Profil geschnitten. Man erkennt im Osten des Gräberfeldes eine nordsüdlich verlaufende Struktur, welche die Überreste eines neuzeitlichen Feldwegs darstellt. Die Fahrspur war mit größeren Sandsteinbrocken sowie Ziegel- und Steinsplitt ausgekleidet. Der Radstand des Weges betrug ca. 1,40 m. Als Funde fanden sich zwei Nägel und kleinere Bronzefragmente, welche mit großer Sicherheit nicht aus der Urnenfelderzeit stammen. Rechts der Straße befanden sich Gruben unbestimmten Alters, deren Verfüllungen keine Funde enthielten. Nur die nördlicheren Gruben enthielten etwas Ziegelsplitt und sind daher wohl eher neuzeitlichen Datums. Während die Gruben rechteckiger Form von eher unbestimmtem Alter sind oder nur allgemein als „neuzeitlich" bezeichnet werden können, handelt es sich bei den schmalen und spitz zulaufenden Gruben nach Ansicht der Grabungsleiterin Frau Dr. Neth eventuell um neolithische Schlitzgruben. In keiner dieser Gruben fand sich jedoch ein Fund, der diese Datierung bestätigen würde. Fundleer war ebenso ein großer Teil runder Gruben und Pfostenlöcher, welche verstreut im Areal des Gräberfeldes lagen. In der Mitte des Gräberfeldes erkennt man parallele Strukturen, bei denen es sich um tiefe Pflugspuren handelt. Unterhalb von Grab 31 lagen mit westöstlicher Orientierung fünf fundleere Gruben untereinander. Sie wurden von der Grabungsleitung als „Hasenschlitze" bezeichnet und dienten in der Neuzeit vielleicht zur Hasenjagd oder zur Vorratshaltung.

Als Streufunde fanden sich auf dem Grabungsareal kleine neuzeitliche Bronze- und Eisenteile, Glas, Mahlsteinfragmente und einzelne Scherben. Interessant sind im Übrigen zwei Gruben, die in auffälliger Weise niedergelegte Tierskelette enthielten. Ob die Tiere nun aus profanen oder sakralen Gründen dort deponiert wurden, bleibt unklar. Die erste Grube lag nur wenige Meter westlich von Grab 32. Ihre Verfüllung bestand aus mehreren deutlich voneinander unterscheidbaren Schichten aus Lösslehm. Im unteren Drittel lagen verbrannte Tierknochen und größere Keramikscherben. Im östlichen Bereich der Grube lagen zudem ein großer Unterkiefer und unter diesem der dazugehörige Oberkiefer. Es handelt sich vermutlich um den Schädel eines Pferdes (Abb. 10).[116] Der genaue Verbleib der Knochen ist unklar. Die zweite Grube, sie ist nicht in dem zur Vermessung erstellten CAD-Plan verzeichnet worden, befand sich im Bereich der 3. nördlichen Erweiterung von Schnitt 2. Zu suchen ist diese Grube in der oberen rechten Ecke des Gräberfeldplans. Bei

Abb. 11: Grube mit Tierknochen, Befund 176 (Foto: A. Neth).

der Grube handelt es sich um eine so genannte „Schlitzgrube" mit südwest-nordöstlicher Orientierung. Im östlichen Teil der Grube lag ein Tierskelett mit geknickten Hinterläufen. Die Vorderläufe waren durch den Bagger beschädigt, der Kopf fehlte. Es handelte sich vermutlich um ein Jungtier der Gattung Schafe oder Ziege (Abb. 11).

2 Das Gräberfeld von Neckarsulm

Im Folgenden werden die einzelnen Charakteristiken des Gräberfeldes näher behandelt. Neben der Belegstruktur, dem Bestattungsritus, der Bestattungsform, den Körperhaltungen und der Bestattungsabfolge werden auch die bisher erbrachten Ergebnisse der anthropologischen Untersuchungen des Knochenmaterials durch Prof. Dr. J. Wahl vorgestellt. Darauf aufbauend schließt sich eine Diskussion der möglichen Todesursachen an. Abschließend wird auf den bei einigen Neckarsulmer Gräbern beobachteten Grabraub eingegangen.

---

116 Freundlicher Hinweis von Prof. Dr. Jörg Schibler, Institut für prähistorische und naturwissenschaftliche Archäologie (IPNA) der Universität Basel [persönliche Kommunikation, 28.04.2008].

2.1 Belegungsstruktur des Gräberfeldes

Das mit großer Gewissheit in seiner Ausdehnung vollständig erfasste Gräberfeld besitzt eine Größe von etwa 95 m × 66 m bzw. ca. 0,6 ha (siehe Plan Abb. 4 sowie Abb. 12). Die Vergabe der Grabnummern erfolgte in der Reihenfolge, in welcher die Gräber entdeckt und freigelegt wurden. Die Verteilung der Gräber im Areal zeigte eine grobe Anordnung in zumindest fünf klar erkennbaren und in westöstlicher Richtung verlaufenden Reihen.[117] Die Abstände zwischen den Gräbern betrugen zwischen einem und mehreren Metern, wobei gesichert ist, dass in den größeren Lücken zwischen den Gräbern keine weiteren Gräber gelegen haben. Eine Ausnahme bildete der mittlere und östliche Bereich, denn dort lagen auch Gräber zwischen den Reihen. Daraus ergab sich für diesen Bereich eine dichte Anordnung von Gräbern und ein verteilungsmäßiger Schwerpunkt des Gräberfeldes. Recht abseitig lagen im westlichen Bereich die Gräber 31 und 14. Auffällig ist, dass entlang einer imaginären mittleren Achse im nordöstlichen Bereich alle drei Schwertgräber angetroffen wurden. Es muss sich hierbei jedoch nicht zwangsläufig um die ursprüngliche Verteilung aller Schwerter bzw. Waffen auf dem Gräberfeld handeln, denn einige Gräber abseits dieser Gruppe waren nachweislich beraubt worden. Theoretisch ist es also möglich, dass die Zahl der Waffengräber höher gewesen ist. Bei der Verteilung von sieben einander sehr ähnlichen Nadeln[118] mit kleinem doppelkonischem Kopf („Typ Neckarsulm" siehe Kap. III.4.1.5) sieht man, dass sie nahezu über das gesamte Gräberfeld verteilt auftreten, vor allem im mittleren und südlichen Bereich (Abb. 62). An späterer Stelle wird, nachdem die einzelnen Grabfunde hinsichtlich ihrer Typologie und Datierung[119] besprochen worden sind, der Frage nachgegangen, inwieweit hinter der Anordnung der Gräber chronologische Ursachen stehen oder nicht (Kap. IV).

Da beabsichtigt ist, aus den menschlichen Knochen genetisches Erbgut zu gewinnen, wird möglicherweise in Zukunft auch die Frage beantwortet werden können, ob einzelne Tote miteinander verwandt waren. Hierdurch könnte möglicherweise aufgezeigt werden, ob sich im Verteilungsmuster der Gräber verwandtschaftliche Beziehungen zwischen den Toten widerspiegeln.

2.2 Grabbau

Die vermutlich über Jahrhunderte verlaufene landwirtschaftliche Nutzung des Gräberfeldareals und die natürliche Erosion sorgten für das Abtragen von mehreren Zentimetern an Erdboden. Dies zeigt sich durch den Umstand, dass bei der Ausgrabung viele Gräber direkt unterhalb des ersten Planums lagen und einige Gräber und Funde bereits durch den Ackerbau gestört oder gar zerstört waren. Es ist kaum abzuschätzen, wie stark dieser Rückgang an Erdmassen seit dem Anlegen der Gräber gewesen ist, zu rechnen ist aber mit mehreren zehn Zentimetern. Es ist daher nicht zu klären, ob es sich bei den Gräbern ursprünglich um als Flachgräber angelegte Bestattungen gehandelt hat oder ob von einer ursprünglich leichten Überhügelung der Gräber auszugehen ist.[120] Da diverse Fälle von Grabraub beobachtet werden konnten, ist es denkbar, dass die Gräber eine gewisse Zeit lang oberirdisch zu erkennen gewesen waren (Kap. III.2.9).

Vom ursprünglichen Grabbau waren in Neckarsulm einzig die Grabgruben erhalten geblieben, deren Ausdehnung bzw. Verfüllung sich meist als dunklere Verfärbung im anstehenden Boden abzeichnete. Nicht immer waren im Boden Strukturen der Grabgruben zu erkennen, was vor allem auf die sehr trockenen Bedingungen während der Ausgrabung zurückzuführen ist. Die Gruben waren in der Regel von langrechteckiger Form und zeigten deutlich abgerundete Ecken. In ihrer Breite waren sie zum Teil so eng gefasst, dass vor allem bei den Doppel- und Mehrfachbestattungen die Toten sehr eng beieinanderlagen und kaum Platz in der Grube fanden. Hinweise auf mögliche Holzeinbauten in Form einer Verschalung des Grubeninneren oder einer Kammer wurden in keinem Fall beobachtet. Einzig aufgrund der Fußstellung von Individuum 3 aus Grab 2 gibt es seitens der Ausgrabungsleiterin Frau Dr. Neth die Überlegung, dass die Füße des Toten gegen einen Widerstand gestemmt gewesen sein könnten. Diese Beobachtung ist jedoch völlig singulär, da der größte Teil der Toten über lang gestreckte Füße in einer so genannten „Ballerinastellung" verfügte (Kap. III.2.6). Dass die Toten in Holzsärgen bestattet wurden, ist aufgrund der angesprochenen Enge der Grabgruben auszuschließen. Zu überlegen wäre allerdings, ob die Toten nicht in Leichentücher gehüllt waren. Als Hinweis darauf könnten die häufiger im Bereich von

---

117 Auch in Gemmrigheim findet sich eine Anordnung der Gräber in Reihen. Reichel, Gemmrigheim 218 Abb. 2.
118 Gräber 2/1; 4; 7/1; 12/2; 17; 18/1; 24/2.
119 Die Funddatierung weist darauf hin, dass das Gräberfeld während der Stufe Ha A angelegt wurde.
120 Zum gleichen Schluss kommen Chropovský/M. Dušek/B. Polla, Gräberfelder aus der älteren Bronzezeit in der Slowakei I (Bratislava 1960) 58. Siehe auch K.-F. Rittershofen, Grabraub in der Bronzezeit. Bericht der Römisch-Germanischen Kommission 68, 1987, 15.

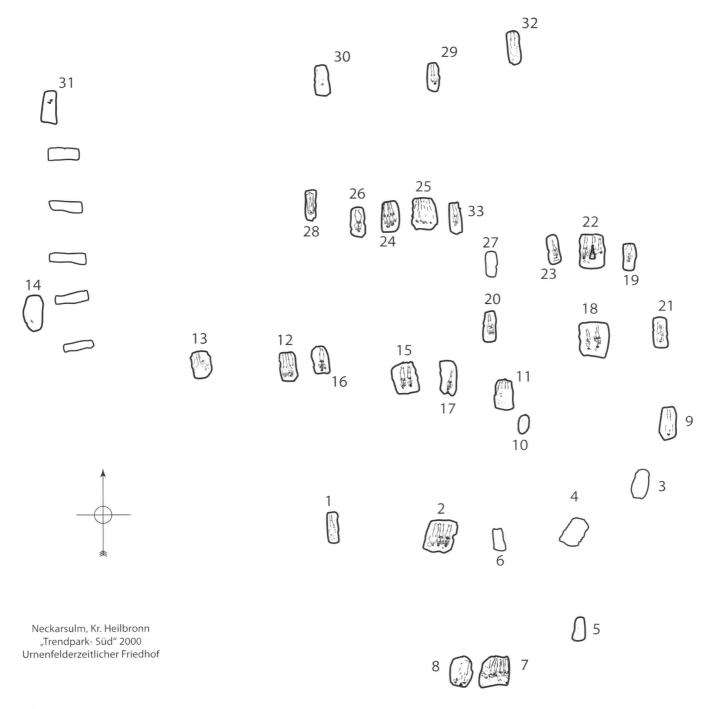

Abb. 12: Vergrößerter Ausschnitt des Gräberfeldes.

Kopf, Schulter oder Brust gefundenen Nadeln betrachtet werden, die zum Verschließen eines solchen Leichentuches gedient haben könnten.

Festzuhalten ist, dass die Gräber allesamt in sehr einfacher Weise angelegt wurden, was in Verbindung zum Bestattungsritus eine sehr interessante Beobachtung darstellt. Denn Körperbestattungen finden sich durchgehend von der Stufe Bz C2 bis Ha B3 immer wieder in Steinkisten- oder Steinpackungsgräbern.[121] Deren Anteil ist in diesen Gräbern jedoch insgesamt deutlich geringer als der von Brandbestattungen, weshalb der Zusammenhang zwischen Körperbestattungen und einem aufwendigen Grabbau

---

121 C. Clausing, Untersuchungen zu den urnenfelderzeitlichen Gräbern mit Waffenbeigaben vom Alpenkamm bis zur Südzone des Nordischen Kreises. Eine Analyse ihrer Grabinventare und Grabformen. BAR Int. Ser. 1375 (Oxford 2005) 113 Diagramm 7.

nicht überbetont werden sollte. Dies zeigen auch die vorliegenden Neckarsulmer Bestattungen, da man es hier mit einfachen Gräbern ohne jede Form von Einbauten zu tun hat.

2.3 Bestattungsritus (Körperbestattung)

Aufgrund der für die Perioden Ha A bis Ha B typischen Brandbestattungen, welche in der Regel in einfachen Urnenflachgräbern angelegt wurden, werden diese Perioden zusammen auch als „Urnenfelderzeit" bezeichnet. Diese Begriffsverwendung ist im Großen und Ganzen sicherlich richtig, wenn auch in dieser Zeit verschiedentlich einzelne Körpergräber auftreten. Die Zahl von Friedhöfen, auf denen wie in Neckarsulm ausschließlich Körpergräber angelegt wurden, ist hingegen äußerst gering. Aus Worms[122] in Rheinhessen liegt ein sehr unsicherer Befund vor, welcher schon im Jahre 1909 gemacht wurde. Hier fanden sich an der „Westendschule" sechs sehr dicht beieinanderliegende Körpergräber. Als Beigaben aus diesen Gräbern sind nur ein wenig Keramik, eine Tonperle, ein geschlossener Halsring und eine Nadel mit kreisgerilltem doppelkonischem Kopf bekannt. Die Funde datieren vermutlich in die jüngere Urnenfelderzeit. Aus Rheinland-Pfalz kann der Fundort Bischheim[123] im Donnersbergkreis mit mindestens drei Skelettgräbern aus der Urnenfelderzeit genannt werden. Hier fanden sich ebenfalls nur wenige Bronzefunde und Keramik.

Betrachtet man die nur wenige Kilometer entfernte und erst wenige Jahre vor dem Neckarsulmer Gräberfeld entdeckte Nekropole von Gemmrigheim[124], so liegen hier einzelne Körpergräber unmittelbar bei den Urnen- bzw. Brandbestattungen. Das ebenfalls in die Stufe Ha A datierende Gräberfeld von Gemmrigheim, aber auch jenes von Mainz-Kostheim[125], gehören somit zu den wenigen bekannten biritullen Friedhöfen der Urnenfelderzeit, welche zeigen, dass beide Bestattungsformen parallel nebeneinander auftreten können und einander nicht ausschließen müssen. Die unterschiedliche Behandlung der Toten zeigt sich auf diesem Friedhof allein im Bestattungsritus, nicht jedoch in der Grabausstattung. Der Aufwand für das Ausheben einer größeren Grabgrube relativiert sich zu demjenigen, den man für das Errichten eines Scheiterhaufens benötigt haben dürfte. In Gemmrigheim gehörten die körperbestatteten Toten daher vermutlich ebenso zur „normalen" Bevölkerung und erfuhren aus unbekannten Gründen allein in der Bestattung eine Sonderbehandlung. Körpergräber können somit also als eine Art von „Sonderbestattung" begriffen werden, welche eine Abweichung zur „normalen" Urnenbestat-

tung darstellt. Es bleibt vorerst ungeklärt, ob man Körperbestattungen als einen bewussten Bruch mit der allgemeinen Bestattungspraxis oder nicht doch als eine reguläre Alternative zur Brandbestattung zu verstehen hat.

Bislang kannte man urnenfelderzeitliche Körpergräber eher einzeln und abseits der Urnenfriedhöfe gelegen. Der Gesamtanteil von Körperbestattungen innerhalb der urnenfelderzeitlichen Gräber ist nur schwer abzuschätzen. Er dürfte bei nur wenigen Prozent gelegen haben.[126] Möglicherweise hat man es hier aber auch mit einem verzerrten Fundbild der ursprünglichen Verhältnisse zu tun, denn es kann nicht ausgeschlossen werden, dass gerade die Körpergräber in besonderem Maße zerstört oder geplündert wurden. Denkbar wäre ebenso, dass bei Ausgrabungen Einzelgräbern, nicht als urnenfelderzeitliche Körperbestattungen erkannt worden sind. Betrachtet man beispielsweise die zerstörten und fundleeren Gräber aus Neckarsulm, so hätte man Mühe, diese überhaupt in die Urnenfelderzeit zu datieren. Ihre chronologische Zuweisung ist hier nur aufgrund ihrer unmittelbaren Nähe zu den datierbaren Gräbern möglich. Damit möchte ich zum Ausdruck bringen, dass hinter jeder Interpretation auch eine gewisse Erwartung steht, die durch unsere Kenntnis bzw. Unkenntnis über die jeweilige Periode geprägt ist. So wäre nach bisherigem Kenntnisstand ein urnenfelderzeitliches Gräberfeld, das ausschließlich aus Körperbestattungen besteht, nicht zu erwarten gewesen. In der Forschung assoziiert man Körpergräber vielmehr mit den Perioden der frühen und der mittleren Bronzezeit, in denen dieser Bestattungsritus noch üblich war.

Für die Urnenfelderzeit werden Körperbestattungen häufig mit Waffengräbern in Verbindung gebracht. Das Verhältnis von drei Bestattungen mit Schwert gegenüber 47 Bestattungen ohne Waffe im Gräberfeld von Neckarsulm scheint auf den ersten Blick keine ausgeprägte Beziehung zwischen Körperbestattung und Waffenbeigabe anzuzeigen.[127] Dieses täuscht jedoch, denn zum einen handelt es sich hier um den größten urnenfelderzeitlichen Waffenfund, der in den letzten Jahrzehnten in Baden-

---

122 Eggert, Rheinhessen 58 und 312, Nr. 584.
123 F. Sprater, Die Urgeschichte der Pfalz (Speyer 1928) 97 Abb. 103; Kimmig, Baden 29 Anm. 1.
124 Reichel, Gemmrigheim 215 ff.
125 Kimmig, Baden 29 Anm. 2.
126 Herrmann, Hessen 26 f.; Kimmig, Baden 29 f.; Eggert, Rheinhessen 57; Dehn, Nordwürttemberg 40.
127 Aufgrund der Beobachtung, dass in einigen Fällen ein gezielter Grabraub stattgefunden hat, könnte die Zahl der mit Waffen ausgestatteten Bestattungen in Neckarsulm ursprünglich höher gewesen sein.

Württemberg gemacht wurde, und zum anderen ist der Anteil von Waffengräbern selbst auf sehr großen Nekropolen häufig sehr gering.[128] Somit hat man es in Neckarsulm tatsächlich mit einem für die Region durchaus hohen Anteil an Waffen- bzw. Schwertgräbern zu tun.

Im Vergleich zu Urnen- bzw. Brandbestattungen berechnete C. Clausing, dass während der Stufen Bz D bis Ha B3 der Anteil von Körperbestattungen in Waffengräbern fünfmal so hoch ist wie bei Gräbern ohne Waffen.[129] Bei den süd- und südwestdeutschen Waffengräbern der Urnenfelderzeit liegt der Anteil von Körperbestattungen bei ca. 18 %.[130] Da Waffen auch als Statusobjekte verstanden werden, zieht Clausing folgenden Schluss:

„Eine differenziertere Betrachtung der urnenfelderzeitlichen Gräber mit Waffenbeigaben in Süd- und Südwestdeutschland zeigt, dass zumindest in den älteren Abschnitten der Urnenfelderzeit (Bz D und Ha A) die Körperbestattung den Status des Verstorbenen zu betonen scheint."[131]

In Neckarsulm macht sich eine Betonung des Status durch den Ritus der Körperbestattung allerdings nicht bemerkbar. Ein Zusammenhang zwischen dem Auftreten von Waffen und der Sitte der Körperbestattung ist hier nicht zu erkennen. Denn bei allen Bestattungen des Gräberfeldes, ob nun fundleeren oder mit Waffe, handelt es sich um Körperbestattungen. Betrachtet man die Berechnungen von Clausing aus einem anderen Blickwinkel, so liegt (nicht nur) bei den Waffengräbern der Anteil der Körperbestattungen deutlich unterhalb der Urnen- und Brandbestattungen. Eine Betonung des Status wird also, wenn überhaupt, durch die Beigabe von Waffen angezeigt, nicht jedoch durch den Bestattungsritus.

Neben den Waffengräbern wurde in der Forschung immer wieder auf das Auftreten von Körperbestattungen in den aufwendig erbauten Steinkistengräbern verwiesen. Viele Archäologen sehen in den auf diese Weise Bestatteten eine „elitäre" Bevölkerungsgruppe, die bewusst eine abweichende „Bestattungstradition" pflegte. Im Grabbau und im Ritus der Körperbestattung soll an alte Traditionen der mittleren Bronzezeit angeknüpft worden sein, was laut L. Sperber auf eine sozial hervorgehobene Personengruppe hinweisen könnte:

„Zum längeren Festhalten an älteren Bestattungsgepflogenheiten [Körperbestattung] stimmt das zum Teil recht altertümliche Trachtzubehör, so die Beinbergen, die sich – wenn auch in einfacherer Gestalt – bis in die mittlere Bronzezeit zurückverfolgen lassen. […] Wir haben es offensichtlich mit einem konservativ eingestellten Personenkreis zu tun, der sich mit seiner – wenigstens relativ – reichen Grabausstattung zugleich als sozial hervorgehoben zu erkennen gibt. Das Zusammengehen von hohem Sozialstatus und Traditionalismus lässt an ‚alte Familien' mit angestammtem Vorrang denken."[132]

Eine derartig fortgeführte Tradition ist denkbar, muss aber wie bereits Müller-Karpe vor 60 Jahren meinte, nicht zwangsläufig auf den Ursprung dieser Bestattungssitte verweisen:

„Es hat die Beisetzungsart also anscheinend mit dem sozialen Gefüge der Urnenfelderleute etwas zu tun. Allein die Skelettbestattung als Erbe der heimischen Bronzezeitkultur aufzufassen, geht wohl nicht an."[133]

Aufschlussreich ist auch H. Steuers Bemerkung, wie in der Archäologie gleichartige Funde auf unterschiedliche Weise interpretiert werden. Mit einem Verweis auf das Frühmittelalter macht er deutlich, dass man Körpergräber nicht unbedingt als eine fortgeführte Tradition, sondern genauso gut auch als eine Neuentwicklung verstehen könnte:

„Ähnliche Verhältnisse in der Grabsitte der Merowingerzeit unterstreichen ebenfalls die konservativen Züge, diesmal zwar einer gehobenen, jedoch nicht der führenden Gesellschaftsschicht, die zumeist als progressiv eingeschätzt wird und als Begründer der merowingerzeitlichen Reihengräbersitte gilt. So liefert die Archäologie bei vergleichbarem Befund anscheinend Beispiele für ‚fortschrittliche' und ‚konservative' gesellschaftliche Führungsschichten."[134]

Kommen wir zurück zum Gräberfeld von Neckarsulm, so können bereits verschiedene Punkte festgehalten werden. Körpergräber liegen nicht zwangsläufig einzeln und abseits von Urnengräberfeldern. Im Falle von Neckarsulm und seiner hohen Zahl von Gräbern ist nicht von einem „Separatfriedhof", sondern eher von einem „Sonderfriedhof" zu sprechen. Körperbestattungen müssen in der Urnenfelderzeit als eine abweichende Bestattungsform verstanden werden. Das Auftreten von Körperbestattungen in

---

128 Clausing, Untersuchungen 118 ff.
129 C. Clausing, Zur Bedeutung der Bronzezeit als Anzeiger urnenfelderzeitlicher Sozialstrukturen. In: C. Mordant/M. Pernot/V. Rychner (Hrsg.), L'Atelier du bronzier en Europe (Paris 1998) 310.
130 C. Clausing, Untersuchungen zur Sozialstruktur in der Urnenfelderzeit Mitteleuropas. In: Eliten in der Bronzezeit. Ergebnisse zweier Kolloquien in Mainz und Athen. RGZM 43,2 (Mainz 1999) 333.
131 Clausing, Mitteleuropa 333 f. mit Tab. 2.
132 L. Sperber, Bemerkungen zur sozialen Bewertung von goldenem Trachtschmuck und Schwert in der Urnenfelderkultur. Arch. Korrbl. 22, 1992, 65.
133 Müller-Karpe, Hanau 16.
134 H. Steuer, Frühgeschichtliche Sozialstrukturen in Mitteleuropa: Eine Analyse der Auswertungsmethoden des archäologischen Quellenmaterials (Göttingen 1982) 138.

Gräbern mit einem aufwendigen Grabbau und jenen mit Waffenbeigabe ist nicht als signifikant zu bezeichnen, als dass hier eine gewisse Regelhaftigkeit zu postulieren wäre. So treten Waffen in Körpergräbern zwar auf, der prozentuale Anteil von Brandbestattungen in Waffengräbern ist jedoch deutlich höher. Es greift m. E. daher zu kurz, Körperbestattungen vor allem im Kontext von Waffen- oder Steinkistengräbern zu sehen. So ist auch zu bedenken, dass sich etliche Körpergräber wie in Gemmrigheim, aber vor allem auch in Neckarsulm, eben nicht durch eine besonders reiche Grabausstattung hervortun, sondern sich in diesem Punkt vielmehr kaum von der „normalen" Brand- und Urnenbestattung unterscheiden. Die Neckarsulmer Gräber liegen in ihrer Grabausstattung mit Keramik sogar unter den sonst in der Urnenfelderzeit üblichen Gefäßzahlen. Es ist denkbar, dass mit einer Körperbestattung nicht unbedingt ein hoher Status und eine „elitäre" Abstammung angezeigt wurden, möglicherweise stehen hinter der „Wahl" von Körperbestattung oder Brandbestattung ganz andere Ursachen. So können hinter dem Ritus der Körperbestattung beispielsweise besondere Todesumstände vermutet werden. Im Falle von Neckarsulm liegt der Bestattungsritus der Körperbestattung mit Sicherheit auch in der Zugehörigkeit der Toten zu einer ganz bestimmten Gruppe begründet (siehe Kap. V.4). Wir haben es in Neckarsulm demnach mit einer Bestattungsgemeinschaft zu tun, die sich im Bestattungsritus anscheinend bewusst von der übrigen Bevölkerung unterschied.

2.4 Bestattungsform (Einzel-, Doppel- und Mehrfachbestattungen)

Auch in puncto der Bestattungsform ist das Gräberfeld innerhalb der Urnenfelderzeit absolut außergewöhnlich. Betrachtet man die Verteilung der Toten auf die einzelnen Gräber, so sind neben 20 Einzelbestattungen insgesamt acht Doppelbestattungen, drei Dreifachbestattungen und eine Fünffachbestattung festzustellen, wobei alle drei Schwertträger in Doppel- oder Mehrfachbestattungen zu finden sind (Gräber 18, 21, 22). Auf diese Besonderheit der Doppel- und Mehrfachbestattungen soll im Folgenden näher eingegangen werden.

Bislang kannte man aus der Urnenfelderzeit reich ausgestattete Doppelbestattungen, sei es nun mit verbrannten oder körperbestatteten Toten, wie es die Gräber aus Eschborn, Speyer, Gemmrigheim und Wollmesheim sind. Diese unterscheiden sich allerdings insofern von denen in Neckarsulm, als dass in den genannten Fällen mit einiger Sicherheit jeweils ein Mann und eine Frau bestattet worden sind, was anhand der so genannten „Mischinventare"[135] nachgewiesen werden kann. Wie wir an späterer Stelle noch sehen werden, besteht hingegen der größte Teil der Neckarsulmer Doppelbestattungen nachweislich aus jeweils zwei Männern. Unbekannt waren in der Forschung für die urnenfelderzeitliche Stufe Ha A hingegen Gräber mit drei oder gar fünf Körperbestattungen.

Zur Identifizierung von Doppelbestattungen nutzte die Archäologie in den meisten Fällen die durch anthropologische Untersuchungen bestätigte Annahme, dass bestimmte Objekte das Geschlecht eines Toten anzeigen können. So kann die Archäologie bei Grabfunden, in denen Knochenreste bzw. Leichenbrand fehlen oder anthropologische Untersuchungen versäumt wurden, unter günstigen Umständen eine Doppelbestattung nachweisen. Bei den in der Urnenfelderzeit in überwiegendem Maße auftretenden Brandbestattungen verschaffen schlussendlich aber nur die anthropologischen Untersuchungen eine bestimmte Gewissheit, ob nun eine Einzel- oder gar eine Doppel- oder Mehrfachbestattung vorliegt. Diese Möglichkeit ist aber nur gegeben, wenn bei Ausgrabungen Knochensubstanz geborgen und auch aufbewahrt wurde. Aber auch die Anthropologie unterliegt Grenzen, denn es bedarf einer gewissen Menge an Knochen. Selbst wenn der Nachweis gelingt, kann auch sie nicht sagen, in welcher Beziehung diese Personen zueinander gestanden haben. Dies nicht zuletzt, weil aus Leichenbränden kein genetisches Erbmaterial mehr gewonnen werden kann, welches eine (Nicht-)Verwandtschaft belegen könnte. Nicht miteinander verwandt im biotischen Sinn sind in der Regel Ehe- bzw. Lebenspartner, als welche die urnenfelderzeitlichen Doppelbestattungen von einem Mann und einer Frau[136] meist interpretiert werden. Bei biotisch nicht Verwandten einer Doppel- oder Mehrfachbestattung könnte es sich aber auch um Personen handeln, die in einer besonderen Beziehung zueinander gestanden haben.[137] In einem direkten (kognatischen) verwandtschaftlichen Verhältnis stehen Geschwister sowie Eltern mit ihren Kindern (Filiation). Gerade bei Bestattungen von erwachsenen Frauen ist aufgrund ihrer damals hohen Mortalitätsrate während und nach der Geburt

---

135 G. Krahe, Ein Grabfund der Urnenfelderkultur von Speyer. Mitteilungen des Historischen Vereins der Pfalz 58, 1960, 17.
136 Hierbei wird meist eine „Witwenfolge" der Frauen postuliert (C. Oeftiger, Mehrfachbestattungen im Westhallstattkreis. Zum Problem der Totenfolge [Bonn 1984] 93 f.).
137 An späterer Stelle wird näher auf solche möglichen Beziehungen (Mitgliedschaften in Bünden, Gefolgschaften) eingegangen (Kapitel V.4).

einerseits sowie aufgrund der damals sehr hohen Kindersterblichkeit anderseits, auf Doppelbestattungen von Frau und Kind zu achten. Natürlich könnte bei Doppel- und Mehrfachbestattungen auch von Personen mit einer Verwandtschaft zweiten, dritten oder höheren Grades ausgegangen werden, was wohl vor allem bei Friedhöfen von Lokalgruppen (Dörfern, Siedlungen etc.) der Fall sein könnte.

Im Folgenden soll vor allem den Mehrfachbestattungen Aufmerksamkeit geschenkt werden, wobei diese zunächst von „Gruppengräbern" zu unterscheiden sind.[138] Ein Gruppengrab sagt zunächst nur allgemein aus, dass die Überreste von mehreren Personen in einem Grab aufgefunden wurden. Die einzelnen Bestattungen können dabei gleichzeitig oder in mehreren Phasen erfolgt sein. Demgegenüber meinen die Begriffe „Doppel- und Mehrfachbestattung", dass die sterblichen Überreste mehrerer Toter gleichzeitig in einem Grab niedergelegt wurden. Alternativ wird in der Archäologie anstelle einer „Mehrfachbestattung" auch von einer „Mehrpersonenbestattung" gesprochen.[139] Die Verwendung dieser Begriffe drückt zugleich implizit aus, dass von einem nahen Todeszeitpunkt der einzelnen Personen ausgegangen wird. Gräber, in welchen die Toten nacheinander eingebracht wurden, werden hingegen als „Kollektivgrab" mit mehrstufiger oder mehrphasiger Bestattungsabfolge bezeichnet.[140]

Mehrfachbestattungen treten in den einzelnen Perioden der Ur- und Frühgeschichte verhältnismäßig selten auf und stellen aufgrund ihrer zumeist andersartigen, d.h. von gewissen Regeln abweichenden Bestattungsweise immer etwas Besonderes dar. Um diese spezielle Grabform verstehen zu können, lohnt es sich, auf Funde anderer Regionen und Perioden zurückzugreifen. Mehrfachbestattungen mit unverbrannten Toten kennt man aus verschiedenen Perioden wie etwa dem Neolithikum[141] und der Frühbronzezeit[142], aber auch aus der Eisenzeit. Für letztere Periode sind vor allem die Ergebnisse von C. Oeftiger[143] aus seiner Untersuchung über das Phänomen von Mehrfachbestattungen in der eisenzeitlichen Hallstattzeit zu beachten. Interessant ist, dass Oeftiger[144] für die Eisenzeit keine festen Muster bei den Mehrfachbestattungen feststellen konnte. Männer wurden mit Frauen, mit anderen Männern sowie mit Kindern, aber ebenso auch Frauen mit Frauen etc. bestattet. Ältere Tote finden sich mit Toten ihrer Altersklassen, mit jüngeren Erwachsenen und mit Kindern wieder. Von Bedeutung ist, dass Oeftiger innerhalb von Mehrfachbestattungen selten ein Indiz für eine besondere „soziale Stellung"[145] einzelner Personen ausmachen konnte. Aus der Bronzezeit sind als bekannteste Mehrfachbestattungen diejenigen von Wassenaar in den Niederlanden und Stillfried aus Österreich zu nennen, die im Folgenden genauer betrachtet werden sollen.

Der Fundort Wassenaar[146] liegt in der Provinz Südholland direkt an der Nordseeküste im Westen der Niederlande. Im April des Jahres 1987 fand man hier eine Mehrfachbestattung – man kann aufgrund der hohen Personenzahl sogar von einem Massengrab sprechen –, welche in den Übergang von der frühen zur mittleren Bronzezeit datiert.[147] Diese Bestattung ist somit etwa 500 Jahre vor dem Neckarsulmer Gräberfeld angelegt worden. In dem Grab von Wassenaar fanden sich insgesamt zwölf Individuen, sowohl männlichen als auch weiblichen Geschlechts und verschiedenen Alters. Bei den zwölf Toten handelt es sich um sechs Männer, eine Frau sowie ein weiteres etwa 19-jähriges Individuum, dessen Geschlecht vermutlich ebenfalls weiblich ist. Bei den übrigen Individuen handelt es sich um drei Kinder und ein juveniles Individuum. Zwei Kinder waren bis sechs Jahre alt, eines zwischen sieben und 14 Jahren und das vierte Individuum ungefähr zwischen 15 und 16 Jahren. Da bei solch jungen Menschen die physischen Geschlechtsmerkmale noch nicht deutlich genug ausgeprägt sind, konnte in diesen Fällen das Geschlecht nicht bestimmt werden.

Die Grabgrube war mit 2,30 m × 2,10 m dementsprechend groß, gleichwohl die Toten sehr dicht nebeneinander und zum Teil auch übereinander lagen.

---

138 Vgl. F. Falkenstein, Aspekte von Alter und Geschlecht im Bestattungsbrauchtum der nordalpinen Bronzezeit. In: J. Müller (Hrsg.), Alter und Geschlecht in ur- und frühgeschichtlichen Gesellschaften. UPA 126 (Bonn 2005) 85 mit Anm. 10.

139 Diese Begriffsdefinition ist in der Archäologie keineswegs einheitlich. So bezeichnet Eibner (C. Eibner, Die Mehrfachbestattung aus einer Grube unter dem urnenfelderzeitlichen Wall in Stillfried an der March, NÖ. In: Forschungen in Stillfried 4 [Wien 1980] 125) die „Mehrfachbestattung" als mehrfache Belegung hintereinander, während er gleichzeitig erfolgte Bestattungen in einem Grab als „Massenbestattung" bezeichnet.

140 Eggert, Archäologie 61f.

141 J. Wahl/H. G. König, Anthropologisch-traumatische Untersuchung der menschlichen Skelettreste aus dem bandkeramischen Massengrab bei Talheim, Kreis Heilbronn. Fundberichte Baden-Württemberg 12, 1987, 65–186.

142 H. Fyllingen, Society and Violence in the Early Bronze Age: An Analysis of Human Skeletons from Nord-Trøndelag, Norway. Norwegian Archaeological Review 36/1, 2003, 27–43.

143 Oeftiger, Mehrfachbestattungen.

144 Ebd. 81.

145 Ebd. 80f.

146 L. P. Louwe Kooijmans, An Early/Middle Bronze Age multiple burial at Wassenaar, the Netherlands. Analecta Praehistorica Leidensia 26, 1993, 1–20.

147 Dieses Datum erschließt sich aus einer ^{14}C-Datierung von Holzkohleresten aus dem Grab. Dadurch ergibt sich eine kalibrierte Datierung in den Bereich von 1700 v. Chr. (siehe Louwe Kooijmans Wassenaar 11).

Die Position der Toten spricht für eine gleichzeitige Bestattung.[148] Die Individuen lagen in zwei gegenüberliegenden Reihen nebeneinander, d. h. jeder Tote lag mit den Füßen in Richtung seines Gegenübers (Abb. 13). Sieben Individuen besaßen eine Orientierung mit dem Kopf in Richtung Westen und fünf Individuen in Richtung Osten. Die Toten wurden offensichtlich nicht sorglos in die Grube geworfen, sondern bewusst in ihrer Lage arrangiert.[149] Es zeigte sich, dass die Männer auf dem Rücken und die Frauen, dazu zählt auch das vermutlich weibliche Individuum, mit dem Gesicht zum Boden lagen. Zudem lagen die Männer innerhalb und die Frauen zum Rand der Grube. Es ist sicherlich gerechtfertigt, hier von geschlechtsspezifischen Bestattungsriten zu sprechen.

Zur Berechnung des Sterbealters der Erwachsenen wurde die Körperhöhe der Toten mit dem Abnutzungsgrad der Backenzähne[150] als Korrekturwert in Beziehung gesetzt. Daraus ergibt sich, dass alle Erwachsenen vor dem Erreichen des 40. Lebensjahres verstarben. Die Frauen scheinen dabei eher um die 20 Jahre, die Männer bis auf zwei Ausnahmen eher um die 30 Jahre alt gewesen zu sein. Bei einem der beiden jüngeren Männer, es ist das im Alter von 19–21 Jahren verstorbene Individuum 10, konnte die mutmaßliche Todesursache ermittelt werden. Bei diesem Toten steckte zwischen den Rippen eine Pfeilspitze aus Flint. Diese Schussverletzung wird der junge Mann kaum überlebt haben.

Bei drei weiteren Männern fanden sich nicht verheilte Knochenverletzungen an der Stirn, der Wange bzw. dem rechten Unterarm. Zwar müssen diese Verletzungen nicht unmittelbar zum Tode geführt haben, klar ist jedoch auch hier, dass diese drei Personen eines gewaltsamen Todes starben. Wäre die Knochenerhaltung nicht so schlecht gewesen, hätten sich vielleicht auch bei den anderen Individuen Verletzungsspuren und somit mögliche Hinweise auf die genauen Todesumstände gezeigt.

Interessant sind zwei weitere Beobachtungen der Anthropologen bezüglich des Zahnbestandes und der daraus zu ziehenden Rückschlüsse auf die Ernährung. Die männlichen Toten zeigen eine durchschnittliche Körpergröße, die im Vergleich zum 17.–20. Jh. recht hoch liegt. Zumindest bei den Männern zeigt diese eine gute Ernährung an, eine Beobachtung, die sich zusammen mit dem guten Zahnbestand auch bei den Toten aus Neckarsulm wiederfindet.[151] Die Frauen aus Wassenaar zeigen im Vergleich zu den Männern einen höheren Abnutzungsgrad der Backenzähne, obwohl sie in der Regel um einiges jünger waren als diese. Die Anthropologen vermuten hier, dass die Frauen sich mit weniger qualitätsvollem Essen begnügen mussten. So könnte die Abnutzung der Zähne daher rühren, dass die Frauen von Wassenaar sich mehr als die Männer mit gemahlenem Getreide ernährten, das mit einem hohen Quarzanteil verunreinigt war. Diese Verunreinigung des Mehls, entstanden infolge des Mahlens von Getreide mit Mörsern oder Steinmühlen, verursachte ein stetiges Abschleifen der Zähne. Da dieser Effekt so nicht bei den Männern beobachtet werden konnte, hat man es hier, welche Ursachen auch immer dahinterstanden, mit einem geschlechtsspezifischen Phänomen zu tun. Eine weitere Vermutung bezüglich der Abrasion ist, dass die Frauen spezielle Arbeiten verrichteten, bei denen das Gebiss eingesetzt wurde. Man hat es also mit einer Form von arbeitsbedingten Spuren am Skelett zu tun. Es ist davon auszugehen, dass es auch in der Bronzezeit verschiedene Formen von geschlechtsspezifischer Arbeitsteilung gegeben hat. Ob aber der „durchschnittliche" Mann der mittleren Bronzezeit bzw. der frühen Urnenfelderzeit grundsätzlich besser ernährt war als eine Frau, lässt sich anhand dieser wenigen Beobachtungen nicht sagen. Zu bedenken ist, dass die Zugehörigkeit zu einer bestimmten sozialen Gruppe hier ebenso eine Rolle spielen könnte und dass für eine regelmäßig ausreichende Ernährung überhaupt erst einmal die wirtschaftlichen und ökologischen Grundvoraussetzungen gegeben sein mussten.

Auch wenn die Anthropologen die genauen Todesumstände der Menschen aus Wassenaar offen lassen (sie denken hier an infektiöse Krankheiten, einen Hungertod oder eine rituelle Niederlegung der Toten)[152], weisen die unverheilten Verletzungsspuren auf einen gewaltsamen Tod hin. Unter den Toten befinden sich Männer[153], Frauen und Kinder, um einen repräsentativen Querschnitt durch die damalige Bevölkerung handelt es sich allerdings nicht, da in diesem Fall der Anteil von Frauen und auch älterer Menschen höher gewesen sein müsste. Nichtsdestotrotz geht man bei der Gruppe von Wassenaar von den Mitgliedern einer Siedlungsgemeinschaft aus. Auch wenn einige Unsicherheiten bestehen bleiben ist anzunehmen, dass die Bestatteten Opfer eines gewaltsamen Ereignisses waren – so zum Beispiel eines

---

148 Louwe Kooijmans, Wassenaar 6f.
149 Ebd. 9.
150 E. Smits / G. Maat, An Early / Late Middle Bronze Age common grave at Wassenaar, the Netherlands. The physical anthropological results. Analecta Praehistorica Leidensia 26, 1993, 24.
151 Siehe hierzu den Beitrag von J. Wahl in diesem Buch.
152 Smits / Maat, Wassenaar 24f.
153 Diese befinden sich nach Einschätzung von Louwe Kooijmans (Louwe Kooijmans, Wassenaar 16) im „Kriegeralter". Gleiches gilt wohl auch für einen Großteil der Toten aus Neckarsulm.

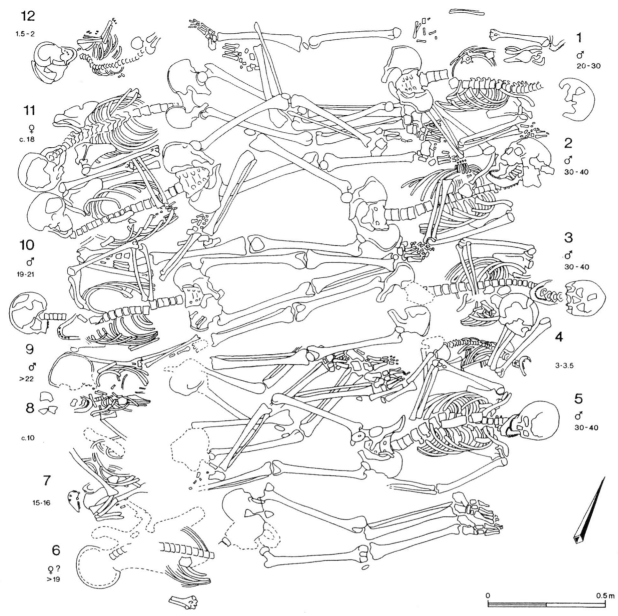

Abb. 13: Mehrfachbestattung Wassenaar (Louwe Kooijmans, Wassenaar 13, Fig. 15).

kriegerischen Konflikts oder eines Überfalls. Das Fehlen von Grabbeigaben – in Wassenaar könnten allein zwei kleine Werkzeuge aus Flint als solche angesprochen werden – erklärt sich wohl nicht allein durch den außerordentlichen Umstand dieser Bestattungen. Vielmehr sind Grabbeigaben in der frühen und mittleren Bronzezeit in den niederländischen Gräbern eine Ausnahme.[154]

Für die Urnenfelderzeit stellte der Fund aus Stillfried[155] an der March in Österreich den seltenen Beleg für eine Mehrfachbestattung dar. Diese datiert vermutlich in die Stufe Ha B2, ist also etwa um 400 Jahre jünger als das Neckarsulmer Gräberfeld. Der Ort Stillfried liegt in Niederösterreich direkt an der Grenze zur Slowakei, etwa 40 km nördlich von Wien. Hier wurden zwischen den Jahren 1969 und 1989 umfangreiche Grabungen durchgeführt, welche vor allem die Untersuchung einer etwa 23 ha großen Wallanlage beinhalteten.[156] Zur Anlage gehörten eine große angrenzende Siedlungsfläche und ein Gräberfeld, welches auch in der Urnenfelderzeit genutzt wurde. Aus den Untersuchungen wurde

---

154 Louwe Kooijmans, Wassenaar, 12; 15.
155 Eibner, Stillfried.
156 F. Felgenhauer (Hrsg.), Forschungen in Stillfried Bd. 1–6. Veröffentlichungen der Österreichischen Arbeitsgemeinschaft für Ur- und Frühgeschichte (Wien 1974–1984).

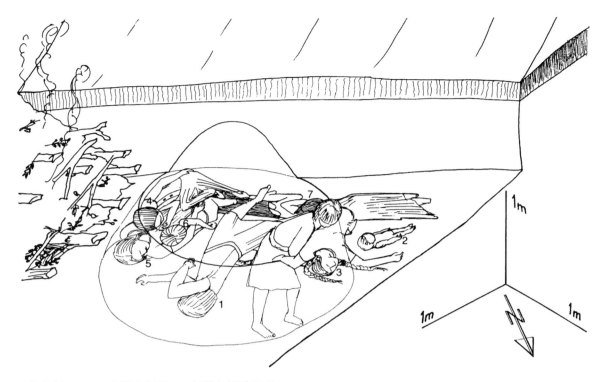

Abb. 14: Mehrfachbestattung Stillfried (Eibner, Stillfried Taf. 53,1).

deutlich, dass die Wallanlage von der Urnenfelderzeit bis in die Hallstattzeit besiedelt war. Unmittelbar an der Wallanlage[157] wurde im Jahre 1976 eine trichterförmige Siedlungsgrube entdeckt, welche die Bestattungen von insgesamt sieben Personen enthielt. Bei den Personen handelt es sich um einen etwa 29 Jahre alten Mann, zwei erwachsene Frauen im Alter von 40 und 46 Jahren sowie vier Kinder. Darunter sind drei Jungen im Alter von drei, sechs und acht Jahren und ein Mädchen im Alter von neun Jahren. Nach E. Breitinger, Anthropologe und Bearbeiter des Skelettmaterials, soll der erwachsene Mann biologischer Vater aller dieser Kinder sein.[158] Auch wenn es an einem absoluten Beleg für diese Behauptung fehlt – eine Neuuntersuchung mittels DNA-Analysen wäre wünschenswert – so lässt die Lage der Toten, die zum Teil eng umschlungen beieinanderliegen (siehe Abb. 14), auf ein sehr enges, ja vermutlich verwandtschaftliches Verhältnis schließen. In welchem Verhältnis die beiden Frauen zueinander standen und in welchem Verhältnis sich diese wiederum zum Mann befanden, lässt sich vollständig wohl nicht mehr ermitteln.

Bei den Toten fanden sich einige wenige Schmuckobjekte, so u.a. die von den Frauen vermutlich im Haar getragenen „Schleifenringe", die zur Datierung dieses Grabes dienten. Beim Mann fanden sich mehrere kleine, nicht zu datierende Bronzeringe. Dieses sind alles Gegenstände, die nur bedingt als Grabbeigabe zu bezeichnen sind. Das betrifft in gleichem Maße das Fragment eines Tonbechers und eines großen Webgewichts, welche schon vor der Niederlegung der Toten in die Grube gelangt sein könnten. Es ist dem jahrelangen Projektleiter der Ausgrabungen Dr. C. Eibner in Stillfried sicherlich zuzustimmen, dass die genannten Schmuckobjekte das „lebende Milieu" und nicht das „tote" widerspiegeln,[159] es sich also um Bestandteile der alltäglichen Kleidung handelt: „Kein einziges Mal sind Gewandnadeln festgestellt – es spricht also alles dafür, dass man die Toten zwar nicht beraubt, aber auch nicht für den Tod zugerüstet hat."[160] Das Fehlen von Grabbeigaben ist eines der Indizien dafür, dass es sich hier nicht um eine reguläre Bestattung handelt. Denn auch in der urnenfelderzeitlichen Stufe Ha B war Keramik ein fester Bestandteil der Grabausstattungen. Bei einer regulären Bestattung hätte man darüber hinaus die Toten in Form einer damals übli-

---

157 I. Hellerschmid, Die urnenfelder-/hallstattzeitliche Wallanlage von Stillfried an der March: Ergebnisse der Ausgrabungen 1969–1989 unter besonderer Berücksichtigung des Kulturwandels an der Epochengrenze Urnenfelder-/Hallstattkultur. Mitteilungen der Prähistorischen Kommission 63 (Wien 2006).
158 E. Breitinger, Skelette aus einer späturnenfelderzeitlichen Speichergrube in der Wallburg von Stillfried an der March, NÖ. In: Forschungen in Stillfried 4 (Wien 1980) 78 ff.
159 Eibner, Stillfried 113.
160 Ebd. 121.

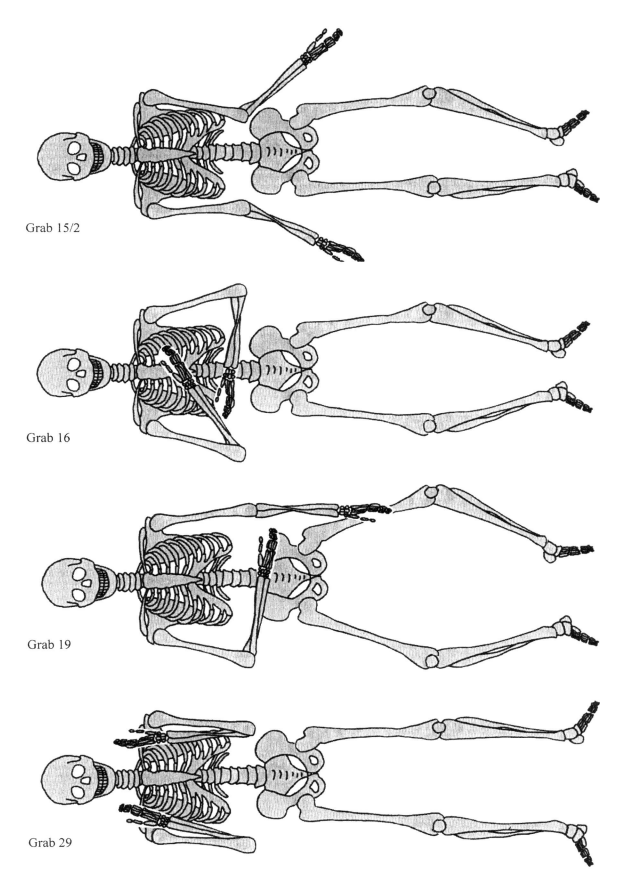

Abb. 15: Körperhaltungen der Bestatteten in den Gräbern 15/2, 16, 19, 29.

chen Brandbestattung und an einer weniger profanen Stelle als in einer ausgedienten Grube beerdigt. Als Bestattungsplatz hätte das nur wenige Hundert Meter entfernt gelegene Gräberfeld dienen können, welches zur damaligen Zeit auch noch genutzt wurde.[161]

Diese ungewöhnlichen Bestattungsmerkmale hängen mit großer Wahrscheinlichkeit mit den Umständen zusammen, wie diese Menschen ums Leben kamen. Offensichtlich ist von einem gleichzeitig erfolgten Tode auszugehen, da die Personen in sehr enger Position in die Grube gelegt wurden. Allerdings bleibt bei jedem der Toten die genaue Todesursache unklar, da sich keine Spuren eines gewaltsamen Todes an den Skeletten zeigten. Dennoch ist es m. E. nicht auszuschließen, dass die Gruppe keines natürlichen Todes starb. Im Falle eines krankheitsbedingten Todes ist zwischen zweierlei Arten von Infektionskrankheiten zu unterscheiden: einerseits in hochinfektiöse Krankheiten wie Grippe und Pocken, welche von Mensch zu Mensch übertragen werden und sich zu Endemien oder Epidemien ausweiten können, sowie in Infektionskrankheiten, bei denen sich jeder Mensch individuell ansteckt. Zu Letzteren gehören Krankheiten wie Cholera und Typhus, welche durch verseuchtes Trinkwasser und verunreinigte Nahrung hervorgerufen werden. Bei diesen Krankheiten ist es durchaus möglich, dass sich selbst in kleinen Siedlungseinheiten nur einzelne Haushalte infizieren, während andere verschont bleiben. Im Falle von Stillfried sollte diese Möglichkeit, gerade weil von einer Kleinfamilie ausgegangen wird, nicht verworfen werden. Zuzustimmen ist Eibners Meinung, dass diese Gruppe nicht in einem Ritual geopfert wurde, da solche Personen zumeist sorglos in Gruben verscharrt wurden und zudem häufig deutliche Knochenmanipulationen wie Schnittspuren oder die Entfernung ganzer Körperteile zu beobachten sind.

Nach Eibners Ansicht waren beide Frauen (Ehe-)Partnerinnen des Mannes, dieser lebte also in einer polygynen Beziehung bzw. in einer Art „Doppelehe".[162] Beim Mann soll es sich nach Eibner um den ehemaligen „Burgenbeherrscher"[163] handeln, welcher zusammen mit seiner Familie umgebracht und in der Grube bestattet wurde. Bei den Frauen wurde Schmuck in Form bronzener Blechringe gefunden.[164] Zudem ließen sich an den Fersenbeinen der Frauen so genannte „Hockerfacetten" feststellen – Verknöcherungen, die entstehen, wenn über Jahre hinweg Tätigkeiten in der Hocke verrichtet werden. Wir haben es in diesem Fall mit einer pathologischen Veränderung zu tun, die geschlechtsspezifisch ist, da die Frauen vermutlich häufig hockend gearbeitet haben. Dass die Frauen andere Arbeiten als die Männer verrichteten, würde auch erklären, warum der Mann aus Stillfried nicht über solche „Hockerfacetten" verfügt. Bereits in Wassenaar war zu beobachten, dass die Frauen anhand der Abrasion ihrer Zähne vermutlich andere Tätigkeiten ausgeführt haben als die Männer. Geschlechtsspezifische Unterschiede in der Totenlage zeigen sich interessanterweise auch in Stillfried, um auf eine weitere Parallele zu Wassenaar aufmerksam zu machen. Zwar liegen die Toten von Stillfried auf den ersten Blick recht willkürlich und ungeordnet in ihrer Grube, doch dieser Eindruck täuscht. So ließ sich beobachten, dass die Frauen in einer Hockerstellung auf der rechten Seite lagen, während der Mann auf der linken Seite in nahezu gestreckter Form mit leicht gegrätschten Beinen auf dem Rücken lag.[165] Dadurch ergibt sich, dass die Positionen der Toten in der Grube arrangiert wurden und zumindest auf diese Weise trotz des Fehlens geschlechtstypischer Beigaben das Geschlecht angezeigt wurde.

Zusammenfassend lässt sich Folgendes festhalten. Auf unterer Interpretationsebene, zeigt zumindest die Mehrfachbestattung von Wassenaar, dass es in der Bronzezeit bzw. der Urnenfelderzeit zu kriegerischen Auseinandersetzungen mit Opfern in der „Zivilbevölkerung" gekommen ist.[166] Im Falle von Stillfried könnte es sich ebenfalls um derartige Opfer handeln, obwohl Verletzungsspuren fehlen. Grund für diese Sonderbestattung könnte im Falle von Stillfried aber auch ein Tod infolge einer Infektionskrankheit gewesen sein. Wir haben es in beiden Fällen vermutlich mit den Angehörigen einer Siedlungsgemeinschaft und/oder verwandtschaftlich verbundenen Gruppe zu tun.

In den nächsten Abschnitten zu den anthropologischen Untersuchungen bezüglich des Geschlechts, des Alters und der Todesumstände werden wir sehen, dass wir es in Neckarsulm mit einer Gruppe zu tun haben, die sich in ihrer Zusammensetzung deutlich von den hier genannten Beispielen unterscheidet.

---

161 Eibner, Stillfried 123.
162 Ebd. 132f.
163 Ebd. 134.
164 Ebd. 123.
165 Ebd. 120.
166 Siehe auch R. Osgood, The dead of Tormarton – Middle Bronze Age combat victims? In: M. Parker-Pearson/I. J. N. Thorpe (Hrsg.), Warfare, Violence and Slavery in Prehistory. BAR Int. Ser. 1374 (Oxford 2005) 139–144; C. J. Knüsel, The physical evidence of warfare – subtle stigmata? In: Parker-Pearson/Thorpe, Warfare 49–65.

2.5 Archäologische Geschlechtsbestimmung

In der Archäologie ist es seit längerer Zeit üblich, auf Grundlage der Grabausstattung gewisse Urteile über das „archäologische" Geschlecht von Toten zu treffen. Dies geschieht in der Regel in Ermangelung von anthropologischen Geschlechtsbestimmungen bzw. wenn derartige Untersuchungen nicht durchgeführt wurden oder aufgrund mangelnder Erhaltungsbedingungen der Knochen, ihres Fehlens oder dem Ausbleiben ihrer Konservierung nicht durchgeführt werden konnten. Im Falle der Bestattungen von Neckarsulm liegen durch den Anthropologen Prof. Dr. J. Wahl anthropologische Untersuchungen zum Geschlecht, aber auch dem Alter, der Physis, der Ernährung etc. vor.[167] Die archäologische Geschlechtsbestimmung dient hier also zur Überprüfung eines Teils dieser umfangreichen Untersuchungsergebnisse. Ausgangslage der archäologischen Geschlechtsbestimmung ist die Beobachtung, dass bestimmte Beigaben typisch für Männer und Frauen sind. In der Urnenfelderzeit sind dies für die Männer in erster Linie Waffen, wie etwa Schwerter, und vor allem die Rasiermesser. Bei Frauen dienen in erster Linie Bestandteile der Tracht als ein Hinweis auf das Geschlecht, wobei für diese das Tragen paariger Nadeln, mehrteiliger Arm- und Beinschmuck und die so genannten Arm- und Beinbergen typisch zu sein scheint. In Neckarsulm zeigt die Durchsicht bei den einzelnen Bestattungen, dass die genannten typisch weiblichen Grabbeigaben fehlen. Fanden sich bei den Toten Nadeln (Kap. 4.1), so wurden diese einzeln und nicht paarig getragen, was in diesen Fällen eher für männliche Individuen spricht. Ebenfalls für männliche Tote wären aufgrund einer Schwertbeigabe die Toten aus den Bestattungen 18/1, 21/1 und 22/1 zu halten. Aufgrund des Rasiermessers wäre auch der Tote aus der Bestattung 18/2 anzusprechen. Da in der Urnenfelderzeit Messer sowohl in Gräbern von Männern und Frauen auftreten, kann diese Beigabe im Falle der Bestattungen 2/3 und 20 nur bedingt zur Bestimmung des Geschlechts beitragen, wenngleich die Kombination von Schwert und Messer in der Bestattung 18/1 in diese Richtung weist.

Um bereits den Ergebnissen der anthropologischen Untersuchungen vorzugreifen, ist zu sagen, dass die archäologische Geschlechtsbestimmung und die anthropologischen Untersuchungsergebnisse in den genannten Fällen miteinander korrespondieren. Einzig beim Toten der Bestattung 18/2 war keine anthropologische Geschlechtsbestimmung möglich. Da Rasiermesser aber, soweit man weiß, ausschließlich in Männergräbern auftreten, kann die Archäologie zumindest in diesem Fall diese Lücke füllen. Die Ergebnisse der anthropologischen Untersuchungen zum Geschlecht der Toten zeigen, dass bis auf die Fälle, in denen keine Geschlechtsbestimmung durchgeführt werden konnte, in keinem Fall mit weiblichen Toten zu rechnen ist. Es handelt sich demnach bei dem Gräberfeld von Neckarsulm um einen Befund, dessen Bezeichnung als „Männerfriedhof" gerechtfertigt ist.

2.6 Körperhaltungen

Aufgrund des Mangels an klar dokumentierten Befunden wurden die Körperhaltungen urnenfelderzeitlicher Toter bislang in der Forschung nicht systematisch untersucht.[168] Dies liegt natürlich auch an dem Umstand, dass es aus der Urnenfelderzeit aufgrund der vorherrschenden Kremationssitte an einer genügenden Zahl von Körperbestattungen mangelt. Auch in den wenigen vorliegenden Fällen wurde diesem Aspekt bislang jedoch zu wenig Aufmerksamkeit geschenkt und die Körperhaltungen bzw. Skelettlagen von Toten nicht ausführlich dokumentiert, wie es sich bei der Durchsicht der für diese Arbeit relevanten Literatur zeigte. Gleiches gilt im Übrigen auch für die Lage der Beigaben in diesen Gräbern. Da in Neckarsulm einige Gräber einen derart hohen Zerstörungsgrad aufwiesen, dass kaum noch Knochen vorhanden waren oder nur so wenige, dass der ursprüngliche Knochenverband nicht mehr zu erkennen war, konnte nicht immer die ursprüngliche Körperhaltung des Toten festgestellt werden. In den Fällen, in denen dieses möglich war, fand sich am häufigsten die gestreckte Rückenlage, und zwar in einer Position, bei welcher die Arme dicht am Körper lagen und die Beine gerade ausgestreckt waren.[169] Eine hiervon leicht veränderte Haltung war jene, bei welcher die Arme zwar am Körper, die Hände jedoch auf das Becken gelegt wurden[170] oder, in einem anderen Fall, dass die Unterarme leicht nach innen geknickt waren.[171] Daneben traten weitere verschiedene Abweichungen von dem genannten „Grundschema" der gestreckten Körperhaltung

---

167 Die Ergebnisse dieser anthropologischen Untersuchungen finden sich in einem gesonderten Beitrag von J. Wahl in diesem Buch.
168 Im Gegensatz etwa zum Neolithikum, bei welchem der Aspekt von Körperhaltungen ausführlich behandelt wurde. Siehe A. Häusler, Probleme der Interpretation ur- und frühgeschichtlicher Bestattungssitten und das Gräberfeld von Lenzburg. Helvetia Archaeologica 31, 2000, 51–84.
169 Gräber 2/1; 7/1; 18/1; 20; 21/1; 23; 24/2; 25/1 (?); 25/2 (?); 25/3 (?); 32.
170 Grab 28.
171 Grab 2/3.

auf, die jeweils sehr individuelle Züge besaßen. Eine hohe Variabilität zeigte sich vor allem bei der Armhaltung, während die Beine bis auf wenige Ausnahmen nicht von der gestreckten Stellung abwichen. Als Ausnahmen bei der Beinstellung gelten ausgestreckte, aber im Unterschenkelbereich überkreuzte Beine[172] oder Beine mit übertriebener O-Bein-Stellung[173]. Besonders die verschiedenen Armhaltungen zeigten keine als natürlich zu bezeichnenden Positionen, sondern müssen durch die Bestatter auf diese Weise bewusst arrangiert worden sein. In einigen Fällen könnte man sogar davon ausgehen, dass die Arme der Toten fixiert wurden oder zumindest dass die Toten vor dem Eintreten der Leichenstarre in dieser Position bestattet wurden. Letzteres liefert uns somit möglicherweise den Hinweis auf den Zeitpunkt der Beisetzung bzw. Grablegung, nämlich dass diese recht bald nach dem Tode vollzogen wurde, worauf auch fehlende Verbissspuren hinweisen. Lag ein einzelner Arm in einer besonderen Haltung, so konnte der andere Arm durchaus gerade ausgestreckt am Körper liegen. So war in drei Fällen nur der linke Arm ausgestellt bzw. nach außen angewinkelt, wobei die Hand auf die Brust oder den Bauch gelegt wurde.[174] Bei einem ausgestellten linken Arm konnte die Hand auch etwas tiefer auf dem Becken liegen.[175] Auch die gespiegelte Variante dieser Körperhaltung mit einem gestreckten linken Arm, einem ausgestellten rechten Arm und der auf dem Bauch liegenden Hand wurde angetroffen.[176] In drei Fällen waren sogar beide Arme nach außen ausgestellt und die Hände lagen auf dem Bauch bzw. dem Becken.[177] Eine andere Variante war diejenige, bei welcher der linke Arm nach außen ausgestellt war und die Hand auf dem Becken lag, während der rechte Unterarm quer über der Brust gelegt wurde.[178] Ebenso konnte der linke Arm gestreckt sein und nur der rechte Arm lag über der Brust.[179] In einem Fall waren sogar beide Arme über der Brust verschränkt.[180] Die Arme waren jedoch nicht immer nur nach außen angewinkelt bzw. ausgestellt, bei zwei Individuen waren die Arme nach innen angewinkelt, sodass die Unterarme deutlich vom Körper weg wiesen.[181] Besonders auffällig waren jene Armhaltungen, bei denen die Unterarme auf den Oberarmen lagen. Solch eine Position der Arme ist vermutlich nur durch eine Fixierung der Arme möglich gewesen. So war bei einem Toten der linke Arm gestreckt, während auf der rechten Seite der Unterarm auf dem Oberarm lag und die Hand somit die Schulter berührte.[182] Die Auffälligste von allen Armhaltungen war jene, bei der gleich beide Unterarme auf den Oberarmen lagen und die Hände die Schultern berührten.[183]

Alle Bestatteten lagen mit dem Kopf in Richtung Süden, dabei unterschieden sich jedoch die Lage des Kopfes bzw. die Blickrichtung der Toten. Da gerade die Schädel häufig nur zerstört, fragmentiert oder in verschobener Position geborgen werden konnten, war die ursprüngliche Blickrichtung der Toten oftmals nicht mehr zu ermitteln. In einigen Fällen gab es jedoch eine klare Ausrichtung mit Blickrichtung nach Osten[184] oder gegen Westen.[185] Bei den Mehrfachbestattungen konnte bei direkt nebeneinanderliegenden Toten leider nur bei jeweils einem Individuum eine eindeutige Blickrichtung beobachtet werden. So bleibt bei diesen Befunden unklar, ob sich zwei Tote einander zuwandten[186] oder ob einer der Toten auf den Hinterkopf des anderen sah bzw. diesem „nachblickte".[187]

Eine weitere, sehr häufig zu beobachtende Auffälligkeit in der Körperhaltung war die schon an vorheriger Stelle genannte auffällige Fußstellung, welche von den AusgräberInnen als „Ballerinastellung" umschrieben wurde. Bei dieser Fußstellung wiesen die Fußknochen nahezu senkrecht nach unten.[188] Die Namensbezeichnung dieser Fußstellung rührt von einer vergleichbaren Fußstellung von auf den Zehenspitzen stehenden Balletttänzerinnen her. Auf welche Weise diese Fußstellungen zustande kamen, ob nun auf natürliche Weise oder durch Manipulation, bleibt ungeklärt.

Die teilweise sehr variantenreichen Körperhaltungen zeigen also zumindest in der nordsüdlichen Orientierung der Körper ein verbindliches Muster an. Eine Abweichung von dieser Regel war in keinem Falle zu beobachten, unklar verbleiben einzig die sehr stark zerstörten Bestattungen, bei denen keine Ordnung der Knochen bzw. die ursprüngliche Orientierung des Körpers nicht mehr zu erkennen war. So lagen die Toten allesamt mit dem Kopf im Süden und den Füßen im Norden, eine Orientierung, wel-

---

172 Grab 13/2.
173 Gräber 19 (siehe Abb. 15) und 26.
174 Gräber 1; 2/3 (?); 9; 13/2 (?).
175 Gräber 22/1; 26.
176 Grab 19 (siehe Taf. 5).
177 Gräber 17; 15/1; 24/1.
178 Grab 18/2.
179 Gräber 12/1; 15/1.
180 Grab 16 (siehe Taf. 5).
181 Gräber 15/2 (siehe Taf. 5); 33.
182 Grab 12/2.
183 Gräber 2/2; 29 (siehe Taf. 5).
184 Gräber 2/3; 12/1; 17; 18/2; 21 (?); 23; 24/2; 29; 33.
185 Gräber 1; 8/1; 15/1; 16; 22/1 (?).
186 Grab 2, Ind. 3 und Ind. 2; Grab 24, Ind. 2 und Ind. 1.
187 Grab 12, Ind. 1 und Ind. 2.
188 Gräber 1; 2/1; 2/2; 7/1; 7/2; 7/3; 7/4; 7/5; 11/2; 15/1; 15/2; 17; 18/1; 21/1; 22/1; 22/2 (?); 22/3; 33.

che auch bei anderen urnenfelderzeitlichen Körperbestattungen Süddeutschlands beobachtet werden konnte und welche offensichtlich bis in die darauf folgenden eisenzeitlichen Hallstattphasen beibehalten wurde.[189] Interessant ist die von Müller-Scheeßel gewonnene Erkenntnis, dass die Ausrichtungen bestatteter Körper innerhalb von eisenzeitlichen Gräberfeldern strikt beibehalten wurde, und dass dieses auch über mehrere Generationen hinweg geschah. Eine solche Tradierung beinhaltet auch eine Festlegung auf Himmelsrichtungen, die sich in genau ausgerichteten Bestattungen oder Kammergräbern äußert. Darüber, wie diese Himmelsrichtungen in der Frühgeschichte bestimmt wurden, gibt es verschiedene Überlegungen. Denkbar ist eine Ausrichtung der bestatteten Körper und Kammergräber nach besonderen Fixsternen oder nach der Sonne. Zudem könnten sich die Gräber auch an in der Nähe liegenden Siedlungen oder markanten Punkten in der Landschaft orientiert haben. Als natürlicher Orientierungspunkt käme im Falle von Neckarsulm der südöstlich vom Gräberfeld gelegene Stiftsberg infrage.

Da zwischen den Armhaltungen weder ein Zusammenhang zum Sterbealter noch zur Grabausstattung auszumachen ist, bleibt zu vermuten, dass bei den urnenfelderzeitlichen und den eisenzeitlichen Bestattungen eine gewisse und möglicherweise über Jahrhunderte hinweg verstandene Körperinszenierung zum Ausdruck kam. Diese muss nicht allein an die bei der Bestattungszeremonie anwesenden Personen gerichtet gewesen sein, vielleicht richtete sie sich auch an die im Jenseits wartenden Toten (Ahnen) oder an Gottheiten. Wovon mit Sicherheit ausgegangen werden kann, ist, dass die Art und Weise, wie die Toten ins Grab gelegt wurden, ein fester Bestandteil des Bestattungsrituals war. Es lässt sich hier sogar von einer bewussten Inszenierung der Toten sprechen. Der Sinn dieses Handelns und die Bedeutung dieser „Inszenierung" müssen uns heute letzten Enden jedoch verschlossen bleiben.[190]

Bereits an vorheriger Stelle wurde gezeigt, dass die Lageposition von Bestatteten auf das biologische Geschlecht hinweisen kann. Dieses ist vor allem bei den Epochen des Neolithikums[191] zu beobachten. Auch in anderen Perioden gab es gewisse Vorstellungen von einer „weiblichen" und „männlichen" Körperseite, auf welche die Toten je nach Geschlecht gelegt wurden. Beim mittelbronzezeitlichen Grab von Wassenaar und dem jüngerurnenfelderzeitlichen Fund von Stillfried konnten solche Muster beobachtet werden (siehe Kap. III.2.4). Auf dem Gräberfeld von Neckarsulm lagen die Toten, soweit sich feststellen ließ, allesamt in gestreckter Rückenlage im Grab. Da wir es wohl ausschließlich mit männlichen Toten zu tun haben und uns der Vergleich mit Frauenbestattungen fehlt, kann keine Aussage darüber getroffen werden, ob die gestreckte Rückenlage zu jener Zeit männerspezifisch war oder als allgemeine Bestattungssitte auch bei Frauen zur Anwendung kam.

2.7 Bestattungsabfolge der Doppel- und Mehrfachbestattungen

Da alle Schwertgräber des Neckarsulmer Gräberfeldes in Doppel- bzw. Mehrfachbestattungen aufzufinden waren, soll dieser Sachverhalt bezüglich der Frage der Bestattungsabfolge im Folgenden näher betrachtet werden.

Bei mehreren Bestattungen in einem Grab stellt sich immer die Frage, ob die Toten zeitgleich bestattet wurden oder ob Gräber erneut geöffnet wurden, um weitere Tote beizulegen. Es gilt also zwischen Mehrfachbestattungen und Kollektivgräbern zu unterscheiden. Auch in dieser Hinsicht kann die Lage der Toten wichtige Hinweise liefern. Liegen die Körper von Toten beispielsweise übereinander oder zumindest einzelne Glieder ihrer Körper, so ist es klar, dass die unterste Person zuerst in die Grabgrube gelegt worden ist. So konnte im Falle von Wassenaar auf diese Weise gezeigt werden, dass die Niederlegung der einzelnen Körper von Norden nach Süden erfolgte (Kap. III.2.4) Auch in Neckarsulm waren übereinander liegende Tote zu beobachten. So lag in Grab 2 der linke Arm von Individuum 2 über dem rechten Arm von Individuum 3. Ein ähnliches Bild ergibt sich in Grab 7. Hier lag der linke Arm von Individuum 1 unter dem rechten Arm von Individuum 2. An diesen Beispielen wird die Abfolge der Grablegen deutlich, wenngleich über den zeitlichen Abstand zwischen den beiden Bestattungen nichts Näheres gesagt werden kann. Nur im Fall von Grab 21 war zu beobachten, dass ein Toter, es ist dies

---

189 N. Müller-Scheeßel, Auffälligkeiten bei Armhaltungen hallstattzeitlicher Körperbestattungen: Postdeponale Eingriffe, funktionale Notwendigkeiten oder kulturelle Zeichen? In: C. Kümmel / B. Schweizer / U. Veit (Hrsg.), Körperinszenierung – Objektsammlung – Monumentalisierung: Totenritual und Grabkult in frühen Gesellschaften (Münster 2008) 522 Abb. 7.

190 Zwar finden sich auf bronzezeitlichen Stelen in Spanien verschiedentlich Abbildungen von Menschen, insbesondere von Kriegern, deren Körperhaltungen bestehen allerdings überwiegend aus hängenden oder gerade nach vorne gestreckten Armen. Die auffälligen Armhaltungen aus Neckarsulm finden sich auf den Stelen nicht wieder. Siehe R. J. Harrison, Symbols and Warriors, Images of the European Bronze Age (Bristol 2004).

191 A. Häusler, Probleme der Interpretation ur- und frühgeschichtlicher Bestattungssitten. Struktur der Bestattungssitten, archäologische Periodengliederung. Arch. Inf. 24/2, 2001, 209ff.

der Schwertträger, deutlich auf dem anderen lag. Es ist also durchaus denkbar, dass bei diesem Grab der zweite Tote erst nach einiger Zeit in die Grube gelangte, auch wenn keinerlei Spuren auf eine erneute Öffnung des Grabes hinweisen. Zwar lässt sich auch hier der genaue Zeitraum zwischen den beiden Bestattungen nicht ermitteln, da sich der Knochenverband des unteren Individuums noch nicht aufgelöst hatte, werden maximal drei Jahre zwischen beiden Bestattungen gelegen haben. Ein erneutes Öffnen von Gräbern müsste sich zudem durch mehr oder weniger deutliche Verfärbungen im Boden feststellen lassen können, entweder aufgrund von Zeichen einer Durchmischung der Grabverfüllung oder durch eine beobachtbare Erweiterung der Grabgrube. Im Falle der Neckarsulmer Gräber ist von einem solchen Szenario allerdings in keinem Fall auszugehen. Die Gruben waren offensichtlich schon bei ihrer Aushebung derart geplant worden, dass für alle Toten genügend Platz war, selbst wenn diese zum Teil recht dicht beieinander oder auch leicht übereinander lagen. Es wurden offensichtlich niemals Skelette zur Seite geschoben, um weiteren Toten Platz zu machen. Es zeigten sich also weder Störungen in den Grabgruben, abgesehen von den durch Grabraub erzeugten (siehe Kap. III.2.9), noch eine Verlagerung von Skeletten, die auf eine spätere Öffnung der Gräber hinweisen würde.

Ein weiteres Indiz für zeitgleiche Bestattungen ist, dass bei den Doppel- und Mehrfachbestattungen in Neckarsulm die Toten alle auf einem Niveau lagen. Einzige Ausnahme bildet das oben genannte Grab 21. Unterschiede in der Niveaulage würden sich dadurch erklären, dass ein Grab erneut geöffnet und bei der Niederlegung eines weiteren Toten die ursprüngliche Grabsohle nicht erreicht wurde. Meiner Ansicht nach besteht kein Zweifel, dass in Neckarsulm die Toten aus den Doppel- und Mehrfachbestattungen zeitgleich in den jeweiligen Gräbern bestattet wurden. Die Bestatteten aus einem gemeinsamen Grab werden daher auch zeitgleich oder zumindest innerhalb eines kurzen Zeitraumes verstorben sein (siehe Kap. III.2.8). Dieses erklärt sich auch aus dem Bestattungsritus, da im Gegensatz zu Leichenbränden die Körper Verstorbener aufgrund ihres fortschreitenden Verwesungsprozesses nach einigen Tagen bestattet werden mussten. Ein weiteres Indiz ist die Körperhaltung mancher Individuen, die darauf schließen lässt, dass die Toten vor dem Einsetzen der Leichenstarre bestattet worden sind (Kap. III.2.6).

2.8 Todesursache und Totenfolge

Bei keiner Bestattung des Neckarsulmer Gräberfeldes konnte ein Hinweis auf die Todesursache ausgemacht werden, gleichwohl bei Körperbestattungen die Ausgangslage für das Ermitteln der Todesursache, gerade für jene, die sichtbare Spuren am Skelett hinterlassen, recht günstig zu sein scheint.[192] Gerade für die Urnenfelderzeit, eine Periode, die durch viele Waffenfunde in Gräbern und Depots geprägt ist, wäre ein Nachweis von in kriegerischen Auseinandersetzungen verstorbenen Personen zu erwarten.[193] Im Falle eines gewaltsamen Todes müsste zumindest bei einigen Individuen mit unverheilten Frakturen am Schädel, an den Armen etc. zu rechnen sein.[194] Eine seltene Ausnahme für den Nachweis eines gewaltsamen Todes findet sich bei einem Individuum aus dem an vorheriger Stelle genannten Grab von Wassenaar in den Niederlanden (Kap. III.2.4), welches nachweislich durch einen Pfeilschuss zu Tode kam. Dieser Befund lässt darauf schließen, dass auch die anderen Individuen aus diesem Grab, trotz des Fehlens von Tötungsspuren am Skelett, infolge eines gewaltsamen Ereignisses den Tod fanden. Verstärkt wird der Eindruck eines nicht natürlichen Todes bei allen Individuen dadurch, dass hier die Toten gemeinsam in einer Mehrfachbestattung beerdigt wurden. An diese Beobachtung anschließend, drängt sich auch beim Gräberfeld von Neckarsulm, mit seinen zahlreichen Doppelbestattungen und Mehrfachbestattungen, die Frage nach den Todesumständen dieser Individuen auf. Da bei keinem Grab ein erneutes Öffnen zu beobachten war, ist davon auszugehen, dass die derart bestatteten Personen relativ zeitgleich oder zumindest zeitlich unmittelbar hintereinander verstarben. Die Bestattungen sind demnach als Folge mindestens eines ungewöhnlichen Ereignisses zu verstehen. Bei Mehrfachbestattungen ist ein gewaltsamer Tod gleich mehrerer Individuen aber nur eine von mehreren möglichen Erklärungen: „Deaths occurring simultaneously as a result of epidemics or massacres might be treated corporately, with mass graves, by virtue of their ‚unusual' coincidence."[195]

---

192 Siehe hierzu den Beitrag von J. Wahl in diesem Buch.
193 Bereits im Vorwort ihrer Arbeit weist H. Peter-Röcher (dies., Gewalt und Krieg im prähistorischen Europa [Bonn 2007]) auf den Umstand hin, dass an kaum einem bronzezeitlichen Skelett Spuren eines gewaltsamen Todes auszumachen sind.
194 Dass dies auch nicht zwangsläufig der Fall sein muss, siehe bei Osgood, Tormarton 141.
195 L. R. Binford, Mortuary Practices. Their Study and their Potential. In: J. Brown (Hrsg.), Approaches to the Social Dimensions of Mortuary Practices. Memoirs of the Society for American Archaeology 25. Publiziert in American Antiquity 36/3, 1971, 14.

Den ungewöhnlichen Todesumständen steht demnach der „natürliche Tod" gegenüber, unter welchem man, neben dem altersbedingten Tod und jenem infolge angeborener körperlicher Schwächen, auch einen Tod infolge einer tödlich verlaufenen Erkrankung versteht. Im Falle des Grabes von Stillfried wurde bereits verdeutlicht, dass beim Tode von mehreren Personen nicht unbedingt von endemischen oder epidemischen Krankheiten mit hoher Übertragbarkeit ausgegangen werden muss, sondern dass auch lokale, d.h. auf nur wenige Haushalte begrenzte Infektionen die Todesursache sein können (Kap. III.2.4). Charakteristisch für die Bestattungen von Opfern hochinfektiöser Epidemien ist, dass sie in der Regel auf eine von der Norm abweichende Weise bestattet werden. Betrachtet man etwa die Massengräber auf mittelalterlichen Pestfriedhöfen, so kann hier oftmals nicht einmal von Bestattungen im eigentlichen Sinne gesprochen werden. Im Gegensatz zu regulären Bestattungen finden sich hier die Skelette meist über- oder nebeneinander geworfen in den Gruben, die Toten wurden eher verscharrt als bestattet. Die hohe Zahl der Toten und die Ansteckungsgefahr machte es in solchen Fällen oftmals unmöglich, jedem Toten eine reguläre Bestattung in einem eigenen Grab zukommen zu lassen, da die Leichen möglichst schnell „beseitigt" werden mussten. Aufgrund der Tatsache, dass die Toten von Neckarsulm durchgehend in guter körperlicher Verfassung und „im besten Alter"[196] waren, lässt es unwahrscheinlich erscheinen, dass diese Männer Opfer einer infektiösen Erkrankung o. Ä. gewesen sind. Zudem erwecken die Neckarsulmer Bestattungen den Eindruck von arrangierten und gewissen rituellen Vorgaben folgenden Grabniederlegungen.

Eine andere Form unnatürlicher Todesumstände, die die hohe Zahl der Neckarsulmer Doppel- und Mehrfachbestattungen erklären könnte, ist die für die Urnenfelderzeit von verschiedenen Archäologen angeführte Sitte der so genannten „Totenfolge". Einen derartigen Ritus nachzuweisen ist allerdings äußerst schwierig, da keine schriftlichen Quellen aus der Urnenfelderzeit vorliegen, die einen solchen Ritus bestätigen, geschweige denn aufzeigen würden, wie die Tötungsart bei Totenfolgen gewesen sein könnte. Bei einem rituellen Tod durch fremde Hand wäre ein Tod durch Erschlagen, Enthaupten etc. sicherlich nachweisbar, er wäre jedoch anthropologisch kaum vom Tod infolge eines gewaltsamen Konflikts zu unterscheiden. Ein ritueller Tod ohne Anwendung von stumpfer oder scharfer Gewalt, ob nun durch fremde oder durch eigene Hand herbeigeführt, ist wesentlich schwerer an prähistorischem Knochenmaterial nachzuweisen. So hinterlässt ein Tod durch Ersticken, Erdrosseln, Erwürgen, Erhängen, Ertränken oder durch Gift keine Spuren, die später am Skelett sichtbar wären. Gleiches gilt auch für den Tod durch Verbluten, etwa durch einen Schnitt in die Arterien, der nur selten Spuren hinterlassen dürfte.[197] Eine weitere Form stellt die Verbrennung dar, welche jedoch von einer regulären Feuerbestattung nicht zu unterscheiden ist. Nüchtern betrachtet ist ein ritueller Tod, und als solcher wäre die „Totenfolge" zu bezeichnen, demnach kaum nachzuweisen, was meines Wissens für die Urnenfelderzeit bislang auch nicht überzeugend gelungen ist.

An dieser Stelle sei kurz noch eine spezielle Form der „Totenfolge" angesprochen, welche als „Witwentötung" bzw. „Witwenfolge"[198] bezeichnet wird. Von verschiedenen Seiten wird dieser Ritus als ein wiederkehrendes Phänomen bei urnenfelderzeitlichen Bestattungen angesprochen:

„Die Sitte der Doppelbestattung bildete jedenfalls einen festen Bestandteil der urnenfelderzeitlichen Bestattungsbräuche. Die diesem Ritus zugrundeliegenden Vorstellungen sind uns freilich unbekannt, man wird aber für die angeführten Fälle, bei denen es sich um die Beisetzung von Mann und Frau im gleichen Grabe zu handeln scheint, mit Witwentötung rechnen dürfen."[199]

Bei Doppelbestattungen in der Urnenfelderzeit tritt neben den Kombinationen Mann/Mann, Frau/Kind und Kind/Kind gehäuft die Kombination von Mann und Frau in Doppelbestattungen auf.[200] Mit „Witwenfolge" ist nun gemeint, dass die (Ehe-)Frau ihrem Mann nach dessen Tode gleichsam in den Tod folgte. Obwohl die Kombination von Frauen und Männern sowohl in „armen" als auch in „reichen" Gräbern auftritt, der Ritus der „Witwenfolge" also nicht unbedingt auf eine soziale Elite beschränkt gewesen sein muss, meinen verschiedene Archäologen, vor allem in den reich mit Bronzen ausgestatteten Doppelgräbern[201] einen Beleg für diesen Ritus zu sehen. Anzumerken ist jedoch, dass bei diesen und anderen reichen Gräbern nur in seltenen Fällen tat-

---

196 Siehe hierzu den Beitrag von J. Wahl in diesem Buch.
197 Knüsel, Warfare 51.
198 Zu einer derartigen Interpretation durch Archäologen siehe Falkenstein, Alter und Geschlecht 85 Anm. 11; L. Sperber, Goldene Zeichen. Kult und Macht in der Bronzezeit (Speyer 2005) 9; Reallexikon der Vorgeschichte 14, 1929, 440–42.
199 Krahe, Speyer 17.
200 Falkenstein, Alter und Geschlecht 87f. Dass die Geschlechts- und Altersgruppen in nahezu jeder Kombination in Doppelbestattungen auftreten können, zeigt sich im Übrigen auch in späthallstattzeitlichen Gräbern (siehe Oeftiger, Mehrfachbestattungen).
201 Zu nennen wären hier z.B. die Gräber von Speyer, Eßfeld, Wollmesheim und Gammertingen.

sächlich Leichenreste zweier Individuen dokumentiert wurden und selbst bei der Anwesenheit von menschlichen Überresten anthropologische Untersuchungen meist ausblieben. Dass in solchen Gräbern ein Mann und eine Frau bestattet wurden, gründet sich hier in erster Linie auf der so genannten archäologischen Geschlechtsbestimmung, da das Fundmaterial in ein männliches und ein weibliches Ensemble unterteilt werden konnte. Da es sich bei diesen Gräbern oftmals um Steinkisten- bzw. um Kammergräber handelt, wären m. E. auch sukzessiv erfolgte Bestattungen nicht gänzlich auszuschließen. Kammergräber erneut zu öffnen scheint eher zu bewerkstelligen zu sein, als bei in Gruben angelegten Brand- oder Körperbestattungen. Nachweisbare Spuren für dieses erneute Öffnen der Grabstätte müssten nur bedingt festzustellen sein, bedürften aber einer genauen Dokumentation seitens der Archäologie, um überhaupt erkannt zu werden. Für die so genannte „Witwentötung" ist die Beweisführung daher bislang als wenig überzeugend zu erachten. Sie ist zum momentanen Zeitpunkt eher als eine „interessante Hypothese" zu bezeichnen. So schreibt auch J. Fisch in seiner umfassenden Arbeit zu diesem Thema: „Legt man strenge Maßstäbe an, so muss geradezu als Axiom gelten, dass Doppelbestattungen im Hinblick auf Totenfolge nicht beweiskräftig sein können."[202]

Aufgrund der zahlreichen Doppel- und Mehrfachbestattungen auf dem Gräberfeld von Neckarsulm muss trotz alledem die Frage nach einer möglichen Totenfolge gestellt werden. Unklar bleibt zu Beginn die genaue Art der Beziehung zwischen den Toten, da in einigen Fällen die Toten nicht miteinander verwandt gewesen sein dürften[203] und aufgrund der überwiegenden Identifizierung der Toten als Männer eheliche Bindungen ausgeschlossen werden können. Demgegenüber ist davon auszugehen, dass auch zwischen (nicht verwandten) Männern zum Teil sehr enge Beziehungen bestehen können, die eine Totenfolge nahelegen könnten. Derartige Bindungen werden an späterer Stelle in dieser Arbeit noch ausführlich diskutiert (Kap. V.4). Als Beispiel sei an dieser Stelle die Loyalität gegenüber einem Gefolgsherrn angeführt, die es vielleicht in einigen Fällen vorsah, dass sich die Gefolgsleute im Todesfall ihres Herrn das Leben nahmen. L. Sperber spricht im Hinblick auf die Schwertgräber von Neckarsulm von einem „Besitz- und Verfügungsrecht" der Schwertträger, „das sich auf Leben und Tod seiner Familienangehörigen und der Gefolgschaft erstreckte".[204] Man sollte solche Verpflichtungen zwischen Gefolgsherrn und Gefolgsleuten nicht ausschließen, aber wie sähe der archäologische Nachweis hierfür aus? Die genannte Beziehung ist Ausdruck einer sozialen Ungleichheit, welche sich in einer hierarchischen Anordnung der Toten im Grab bzw. herausragenden Bestattungen widerspiegeln könnte. Ausgehend von der Hypothese, dass die Schwertträger eine höhere soziale Stellung als die übrigen Toten einnahmen, wäre deren Lage im Grab zu untersuchen. Ein erkennbares Muster bei der Anordnung der Toten im Grab zeigt sich bei den Neckarsulmer Doppel- und Mehrfachbestattungen jedoch nicht. In den Doppelbestattungen Grab 18 und 21 liegt der Schwertträger in der linken bzw. der rechten Grubenhälfte, in der Dreifachbestattung Grab 22 liegt der Schwertträger ganz rechts. Hier sind die beiden anderen Bestattungen beraubt und es stellt sich daher die Frage, ob nicht auch diese Toten bewaffnet waren. Auch bezüglich der Alterszusammensetzung der Toten zeigt sich in Neckarsulm kein wiederkehrendes Muster. Wir finden hier die Kombinationen Adult/Senil, Adult/Adult und Juvenil/Adult.[205] Nimmt man den Begriff der „Totenfolge" in seinem eigentlichen Sinne, so stellt sich zugleich die Frage, wer hier wem in den Tod bzw. ins Grab gefolgt sein könnte. Zunächst liegen in keinem Falle Belege dafür vor, dass ein Grab erneut geöffnet wurde, um einen oder gar mehrere Tote nachträglich in die Grabgrube zu legen. Der Zeitpunkt der Grablegung von mehreren Toten in ein Grab dürfte daher jeweils relativ eng beieinandergelegen haben. Bezüglich der genauen Abfolge, also welches Individuum zuerst bzw. zuletzt in die Grabgrube gelegt wurde, ist in nur wenigen Fällen ein Übereinanderliegen der Toten zu beobachten. In den meisten Fällen berühren die Toten einander nicht, und das trotz überwiegend sehr eng gefasster Grabgruben (Kap. III.2.7).

Als Fazit ergibt sich, dass in Neckarsulm weder in der Alterszusammensetzung der Toten noch in der Lage der Toten im Grab eine sichtbare soziale Hierarchien, zu erkennen ist, welche man auch im Sinne einer Totenfolge interpretieren könnte. Die Tatsache, dass die Toten zum gleichen Zeitpunkt bestattet wurden, reicht als alleiniges Kriterium für den Nachweis einer Totenfolge nicht aus. Gegen eine Totenfolge, welche auf diesem Gräberfeld für alle Doppel- und Mehrfachbestattungen postuliert werden könnte, spricht, zumindest nach unserem modernen Verständnis, dass sie als vorherrschender Ritus im Grunde den vermeidbaren Verlust an einem

---

202 J. Fisch, Tödliche Rituale. Die indische Witwenverbrennung und andere Formen der Totenfolge (Frankfurt a.M. 1998), 42.
203 Siehe Beitrag J. Wahl in diesem Buch.
204 Sperber, Goldene Zeichen 9.
205 Siehe Beitrag J. Wahl in diesem Buch.

hohen Potenzial von arbeits- und wehrhaften Männern bedeutet hätte. Grab 7, wenngleich beraubt und stark gestört, weist in eine andere Richtung als die Totenfolge. Wie es das Grab von Wassenaar, aber auch jenes von Stillfried nahelegen, haben wir es hier mit einer Mehrfachbestattung zu tun, welche infolge eines gleichzeitigen und vermutlich unnatürlichen oder gar gewaltsamen Todes von fünf Individuen angelegt wurde. Derartige Bestattungen weisen auf ungewöhnliche Todesumstände hin, die auch zu abweichenden Bestattungsformen führen konnten. Auch für die übrigen Neckarsulmer Männer kann vermutet werden, dass die regelhaft praktizierten Körperbestattungen als Ausdruck unnatürlicher Todesumstände bzw. eines von der Norm abweichenden Todes verstanden werden müssen. Eine andere Erklärung für das Anlegen von Körperbestattungen wäre eine von der übrigen Gesellschaft abweichende Lebensführung dieser Gruppe von Männern und deren im Leben wie im Tode gewählte Abgrenzung. Das Fehlen von unverheilten Verletzungsspuren spricht, ausgehend vom Befund in Wassenaar, nicht grundsätzlich gegen einen gewaltsamen Tod. Wir haben es bei den Bestattungen von Neckarsulm vermutlich mit den Folgen eines oder mehrerer gewaltsamer Ereignisse, etwa kriegerischen Auseinandersetzungen, zu tun, bei welchen gleich mehrere Männer den Tod fanden.

2.9 Grabraub

Grabraub[206] ist für urnenfelderzeitliche Bestattungen ein bislang kaum beobachtetes und untersuchtes Phänomen. Dass Grabraub schon in prähistorischer Zeit vorkam, zeigen die zum Teil sehr aufwendigen Maßnahmen zum Schutz der Gräber. Dieses sind beispielsweise Abdeckungen eines Grabes mit Steinplatten, Steinpackungen, Holz und massive Erdaufschüttungen. Doch auch diese Maßnahmen garantierten nicht immer einen effektiven Schutz.
Besonders bei Urnengräbern ist eine Beraubung nicht immer festzustellen. Auch bei den Steinkistengräbern ist insbesondere in den Fällen, bei denen die Grabräuber Funde zurückließen, eine Beraubung nicht unbedingt ersichtlich. Die augenfälligsten Belege für die Beraubung von Gräbern sind Raubschächte, eine massive Störung des Grabes wie etwa das Zerschlagen von Gefäßen sowie bei Körperbestattungen das „Auseinanderpflücken" der Skelette. Für die Verlagerung von Knochen muss allerdings nicht immer der Mensch verantwortlich sein, auch kleine Tiere sind als Urheber in Betracht zu ziehen. So werden bei Ausgrabungen gelegentlich kleine Tiergänge von Wühlmäusen, Feldhamstern o. Ä. be-

obachtet, die auch bei den Neckarsulmer Gräbern 3 und 26 für die Verlagerung der Fußknochen verantwortlich zu machen sind. Somit ist nicht jede Grabstörung auf eine Beraubung zurückzuführen.
Viele der Neckarsulmer Gräber waren auch durch ihre sehr geringe Tiefe im Boden in Verbindung mit der landwirtschaftlichen Nutzung des Areals von einer vollständigen Zerstörung bedroht. Bei etwa sechs Gräbern[207] kann man von einer angehenden bis hin zu einer völligen Zerstörung sprechen. Die Existenz dieser Gräber wurde allein durch die Anwesenheit weniger kleiner Knochenfragmente oder die Umrisse einer Grabgrube angezeigt. Nur in einem Fall[208] konnte eine Nadel als ehemaliger Bestandteil der Grabausstattung geborgen werden.
Von einer Störung betroffen waren nicht nur die Skelette der Bestatteten, sondern auch deren Beigaben. Dies zeigt, beispielsweise das in mehrere Teile zerbrochene und nur noch unvollständig vorliegende Griffzungenschwert aus Grab 21/1 sowie die keiner Bestattung mehr zuordenbaren Streufunde, welche möglicherweise ehemals zur Ausstattung von Gräbern gehört haben. Da das Grab 18, an dessen Fuß sich die Lanzenspitze (Taf. 50) fand, offensichtlich nicht beraubt oder gestört wurde, ist es nicht wahrscheinlich, dass dieses Objekt ursprünglich zum Grab gehörte. Von einer Zerstörung gefährdet waren vor allem die fragilen Gefäße. Wie die einzelnen in den Gräbern aufgefundene Scherben verdeutlichen, muss mit einer ursprünglich höheren Zahl an Gefäßen gerechnet werden, wenn auch die Scherben auf einem anderen Weg in die Verfüllung der Grabgruben gelangt sein könnten.
Auf dem Gräberfeld zeigt sich ein Beraubungsschwerpunkt vor allem im östlichen und südöstlichen Bereich. Ein strategisches Vorgehen der Grabräuber zeigt sich darin aber nicht, da sich in diesen Bereichen auch die beiden unberaubten Schwertgräber befanden. Eindeutig beraubt sind die Gräber 3, 4, 7, 11, 13, 14, 22, darunter auch zwei im westlichen Bereich gelegene Gräber.[209] Eher unberaubt sind die in der Mitte des Gräberfeldes gelegenen Bestattungen. Nicht beraubt waren vor allem diejenigen Bestattungen, in denen sich kaum mehr als eine Nadel und/oder Gefäße befanden. Aber auch „reichere" Bestattungen, so auch zwei der Schwertgräber, blie-

---

206 Mit Grabraub wird hier im Sinne Rittershofer (Rittershofer, Grabraub 5) wertungsfrei der Eingriff in ein Grab gemeint, bei dem Beigaben entnommen werden, ohne jedoch den Anlass für diesen Vorgang zu kennen.
207 Gräber 4; 5; 6; 10; 14; 27, 30.
208 Grab 4.
209 Gräber 13 und 14.

ben verschont. Bezüglich eines Beraubungsmusters sind vor allem diejenigen Doppel- und Mehrfachbestattungen interessant, bei denen die außen liegenden Bestattungen im beschriebenen Muster zerstört waren, während unmittelbar daneben liegende Bestattungen ungestört blieben.[210]

J. Wahl identifizierte kleinere „Verletzungen" an einigen Skeletten, die den Toten post mortem zugefügt wurden. Dies geschah vermutlich, als die Grabräuber von oben mit einer dünnen Sonde in den Boden stießen, um die Lage der Bestattungen zu ermitteln. Gesucht haben die Grabräuber vorzugsweise im Bereich des Oberkörpers, in welchem regelhaft die bronzenen Beigaben deponiert waren. Kennzeichen einer Beraubung sind die in einigen Fällen vorliegenden Raubschächte, verbunden mit einer massiven Störung des ursprünglichen Knochenverbands und dem Fehlen einzelner Knochenpartien.[211] Diese Knochen gelangten durch die Raubschächte in Richtung der Erdoberfläche oder wurden verlagert, was deren Zersetzung offenbar beschleunigte.[212] Die Beinknochen befanden sich in diesen Fällen noch in ihrem ursprünglichen Verband, d. h. in ausgestreckter Stellung im Grab.[213]

Bei der Dreifachbestattung in Grab 22 sind die Grabräuber vermutlich direkt von oben zielgenau zum Bereich der Oberkörper vorgedrungen und haben die losen Knochen verworfen. Während die beiden westlichen Bestattungen beraubt sind, blieb der östliche Tote unberührt. Ausgerechnet bei diesem Individuum handelt es sich um einen Schwertträger, allerdings blieb er vielleicht auch nur deswegen verschont, weil das Schwert unterhalb seiner rechten Brustkorbhälfte lag und nicht von den Grabräubern entdeckt wurde.

Im Falle von Grab 14 hatten die Räuber einen sehr tiefen und großflächigen Aushub vorgenommen. Im Boden zeichnete sich bei diesem Fund deutlich eine Grube innerhalb der eigentlichen Grabgrube ab, welche einige wenige größere Knochenteile enthielt. Das Grab lag sehr nah bei einer neolithischen Pfostenschlitzmauer, allerdings kann aus rein chronologischen Gesichtspunkten diese Struktur nicht für diese Störung verantwortlich gemacht werden. Bei der Beraubung der Doppelbestattung aus Grab 13 legten die Grabräuber mindestens ein bis zwei schmale Raubschächte an. Die Beraubung erfolgte schräg von der östlichen Grabgrubenseite und war deutlich durch eine dunklere Verfärbung innerhalb der ursprünglichen Grubenverfüllung zu erkennen. In den Raubschächten waren Nester zum Teil sehr klein fragmentierter Knochenteile enthalten.

Über die Motive einer Beraubung von Gräbern existieren in der Archäologie verschiedene Meinungen. Es würde nach umfassenden Analysen verlangen, um gewisse Muster herauszuarbeiten:

„Finden sich für den Vorgang der Manipulation an Gräbern in vor- und frühgeschichtlichen Epochen jedoch eindeutige zeitliche und räumliche Schwerpunkte und wird bei der Entnahme von Beigaben eine systematische Auswahl kenntlich, die sich zudem im Inhalt der zeitgleichen Hortfunde spiegelt, so lässt sich damit eine Regelhaftigkeit fassen, hinter der mehr und sicher ganz andere Beweggründe standen als die banale persönliche Bereicherung."[214]

Immerhin scheinen sich bestimmte Personengruppen herauszukristallisieren, die beim Durchblick sämtlicher prähistorischer Perioden besonders häufig beraubt wurden. Dieses sind männliche Tote[215] und die reichen Gräber der „Eliten". Die Gräber von Kindern blieben im Gegensatz zu jenen der Erwachsenen meistens verschont.[216] Der Beraubungsgrad lässt sich auf diese Formel jedoch nicht verallgemeinern, er zeigt vielmehr regionale, chronologische und kulturelle Unterschiede. Für die Urnenfelderzeit stellt sich die Frage, ob sich die Beraubung von Urnen- bzw. Brandbestattungen für Grabräuber überhaupt lohnte, da den Toten in der Regel nur relativ wenige Beigaben aus Bronze mitgegeben wurden. Die Beigaben waren zudem durch das Bestattungsfeuer stark zerschmolzen. Ziel war es daher wohl nicht, unversehrte Objekte zu erbeuten, sondern die sekundäre Verwendung der Bronze als „Rohstoff" zur Herstellung neuer Produkte. Oftmals wird daher davon ausgegangen, dass eine Beraubung aus materiellen, d. h. rein profanen Motiven erfolgte, etwa aus Gründen einer zum Zeitpunkt der Beraubung herrschenden Rohstoffknappheit[217] an Metall. Einige Meinungen gehen sogar dahin, dass bei der Beraubung „bewaffnete Räuberbanden"[218] am Werk waren. Im Gegensatz dazu stehen Überlegungen, die von kultisch begründeten Bergungen

---

210 Gräber 7/1 und 22/1.
211 Dieses Störungsmuster ist auch bei anderen beraubten Bestattungen beobachtet worden. Siehe Chropovský/Slowakei 58.
212 Ausschließen möchte ich eine rituelle Entnahme von Knochen, wie man es von einzelnen neolithischen Kulturen kennt.
213 Gräber 11 und 13.
214 Rittershofer, Grabraub 23.
215 C. Randsborg, Plundered Bronze Age Graves. Archaeological & Social Implications. Acta Archaeologica 69, 1998, 117.
216 Randsborg, Plundering 113f.
217 Beiler, Heilbronn 55; K. Raddatz, Zum Grabraub in der Frühen Bronzezeit und in der Römischen Kaiserzeit. In: H. Jankuhn u.a. (Hrsg.), Zum Grabfrevel in vor- und frühgeschichtlicher Zeit. Untersuchungen zu Grabraub und ‚haugbrot' in Mittel- und Nordeuropa (Göttingen 1978) 48ff.; Rittershofer, Grabraub 5ff., 14.
218 Rittershofer, Grabraub 13.

einzelner ausgewählter Objekte ausgehen. In diesen Fällen könnten Erbansprüche stehen, die ein Wiedereröffnen der Bestattung gestatteten oder gar notwendig machten. So könnte es durchaus sein, dass bestimmte Objekte eine große Rolle für die Angehörigen gespielt haben, etwa um sich die Macht und den Status der Verstorbenen zu sichern.[219] Andere Objekte blieben dabei im Grab zurück, sei es aus religiösen Gründen oder aus Gründen der Pietät. Es gibt auch Überlegungen, dass vor einer Entnahme von Objekten eine gewisse Frist verstreichen musste: „Die den Gräbern entnommenen Gegenstände habe der Tote nur eine gewisse Zeit behalten dürfen, nämlich solange seine Körperhaftigkeit in concreto gegeben war."[220]

Damit wird auch die Frage angeschnitten, wie groß die Zeitspanne zwischen der Bestattung und der wie auch immer motivierten Entnahme von Objekten gewesen ist. In Neckarsulm ist bezüglich der Verlagerung der Knochen davon auszugehen, dass sich das Bindegewebe und die Sehnen zum Zeitpunkt der Beraubung bereits aufgelöst hatten, sodass die Knochen nur noch lose aneinanderlagen. Anders wäre eine so große Streuung und das „Auseinanderpflücken" der Skelette nicht zu erklären.[221] Bevor dieser Zustand erreicht wird, können, je nach Bodenverhältnissen, ca. zwei bis drei Jahre vergehen.[222] Damit wäre zumindest der früheste Zeitpunkt der Beraubung näher eingegrenzt.[223]

Es gibt jedoch noch weitere Indizien, die einen Hinweis auf die zeitliche Spanne zwischen Grablegung und Beraubung liefern können. So beispielsweise Patinaspuren von Bronzeobjekten, welche grünliche Verfärbungen an den Knochen hinterlassen.[224] Bevor derartige chemische Prozesse bei Bronzen eintreten und an den Knochen ihre Spuren hinterlassen, muss mindestens ein Jahr vergangen sein, wobei hier natürlich die Bodenverhältnisse und die Qualität der Bronze eine maßgebliche Rolle spielen.[225] In Neckarsulm liegt mit der Bestattung aus Grab 20 möglicherweise ein solcher Hinweis auf eine Beraubung vor. So fand sich sowohl auf dem linken Oberarm des Toten wie auch auf dem knöchernen Schaft eines Pfriems eine grünliche Färbung, ohne dass aber bei der Freilegung an dieser Stelle ein Bronzeobjekt angetroffen wurde. Hier lag vermutlich über eine gewisse Zeit hinweg ein Bronzeobjekt, welches entfernt wurde, oder ein vielleicht nur blechdünnes, längliches Objekt, welches sich vollständig aufgelöst und auf den Knochen seine Spuren hinterlassen hat. Für die Beraubungen in Neckarsulm lassen sich sowohl die Urheberschaft als auch deren Motive nicht mehr ermitteln. Auch der Zeitpunkt der Beraubung, ob nun antik oder modern, lässt sich nicht mehr de-

finitiv feststellen. Die Zersetzung des menschlichen Gewebes gibt hier zumindest einen möglichen Zeitpunkt von drei Jahren nach der Bestattung an, wobei mit den Überresten der Toten wenig rücksichtsvoll umgegangen wurde. In Neckarsulm ist deutlich zu erkennen, dass die Eingriffe gezielt vorgenommen worden sind. Dies könnte ein Hinweis darauf sein, dass die Eingriffe zu einem Zeitpunkt geschahen, als zumindest die Lage der beraubten Gräber oberirdisch noch zu erkennen war oder man von der Existenz dieses Bestattungsplatzes wusste. Es fällt zudem auf, dass jeweils sämtliche Bronzen aus den beraubten Bestattungen entnommen worden sind, worunter auch einige Nadeln gewesen sein müssen, die ja regelhaft vergeben wurden. Es wurden auch nicht etwa gezielt alle Schwerter entnommen, was mit einer Art Ahnenverehrung, Erbansprüchen o. Ä. zu erklären gewesen wäre. All diese Punkte sprechen meines Erachtens gegen eine rituelle Öffnung der Gräber und mehr für eine profane Beraubung auf der Suche nach Bronze. Offen bleibt allerdings die Frage, warum die Grabräuber nicht nach weiteren Gräbern suchten und warum einige Bestattungen in beraubten Gräbern nicht ebenfalls geplündert worden sind. Ob die Grabräuber hier aufgrund eines Tabus von einer Beraubung dieser Toten Abstand nahmen, muss offen bleiben.

2.10 Fazit

Das Gräberfeld von Neckarsulm stellt nicht nur wegen des hier praktizierten Bestattungsritus, sondern auch aufgrund der Tatsache, dass es sich wohl um einen „Männerfriedhof" handelt, einen andersartigen und bislang völlig unbekannten Friedhofstyp dar. Es kann durchaus als ein „Sonderfriedhof"[226] bezeich-

---

219 Randsborg, Plundering 113.
220 B. Hänsel/N. Kalicz, Das bronzezeitliche Gräberfeld von Mezösát, Kom. Borsod, Nordostungarn. Ber. RGK 67, 1986, 5 ff.; 52; 50 ff. Siehe auch Rittershofer, Grabraub 10.
221 So auch Rittershofer, Grabraub 11.
222 Rittershofer, Grabraub 15 Anm. 71.
223 Auf anderen Friedhöfen hielten Grabräuber nicht immer derartige Fristen ein bzw. warteten nicht den natürlichen Verwesungsprozess ab. Hier erfolgte eine Beraubung häufig sogar unmittelbar nach der Bestattung. Siehe Randsborg, Plundering 113.
224 Dass sich anhand dieser Färbungen das Gewicht entwendeter Bronzebeigaben schätzen lässt, zeigte S. Sprenger (S. Sprenger, Zur Bedeutung des Grabraubes für sozialarchäologische Gräberfeldanalysen. Eine Untersuchung am frühbronzezeitlichen Gräberfeld von Franzhausen I, Niederösterreich [Horn 1999]).
225 Rittershofer, Grabraub 15 Anm. 71.
226 A. Jockenhövel, Zur Archäologie der Gewalt: Bemerkungen zu Aggression und Krieg in der Bronzezeit Alteuropas. Anodos. Studies of the Ancient World 4/5, 2004/2005, 125.

net werden. Geht man zurück zu den Mehrfachbestattungen aus Wassenaar und Stillfried, so zeigen sich auf den ersten Blick nur wenige Verbindungen mit unserem Gräberfeld. Handelt es sich doch in beiden Fällen um Opfer einer „Zivilbevölkerung", vielleicht um Familien, während das Gräberfeld von Neckarsulm definitiv nicht als Bestattungsplatz einer typischen Siedlungsgemeinschaft zu interpretieren ist. In Neckarsulm fehlen nämlich die Bestattungen von Frauen und Kindern, der vermutlich ausschließliche Anteil von männlichen Toten und die Waffen zeigen vielmehr, dass man es hier mit einer reinen Männergemeinschaft – eventuell einer Kriegergruppe – zu tun hat.

Hinzuweisen ist noch auf das Sterbealter der Männer aus Wassenaar und in Stillfried, das jeweils bei etwa 30 Jahren lag. Auch in Neckarsulm verstarben die Männer, die sich durch einen guten Gesundheitszustand auszeichneten, mehrheitlich in einem adulten bis maturen Alter. Dies ist ein Todesalter, welches beispielsweise für waffentragende Männer nicht ungewöhnlich ist.[227] Eine Ausnahme bilden in Neckarsulm jedoch die Individuen in einem Sterbealter von 60–70 Jahren, welche wohl kaum noch als Krieger agiert haben werden. Wie bei den älteren Individuen fehlen aber auch bei allen anderen Bestatteten Hinweise auf die Todesursache. Das Interpretationsspektrum ist hier also sehr offen. Ungewöhnliche Todesumstände geben sich jedoch in den zahlreichen Doppel- und Mehrfachbestattungen zu erkennen, welche darauf schließen lassen, dass infolge eines oder mehrerer Ereignisse gleich mehrere Männer den Tod fanden. Ein gewaltsamer Tod ist m. E. in einem Großteil der Fälle sehr wahrscheinlich. Die Geschlossenheit der Bestattungsgemeinschaft und vielleicht auch die Todesumstände verdeutlichten die Bestatter zudem in der Sitte der Körperbestattung.

Die Ausstattung der Gräber ist überwiegend als spärlich zu bezeichnen, da die Toten häufig nur eine Nadel und ein Gefäß als Beigaben bekamen. Eine Ausnahme bilden die drei Schwertbestattungen, wobei auch diese nicht als „Prunkbestattungen" zu bezeichnen sind. Da einige Gräber beraubt waren, ist die Zahl der mit Waffen und anderen kostbaren Beigaben ausgestatteten Gräber vermutlich höher gewesen. Im Grabraub selber zeigt sich kein festes Muster, die Grabräuber suchten zwar gezielt, unterließen es jedoch aus welchen Gründen auch immer, in allen Bestattungen nach Beute zu suchen. Wie die Bestatteten des Männerfriedhofs von Neckarsulm in die Gesellschaft ihrer Zeit eingegliedert waren, welche Position, Status, Funktion etc. sie hatten, wird in einem eigenen Kapitel (V) diskutiert.

3 Katalog der Gräber

Im Folgenden werden die Gräber in der Reihenfolge ihrer Ausgrabung vorgestellt. Als Bestattungsform treten hier Einzel-, Doppel- und Mehrfachbestattungen auf. Zu jeder Bestattung werden, falls vorhanden, die Beigaben (inkl. Fundnummern) und deren Lage im Grab genannt. Die Typologisierung und Datierung erfolgt in den weiteren Teilen der Arbeit (Kap. III.4–IV). Zur schnellen Übersicht der Verteilung von Funden auf die Gräber empfiehlt sich der Katalog im Anhang.

Grab 1 (Taf. 1)

Bereits 2 cm unter dem ersten vom Bagger gezogenen Planum trat die erste Bestattung des Gräberfeldes zutage. Im Sediment über dem Planum 1 war die Grabgrube noch nicht zu erkennen gewesen, sondern wurde erst ca. 10 cm über dem Skelett durch eine Verfärbung im Boden sichtbar. Die Verfüllung der ca. 2,35 m langen und ca. 67 cm breiten Grabgrube bestand aus rotbraunem bis dunkelbraunem, leicht fleckigem Lösslehm, in welchem ganz vereinzelt kleiner Holzkohleflitter auftrat. Der anstehende Boden setzte sich aus demselben, insgesamt allerdings etwas helleren mittelbraunen Lösslehm zusammen, weshalb sich die Grube insgesamt nur schwach abzeichnete. In der Grabgrube lag eine einzelne Körperbestattung in gestreckter Rückenlage, wobei das Skelett ziemlich genau entlang der Nordsüdachse orientiert war. Wie bei den späteren Bestattungen regelhaft zu beobachten, lag der Kopf im Süden, in diesem Fall war er zudem nach Westen hin blickend gedreht. Der Umstand, dass sich das Grab direkt unterhalb der Erdoberfläche befand, ist dafür verantwortlich zu machen, dass Teile des Schädels sowie von den an dieser Stelle niedergelegten Beigaben bereits durch den Bagger freigelegt wurden. Vom Schädel fehlen daher erhebliche Teile, der Zahnbestand scheint, nach Aussage der Befunddokumentation, jedoch noch vollständig vorzuliegen. Die insgesamt als schlecht zu bezeichnende Knochenerhaltung des Skeletts ist jedoch nicht allein auf diese Störung zurückzuführen. Ein Großteil der Langknochen war zerdrückt und mehrfach gebrochen. Die Knochen des linken Arms hatten sich größtenteils bereits aufgelöst. Der gesamte Brustbereich hat sich nicht erhalten, so fehlen die Rippen und die komplette Wirbelsäule. Von den Beckenknochen haben sich nur geringe Reste erhalten. Bezüglich der Körperhaltung lassen sich dennoch eini-

---

227 Ebd. 120.

Abb. 16: Grab 1 (Foto: A. Neth).

ge Aussagen treffen. Während der rechte Arm direkt am Körper anlag, war der linke Arm im Ellenbogen abgewinkelt, wobei die Hand oberhalb des Beckens auf dem Körper gelegen haben dürfte. Von den Hand- und Fingerknochen waren keine Reste mehr vorhanden, nur etwas besser waren die Fußknochen erhalten. Die Oberschenkelknochen lagen im Bereich der Knie sehr dicht beieinander, was dem Toten eine gewisse X-Bein-Stellung verlieh. Die Unterschenkelknochen lagen parallel und die Füße eng beieinander. Insgesamt macht das Individuum im Vergleich zu den übrigen Skeletten des Gräberfeldes bei einer Körpergröße von ca. 1,70 m einen recht grazilen Eindruck und ist nach anthropologischer Bestimmung tatsächlich nur etwa 20 Jahre alt geworden. Das Geschlecht konnte in diesem Fall nicht bestimmt werden.

Die Bestattung enthielt Beigaben, welche vor allem oberhalb des Kopfes niedergelegt worden waren. Etwa 10 cm vom Kopf entfernt lag ein kleiner Becher (Fd.-Nr. 2001-48-1-2) mit einem Mündungsdurchmesser von ca. 10 cm. Obwohl das Gefäß stark fragmentiert war, konnte es nahezu vollständig zusammengesetzt werden. Etwas näher am Kopf lagen einige wenige und nahezu schon vergangene Tierknochen, welche als Reste einer Speisebeigabe betrachtet werden können. Leider sind die Knochen nach der Ausgrabung verloren gegangen, wobei deren hoher Fragmentierungsgrad keine zoologische Bestimmung zugelassen hätte. Als bronzene Beigabe fand sich erst bei der Bergung des Skeletts direkt unter dem rechten Oberarm ein kleiner Bronzering (Fd.-Nr. 2001-48-1-3). Dieser hat einen äußeren Durchmesser von ca. 2,4 cm und eine Dicke von etwa 0,6 cm. (Abbildungen siehe Taf. 30,1.2). Im Aushub wurden noch ein paar wenige Gefäßscherben entdeckt, welche die Rekonstruierung eines Gefäßes jedoch nicht erlauben.

Grab 2 (Taf. 2)

In der Tiefe von Planum 2, die genaue Grabtiefe wurde nicht dokumentiert, befand sich eine Mehrfachbestattung von drei dicht nebeneinanderliegenden Individuen. Die Grabgrube war annähernd quadratisch, in ihren Umrissen aber nur unregelmäßig ausgeprägt. Die Maße der Grabgrube betrug ca. 2,43 m × 2,12 m mit einer nordsüdlichen Orientierung. Im Süden lag die Grube noch im anstehenden rotbraunen Lösslehm und zeichnete sich hier nur undeutlich durch eine leicht dunklere Verfärbung gegen diesen ab. Die Grubenverfüllung bestand aus homogenem und kräftig rotbraunem Lehm, der fast keine Einschlüsse enthielt. Im nördlichen Bereich der Grube, bei insgesamt 2/3 der Grube, wurde das Planum 2 etwas tiefer angelegt, sodass sich nun die Grube gegen den hier zutage tretenden gelben Löss deutlicher abhob. Besonders der östliche Rand der Grabgrube war allerdings unregelmäßig ausgebildet und es zeichneten sich keine klaren Konturen ab. Innerhalb der Grabgrube waren zwar keine Spuren von Grabeinbauten beobachtbar, auffällig und besonders auf dem Befundfoto gut zu erkennen war, dass die Füße alle auf einer Linie, ca. 40 cm vor dem Ende der Grabgrube endeten. Bei Individuum 3 wirkten die Füße sogar regelrecht abgeknickt.

Die Skelette waren nordsüdlich orientiert, wobei der Kopf jeweils im Süden lag. Alle drei Skelette lagen auf demselben Niveau, wobei die Köpfe jeweils etwas höher zu liegen schienen. Bezüglich der Grablegung war anhand der Grabverfüllung nicht zu erkennen, ob einer der Bestatteten erst nachträglich in das bereits angelegte Grab gelegt wurde. Einzig gesichert scheint zu sein, dass das Individuum in der Grabmitte als Letztes ins Grab gelegt wurde. Dieses erklärt sich aufgrund der Tatsache, dass dessen Ar-

55

Abb. 17: Grab 2 (Foto: A. Neth).

me auf denen der beiden links und rechts neben ihm liegenden Individuen aufliegen.
Im Folgenden werden die einzelnen Bestattungen getrennt voneinander besprochen, wobei die Individuen von Osten nach Westen durchgezählt wurden und folgende Bezeichnung tragen:

Individuum 1 = östliches Skelett,
Individuum 2 = mittleres Skelett,
Individuum 3 = westliches Skelett.

Individuum 1

Dieses ist das am besten erhaltene Skelett der Dreifachbestattung. Der Körper lag in gestreckter Rückenlage mit ausgestreckten Beinen und den Armen am Körper anliegend. Der Schädel war stark zerdrückt und leicht zur Seite gedreht, wodurch der Tote nach Nordwesten blickte. Die Zähne des Unterkiefers waren bei der Freilegung gut sichtbar. Der Oberkörper ist komplett mit den Rippen und der Wirbelsäule erhalten. Die Rippen lagen in situ relativ eng an der Wirbelsäule an, sodass das Skelett einen etwas zusammengedrückten Eindruck machte. Auch die Beckenknochen sind sehr gut erhalten. Die linke Hand war ausgestreckt. Bei der rechten Hand waren die Mittelhandknochen gestreckt. Rechtwinklig zum rechten Femur lag ein einzelner Fingerknochen, ein weiterer befand sich etwas weiter nördlich, östlich des Femurs und parallel zu diesem.

Die rechte Kniescheibe lag vor dem rechten Schienbein, die linke Kniescheibe war nicht sichtbar. Das rechte Bein war im Unterschenkelbereich leicht nach außen gedreht, sodass das Wadenbein sichtbar wurde. Beide Fersenbeine zeigten nach innen und die Mittelfußknochen wiesen auf beiden Seiten nach Norden. Die Zehen nahmen auf diese Weise eine gewisse „Ballerinahaltung" ein. Vom rechten Fuß war bei der Ausgrabung, da er leicht gedreht war, nur wenig zu erkennen. Zwischen den Füßen von Individuum 1 und dem neben ihm liegenden Individuum 2 lagen einige, keinem der beiden Individuen mehr zuordenbare Zehenknochen. Ein weiterer Zehenknochen lag östlich vom linken Schienbein, etwas oberhalb des Fußgelenkes. Der Tote war männlichen Geschlechts und starb in einem Alter zwischen ca. 30–40 Jahren.

Nur eine Beigabe lässt sich gesichert dieser Bestattung zuordnen. Dabei handelt es sich um eine Bronzenadel (Fd.-Nr. 2001-48-2-8), welche über dem Humerusende des rechten Armes lag (Taf. 30,3). Der Kopf der Nadel lag dabei im Südwesten, die Nadelspitze zeigte nach Nordosten. Direkt beim Skelett fanden sich zwei kleine Keramikscherben, die eine zwischen den unteren linken Rippen, die andere am linken Fuß. Unklar ist, ob Individuum 1 oder dem links neben ihm liegenden Individuum 2 jene dünnwandigen Scherben aus rötlicher Keramik zugeordnet werden können, welche oberhalb beider Köpfe lagen. Das kleine Gefäß lag auf der Seite, wobei der sehr kleine Boden nach Norden wies. Die Mündung war während der Befunddokumentation nicht sichtbar, dürfte aber nach Süden gewiesen haben. Die wenigen Fragmente reichen nicht aus, um ein Gefäß rekonstruieren zu können, zu erkennen war jedoch, dass das Gefäß eine „Knickwand" besessen hatte.

Individuum 2

Individuum 2, das mittlere Skelett, lag in gestreckter Rückenlage im Grab. Das gesamte Skelett befindet sich in einem relativ guten Erhaltungszustand. Die Beine waren gerade ausgestreckt, die Arme lagen auf den Armen der beiden benachbarten Bestattungen auf. Dieses könnte, wie eingangs bereits angeführt, ein Beleg dafür sein, dass der Verstorbene als Letzter in das Grab gelegt wurde. Während der rechte Oberarm parallel zum Körper ausgestreckt war, war der dazugehörige Unterarm im Ellenbogenbereich extrem nach oben abgewinkelt, sodass er parallel zum Oberarm zu liegen kam. Die rechte Hand war im rechten Winkel in Richtung Kopf abgeknickt, wodurch sich die ausgestreckten Finger auf dem Humerus und einer Rippe knapp unterhalb der Clavicula befanden. Der linke Humerus war nach Westen ausgestellt und lag auf dem Humerus von Individuum 3. Der linke Unterarm war stark angewinkelt, allerdings in nicht ganz so extremer Pose wie rechts, und lag zum Teil auf dem Unterarm von Individuum 3. In seinem Verlauf führte der Unterarm dann in Richtung Kiefer. Von der linken Hand waren nur noch geringe Reste erhalten, welche auf der rechten Schulter auflagen. Vermutlich waren die Finger nicht gestreckt, Genaueres ließ sich aber nicht mehr beobachten. Der Schädel, welcher nur wenig verdrückt war, lag auf der rechten Seite, wodurch sich eine Blickrichtung nach Nordwesten ergab. Der Unterkiefer war nach unten geklappt und einige wenige Zähne sichtbar. Der Oberkörper ist mit den Rippen und der Wirbelsäule erhalten, wobei die Rippen in ihrer Fundlage breit „gespreizt" beiderseits der Wirbelsäule lagen. Auch das Becken ist relativ gut erhalten. Die Langknochen der Beine liegen vollständig erhalten vor. Die rechte Patella lag auf dem Kniegelenk, die linke Patella knapp daneben. Beide Füße waren nach außen gedreht, sodass die Fersenbeine nach innen zeigten. Die Mittelfußknochen wiesen gerade nach Norden, einzig die Zehen haben sich nicht erhalten. Der Tote war vermutlich männlichen Geschlechts und starb relativ jung, in einem Alter von ca. 25 Jahren.

Als Beigabe wären jene Gefäßreste zu nennen, welche bereits bei der Bestattung von Individuum 1 erwähnt wurden und keiner der beiden Bestattungen eindeutig zugeordnet werden können. Den geringen Rest eines anderen Gefäßes stellt eine kleine schwarze Randscherbe dar, welche sich zwischen dem rechten Humerus und den Rippen fand. Es ist anzunehmen, dass die Scherbe an diese Stelle verlagert worden ist. Zweifellos zur Bestattung gehörig ist auch bei dieser Bestattung eine Nadel (Fd.-Nr. 2001-48-3-5). Auch diese lag im Bereich der rechten Schulter, nun aber direkt parallel zur rechten Clavicula. Der Nadelkopf lag diesmal im Südosten, die Spitze zeigte nach Nordwesten (siehe Taf. 30,4).

Individuum 3

Das westliche Skelett, welches sich von allen dreien am schlechtesten erhalten hat, lag in gestreckter Rückenlage, der gesamte Körper ist jedoch insgesamt nach Westen zum mittleren Individuum hin gedreht. Die Knochen des linken Armes sind in einem schlechten Erhaltungszustand, der Arm stark nach außen hin angewinkelt. Der rechte Arm, etwa im Bereich der Armbeuge unter dem linken Arm von Individuum 2 gelegen, war leicht „ausgestellt", d.h. im Ellenbogen etwas nach außen abgewinkelt, sonst aber in seiner Lage parallel zum Körper. Die Beine waren gerade gestreckt, das rechte Bein dabei nur etwas angewinkelt. Das linke Bein war gerade ausgestreckt, seine Knochensubstanz jedoch in einem schlechteren Zustand als beim Rechten. Der stark zusammengedrückte und entsprechend fragmentierte Schädel lag direkt auf dem Hinterkopf auf, sodass der Blick nach oben gerichtet war. Aus nicht nachvollziehbaren Gründen rutschte der Kopf etwas nach Norden zwischen die Schultern. Vom Oberkörper haben sich nur im oberen Bereich der Wirbelsäule die Rippen in geringem Maße erhalten. Gänzlich fehlt die Lendenwirbelsäule und auch das Becken ist nur noch unvollständig. Die rechte Hand war ausgestreckt, die Knochen der linken Hand fehlen. Die Patella des rechten Beins lag neben dem Femur von Individuum 2, die linke Patella auf dem Kniegelenk und das Wadenbein unter dem Schienbein. Der rechte Fuß war am Fußrücken hochgewölbt, die Zehen dann aber nach Norden gerichtet. Vom linken Fuß sind nur noch die Mittelfußknochen erhalten, die Zehen fehlen. Beide Füße waren nach Osten gedreht und machten nach Aussage der Ausgräberin den Eindruck, als seien sie gegen einen Widerstand gedrückt gewesen, vermuten ließe sich hier ein Brett als Grubeneinfassung. Der Tote war vermutlich männlichen Geschlechts und verstarb wie Individuum 1 in einem Alter von ca. 30–40 Jahren.

Als Beigabe besonders dominant war eine große, zwischen dem Schädel und der Schulter stehende Schüssel (Fd.-Nr. 2001-48-4-1). Das Gefäß stand etwas schräg, mit einem Gefälle von Nordwesten nach Südosten. Zwar war das Gefäß in situ stark zerscherbt, es ließ sich dennoch wieder rekonstruieren. Bei der Bergung des Gefäßes fand sich darunter eine Bronzenadel (Fd.-Nr. 2001-48-4-10). Als weitere metallene Beigaben fanden sich oberhalb vom linken Oberarm ein kleiner Bronzering (Fd.-Nr. 2001-48-4-3) und direkt an diesen angrenzend etwa parallel zum Humerus ein mit seiner Spitze zum Ellenbogen zeigendes Bronzemesser (Fd.-Nr. 2001-48-4-2). Die Schneide wies dabei zum Körper und der leicht geschwungene Rücken nach außen. Das Messer besaß einen relativ langen Griff, wie sieben senkrecht im Boden steckende Pflockniete beweisen. Um das Messer besser bergen zu können, wurde es mitsamt der Erde in einem Gipsblock geborgen. Beim Herauspräparieren des Messers aus dem Gipsmantel waren kleine schwarzbraune Flecken zu beobachten, wobei es sich um die organischen Reste einer Messerscheide oder einer Tasche gehandelt haben könnte. Der Ring spräche für eine Befestigung an einem Gürtel. Die geringen organischen Reste ließen eine weitere Analyse allerdings nicht zu (Abbildungen siehe Taf. 31,35).

Grab 3 (Taf. 3)

Bei diesem Grab handelt es sich um eine Einzelbestattung mit nordsüdlicher Ausrichtung. Der Kopf des Toten befand sich dabei im südlichen Ende der Grabgrube. Die Grabgrube mit leicht unregelmäßigen Konturen war rechteckig mit abgerundeten Ecken und verfügte über die Maße von 2,05 m × 0,48 m. Der anstehende Boden bestand aus gelblichem Löss mit kleinen rötlichbraunen Lehmeinsprengseln. Die Verfüllung der Grube setzte sich hingegen aus mittelbraunem bis rötlichbraunem Lösslehm zusammen, der keine weiteren Einschlüsse enthielt. Am westlichen Rand der Grube zeichnete sich nur undeutlich eine Verfärbung ab, welche etwas mehr Lösslehmeinsprengsel enthielt und daher etwas dunkler und durchmischter wirkte. Der Ausgräberin zufolge könnte es sich dabei eventuell um ein sich nur noch undeutlich abzeichnendes ehemaliges Raubloch gehandelt haben. Bei zwei ovalen Flecken, ebenfalls im westlichen Rand der Grube, die etwas dunkler und lockerer verfüllt erschienen, wird es sich hingegen eher um Tiergänge gehandelt haben. In gleicher Weise wäre ein deutlich erkennbarer Fleck zu interpretieren, der sich im Bereich des nicht mehr vorhandenen rechten Oberarms befunden hat.

Wie es sich aus den im Grab verbliebenen Knochen zu erkennen gab, handelte es sich bei der Bestattung um ein in gestreckter Rückenlage bestattetes Individuum. Die Beine waren gerade ausgestreckt, der linke Arm, von beiden Armen als einziger erhalten, lag ausgestreckt dicht am Körper. Auch die linke Hand lag noch in ihrem ursprünglichen Verband gerade ausgestreckt. In seiner Länge vom Scheitel bis zum Fersenbein war das Individuum ca. 1,65 m lang und von eher grazilem Wuchs. Der Schädel war seitlich nach vorne verkippt, sodass er teilweise auf dem Gesicht auflag. Aus dem Kiefer hatten sich bereits die Zähne gelöst, die östlich vom Schädel lagen. Ein Kieferfragment lag zudem westlich vom rechten Femur. Vom Oberkörper ist die Wirbelsäule nicht mehr und von den Rippen sind nur noch drei Stück erhalten, welche wie zusammengeschoben im Brustkorbbereich lagen. Einige Rippenfragmente und Wirbelteile fanden sich neben dem linken Unterarm sowie im Bereich des linken Oberschenkels. Am rechten Femurkopf lag ein weiteres Wirbelbruchstück. Im Bereich des rechten Femurknochens fanden sich noch einige Fingerknochen, von deren ursprünglicher Lage nichts mehr zu erkennen war. Vom Becken haben sich nur wenige Teile erhalten. Hier fanden sich wenige Knochenteile vom vermutlich rechten Arm. Von den Beinen fehlt das linke bis auf einige Reste des Oberschenkelknochens. Lediglich die

Abb. 18: Grab 3 (Foto: A. Neth).

Patella fand sich nördlich vom Hüftbereich zwischen den ebenfalls nach hierhin verlagerten Rippenknochen. Der linke Fuß war vollständig im Verband erhalten, wobei die Ferse nach Osten wies. Der Fuß war nach außen gedreht, wodurch die Mittelfußknochen gerade in Richtung Norden zeigten und die Zehen wie nach innen „gekrallt" wirkten. Das rechte Bein war hingegen komplett in seinem ursprünglichen Verband vorhanden. Die Kniescheibe lag allerdings östlich vor dem Knie. Der rechte Fuß ist ebenfalls ganz erhalten. In der Fundlage war der Fuß nach außen gedreht und mit dem Mittelfuß nach Norden und den Zehen nach Westen hin abgeknickt. Der Tote war männlichen Geschlechts und starb in einem spätmaturen Alter.

Auffällig war bei der Bestattung, dass der Rand der Grabgrube dicht vor den abgewinkelten Zehen beider Füße verlief, sodass die Füße wie gegen einen Widerstand gedrückt erschienen. Möglicherweise hat es hier einen Grabeinbau in Form eines Holzbretts o. Ä. gegeben. Augenscheinlich ist die Bestattung in einigen Bereichen massiv gestört worden. Da auf dem Grabniveau jedoch keine Pflugspuren zu beobachten waren, kann diese Störung des Knochenverbands nicht durch den Pflug geschehen sein. Für eine Verlagerung der kleinen Knochenteile wären vielleicht kleine Wühltiere verantwortlich zu machen. Gerade jedoch die Verfärbung der Grabverfüllung im Bereich des rechten Arms deutet allerdings auf eine Beraubung hin, in deren Folge die Langknochen aus dem Grab herausgeschafft worden sein könnten. Möglicherweise ist hierdurch auch das Fehlen jeglicher Beigaben in dieser Bestattung zu erklären.

Grab 4

Obwohl das Niveau dieser Bestattung etwa 26 cm unter dem von Planum 1 lag, war das Grab nahezu vollständig zerstört.[228] Vom Skelett des Toten sind nur noch geringe Reste vorhanden. Vermutlich ist der hohe Zerstörungsgrad, welcher nicht durch den Pflug verursacht worden sein kann, auf eine intensive Beraubung des Grabs zurückzuführen. Die Grabgrube war im ausgetrockneten Zustand nur als Anrisslinie zu erkennen und die Verfüllung der Grube nur geringfügig dunkler als der anstehende Lössboden. Die Grube zeigte in ihrer südöstlichen Ecke eine deutliche Ausbuchtung nach Osten. In der Profilgrube am nördlichen Ende waren die Reste einer neolithischen Schlitzgrube zu erkennen, welche unter dem Grab in nordsüdlicher Richtung verlief. In der Mitte der Grabgrube war ein sich deutlich abhebender mittelbrauner Lössfleck zu erkennen, der als Rest eines Raubschachts interpretiert werden kann. Vom Skelett ist allein ein Oberarmknochen vollständig erhalten geblieben. Von den meisten anderen Knochen waren nur noch geringe Reste vorhanden. Der angesprochene Knochen lag vermutlich in dem Bereich, an welchem sich der Oberkörper des Toten befunden hatte. Er macht aufgrund seiner Lage jedoch einen eher verlagerten Eindruck, da das distale Ende des Knochens leicht zur Körpermitte hin verschoben war. Auch der Erhaltungszustand dieses Knochens ist eher schlecht, sein Schaft ist gespalten und die Knochenenden abgewittert. Aufgrund der Länge des Knochens ließe sich auf ein im erwachsenen Alter verstorbenes Individuum mit vermutlich männlichem Geschlecht schließen.

Obwohl einiges auf eine Beraubung der Bestattung hinweist, fand sich in unmittelbarer Nähe des Knochens, in einem rechten Winkel auf diesen zeigend, eine Bronzenadel (Fd.-Nr. 2001-48-6-1). Die Spitze der Nadel wies nach Norden. Da die Nadel bei ihrer Bergung in einem recht schlechten Zustand war, wurde sie bei der Konservierung um etliche Teile ergänzt (Taf. 33,1). An Keramik fanden sich westlich vom Oberkörperbereich wenige Scherben, aus denen allerdings kein ganzes Gefäß rekonstruiert werden konnte. Ob eine Randscherbe, welche bei späterem Nachgraben an derselben Stelle gefunden wurde, zu diesem Gefäß gehörte, ist unklar. Weitere Scherben kamen beim Putzen des Grabes zum Vorschein, aber auch diese Mengen reichten nicht zur Vervollständigung eines Gefäßes. Die verstreut im Grab gefundenen Keramikscherben geben zumindest einen Hinweis darauf, dass der Tote möglicherweise zwischen zwei und drei Gefäßen als Beigaben mit ins Grab bekommen hatte.

Grab 5 (Taf. 4)

Der Erhaltungszustand dieses Grab ist insgesamt als sehr schlecht zu bezeichnen. Die Ausdehnung der Grabgrube war nur noch im Südostbereich deutlich zu erkennen, sodass genauere Maße der Grube nicht abgenommen werden konnten. Der hohe Zerstörungsgrad der Bestattung ist unter anderem auch auf die geringe Grabtiefe von nur 1 bis 2 cm unter Planum 1 zurückzuführen. Vom Toten selbst war sehr wenig Knochenmaterial vorhanden, die nordsüdliche Orientierung des Toten jedoch erkennbar. Eine Alters- und Geschlechtsbestimmung war in diesem Fall nicht möglich.

Vom Skelett haben sich nur geringe Spuren erhalten, die nicht geborgen werden konnten. Etwaige Schädel- oder Zahnreste waren nicht mehr zu erkennen. Am besten erhalten sind die Extremitätenknochen, bei welchen jedoch die Gelenkenden verwittert sind. An Beigaben fanden sich etwa im Bereich der linken Schulter des Toten wenige Scherben, aus denen aber kein Gefäß rekonstruiert werden konnte.

Grab 6

Dieses Grab wurde bei der nördlichen Erweiterung von Suchschnitt 2 entdeckt, einige Knochen könnten dabei unbeabsichtigt entfernt worden sein. Die Grabgrube war vermutlich nicht tiefer als 4 cm, da eine Abgrenzung der Grube schon im Planum 2 nicht mehr zu erkennen war.[229]

Die Knochenerhaltung des Bestatteten ist insgesamt sehr schlecht und das Skelett unvollständig. Durch den Eingriff des Baggers wirkten die verbliebenen Knochen an ihrer Oberfläche wie abrasiert. Vorhanden sind der rechte Unterarm (ca. 23 cm), Fragmente des Beckens, der rechte Oberschenkel (ca. 42 cm), bei welchem das Kniegelenk fehlt, und Fragmente des linken Oberschenkels. Alle Knochen sind stark fragmentiert und die Gelenkenden fehlen. Die Größen der Knochen deuten auf ein erwachsenes Individuum hin.

---

228 Aufgrund der sehr schlechten Befunderhaltung wurde das Grab nur fotografiert und nicht in einer Zeichnung festgehalten.

229 Aufgrund der sehr schlechten Befunderhaltung wurde das Grab nur fotografiert und nicht in einer Zeichnung festgehalten.

Als Reste einer Gefäßbeigabe lagen im Kopfbereich und etwas davon entfernt kleine Scherben, die sich jedoch nicht zu einem ganzen Gefäß zusammensetzen ließen. Des Weiteren, leider ohne nähere Angabe zur Fundlage, fand sich noch eine bereits sehr stark in Auflösung befindliche Bronzenadel, die en bloc geborgen wurde. Der Grad ihrer Zerstörung war bereits so weit fortgeschritten, dass keine weitere Konservierungsbehandlung diese hätte retten können.

Grab 7 (Taf. 5)

Bei diesem Grab handelt es sich um eine Mehrfachbestattung von insgesamt fünf Individuen. Die Bestatteten lagen jeweils in gestreckter Rückenlage dicht beieinander in der Grabgrube, welche die fünf Bestattungen nur recht knapp umfasste. So lag das Individuum 1 nur 2 bis 3 cm von der östlichen Grabgrubenwand entfernt. Die Ausdehnung der Grabgrube war recht unregelmäßig mit stark verrundeten Ecken. Abgesehen von dem Umstand, dass ein Arm von Individuum 2 über demjenigen von Individuum 1 lag, letztere Bestattung daher vor der Niederlegung von Individuum 2 erfolgt sein musste, war eine zeitliche Abfolge der Bestattungen nicht zu erkennen. Es fanden sich keine Hinweise für ein erneutes Öffnen der Grabgrube und deren Erweiterung.

Die Individuen wurden von Osten nach Westen durchgezählt und tragen folgende Bezeichnungen:

Individuum 1 = östliches Skelett,
Individuum 2 = 2. Skelett von Osten,
Individuum 3 = mittleres Skelett,
Individuum 4 = 2. Skelett von Westen,
Individuum 5 = westliches Skelett.

Das Grab ist offensichtlich durch Beraubung stark gestört worden, wobei in erster Linie die Skelettteile der oberen Körperhälften wild durcheinandergeworfen wurden. Einzig die Bestattung des ganz im östlichen Teil der Grube liegenden Individuums 1 war ungestört und noch beigabenführend. Die Skelette der Individuen 2–4 sind im Oberkörperbereich jeweils erheblich gestört, in situ lagen noch die Beine und der rechte Arm von Individuum 2. Die einzelnen Knochen im Oberkörperbereich lagen als völlig verworfener Knochenhaufen in der Grube und konnten keinem der Toten mehr zugeordnet werden. Eine Auffälligkeit zeigte sich bei der westlichen Bestattung bzw. bei Individuum 5, da dessen Skelett, verglichen mit den anderen Toten, um ca. 25 cm weiter im Süden lag. Dieser Umstand machte sich auch im Umriss der Grabgrube bemerkbar. Von Individuum 5 lag lediglich ein Unterschenkel nebst Fuß in situ vor. Die Schädel der Individuen 2–5 sind allesamt zerschlagen. Auch die Längsknochen sind teilweise zerschlagen oder zerbrochen und waren in W-O-Richtung auf besagten Knochenhaufen zusammengeschoben. Die Knochenerhaltung war aufgrund des tonigen Bodens sehr schlecht, die Gelenkenden sind zumeist völlig verwittert und die Knochen in sich mehrfach zerbrochen. Es bleibt unklar, ob mit der als sicher geltenden Beraubung des Grabes auch einige Knochen entfernt wurden.

Individuum 1

Die Bestattung des ganz im Osten der Grabgrube liegenden Individuums 1 war als einzige unberaubt und dessen Skelett noch nahezu vollständig in seinem ursprünglichen Verband. Die Knochenerhaltung ist dennoch insgesamt als sehr schlecht zu bezeichnen. Außer den Schäften der Langknochen und dem Schädel sind alle weiteren Knochen äußerst mürbe und vielfach zersplittert. Von den Wirbeln waren in situ nur noch Knochenspuren vorhanden. Eine Störung des Skeletts war einzig im Bereich der linken Schulter zu beobachten, da hier der linke Oberarm und die Halswirbelsäule fehlen. Der Schädel schien zudem um ca. 20 cm nach Süden verschoben worden zu sein. Der rechte Arm lag eng am Becken an und teilweise auf diesem drauf. Der linke Unterarm kreuzte sich mit dem Unterarm von Individuum 2 und lag zudem auf dessen Becken auf. Diese auffällige Armstellung erinnert an eine Geste, als ob die beiden Toten einander die Hände hielten. Die Beine waren gerade gestreckt und die Füße lagen dicht beieinander. Der Tote war männlichen Geschlechts und starb in einem Alter von ca. 40 Jahren. An Beigaben fand sich auf dem rechten Oberarm eine Bronzenadel (Fd.-Nr. 2001-48-9-1). Bei der Nadel mussten im Kopf- und Nadelbereich große Ergänzungen vorgenommen werden, da der Erhaltungszustand relativ schlecht war (Taf. 33,2).

Individuum 2

Das Skelett dieses offensichtlich erwachsenen Individuums lag in gestreckter Rückenlage mit ausgesteckten, dicht beieinanderliegenden Beinen. Der Bereich des Oberkörpers ist massiv gestört und ein Großteil der Knochen und auch des Schädels fehlen. Erst ab dem Bereich des rechten Unterarms und der unteren Wirbelknochen lag das Skelett in seinem ursprünglichen Knochenverband. Bei den rechten Unterarmknochen fehlen jedoch die oberen Humerushälften. Bei den Unterarmknochen lagen noch ein paar wenige Rippen. Der rechte Unterarm lag, wie oben beschrieben, verschränkt mit dem Arm von Individuum 1. Der linke Arm sowie die Hand, die im Beckenbereich hätte liegen müssen, fehlen vollstän-

Abb. 19: Grab 7 (Foto: A. Neth).

dig. Relativ gut erhalten, wenn auch von Rissen durchzogen, sind die Langknochen der unteren Extremitäten. Die Gelenkenden, das Becken und die Wirbelsäule waren bei der Bergung sehr mürbe und hatten sich teilweise schon aufgelöst. Bei der Bestattung fanden sich keine Beigaben.

Individuum 3

Dieser Tote wurde in der Mitte der Grube bestattet. Erhalten sind von diesem lediglich die Beine und Fragmente des unteren Beckens. Die Beine waren gerade ausgestreckt und lagen dicht beieinander. Die Knochenerhaltung ist sehr schlecht. Die Gelenkenden hatten sich teilweise aufgelöst, ebenso die Zehen und Fußwurzelknochen. Im Beckenbereich lagen keine Reste der Finger, wie es bei gerade ausgestreckten Armen zu erwarten gewesen wäre.
In situ schloss der rechte Femur eng an den linken Femur von Individuum 2 an. Bei der Bestattung müssen die Toten daher zumindest teilweise aufeinander gelegen haben. Inwieweit daraus auf eine zeitliche Abfolge der Grablegung geschlossen werden kann, muss offen bleiben. Aufgrund der unteren Extremitätenknochen kann auf ein erwachsenes Individuum geschlossen werden. Beim Individuum lagen keine Beigaben.

Individuum 4

Auch von diesem Toten, der 2. Bestattung von Westen, sind lediglich die Beine erhalten geblieben. Diese waren gerade ausgesteckt, die Füße lagen dicht beieinander. Vom rechten Bein fehlt der Femurkopf. Die Beine lagen leicht schräg, sodass die Füße sehr eng neben den Füßen von Individuum 3 zu liegen kamen. Es ist zu vermuten, dass auch das gesamte Skelett schräg im Grab gelegen hat. Die Knochenerhaltung ist eher schlecht. So sind die Gelenkenden verwittert und die Knochen in sich zersplittert. Die unteren Extremitätenknochen scheinen darauf hinzuweisen, dass der Bestattete in einem erwachsenen Alter verstorben ist. Beigaben fanden sich bei diesem Toten keine.

Individuum 5

Von der fünften, ganz westlichen Bestattung ist lediglich ein Unterschenkel mit dazugehörigem Fuß erhalten geblieben. Das Individuum lag verglichen mit den übrigen Bestattungen etwa 25 cm weiter in Richtung Süden. Etwas westlich vom Toten lagen zwei Gelenkenden, die zu zwei Beinknochen gehört haben dürften. Aufgrund der schlechten Erhaltung ist allerdings unklar, ob sich diese noch in situ befanden. Da sich die Störung auf den Bereich des Oberkörpers konzentriert, ist die starke Störung im Fußbereich und somit das Fehlen des gesamten linken Beins nicht zu erklären. Der Tote war tendenziell männlichen Geschlechts und erwachsen. Beigaben fanden sich hier nicht.

Verworfene Knochen

Im Oberkörperbereich der Individuen 2–5 lagen eine Vielzahl von verworfenen und zerbrochenen

Knochen, darunter auch zerschlagene Schädel- und Beckenteile. Die Knochen lagen auf verschiedenen Niveaus in einer Mulde, welche an der tiefsten Stelle ca. 20 cm tief unter die Grabsohle reichte. Der Erhaltungszustand dieser verworfenen Knochen war sehr schlecht und sie zerfielen beim Entnehmen fast durchweg in kleine Splitter. Da die Knochen den einzelnen Bestattungen nicht mehr zugeordnet werden konnten, wurden sie durchnummeriert.

Die einzelnen Knochen:

1 Schädelkalotte
2 Schädelfragment
3 Armfragment (?)
4 Schädel- oder Beckenfragment
5 Beinfragment
6 diverse Langknochenfragmente
7 Beinfragment
8 Schlüsselbein und diverse andere Knochenfragmente
9 Schädelknochen und andere Fragmente
10 Langknochen (Länge 33,5 cm)
11 Oberarm (Länge 28,5 cm)
12 Femurfragment
13 diverse Langknochenfragmente
14 Femurfragment (Länge 36,0 cm)
15 Humerus/Langknochenfragmente
16 Humerus/Langknochenfragmente
17 Schädelfragment
18 diverse Knochenfragmente
19 diverse Beckenfragmente (?)
20 Schädelfragment
21 Armfragment
22 Armfragment
23 kleine Knochenfragmente
24 diverse Knochenfragmente beim Bergen (Sammelknochen)

Hinzu kommen einzelne kleine Keramikscherben, die zwischen den Knochen lagen. Zwei Scherben schwarzer Keramik, eine knappe Handvoll schwarzer Keramik, zwei Randscherben schwarzer Keramik, vermutlich zweier unterschiedlicher Gefäße.

Grab 8 (Taf. 6)

Diese Doppelbestattung war vermutlich unberaubt, da, soweit man es beurteilen kann, die Knochen noch in ihrem ursprünglichen Verband lagen. Das Knochenmaterial ist allerdings in einem sehr schlechten Erhaltungszustand. Im Bereich der Köpfe wurden verschiedene Beigaben gefunden. Die Grabgrube zeichnete sich nur im Süden und Norden ab, ansonsten entsprach die Verfüllung der Grube sowohl in ihrer Farbe als auch in ihrer Konsistenz dem anstehenden Boden aus dunkelbraun-schwarzbraun marmoriertem Lehm. Eine etwas dunklere Verfärbung der Grubenfüllung war im nördlichen Bereich zu Füßen der Bestatteten zu beobachten. Es ist aber schwer zu beurteilen, ob es sich hierbei um eine Störung des Grabes handelt.

Die Individuen wurden von Osten nach Westen durchgezählt und tragen folgende Bezeichnungen:

Individuum 1 = östliches Skelett,
Individuum 2 = westliches Skelett.

Individuum 1

Dieser Tote war offenbar in einem erwachsenen Alter. Die Knochen dieses Individuums sind extrem schlecht erhalten und bestanden nur noch aus einer mehligen Substanz. Vom Skelett wurden nur noch einzelne Knochenteile angetroffen:

1 Vom gesamten Schädel zeichneten sich allein die Zahnreihen ab.
2 Vom rechten Oberarm war nur eine geringe Spur vorhanden.
3 Vom rechten Bein war nur noch eine geringe Spur vorhanden.
4 Der rechte Fuß war vermutlich, wie sich aus den Knochenspuren erkennen ließ, nach innen bzw. in Richtung Westen abgewinkelt.
5 Von der Wirbelsäule war nur noch eine dünne Knochenspur vorhanden.

An Beigaben (siehe Taf. 33,3; 34,1) fanden sich westlich direkt neben dem Schädel ein stark zerscherbtes Gefäß (Fd.-Nr. 2001-48-15-5) und unter diesem eine Bronzenadel (Fd.-Nr. 2001-48-15-6).

Individuum 2

Auch das Skelett von Individuum 2 war nahezu vollständig aufgelöst. Die Knochensubstanz war sogar in einem schlechteren Zustand als bei Individuum 1. Anhand der verbliebenen Knochenspuren war es nicht möglich, irgendwelche Maße zu nehmen. Eine Alters- und Geschlechtsbestimmung war in diesem Fall daher ebenfalls nicht möglich.

Als Beigaben (siehe Taf. 34,2) fanden sich auch bei dieser Bestattung, diesmal östlich direkt am Kopf, ein stark zerscherbtes Gefäß (Fd.-Nr. 2001-48-16-4) sowie westlich von diesem eine Bronzenadel. Deren Bronzeanteile hatten sich jedoch dermaßen stark aufgelöst, dass von der Nadel nur Fragmente geborgen werden konnten. Eine Restaurierung des Fundes und eine Typenbestimmung waren nicht mehr möglich.

Grab 9 (Taf. 7)

Das Grab enthielt die Bestattung eines einzelnen Individuums in gestreckter Rückenlage. Der Körper

Abb. 20: Grab 9 (Foto: A. Neth).

des Toten hatte eine nordsüdliche Ausrichtung, der Kopf des Toten lag dabei im Süden. Die Beine waren gerade ausgestreckt, der rechte Arm lag seitlich am Körper. Der linke Arm hingegen war offensichtlich im Ellenbogenbereich gebeugt und könnte etwa auf Beckenhöhe auf dem Toten gelegen haben. Die Kontur der Grabgrube zeichnete sich im Planum nicht ab, sodass die Bestattung erst zu dem Zeitpunkt wahrgenommen wurde, als der Bagger bereits die ersten Knochen freigelegt hatte. Die Grabstörung wird durch den Pflug verursacht worden sein. Die Grabgrube zeigte auch bei ihrer Ausgrabung keine deutlichen Konturen, da sich die Verfüllung der Grube nur durch einzelne dunkle lehmige Flecken abzeichnete.

Das Skelett des Toten ist in einem schlechten Zustand. Der Schädel ist nur schlecht erhalten und nur die untere Hälfte der Kalotte ist vorhanden. Es lässt sich zumindest festhalten, dass der Kopf auf der Seite mit Blick nach Westen lag. Der untere Teil des Schädels mit den Kiefern fehlt. Im Bereich des Brustkorbes lag der dorsale Teil eines Femurs mit schlecht erhaltenem Kopf. Es bleibt vorläufig unklar, ob es sich hier um den rechten oder den linken Femur handelt. Vom weiteren Oberkörper fehlen sowohl die Schulterknochen, die Wirbelsäule, die Rippen als auch das Becken. Vom rechten Arm sind bis auf die Gelenkenden die Langknochen erhalten. Von der rechten Hand fehlen bis auf zwei Fingerknochen alle übrigen Knochen. Vom linken Arm, der im Ellenbogen abgewinkelt war, hat sich der Oberarmschaft erhalten, der Unterarm ist nur unvollständig vorhanden. Die linke Hand fehlt. Vom rechten und linken Bein ist der Femur jeweils nur im distalen Teil erhalten. Bei den Schäften der Unterschenkel sind keine Gelenkenden vorhanden, auch fehlen an beiden Beinen die Fußknochen. Die vorhandenen Knochen reichen aus, um festzustellen, dass es sich hier um die Bestattung eines etwa 60-jährigen Mannes handelt. Beigaben fanden sich nicht im Grab.

Grab 10 (Taf. 8)

Von diesem Grab haben sich nur geringfügige Spuren erhalten, es wird jedoch davon ausgegangen, dass es sich ursprünglich um eine Bestattung gehandelt hat. Hinweise auf eine Bestattung lieferte eine sich im Boden nur schwach abzeichnende dunkelbraune Verfärbung, innerhalb derer mehrere kleine Fragmente menschlicher Knochen lagen. Ein Unterkieferfragment und ein Zahn stellen hier die Reste eines menschlichen Skeletts dar. Die vorhandenen Knochen reichten jedoch aus, um das männliche Geschlecht, eines im (früh-)adulten Alter Verstorbenen festzustellen.

Zwischen den Knochenfragmenten lag eine kleine schwarze Keramikscherbe, im untersten Bereich der Grube fanden sich zwei weitere kleinere Scherben von rötlich-oranger Farbe.

Grab 11 (Taf. 9)

Dieses Grab umfasst eine Doppelbestattung zweier jeweils in gestreckter Rückenlage bestatteter Individuen. Die Orientierung der Skelette im Grab war nordsüdlich, die Köpfe befanden sich dabei ursprünglich im Süden. Die Grabgrube zeichnete sich im anstehenden Boden nur schwach durch eine etwas dunklere Färbung ab, eine genaue Begrenzung der Grube ließ sich nicht ermitteln. In situ lagen einzig die unteren Extremitätenknochen im ursprünglichen Knochenverband, der obere Bereich der Grabgrube war offensichtlich durch Grabraub stark

Abb. 21: Grab 11 (Foto: A. Neth).

Abb. 22: Grab 12 (Foto: A. Neth).

gestört und durchwühlt. In diesem Bereich lagen kleinere Teile der Skelette stark verworfen herum. Die verworfenen Knochen waren zudem stark fragmentiert und konnten keiner bestimmten Knochenpartie mehr zugeordnet werden.

Die Individuen wurden von Osten nach Westen durchgezählt und tragen folgende Bezeichnungen:

Individuum 1 = östliches Skelett,
Individuum 2 = westliches Skelett.

Individuum 1

Von Individuum 1 lagen einzig die beiden Unterschenkel (ca. 37 cm) mit den Kniescheiben und Füßen in situ. Die Knochenerhaltung ist als mäßig zu bezeichnen. Die verworfenen Knochen aus dem oberen Bereich sind stark fragmentiert und mehrfach längs und quer zerbrochen. Vom Schädel sind nur noch geringe Reste übrig geblieben. Das Individuum war offensichtlich erwachsen.

Individuum 2

Von Individuum 2, dem westlichen Skelett, lagen noch beide Unterschenkel (ca. 37 cm), die Fußknochen und der linke Oberschenkel (ca. 48 cm) in situ.

Die Langknochen sind mehrfach längs und quer zerbrochen und nicht mehr vollständig erhalten. Das restliche Körperskelett inklusive des Schädels lag verworfen im Grab, ein Großteil der Knochen fehlt. Da keine Fingerknochen mehr in situ vorhanden waren, lässt sich die Armhaltung des Toten nicht mehr ermitteln. Es handelt sich bei dem Toten um einen jüngeren Erwachsenen tendenziell männlich Geschlechts.

Reste von Gefäßbeigaben lagen zwischen den Skelettteilen. So fanden sich im Bereich des Beckens mehrere Scherben, darunter eine größere Randscherbe, und eine sehr poröse dunkelgraue Scherbe im ehemaligen Schädelbereich.

Grab 12 (Taf. 10)

Bei diesem Grab handelt es sich um eine Doppelbestattung. Die Toten lagen eng beieinander, beide in jeweils gestreckter Rückenlage und mit Blick nach Osten. Die Grabgrube war allein an ihrer östlichen Längsseite zu erkennen. Ansonsten unterschied sich die Grubenverfüllung nicht vom anstehenden Boden. Die Tiefe der Grube betrug etwa 6 cm. Der Erhaltungszustand der Skelette ist relativ gut. Das Grab scheint zudem unberaubt zu sein.

Die Individuen wurden von Osten nach Westen durchgezählt und tragen folgende Bezeichnungen:

Individuum 1 = östliches Skelett,
Individuum 2 = westliches Skelett.

Individuum 1

Die Knochenerhaltung der östlichen Bestattung ist vor allem im Bereich von Becken und unterer Wirbelsäule recht schlecht gewesen. Der Schädel ist hingegen sehr gut erhalten, allerdings stark zerdrückt. Im linken Unterkiefer fiel während der Ausgrabung ein wohl noch zu Lebzeiten verloren gegangener Backenzahn auf. Die Oberarme lagen dicht an den Rippen an, sodass die Schlüsselbeine fast parallel zur Körperlängsachse ausgerichtet waren. Der linke Arm lag ausgestreckt neben dem Körper, während der rechte Unterarm angewinkelt war und schräg auf dem Bauch lag. Die Beine lagen nahezu parallel. Von den Finger- und Fußknochen sind jeweils nur spärliche Reste erhalten geblieben. Der Tote männlichen Geschlechts verstarb in einem Alter von ca. 35–40 Jahren. Als Beigabe befanden sich oberhalb der linken Schulter direkt neben dem Kopf die Reste eines Gefäßes, das nicht rekonstruierbar war. Unmittelbar nördlich davon lag ein einzelner menschlicher Zahn, der jedoch keiner der beiden Bestattungen mehr zugeordnet werden kann. Weitere Reste eines Gefäßes stellen mehrere rötliche und schwarze Keramikscherben dar, die verstreut bei der Bestattung lagen. Aufgrund der zu geringen Menge an Scherben und dem Fehlen von Randscherben war es jedoch nicht möglich, hieraus ein Gefäß zu rekonstruieren.

Individuum 2

Die Knochenerhaltung dieses Individuums liegt zwischen mittel bis schlecht, vor allem die Gelenkenden sind stark verwittert. Der obere Teil des Schädels war über dem Unterkiefer zerdrückt. Der untere Teil der Wirbelsäule und einige Rippen fehlen, die Beckenknochen sind zu ca. 50 % vergangen. Der linke Arm lag ausgestreckt neben dem Körper. Der rechte Arm war in situ unnatürlich stark angewinkelt, sodass die Fingerknochen auf der Schulter lagen. Das rechte Ellenbogengelenk schien den linken Oberarm von Individuum 1 etwas beiseitezudrücken, welcher an dieser Stelle auch gebrochen ist. Die Finger- und Fußknochen fehlen teilweise. Die Beine waren ausgestreckt und lagen nahezu parallel. Während der Freilegung des Skeletts fiel bei beiden Oberschenkeln eine gewisse „Knotigkeit" der Knochenoberfläche auf, welche eine pathologische Ursache haben könnte. Der Tote männlichen Geschlechts starb in einem Alter von ca. 25–30 Jahren.

Abb. 23: Grab 13 (Foto: A. Neth).

Der Bestattung können verschiedene Beigaben zugeordnet werden (Taf. 35). Westlich vom Kopf lag ein kleines Gefäß (Fd.-Nr. 2001-48-21-2), von welchem sich nur ein Teil des oberen Gefäßrandes zusammensetzen ließ. Eine Bronzenadel (Fd.-Nr. 2001-48-22-3) lag innen neben dem linken Oberarm. Die Nadel ist in einem guten Erhaltungszustand. Auch im Bereich dieser Bestattung lagen kleine Scherben aus schwarzrötlicher Keramik. Ein ganzes Gefäß ist nicht mehr rekonstruierbar. Auffällig, wohl aber keine Beigabe, war ein kleiner Silexabschlag, welcher zwischen den Beinen des Toten gelegen hatte.

Grab 13 (Taf. 11)

Das Grab enthielt eine Doppelbestattung zweier erwachsener Individuen. Die Grube mit einer dunkelbraunen lehmigen Verfüllung war als gerundete und unregelmäßig rechteckige Verfärbung deutlich sichtbar. Die genauen Masse der Grube betrugen 2,00 m × 0,96 m. Nach Osten war sie zudem rundlich erweitert, vermutlich geschah dies bei der Anlage eines Raubschachts. Die Orientierung der Toten im Grab war nordsüdlich, mit den Köpfen jeweils im Süden. Die Bestatteten lagen in jeweils gestreckter Rückenlage eng beieinander. Im Oberkörperbereich sind die Knochen beider Skelette völlig verworfen und ein Großteil der Knochen fehlt. Eigentümlich ist, dass die Unterschenkel von Individuum 1 offenbar während der Grablegung übereinandergeschlagen wurden, sodass die Zehen des rechten Beins von Individuum 1 über denen des rechten Fußes von Individuum 2 zu liegen kamen.

Die Individuen wurden von Osten nach Westen durchgezählt und tragen folgende Bezeichnungen:

Individuum 1 = östliches Skelett,
Individuum 2 = westliches Skelett.

Individuum 1

Der gesamte Bereich des Oberkörpers ist gestört und in NS-Richtung zu einem Knochenhaufen, der einen weiteren Raubschacht andeuten könnte, verlagert. Die von den Ausgräbern als Raubschacht gedeutete, genau in der östlichen Mitte des Grabes gelegene Verfüllung enthielt nur kleinere Knochenstücke und ein Sandsteinfragment, eventuell der Rest eines Schleifsteins. In seiner Verlängerung lagen größere Knochenteile des Schädels und des Unterkiefers mit einigen Zähnen. Scheinbar wurden der oder die Raubschächte schräg von Norden gezielt in Richtung Kopf und Brustbereich angelegt. In situ lagen nur die beiden Unterschenkel samt Fuß sowie der linke Oberschenkel, dessen proximales Ende zum Zeitpunkt der Dokumentation allerdings durch die Verfüllung des von Osten kommenden Raubschachts und den darin befindlichen verworfenen Knochen verdeckt war. Auffallend war die gekreuzte Haltung der Unterschenkel, die wohl während der Grablege entstand, da auch das unten liegende Bein leicht eingewinkelt war. Im Bereich der Gelenkenden ist die Knochenerhaltung sehr schlecht. Die Langknochen sind zudem mehrfach längs und quer zerbrochen. Der Verstorbene war ein älterer Erwachsener vermutlich männlichen Geschlechts.

Individuum 2

Bei dieser Bestattung handelt es sich um das westliche Individuum. Einige Schädel- und Brustkorbteile lagen etwa 10 cm östlich von Individuum 1 und ragten nach Osten über die ursprüngliche Grabgrube hinaus. Vom gesamten Kopf- und Brustkorbbereich lagen keine Knochen mehr in situ und fehlen größtenteils. Die Wirbelsäule ist bis auf einen kleinen schlecht erhaltenen Rest nicht mehr erhalten. Der linke Arm lag in situ und war im Bereich des Ellenbogens angewinkelt. Diese Armhaltung verdeutlicht, dass die linke Hand, welche nicht erhalten geblieben ist, ehemals auf dem Becken lag. Neben dem linken Humerus lagen noch einige Rippenfragmente. Der rechte Arm fehlt vollständig. Erhalten sind die Beine, beim linken Bein fehlt allerdings der gesamte Unterschenkel und bis auf geringe Fragmente auch das Schienbein. Der linke Fuß fehlt ebenfalls vollständig. Das obere Ende des linken Femurs ist abgebrochen, während am rechten Femur noch Teile des Beckens anhaften. Das rechte Bein ist bis zu den Zehenknochen erhalten geblieben. Die Knochenerhaltung ist besonders an den Gelenkenden als eher schlecht zu bezeichnen. So waren die Langknochen mehrfach längs und quer zerbrochen. Der Tote war erwachsen und vermutlich männlichen Geschlechts.

An der Stelle, an welcher einmal der linke Fuß gelegen haben dürfte, lagen Scherben eines Gefäßes, welche offenbar zum Zeitpunkt der Beraubung dorthin verlagert worden waren. Unter den Scherben befindet sich auch ein Henkel von grauschwarzer Farbe. Ein Gefäß lässt sich jedoch nicht mehr rekonstruieren.

Verworfene Knochen

Die verworfenen Knochen aus dem östlichen Bereich der Grabgrube sind keinem der beiden Individuen genau zuordenbar. Sie wurden in ihrer Lage als einzelne Gruppen geborgen und durchnummeriert.

1 Diverse kleinstückige Fragmente von Schädel, Rippen und eventuell Teile vom Becken.
2 Die Hälfte einer Schädelkalotte. Sie lag mit der Wölbung nach unten.
3 Diverse Kieferfragmente und einzelne Zähne.
4 Diverse kleinere Knochenfragmente und ein Ober- und Unterarmknochen.
5 Ein Langknochenfragment.
6 Diverse Schädelteile und einzelne verworfene Zähne, wohl zu Individuum 1 gehörig.

Grab 14 (Taf. 12)

Darauf, dass es sich bei diesem Fund um eine Bestattung handelte, wies lediglich ein Bündel größerer, fragmentierter Langknochen hin. An diesen lässt sich zumindest ablesen, dass der Tote erwachsen und vermutlich männlichen Geschlechts war.

Im anstehenden Boden zeichnete sich eine Grabgrube mit den Massen von 2,60 m × 1,20 m ab, deren Verfüllung aus dunkelbraunem, leicht tonigem Lehm bestand. Die Grabgrube war nordsüdlich orientiert. Gut zu erkennen war ein gerundet rechteckiger Raubschacht von 1,50 m Länge mit einer Breite von 1,20 m, welcher die eigentliche Grabgrube überlagerte. Die Verfüllung dieses Schachtes bestand aus dunkelbraunem Lehm und Humus. Nach dem Abräumen der Knochen wurde die Grabgrube ausgegraben, da man hoffte, eine darunterliegende und eventuell ungestörte Bestattung freizulegen. In ca. 25 cm Tiefe unter Planum 2 war die Verfärbung der Grube zwar noch klar zu erkennen, ab einer Tiefe von 42 cm Tiefe zeigte sich jedoch nur noch der reine Löss, ohne dass weitere Knochen aufgetreten wären. Das Grab wurde demnach durch die Beraubung und eventuell durch den Pflug vollständig zerstört, Beigaben oder Keramikreste fanden sich nicht mehr.

Grab 15 (Taf. 13)

Bei diesem Grab handelt es sich um eine wohl ungestörte Doppelbestattung. Die Toten lagen in gestreckter Rückenlage. Die Knochenerhaltung der beiden Individuen ist relativ gut. Die Grabgrube zeichnete sich in dem mittelbraunen Lösslehm nicht ab.

Die Individuen wurden von Osten nach Westen durchgezählt und tragen folgende Bezeichnungen:

Individuum 1 = östliches Skelett,
Individuum 2 = westliches Skelett.

Individuum 1

Der Tote wurde auf dem Rücken liegend bestattet, wobei der Kopf auf der Seite mit Blick nach Westen lag. Der Schädel ist stark zerdrückt und zerbrochen, aber vollständig erhalten. Vom Oberkörper sind vor allem die Knochen der rechten Körperhälfte in einem guten Zustand. Von der linken Körperhälfte fehlen das Schulterblatt, die Rippen und die Beckenschaufel. Der gesamte Oberkörperbereich lag mit leichter Neigung nach Westen, sodass die Knochen der linken Körperhälfte etwas tiefer unter dem linken Arm gelegen haben könnten. Bei der Bergung der Knochen war jedenfalls nur das rechte Schlüsselbein sichtbar, welches nahezu parallel in nordsüdlicher Richtung zur Wirbelsäule lag. Das linke Schlüsselbein war nicht vorhanden, zumindest war es bei der Freilegung des Skeletts nicht zu erkennen. Die Wirbelsäule ist nur im oberen Brustbereich erhalten geblieben, die Wirbel oberhalb des Beckens fehlen. Das Becken ist, abgesehen von der linken Seite, verhältnismäßig gut erhalten. Eine auffällige Haltung zeigten die Arme. Der rechte Arm war in situ im Ellenbogen abgewinkelt und lag quer über dem Bauch. Beim Humerus hat sich das dorsale Gelenkende nicht erhalten. Auch am Unterarmknochen sind die dorsalen Gelenkenden beschädigt. Die rechte Hand war gerade ausgestreckt, der linke Arm war steil angewinkelt, sodass die Hand ungefähr im Bereich der rechten Schulter auflag. Die Hand war wohl gerade ausgestreckt. Die Armhaltung zeigte demnach über der Brust bzw. Bauch verschränkte Arme. Alle Arm-

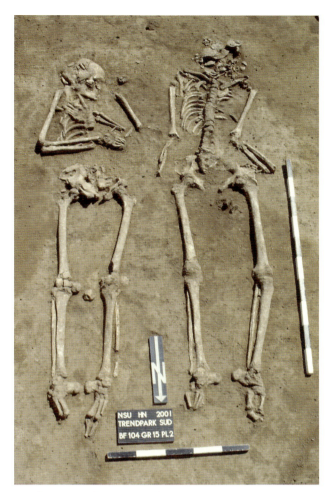

Abb. 24: Grab 15 (Foto: A. Neth).

knochen der linken Seite sind deutlich schlechter erhalten als die der rechten Körperhälfte. So fehlen links fast alle Gelenkenden. Die beiden Beine waren gerade ausgestreckt. Die Gelenkenden der Femura sind relativ gut erhalten. Von beiden Beinen sind die Kniescheiben noch vorhanden. Die Unterschenkel der Beine sind auf beiden Seiten gut erhalten und die Gelenkenden nur leicht beschädigt. Bei den Füßen liegen nicht alle Zehenknochen vor. Beide Füße waren gerade ausgestreckt, wobei die Fersenbeine nach innen gekehrt waren. Die Füße ergaben somit eine auch bei anderen Bestattungen beobachtete „Ballerinahaltung". Der männliche Tote verstarb in einem frühmaturen Alter.

Als einzige Beigabe (Taf. 35,3) fand sich westlich direkt am Schädel liegend ein kleines, stark fragmentiertes Gefäß (Fd.-Nr. 2001-48-27-1).

Individuum 2

Auch die zweite, westliche Bestattung lag in gestreckter Rückenlage. Der Schädel war zu stark zerdrückt, als dass man die ursprüngliche Blickrichtung des Toten hätte erkennen können. Vom Schädel konnten nur noch Bruchstücke der Kalotte und einige lose Zähne geborgen werden. Der Kiefer ist nur noch in wenigen Bruchstücken erhalten. Vom Oberkörper, der in einem guten Zustand ist, waren zum Teil auch die Schlüsselbeine und die Schulterblätter vorhanden. Die Wirbelsäule liegt intakt und vollständig vor. Während die Rippen der rechten Seite vollständig sind, sind sie auf der linken Seite nur noch teilweise erhalten geblieben. Das Becken ist nur mäßig gut erhalten. Der rechte Arm lag direkt am Körper, wobei der Unterarm leicht nach außen gestellt war. Die Gelenkenden des Oberarmknochens sind erhalten, am Unterarm fehlen sie hingegen. Die Knochen der rechten Hand fehlen komplett. Der linke Oberarm lag in situ parallel zum Körper. Der linke Unterarm war aber relativ stark nach außen ausgestellt. Die Gelenkenden sind hier nur noch zum Teil vorhanden. Von der linken Hand liegen noch einzelne lose Fingerknochen vor. Beide Beine lagen parallel und waren gerade ausgestreckt. Alle Gelenkenden der Langknochen sind vorhanden. Der linke Unterschenkel war ganz leicht angewinkelt, die Fersenbeine nach innen gekehrt und die Zehen – soweit vorhanden – gerade ausgestreckt. Auch hier nahm der Tote auf diese Weise eine gewisse „Ballerinahaltung" ein. Der Tote war männlichen Geschlechts und wurde ca. 30 Jahre alt.

Abgesehen von einer einzelnen Scherbe, welche zwischen den Oberschenkeln lag, fanden sich keine Funde.

Grab 16 (Taf. 14)

Bei dieser Einzelbestattung wurde das Individuum in gestreckter Rückenlage beerdigt. Die Ausdehnung der Grabgrube war nur undeutlich erkennbar und von ihrer Form her eher längsoval als rechteckig. Die Masse der Grube betrugen ca. 1,95 m × ca. 0,95 m. Die Verfüllung der Grabgrube bestand aus mittel- bis dunkelbraunem, leicht humosem Lehm, bei einer Tiefe von etwa 13 cm. Die Orientierung der Grabgrube war nordsüdlich, wobei der Kopf des Toten im Süden lag.

Die Knochenerhaltung des Skeletts ist aufgrund der ehemaligen Einbettung im Lössboden sehr gut. Der Schädel ist vollständig erhalten und nur leicht zerdrückt. Der Tote blickte bei der Freilegung nach Norden, allerdings hatte sich der Kopf nach vorne verkippt, was auch daran zu erkennen war, dass sich der Unterkiefer über den Oberkiefer geschoben hatte. Die proximalen Enden der Schlüsselbeine waren mitsamt dem Brustbein etwas nach unten verrutscht. Beide Arme waren im Ellenbogen abgewinkelt und die Unterarme über Brust und Bauch verschränkt. Die linke Hand lag dabei auf dem Oberbauch, während die rechte Hand etwas darüber auf der Brust lag. Der Brustkorb war durch die Last der auf ihm liegenden Erdmassen zerdrückt. Die Wirbelsäule ist vollständig vorhanden. Bei den unteren Wirbeln fällt eine deutliche Randüberlappung auf, ob dieses allerdings eine pathologische Ursache hat, bleibt ungeklärt. Das Becken ist in einem guten Zustand und vollständig erhalten. Die beiden Beine waren gerade

Abb. 25: Grab 16 (Foto: A. Neth).

ausgestreckt und die Fersenbeine lagen dicht beieinander. Der Tote machte in seiner Beinhaltung einen leicht O-beinigen Eindruck. Einige Zehen- und Mittelfußknochen waren eindeutig durch Tiere, deren Gang noch zu sehen war, in den äußeren Kniebereich des linken Beins verschleppt worden. Bei dem Toten handelt es sich um einen Mann im spätmaturen Alter.

Obwohl die Bestattung insgesamt einen ungestörten Eindruck macht, war sie ohne Beigaben. Auffällig waren allein zwei neben dem rechten Schultergelenk liegende, relativ große Sandsteine, welche ca. 10 cm über Knochenniveau lagen. Dabei handelt es sich vermutlich um in das Gelände verschleppten Flussschotter aus dem in der Nähe verlaufenden Neckar.

Grab 17 (Taf. 15)
Dieses Grab ist eine ungestörte, Beigaben führende Einzelbestattung. Der Tote lag in gestreckter Rückenlage mit dem Kopf im Süden und dem Blick nach Osten. Die Grabgrube zeigte sich im anstehenden Lössboden nur undeutlich durch ihre mittelbraun-gefleckte Farbe, im Bereich des Oberkörpers war die Verfärbung der Grube besonders dunkel. Die Grabgrube hatte die Maße von 2,35 m × 0,88 m, bei einer Grabtiefe von 0,45 m. Das Skelett lag unterhalb der Lössverwitterungszone im Rohlöss und ist offenbar deshalb in einem so guten Erhaltungszustand. Der Schädel ist vollständig, durch den Erddruck jedoch flach gedrückt. Das Kinn lag direkt auf der rechten Schulter. Es wurde beobachtet, dass die Zähne stark abgekaut sind und deutlichen Zahnsteinbesatz aufweisen. Der Brustkorb war in situ so stark zerdrückt, dass die Rippen gespreizt dalagen. Die Wirbelkörper sind etwas abgewittert, das Brustbein aber erhalten. Der linke Arm war im Ellenbogengelenk leicht angewinkelt und die linke Hand ruhte knapp unterhalb vom Becken. Der rechte Arm war deutlich stärker angewinkelt, sodass die rechte Hand ausgestreckt auf dem Unterbauch auflag. Das Becken und auch die Langknochen der Beine sind in einem sehr guten Erhaltungszustand. Die Beine lagen sehr eng beieinander, die Fersenbeine berührten sich dabei. Die Zehenknochen haben sich leicht aus ihrem Verband gelöst und zeigten gerade nach unten. Der Tote war männlichen Geschlechts und verstarb in einem Alter von ca. 30–35 Jahren.

Direkt auf dem Kopf, etwa im Bereich des Scheitels, lag eine Bronzenadel (Fd.-Nr. 2001-48-30-1). Weiter darüber, oberhalb des Kopfes, fand sich ein vollständig erhaltenes Gefäß (Fd.-Nr. 2001-48-30-2) mit zwei Henkeln. Auf der Zeichnung zum Gefäß ist fälschlicherweise nur ein Henkel abgebildet (siehe Taf. 36).

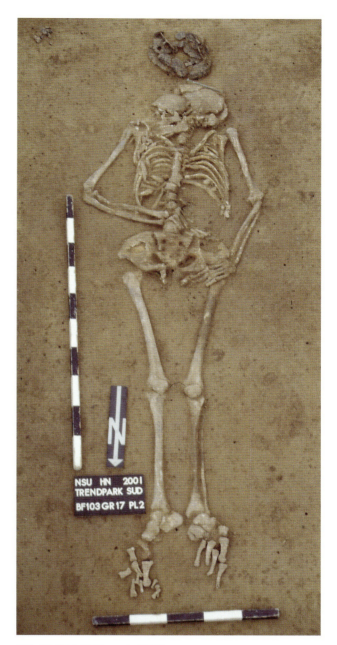

Abb. 26: Grab 17 (Foto: A. Neth).

Grab 18 (Taf. 16)
Diese Doppelbestattung zweier in gestreckter Rückenlage bestatteter Individuen ist besonders reich an bronzenen Beigaben. Die Toten wurden in einer 2,50 m × 2,10 m großen und ca. 9 cm tiefen Grabgrube aufgefunden. Die Grube, mit ihrer Verfüllung aus mittel- bis dunkelbraunem Lehm, zeichnete sich nur undeutlich gegen den anstehenden Lössboden ab, wobei um die Körper eine Kernzone aus etwas dunklerem Lehm zu erkennen war. Die Orientierung der Skelette war nordsüdlich, die Köpfe der Toten lagen im Süden und waren einander zugewandt. Die Bestattungen lagen beide auf dem gleichen Ni-

Abb. 27: Grab 18 (Foto: A. Neth).

veau und hatten mit 26 cm einen, im Vergleich zu den anderen Mehrfachbestattungen, doch relativ großen Abstand zueinander. Eine stratigrafische Reihenfolge bzw. zeitliche Abfolge der beiden Grablegungen ließ sich aus dem Befund nicht ablesen.

Die Individuen wurden von Osten nach Westen durchgezählt und tragen folgende Bezeichnungen:

Individuum 1 = östliches Skelett,
Individuum 2 = westliches Skelett.

Individuum 1

Der Tote lag in gestreckter Rückenlage und mit Blick nach Westen im Grab. Die Schädelkalotte ist stark zerdrückt und war über dem Unterkiefer in sich zusammengesunken. Die Arme lagen ausgestreckt neben dem Körper, wobei die Hände den oberen Teil der Oberschenkel berührten. Der linke Oberarm fehlt, ebenso wie das linke Schulterblatt und das linke Schlüsselbein. Das linke Ellenbogengelenk und der Unterarm lagen jedoch unverändert in situ. Die Knochen des Thorax sind leicht verwittert, die Wirbelkörper ansonsten aber recht gut erhalten. Die Rippen sind fast vollzählig vorhanden. Die Beckenschaufeln hatten sich vom Kreuzbein gelöst und die Schambeinknochen sind zerbrochen. Die Beine lagen ausgestreckt mit nahezu parallelen Unterschenkeln. Die Unterschenkel sind fragmentiert und die Gelenkenden angewittert. Da der rechte Femurkopf aus dem Beckengelenk gerutscht war, ergab sich bei der Ausgrabung der optische Eindruck einer X-Beinigkeit. Die Zehen wiesen nach unten, was eine bereits bei anderen Bestattungen beobachtete „Ballerinahaltung" der Füße ergab. Bei dem Toten handelt es sich um einen etwa 40-jährigen Mann. Das Geschlecht wurde auch mittels einer Analyse des Erbmaterials aus den Knochen bestätigt.

Innerhalb des Gräberfeldes haben wir es hier mit der am reichsten ausgestatteten Bestattung zu tun (Abbildungen siehe Taf. 37–40). Eine leichte Störung – eventuell durch einen Tiergang – wurde im Brustbereich mit dort liegenden Bronzeteilen beobachtet. Hier fand sich auch ein Rippenfragment zwischen dem Oberarm und dem Brustkorb. Ein weiteres Bronzeteil lag etwa 10 cm erhöht über den übrigen Beigaben. Ca. 20 cm westlich des linken Femurs lag ein kleines gelochtes, wohl hierher verschlepptes Bronzebeschlagteil neuzeitlichen Ursprungs. Direkt oberhalb des Kopfes befand sich ein stark zerscherbtes Keramikgefäß (Fd.-Nr. 2001-48-31-4). Im Bereich der rechten Brustkorbhälfte auf dem distalen Ende der Rippen und des Schulterblattes lagen in vertikaler Reihung drei Bronzeteile. Von Süden aus betrachtet sind dieses ein oval gebogener, geschlossener Bronzeblechstreifen (Fd.-Nr. 2001-48-31-5a), ein identisches Teil (Fd.-Nr. 2001-48-31-5b) und ein wohl sekundär aufgebogener Bronzeblechstreifen (Fd.-Nr. 2001-48-31-5c). Nördlich des letzteren Stücks war in der Erde ein kleiner schwärzlicher Fleck zu erkennen, wobei es sich eventuell um die Reste eines organischen Materials wie Leder gehandelt haben könnte. Vermutlich stellen die genannten Bronzeteile den Rest eines Schultergurtes dar, den man sich als einen quer über die Brust verlaufenden Lederriemen vorstellen könnte. Direkt auf Hüfthöhe und Höhe des linken Oberarmes lag leicht verkippt, ein komplett erhaltenes Griffzungenschwert (Fd.-Nr. 2001-48-31-6) aus Bronze. Die Länge des Schwertes beträgt 54 cm. Im Griff befinden sich drei Pflockniete und im trapezförmigen Heft jeweils zwei Pflockniete auf jeder Seite. Während der Bergung waren in der unteren Hälfte der Klinge einige schwärzliche Flecken zu erkennen, welche vielleicht von Lederresten einer vergangenen Schwertscheide stammen könnten. Beim Schwert lagen weitere Bronzeobjekte. So zwei kleine, verzierte und sehr dünne Bronzeblechhülsen (Fd.-Nr. 2001-48-31-9), von denen eine direkt auf der Schwertklinge und die andere zwischen der linken Elle und Speiche lag. Auf halber Höhe des Schwertes und direkt neben diesem lag ein Messer (Fd.-Nr. 2001-48-31-7) mit geschweifter Klinge und leicht beschädigter Spitze. Im durchlochten Dorn der Klinge steckte ein einzelner Niet. Südlich davon folgte eine gleichmäßige Reihe aus insgesamt zehn Pflocknieten, die in einer ostwestlich verlaufenden Reihe hintereinanderlagen. Dabei handelt es sich um die Nieten aus dem Messergriff. Insgesamt dürfte das Messer daher eine Länge von etwa 25 bis 26 cm gehabt haben. Parallel zum Messer, in etwa gleicher Höhe wie dessen letzter Pflockniet, lag eine Bronzennadel (Fd.-Nr. 2001-48-31-8). Der Kopf der Nadel zeigte nach Süden und die Spitze nach Norden. Direkt unter dem Messer lag ein kleiner rötlicher Sandstein, bei dem es sich offensichtlich um einen Schleifstein (Fd.-Nr. 2001-48-31-10) handelt. Der Schleifstein ist 7 cm lang und zwischen 0,75 und 0,9 cm dick. Im Übrigen fanden sich mehrere kleinteilige Bronzeobjekte im Grab, die ich im Folgenden jedoch nicht einzeln vorstellen will. Die verschiedenen Ringe, Bronzeblechhülsen, Bronzezwingen, Bronzeknebel und ein Doppelknopf zeigen an, dass beim Toten verschiedene, vermutlich aus Leder gefertigte Objekte wie etwa Gürtel und Riemen lagen. An späterer Stelle sehen wir, dass sich daraus ein Schwertgehänge und eine Gürteltasche oder Messerscheide rekonstruieren lassen.

Individuum 2

Das zweite, wohl ebenfalls erwachsene Individuum lag in gestreckter Rückenlage im Grab. Der Schädel war nach Osten gewandt und ist bis auf durch die Ausgrabung verursachte Schäden in einem guten Zustand. Allerdings fehlen vom Schädel das Nasen- und Jochbein sowie der Oberkiefer. Der linke Arm lag ausgestreckt neben dem Körper, wobei die Hand auf dem oberen Ende des linken Oberschenkels ruhte. Der rechte Oberarm fehlt vollständig. Vorhanden ist hingegen der rechte Unterarm, welcher in unveränderter Position rechtwinklig über dem Bauch lag. Die Hand war flach über der linken Bauchseite ausgestreckt. Die Knochen des Brustkorbs sind stark verwittert und stellenweise nur fragmentarisch erhalten, zudem fehlen auf der linken Seite die Rippen. Die rechte Beckenschaufel fehlt, ebenso der rechte abgebrochene Femurkopf. Der gesamte rechte Femur war leicht angehoben. Die Beine lagen parallel mit eng aneinanderliegenden Fersen. Die Oberschenkel sind jeweils einmal quer gebrochen und die Unterschenkel zudem der Länge nach gebrochen und quer fragmentiert. Die Mittelfuß- und Zehenknochen waren über den Fersenbeinen in sich zusammengesunken. Bei dem Toten handelt es sich mit einem im Alter von 70 Jahren verstorbenen Individuum um den ältesten Toten des Gräberfeldes. Eine anthropologische Geschlechtsbestimmung war nicht möglich und auch erbgenetisches Material ließ sich aus den Knochen nicht gewinnen.

Zur Bestattung gehören einige Bronzefunde (Taf. 41). Unter dem Schädel, etwa auf Höhe des hinteren Scheitels, steckte eine große Bronzenadel (Fd.-Nr. 2001-48-32-1) in der Erde, sodass bei der Freilegung zuerst nur der Nadelkopf zu sehen war. Nur wenig entfernt lag oberhalb der Stirn ein nach W-O orientiertes Rasiermesser (Fd.-Nr. 2001-48-32-2). Der Griff wies nach Westen zum Schädel. Kleinere Bronzeteile stellen wohl die Reste weiterer Beigaben dar. So ein ca. 20 cm westlich vom linken Oberschenkel gelegenes spitzovales Bronzeteil, das etwas höher über dem Skelettniveau lag. Das in Fundlage steil nach unten verkippte Objekt lag wohl nicht mehr in situ und könnte durch den Pflug bewegt und an diese Stelle verlagert worden sein. Es handelt sich um einen kleinen Bronzeknebel (Fd.-Nr. 2001-48-32-3), ca. 25 cm vom linken Oberschenkel entfernt. Ein am rechten Ellenbogen aufgefundenes Objekt, vermutlich das Bruchstück eines hochkant stehenden Bronzedrahtringes, ist zwar in der Fundzeichnung vermerkt, erhielt jedoch keine Fundnummer und wurde auch nicht gezeichnet.

Grab 19 (Taf. 17)

Der Tote lag in gestreckter Rückenlage im Grab. Der Körper war nordsüdlich orientiert, wobei der Kopf, welcher aufgrund der geringen Grabtiefe von nur 10 cm bereits im Planum 1 vom Bagger freigelegt wurde, im Süden lag. Eine Abgrenzung der Grabgrube war nur an einigen Stellen deutlich zu erkennen, aufgrund der dunkelbraun lehmigen Verfüllung kann die Größe der Grube aber mit 2,20 m × 0,80 m angegeben werden. Vor allem um das Skelett herum trat die dunklere Grubenverfüllung besonders deutlich hervor.

Zwar lagen die Knochen noch in ihrem ursprünglichen Verband, doch ist der Erhaltungszustand der Knochen eher mäßig. Der Schädel wurde durch den Bagger im Scheitelbereich beschädigt, ist ansonsten aber in einem recht guten Erhaltungszustand. Der Gesichtsschädel ist eingebrochen, sodass die Überaugenregion auf dem Unterkiefer auflag. Der linke Arm lag ausgestreckt neben dem Körper, die Knochen der Ober- und Unterarme sind stark fragmentiert. Von den Finger- und Handknochen der linken Hand ist nichts mehr erhalten. Auch die Langknochen des linken Armes sind stark fragmentiert und mehrfach zerbrochen. Deutlich zu erkennen war, dass der rechte Arm im Ellenbogengelenk angewinkelt war, sodass die Hand flach ausgestreckt auf der Bauchmitte zu liegen kam. Die Wirbelsäule ist stark

71

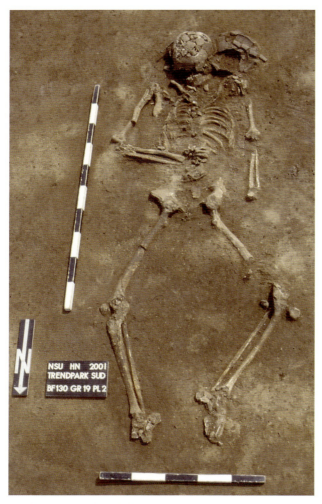

Abb. 28: Grab 19 (Foto: A. Neth).

ve Verlagerung im Sehnenverband nicht verantwortlich sein. Der Tote war männlichen Geschlechts und verstarb in einem Alter von ca. 30–40 Jahren.

Direkt über dem Kopf lagen die Beigaben des Bestatteten (Taf. 42). Dieses sind eine Nadel (Fd.-Nr. 2001-48-33-1), die östlich am Kopf gelegen hatte, und ein zwischen der linken Schulter und dem Kopf platziertes Gefäß (2001-48-33-2). Dieses war stark zerschert, konnte jedoch wieder zusammengesetzt werden.

Grab 20 (Taf. 18)

Bei dieser Beigaben führenden Einzelbestattung lag der Tote mit nordsüdlicher Orientierung in gestreckter Rückenlage im Grab. Die Grabtiefe betrug nur noch 2 cm, sodass die Knochen schon im ersten Planum zum Vorschein kamen. Die geringe Tiefe erklärt vielleicht auch das Fehlen des Kopfes, welcher möglicherweise bereits durch den Pflug entfernt worden war. Die Grabgrubenverfüllung war nur im oberen Bereich des Körpers anhand einer dunkleren Verfärbung zu erkennen, die Maße der Grabgrube betrug hier ca. 2,20 m × 0,80 m.

Vom Schädel ist einzig ein in Richtung des rechten Schlüsselbeins verschobenes Kieferfragment übrig geblieben. Vom Brustkorb sind die Rippen größtenteils noch vorhanden, die Wirbel fehlen zu einigen Teilen und sind stark verwittert. Die Arme lagen ausgestreckt seitlich neben dem Körper mit flach auf dem Boden liegenden Händen. Von den Fingern der

Abb. 29: Grab 20 (Foto: A. Neth).

verwittert und die Rippen vielfach längs und quer gebrochen, wohl aber noch vollzählig vorhanden. Der Oberkörper scheint durch die Freilegung seitlich gestaucht worden zu sein, da die Schlüsselbeine annähernd vertikal lagen und die Rippenbögen eng gefasst waren. Das Becken ist besonders auf der linken Seite schwer beschädigt. Die Femurköpfe waren aus dem Beckengelenk gerutscht und zeigten nach oben. Der linke Femur ist über dem Kniegelenk zerbrochen, ein Fragment steckte schräg aufragend im Untergrund. Eine auffällige Besonderheit bildete die Lage der Beine. Die Kniegelenke waren angewinkelt und nach außen gedreht, wodurch sie einen Abstand von 47 cm zueinander aufwiesen. Durch diese Haltung zeigten die Fersenbeine in einem Abstand von 13 cm zueinander. Ein Grund für die außergewöhnliche Beinhaltung war nicht zu erkennen. Die Beinknochen sind insgesamt gut erhalten, jedoch mehrfach gebrochen. Die Zehenknochen fehlen. Zwar waren neben und zwischen den Beinen Tiergänge erkennbar, diese dürften jedoch für eine solche massi-

linken Hand fehlen einige Knochen. Die Beschädigungen am Becken und den oberen Femurenden sind wohl erst während der Freilegung durch den Bagger entstanden. Die linke Beckenschaufel fehlt vollständig. Die Langknochen der Beine sind mehrfach quer gebrochen und das untere Ende des rechten Oberschenkels fehlt. Die Fuß- und Zehenknochen waren eventuell infolge der Wühltätigkeit von Tieren leicht verworfen. Insgesamt ist die Knochenerhaltung als mittel bis schlecht zu beurteilen. Wie angeführt haben Pflug und Bagger ihre Spuren hinterlassen. Einige Knochen sind auch verworfen, wie etwa die am Schambein des Beckens liegende Kniescheibe, die dem rechten Bein zugeordnet werden kann. Bei dem Toten handelt es sich um einen im Alter von 30–40 Jahren verstorbenen Mann.

Die Beigaben lagen ausschließlich an der äußeren linken Brustseite, genauer gesagt zwischen dem linken Oberarm und dem Brustkorb (Taf. 43). Unter den Beigaben befindet sich ein Bronzemesser (Fd.-Nr. 2001-48-34-1), das mit der Schneide nach außen und der Spitze nach Süden zeigend direkt auf dem Brustkorb lag. Dem Messer zuzuordnen sind zwei in unmittelbarer Nähe gelegene Pflockniete (Fd.-Nr. 2001-48-34-3; Fd.-Nr. 2001-48-34-4). Da die Pflockniete wohl aus dem Messergriff stammen, sind diese offensichtlich ein wenig verlagert worden. Etwas weiter westlich vom Messer, direkt am Oberarm, lag ein Pfriem (Fd.-Nr. 2001-48-34-2). Dieses Gerät besteht aus einer spitzen, im Querschnitt vierkantigen Nadel aus Bronze, welche in einen Knochengriff steckte. Die Gesamtlänge des Objektes liegt bei ca. 16,5 cm. Der Knochengriff zeigt eine grünliche, durch Bronzesalze verursachte Verfärbung, die gleiche Verfärbung, wie sie auch auf dem Humerus des Toten zu finden ist. Diese Verfärbung ist insofern merkwürdig, da Messer und Pfriem zwischen 5 und 7 cm auseinanderlagen und im Grunde das Bronzeobjekt fehlt, das für diese Spuren verantwortlich zu machen wäre. Man kann annehmen, dass auf dem Pfriem und dem Humerus einmal ein bronzener Gegenstand gelegen hatte. Dieses ist entweder vergangen oder wurde dem Grab entnommen. Spuren einer Beraubung wurden allerdings nicht beobachtet. Am unteren Ende des Pfriemgriffs befanden sich zwei bronzene Ringfragmente. Das erste Fragment ist 1 cm und das zweite Fragment (Fd.-Nr. 2001-48-34-7) 1,3 cm lang. Die beiden Ringfragmente passen anhand ihrer Bruchstellen jedoch nicht aneinander. Unmittelbar am größeren Ringfragment lag noch ein Bronzeblechröllchen (Fd.-Nr. 2001-48-34-8). Am unteren Ende vom Pfriemgriff, zwischen den Bronzeteilen, lag eine kleine Perle aus Bernstein (Fd.-Nr. 2001-48-34-6) mit einem Durchmesser von

Abb. 30: Grab 21 (Foto: A. Neth).

ca. 1,1 cm. Da die genannten Objekte alle sehr dicht beieinanderlagen, könnte man von einer gemeinsamen Aufbewahrung in einer Tasche aus organischem Material ausgehen. Belege für diese Vermutung fanden sich jedoch nicht. Zu nennen wären an Funden noch mehrere kleine Fragmente von Bronzeringchen, die etwa 15 bis 20 cm weiter nördlich auf mittlerer Höhe des linken Unterarms gefunden wurden. Bei einem auf der Höhe des linken Schlüsselbeins gefundenem Sandsteinfragment handelt es sich wohl nicht um eine Beigabe, sondern um ein dorthin verlagertes Stück Neckarschotter.

Grab 21 (Taf. 19)

Dieses Grab ist eine Beigaben führende Doppelbestattung. Die Körper lagen in gestreckter Rückenlage, die Köpfe dabei im Süden. Die Knochenerhaltung ist als schlecht zu beurteilen, da die Knochen mehrfach längs und quer gebrochen sind, vor allem fehlt der Schädel von Individuum 2. Die Knochen waren zudem teilweise verworfen, weshalb davon auszugehen ist, dass das Grab möglicherweise durch den Pflug gestört wurde. In einer Tiefe von nur 5 cm lagen die Toten in einer Grube mit homogener, dunkelbraun lehmiger Verfüllung, welche sich optisch kaum vom anstehenden Lösslehmboden abgrenzte. Die Grabgrube war daher nur abschnittsweise zu erkennen, wird aber eine Größe von ca. 2,12 m × 0,90 m gehabt haben. Die Ausdehnung der Grabgrube verriet, dass sie für die beiden Bestattungen offenbar recht eng gefasst war. Das Individuum 2 lag in sehr enger Haltung an der östlichen Grabgrubenwand, wobei unklar bleibt, ob es sich bei dieser Position um die ursprüngliche Totenhaltung handelt, da sich das Individuum auf der Seite liegend im Grab befand, oder ob der Tote bei der Bestattung von Individuum 1 etwas zur Seite geschoben wurde. Bezüglich der Belegungsfolge kann davon ausgegangen werden, dass Individuum 2 schon im Grab lag, als Individuum 1 bestattet wurde, da sich der rechte Oberarm von Individuum 1 über den linken von Individuum 2 zog. Der Befund ließ sich während der Bergung der Skelette nicht eindeutig beurteilen, da sich das Doppelgrab im modernen Pflughorizont befand und die Beine von Individuum 1 schon durch den Pflug zerbrochen worden waren. Zu beiden Bestattungen gehören einige durch den Pflug beschädigte Beigaben.

Die Individuen wurden von Osten nach Westen durchgezählt und tragen folgende Bezeichnungen:
Individuum 1 = westliches Skelett,
Individuum 2 = östliches Skelett.

Individuum 1

Der Tote lag in gestreckter Rückenlage im Grab. Der Schädel ist stark zusammengedrückt. Auf einem kleinen Erdsockel östlich vom Schädel lagen ca. 6 cm über dem eigentlichen Skelettniveau einige Oberkieferzähne. Hierbei könnte es sich aber ebenso um die Reste des Schädels von Individuum 2 handeln. Der Blick des Toten war direkt in Richtung Westen auf ein etwa 30 cm entfernt gelegenes Griffzungenschwert gerichtet. Nach den übrigen Langknochen zu urteilen, lag das Schwert auf der ehemaligen Schulterhöhe. Die Knochen des Brustkorbs waren schon fast vollständig aufgelöst, Wirbelsäule und Rippen fehlen. Bis auf das Kreuzbein sind von den Beckenschaufeln nur wenige Fragmente erhalten. Die Arme lagen ausgestreckt seitlich neben dem Körper. Die Oberarmknochen sind bis auf die Schultergelenke in einem recht guten Zustand. Die Knochen der Unterarme sind nur fragmentarisch erhalten und beide Hände fehlen. Der Tote war männlichen Geschlechts und wurde ca. 25–30 Jahre alt.

Durch die Lage der Bestattung im Pflughorizont wurden die Schienbeinknochen des linken und rechten Beins zerbrochen, verlagert und teilweise ausgepflügt. Das erwähnte Griffzungenschwert zeigt ebenfalls starke Zerstörungsspuren. Ob neben einigen Knochen auch weitere Beigaben ausgepflügt wurden, ließ sich nicht mehr ermitteln.

Die bedeutendste Beigabe dieses Grabes ist ein Griffzungenschwert (Fd.-Nr. 2001-48-35-1), welches parallel zum linken Oberarm lag (Taf. 44). Die Spitze zeigte dabei zum Fußende des Toten und der Griff schloss etwa auf der Höhe vom Scheitel ab. Die Lage des Schwerts schien gegenüber dem Skelettniveau um etwa 2 cm höher gewesen zu sein. Es könnte somit ehemals auf dem Arm gelegen haben. Das Schwert ist in drei Teile zerbrochen, ein viertes Bruchstück, jenes vom Heft, fehlt leider. Das obere Ende des Griffes hat eine Länge von 8,3 cm, das zusammengesetzte Stück der Klinge eine Länge von 31,5 cm. Im Schwertgriff befanden sich noch vier Pflockniete, ein weiterer Pflockniet stammt vermutlich aus dem Heft. An der Schwertklinge fällt auf, dass diese im vorderen Bereich nach oben gebogen ist. Es stellt sich die Frage, ob diese Biegung bewusst vorgenommen wurde oder ob sie durch den Pflug verursacht wurde. Unter dem Schwert fand sich das Fragment bzw. der Nadelkopf einer Bronzenadel (Fd.-Nr. 2001-48-35-3). Ein weiterer Bronzefund ist ein Armreif (Fd.-Nr. 2001-48-35-2), der auf der schlecht erhaltenen, rechten Beckenschaufel auflag. Der Reif lag leicht verkantet, d. h. das westliche Ende lag auf etwas höherem Niveau als das östliche. Ein Knochen steckte zwar nicht im Armreif, es wäre aber zu vermuten, dass der Tote ihn ursprünglich am Handgelenk trug. Als kleinere Reste weiterer Beigaben fanden sich im Bereich des Schädels eine einzelne schwarze Scherbe und als Streufund eine kleine Bronzehülse (Fd.-Nr. 2001-48-57-1) (Abbildungen siehe Taf. 44,1–3).

Individuum 2

Bei der zweiten Bestattung aus diesem Grab war die ursprüngliche Totenhaltung nicht zu erkennen, da der Körper wohl im Zuge der Beisetzung von Individuum 1 verlagert wurde. Der rechte Arm von Individuum 1 zog dabei über den linken Arm von Individuum 2. Die Einwirkung des Pfluges kann für das Fehlen des Schädels verantwortlich gemacht werden. Die übrigen Knochen sind durch den Pflug in Stücke zerbrochen, einige Knochenfragmente waren wohl schon ausgepflügt worden. Auf eine Verlagerung des Toten deutete auch der geringe Abstand der Arm- und Beinknochen zueinander hin (Armknochenabstand: 10 cm, Beinknochenabstand: 9 bis

14 cm). Ebenso könnte der Tote jedoch auch in einer extremen Seitenlage im Grab gelegen haben. Das Becken und die Knochen des Brustkorbs hatten sich bereits stark aufgelöst und sind nur noch teilweise erhalten. Die Beinknochen sind zu größeren Teilen vorhanden, aber stark fragmentiert. Der Tote, dessen Geschlecht nicht bestimmt werden konnte, hat insgesamt betrachtet einen sehr grazil wirkenden Körperbau, und tatsächlich ist es mit einem Sterbealter zwischen 17 und 19 Jahren das jüngste Individuum des Gräberfeldes.

Bei den folgenden Beigaben ist infolge der Knochenverlagerung die Zugehörigkeit zur Bestattung nicht ganz eindeutig (Taf. 44,4). Im Fundjournal nicht aufgeführt, dafür aber in der Zeichnung vom Grab festgehalten, ist eine bronzene Nadel (Fd.-Nr. 2001-48-36-6), die sich im Planum 2 an der Stelle fand, an welcher der fehlende Schädel von Individuum 2 zu erwarten gewesen wäre. Etwa 20 bis 25 cm von den Füßen des Körpers entfernt lag eine kleine stark fragmentierte schwarze Scherbe. Ein im Abraum von Grab 21 gefundenes bronzenes Blechröllchen ließ sich keiner der beiden Bestattungen mehr zuordnen.

Abb. 31: Grab 22 (Foto: A. Neth).

Grab 22 (Taf. 20)

Diese Dreifachbestattung weist bei zwei Skeletten eindeutige Beraubungsspuren auf. Bei der dritten Bestattung handelt es sich um ein offensichtlich ungestörtes Schwertgrab. Die Toten wurden alle in gestreckter Rückenlage beerdigt, die Köpfe lagen dabei immer im Süden. Die Grabgrube, deren genaue Ausdehnung im anstehenden Lösslehm nicht zu erkennen war, hatte die Maße von ungefähr 2,40 m × 1,90 m. Die Grabtiefe betrug 13 cm. Eine Stratigrafie bzw. eine zeitliche Abfolge der drei Grablegungen konnte aus dem Befund nicht abgelesen werden. Bei der östlichen und der in der Mitte liegenden Bestattung sind die Oberkörperknochen massiv gestört. Hier suchten Grabräuber vermutlich nach bronzenen Objekten. Die westliche Bestattung wurde ungestört aufgefunden.

Die Individuen wurden von Westen nach Osten durchgezählt und tragen folgende Bezeichnungen:

Individuum 1 = westliches Skelett,
Individuum 2 = mittleres Skelett,
Individuum 3 = östliches Skelett.

Individuum 1

Glücklicherweise wurde die folgende Bestattung, im Gegensatz zu den beiden anderen des Grabes, nicht beraubt. Der Tote wurde in gestreckter Rückenlage bestattet. Der Schädel war zur linken Schulter ge-

Abb. 32: Grab 22, Detailaufnahme mit Schwert (Foto: A. Neth).

neigt und nur leicht zerdrückt. Der rechte Arm lag ausgestreckt neben dem Körper, die Hand war in 16 cm Abstand zum Becken flach auf den Boden gelegt. Der linke Arm war im Ellenbogengelenk leicht angewinkelt, sodass die linke Hand auf dem Unterbauch ruhte. Von den linken Unterarmknochen sind nur Teile vorhanden. Die Knochen der Wirbelsäule sind zwar vollständig, aber wie auch die Beckenknochen stark verwittert. Die Rippen der rechten Seite fehlen zum Teil, stattdessen liegt hier ein Griffangelschwert. Die Langknochen zeigen allesamt deutliche Zersetzungsspuren. Die Beine waren gerade gestreckt und lagen dicht beieinander. Die Zehen- und Mittelfußknochen waren nach unten gerichtet, eine Haltung, welche von der Ausgräberin deshalb als „Ballerinahaltung" bezeichnet wurde. Die anthropologische Untersuchung ergab, dass es sich hier um einen Mann handelt, der ein spätadultes Alter erreichte.

Am Kopf fanden sich zwei Gefäße, es ist daher die einzige Bestattung im Gräberfeld, der gesichert mehr als ein Gefäß zugewiesen werden kann. Das erste Gefäß (Fd.-Nr. 2001-48-37-2) stand direkt oberhalb des Schädels, das zweite Gefäß (Fd.-Nr. 2001-48-37-1) 10 cm östlich von diesem. Die bedeutendste Beigabe der Bestattung ist ein 53,5 cm langes Griffangelschwert (Fd.-Nr. 2001-48-37-3). Das Schwert lag mit der Spitze nach unten unter der rechten Körperseite und war daher wohl für die Grabräuber nicht sichtbar. Der Griff des Schwertes berührte die oberen Halswirbel. Am Schwert kleben noch feine Reste eines organischen Materials, wobei es sich um Reste des Scheidenfuterals aus Filz, Fell oder Leder handeln könnte. Zwischen dem Schwertgriff und dem rechten Schulterblatt lagen zwei Pflockniete. Der erste Pflocknet (Fd.-Nr. 2001-48-37-5) und der zweite Pflocknet (Fd.-Nr. 2001-48-37-6) haben eine Länge von jeweils 1,6 cm. Knapp unterhalb der Griffangel am Ricasso lag ein kleiner bronzener Knebel (Fd.-Nr. 2001-48-37-10). Ein weiterer Knebel (Fd.-Nr. 2001-48-37-10) fand sich im mittleren Bereich der Schwertklinge nahe der Wirbelsäule. Etwa 6 cm über dem Skelettniveau knapp nördlich der rechten Hand lagen zwei weitere Pflockniete. Der dritte Niet (Fd.-Nr. 2001-48-37-7) und der vierte Niet (Fd.-Nr. 2001-48-37-8) sind wie die vorherigen Niete 1,6 cm lang. Des Weiteren fanden sich, ohne genauere Angabe der Fundlage, eine ritzverzierte Bronzehülse (Fd.-Nr. 2001-48-37-12), zwei Ringfragmente und eine kleine schwarze Keramikscherbe. Etwas Besonderes stellt ein goldener Fingerring (Fd.-Nr. 2001-48-37-4) dar, der in situ dem Toten am Mittelfinger der linken Hand steckte. Der Ring wirkt sehr filigran und ist nur 0,15 mm dick. Sein innerer Durchmesser entspricht der modernen Ringgröße 60, der Tote hatte daher vermutlich sehr kräftige Hände (Abbildungen siehe Taf. 45,46).

Individuum 2

Die Bestattung in der Mitte ist stark zerstört und wohl vollständig beraubt. In situ lagen lediglich die beiden Unterschenkel, die Kniescheiben und der linke Femur. Die Körperhaltung war die einer gestreckten Rückenlage mit einer parallelen Beinstellung. Am rechten Fuß sind nur einige Fußwirbelknochen erhalten, die Zehenknochen fehlen. Die Fersenbeine waren einander zugewandt und die Zehen zeigten in einer „Ballerinahaltung" nach unten. Die Knochenerhaltung ist bis auf einige Querbrüche gut. Der Tote war männlichen Geschlechts und wurde ca. 40–50 Jahre alt.

Individuum 3

Der Erhaltungszustand des am östlichen Rand der Grube gelegenen Skeletts entspricht in etwa dem von Individuum 2. Erhalten sind nur die Unterschenkel und die Füße sowie der linke Femur. Die Knochenerhaltung ist bis auf einige Querbrüche gut. Die Beine lagen parallel, die Fersenbeine berührten sich. Auch hier wiesen die Zehen in der bereits genannten „Ballerinahaltung" nach unten. Wie das obige Individuum handelt es sich um eine etwa 40–50 Jahre alte Person, deren Geschlecht nur tendenziell als männlich bestimmt werden konnte.

Verworfene Knochen von Individuum 2 und 3

Wie bereits beschrieben, war bei Individuum 2 und Individuum 3 der Bereich der Oberkörper massiv gestört und es befanden sich keine Knochen mehr im ursprünglichen Knochenverband. Bei der Ausgrabung lagen die verworfenen Knochen bis zu 20 cm über dem Skelettniveau. Die große Streuung macht es unmöglich, bestimmte Knochenpartien einem der beiden Skelette zuzuordnen. Die Knochen wurden in Gruppen geborgen und alphabetisiert:

A) Ein auf der rechten Seite liegender Schädel. Der Unterkiefer fehlt. Darauf lagen einige Fingerknochen.
B) Eine Kniescheibe, zwei Rippenfragmente, ein Schulterblatt (?) und diverse andere Knochenfragmente.
C) Ein rechter Femur.
D) Diverse Wirbel und Rippenfragmente.
E) Zwei Unterkieferhälften.
F) Zwei Schlüsselbeine sowie diverse Rippen- und Wirbelfragmente.

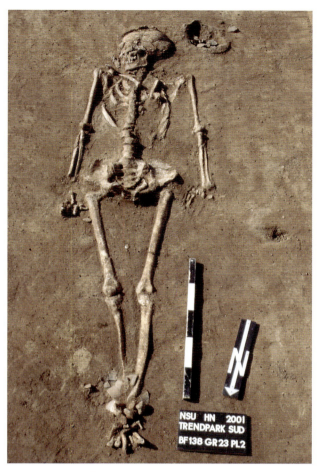

Abb. 33: Grab 23 (Foto: A. Neth).

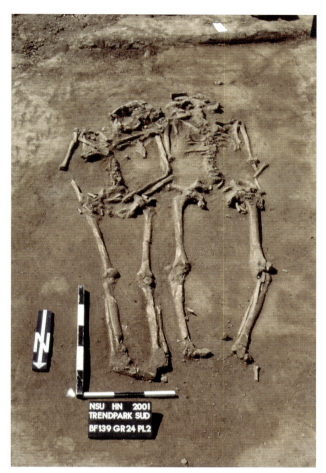

Abb. 34: Grab 24 (Foto: A. Neth).

G) Ein Beckenfragment, ein Schlüsselbein, ein Humerus, diverse Rippen- und Knochenfragmente.

Grab 23 (Taf. 21)

Im Grab fand sich eine einzelne Bestattung in ungestörtem und gutem Zustand. Die Orientierung des Toten war nordsüdlich, wobei der Kopf im Süden lag. Der Tote lag in einer Grabgrube, deren Ausmaße nicht festgestellt werden konnte, da sich die Grube nicht deutlich genug vom anstehenden Boden abzeichnete. Einzig der Bereich um das Skelett war von dunklerer Färbung. Die Tiefe der Grabgrube betrug 9 cm. Der vermutlich im erwachsenen Alter Verstorbene lag in gestreckter Rückenlage im Grab. Die Knochenerhaltung ist insgesamt gut bis sehr gut. Die Langknochen sind jedoch zum Teil quer gebrochen. Der recht zerdrückte Schädel lag auf der rechten Gesichtsseite mit Blick nach Osten. Die Arme befanden sich ausgestreckt neben dem Körper, wobei die Hände flach auf den Boden gelegt waren. Brustkorb, Wirbelsäule und Becken sind in einem guten Zustand. Die Beine waren im Knöchelbereich übereinandergeschlagen, sodass der linke Fuß über dem rechten lag. Der Tote war männlichen Geschlechts und verstarb in einem Alter von ca. 25–30 Jahren.

Direkt an der Stelle, an welcher die Beine übereinanderlagen, fanden sich die Reste eines stark zerscherbten Gefäßes (Fd.-Nr. 2001-48-41-2). Die zusammengesetzten Scherben zeigten, dass es sich um eine kleine Amphora handelt. Im Bereich der rechten Hand befand sich eine einzelne Scherbe. Westlich vom Schädel lag ein stark zerscherbtes Gefäß, welches leider nicht rekonstruiert werden konnte. Erst beim Bergen des Skeletts wurde zwischen den Rippen der linken Oberkörperhälfte eine mit der Spitze nach Norden zeigende Nadel (Fd.-Nr. 2001-48-41-5) gefunden (Abbildungen siehe Taf. 47).

Grab 24 (Taf. 22)

Bei dieser Doppelbestattung wurden zwei Individuen in sehr enger Lage beigelegt. Die Toten lagen in gestreckter Rückenlage mit dem Kopf im Süden und blickten einander an. Die Verfüllung der Grabgrube war besonders im Bereich um die Skelette durch etwas dunklen Lehm zu erkennen, ansonsten zeichnete sie sich relativ schwach ab. Man kann hier von einer Grabgrube mit den Maßen von ca. 2,0 m × 1,0 m ausgehen, die Tiefe der Grube betrug um die 7 cm. Die Bestattungen lagen so dicht beieinander, dass der leicht angewinkelte Arm von Individuum 1 auf dem rechten Arm von Individuum 2 auflag. Ebenso müssen sich die Beine von Individuum 1 und Individuum 2 zum Zeitpunkt der Grablegung berührt haben. Die beiden Toten lagen nicht auf gleicher Höhe, sondern Individuum 1 ist um ca. 10 cm weiter nördlich bestattet. Eine zeitliche Abfolge der Grablegungen lässt sich am Befund jedoch nicht ablesen, es ist eher von einer gleichzeitigen Niederlegung auszugehen.

Die Individuen wurden von Osten nach Westen durchgezählt und tragen folgende Bezeichnungen:

Individuum 1 = östliches Skelett,
Individuum 2 = westliches Skelett.

Individuum 1

Der Tote lag in gestreckter Rückenlage im Grab. Die Langknochen sind in einem verhältnismäßig guten Zustand, hingegen ist der Schädel im Gesichtsbereich eingedrückt. Der Kopf war leicht nach unten verkippt und die Kiefer auseinandergebrochen. Die Blickrichtung wird nach Westen gewesen sein. Die Arme lagen beide im Ellenbogenbereich leicht angewinkelt neben dem Körper, wobei die rechte Hand auf dem Becken und die linke Hand auf dem unteren Bauch ruhten. Die Wirbelknochen sind stark verwittert und waren im Planum bereits durch den Bagger freigelegt und somit teilweise zerstört worden. Die Rippenknochen sind teilweise recht schlecht erhalten. Auch die Beckenknochen wurden durch den Bagger leicht beschädigt. Die Beine lagen parallel und die Füße eng beieinander. Die Zehen- und Fußwurzelknochen wurden bereits während dem Ziehen des Planums freigelegt und aufgelesen. Individuum 1 lag so dicht bei Individuum 2, dass sein linker Arm über dem rechten Arm von Individuum 2 lag. Es handelt sich hier um einen Mann, der ca. 30–40 Jahre alt wurde.

Bei dem Bestatteten lagen wenige Reste von Beigaben, ob eine Beraubung stattgefunden hat, ist jedoch ungewiss. Über der linken Schulter lag ein stark zerschertes Gefäß aus dünnwandiger Keramik. Unter den Scherben befindet sich auch ein Henkelfragment. Nicht im Fundjournal aufgeführt, aber in der Grabzeichnung eingezeichnet, ist eine grünliche Verfärbung an einigen Knochen der rechten Brusthälfte bzw. im Bereich der Rippen. Es könnte sich dabei um die Verfärbungen eines dünnen Bronzegegenstandes handeln, der hier gelegen, aber mit der Zeit vergangen ist. Spuren einer Beraubung zeigen sich nämlich nicht.

Individuum 2

Der Tote lag in gestreckter Rückenlage. Die Knochenerhaltung ist als mittel bis gut zu bezeichnen, nur der Schädel ist zerdrückt. Der Kopf lag auf der rechten Gesichtshälfte mit Blick auf Individuum 1. Die Arme befanden sich ausgestreckt eng am Körper. Die linke Hand lag dabei dicht am Oberschenkel. Von der rechten Hand ist nichts mehr erhalten, da der gesamte Unterarm fehlt. Die oberen Wirbelknochen sind stark verwittert, ansonsten ist die Wirbelsäule aber vollständig. Die Rippen sind nur noch fragmentarisch und im oberen Brustkorbbereich erhalten. Die Beine lagen parallel und ausgestreckt, im Vergleich zu Individuum 1 allerdings nicht allzu eng beieinander. Der Zustand der unteren Extremitätenknochen ist eher schlecht, so sind diese oftmals längs und quer gebrochen. Die Zehen- und Fußwurzelknochen sind beim Abbaggern zerstört worden. Der Tote war männlichen Geschlechts und wurde mit 50–60 Jahren verhältnismäßig alt.

Im rechten Schulterbereich fand sich eine Bronzenadel (Fd.-Nr. 2001-48-43-1), der Nadelkopf lag dabei schräg auf dem rechten Schlüsselbein (Taf. 48,1). Auf dem Schädel lagen zwei vermutlich dorthin verlagerte Keramikscherben. Ohne Zuweisung zu einer der beiden Bestattungen sind im Fundjournal weitere Gefäßscherben aus dem Schädelbereich aufgeführt, welche aber nicht zur Rekonstruktion eines Gefäßes ausreichen.

Grab 25 (Taf. 23)

In diesem Grab wurden insgesamt drei Individuen bestattet. Die Toten lagen allesamt in gestreckter Rückenlage und mit dem Kopf im Süden. Das Knochenmaterial der drei Skelette ist sehr schlecht erhalten, so fehlen durchgehend die Knochen des Brustkorbs und der Wirbelsäule. Da sich die Langknochen von ihrer Lage her aber noch im ursprünglichen Knochenverband befanden, kann man davon ausgehen, dass das Grab nicht gestört wurde.

Da während der Ausgrabung extrem trockene Bedingungen herrschten, war die Abgrenzung der Grabgrube nicht mehr zu erkennen. Es konnte einzig festgestellt werden, dass das Grab in einer Restauflage des Lösslehms angelegt wurde.

Die drei Individuen wurden von Osten nach Westen durchgezählt und tragen folgende Bezeichnungen:

Individuum 1 = östliches Skelett,
Individuum 2 = mittleres Skelett,
Individuum 3 = westliches Skelett.

Abb. 35: Grab 25 (Foto: A. Neth).

Individuum 1

Die Knochen von Individuum 1 sind sehr schlecht erhalten und etliche Partien fehlen. Vom Schädel liegt einzig ein Bruchstück der Kalotte vor. Von den Armen fand sich noch der rechte Humerus und, etwas von diesem entfernt gelegen, ein Bruchstück von einem Unterarmknochen. Der gesamte Brustkorb und die Wirbelknochen haben sich nicht erhalten. Zwar liegen beide Ober- und Unterschenkelknochen vor, es fehlen bei allen Langknochen jedoch die Gelenkenden. Genauere Maße können daher nicht abgenommen werden. Sowohl die Finger- als auch die Fußknochen fehlen. Bezüglich der Körperhaltung lässt sich noch festhalten, dass der Tote mit am Körper anliegenden Armen und ausgestreckten, eng aneinanderliegenden Beinen bestattet wurde. Während das Geschlecht nicht bestimmt werden konnte, steht immerhin das Sterbealter von um die 30 Jahre fest. Es fanden sich bei dem Bestatteten keine Beigaben.

Individuum 2

Bei der mittleren Bestattung sind die Knochen ebenfalls in einem sehr schlechten Erhaltungszustand. Vom Schädel liegen nur einige Bruchstücke vor. Von den Oberarmknochen existieren fragmentierte Reste und von den Unterarmen ist allein ein Stück des linken Unterarms vorhanden. Der gesamte Brustkorb, die Wirbelsäule und das Becken fehlen. Von den Oberschenkeln sind beide Langknochen erhalten, der rechte Oberschenkel allerdings nur unvollständig. Bei den Unterschenkeln ist der linke vollständig, der rechte nur in einem Bruchstück erhalten. Alle Langknochen verfügen über keine Gelenkenden mehr, sodass keine genaueren Maße abgenommen werden können. Hand- und Fußknochen sind nicht mehr vorhanden. Die Körperhaltung war wie bei Individuum 1. Das Individuum war tendenziell männlichen Geschlechts und verstarb in einem (früh-) adulten Alter.

Als Beigabe lag am Kopf des Toten ein vollständig rekonstruierbares Gefäß (2001-48-45-1) aus schwarzer Keramik (Taf. 48,2). Als ein weiterer Gefäßrest fand sich auf Höhe der Unterschenkel zwischen Individuum 1 und Individuum 2 eine große Scherbe. Auf einer Seite dieser Scherbe befinden sich einige eingedrückte Stellen, wobei es sich um eine Verzierung der Keramik handeln könnte. Eine weitere kleine Scherbe lag auf der Höhe der Oberschenkelknochen zwischen Individuum 2 und Individuum 3. Auffällig war ein großer Tierknochen, der vermutlich als Rest einer Speisebeigabe direkt am Kopf des Toten lag. Dabei könnte es sich um den Oberschenkel eines Schweins gehandelt haben. Dieser Fund ging leider verloren.

Individuum 3

Auch das westlich in der Grabgrube gelegene Skelett ist sehr schlecht erhalten. Der Schädel ist mehrfach zerbrochen und scheint nur unvollständig vorzuliegen. Beide Oberarme, aber nur der rechte Unterarm fanden sich im Grab. Weder Brustkorb noch Wirbelsäule haben sich erhalten. Vom Becken ist nur noch ein kleines Stück der rechten Beckenschaufel vorhanden. Von den Beinen fanden sich jeweils nur die Ober- und Unterschenkel, alle Langknochen sind zudem ohne Gelenkenden. Von den Hand- und Fußknochen haben sich keine Spuren erhalten. Auch dieser Bestattete lag mit am Körper anliegenden Armen und ausgestreckt aneinanderliegenden Beinen im Grab. Der Tote war männlichen Geschlechts und erreichte ein (spät-)matures Alter.

Als Beigaben sind der Bestattung nur einige wenige Gefäßscherben zuzuordnen. Drei schwarze Scherben lagen zwischen seinem und dem Schädel von Individuum 2. Aufgrund der Lage kann der Gefäßrest keiner der beiden Bestattungen eindeutig zugeordnet werden. Anders verhält es sich bei einer großen Scherbe, die zwischen den Unterschenkeln des Toten lag.

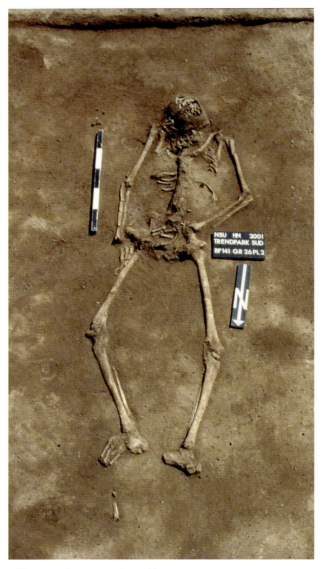

Abb. 36: Grab 26 (Foto: A. Neth).

Grab 26 (Taf. 24)

Dieses Grab ist eine unberaubte Bestattung eines einzelnen Individuums. Die Grabgrube war, wohl auch aufgrund des sehr trockenen Bodens während der Ausgrabung, nur sehr vage zu erkennen. Insgesamt betrachtet war die Verfüllung der Grabgrube ein wenig graustichiger als der anstehende mittelbraune Lösslehm. Das Bestattungsniveau lag knapp unter Planum 1, sodass der Bagger schon beim ziehen des Planums die Bestattung freilegte. So wurde der Schädel im Bereich des Schädeldaches durch den Bagger leicht beschädigt. Die Knochenerhaltung ist relativ gut und die Knochen lagen in ihrem ursprünglichen Verband im Grab. Der Schädel war etwas zwischen die Schultern gerutscht und zur Brust hin verkippt, sodass der Tote in Richtung Nordnordwesten blickte. Der Unterkiefer war nach oben gedrückt und auf Augenhöhe im Planum sichtbar. Während die Wirbelsäule komplett vorhanden ist, fehlen einige Rippen. Die Beckenknochen sind in ihrer Substanz etwas brüchig und bis auf die der linken Seite weitgehend vorhanden. Der rechte Arm war gerade ausgestreckt und die Hand lag auf dem Femur. Der linke Arm war im Ellenbogen etwas abgewinkelt und die Hand lag auf dem Becken. Die unteren Langknochen sind vollständig erhalten und nur an wenigen Stellen zerbrochen. Auf beiden Seiten waren die Beine im Kniegelenk leicht angewinkelt und an den Fersen wieder zusammengerückt. Dieses verlieh dem Individuum eine stark O-beinige Haltung. Die Zehen- und Fußknochen fehlen am linken Fuß, am rechten Fuß sind nur die Mittelfußknochen vorhanden. Ein einzelner Fußknochen lag abseits, ca. 15 cm nördlich des rechten Fußes. Der Tote war ein mit 50–60 Jahren verhältnismäßig alt gewordener Mann.

Etwa 15 cm östlich der rechten Schulter steckte eine Bronzenadel (Fd.-Nr. 2001-48-47-1) schräg im Boden (Taf. 48,3). Der Nadelschaft ist stark verbogen und bei der Restaurierung mussten kleinere Teile ergänzt werden.

Grab 27

Dieses Grab war dermaßen stark gestört und zerpflügt, dass es nur aufgrund einer Knochenansammlung als solches erkannt werden konnte.[230] Schon im Planum 1 waren die Knochen freigelegt worden, eine Grabgrube sollte sich beim weiteren Ergraben der Fundstelle jedoch nicht abzeichnen. Bei den Knochen handelt es sich u. a. um beieinanderliegende Langknochen, die noch über eine nordsüdliche Orientierung verfügten. Die verbliebenen Knochen aus dem Grab wurden im Sammelpaket geborgen. Es fanden sich weitere Langknochenfragmente und Zehenknochen, wobei die Zugehörigkeit dieser Knochen zur Bestattung unklar bleibt. Über das Individuum kann allein gesagt werden, dass es zum Zeitpunkt seines Todes erwachsen war.

Grab 28 (Taf. 25)

Diese Einzelbestattung zeigt ein unvollständig erhaltenes Skelett in gestreckter Körperlage. Das Grab scheint vollständig erhalten zu sein. Von der Grabgrube liegen keine genaueren Maße vor, da sie sich nur undeutlich durch einen etwas dunkleren und graustichigeren Farbton vom anstehenden Boden abzeichnete. Die Orientierung der Grube war nord-

---

230 Aufgrund der sehr schlechten Befunderhaltung wurde das Grab nur fotografiert und nicht in einer Zeichnung festgehalten.

südlich, wobei der Tote mit dem Kopf im Süden lag. Mit 25 bis 30 cm lag dieses Grab, im Vergleich zu den anderen Gräbern, verhältnismäßig tief unter dem Niveau von Planum 1.

Der Tote lag auf dem Hinterkopf, eine Orientierung des Schädels war aber aufgrund seiner starken Fragmentierung nicht mehr festzustellen. Der Unterkiefer war zudem in westliche Richtung verrutscht. Vom Oberkörper sind keine Knochen erhalten und vom Becken verblieben nur geringe Reste. Die Oberarmknochen liegen nahezu komplett vor, die Unterarmknochen sind hingegen unvollständig. Beide Arme waren gerade ausgestreckt am Körper liegend, wobei die Hände vermutlich auf dem Becken lagen. So fanden sich hier noch einzelne Fingerknochen. Beide Beine waren gerade ausgestreckt und berührten sich beinahe im Knöchelbereich. Die Humeri sind an beiden Seiten erhalten, die Gelenkenden allerdings beidseitig stark angewittert. Bei den unteren Beinknochen sind jeweils die Gelenkenden stark beschädigt. Während der linke Fuß komplett fehlt, sind vom rechten Fuß noch das Fersenbein und einzelne Knochen erhalten. Der rechte Fuß

Abb. 37: Grab 28 (Foto: A. Neth).

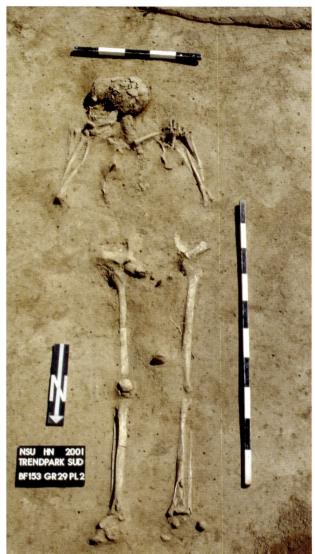

Abb. 38: Grab 29 (Foto: A. Neth).

scheint sehr gerade gestreckt gewesen zu sein. Der Tote war männlichen Geschlechts und verstarb mit etwa 30 Jahren.

Eine Bronzenadel (Fd.-Nr. 2001-48-49-1) mit großem, reich verziertem Kopf lag im Bereich der rechten Schulter (Taf. 49,1). Direkt vor den Füßen befand sich ein stark zerscherbtes Gefäß. Die Keramik ist von dünner und glatt polierter Qualität. Die geringe Menge an Scherben und das Fehlen von Randscherben macht es leider nicht möglich, ein ganzes Gefäß zu rekonstruieren.

Grab 29 (Taf. 26)

Dieses Grab ist eine beigabenlose, anscheinend ungestörte Einzelbestattung. Eine Grabgrube zeichnete sich im Boden nicht ab. Allein im Bereich des Oberkörpers deutete sich eine Grube an, die etwa

Abb. 39: Grab 30 (Foto: A. Neth).

Abb. 40: Grab 32 (Foto: A. Neth).

4 cm tief war. Die Orientierung der Grube war wohl nordsüdlich mit dem Kopf des Toten im Süden. Der Schädel trat bereits im Baggerplanum zutage, das Körperskelett lag allerdings 3 bis 4 cm tiefer und wurde kaum gestört. Der Schädel ist zwar stark fragmentiert, aber ansonsten vollständig erhalten. Der Kopf lag auf der rechten Gesichtshälfte, der Tote blickte demnach direkt nach Osten. Die Rückenwirbel und der Brustkorb sind stark verwittert und hatten sich in Richtung Becken bereits gänzlich aufgelöst. Die Knochenerhaltung der Langknochen von Armen und Beinen ist bis auf ein paar Querbrüche gut. Die Arme nahmen eine unnatürliche Haltung an, da sie im Ellenbogengelenk so stark abgewinkelt waren, dass Ober- und Unterarme parallel aufeinanderlagen. Die Hände lagen somit auf den Schultergelenken auf und das Kinn berührte dabei fast die rechte Hand. Die Ellenbogen – besonders der linke – waren etwas vom Körper abgewandt und zeigten nach außen. Die oberen Beckenknochen sind abgebrochen und fehlen. Insbesondere die linke Beckenschaufel ist stark zerstört. Der Schaden stammt offenbar von einem Pflugeingriff. Die Knochen der beiden parallel liegenden Beine sind zwar zerbrochen, aber ansonsten vollständig. Die rechte Kniescheibe war etwas nach oben zwischen die Oberschenkel verlagert. Von den Füßen fehlen die unteren Fuß- und Zehenknochen. Die anthropologische Untersuchung ergab, dass es sich hier um einen etwa 40-jährigen Mann handelt. Beigaben fanden sich bei der Bestattung keine.

Grab 30 (Taf. 27)

Das Grab, in dem offensichtlich nur ein einzelnes Individuum bestattet worden war, war bereits durch den Pflug stark gestört. Von seiner Tiefe her lag das Grab direkt im Planum 1 und befand sich daher schon seit längerer Zeit im Pflughorizont. Über die genauen Maße der Grabgrube konnten keine Feststellungen gemacht werden. Die Orientierung des Skeletts war nordsüdlich, wobei der Kopf im Süden lag. Erhalten geblieben sind wenige Fragmente des Schädels sowie Teile beider Oberarme und ein Rest des linken Oberschenkels. Die wenigen Knochen sind zumeist sehr schlecht erhalten. Sie sind mehrfach längs und quer gebrochen, die Gelenkenden fehlen. Aufgrund der Lage der Knochen kann beim Toten von einer gestreckten Rückenlage ausgegangen werden. Während des Freilegens wurden kleinere, verstreut umliegende Knochenfragmente gesammelt und in einem Sammelpaket geborgen. Beigaben wurde keine aufgefunden. Es handelt sich hier um ein vermutlich männliches Individuum, das in einem (früh-)adulten Alter starb.

Grab 32 (Taf. 28)
Diese eine einzelne Körperbestattung wurde, da sie sowohl im modernen Pflughorizont als auch im Baggerplanum lag, massiv gestört und es wurden Knochenteile beseitigt. Eine Grabgrube war nicht auszumachen. Das Individuum lag mit einer nord-südlichen Orientierung in gestreckter Rückenlage mit dem Kopf im Süden. Die Knochenerhaltung ist als mittel bis schlecht zu bezeichnen. Der nur in sehr wenigen Teilen vorliegende Schädel lag auf der rechten Gesichtshälfte, sodass der Tote nach Osten blickte. Vom Ober- und Unterkiefer sind allein die Zähne erhalten geblieben, die übrigen Schädelteile sind stark verwittert und lagen verstreut umher. Der gesamte Brustkorb und die einzelnen Wirbel fehlen ebenso wie die Beckenknochen. Nur die Claviculae sind in Resten vorhanden. Die Arme lagen ausgesteckt neben dem Körper. Die Oberarmknochen sind schlecht erhalten und die Gelenkenden fehlen. Die Unterarme sind mehrfach längs und quer gebrochen und stark verwittert. Die gesamten Hand- und Fingerknochen haben sich nicht erhalten. Im Gegensatz zum Oberkörperbereich sind die Beinknochen bis auf Querbrüche gut erhalten. Nur die rechte Kniescheibe fehlt. Bei den Füßen wiesen die Fersenbeine nach innen. Bei einem rundlichen Knochenfragment, außen neben dem rechten Bein gelegen, handelte es sich wohl um einen nach hier verlagerten Fußwurzelknochen. Die übrigen Fußknochen zeigten schräg nach außen. Der Tote war männlichen Geschlechts und wurde ca. 30–40 Jahre alt. Westlich über dem Kopf lagen mehrere Scherben als Reste eines Gefäßes (2001-48-53-1) von schwarzer Farbe (Taf. 49,2).

Grab 33 (Taf. 29)
Bei diesem Grab mit einer Beigaben führenden Einzelbestattung ist das Skelett nahezu vollständig erhalten. Die Ausdehnung der Grabgrube ließ sich nicht ermitteln, da sich die Verfüllung nicht vom anstehenden Boden unterschied ließ. Allenfalls im Skelettbereich zeigte sich die Erde etwas dunkler. Die Farbe der Grubenverfüllung war hier lehmig mit einem gewissen Graustich. Das Grab lag nicht allzu tief, da der Schädel des Bestatteten bereits in Planum 1 durch den Bagger erfasst wurde. Vielleicht erklärt dies auch das Fehlen einiger Schädelknochen im Bereich der linken oberen Schädelhälfte. Die Orientierung des Bestatteten im Grab war nordsüdlich, wobei der Kopf im Süden lag. Die Knochenerhaltung liegt zwischen mittel bis gut, einige Wirbel waren jedoch bereits stark angewittert. Der Schädel lag auf der rechten Gesichtshälfte und ist etwas zerdrückt. Der Tote blickte demnach nach Osten. Die

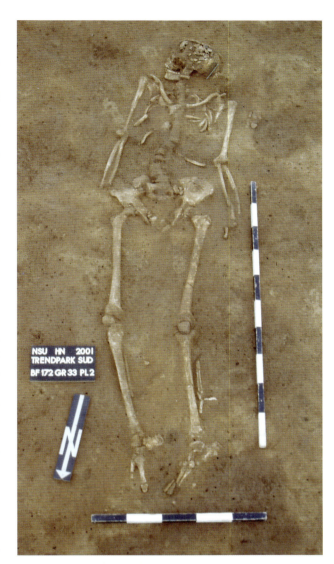

Abb. 41: Grab 33 (Foto: A. Neth).

Arme lagen ausgestreckt neben dem Körper, wobei die Unterarme leicht nach außen gedreht waren. Allein von der linken Hand sind noch wenige Fingerknochen erhalten. Das Becken ist stark fragmentiert und Teile des rechten Beckens fehlen. Die Langknochen der Beine sind noch vollständig, aber teilweise quer gebrochen. Die Beine lagen in situ eng zusammen, ab den Kniegelenken sind die Unterschenkel jedoch in Richtung Westen abgeknickt. Durch diese leichte Beugung der Beine entstand der Eindruck einer angedeuteten rechten Seitenlage. Der Tote war vermutlich ein etwa 30 Jahre alter Mann.
Als Beigabe hatte der Tote eine bronzene Nadel (Fd.-Nr. 2001-48-54-1) mitbekommen (Taf. 49,3), die im Bereich des Nackens mit der Spitze schräg nach unten im Boden steckte. Des Weiteren lagen dicht am linken Oberarm wenige Scherben eines nicht rekonstruierbaren Gefäßes.

4 Fundmaterial

4.1 Bronzenadeln

Nadeln stellen im Neckarsulmer Gräberfeld den häufigsten Beigabentyp aus Bronze dar und gehören, neben den keramischen Gefäßen, zur Grundausstattung vieler Bestattungen. Insgesamt liegen 18 vollständig erhaltene Nadeln vor, hinzu kommen zwei Nadeln aus Grab 6 und Grab 8/2. Diese beiden Funde hatten sich jedoch im Boden nahezu vollständig aufgelöst, sodass weder eine Konservierung noch eine Typenbestimmung möglich war.[231]

Da die Toten durchgehend körperbestattet wurden, bietet es sich an, die Lagen der Nadeln an den Körpern genauer zu überprüfen. Bei sieben Individuen[232] lag die Nadel am Kopf, bei fünf Individuen[233] an der Schulter und bei vier Individuen[234] am linken oder rechten Oberarm. Bei jeweils einem Individuum[235] lag die Nadel am Oberkörper und bei einem anderen[236] unterhalb eines Schwertes, welches wiederum knapp auf Kopfhöhe lag. Abgesehen von Grab 2, bei dem die Nadeln aller drei Toten jeweils an der Schulter lagen, zeigen sich also keine regelhaften Verteilungsmuster. Es ist schwierig zu entscheiden, weshalb die Nadeln an ihrer jeweiligen Stelle lagen. So kann vermutet werden, dass manche Nadeln nicht als Grabbeigabe deponiert worden sind, sondern zum Verschließen der Kleidung oder gar eines Leichentuches dienten oder eventuell auch im Haar getragen worden sind.

Im Folgenden werden die einzelnen Exemplare nach ihrem Typ behandelt und eingehend beschrieben. Soweit möglich, werden verschiedene Vergleichsfunde herangezogen und deren Datierung angegeben. Eine abschließende Datierung der Nadeln wird an anderer Stelle vorgelegt (Kap. IV), da eine umfassende Datierung der Gräber bzw. Bestattungen erst durch die Hinziehung der weiteren Grabbeigaben erfolgen soll.

4.1.1 Typ Wollmesheim

Nadeln vom Typ Wollmesheim[237] zeigen einen eigentümlichen großen Kopf von kugeliger bis doppelkonischer Form und darunter liegend ein bis sechs Schaftrippen. Die Herstellung des Nadelkopfes basiert auf einer besonderen technischen Methode, da zuerst der Nadelkopf über einen Tonkern gegossen und erst in einem zweiten Arbeitsschritt auf den Nadelschaft aufgesetzt wurde. Röntgenaufnahmen[238] zeigen, dass der eigentliche Kopf bzw. das Ende des Nadelschaftes ähnlich einer Rollennadel aufgerollt ist. Der Nadeltyp Wollmesheim ist während der älteren bis mittleren Urnenfelderzeit ein zahlreich auftretender Typ, weshalb diese Nadelform auch als Leitform der Urnenfelderzeit bezeichnet wird. Sein häufiges Vorkommen in Süddeutschland hatte G. Kraft bereits im Jahre 1926 dazu bewogen, diese Nadelform als „süddeutsche Urnenfeldernadel"[239] zu bezeichnen, und tatsächlich ist dieser Typ im Rhein-Main-Gebiet und im Neckarraum gut vertreten.[240] Ein Verbreitungsschwerpunkt liegt dabei vor allem am nördlichen Oberrhein.[241] Nadeln dieser Art finden sich darüber hinaus auch im Mittelrheinbecken, im Saarland, in Mittelfrankreich, im Elsass, in der Schweiz und in Südbayern (Abb. 42). Es scheint aufgrund der hohen Verbreitung daher angemessener zu sein, diese Nadelform vielmehr als die „Urnenfeldernadel"[242] zu bezeichnen, wie es W. Kimmig getan hat.

Innerhalb der Nadeln vom Typ Wollmesheim lassen sich aufgrund verschiedener Merkmale wie der Kopfform, den Halsrippen etc. einzelne Untervarianten voneinander trennen. Kubach unterscheidet die Nadeln aus Hessen und Rheinhessen in sieben Varianten, und zwar die Varianten Eschersheim, Eschollbrücken, Kleinblittersdorf, Mosbach, Osthofen, Plaidt und Weinheim.[243] In Neckarsulm fanden sich insgesamt zwei Nadeln, welche jeweils den beiden letzten Variaten Weinheim und Plaidt zugeordnet werden können. Bei diesen Funden haben wir es offensichtlich mit den ersten Nadeln vom Typ Wollmesheim zu tun, die aus Körpergräbern stammen[244], wenngleich auch hier kaum etwas über die ursprüngliche Trageweise dieser doch recht schweren Nadeln in Erfahrung gebracht werden konnte (s.o.).

4.1.1.1 Variante Weinheim (Grab 2/2)

In Grab 2 fand an der rechten Clavicula des mittleren Individuums (Bestattung 2) eine noch 14,3 cm lange Bronzenadel (Fd.-Nr. 2001-48-3-5). Der Nadelkopf ist von halbrunder Form mit einem Durch-

---

231 Eine 19. Nadel fand sich als Streufund. Sie wird in Kapitel III.4.4.5.2 besprochen.
232 Bestattungen 8/1; 17; 18/2; 19; 21/2; 28; 33.
233 Bestattungen 2/1; 2/2; 2/3; 24/2; 26.
234 Bestattungen 4; 7/1; 12/2; 18/1.
235 Bestattung 23.
236 Bestattung 21/1.
237 W. Kubach, Die Nadeln in Hessen und Rheinhessen. PBF XIII,3 (München 1977) 422.
238 G. Gallay, Bemerkungen zu mitteleuropäischen Rollennadeln. Germania 60, 1982/2, 550 Abb. 2.
239 Kraft, Beiträge 165.
240 Kubach, Nadeln Taf. 103.
241 Eggert, Rheinhessen 47.
242 Kimmig, Baden Taf. 52 u. Liste 21.
243 Kubach, Nadeln 422–455 u. Taf. 67–71.
244 Ebd. 438.

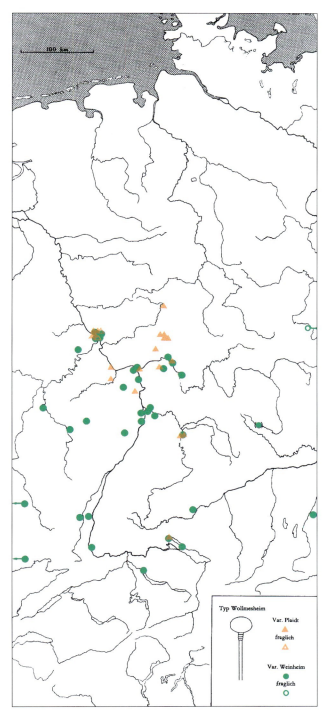

Abb. 42: Verbreitung Nadeln Typ Wollmesheim Variante Weinheim und Plaidt (nach Kubach, Nadeln Taf. 105).

messer von 1,5 cm (Taf. 30,4). Unterhalb des Kopfes befinden sich zwei scharfkantig wirkende Halsrippen. Nach Kubachs Variantenbeschreibung des Typs Wollmesheim haben wir es hier mit einer Nadel der Variante Weinheim zu tun, eine Form, welche häufig in Gräbern anzutreffen ist.[245] Kubach umschreibt diese Variante wie folgt:

„Als Variante Weinheim fassen wir Nadeln mit annähernd gleichmäßig gerundetem, bisweilen ganz leicht doppelkonisch wirkendem und weitgehend symmetrischem Kopf zusammen. Sie haben meist drei oder vier, seltener zwei Halsrippen; ihre Kopfdurchmesser reichen von 1,6 bis 4,1 cm mit einer Häufung zwischen 1,6 und 3,5 cm."[246]

Mit einem Kopfdurchmesser (Kdm.) von 1,5 cm liegt unsere Nadel knapp unter dem von Kubach angegebenem Minimum. Dass die Nadel über nur zwei Halsrippen verfügt, macht sie zu einem eher ausgefallenen Exemplar. Bislang liegen etwa 52 Exemplare dieser Nadelvariante vor, eine nicht geringe Zahl der Nadeln stammt dabei aus Gräbern.[247] Dabei fällt interessanterweise der Raum um Mainz aus dem Rahmen, da es sich hier bei einem Großteil der bekannten Exemplare um Flussfunde handelt. Neben dem rheinhessischen Raum finden sich Nadeln dieser Variante auch in Hessen, Baden-Württemberg, der Schweiz und mit einigen wenigen Exemplaren auch in Ostfrankreich. Trotz der hohen Zahl von Nadeln der Variante Weinheim liegen nur sehr wenige Exemplare vor, die unserer Nadel ähnlich sind. Unterschiede zeigen sich vor allem in der meist rundlicheren Kopfform und den zumeist größeren Nadelköpfen. Darüber hinaus finden sich nur wenige Nadeln, welche ebenfalls über nur zwei Halsrippen verfügen.[248]

Nierstein

Einzig ein Fund kommt in seiner Kopfform und mit nur zwei Halsrippen unserer Nadel nahe. Dabei handelt es sich um eine Nadel aus Nierstein[249] im Kr. Mainz-Bingen, welche einen Kdm. von 1,7 cm und eine Länge von noch 20,7 cm besitzt. Die Niersteiner Nadel wurde im Jahr 1894[250] ohne weitere Angaben an das Landesmuseum Mainz weitergereicht, weshalb nähere Informationen zu diesem Fund nicht zur Verfügung stehen. Es könnte sich mit einiger Wahrscheinlichkeit um einen Grabfund handeln, wobei ein unverzierter Armring mit rundem Querschnitt[251] und ein schon bald nach der Bergung ver-

---

245 Ebd. 436.
246 Ebd. 430.
247 Kubach, Nadeln 436.
248 Nadeln mit zwei Halsrippen fanden sich beispielsweise in Efringen-Kirchen (Kimmig, Baden Taf. 20 F 3) und mit zwei Exemplaren aus dem Rhein bei Mainz (Kubach, Nadeln Taf. 69 Nr. 1047; 1055).
249 Kubach, Nadeln Taf. 69 Nr. 1046.
250 Westdeutsche Zeitschrift für Geschichte und Kunst (Trier) 13, 1894, 293.
251 I. Richter, Der Arm- und Beinschmuck der Bronze- und Urnenfelderzeit in Hessen und Rheinhessen. PBF X,1 (München 1970), Taf. 30 Nr. 500.

loren gegangenes Objekt – es wurde von den Findern als „Vorstecher" bezeichnet – dazugehört haben könnten. Da die Geschlossenheit des Fundes unsicher ist und es sich ohnehin bei dem Armring um einen nur recht vage zu datierenden Fund handelt, ergibt sich in diesem Fall leider kein wirklicher Anhaltspunkt für die Datierung der Nadel. Richter[252] datiert vergleichbare unverzierte Armringe, wie sie auch in Gräbern aus Dietzenbach[253] und Ostheim[254] vorkommen, allgemein in die Stufe Ha A.

Großkrotzenburg
Mit einem recht kleinen Kopf und drei scharfen Halsrippen ist eine Nadel aus Großkrotzenburg[255] im Main-Kinzig-Kreis in Hessen ebenfalls unserer Nadel recht ähnlich. Die Nadel stammte aus einem Grabhügel, wobei der größte Teil der Grabausstattung leider verloren ging. Möglicherweise handelte es sich hier um die Bestattung einer Frau, da die Nadel der Variante Weinheim zusammen mit einer weiteren Wollmesheim-Nadel der Variante Plaidt[256] (s. u.) ein Paar bildete. An keramischen Funden[257] dieser Bestattung sind zu nennen: eine Zylinderhalsurne, eine Henkelschale, ein Henkelkrug, eine große Schale und ein Becher sowie weitere Scherben. Nach Kubach zeigt die Keramik Beziehungen zu wölfersheimzeitlichen Formen, womit er für das Rhein-Main-Gebiet einen chronologischen Übergang zwischen den Stufen Bz D und Ha A1 aufzeigen konnte.[258] Anders datierte H. Müller-Karpe die Nadeln aus Großkrotzenburg, da er diese der Stufe Ha A2 zuordnet.[259]

Außer den genannten Exemplaren liegen keine weiteren Nadeln vor, die dem Neckarsulmer Exemplar aufgrund der Zahl und Gestaltung der Halsrippen, aber auch in der Kopfform, hier vor allem in der Größe, ähnlich wären. Daher muss zur Datierung unserer Nadel auf Funde mit Nadeln der Variante Weinheim zurückgegriffen werden, bei welchen wir es mit einer nur eingeschränkten Ähnlichkeit zu tun haben. Aufgrund der doch sehr hohen Zahl an Nadeln der Variante Weinheim beschränke ich mich im Folgenden nur auf diejenigen Fundkomplexe, die Hinweise auf die Datierung unseres Stücks liefern können. Einzelfunde und Funde mit unklaren Fundumständen werden hingegen nicht näher behandelt.

Gau-Weinheim
Gute Datierungsansätze bieten zwei paarige Nadeln der Variante Weinheim aus der Ortsgemeinde Gau-Weinheim[260] im Kr. Alzey-Worms in Rheinland-Pfalz. Der frühere Ortsname Weinheim war es, der dieser Nadelvariante seinen Namen verlieh. Ob Weinheim jedoch der tatsächliche Fundort gewesen ist, bleibt ungewiss, da das Landesmuseum Mainz die Funde im Jahre 1895 offiziell aus der Privatsammlung eines gewissen Dr. Fliedner aus Monheim übernahm.[261] Die unklaren Fundumstände sind dafür verantwortlich, dass nicht nur viele Informationen zum Fund, sondern auch keramische Gefäße aus dieser Bestattung verloren gegangen sind. Hierbei soll es sich um dünnwandige, d. h. qualitativ hochwertige Keramik gehandelt haben. Die Nadeln sind zum Teil stark beschädigt, in ihrem Typ jedoch noch deutlich zu erkennen. Die Kdm. der Nadeln betragen 3,9 bzw. 4,1 cm, es handelt sich demnach um Nadeln, die innerhalb ihrer Variante über recht große Köpfe verfügen. Einer der Köpfe ist im Feuer der Brandbestattung verschmolzen, sodass der innere Tonkern sichtbar ist. Die Nadeln verfügen anders als unser Exemplar über drei bzw. vier Schaftrippen. Die Nadellängen betragen 15,7 und 22,6 cm bzw. 39,8 cm. Weitere Funde aus dieser Bestattung sind eine strichverzierte zweiteilige Blattbügelfibel vom Typ Gemeinlebarn[262], sowie zwei identische Drillingsarmringe vom Typ Framersheim in der Variante Framersheim[263]. Die beiden Armringe und die paarigen Nadeln lassen auf die Bestattung einer Frau schließen. Bezüglich der Datierung dieses Fundkomplexes liefern die Armringe vom Typ Framersheim einen Hinweis, da diese „charakteristisch für die ganze ältere Urnenfelderzeit"[264] bzw. die Stufe Ha A1 sind. Ebenfalls nach Ha A1 bzw. in die Stufe Dietzenbach datieren Betzler und Eggert die Nadeln und die Drillingsarmringe.[265]

Heidelberg
Aus einem im Jahr 1905[266] in Heidelberg „Städtischer Grubenhof"[267] entdeckten Körpergrab stammt eine

---

252 Ebd. 85.
253 Ebd. Taf. 30 Nr. 499.
254 Ebd. Taf. 30 Nr. 501.
255 Kubach, Nadeln Taf. 69 Nr. 1048.
256 Ebd. Taf. 68 Nr. 1026.
257 Müller-Karpe, Hanau Taf. 22 A.
258 Kubach, Nadeln 442.
259 Siehe Müller-Karpe, Chronologie 203 Abb. 39,3.
260 Kubach, Nadeln Taf. 70 Nr. 1060; 1061; Eggert, Rheinhessen Taf. 24 B 3.4.
261 L. Lindenschmit, Westdeutsche Zeitschrift für Geschichte und Kunst 4, 1885, 213 f.
262 P. Betzler, Die Fibeln in Süddeutschland, Österreich und der Schweiz. PBF XIV,3 (München 1974), Taf. 7 Nr. 110.
263 Richter, Arm und Beinschmuck Taf. 44 Nr. 811; Taf. B 811.812.
264 Ebd. 136.
265 Betzler, Fibeln 52; Eggert, Rheinhessen 117.
266 Kimmig, Baden 146.
267 A. Jockenhövel, Die Rasiermesser in Mitteleuropa (Süddeutschland, Tschechoslowakei, Österreich, Schweiz). PBF VIII,1 (München 1971), Taf. 65 B; Kimmig, Baden Taf. 10 H 4.

Nadel der Variante Weinheim mit vier Schaftrippen. Weitere Grabfunde²⁶⁸ sind ein Messer mit durchlochtem Griffdorn und fünf Griffnieten (siehe Kap. III.4.3.1), ein Rasiermesser Typ Lampertheim²⁶⁹ (Kap. III.4.4.1), ein kleiner Bronzering, ein breiter Becher und Tierknochen. Jockenhövel datiert das Grab in die Stufe Dietzenbach bzw. Ha A1.²⁷⁰ Für dieselbe Datierung dieses Fundes spricht sich auch Kubach aus.²⁷¹

Dietzenbach

In dem Steinkistengrab Grab 1 von Dietzenbach²⁷² im Ldkr. Offenbach in Hessen, einem von insgesamt drei Steinkistengräbern, wurden im Frühjahr 1895²⁷³ zahlreiche Bronzefunde entdeckt. Der Zustand der Objekte ist zum Teil sehr schlecht, da diese zusammen mit dem Toten dem Bestattungsfeuer ausgesetzt waren. Zu den Funden gehören gleich drei Nadeln vom Typ Wollmesheim, allerdings in einer jeweils anderen Variante. Dabei handelt es sich um eine Nadel der Variante Eschollbrücken²⁷⁴, eine Nadel der Variante Mosbach²⁷⁵ und um eine Nadel in der Variante Weinheim (Taf. 52,3)²⁷⁶. Der Nadelkopf der Nadel in der Variante Weinheim hat einen Kdm. von 3,1 cm, der Kopf ist dabei von leicht konvexer Form. Die Nadel ist unterhalb der Schaftrippen abgebrochen.

Das Grab von Dietzenbach ist aus chronologischen Gesichtspunkten ein besonders wichtiger Fund und viele Archäologen sehen in ihm ein „Leitinventar"²⁷⁷ der älteren Urnenfelderzeit (Ha A1). Kubach u. a. bezeichnen die Stufe Ha A1 nach diesem Grab daher auch als „Stufe Dietzenbach". Für eine Datierung der gesamten Grabausstattung²⁷⁸ in die ältere Urnenfelderzeit (Ha A1) sprechen vor allem ein Messer mit durchlochtem Griffdorn²⁷⁹ und das Rasiermesser mit gering abgeschnittenem Blatt und durchbrochenem Ringgriff vom Typ Dietzenbach²⁸⁰. Bezüglich des Rasiermessers kommt allerdings eine gewisse Unsicherheit in der Datierung zum tragen, da Rasiermesser dieses Typs zwar überwiegend in der älteren Urnenfelderzeit auftreten, jedoch ebenso in der nachfolgenden Stufe geläufig sind.²⁸¹ Schwierig zu datieren ist hingegen die Lanzenspitze mit strich- und punktverzierter Tülle, da es zu dieser kaum Vergleichsfunde gibt (siehe auch Kap. III.4.4.5.1). Bei dem aus dem Grab stammenden Griffangelschwert²⁸² mit gekerbtem Ricasso handelt es sich um einen Vertreter des Typs Unterhaching (Kap. III.4.2.1.2), welcher nicht nur während der älteren Urnenfelderzeit auftritt. Bei einem weiteren Objekt handelt es sich um einen so genannten „Dreiösenring".²⁸³ Im Grab fand sich verhältnismäßig viel Keramik, darunter ein Kegelhalsbecher mit Stufenriefen und Rillen, ein kleiner doppelkonischer Becher mit Schrägrand, das Randstück eines doppelkonischen Gefäßes mit drei Riefen über dem Gefäßumbruch sowie eine geglättete und polierte Schale. Hinzu kommen die Scherben mehrerer Gefäße wie das Bruchstück einer Schale mit geschweifter Wandung, eine wohl sekundär verbrannte Scherbe eines Bechers, der mit Rillen und Riefen verziert war, und die Scherben eines großen Grobgefäßes mit Schrägrand und Fingertupfenleiste. Die genannte Keramik spricht mit dem zum Teil auftretenden strengen Stufenprofil ebenfalls für eine Datierung in die Stufe Ha A1.²⁸⁴

Das Grab von Dietzenbach zeigt in der Zusammensetzung seiner Beigaben, und hier insbesondere in Hinsicht auf das Schwert vom Typ Hemigkofen, deutliche Gemeinsamkeiten zu anderen reich ausgestatteten Schwertgräbern wie jenen von Eßfeld (Taf. 53) und Speyer (siehe auch Kap. III.4.2.1.3). Bei den genannten Gräbern handelt es sich jeweils um die Doppelbestattung eines Mannes und einer Frau. Gleichwohl paarige Nadeln und Armringe als Bestandteil der Frauentracht im Dietzenbacher Grab fehlen – natürlich könnten aber auch zwei Nadeln unterschiedlicher Varianten ein Paar gebildet haben –, wird es sich auch in diesem Fall um eine Doppelbestattung gehandelt haben.²⁸⁵ Insgesamt gesehen haben wir es mit einem Grabinventar zu tun, das aufgrund der Bronzen tendenziell mit großer Sicherheit in die ältere Urnenfelderzeit (Ha A1) datiert

---

268 Herrmann, Hessen Taf. 140.
269 Jockenhövel, Rasiermesser Taf. 11,124.
270 Ebd. 97.
271 Kubach, Nadeln 444.
272 Jockenhövel, Rasiermesser Taf. 66 A; Herrmann, Hessen Taf. 171; Clausing, Untersuchungen Taf. 3; Müller-Karpe, Chronologie Taf. 171.
273 R. Adamy, Quartalblätter des historischen Vereins für das Großherzogtum Hessen N.F. 1, 1891–1895, 718; A. Müller, Westdeutsche Zeitschrift für Geschichte und Kunst 16, 1897, 330.
274 Kubach, Nadeln Taf. 67 Nr. 1005.
275 Ebd. Taf. 69 Nr. 1044.
276 Ebd. Taf. 70 Nr. 1063.
277 Jockenhövel, Rasiermesser 109; 20 Abb. 3; Kubach, Nadeln 439 Anm. 112; Müller-Karpe, Chronologie 175f.; Herrmann, Hessen 32.
278 Herrmann, Hessen Taf. 171; Clausing, Untersuchungen Taf. 3.
279 Müller-Karpe, Chronologie 172.
280 Jockenhövel, Rasiermesser Taf. 12 Nr. 148, 109f.
281 Ebd. 109f.
282 P. Schauer, Die Schwerter in Süddeutschland, Österreich und der Schweiz I. PBF IV,2 (München 1971), Taf. 41,281.
283 Ein ähnliches Objekt fand sich in dem in den Übergang der Stufen Bz D–Ha A1 zu datierenden Grab aus Worms-Herrnsheim in Rheinland Pfalz (D. Zylmann, Ein spätbronzezeitliches Waffengrab aus Worms-Herrnsheim, Rheinland-Pfalz. Arch. Korrbl. 36, 2006, 52 Abb. 2,10; 55).
284 Müller-Karpe, Hanau 36ff.; ders., Chronologie 172ff.; Clausing, Untersuchungen 16.
285 Vgl. Kubach, Nadeln 438; Herrmann, Hessen 26.

werden muss, dessen Funde für sich im Einzelnen betrachtet jedoch auch jüngeren Alters sein könnten.[286]

Wollmesheim

Unbedingt zu nennen ist das Grab aus Wollmesheim im Ldkr. Landau in Rheinland-Pfalz, in welchem sich zwei paarige Nadeln vom Typ Wollmesheim in der Variante Weinheim anfanden. Es ist dieser Grabfund, der diesem Nadeltyp seinen Namen verlieh. Auch bei diesem Grab handelt es sich mit einiger Wahrscheinlichkeit um eine Doppelbestattung, deren Funde es überdies zu einem der am üppigsten ausgestatteten Gräber der Urnenfelderzeit Süddeutschlands machen. Das Grab und ein darin enthaltenes Schwert[287] wurden im Jahr 1909/10 in einem Hügel entdeckt, welcher von einem Steinkranz mit einem Durchmesser von ca. 5,0 m umgeben war. Dieses Grab 1, es war unter einem Steingewölbe angelegt, unterscheidet man von einem zweiten, Grab 2, welches ebenfalls innerhalb des Steinkreises lag. Letzteres soll uns an dieser Stelle jedoch nicht weiter interessieren. Das Grab 1 war etwa von „mannslanger" Größe und besaß eine westöstliche Orientierung. Einige wenige unverbrannte Knochenstücke sprechen möglicherweise für Körperbestattungen, es wurden jedoch, wie bei vielen anderen Bestattungen noch bis hinein in die 1970er-Jahre, keine anthropologischen Untersuchungen am Knochenmaterial durchgeführt. Der eigentliche Nachweis auf eine Doppelbestattung erschließt sich vielmehr aufgrund der Zusammensetzung der Grabfunde aus „weiblichen" und „männlichen" Beigaben. Wie bei anderen Doppelbestattungen ist aber auch hier zu hinterfragen, ob eine Beigabenverteilung bzw. -trennung auf zwei einzelne Personen ohne Weiteres überhaupt möglich ist. Diese Problematik zeigt sich beispielsweise schon in der Veröffentlichung der Grabfunde bei Müller-Karpe, welcher die Beigaben beider Bestattungen zwar ohne Trennung zusammen abbildete, also keine Aufteilung auf zwei Ensembles vornahm, gleichzeitig jedoch von einer Doppelbestattung spricht.[288] Demhingegen findet sich in der erst wenige Jahre alten Arbeit von C. Clausing eine getrennte Zuweisung der Beigaben zu einem Mann und einer Frau.[289] Zur Ausstattung des Grabes lässt sich insgesamt sagen, dass sowohl der aufwendige Grabbau wie auch die hohe Zahl bronzener Beigaben die beiden Toten als wohlhabende Personen innerhalb der damaligen Gesellschaft ausweisen. Im Folgenden sollen die beiden Bestattungen bzw. Grabbeigaben getrennt voneinander betrachtet werden, wie Clausing es vorgeschlagen hat.

Die Frauenbestattung: Zur Bestattung der Frau[290] gehören wohl ohne Zweifel die beiden eingangs bereits genannten, paarig getragenen Nadeln vom Typ Wollmesheim der Variante Weinheim und wohl auch zwei rundstabige Armringe mit Linienverzierung sowie zwei Drillingsarmringe vom Typ Framersheim[291] in der Variante Framersheim. Als Beinschmuck dienten eine mit Rippengruppen verzierte Beinberge vom Typ Wollmesheim und die Reste einer zweiten Berge ebenfalls vom Typ Wollmesheim. Bei zwei Spiralringen und diversen Bronzefragmenten könnte es sich um die Reste weiteren Trachtschmucks handeln. An Keramik wäre der Toten eine rote Tonschale, ein doppelkonischer Napf, ein einfach verziertes Gefäß und drei einzelne verzierte Scherben zu zuordnen.

Die Männerbestattung: Das prominenteste Objekt innerhalb der Beigabenausstattung des Mannes ist ein Griffzungenschwert[292] vom Typ Erbenheim[293] von 67,7 cm Länge, welches auf Höhe der Brust gelegen haben soll. Zu einem Schwertgehänge (vgl. Kap. III.4.4.3.1) dürften ein großer Ring, fünf kleinere Ringe sowie zwei kleine Bronzeknebel gehört haben. Der Tote besaß neben dem Schwert noch sieben Pfeilspitzen, die sich aus drei Dornpfeilspitzen, drei Tüllenpfeilspitzen und einer Zungenpfeilspitze zusammensetzen. Von den dazugehörigem Pfeilschäften und dem Bogen hatten sich keine Spuren mehr erhalten. Komplettiert wurde die Waffenausrüstung durch die Reste eines Holzschildes[294], es handelt sich hier genauer gesagt um insgesamt 74 Bronzenieten von denen noch zehn Stück in einem Holzrest stecken, womit einer der seltenen Belege einer solchen Schutzwaffe aus der Urnenfelderzeit vorliegt. Zur Waffenausstattung wären in weiterem Sinne noch ein Messer mit durchlochtem Griffdorn und ein Schleifstein zu zählen. Den Beigaben der Männerbestattung weist Clausing noch weitere Fundobjekte zu. Darunter fallen eine große durchlochte Perle aus Nephrit, ein s-förmiger Haken mit Ring im eingerolltem Ende, dessen Funktion unklar ist, eine zweiteilige Wellenbügelfibel Typ Burladin-

---

286 Siehe Kubach, Nadeln 439f.
287 Schauer, Schwerter Taf. 76 Nr. 509.
288 Müller-Karpe, Chronologie Taf. 208.
289 Clausing, Untersuchungen Taf. 21 B (Mann) und Taf. 22 (Frau); vgl. Sperber, Die Vorgeschichte (Speyer 1995) 55; 57.
290 Clausing, Untersuchungen Taf. 22.
291 Richter, Arm- und Beinschmuck 133f.
292 Schauer, Schwerter Taf. 76 Nr. 509.
293 Ebd. 167ff.
294 Zu Resten von Holzschilden siehe P. F. Stary, Das spätbronzezeitliche Häuptlingsgrab von Hagenau, Kr. Regensburg. In: K. Spindler (Hrsg.), Vorzeit zwischen Main und Donau. Erlanger Forschungen Reihe A (Erlangen 1980) 51f.

gen²⁹⁵, eine kleine Spiralscheibe, eine kleine Kugel aus Hämatit sowie eine so genannte Spinnwirtelkopfnadel²⁹⁶ mit gerilltem Kopf und Schaftverzierung. Gefäße oder Keramikscherben weist Clausing dieser Bestattung nicht zu.

Zur Datierung der beiden Bestattungen dienen vor allem die Bronzefunde. Bei der Bestattung des Mannes ist dies vor allem das Messer mit seiner wenig geschweiften Klinge und durchlochtem Dorn. Aufgrund des Messers und auch der Nadel datiert Müller-Karpe das Grab nach Ha A2.²⁹⁷ Aus dem Frauengrab finden die beiden Drillingsarmringe eine gute Entsprechung in einem ähnlichen Paar aus der Doppelbestattung von Gammertingen, welches sich ebenfalls in die mittlere Urnenfelderzeit bzw. die Stufe Ha A2 datieren lässt. Auch Kubach datiert die Nadeln vom Typ Wollmesheim in die Stufe Ha A2, was seiner Ansicht nach zeige, dass „die Variante Weinheim nicht auf die ältere Urnenfelderzeit beschränkt blieb."²⁹⁸

Speyer
Auch in dem Grab von Speyer²⁹⁹ in Rheinland-Pfalz, eine weitere Doppelbestattung eines Mannes und einer Frau, fand sich eine Nadel vom Typ Wollmesheim mit vier Schaftrippen. Möglicherweise gehören Reste eines Nadelschaftes zu einem weiteren Exemplar dieses Typs. Ich möchte an dieser Stelle nicht weiter auf dieses Grab eingehen, da es noch ausführlich vorgestellt wird (siehe Kap. III.4.2.1.3). Das Grab datiert vermutlich in die Stufe Ha A1.

Überschlägt man die Datierungen der vorig genannten Bestattungen, so wird deutlich, dass Nadeln der Variante Weinheim überwiegend während der älteren Urnenfelderzeit (Ha A1) auftreten.³⁰⁰ Das Grab von Dietzenbach weist möglicherweise darauf hin, dass dieser Nadeltyp noch in der mittleren Urnenfelderzeit (Ha A2) vorkommt. Weitere datierbare Funde, die an dieser Stelle nicht weiter genannt werden sollen, stammen nur in Ausnahmefällen aus der frühen Urnenfelderzeit bzw. dem Ende der Spätbronzezeit (Bz D) und in größerer Zahl vor allem aus der älteren Urnenfelderzeit (Ha A1).³⁰¹

4.1.1.2 Variante Plaidt (Grab 2/3)

Eine weitere Nadel (Fd.-Nr. 2001-48-4-10) vom Typ Wollmesheim, diesmal in der Variante Plaidt³⁰², befand sich wie auch das vorherige Exemplar in Grab 2. Sie fand sich bei dem neben Individuum 2 liegenden Individuum 3. Die Nadel lag unter einem Gefäß, welches zwischen Schulter und Kopf des Toten deponiert war. Der Kopf der Nadel ist groß, flach kugelig und läuft zu einer sanften Spitze zu (Taf. 31,3). Unterhalb des Kopfes liegen vier wulstige, abgerundete Halsrippen. Der Kdm. beträgt 2,8 cm, die Nadel ist insgesamt 20 cm lang. Kubach beschreibt die Nadeln der Variante Plaidt wie folgt: „Einen doppelkonischen, annähernd symmetrischen Kopf von im einzelnen unterschiedlicher Form sowie überwiegend drei, seltener vier und offenbar nur einmal fünf (Nr. 1025) meist gerundete Halsrippen haben die Nadeln der Variante Plaidt. Bei der Kopfform lassen sich eine starrere und zumeist auch flachere (Nr. 1020–1025) von einer stärker gerundeten und überwiegend höheren Ausprägung (Nr. 1026–1035) unterscheiden. Die Rippen sind in einigen Fällen scharf profiliert, meist jedoch abgerundet und von wulstartiger Gestalt. Die Kopfdurchmesserwerte betragen zwischen 1,3 und 2,8 cm, ohne den zuletzt genannten Extremwert zwischen 1,3 und 2,4 cm."³⁰³

Es ist festzustellen, dass mit einem Kopfdurchmesser von 2,8 cm der Kopf der Neckarsulmer Nadel im Vergleich zu den anderen Nadeln dieser Variante außergewöhnlich groß ist. Wie schon bei der vorherig besprochenen Nadel zeigt sich auch bei diesem Exemplar, dass es an ähnlichen Stücken mangelt – trotz einer Zahl von etwa 16 Nadeln dieser Typenvariante.³⁰⁴ Interessant ist der Umstand, dass allein 13 Nadeln dieser Variante aus Brandgräbern stammen und mit dem Fund von Neckarsulm nun offensichtlich zum ersten Mal ein Exemplar aus einer Körperbestattung vorliegt. Die überwiegende Verbreitung findet dieser Typ in Hessen, Rheinhessen und dem Mittelrheinbecken (Abb. 42). In wenigen Exemplaren treten solche Nadeln auch in Süddeutschland in Erscheinung, wurden hier aber nach Kubachs Meinung nicht hergestellt, sondern seien „importiert" worden.³⁰⁵

Neckarsulm
Interessant ist die Erwähnung eines im Jahr 1947 gemachten Nadelfunds aus der näheren Umgebung von Neckarsulm³⁰⁶, über dessen genaue Fundumstände jedoch keine detaillierten Angaben vorliegen.

---

295 Betzler, Fibeln Taf. 4,52.
296 Kubach, Nadeln 363 ff.
297 Müller-Karpe, Chronologie 154 Abb. 16; 197.
298 Kubach, Nadeln 444.
299 Krahe, Speyer Abb. 4,1.
300 Siehe Kubach, Nadeln 443.
301 Ebd.
302 Zum Grabfund von Plaidt siehe H.-E. Joachim, Neue älterurnenfelderzeitliche Grabfunde aus dem Neuwieder Becken. Arch. Korrbl. 3, 1973, 191 ff.
303 Kubach, Nadeln 426.
304 Ebd. 437 Tab. 4.
305 Ebd. 449.
306 Fundber. Schwaben N. F. 14, 1957, 181 Taf. 16 A 1.

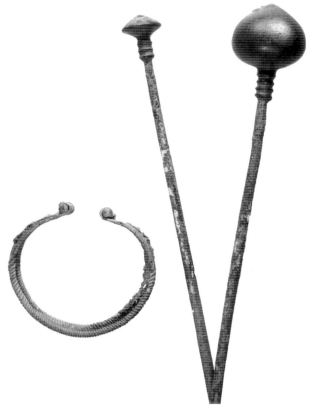

Abb. 43: Einzelfunde aus der Umgebung von Neckarsulm, rechts Nadel vom Typ Wollmesheim Variante Plaidt (Foto: Landesmus. Stuttgart).

Es handelt sich bei diesem Fund um ein Exemplar mit „starrer Kopfform" (Abb. 43), das der Variante Plaidt zugeordnet werden könnte. Die Nadel hat einen recht spitz zulaufenden Kopf und vier Halsrippen. Die Nadel soll eine Länge von 53,5 cm gehabt haben, womit sie definitiv zu den längsten Nadeln dieses Typs gehören dürfte.[307]

Reichelsheim

Orientiert man sich zuerst an Exemplaren mit vergleichbar großem Kopfdurchmesser, so verfügen allein die beiden Exemplare aus Reichelsheim[308] im Wetteraukreis in Hessen über identische Maße mit jeweils 2,8 cm. Gemeinsam ist auch das Merkmal des leicht spitz zulaufenden Kopfes. Von den beiden Nadeln aus Reichelsheim sind kaum noch Reste des Nadelschaftes erhalten, ihre Länge beträgt daher nur noch 4,5 bzw. 3,5 cm. Die große Ähnlichkeit zu unserer Nadel zeigt sich auch in den nur eher selten auftretenden vier Halsrippen. Gerade im Exemplar Nr. 1033 aus Reichelsheim scheint ein nahezu identisches Gegenstück zu unserer Nadel vorzuliegen. Der unvollständige Zustand der Reichelsheimer Nadeln erklärt sich dadurch, dass man es hier mit den Beigaben[309] einer Brandbestattung zu tun hat. Leider sind sämtliche keramischen Gefäße verloren gegangen, während sich die Beigaben aus Bronze erhalten haben. Dazu gehören ein Messer mit umgeschlagenem Griffdorn (vgl. Kap. III.4.3.2) und eine kleine Bronzespirale mit unbekannter Funktion. Bei einem Objekt in Form eines „doppelfelgigen" und achtspeichigen Rades handelt es sich entweder um den oberen Teil eines Radanhängers[310] vom Typ Lautenbach[311] oder aber um das sekundär als Anhänger verwendete Fragment einer Radnadel[312]. Um was es sich auch immer bei diesem Objekt handeln mag, sowohl Radnadeln wie auch Radanhänger datieren in die mittlere Bronzezeit, ein Datum, welches nur bedingt mit der Nadel vom Typ Wollmesheim und gar nicht mit der Datierung des Messers korrespondiert.[313] Das Messer mit umgeschlagenem Griffdorn datiert nämlich nach Kubach in die entwickelte Stufe Hanau und nach Müller-Karpe in die Stufe Gammertingen bzw. die Stufe Ha A2.

Großkrotzenburg

Wir haben gesehen, dass in Grab 2 von Neckarsulm bei Individuum 2/2 bereits eine Wollmesheimer Nadel der Variante Weinheim angetroffen wurde und nun bei Individuum 3 eine Nadel der Variante Plaidt vorliegt. Dass Wollmesheimer Nadeln der Variante Plaidt und Weinheim zusammen in einem Grab auftreten können, zeigte die bereits oben im Zusammenhang der Variante Weinheim genannte Bestattung aus Großkrotzenburg im Main-Kinzig-Kreis in Hessen. Bei der aus dieser Bestattung vorliegenden Nadel der Variante Plaidt[314] handelt es sich jedoch um ein Exemplar, welches mit einem kleineren Kopf und nur drei recht scharf profilierten Halsrippen der Neckarsulmer Nadel nur bedingt ähnlich ist. Dennoch verdeutlicht das Grab von Großkrotzenburg, dass wie bei unseren beiden Nadelfunden vom Typ Wollmesheim diese Varianten zeitgleich auftreten. Nun musste bereits bei der Besprechung des Großkrotzenburger Grabes festgestellt werden, dass in puncto seiner Datierung die Meinungen stark auseinandergehen und dieses Grab je nach Autor

---

307 Die Länge ist einer einfachen Zeichnung entnommen, welche in der Ortsakte zur Stadt Neckarsulm im Landesamt für Denkmalpflege Baden-Württemberg in Esslingen a. N. einzusehen ist.
308 Kubach, Nadeln Taf. 68 Nr. 1032; 1033.
309 Herrmann, Hessen Taf. 119 B.
310 U. Wels-Weyrauch, Die Anhänger und Halsringe in Südwestdeutschland und Bayern. PBF,1 (München 1978), Taf. 17 Nr. 346; Kubach, Nadeln Taf. 29 Nr. 352.
311 Wels-Weyrauch, Anhänger 69 ff.
312 Vgl. Kubach, Nadeln 192.
313 Wels-Weyrauch, Anhänger 70; Kubach, Nadeln 192.
314 Kubach, Nadeln Taf. 68 Nr. 1026.

noch in den Übergang der Stufen Bz D bis Ha A1[315] oder bereits in die Stufe Ha A2[316] datiert wird.
Wie schon bei der Datierung von Nadeln der Variante Weinheim fehlt es auch bei Nadeln der Variante Plaidt leider an ähnlichen Vergleichsfunden. Auch hier muss bei der Auswahl gut datierbarer Exemplare auf nur bedingt ähnliche, zumeist kleinköpfigere Nadeln zurückgegriffen werden.

Münzenberg
In die frühe Stufe Hanau bzw. Ha A1 einzuordnen ist nach Kubach[317] die Nadel aus einem Grab in Münzenberg[318] im Wetteraukreis, Hessen. Sie verfügt über drei Halsrippen und hat einen Kdm. 1,8 cm. Sie stammt aus einem Urnengrab, welches zwischen Steinplatten in einem Hügel angelegt worden war.[319] Zur Grabausstattung[320] gehören zwei Zierscheiben[321] mit gewelltem Rand und ein Doppelknopf, wobei Letzterer sowohl in der Stufe Ha A1 als auch in der Stufe Ha A2 auftreten kann (vgl. Kap. III.4.4.3). Nicht datierbar sind das Bruchstück eines rundstabigen Arm- oder Halsringes, drei längs gerippte Blechfingerringe und die Trichterhalsurne. Weitere Gefäße wie eine zweite Urne, ein Becher und zahlreiche Bruchstücke von weiteren Gefäßen sind zwar verloren gegangen, datieren aber nach Wels-Weyrauch[322] in die ältere (Ha A1) bis mittlere (Ha A2) Urnenfelderzeit.

Gambach
In zwei Gräbern bei Gambach[323], einem Stadtteil von Münzenberg im Wetteraukreis in Hessen, wurden insgesamt zwei Exemplare dieser Nadelvariante gefunden.[324] Bei den zwei Gräbern ist die Geschlossenheit des Fundes allerdings nicht gesichert.[325] Die eine Nadel ist 19 cm lang, die andere noch etwa 14,2 cm. Der Kdm. beträgt bei letzterer 1,75 cm. Datierbare Objekte aus den Gräbern sind eine Messerklinge mit keilförmigem Klingenquerschnitt und ein Rasiermesser[326] mit x-förmiger Griffverstrebung der Variante Dietzenbach. Rasiermesser dieser Variante werden nach Jockenhövel in die Stufe Dietzenbach bzw. die Stufe Ha A1 datiert, wenngleich auch sie noch in der Stufe Ha A2 auftreten können.[327] Kubach datiert die beiden Nadeln in die Anfangsphase der Stufe Hanau, welches der Stufe Ha A1 entspricht.[328]

Bischofsheim
Die Nadel aus dem Grab in Bischofsheim[329] im Kr. Groß-Gerau in Hessen gehört zu einer Urnenbestattung[330], die im Übrigen nur Keramik enthielt. Deren Verzierung spricht mit ihren gerafften Riefen und Buckelverzierung für eine Datierung in eine entwickelte Stufe Hanau[331] bzw. Ha A1.

Schröck
Die Nadel aus dem Urnengrab 1 in Schröck[332] im Ldkr. Marburg-Biedenkopf in Hessen ist Bestandteil einer Grabausstattung[333], welche neben Keramik einen Knopf mit Rückenöse, einen unverzierten Armring mit rundem Querschnitt[334], sechs längs gerippte Blechfingerringe, mehrere Spiralröllchen, drei Schleifenringe, zwei kleine geschlossene Ringe und als Besonderheit eine kleine blaue Glasperle enthielt. Zwei Becher mit Riefen- und Halbbuckelverzierung datiert Kubach[335] in eine entwickelte Stufe Hanau, was eine Datierung des Grabes in die ältere Urnenfelderzeit (Ha A1) nahelegt. Auch I. Richter datiert den gesamten Fund in die ältere Urnenfelderzeit.[336]

Södel
Zur Ausstattung eines Grabes in Södel, einem Stadtteil von Wölfersheim im Wetteraukreis in Hessen, es handelt sich hier vermutlich um eine Brandbestattung, gehörten mehrere Nadeln, von denen allerdings drei Stück inzwischen verloren gegangen sind. Darunter befand sich eine Nadel, die vermutlich der Variante Plaidt zuzuordnen gewesen wäre.[337] Die übrigen Nadeln können nur allgemein dem Typ Wollmesheim zugewiesen werden.[338] Zu den weiteren Funden[339] gehören ein Rasiermesser mit Rahmengriff und x-förmiger Griffverstrebung vom Typ Dietzenbach[340], ein Ringfragment, in dem Kubach das Stück eines Drillingsrings vom Typ Framers-

---

315 Ebd. 442.
316 Müller-Karpe, Chronologie 203 Abb. 39,3.
317 Kubach, Nadeln 442.
318 Ebd. Taf. 68 Nr. 1024.
319 G. Blecher Münzenberg. Germania 12, 1928, 186.
320 Herrmann, Hessen Taf. 114 A.
321 Das kleinere Exemplar bei Wels-Weyrauch, Anhänger Taf. 39 Nr. 658.
322 Ebd. 114.
323 Herrmann, Hessen Taf. 109 D.
324 Kubach, Nadeln 68 Nr. 1021; 1025.
325 Ebd. 442.
326 Jockenhövel, Rasiermesser Taf. 13 Nr. 152.
327 Ebd. 109f.
328 Kubach, Nadeln 442.
329 Ebd. Taf. 68 Nr. 1028.
330 Herrmann, Hessen Taf. 163 A.
331 Kubach, Nadeln 442.
332 Ebd. Taf. 68 Nr. 1020.
333 K. Nass, Die Nordgrenze der Urnenfelderkultur in Hessen (Marburg 1952), Taf. 7,1.
334 Richter, Arm- und Beinschmuck Taf. 31 Nr. 509.
335 Kubach, Nadeln 442.
336 Richter, Arm- und Beinschmuck 86.
337 Kubach, Nadeln Taf. 68 Nr. 1035.
338 Ebd. Nr. 1082, 1083 u. Taf. 71 Nr. 1089.
339 Herrmann, Hessen Taf. 122 B.
340 Jockenhövel, Rasiermesser Taf. 13 Nr. 157.

heim³⁴¹ sieht, die Bruchstücke von zwei weiteren Armringen³⁴² sowie Bruchstücke eines Anhängers mit Stielöse. Zwei tordierte Armringe sind wie einige der Nadeln verloren gegangen. Einer dieser Ringe soll ursprünglich durch einen ebenfalls verloren gegangenen „Bronzedeckel mit halbkreisförmigem Handgriffe"³⁴³ gesteckt gewesen sein. Die Drillingsarmringe bezeichnet Richter als charakteristisch für die gesamte ältere Urnenfelderzeit (Ha A1).³⁴⁴ Ebenso datiert Jockenhövel das Rasiermesser in die Stufe Ha A1.³⁴⁵

4.1.2 Plattenkopfnadeln (Gräber 8/1; 21/1; 26)

Die im Folgenden behandelten Nadeln aus drei Gräbern des Gräberfeldes sind von recht schlichter und einfacher Kopfform. Für diese Art von Nadeln lassen sich viele Namen finden, etwa Nagelkopfnadel, Scheibenkopfnadel, Petschaftnadeln³⁴⁶ oder Plattenkopfnadel. Letztere Bezeichnung wird nach W. Kubach dahingehend erweitert, dass er solche Nadeln unter dem Begriff „doppelkonische oder seitlich abgerundete Plattenkopfnadeln" zusammenfasst. Kubach beschreibt diese Nadeln wie folgt:

„Den meisten [...] Nadeln sind ein vom Schaft abgesetzter Plattenkopf mit geknickten oder abgerundeten Seiten und flacher Ober- und Unterseite sowie die Verzierungslosigkeit des Schaftes gemeinsam."³⁴⁷

Plattenkopfnadeln finden sich in hoher Zahl im gesamten Raum der urnenfelderzeitlichen Kulturen wieder. Bekannt sind Nadeln dieser Art unter anderem aus dem Raum des heutigen Hessens sowie aus der Pfalz, Unterfranken und dem weiteren bayerischen Raum. Im Detail unterscheiden sich diese Nadeln vor allem durch eine unterschiedliche Gestaltung des Kopfes, d.h. sie sind entweder unverziert oder weisen horizontale Rillen, senkrechte Strichverzierungen oder eine plastische Gestaltung auf. Kubach³⁴⁸ unterscheidet die Plattenkopfnadeln in drei Untergruppen, wobei hier nur die beiden letzten Gruppen interessieren sollen. Kubach beschreibt die zweite Gruppe wie folgt:

„Eine zweite Gruppe von Nadeln (Nr. 1134–1139), die teils einen doppelkonischen, teils einen seitlich abgerundeten Plattenkopf haben, zeichnet sich gleichfalls durch Horizontallinien auf der Seitenfläche der Kopfplatte aus. Es fehlen – zumeist heute – Strichelbänder. Im Einzelfall ist aber nicht auszuschließen, dass ein solches ursprünglich vorhanden war."³⁴⁹

Die genannten Kriterien dieser zweiten Gruppe treffen vor allem bezüglich der horizontalen Verzierung des Nadelkopfes auf zwei Nadeln aus den Neckarsulmer Gräbern zu (Grab 8/1 und 21/1). Eine Verzierung in Form von Strichelbändern lässt sich allerdings nicht feststellen und wird zumindest bei diesen Exemplaren auch nicht vorhanden gewesen sein. Ich möchte allerdings bei dieser von Kubach definierten Nadelgruppe noch auf die Möglichkeit hinweisen, eine weitere Untergruppe definieren zu können. Dies wären Plattenkopfnadeln der beschriebenen Art, wobei der Nadelkopf durch einen oder gar mehrere herausgearbeitete wulstige Rillen verziert ist, die um den Kopf herumlaufen. In diese Gruppe ordne ich die Nadel aus Grab 8/1 sowie Nadeln aus anderen Fundorten ein.

Die Nadel aus Grab 8/1 (Fd.-Nr. 2001-48-15-6) lag unter einem zur Bestattung gehörenden Gefäß. Die Nadel hat einen flachen, doppelkonischen Kopf mit deutlich abgerundeten Seiten (Taf. 33,3). Auf der Seitenansicht zeigt der Nadelkopf vier voneinander abgesetzte Bereiche, wobei sich ein dicker Wulst in der Mitte des Kopfes besonders deutlich absetzt. Unter dem Wulst liegen zwei stufig voneinander abgesetzte Bereiche. Die Aufsicht auf den Nadelkopf macht diese Stufen besonders deutlich. Der Kopf hat insgesamt einen Durchmesser von 1,45 cm. Die Nadellänge beträgt 14,0 cm.

Allein zwei Nadeln lassen sich zu einem Vergleich heranziehen, da im Gegensatz zu Nadeln mit horizontaler Linienverzierung Nadeln mit profiliertem Kopf eher selten sind.

Nieder-Flörsheim

Die Nadel aus Nieder-Flörsheim³⁵⁰ im Ldkr. Alzey-Worms in Rheinland-Pfalz stammt aus einem Urnenflachgrab und trägt eine deutliche Brandpatina. Die Nadel hat einen flach doppelkonischen Kopf, der mit umlaufenden wulstigen Rillen verziert ist. Insgesamt ist der Kopf in fünf Rillenbereiche untergliedert. Die Länge der Nadel beträgt 12,7 cm. Von der Bestattung ist noch ein Zylinderhalsgefäß mit Schrägrand vorhanden, welches wohl als Urne diente. Nach M. K. H. Eggert ist das Gefäß Ha A zeitlich.³⁵¹ Auch Kubach datiert das Grab allgemein in die Stufe Hanau bzw. die Stufe Ha A.³⁵²

---

341 Richter, Arm- und Beinschmuck Taf. 44 Nr. 814.
342 Ebd. Taf. 31 Nr. 508 u. Taf. 31 Nr. 527.
343 Herrmann, Hessen 131.
344 Richter, Arm- und Beinschmuck 136.
345 Jockenhövel, Rasiermesser 107.
346 Petschaft ist der altertümliche Name für einen Siegelstempel.
347 Kubach, Nadeln 460.
348 Ebd.
349 Ebd.
350 Kubach, Nadeln Taf. 74 Nr. 1139.
351 Eggert, Rheinhessen 116.
352 Kubach, Nadeln 464.

Fundort unbekannt
Über die Fundumstände einer zweiten Nadel³⁵³ ist nichts Weiteres bekannt. Sie befindet sich heute ohne Fundnummer im Museum in Worms und es könnte davon ausgegangen werden, dass sich der ursprüngliche Fundort in der Region Rheinhessen befunden hat. Kubach konnte diese Nadel keiner seiner drei Gruppen zuordnen. Obwohl der Nadelkopf wesentlich kleiner ist und im Vergleich zu den übrigen Plattenkopfnadeln wie geschrumpft wirkt, ist sie interessant, da auch ihr Kopf in insgesamt vier wulstige Rillen untergliedert ist. Die Nadel hat einen schmalen, flach doppelkonischen Kopf. Dieser hat einen Durchmesser von 0,9 cm. Die Nadellänge beträgt 18,1 cm.

Die zweite Neckarsulmer Plattenkopfnadel fand sich in einer Doppelbestattung bei Individuum 1 aus Grab 21/1 (Fd.-Nr. 2001-48-35-3). Es ist diejenige der beiden Bestattungen mit Schwert, unter welchem die Nadel auch lag. Die Nadel ist unvollständig, da etwa 2,7 cm unterhalb des Kopfes der Nadelschaft abgebrochen ist (Taf. 44,2). Die Bruchstelle hat einen Durchmesser von 0,3 cm, was in etwa dem Durchmesser des gesamten Nadelschaftes entspricht. Der Nadelkopf ist von flach doppelkonischer Form mit deutlich abgerundeten Seiten. Er verfügt über einen Durchmesser von 1,9 cm. Der Kopf ist auf der Außenseite mit fünf ganz feinen Rillenlinien verziert, wobei gerade die unteren drei Rillen deutlich zu erkennen sind. Trotz der geläufigen Gestaltung des Kopfes findet sich wider Erwarten nur eine sehr geringe Zahl an vergleichbaren Stücken.

Fundort unbekannt
Leider ist über die Fundumstände der Nadel³⁵⁴, die der Neckarsulmer Nadel aus Grab 21/1 am nächsten kommt, nichts Genaues bekannt. Sie befindet sich heute im Römisch-Germanischen Zentralmuseum in Mainz. Die Nadel hat einen Kdm. von 1,7 cm und ist an der Ober- und Kopfunterseite mit Linien verziert. Am unteren Ende des Kopfes scheint eine weitere absatzartige Linie zu verlaufen. Die Nadel hat noch eine Länge von 11,9 cm.

Steinheim
Die Nadel von Steinheim³⁵⁵, einem Stadtteil von Hanau in Hessen, stammt aus einem Grabfund (Grab 26) und ist noch 15,8 cm lang. Sie hat einen Kdm. von 1,85 cm. Der Kopf ist flach konisch und mit drei umlaufenden Linien verziert. Weitere Beigaben der Bestattung sind ein Messer mit umgeschlagenem Griffdorn, ein Kegelhalsbecher der Form Nauheim³⁵⁶, ein riefenverzierter Schrägrandbecher, ein gehenkelter Kegelhalsbecher mit Hängeriefen und Dellen und ein kleines Schälchen. Kubach datiert das Grab aufgrund des Messers (vgl. Kap. III.4.3.2) und der Keramik in die entwickelte Stufe Hanau bzw. die Stufe Ha A2.³⁵⁷

Viernheim
Eine weitere Nadel aus Viernheim³⁵⁸ im Ldkr. Bergstraße in Hessen fand sich in einem Urnenflachgrab. Der Nadelkopf mit seinem Durchmesser von 1,0 cm ist durch das Bestattungsfeuer stark beschädigt und ein Großteil des Nadelschafts ist abgebrochen. Die Nadel ist daher nur noch etwa 3,5 cm lang. Von der Verzierung sind nur noch zwei den Kopf umlaufende Linien zu erkennen. Der Kopf ist deutlich kleiner als der von der Neckarsulmer Nadel. Gemeinsam sind den Nadeln der flache, abgerundet doppelkonische Kopf und die horizontale Rillenverzierung. Als Grabgefäß diente eine Zylinderhalsurne, eine Knickwandschale fungierte als Deckel. Die Bestattung verfügt über zahlreiche weitere Beigaben. Zu nennen sind hier neben einigen Keramikscherben eine Lanzenspitze³⁵⁹, ein Messer mit umgeschlagenem Griffdorn³⁶⁰ und eine Bronzetasse³⁶¹ vom Typ Friedrichsruhe der Variante Osternienburg. Hinzu kommen zwei Ringe und Fragmente aus Bronze und ein Schleifstein aus braungrauem Schiefer. Aufgrund des Messers mit umgeschlagenem Griffdorn (siehe Kap. III.4.3.2) liegt eine Datierung in die Stufe Ha A2 nahe.³⁶²

Triensbach
Aus einem Grab aus Hügel 13 in Triensbach³⁶³, einem Stadtteil von Crailsheim im Ldkr. Schwäbisch-Hall in Baden-Württemberg, stammt eine der wenigen Plattenkopfnadeln aus Württemberg. Die Nadel mit stark fragmentiertem Nadelschaft fand sich in einer Urnenbestattung. Zur Bestattung gehören einige Gefäße, darunter eine Fußschale, ein Becher sowie ein riefenverziertes Gefäß mit Henkel. Kreutle datiert diesen Grabfund vor allem aufgrund der Riefenverzierung der Gefäße in die Stufe Ha A1.³⁶⁴

---

353 Ebd. Taf. 74 Nr. 1152.
354 Ebd. Taf. 74 Nr. 1137.
355 Ebd. Taf. 74 Nr. 1138.
356 Zu Keramik vom Typ Nauheim siehe Kubach, Nadeln 453f.
357 Ebd. 463.
358 Ebd. Taf. 74 Nr. 1134.
359 Herrmann, Hessen Taf. 144 A 13.14.
360 Ebd. Taf. 144 A 22.
361 Ebd. Taf. 144 A 1.
362 Kubach, Nadeln 463.
363 H. Zürn, Katalog Schwäbisch Hall. Die vor- und frühgeschichtlichen Funde im Keckenbergmuseum (Stuttgart 1965), Taf. 31 B; Kreutle, Württemberg Abb. 6.
364 Kreutle, Württemberg 180.

Eßfeld
Gut datierbar ist ein Exemplar aus dem Steinkammergrab in Eßfeld[365], Ldkr. Würzburg in Bayerisch Unterfranken, auf welches ich an anderer Stelle noch einmal ausführlicher eingehen werde (Kap. III. 4.2.1.3). Aufgrund des umfangreichen Inventars und dessen Zusammensetzung ist davon auszugehen, dass es sich bei diesem Grab um die Doppelbestattung eines Mannes und einer Frau handelt. Die Plattenkopfnadel aus diesem Grab besitzt eine flache, am Rand strichverzierte Kopfscheibe (Taf. 53,3). Der Nadelschaft „schwillt" zum Kopf hin an. Weitere Funde sind ein Griffangelschwert, zwei Messer mit durchlochtem Griffdorn (vgl. Kap. III.4.3.1), eine Drahtbügelfibel vom Typ Burladingen[366], eine Rollennadel (siehe Kap. III.4.1.3), zwei Armringe sowie weitere kleine Bronzeobjekte und Keramik. Datiert wird das Grab in die Stufe Ha A1.[367]

Flonheim-Uffhofen
Die Nadel von Flonheim-Uffhofen[368] im Kr. Alzey-Worms in Rheinland-Pfalz gehört zwar ebenfalls zur Nadelgruppe 2, hat im Vergleich zu unseren Nadeln jedoch einen deutlich flacheren und kleineren Kopf. Der Kdm. beträgt etwa 1,1 cm. Die Länge der Nadel beträgt 13,8 cm. Aufschlussreich ist die Verzierung von der Mittelpartie des Kopfes eine Gestaltungsart die Kubach mit „durch zwei relativ kräftige umlaufende Linien deutlich abgesetzt"[369] beschreibt. In einer Veröffentlichung der Nadel durch M. K. H. Eggert ist die Profilierung des Nadelkopfes deutlicher zu erkennen.[370] Zu ihrer Gestaltung schreibt dieser:
„Derartige Nadeln sind im süd- und südwestdeutschen Urnenfelderbereich auch sonst nicht unbekannt. Sie nehmen formal in der Regel eine Mittelstellung zwischen den beiden rheinhessischen Exemplaren ein; ihr Kopf ist jedoch gewöhnlich nicht profiliert, sondern kreisgerillt."[371]
In der Kopfgestaltung kommt diese Nadel jener aus Grab 8/1 vermutlich am nächsten. Die übrigen Beigaben[372] dieser Bestattung sind drei kleine Bronzeringe, ein Messer mit durchlochtem Griff und aufgeschobenem gerippten Zwischenstück (vgl. Kap. III.4.3.1) und ein Griffzungenschwert vom Typ Hemigkofen der Variante Uffhofen (siehe Kap. III.4.2.2.4). Ich werde an späterer Stelle noch einmal ausführlich auf dieses Grab zu sprechen kommen. Das Grab wird uneinheitlich in die Stufe Ha A1[373] bzw. (überwiegend) in die Stufe Ha A2[374] datiert.
Aus Grab 26 (Fd.-Nr. 2001-48-47-1) stammt eine weitere Nadel mit Plattenkopf (Taf. 48,3). Die Nadel lag etwa 15 cm östlich von der rechten Schulter des Toten. Der Nadelkopf ist flach, an den Seiten abgerundet und unverziert. Der Kdm. beträgt 1,4 cm. Einzig bei der Seitenansicht des Nadelkopfs ist eine um den Rand laufende Rille zu erkennen. Die Nadel ist über der Mitte des Nadelschaftes abgeknickt. In ihren Maßen ist der Nadelschaft zwischen 0,3 und 0,35 cm breit und insgesamt in ungeknicktem Zustand ca. 11 cm lang. Der Beschreibung nach lässt sich die Nadel gut in die dritte von Kubach beschriebene Gruppe von Nadeln mit abgerundetem Plattenkopf zuordnen. Kubach beschreibt diese Gruppe wie folgt:
„Schließlich gibt es eine Gruppe von Nadeln mit zumeist an den Seiten gerundeter Kopfplatte, die keinerlei Verzierung erkennen lassen. Einen ausgeprägt doppelkonischen Plattenkopf hat nur eines dieser Stücke[375]. Auch bei den Nadeln dieser Gruppe ist mit der Möglichkeit ehemaliger Verzierung zu rechnen. Bei einer dieser Nadeln ist die Kopfseite geringfügig eingetieft[376], bei einer anderen[377] etwas nach oben gewölbt."[378]

Frankfurt-Heddernheim
Das unserer Nadel ähnlichste Exemplar fand sich als Streufund in Frankfurt-Heddernheim[379] in Hessen. Der Kopf der Nadel hat einen Durchmesser von 1,1 cm. Ein Unterschied zur Nadel aus Neckarsulm besteht im leicht gewölbten Kopf. Der Nadelschaft ist abgebrochen, sodass die Nadel noch über eine Länge von etwa 3,2 cm verfügt.

Heldenbergen
Aus einem Grab stammt eine Nadel aus Heldenbergen[380] im Kreis Hanau in Hessen. Sie gehört zu einer in einer Steinkiste angelegten Brandbestattung. Die Nadel ist durch das Bestattungsfeuer stark in Mitlei-

---

365 O. M. Wilbertz, Die Urnenfelderkultur in Unterfranken (Kallmünz/Opf. 1982), Taf. 53,3.
366 Betzler, Fibeln Taf. 3,61.
367 Ebd. 36; Schauer, Schwerter 85; Clausing, Untersuchungen 16.
368 Kubach, Nadeln Taf. 74 Nr. 1136. In älterer Literatur heißt der Fundort Uffhofen.
369 Ebd. 461.
370 Eggert, Rheinhessen Taf. 13 A.
371 Ebd. 47.
372 Schauer, Schwerter Taf. 144 C.
373 Sperber, Chronologie 73; Taf. 17,128.
374 Kubach, Nadeln 463 f.; Schauer, Schwerter 162; Clausing, Untersuchungen 24.
375 Wolfskehlen. Kubach, Nadeln Taf. 74 Nr. 1146.
376 Rhein bei Bingen. Ebd. Taf. 74 Nr. 1140.
377 „Aus dem Rhein". Ebd. Taf. 74 Nr. 1145.
378 Ebd. 460.
379 Ebd. Taf. 74 Nr. 1144.
380 Ebd. Taf. 74 Nr. 1143.

denschaft gezogen worden und am Nadelschaft abgebrochen. Die Länge beträgt daher nur noch etwa 2,5 cm. Die Nadel hat einen Kdm. von 1,05 cm. Der Kopf scheint an seinen Seiten stärker abgerundet zu sein und direkt in den Nadelschaft überzugehen. Beifunde dieser Bestattung sind unter anderem mehrere Nadelschaftstücke, wohl zur Nadel gehörend, die Bruchstücke einer Drahtbügelfibel[381] vom Typ Burladingen und Bruchstücke eines bronzenen Gefäßes. Weitere Bruchstücke aus Bronze sollen nach F.-R. Herrmann zu einem Gürtelblech gehören.[382] Die Gefäße, eine Lanzenspitze[383] und drei Tüllenpfeilspitzen[384] mit Widerhaken sind leider verloren gegangen. Kubach datiert den Fundkomplex aufgrund der Wellenbügelfibel in die ältere und mittlere Urnenfelderzeit bzw. nach Ha A1 und Ha A2.[385] Für das ältere Datum sprechen die mit Buckelreihen und Rippengruppen verzierten Fragmente eines Bronzegefäßes, auch wenn solche Gefäße sehr selten auftreten und daher nur schwer datiert werden können. Auch Betzler datiert die Fibel in die Stufe Dietzenbach bzw. Ha A1.[386]

Ergolding
Auch in Bayern finden sich derartige Plattenkopfnadeln wie etwa ein Exemplar aus Ergolding[387] im Landkreis Landshut in Niederbayern. Von den Fundumständen dieser Nadel weiß man leider nur, dass sie vermutlich aus einer Brandbestattung stammt.

Bad Kreuznach
In Bad Kreuznach[388], Rheinland-Pfalz, wurde im Jahre 1924 auf dem so genannten Martinsberg eine größere Siedlung angeschnitten und zum Teil ausgegraben. Neben mehreren Siedlungsgruben ist besonders ein Hausfund zu nennen, welcher mehrere Bronzefunde beinhaltete. Als Funde sind hier zwei Plattenkopfnadeln zu nennen, welche 9,35 cm bzw. 13,25 cm lang sind. Der gesamte Fundkomplex datiert in die Stufe Ha A.
Insgesamt fällt auf, dass etliche Plattenkopfnadeln zu Grabausstattungen gehören, in denen Waffen auftreten, wenngleich sie auch in „ärmeren" Gräbern zu finden sind. Als Waffengräber wurden die Bestattungen von Eßfeld, Viernheim, Flonheim-Uffhofen und Heldenbergen bereits genannt. Hinzu kommen noch Plattenkopfnadeln aus dem Schwertgrab von Mönlas[389] in der Oberpfalz und aus dem mit einem Schwert und vier Pfeilspitzen ausgestatteten Grab von Elsenfeld[390] im Landkreis Obernburg, Bayern. Bei beiden Nadeln ist der Kopf mit horizontalen Rillenlinien und senkrechten Strichen im Mittelwulst verziert.

4.1.3 Rollennadeln (Gräber 21/2; 23; 33)

Rollennadeln sind unter technischer Hinsicht betrachtet ein relativ einfach herzustellender Nadeltyp. Ein Ende des Nadelschaftes wird breit flach gehämmert und mit einer bis mehreren Windungen zu einer Rolle aufgedreht. Wichtige Unterscheidungskriterien innerhalb dieses Typs ist der Querschnitt des Nadelschaftes, ob rundstabig oder rechteckig, die Dicke des Nadelkopfes, die Zahl der Windungen bzw. „Umgänge"[391] und der gerade oder nach hinten gelegte Kopf. Bei Rollennadeln handelt es sich um einen äußerst langlebigen und nahezu im gesamten mitteleuropäischen Raum verbreiteten Nadeltyp. Während der Bronzezeit sind solche Nadeln im gesamten deutschsprachigen Raum von Norddeutschland[392] bis in die Schweiz und Österreich zu finden. Für den Raum Hessen und Rheinhessen stellt Kubach ein Auftreten der Rollennadeln von der Stufe Bz D bis Ha A2 fest.[393] Ohne datierbare Beifunde können solche Nadeln häufig nur allgemein in die Stufe Ha A datiert werden. Eine Unterscheidung dieses Typs in verschiedene Varianten ist möglich, notwendig sind hierzu jedoch differenzierte Unterscheidungen der Nadeln, was eine sehr detaillierte Beschreibung der einzelnen Funde voraussetzt. Gerade diese notwendige Ausgangslage ist in vielen Fällen nicht gegeben, was sich wiederum auf die Datierung einzelner Formen auswirkt.
„Durch die einfache Form, die Art der Herstellung und die verhältnismäßig leicht mögliche sekundäre Veränderung der Kopfform ergeben sich nur wenige Ansatzpunkte für eine sinnvolle typologische Ordnung."[394]
Aufgrund der Tatsache, dass in kaum einer Publikation von Fundplätzen der Urnenfelderzeit die Rollennadeln bis ins Detail beschrieben werden und zum Teil auch die Qualität der Abbildungen unzureichend ist, fehlen trotz der insgesamt doch recht hohen Zahl an Nadeln dieser Form auch für die im

---

381 Betzler, Fibeln Taf. 3 Nr. 60.
382 Herrmann, Hessen 121.
383 Herrmann, Hessen Taf. 111 B 4.
384 Herrmann Taf. 111 B 1–3.
385 Kubach, Nadeln 463.
386 Betzler, Fibeln 36.
387 Bayerische Vorgeschichtsblätter Beiheft 1994, 100 mit Abb. 71,8.
388 W. Dehn, Kreuznach VII, Teil 1 (Berlin 1941) 58 mit Abb. 33,13–14.
389 Schauer, Schwerter Taf. 145 A 2.
390 Wilbertz, Unterfranken Taf. 36,9.
391 Kubach, Nadeln 534.
392 F. Laux, Die Nadeln in Niedersachsen. PBF XIII,4 (München 1976).
393 Kubach, Nadeln 544.
394 Ebd. 534.

Folgenden vorgestellten Rollennadeln aus Neckarsulm geeignete Vergleichsfunde. Betrachten wir zunächst aber erst einmal die Nadeln aus Neckarsulm. Auf dem Gräberfeld fanden sich insgesamt drei Rollennadeln. Die erste Nadel lag bei dem zweiten Individuum aus Grab 21 (Fd.-Nr. 2001-48-36-6), und zwar genau an jener Stelle, an welcher der fehlende Schädel des Toten hätte liegen sollen. Der Kopf der Nadel ist 0,8 cm breit, ihre Länge beträgt 14,1 cm (Taf. 44,4). Die Rolle des Nadelkopfes ist nur einmal umgeschlagen. Knapp unterhalb des Kopfes ist die Nadel nach hinten gebogen. Der Nadelschaft ist rundstabig und sekundär leicht wellig verbogen. Die zweite Nadel stammt aus Grab 23 (Fd.-Nr. 2001-48-41-5). Sie lag hier auf der linken Körperseite zwischen den Rippen des Toten. Die Rolle des Nadelkopfes ist 0,95 cm breit und zweimal umgeschlagen (Taf. 47,2). Der Nadelschaft ist rundstabig und zwischen 0,3 und 0,4 cm breit. Die Nadel ist insgesamt 16,5 cm lang und sekundär leicht wellig verbogen. Die dritte Nadel fand sich in Grab 33 (Fd.-Nr. 2001-48-54-1) und lag im Bereich des Nackens. Die Rolle des Nadelkopfes ist einmal umgeschlagen und 0,75 cm breit (Taf. 49,3). Der Nadelschaft ist 0,3 cm dick, rundstabig und leicht gewellt. Insgesamt ist die Nadel 10,5 cm lang.

Folgt man der Bearbeitung von vergleichbaren Rollennadeln durch Kubach, so ist festzustellen, dass dieser Nadeltyp sich in zwei große Gruppen unterscheiden lässt. Interessant ist vor allem die zweite Gruppe, die Kubach wie folgt beschreibt:

„Eine zweite große Gruppe von Rollennadeln zeichnet sich durch einen ‚zurückgelegten' Kopf aus. Bei diesen Nadeln knickt oder biegt der Schaft am Kopfansatz oder knapp darunter aus seiner ursprünglichen Richtung ab. In den meisten Fällen setzt die Richtungsänderung etwa an der Stelle ein, an der auch der annähernd rechteckige Stabquerschnitt beginnt. Die Länge der Nadeln beträgt zwischen 6,6 und fast 24 cm."[395]

Kubach datiert die Rollennadeln mit zurückgelegtem Kopf von der Stufe Bz D bis in die Stufe Hanau bzw. die ältere bis mittlere Urnenfelderzeit (Ha A1–Ha A2).[396] Bei einer genauen Betrachtung der Neckarsulmer Nadeln fällt auf, dass sich diese durch ein wesentliches Detail von dem bei Kubach angeführten Typ unterscheiden. So besitzen unsere Nadeln runde und nicht eckige Nadelschäfte. Mit dieser Einschränkung und unter ausschließlicher Berücksichtigung von chronologisch relevanten Nadelfunden lässt sich für die Neckarsulmer Nadeln einzig ein Vergleichsfund aus Mittelheim in Hessen anführen.

Mittelheim
Der Nadelfund aus Mittelheim[397], einem Stadtteil von Oestrich-Winkel im Rheingau-Taunus-Kreis in Hessen, gehört zu einer Körperbestattung aus einem Steinpackungsgrab. Die Rolle des Nadelkopfes ist zweimal umgeschlagen. Der Durchmesser des Kopfdurchmessers wird bei Kubach nicht angegeben. Der Nadelschaft ist rund, die Länge der Nadel beträgt noch 12,4 cm. Als Beifunde sind ein mit Rillen, Riefen und einer Kerbreihe verzierter Becher und zwei Schalen zu nennen. Der Fund wird in die ältere bis mittlere Urnenfelderzeit datiert.[398]

Weitere
Einen guten Datierungsansatz liefert eine Rollennadel aus dem Schwertgrab von Eßfeld (Taf. 53,3)[399] (vgl. Kap. III.4.2.1.3). Aufgrund der Funde datiert dieses Grab in die Stufe Ha A1.
Rollennadeln aus Baden-Württemberg sind nicht besonders zahlreich. Exemplarisch werden im Folgenden einige Fundorte genannt. Aus Haid[400], ein Stadtteil von Trochtelfingen im Ldkr. Reutlingen in Baden-Württemberg, stammt ein Exemplar, dessen genauen Fundumstände unklar sind. Möglicherweise stammt die Nadel aus einem Grab.[401] Aus Stuttgart-Bad Cannstatt[402] liegt eine Nadel mit drei Windungen und leicht zurückgelegtem Kopf vor. Der Fund stammt aus einem von mehreren Flachgräbern, wobei weitere Funde wie etwa ein Rasiermesser vom Typ Dietzenbach nicht mehr einander zugeordnet werden können. Das Rasiermesser datiert in die Stufe Ha A1. Ob die gleiche Datierung auch für die Nadel zutrifft, ist aufgrund der unklaren Fundumstände nicht eindeutig. Eine 12 cm lange Rollennadel fand sich in einem von mehreren Flachgräbern in Mannheim-Wallstadt[403]. Die Zuordnung zu anderen Grabfunden ist leider nicht mehr möglich, da die Fundbergung nicht weiter dokumentiert wurde.
Abschließend sei auf den mit insgesamt 850 Objekten enorm umfangreichen Depotfund[404] aus dem

---

395 Ebd. 540.
396 Ebd. 544.
397 Ebd. Taf. 83 Nr. 1393; Herrmann, Hessen Taf. 90 B 4.
398 Kubach, Nadeln 544.
399 Wilbertz, Unterfranken Taf. 53,2.
400 G. Kraft, Beiträge zur Kenntnis der Urnenfelderkultur in Süddeutschland (‚Hallstatt A'). Bonner Jahrbücher 131, 1926, Taf. 22,8.
401 Ebd. 118.
402 Dehn, Nordwürttemberg Taf. 5 D 4.
403 Kimmig, Baden Taf. 16 B 7.
404 C. Mordant/D. Mordant/J.-Y. Prampart, Le Dépôt de Bronze de Villethierry (Yonne). IXe Supplément à Gallia Préhistoire (Paris 1976).

französischen Ort Villethierry im Dép. Yonne verwiesen, von diesem Fund wird gleich nochmals zu sprechen sein, in welchem sich unter anderem 488 Nadeln verschiedenen Typs anfanden. Dazu gehören insgesamt 99 Rollennadeln[405], wobei der größte Teil zum Typ der Rollennadeln mit zurückgelegtem Kopf gehört. Der Depotfund datiert in die Stufe *Bronze final II*, was der Stufe Ha A entspricht.

4.1.4 Form Schwabsburg

Bei zwei Neckarsulmer Bestattungen fanden sich aufwendig gestaltete Nadeln mit großem Kopf doppelkonischer Form. Nach Kubach können Nadeln dieser Art als Nadeln der Form Schwabsburg bezeichnet werden. Kubach beschreibt solche Nadeln wie folgt:

„Die Nadeln der Form Schwabsburg haben einen verhältnismäßig großen, doppelkonischen Kopf mit schmaler, zylindrischer Mittelpartie, deren Durchmesser größer als die Höhe des Kopfes ist. Der Kopf ist bei den meisten Nadeln getrennt vom Schaft gearbeitet und vermutlich im Verbundguss aufgegossen worden."[406]

Häufig sind diese Nadeln auf der Ober- und Unterseite mit umlaufenden Linien, gelegentlich auch durch (sternförmige) Punktreihen verziert. Wie noch gezeigt wird, ist bei vielen Nadeln aus dem süddeutschen Raum ein die Kopfspitze krönender, kreisrunder Knopf und ein breiter Mittelwulst typisch. Kubach definierte die Nadel der Form Schwabsburg vor allem anhand jener Exemplare mit relativ großem Kopf.[407] Ich möchte dies spezifizieren, indem ich zwischen Nadeln mit großem und mit kleinem Kopf unterscheide, wobei Letztere in ihrer Gestaltung den größeren Formen entsprechen.

Nadeln die der Form Schwabsburg zugeordnet werden können, sind in Deutschland sehr selten. Bedient man sich grober Kriterien, also vorrangig dem großen Kopf mit seiner doppelkonischen bis flach diskoiden Form, ergibt sich jedoch ein recht großes Verbreitungsgebiet, das vom Saarland bis nach Bayern reicht. Fragt man nach der Herkunft bzw. den Ursprüngen dieses Nadeltyps, so kann dieser möglicherweise im französischen Raum gesucht werden.[408]

Villethierry und Wiesloch
Schon in Bezug auf die Rollennadeln wurde der große Depotfund von Villethierry genannt, in welchem sich insgesamt 149 Exemplare der hier als *Epingles discoïdales,,* beschriebenen Nadeln anfanden (Abb. 44,1–3). Besonders die Variante I mit 83 Exemplaren zeigt in ihrer Kopfform, einem strichverzierten Mittelwulst und einer getreppten Rillenverzierung oberhalb des Nadelschaftes, Gemeinsamkeiten zu den Nadeln der Form Schwabsburg. Aber auch andere Nadelformen erinnern an die Form Schwabsburg. Wie auch schon bei der Keramik der rheinisch-schweizerisch-ostfranzösischen Gruppe dominieren in der Gestaltung jedoch weniger die plastischen als die ornamentalen Dekore.[409] Die französischen Nadeln sind nahezu ausschließlich auf der Oberseite mit umlaufenden Kreisen und vor allem im Fall Villethierry mit aneinandergereihten, strichgefüllten Dreiecksmustern verziert (Abb. 44,1). Die größte Ähnlichkeit zu deutschen Exemplaren findet sich in den beiden Exemplaren von Schwabsburg und Eschborn, auf die ich noch zu sprechen komme. Dass Nadeln der Art Villethierry in Süddeutschland nicht unbekannt waren, zeigt ein interessanter Fund aus Wiesloch (Abb. 44,4)[410] im Rhein-Neckar-Kreis in Baden-Württemberg, welcher dort bereits im Jahre 1956 in einer Tongrube gefunden wurde. Wie einige mit Stempelverzierung versehene Scherben vermuten lassen, handelt es sich hier um ein zerstörtes Urnengrab. Die Nadel ist von flach doppelkonischer Form mit geritztem Mittelwulst. Bei der Aufsicht erkennt man ein Muster aus Bögen, wie es in sehr ähnlicher Art von Nadeln aus Villethierry bekannt ist (Abb. 44,2). Während dieser Grabfund nicht zu datieren ist, gehört der Depotfund aus Villethierry in die Stufe *Bronze final II* bzw. in die Stufe Ha A.[411]

4.1.4.1 Große Nadel Form Schwabsburg (Grab 18/2)

Bevor auf weitere Vergleichsfunde der Form Schwabsburg eingegangen wird, soll im Folgenden zunächst die erste Nadel aus Grab 18/2 (Bef. 122 Fd.-Nr. 2001-48-32-1) vorgestellt werden. Bei der Nadel handelt es sich mit ihrem großen und reich verzierten Kopf von flach doppelkonischer Form zweifellos um eine Nadel der Form Schwabsburg (Taf. 41,1). Die Nadel lag etwa auf der Höhe des hinteren Scheitels unter dem Schädel des Toten. Der

---

405 Ebd. 118 ff., Abb. 101–104.
406 Kubach, Nadeln 452.
407 Da die Abgrenzung einzelner Nadeln der Form Schwabsburg zu verwandten Nadeln nicht eindeutig ist, spricht Kubach nicht von einem „Typ" sondern nur von einer „Form Schwabsburg" (Kubach, Nadeln 453).
408 Mordant u. a., Villethierry 202 Abb. 173.
409 Es ist in der Archäologie, Kunstgeschichte und Ethnologie hinlänglich bekannt, dass Dekore nicht auf ein Material beschränkt sein müssen, sondern auf verschiedenen Werkstoffen wie Textilien, Keramik, Metall, Holz etc. angewendet werden.
410 Badische Fundberichte 22, 1962, 263.
411 Mordant u. a., Villethierry 156.

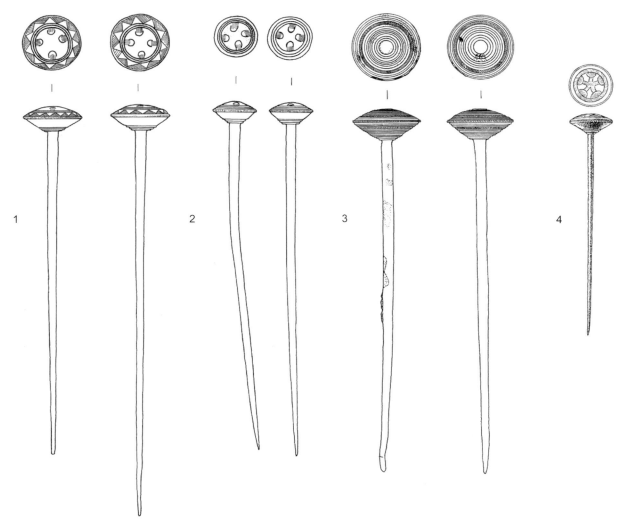

Abb. 44: Nadeln der Form Schwabsburg nahestehend. 1 Villethierry (nach Mordant/Prampart, Villethierry 34, Nr. 54, 56). 2 Villethierry (nach Mordant/Prampart, Villethierry 31, Nr. 104, 107). 3 Villethierry (nach Mordant/Prampart, Villethierry 45, Nr. 118). 4 Wiesloch (nach Bad. Fundber. 22, 1962, Taf. 83,3).

Nadelschaft zog dabei unter den Schädel, sodass die Nadelspitze in der Fundsituation nicht sichtbar war. Insgesamt ist die Nadel 21,4 cm lang, die Breite des Nadelschafts liegt zwischen 0,3 und 0,4 cm. Der Nadelkopf ist mit einem Durchmesser von 3,4 cm recht groß und schwer. Die Gestaltung des Kopfes besteht aus mehreren, getreppt voneinander abgesetzten kreisrunden Zonen. Bei der Aufsicht sind am äußeren Rand eine umlaufende Punktreihe und zum Kreisinneren eine Zone mit Strichelband zu erkennen. Ein weiteres Strichelband zeigt sich bei der Seitenansicht auf dem Mittelwulst. Die Spitze des Kopfes wird von einem flachen Knopf gekrönt. Der Kopf scheint wie bei Nadeln dieses Typs üblich auf den Nadelschaft aufgegossen worden zu sein.[412] Zur Bestattung gehört des Weiteren noch ein Rasiermesser, welches für die Datierung der Bestattung eine wichtige Ergänzung darstellt (siehe Kap. IV).

Eschborn
Die Nadel findet in einem Exemplar aus Eschborn (Taf. 54,14)[413] im Main-Taunus-Kreis in Hessen vor allem bezüglich der Kopfform ein sehr ähnliches Vergleichsobjekt. Der Fund stammt aus dem reichen Steinkistengrab 2. Von der Bestattungsform ist leider nichts bekannt, da weder unverbrannte Knochen noch Spuren von Leichenbrand aufgefunden wurden. Zur Grabausstattung gehört eine weitere Nadel und es bleibt unklar, ob man es hier mit einer Einzel- oder mit einer Doppelbestattung zu tun hat. Die

---

412 Zur weiteren Herstellung und der Verzierungstechnik siehe Mordant u. a., Villethierry 131 ff.; B. Armbruster/M. Pernot, La technique du tournage utilisé à l'Âge du Bronze final pour la fabrication d'épingles de bronze trouvées en Bourgogne. Bulletin de la Société préhistorique française 103, 2006, 305–311.
413 Kubach, Nadeln Taf. 72 Nr. 1100.

übrige Ausstattung spricht eher für die Bestattung eines einzelnen Mannes, da „typisch weibliche" Beigaben fehlen.[414] Der Kopf der Eschborner Nadel ist von flach doppelkonischer Form und mit einem Kopfdurchmesser von 3,7 cm nur ein wenig größer als die Nadel aus Neckarsulm. Die Nadel scheint an der Spitze abgebrochen zu sein, ihre Länge beträgt daher noch 22,7 cm.[415]. Der massive Kopf und der dicke Nadelschaft verleihen der Nadel ein recht hohes Gewicht. Gemeinsam sind den Nadeln die Verwendung von Punkt- und Strichreihen und die Krönung der Kopfspitze mit einem Knopf. Beide Nadeln zeigen am äußeren Ende des Kopfes ein umlaufendes Punktband und bei der Seitenansicht einen breiten gekerbten Mittelwulst. Während die Ober- und Unterseite der Neckarsulmer Nadel durch getreppte Zonen und mit dezenten Punkt- und Strichelbändern verziert ist, zeigt das Eschborner Exemplar auf der Ober- und Unterseite sternförmige Punktlinien, welche recht unregelmäßig ausgeführt wurden. Getreppte Zonen finden sich hier nur unterhalb der Spitze und am Übergang zum Nadelschaft. Dies und der Verzierungsstil rückt die Eschborner Nadel deutlich in Richtung der französischen Exemplare. Auch bei diesem Exemplar wurden der Nadelkopf und der Schaft getrennt voneinander hergestellt und später „das stumpfe Nadelende […] in ein Loch auf der Unterseite des Kopfes eingelassen und befestigt."[416]

Das Grab von Eschborn liefert durch seine zahlreichen Funde[417] eine scheinbar gute Ausgangslage für eine chronologische Einordnung dieser Nadelform. Unter den Beigaben befindet sich eine weitere Nadel (Taf. 54,13)[418] mit kleinem doppelkonischem Kopf ähnlich jenen Nadeln, wie sie in mehreren Exemplaren in Neckarsulm auftreten (siehe Kap. III.4.1.5). Prominenteste Beigabe ist ein Griffzungenschwert[419] vom Typ Hemigkofen in der Variante Uffhofen (vgl. Kap. III.4.2.2.4). Zur Bewaffnung gehören zudem sechs Tüllenpfeilspitzen mit Widerhaken und ein Messer mit durchlochtem Griffdorn, gerippptem Zwischenstück und Rückenverzierung (vgl. Kap. III. 4.3.1). Zwei einzelne Pflockniete gehören wohl zum Schwert.[420] Weitere Bronzefunde sind ein rundstabiger Armring[421] mit „gerippten Petschaftenden und undeutlicher Strichverzierung"[422] vom Typ Hanau und eine Bronzeblechtasse vom Typ Fuchsstadt. Zwei kleine Bruchstücke aus Bronze könnten auf die Reste einer Sichel hinweisen. Die keramischen Funde sind zahlreich, größtenteils jedoch nur fragmentarisch erhalten. Es handelt sich um insgesamt sechs becherartige Gefäße, zwei Knickwandschalen und unbestimmte Scherben. Unter den Bechern befindet sich ein Kegelhalsbecher[423] mit teilweise gerafften Rillen, Riefen und Riefenbuckeln. Gefäße mit dieser Gestaltung werden auch als Becher der Form Nauheim[424] bezeichnet. Erinnert wird dabei an gleichartige Gefäße[425], nach Herrmann auch „Adelskeramik"[426] genannt, aus dem Grab von Bad Nauheim im Wetteraukreis, welches mit einer Lanzenspitze ebenfalls zu der Gattung der Waffengräber gehört. Auch das Schwertgrab von Elsenfeld (siehe Kap. III.4.2.2.5) ist ein weiteres Grab mit einem solchen Becher.[427]

Bei der Durchsicht der Literatur zeigen sich zum Teil widersprüchliche Datierungsansätze. Herrmann spricht sich für eine Datierung des Eschborner Grabes nach Ha A1 aus, was er vor allem mit der Keramik vom Typ Hanau begründet.[428] Dies trifft ebenso auf Richter zu, die diese Datierung aufgrund des Messers, des Schwerts und der Keramik gestützt sieht.[429] Kubach hingegen datiert Schwert und Messer in die entwickelte Stufe Hanau[430], was dem Ende der Stufe Ha A1 und vor allem der Stufe Ha A2 entspricht.[431] Müller-Karpe[432] und Sperber[433] hingegen datieren das Grab von Eschborn in die Stufe Ha A2. Auch Kolling hält eine solche Datierung vor allem aufgrund des Messers mit verziertem Rücken für wahrscheinlich.[434]

Gammertingen

In Gammertingen im Ldkr. Sigmaringen, Baden-Württemberg, wurde im Jahr 1927 beim Bau einer Kiesgrube folgendes Grab entdeckt (Taf. 55). Dieses zeichnet sich durch einen aufwendigen Bau aus, da aus mehreren, etwa einen halben Meter tief eingelas-

---

414 Ebd. 453.
415 Ein etwas längeres Maß mit 23,1 cm findet sich bei Herrmann, Hessen 74.
416 E. Ritterling, Mitteilungen des Vereins für Nassauische Altertumskunde 15, 1911–12, 4f.
417 Herrmann, Hessen Taf. 84; Richter, Arm- und Beinschmuck Taf. 86.
418 Kubach, Nadeln Taf. 75 Nr. 1182.
419 Schauer, Schwerter Taf. 69 Nr. 471; Herrmann Taf. 84,1.
420 Herrmann (Herrmann, Hessen 74 mit Taf. 84,1) spricht hier von insgesamt vier Nieten im Heft.
421 Richter, Arm- und Beinschmuck Taf. 45 Nr. 839; Herrmann, Hessen Taf. 84,5.
422 Herrmann, Hessen 74.
423 Ebd. Taf. 84,17.
424 Zu der Gefäßform siehe Kubach, Nadeln 453.
425 Herrmann, Hessen Taf. 103,1.3–6.
426 Ebd. 34.
427 Kubach, Nadeln 454 u. Taf. 131.
428 Herrmann, Hessen 33ff.
429 Richter, Arm- und Beinschmuck 141.
430 Kubach, Nadeln 33.
431 Ebd. 464 Anm. 11.
432 Müller-Karpe, Chronologie 176.
433 Sperber, Chronologie 73.
434 Kolling, Mimbach 51.

senen Kalksteinplatten eine Grabkammer errichtet wurde, welche als Bestattungsplatz für zwei Personen diente. Wie bei den Gräbern von Wollmesheim, Speyer und Eßfeld handelt es sich dabei vermutlich um (Körper-)Bestattungen einer Frau und eines Manns. Dass es sich hier um eine Doppelbestattung handelt, erschließt sich in erster Linie aus der Zusammensetzung der Grabfunde, da „weibliche" und „männliche" Beigaben vertreten sind. Knochenreste wurden nicht gefunden oder dokumentiert. Obwohl kaum daran gezweifelt wird, dass es sich hier um eine Doppelbestattung handelt, fällt es schwer, die Grabfunde im Einzelnen den beiden Individuen zuzuteilen. Dieser Umstand wird in vielen Publikationen dadurch ausgedrückt, dass die Grabfunde zusammen und nicht getrennt voneinander abgebildet werden.[435] Im Folgenden wird nicht der Versuch unternommen, die Funde in zwei Beigabenensembles voneinander zu trennen, sondern sie werden zusammen vorgestellt.

Die prominenteste Beigabe ist ein Griffzungenschwert vom Typ Locras[436], ein Schwerttyp, der in Süddeutschland, der Westschweiz und in Nordostfrankreich auftritt. Einem Schwertgehänge zuzuordnen wären sieben Doppelknöpfe und ein Bronzeknebel sowie ein spiralig gewundenes Bronzeband, welches Schauer[437] als Überrest einer Schwertscheide interpretiert. Hinzu kommen ein Messer mit umgeschlagenem Dorn (vgl. Kap. III.4.3.2) und ein durchlochter Schleifstein (siehe Kap. III.4.5.2).

Der Tracht der Frau zuzuweisen sind eine Nadel mit kleinem Kopf und ein Paar identischer Nadeln der Form Schwabsburg (Taf. 55,2). Es ist darauf zu achten, dass in vielen Publikationen, welche die Funde des Grabes von Gammertingen abbilden, nur eine von zwei Nadeln abgebildet wird. Dadurch erscheint es auf den ersten Blick, dass nur eine Nadel der Form Schwabsburg vorliegt. Die beiden Nadeln sind überdurchschnittlich lang und wirken mit ihren 62 bzw. 66 cm mehr als unpraktisch für den alltäglichen Gebrauch. Es handelt sich hier jedoch mit Sicherheit um Gewandnadeln, eine Funktion dieser Objekte als „Bratspieße"[438] ist sicherlich auszuschließen. Die Zuweisung der Nadeln zur Form Schwabsburg basiert vor allem auf den großen Köpfen mit doppelkonischer Form, obwohl Kubach[439] recht gegeben werden muss, dass die Gestaltung des Nadelschaftes unterhalb der Köpfe anders ist als bei den übrigen Nadeln der Form Schwabsburg. So finden sich am Nadelschaft der Gammertinger Nadeln mehrere umlaufende Rillen sowie acht auffällig dicke Wülste. Es ist bei diesen beiden Nadeln vor allem die Form des Nadelkopfes und der runde Knopf auf der Nadelspitze, welcher stark an die Neckarsulmer Nadel erinnert. Leider fehlt es in den Publikationen an Abbildungen der Ober- und Unterseite der Nadeln, es wird aber auch so deutlich, dass in diesen Bereichen die Köpfe in mehrere Zonen untergliedert sind, in denen umlaufende Punktlinien angebracht wurden.[440] Unterhalb des Kopfes ist eine abgesetzte Zone zu erkennen, die mit einer pfeilartigen Strichschraffur verziert ist.

Der Vollständigkeit halber seien noch die übrigen Objekte aus dem Grab genannt, bei denen es sich überwiegend um Bestandteile der Tracht handelt. Auffällig ist die enorm große Zahl von Armringen. Darunter sind zwei identische, vierkantige Armringe, ein rundstabiger mit Strichschraffuren verzierter Armring sowie zehn identische, unverzierte Armringe. Hinzu kommen zwei Drillingsarmringe vom Typ Framersheim in der Variante Framersheim[441]. Eventuell ebenfalls der Tracht zuzuordnen sind insgesamt elf vierspeichige Randanhänger[442] vom Thema E aus Weißmetall. Es fanden sich auch Objekte, deren Funktion unklar ist. Dieses sind zwei tordierte Haken, wobei bei einem ein Ring durch das Hakenende gezogen wurde. Des Weiteren ein flacher Stab mit umgebogenen Enden, auf welchen mit einzelnen Drähten mehrere Ringe eingehängt wurden. An kleineren Bronzeobjekten sind noch eine Blechzwinge, sechs Spiralröllchen und zwei längere, aufgezogene Drahtspiralen zu nennen. Keramische Gefäße sind nur in geringer Zahl vorhanden. So ein großes Zylinderhalsgefäß mit einer Riefenverzierung auf den Schultern, ob es sich hierbei um eine Urne handelt, wie es an einigen Stellen behauptet wird, mag jedoch bezweifelt werden. Bei den übrigen Gefäßen handelt es sich um eine flach doppelkonische Schale, deren Innenbereich mit einer Kammstrichverzierung geschmückt ist, und um einen breiten Schulterbecher, diesmal mit einer Kammstrichverzierung auf der Außenseite. Beides sind typische Formen der rheinisch-schweizerischen Gruppe. Man erkennt innerhalb der Keramikausstattung dieses Grabes und auch bei weiteren vier Gräbern aus Gammertingen eine Vermischung von Keramikformen und Verzierungsstilen der untermainisch-schwäbischen mit der rheinisch-schweizerisch-ostfranzösi-

---

435 Vgl. Müller-Karpe, Chronologie Taf. 209; Schauer, Schwerter Taf. 146; Clausing, Untersuchungen Taf. 33.
436 Schauer, Schwerter Taf. 79 Nr. 529.
437 Ebd. 177.
438 Ebd.
439 Kubach, Nadeln 454 Anm. 17.
440 Dies bestätigen auch alte Fotografien, die am Landesmuseum in Stuttgart eingesehen werden können.
441 Richter, Arm- und Beinschmuck 133 ff.
442 Wels-Weyrauch, Anhänger 73 f., Nr. 372–382.

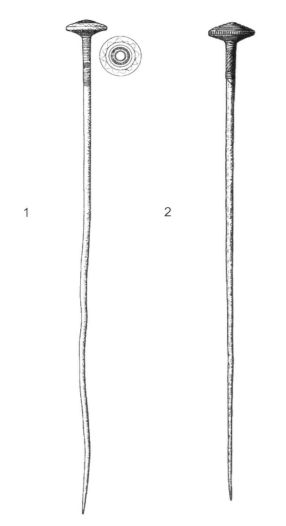

Abb. 45: Nadeln der Form Schwabsburg. 1 Schwabsburg-Nierstein (nach Kubach, Nadeln Taf. 72,1099). 2 Auvenier (nach Beck, Beiträge Taf. 46,1).

schen Gruppe. Dieses ist nicht ungewöhnlich, da Gammertingen, bzw. die Gräber aus der mittleren Alb, in einer „Mischzone" zwischen beiden Gruppen liegen.[443]

Eine Datierung des Grabes von Gammertingen erscheint mit Blick in die Literatur auf den ersten Blick eindeutig zu sein. Gefolgt wird hier der Einschätzung von Müller-Karpe[444], der anhand des Fundinventars dieses Grabes auch die synonym für die Stufe Ha A2 stehende „Stufe Gammertingen" definierte. In diesem Sinne datieren auch Richter[445] die Armringe und Wels-Weyrauch[446] die Radanhänger sowie die übrigen Funde in die Stufe Ha A2. Nach Schauer sprechen das Messer mit umgeschlagenem Griffdorn und die Armringe als eine „charakteristische Formengesellschaft" für die Spätphase der älteren Urnenfelderzeit bzw. die Stufe Ha A2.[447] Diese Datierung der Funde und des Grabes hat in jüngster Zeit Kreutle angezweifelt, der das Grab früher datiert. Kreutle führt zur Begründung seiner Datierung zunächst Funde aus einem Grab in Ehingen an, darunter eine stark profilierte Nadel, die an Leitformen aus der Münchener Region und an ein Exemplar aus Mindelheim[448] erinnern. Letztere datiert Müller-Karpe in die Stufe Ha A1. Auch das Messer datiert Kreutle aufgrund der Klingenform noch in die ältere Urnenfelderzeit, es würde sich demnach um eines der ersten Messer mit umgeschlagenem Griffdorn handeln (siehe Kap. III.4.3.2). Das Grab von Gammertingen in die Stufe Ha A1 zu datieren, lehnt Kreutle jedoch aufgrund der Vergesellschaftung der Keramik aus den beiden Urnenfeldergruppen ab.

„Rheinisch-schweizerische Einflüsse sind nur in Inventaren zu finden, deren Keramik keine spätbronze- und frühurnenfelderzeitlichen Einflüsse mehr zeigt, sondern stattdessen den untermainisch-schwäbischen Keramikstil voll wiedergibt."[449]

Aufgrund der Keramik und in Abgleichung mit anderen Grabinventaren kommt Kreutle zum Schluss, dass das Grab von Gammertingen zwischen seine Stufen SW III-früh und SW III-spät bzw. den Übergang von Ha A1 nach Ha A2 zu datieren sei. Das würde bedeuten, dass das Grab von Gammertingen um einiges älter wäre und seine Funktion als „Leitinventar" einer voll entwickelten Stufe Ha A2 neu zu überdenken wäre. An späterer Stelle (Kap. IV) wird bei der Datierung der Nadel der Form Schwabsburg aus dem Neckarsulmer Grab 18/2 noch einmal Kreutles Datierungsvorschlag vertieft nachgegangen, da sich auch in den Verzierungsstilen der Neckarsulmer Schwerter aus den Bestattungen 18/1 (Kap. III.4.2.2) und 22/1 (Kap. III.4.2.1) interessante Parallelen zum Gammertinger Schwert aufzeigen lassen, welche die von Kreutle postulierte Datierung unterstützen.

Auvenier
Der Neckarsulmer Nadel ähnlich ist eine Nadel aus Auvenier (Abb. 45,2)[450] in der Schweiz, welche aus dem Neuenburger See im Kt. Neuchâtel geborgen wurde. Der Nadelkopf hat eine flach doppelkoni-

---

443 Kreutle, Schwarzwald und Iller 321.
444 Müller-Karpe, Chronologie 197.
445 Richter, Arm- und Beinschmuck 136; 141.
446 Wels-Weyrauch, Anhänger 76.
447 Schauer, Schwerter 179.
448 Müller-Karpe, Chronologie Taf. 200 A 1.
449 Kreutle, Schwarzwald und Iller 322f.
450 A. Beck, Beiträge zur frühen und älteren Urnenfelderkultur im nordwestlichen Alpenvorland. PBF XX,2 (München 1980), Taf. 46,1.

sche Form und ist auf seiner Ober- und Unterseite mit konzentrisch verlaufenden Rillen verziert. Die „Kopfspitze" ist mit einem halbrunden Knopf versehen worden. Wie bei vorherig genannten Nadeln ist der Mittelwulst mit senkrechten Rillen gekerbt. Der Kopfdurchmesser beträgt ca. 3,8 cm und dürfte somit etwas größer als jener der Neckarsulmer Nadel sein. Der Nadelschaft ist unterhalb vom Kopf mit fünf und weiter darunter mit vier Rippen untergliedert, dazwischen befindet sich ein mit einer Kreuzschraffur verzierter Bereich. Dass der Nadelschaft in seinem oberen Bereich verziert ist, erinnert entfernt an die Nadeln aus Gammertingen. Die Gesamtlänge der Nadel beträgt ca. 30,6 cm. Aufgrund der Tatsache, dass es sich um einen Gewässerfund handelt, ist die Nadel leider nicht weiter datierbar. Da im angrenzenden Ostfrankreich (Dép. Yonne) weitere Nadeln[451] mit einer solchen Kopfform vorliegen, überrascht der Fund in dieser Region nicht.

Altheim

Der Neckarsulmer Nadel verwandt ist eine Nadel aus Altheim (Abb. 46)[452], einem Stadtteil von Blieskastel im Saarpfalz-Kreis. Leider ist die Nadel inzwischen verloren gegangen. Die Nadel hatte eine flach doppelkonische Kopfform mit einem Kopfdurchmesser von 2,6 cm. Die Länge der Nadel betrug 16,7 cm. Die Ähnlichkeit der Nadeln von Altheim und Neckarsulm wird bei der Aufsicht auf den Kopf deutlich, da auch hier die Nadelspitze mit einem flach runden Knopf versehen ist. Ober- und Unterseite des Kopfes waren mit getreppten Kreisrillen verziert. Der mittlere Bereich des Nadelkopfes, der so genannte Mittelwulst, ist breiter als beim Neckarsulmer Exemplar, aber ebenfalls mit senkrechten Rillen verziert. In Altheim befanden sich mehrere Hügelgräber, die allesamt ergraben wurden. Die Altheimer Nadel stammt hier aus dem Hügel Nr. 15, in welchem sich mit Steinsetzungen ausgekleidete Gräber fanden. Die Nadel stammt nicht direkt aus einem dieser Gräber, sondern wurde abseits von diesen, zwischen mehreren Gefäßscherben gefunden. Kolling vermutet, dass „die Nadel zu einer sonst spurlos vergangenen Zentralbestattung"[453] gehörte. Aufgrund der unsicheren Fundsituation und da nachträglich keine weiteren Funde der Nadel zugeordnet werden können, ist diese daher leider nicht weiter zu datieren.

Burmerange

Aus Burmerange[454] im Kt. Remich in Luxemburg stammt eine Nadel (Abb. 47), welche dort im November 1958 in einem Flachbrandgrab gefunden

---

451 Mordant u.a., Villethiery; Beck, Beiträge Taf. 46,2–4.
452 A. Kolling, Späte Bronzezeit an Saar und Mosel (Bonn 1968), Taf. 31,3.
453 Ebd. 148.
454 R. Waringo, Le bronze final I–IIb au Grand-Duché de Luxemburg. In: P. Brun/C. Mordant (Hrsg.), Le groupe Rhin-Suisse-France orientale et la notion de civilisation des Champs d'Urnes. Mémoires du Musée de Préhistoire d'Ile-de-France n° 1 (Nemours 1988) 142 Abb. 1 C; M. Lamesch, Une sépulture plaste a incineration de la civilisation des champ d'urnes a Burmerange (Canton de Remich). Hémecht 23, 1971, Taf. 1 links.

Abb. 46: Hügel 15 Altheim (nach Kolling, Saarland und Mosel Taf. 31).

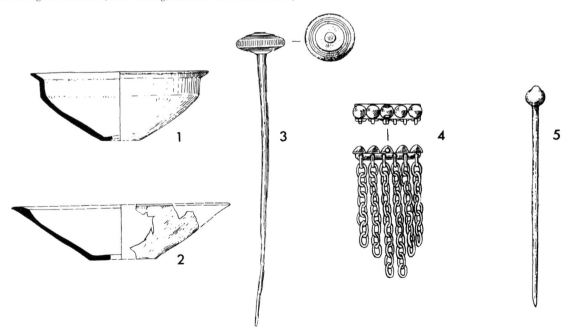

wurde. Der Zustand aller bronzenen Funde ist miserabel, ebenso leider auch die vorliegenden fotografischen Abbildungen der Nadel. Anhand des bikonisch abgeflachten Kopfes und der Beschreibung der Kopfverzierung lässt sich jedoch auf gewisse Ähnlichkeiten zur Form Schwabsburg schließen. Auf der Ober- und Unterseite des Nadelkopfes befindet sich eine Verzierung aus konzentrischen Kreisen, dazwischen liegt eine Verzierung aus abgeflachten und stark abgenutzten umlaufenden Punktlinien (*cordons*).[455] Der Kopfdurchmesser beträgt 3,3 cm und die Kopfhöhe 1,4 cm. Der Nadelschaft ist unterhalb vom Kopf abgebrochen, die ursprüngliche Gesamtlänge der Nadel betrug etwa 15 cm. Im Grab fanden sich diverse keramische Fragmente, die vor allem in ihrer Verzierung an den Stil der rheinisch-schweizerisch-ostfranzösischen Gruppe erinnern (Kap. II.3).[456] Zur Bestattung gehören ein Messer mit durchbohrtem Griffdorn und zwei dazugehörige Nieten sowie ein stark fragmentiertes Rasiermesser vom Typ Dietzenbach. Das Messer und das Rasiermesser sprechen für eine Datierung des Grabes in die Stufe Ha A1. Zu diesem Ergebnis kommt auch L. Sperber.[457]

Gundelsheim

Mit einer flach doppelkonischen Kopfform und einem Strichelband am Mittelwulst ähnlich ist die Nadel aus Grab 3[458] in Gundelsheim[459] in Ostbayern (Taf. 56). Der Nadelkopf ist auf der Ober- und Unterseite mit Linien und, wie bei der Neckarsulmer Nadel, mit einer Punktreihe verziert. Die Nadel ist ohne getreppte Rillen gestaltet, sondern bis auf den Mittelwulst von glatter Oberfläche. Die Länge der Nadel beträgt 18,7 cm. Die Nadel gehört zu einer Körperbestattung, von deren Skelett allein der Schädel gefunden wurde.[460] Das Grab ist eines von fünf aus einem Flachgräberfeld. Der Grabbau war mit Steineinbauten aufwendig gestaltet. Als weitere Beigaben[461] fanden sich ein Vollgriffschwert[462] vom Typ Erlach und ein Messer mit Griffdorn und Niet, wobei der Griff mit einer goldornamentierten Zwinge geschmückt ist. Ob die Reste einer Bronzetasse vom Typ Friedrichsruhe zur Grabausstattung gehören, ist wahrscheinlich. Müller-Karpe[463] und H. Hennig[464] datieren das Grab in die Stufe Ha A1.

Schwabsburg-Nierstein

Jene Nadel, die der hier behandelten Nadelform ihren Namen gab, stammt aus dem Ort Schwabsburg-Nierstein[465] im Landkreis Mainz-Bingen in Rheinland Pfalz (Abb. 45,1). Leider ist die Nadel verloren gegangen und ebenso fehlen genauere Angaben zu den Fundumständen. Der Nadelkopf war mit 2,55 cm

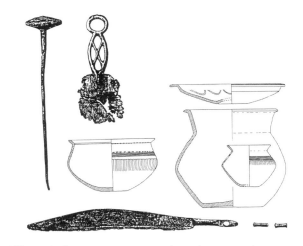

Abb. 47: Grab von Burmerange (nach Waringo, Luxenburg 142 Abb. 1c).

mehr als einen halben Zentimeter schmaler als jener der Neckarsulmer Nadel. Die Kopfspitze war flach gerundet. Gestaltet war der Kopf mit umlaufenden Rillen und sternförmig angeordneten Punktlinien, wobei die Verzierung bis weit in den oberen Teil des Nadelschaftes überging. Die Nadel war mit 31,5 cm außerordentlich lang. Zum Fund sollen eine Urnenfeldernadel mit vier Schaftrippen und, ebenfalls verloren gegangen, ein dünner Armring gehört haben.[466] Kubach meint, eine enge Beziehung der Nadel aus Schwabsburg mit jener aus Eschborn zu erkennen, und geht sogar von einer Herstellung in der gleichen Werkstatt aus.[467]

4.1.4.2 Kleine Nadel Form Schwabsburg (Grab 28)

Die zweite, um einiges kleinere Nadel der Form Schwabsburg, fand sich in Neckarsulm in Grab 28 (Fd.-Nr. 2001-48-49-1) und lag im Bereich der rechten Schulter des Toten. Ihr Nadelkopf ist 2,1 cm

---

455 Lamesch, Burmerange 95.
456 Nach L. Sperber (Sperber, Chronologie 317) wurde die Keramik in der Publikation von M. Lamesch falsch rekonstruiert. Er beruft sich stattdessen auf unpublizierte Zeichnungen von R. Waringo.
457 Sperber, Chronologie 317 Nr. 115 a.
458 In Gundelsheim fanden sich insgesamt 11 überwiegend urnenfelderzeitliche Gräber.
459 Hennig, Obermain 117 Abb. 13,4; R. Eckes, Die Urnenfelderkultur in Ostbayern. (Büchenbach 1996), Taf. 1,2c.
460 Spindler, Vorzeit 116.
461 Ebd. 117 Abb. 1–4.
462 Müller-Karpe, Die Vollgriffschwerter der Urnenfelderzeit aus Bayern (München 1961), Taf. 5,3.
463 Ebd. 9.
464 Hennig, Obermain 143.
465 Kubach, Nadeln Taf. 72 Nr. 1099.
466 Eggert, Rheinhessen 222.
467 Kubach, Nadeln 454.

breit, von doppelkonischer Form und in der oberen Hälfte des Kopfes durch getreppt abgesetzte Zonen verziert (Taf. 49,1). Wie beim vorherigen Exemplar ist bei der Seitenansicht auf dem Mittelwulst ein eingekerbtes umlaufendes Strichelband angebracht. Bei der Aufsicht ist im mittleren Bereich des Kopfes ein umlaufendes Strichelband zu erkennen. Offensichtlich sind auch hier der Nadelkopf und der Nadelschaft getrennt voneinander gegossen und erst in einem zweiten Schritt zusammengesetzt worden. Der Nadelschaft macht einen kräftigen Eindruck und ist zwischen 0,3 und 0,4 cm breit. Insgesamt ist die Nadel 16,4 cm lang. Die Nadel lässt sich aufgrund ihrer gesamten Erscheinung als kleinere Variante der Form Schwabsburg ansprechen. Anzuführen sind hier die getreppten Zonen am Kopf, der Knopf auf der Nadelspitze und der mit Stricheln verzierte Mittelwulst. Der Unterschied zu den vorherigen Nadeln der Form Schwabsburg besteht jedoch in dem kleineren Kopf, der zwar ebenfalls doppelkonisch, jedoch weniger flach ist. Vergleichbare Nadeln sind im Gegensatz zur größeren Form Schwabsburg sehr selten.

Mimbach
Eine sehr ähnliche Nadel stammt aus Mimbach (Taf. 57,2)[468], einem Stadtteil von Blieskastel im Saarpfalz-Kreis im Saarland. Diese fand sich in einem großen, aus Sandsteinen gebauten Grab, welches zudem mit einer Steinumwehrung eingefasst war. Im Grab lagen zwei brandbestattete Tote, von denen das eine Individuum erwachsen, das andere Individuum erst 8–10 Jahre gewesen sein soll.[469] Die Beigaben aus Bronze lagen allesamt in der südwestlichen Ecke des Grabes, darunter die besagte Nadel mit doppelkonischem, gerilltem Kopf. Der Mittelwulst ist mit einem senkrechten Strichelband verziert. Von Bedeutung ist ein Griffzungenschwert vom Typ Hemigkofen (Kap. III.4.2.2.2), welches nur unweit der Nadel lag. Am Schwert klebten in situ faserige Reste, die vermutlich den Rest einer vergangenen Schwertscheide darstellen. Am Schwertgriff lagen ein kleiner Bronzering sowie drei oder vier kleinere Bronzeblechzwingen, die zusammen zu einem Schwertgehänge oder Gürtel gehört haben dürften. An Keramik waren ein linienverziertes Trichterhalsgefäß mit geknickter Wandung und ein Teller mit Omphalosboden ins Grab gestellt worden. Mit Kammstrichen verziert sind ein großer Becher mit gewölbtem Umbruch, ein großer Becher mit geknicktem Umbruch und zwei kleine Becher mit scharf geknicktem Umbruch. Hinzu kommen weitere Scherben. Die Verzierung der Keramik mit horizontalen eng beieinanderliegenden Rillen und senkrecht ausgeführter Kammstrichverzierung ist typisch für den Stil der rheinisch-schweizerisch-ostfranzösischen Gruppe. Außergewöhnlich und bis dato einzigartig sind ein Gefäß mit so genannter „Metopenverzierung" und eines mit „hängenden und aufsitzenden Bögen."[470] Der beobachtete Keramikstil datiert das Grab zwischen die Stufe Ha A1 und die Endphase der Stufe Ha A2.[471] Sperber[472] spricht sich nach einer Seriation für eine Datierung in die Stufe SB IIa bzw. Ha A1 aus.

Ernzen
Eine weitere sehr ähnliche Nadel kommt aus Ernzen (Abb. 48,1)[473], einer Stadt in der Eifel im Bundesland Rheinland-Pfalz. Sie fand sich in einer von mehreren Gruben, welche im Zusammenhang einer Ha A- bis Ha B-zeitlichen Wallanlage zu sehen sind. In den Gruben wurden weitere nach Ha A zu datierende Funde geborgen, darunter eine weitere Nadel, der Rest einer Fibel und einige Gefäßscherben. Die Nadel hat einen doppelkonischen Kopf, dessen Mittelwulst mit senkrecht eingekerbtem Stricheln verziert ist. Nur oberhalb des Mittelwulstes finden sich getreppte Rillen, der untere Teil ist glatt und unverziert. Der Knopf auf der Nadelspitze ist vierkantig. Nach Gollups Einschätzung ist „der Kopf [...] auf den Schaft aufgesteckt und das überstehende Schaftende flach gehämmert."[474] Der obere Nadelschaft ist unterhalb vom Kopf an drei Stellen mit je drei dünnen Rillen verziert.

Fundort unbekannt
Als Einzelfund[475] ohne genaue Fundortangabe ist eine Nadel, die sich heute im Besitz des Museum Nancy befindet, zu nennen. Die Gestaltung des Kopfes besteht aus getreppten Rillen, der Mittelwulst ist mit Strichen gekerbt (Abb. 48,3).

---

468 Kolling, Mimbach Abb. 3,4.
469 Ebd. 48. In der Arbeit von Kolling gibt es abweichende Angaben zum Sterbealter des Kindes. An anderer Stelle (ebd. 52) spricht er von einem Sterbealter von 10–15 Jahren. Zweifel an der anthropologischen Bestimmung äußerte auf Nachfrage der Anthropologe Dr. J. Wahl, da bei einem Kind die Gelenkenden der Knochenteile (linke Elle und Mittelhandknochen) noch nicht verwachsen sein dürften. Da zudem keine differenzierte Unterscheidung der platten Knochen stattfand und auch der Verbrennungsgrad der Knochen nicht angegeben wird, bestehen nach Wahl berechtigte Zweifel am Nachweis des zweiten (kindlichen) Individuums (persönliche Mitteilung 15.10.2007).
470 Kolling, Mimbach 49; 47 Abb. 5,1–2.
471 Ebd. 51.
472 Sperber, Chronologie 48 „Typ 80"; Taf. 17,130.
473 S. Gollup, Neue Funde der Urnenfelderkultur: Ernzen. In: Trierer Zeitschrift 32, 1969, 21 Abb. 9,2.
474 Ebd. 23.
475 Beck, Beiträge Taf. 44,1.

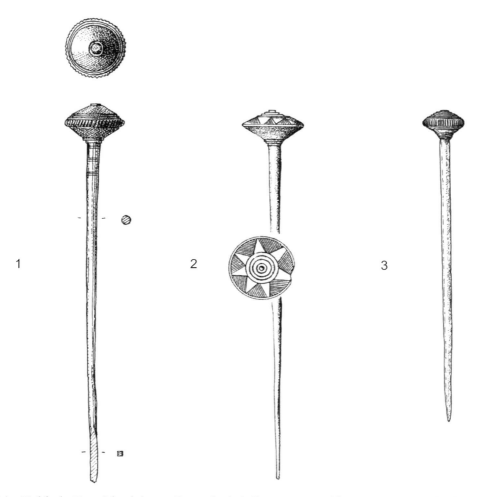

Abb. 48: Kleine Nadeln der Form Schwabsburg. 1 Ernzen (nach Gollup, Ernzen 21 Abb. 9,2). 2 Vierzon (nach Villes, Vierzon 400 Abb. 9,16). 3 Fundort unbekannt (nach Beck, Beiträge Taf. 44,1).

Vierzon und Villethierry

Aus dem französischen Ort Vierzon[476] im Dép. Chér in Zentralfrankreich wurde eine ebenfalls sehr ähnliche Nadel gefunden (Abb. 48,2). Es handelt sich dabei um einen Einzelfund.[477] Dieses Exemplar hat einen doppelkonischen Kopf, dessen Ober- und Unterseite durch Strichverzierung verziert ist. Auf der Oberseite sind freie Flächen ausgelassen worden, die bei der Aufsicht einen siebenzackigen Stern zeigen. Diese Nadel erinnert an Exemplare aus dem französischen Depotfund von Villethierry[478] (Abb. 44,1), der aufzeigt, dass auch für die kleineren Nadeln der Form Schwabsburg eine Entwicklung im französischen Raum gesucht werden kann. Hier finden sich Nadeln, die zumindest von der Kopfform der kleinen Variante der Form Schwabsburg ähnlich sind. Beschrieben werden sie hier als „Epingles à tête sub-bioconique, variante 2."[479] Wie bei den französischen Nadeln üblich, ist allein der obere Teil des Nadelkopfes verziert, bei der Aufsicht erkennt man Kreismuster und solche, die an vier- bis siebenspeichige Räder erinnern. Ein Mittelwulst ist nicht herausgearbeitet, der Umbruch hingegen ebenfalls sehr häufig mit einem umlaufenden Strichband verziert.

4.1.5 Typ Neckarsulm (Gräber 2/1; 4; 7/1; 12/2; 17; 18/1; 24/2)

Mit sieben Exemplaren ist der folgende Nadeltyp derjenige, welcher auf dem Neckarsulmer Gräberfeld mit Abstand am häufigsten auftritt (Gräber 2/1; 4; 7/1; 12/2; 17; 18/1; 24/2).[480] Es handelt sich um

---

476 A. Villes, Du bronze final Ib au bronze final IIIa dans le secteur de la Loire Moyenne. In: P. Brun/C. Mordant (Hrsg.), Le groupe Rhin-Suisse-France orientale et la notion de civilisation des Champs d'Urnes. Mémoires du Musée de Préhistoire d'Ile-de-France n° 1 (Nemours 1988) 400 Abb. 9,16.
477 G. Cordier, Les Champs d'Urnes en Orléanais. Revue archéologique du Nord du Loiret 3, 1977, 30; 31 Abb. 19,13.
478 Mordant u.a., Villethierry 80–91 Abb. 54; 56; 65–76.
479 Ebd.
480 Zur Verteilung der Nadeln dieses Typs innerhalb des Gräberfeldes siehe Abb. 15.

Nadeln mit kleinem doppelkonischem Kopf, der durch getreppte Rippen verziert ist. In der Mitte des Nadelkopfes, dort wo der Kopf seine breiteste Stelle aufweist, findet sich ein dickerer Mittelwulst, der in einigen Fällen mit feinen Stricheln gekerbt ist. Zwar sind Nadeln mit doppelkonischem Kopf in der Urnenfelderkultur durchaus geläufig, die Zahl der Nadeln, die nach der beschriebenen Art gestaltet sind, ist jedoch sehr gering. Beim Vergleich unserer Nadeln mit den bisher bekannten und beschriebenen Nadeln wird deutlich, dass diese Nadelform in Württemberg vor ihrem Auftreten in Neckarsulm offenbar unbekannt war. Aufgrund der Zusammengehörigkeit des „schwäbischen" und des „untermainischen" Raumes zu einer Urnenfeldergruppe liegt es nahe, die Übersichtspublikation von W. Kubach über die Nadeln aus Hessen und Rheinhessen für die Untersuchung der Neckarsulmer Nadeln mit einzubeziehen. Doch auch im Untersuchungsraum Kubachs finden sich nur sehr wenige Nadeln, die den unsrigen entsprechen. Nach Kubachs Typologie gehören die Nadeln zu der Gruppe von Nadeln „mit (annähernd) doppelkonischem Kopf.".[481] Darunter finden sich zunächst einmal alle Nadeln mit einer solchen Kopfform. Um eine genaue Typenansprache vornehmen zu können, reicht diese Umschreibung allein jedoch nicht aus. Näher kommt da der von Kubach definierte Nadeltyp Landau:

„Mehrere Nadeln haben einen entweder mit horizontalen Linien verzierten oder – häufiger – durch horizontale Rippen profilierten bzw. gestuften Kopf von mehr oder weniger doppelkonischem Umriss. Dabei lassen sich Nadeln mit gleichmäßigem Übergang vom Kopf zum Schaft von solchen unterscheiden, bei denen der Kopf durch ein kurzes zylindrisches oder konisches Abschlussstück oder eine ausgeprägte Halsrippe vom Kopf abgesetzt ist."[482]

Es ist festzustellen, dass unter diesem Typ Nadeln beschrieben werden, die, je nachdem, welche Merkmale sie in sich vereinen, in ihrem Äußeren recht stark voneinander abweichen können. Beim Typ Landau handelt es sich daher um einen recht weit definierten und sehr heterogenen Typ. Nach Kubach liegen einige Nadeln vor, die sich als Gruppe von den übrigen Nadeln vom Typ Landau absondern. Gemeinsam ist diesen Nadeln „ein ausgeprägt stufenförmiger, deutlich vom Schaft abgesetzter Kopf" und ein „doppelkonischer Kopfumriss."[483] Die Mehrzahl oder gar alle Nadeln dieser Form datieren nach Kubach, soweit ein Datierungsansatz gegeben ist, in die mittlere Urnenfelderzeit[484] bzw. in Stufe Ha A2.

Da einerseits im weiteren Umkreis des Fundorts vergleichbare Nadeln fehlen und andererseits in Neckarsulm gleich mehrere Nadeln dieses Typs vorkommen, kann mit einiger Sicherheit davon ausgegangen werden, dass es sich hier um Nadeln einer lokalen Produktion handelt. Es ist zudem aufgrund der Menge gleichartiger Nadeln, in Anbetracht der dargelegten Probleme bei der Eingrenzung ihres Typs, gerechtfertigt, auf dieser Basis einen neuen Typ zu definieren, und zwar die „Nadeln mit doppelkonischem und profiliertem Kopf vom Typ Neckarsulm". Eine Frage bleibt jedoch offen, und zwar ob am Produktionsort Neckarsulm das Gestaltungsprinzip dieses Typs entwickelt wurde. Interessant ist hier zunächst ein Vergleich der Nadeln vom Typ Neckarsulm mit jener kleinköpfigen Nadel der Form Schwabsburg aus Grab 28 (s. o.). Stellt man der Nadel beispielsweise die Nadel vom Typ Neckarsulm aus Grab 12/2 gegenüber, so erscheint letztere als eine Miniaturausgabe der kleinen Form Schwabsburg.[485] Wie schon bei der Form Schwabsburg angesprochen, finden sich auch bei den Nadeln mit kleinem doppelkonischem Kopf und getreppter Rillenverzierung sehr ähnliche Exemplare im französischen Depotfund aus Villethierry[486] (Abb. 49,1–2), wenngleich die kleinköpfigen Nadeln in der Gesamtheit des Depots recht unterrepräsentiert sind. Damit zeigt sich auch hier wieder eine Verbindung zum französischen Raum, über deren Qualität aufgrund der geringen Verbreitung dieses Nadeltyps und der sich daraus ergebenden großen regionalen Fundlücken im Moment noch nichts Weiteres gesagt werden kann.

Grab 2/1 (Fd.-Nr. 2001-48-2-8): Die Nadel lag über dem Humerusende des rechten Arms. Der Nadelkopf ist 1,15 cm breit und von doppelkonischer Form (Taf. 30,3). Durch mehrere Rippen wird der Kopf in verschiedene kleine Zonen unterteilt. Die Spitze des Kopfes ist von einem kleinen halbrunden Knopf gekrönt. Die Nadel ist insgesamt 12,9 cm lang, die Breite des Nadelschaftes liegt zwischen 0,25 und 0,3 cm.

Grab 4 (Fd.-Nr. 2001-48-6-1): Die Nadel befand sich im Bereich des Oberkörpers. Der Nadelkopf ist 1,2 cm breit und von doppelkonischer Form

---

481 Kubach, Nadeln 470.
482 Ebd. 470f.
483 Ebd. 473.
484 Ebd. 473.
485 Interessant ist in diesem Zusammenhang ein Nadelfund (Beck, Beiträge Taf. 44,1) unbekannter Herkunft, welcher heute im Museum Nancy in Frankreich aufbewahrt wird. Diese Nadel besitzt eine Kopfgröße entsprechend der kleinen Form Schwabsburg, verfügt jedoch wie die Neckarsulmer Nadeln über eine getreppte Rillenverzierung.
486 Mordant u. a., Villethierry 94 Abb. 79, Nr. 197 u. Nr. 249.

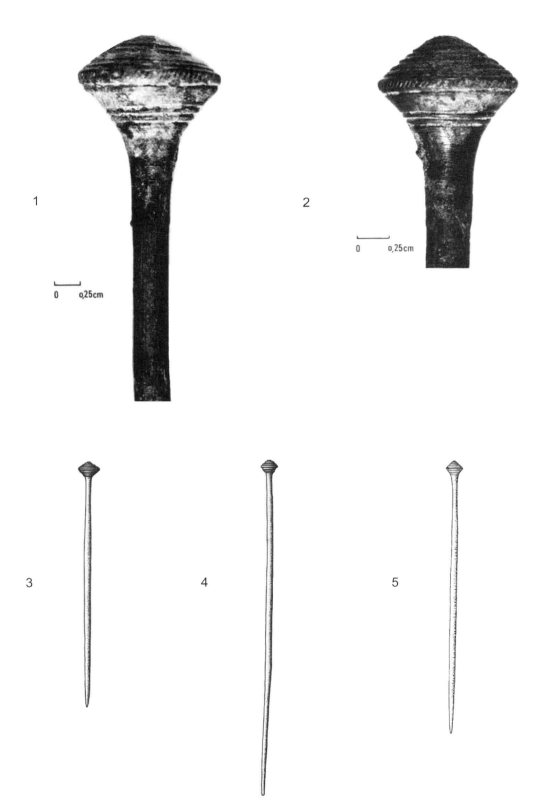

Abb. 49: Nadeln mit doppelkonischem Kopf. 1 Villethierry (nach Mordant/Rampart, Villethierry 94 Abb. 79,279). 2 Villethierry (nach Mordant/Rampart, Villethierry 94 Abb. 79,197). 3 Pfungstadt (nach Kubach, Nadeln Taf. 75,1180). 4 Frankfurt-Stadtwald (nach Kubach, Nadeln Taf. 75,1179). 5 Eschollbrücken (nach Kubach, Nadeln Taf. 75,1165).

(Taf. 33,1). Der gesamte Kopf ist durch getreppte Rippen untergliedert. Die Spitze des Kopfes besteht aus einem halbrunden Knopf. Der Nadelschaft ist an der Spitze abgebrochen und noch 13 cm lang. Die Breite des Nadelschaftes beträgt durchgängig 0,3 cm.
Grab 7/1 (Fd.-Nr. 2001-48-9-1): Die Nadel lag auf dem rechten Oberarm des Toten. Mit einem Durchmesser von nur 1,0 cm ist der Nadelkopf sehr klein (Taf. 33,2). Wie bei der vorherigen Nadel ist der gesamte Kopf durch getreppte Rippen untergliedert. Die Spitze des Kopfes ist ausnahmsweise flach und nicht rund. Die Nadel ist 11,9 cm lang. Der Nadelschaft ist 0,25 cm breit.
Grab 12/2 (Fd.-Nr. 2001-48-22-3): Die Nadel lag innen am linken Oberarm. Der 1,2 cm breite Kopf ist wie bei den vorherigen Nadeln durch getreppte Rippen gestaltet (Taf. 35,2). Die Nadelspitze besteht aus einem kleinen halbrunden Knopf. Der direkt unter dem Mittelwulst gelegene Wulst ist mit einem den Nadelkopf umlaufenden, schräg angebrachten Strichelband verziert. Die Nadel ist insgesamt 14,5 cm lang. Die Breite des Nadelschaftes liegt zwischen 0,3 und 0,35 cm.
Grab 17 (Fd.-Nr. 2001-48-30-1): Die Nadel lag etwa im Bereich vom Scheitel direkt auf dem Kopf. Der Kopf ist 1,15 cm breit und durch getreppte Rippen verziert (Taf. 36,2). Der Knopf auf der Nadelspitze ist nicht wie gewohnt halbrund, sondern spitz. Die Länge der Nadel beträgt 14,7 cm. Der Nadelschaft ist zwischen 0,3 und 0,35 cm breit.
Grab 18/1 (Fd.-Nr. 2001-48-31-8): Auf der Höhe der Hüfte bzw. des linken Oberarms lag ein Ensemble bestehend aus einem Griffzungenschwert (vgl. Kap. III.4.2.2), einem Messer (vgl. Kap. III.4.3.1) und der Nadel. Die Nadel lag dabei genau parallel zum Messer. Der Nadelkopf ist 1,3 cm breit und unterscheidet sich in seiner Gestaltung ein wenig von den übrigen Nadeln (Taf. 38,2). Während der untere Teil des Nadelkopfes, also der Bereich unterhalb vom Mittelwulst, wie gewohnt aus getreppten Rippen besteht, liegen die Rippen über dem Mittelwulst weiter auseinander. Mit dem spitz zulaufenden Nadelkopf ist der obere Teil des Nadelkopfes von kegeliger Form. Der Mittelwulst ist zudem mit einem Strichelband verziert. Die Nadel ist insgesamt 16,6 cm lang und hat einen 0,4 cm breiten Nadelschaft.
Grab 24/2 (Fd.-Nr. 2001-48-43-1): Die Nadel lag im Bereich der rechten Schulter. Der Kopf ist 1,2 cm breit und unterscheidet sich ein wenig von den anderen Nadeln (Taf. 48,1). So schließt der Mittelwulst nicht an die über und unter ihm liegenden Rippen an, sondern er steht markant breiter ab. Die Nadel ist durch einen prominent halbrunden Knopf ge-

krönt. Die Breite der Nadel liegt zwischen 0,3 und 0,35 cm. Die Gesamtlänge beträgt 16,4 cm.

Pfungstadt
Eine Nadel aus Pfungstadt (Abb. 49,3)[487] aus dem Landkreis Darmstadt-Dieburg ist vor allem den Neckarsulmer Nadeln aus den Gräbern 4 und 12/2 ähnlich. Da es sich bei diesem Stück jedoch um einen Lesefund aus einer Ziegeleigrube handelt, ist sie für eine Datierung leider nicht von Nutzen. Die Nadel hat einen Kopf, der eine doppelkonische Form und „eine leicht betonte Mittelpartie aufweist und durch umlaufende Rillen getreppt [ist]."[488] Die Länge der Nadel beträgt 13,5 cm und sie verfügt über einen Kdm. von 1,15 cm. In letzterem Maß entspricht sie ziemlich genau den meisten der Neckarsulmer Nadeln. Die Patina der Nadel wird mit einer „Grabpatina" umschrieben. Unklar bleibt hier, ob damit gemeint ist, dass die Nadel dem Feuer ausgesetzt war und demnach ursprünglich aus einer Brandbestattung stammt.

Herrnwahlthann
Zu nennen wäre ebenfalls eine Nadel mit nahezu doppelkonischer Kopfform und profiliertem Kopf aus Grab 2 des mit insgesamt 53 Gräbern verhältnismäßig großen Gräberfeldes von Herrnwahlthann[489] im Ldkr. Kelheim in Niederbayern. Die Nadel besitzt eine Länge von 16,4 cm. Zur Grabausstattung[490] gehören neben einem umfangreichen Keramikset noch zwei Pfeilspitzen, ein Messer und ein Rasiermesser. Während das Messer aufgrund des fehlenden Griffs nichts zur Datierung des Befundes beitragen kann, gehört das Rasiermesser[491] aufgrund des Griffs mit x-förmiger Verstrebung zur Variante Dietzenbach. Dieser Typ wird in die Dietzenbach Stufe bzw. nach Ha A1 datiert, während U. Pfauth diesen Fund in die Stufe Ha A2 datieren möchte.[492]
Mit den genannten Nadeln sind bereits alle bislang bekannten Nadeln aufgeführt, die den Neckarsulmer Nadeln ähnlich sind. Im Folgenden sollen noch ein paar weitere Exemplare vorgestellt werden, deren Kopfgestaltung von doppelkonischer Form ist, deren Köpfe jedoch keine Rippen, sondern vielmehr scharf profilierte Stufen aufweisen.

---

487 Kubach, Nadeln Taf. 75 Nr. 1180.
488 Ebd. 471.
489 U. Pfauth, Die urnenfelderzeitliche Nekropole von Herrnwahlthann, Gem. Hausen, Lkr. Kehlheim. Bericht der Bayerischen Bodendenkmalpflege 28/29, 1987/88, 56 Abb. 4,1; Clausing, Untersuchungen Taf. 72,4.
490 Ebd. 32f.
491 Jockenhövel, Rasiermesser Taf. 13 Nr. 159.
492 Pfauth, Herrnwahlthann 22.

Frankfurt-Stadtwald
Eine Nadel aus Frankfurt-Stadtwald (Abb. 49,4)[493] in Hessen stammt vermutlich aus einem Urnenflachgrab. Die Nadel ist 18,4 cm lang. Der Kopf, der unregelmäßig gearbeitet ist, hat einen relativ kleinen Durchmesser von 0,95 cm. Mit ihrem Kopfdurchmesser von nur 1 cm und der ebenfalls flach gestalteten „Kopfspitze" ähnelt sie der Neckarsulmer Nadel aus Grab 7/1. Zur Frankfurter Bestattung gehört, neben den Scherben einer Urne mit Fingerstrichverzierung, noch eine weitere Nadel mit „doppelkonischem oder seitlich abgerundetem Plattenkopf."[494] Das Grab kann nur allgemein in die Stufe Ha A datiert werden.

Oberwalluf
Von Interesse wäre des Weiteren ein Exemplar vom Typ Landau aus einem von zwei Steinkistengräbern in Oberwalluf[495] im Rheingau-Taunus-Kreis in Hessen. Der Kopf dieser Nadel ist relativ klein und kommt hierin der Nadel aus dem Grab 7/1 von Neckarsulm nahe. Gemeinsam sind beiden Nadeln ihre doppelkonische Kopfform und die getreppte Rillenverzierung. Auffällig bei der Oberwallufer Nadel ist der ritzverzierte Mittelwulst – ein Merkmal, das sich auch bei den Neckarsulmer Nadeln aus den Gräbern 12/2 und 18/1 wiederfinden lässt. Das Grab von Oberwalluf enthielt als weitere Beigaben aus Bronze ein Messer mit durchlochtem Griffdorn, fünf Tüllenpfeilspitzen, eine Zungenpfeilspitze, eine Bronzedrahtspirale, das Bruchstück eines profilierten Bronzearmbandes, zwei einzelne Nieten, ein verziertes Bronzeblechröllchen sowie einen Zwingenbuckel und Blechhülsen.[496] Letztere stellen möglicherweise die Reste eines Schwertgehänges (vgl. Kap. III.4.4.3.1) dar. An Keramik fanden sich zwei Schüsseln mit rillenbegleiteter Riefe (vgl. Kap. III. 4.6.2.3), ein Kegelhalsbecher, eine Knickwandschale, ein flaches Schälchen und eine konische Schale mit Henkelöse. Aufgrund der Keramik ist nach Herrmann das Grab von Oberwalluf in die älteste Phase der Urnenfelderzeit zu setzen, was einer Datierung nach Ha A1 entspricht.[497]

Eschollbrücken
Zwischen den Jahren 1890 und 1904 wurden beim Torfstechen in einem Moor bei Eschollbrücken, Ldkr. Darmstadt-Dieburg in Hessen, mehrere Bronzefunde entdeckt.[498] Darunter sind zwei Messer mit durchlochtem Griffdorn, eine Lanzenspitze, ein Lappenbeil und insgesamt 22 Nadeln, die verschiedensten Typen angehören. Um einen zusammenhängenden Depotfund handelt es sich hierbei nicht, vielmehr muss das Moor ein über Jahre aufgesuchter Deponierungsplatz gewesen sein, wobei ein sakral-religiöser Hintergrund sehr wahrscheinlich ist. Bei einer der Nadeln (Abb. 49,5) handelt es sich um ein Exemplar, bei welchem der spitze Nadelkopf an die Nadeln der Neckarsulmer Gräber 17 und 18/1 erinnert.[499]

Eschborn
Ein etwas anderer Typ, aufgrund der doppelkonischen Kopfform und der horizontal profilierten Gestaltung jedoch verwandt, ist jene Nadel aus dem Grab 2 von Eschborn (Taf. 54,13)[500] im Main-Taunus-Kreis in Hessen. Aufgrund des Griffzungenschwertes vom Typ Hemigkofen der Variante Uffhofen (Kap. III.4.2.2.4), einem Armring vom Typ Hanau und einer zweiten Nadel der Form Schwabsburg (s. o.) wird das Grab in die Stufe Ha A2 datiert. In einer Zusammenfassung der Datierungen der hier dargelegten Vergleichsfunde zeigt sich, dass Nadeln vom Typ Neckarsulm während der gesamten Phase Ha A auftreten können. In Neckarsulm lässt die große Zahl dieses Nadeltyps vermuten, dass deren Datierung über die Zuordnung anderer Funde leicht fiele. Dem ist leider nicht so, da oftmals eine solche Nadel hier die einzige bronzene Beigabe im Grab darstellt. Vergesellschaftet sind die Nadeln in der Regel allein mit Scherben von Keramik und seltener mit einem vollständigen Gefäß. Grab 18/1 kommt innerhalb des Gräberfeldes daher eine besondere Bedeutung zu, da sich hier ein Exemplar durch seine Vergesellschaftung mit einem Schwert und einem Messer besonders gut datieren lässt. Dieses Datum liefert daher einen wichtigen Hinweis auf die Datierung der übrigen Gräber (siehe Kap. IV), gleichwohl wir nicht wissen, in welchem Zeitraum diese Nadelform ihre Verwendung fand – ob nun über nur wenige Jahre oder gar über Jahrzehnte hinweg.

4.1.6 Stabkopfnadel (Grab 19)

In Grab 19 fand sich als einzige Beigabe aus Bronze die folgende Nadel (Bef. 130 Fd.-Nr. 2001-48-33-1). Diese lag etwa auf Kopfhöhe des Toten. Die Nadel ist insgesamt 13,4 cm lang, die Breite des Nadelschaftes beträgt dabei ca. 0,35 cm (Taf. 42,2). Der Kopf der Nadel ist dicker als der Nadelschaft und

---

[493] Kubach, Nadeln Taf. 75 Nr. 1179.
[494] Ebd. Taf. 74 Nr. 1141.
[495] Ebd. Taf. 75 Nr. 1163; Herrmann, Hessen Taf. 89 B 8.
[496] Clausing, Untersuchungen Taf. 78 A; Herrmann, Hessen Taf. 89 B und 84f., Nr. 180 B.
[497] Herrmann, Hessen 32 u. Abb. 5,6.
[498] Ebd. 158 Nr. 556.
[499] Kubach, Nadeln Taf. 75 Nr. 1165; Herrmann, Hessen Taf. 216,14.
[500] Ebd. Taf. 75 Nr. 1182.

nimmt in seiner Breite bis zur Kopfspitze stetig zu. Die Länge des Kopfes beträgt 1,5 cm, der Kdm. 0,8 cm. Die Nadelspitze ist von spitzkonischer Form. Unterhalb der Spitze und knapp über dem Nadelschaft ist der Kopf mit mehreren umlaufenden Rillen verziert. In der Zeichnung nicht sichtbar sind drei Reihen von schräg laufenden Strichlinien, die oberen und unteren Linien verlaufen nach links und die mittleren nach rechts.

Mit diesem Fund liegt ein Exemplar vor, dessen Typ bislang völlig unbekannt zu sein scheint. Da Vergleichsfunde fehlen, resultiert seine Datierung nach Ha A allein aus dem Kontext zu den anderen Gräbern. Aufgrund der insgesamt sehr schlanken Form habe ich mich dazu entschlossen diese Nadelform vorläufig als „Stabkopfnadel" zu bezeichnen.

Zwei Nadelfunde seien an dieser Stelle noch vorgebracht. Zum einen eine Nadel[501] aus dem Rhein bei Mainz (Abb. 50,1), mit stabförmigem Kopf.[502] Auffällig ist bei ihr eine Verzierung des Kopfes mit einem Fischgrätenmuster bzw. mit einer Verzierung aus gegenläufigen Reihen von schrägen Strichen, wie man es in ähnlicher Weise auch bei der Neckarsulmer Nadel findet. Ein zweiter Fund stammt aus Bisingen im Zollernalbkreis im südlichen Württemberg (Abb. 50,2). Der Fund stammt aus einem von mindestens zehn Grabhügeln, welche bereits 1927 durch die württembergische Denkmalpflege untersucht wurden. Der Grabbefund ist nicht genau zu rekonstruieren, die Nadel sowie wenige Keramikbruchstücke lagen wohl aber in einer Steinkammer inmitten eines Grabhügels. Eine Datierung in die mittlere Bronzezeit aufgrund der Grabfunde liegt nahe. Die Gemeinsamkeit zur Neckarsulmer Nadel besteht vor allem in der Kopfform mit seinem spitzkonischen Kopfabschluss. Kreutle[503] führt zu diesem Fund verschiedene Vergleichsfunde aus Sinsheim im Rhein-Neckar-Kreis, aus Hessen, aber auch aus Ungarn und Italien an und datiert die Bisinger Nadel in die Stufe Bz D bis Ha A1.

4.2 Schwerter

4.2.1 Griffangelschwert (Grab 22/1)

In Grab 22 wurden insgesamt drei Personen bestattet, wobei die Bestattung 22/1 die einzige ist, welche nicht beraubt wurde. Bestattungen 2/2 und 2/3 sind deutlich gestört und fundleer. Der männliche Tote war „spätadult" als er starb, also ein älterer Erwachsener. Oberhalb vom Kopf des Toten standen zwei große Schrängrandschüsseln (Kap. III.4.6.2.4), es ist dies also die einzige Bestattung des Neckarsulmer Gräberfeldes, der gesichert zwei Gefäße zugeordnet werden können. Der Tote trug an seiner linken Hand einen goldenen Fingerring (Kap. III.4.5.1). Unter der rechten Seite des Oberkörpers fand sich ein Schwert, welches im Folgenden vorgestellt wird. Dieses Schwert (Fd.-Nr. 2001-48-37-3) ist aufgrund seiner Griffangel als so genanntes „Griffangelschwert" anzusprechen (Taf. 45,8). Die Griffangel ist gerade, 11 cm lang und im Querschnitt vierkantig. Der Schwertgriff wurde offensichtlich auf die etwa 0,7 cm breite Angel aufgeschoben und danach deren Ende breit flach gehämmert. Dieser Vorgang reichte offenbar aus, um den Griff ohne die Verwendung von Nieten auf der Angel zu befestigen.[504] Beim Griff, von dem sich keine weiteren Überreste erhalten haben, ist davon auszugehen, dass dieser aus einem organischen Material wie Holz, Horn, Bein o. Ä. bestanden hat. Am Ende des Heftes geht die Griffangel in einen auffällig dicken spindelförmigen Mittelwulst über. Dieser Wulst läuft nach etwa 16,3 cm im Bereich der oberen Klingenhälfte spitz in die Klinge aus. Hinter dem Mittelwulst liegt vermutlich die technische Absicht, der Klinge eine höhere Stabilität zu verleihen. Wie wir noch bei anderen Griffangelschwertern sehen werden, verfügen einige Schwerter neben einem Mittelwulst auch oder einzig über eine so genannte Mittelrippe, eine Art Naht auf der Klingenoberfläche. Dies ist beim Neckarsulmer Schwert allerdings nicht der Fall, eine Mittelrippe fehlt hier. Bei der genaueren Betrachtung des Neckarsulmer Schwerts fällt am Heft ein bogenförmiger Ausschnitt auf. Dieser ist jedoch nicht in das Metall eingearbeitet, sondern stellt vielmehr den (Negativ-)Abdruck eines ehemals wohl organischen Materials dar. Eventuell handelt es sich hier um den Abdruck des Griffs oder der Schwertscheidenmündung. Direkt unter dem Heft liegt an der Klinge ein sägeartiger, scharf gezähnter Bereich, welcher in der Literatur entweder als „Fehlschärfe"[505]

---

501 Kubach, Nadeln Taf. 54 Nr. 734.
502 Kubach bezeichnet diese als „Nadel mit abschließender Verdickung" (Kubach, Nadeln 311).
503 Kreutle, Schwarzwald und Iller 159f.
504 Bei einigen Griffangelschwertern finden sich jedoch auch zusätzliche Nietlöcher. Niederösterreich: Baierdorf (S. Foltiny, Zur Frage der urnenfelderzeitlichen Griffangelschwerter in Österreich und in Nordostoberitalien. Archaeologia Austriaca, 36, 1964, 40 Abb. 1,1); Norditalien: zwei Exemplare aus Sant' Antonio (Foltiny, Griffangelschwerter 41, Abb. 2,1–2), Voltabrusegena (H. Reim, Bronze- und urnenfelderzeitliche Griffangelschwerter im nordwestlichen Voralpenraum und in Oberitalien, Arch. Korrbl. 4, 1974, Abb. 2,2), Brescia (Reim, Griffangelschwerter Abb. 2,6); Frankreich: Aime (Reim, Griffangelschwerter Abb. 1,4); Süddeutschland: Waldsee (Schauer, Schwerter Taf. 42,286), Neckarsulm (Kraft, Bronzezeit Taf. XIV 5).
505 Der Begriff „Fehlschärfe" bezieht sich meiner Einschätzung nach eher auf Schwerter, bei denen dieser Bereich nicht gezähnt, sondern stumpf ist.

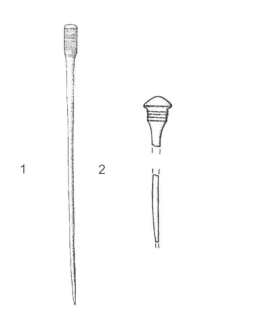

Abb. 50: Stabkopfnadeln. 1 Fundort unbekannt (nach Kubach, Nadeln Taf. 54,734). 2 Bisingen (nach Kreutle, Schwarzwald und Iller Taf. 35 I 1).

oder treffender als „Ricasso" bezeichnet wird. Das genannte Ricasso unseres Schwertes ist ca. 5,8 cm lang und mit starken Zacken gekerbt. Dies hatte mit Sicherheit weniger ästhetische als vielmehr praktische Gründe. In den früheren Jahren der archäologischen Forschung sah etwa P. Goessler[506] die Funktion der Zacken in der „Aufnahme einer Umwicklung" und auch O. Paret[507] meinte, dass hier „eine Umwicklung zum Schutze des Daumens" angebracht wurde. Von dieser Interpretation des Ricassos ist die Forschung seit Längerem jedoch abgekommen. Neuere Interpretationen gehen dahin, die Funktion der Zähnung darin zu sehen, dass sich beim Schlagabtausch das Schwert mit demjenigen des Gegners verhaken konnte. Der Schlag des Gegners wurde somit gestoppt und der Angreifer konnte zurückgedrückt werden. Zudem schützten die Zacken, zumindest in ihrem unteren Bereich, die Klinge vor einer Beschädigung. Beim Neckarsulmer Schwert ist in ihrer Gestaltung auffällig, und dies ist im Vergleich zu anderen Griffangelschwertern bislang einzigartig, dass unterhalb des Ricassos eine Verzierung angebracht wurde. Diese besteht aus zwei parallel verlaufenden Punktlinien, welche auf jeder Schwertseite zu finden sind. Für diese Art von Verzierung findet sich Vergleichbares erst bei jüngeren Schwertern wieder, etwa bei jenen vom Typ Gammertingen und vom Typ Locras. In Bezug auf die genannten Schwerttypen handelt es sich dabei um einen Verzierungsstil, der in größerem Umfang bei Griffzungenschwertern ab der Stufe Ha A2 auf-

tritt[508] und ab diesem Zeitpunkt in zunehmendem Maße zu einer großflächigen Verzierung des Ricassobereichs bzw. der Fehlschärfe führte. Für ein Griffangelschwert liegt hier nun der erste Beleg für eine solche Verzierung vor und es ist zugleich auch der erste Beleg dafür, dass bei urnenfelderzeitlichen Schwertern der frühen Stufe (Ha A1) solche Verzierungen überhaupt auftreten (siehe Kap. IV).

Das wohl augenfälligste Merkmal unseres Schwertes ist seine nur 54 cm lange und im unteren Bereich mit 5,1 cm verhältnismäßig breit ausbauchende Klinge. Derartige Klingen werden allgemein als weidenblattförmig beschrieben.[509] Das Schwert gibt sich somit als ein Hiebschwert zu erkennen, ein funktioneller Schwerttyp, der die dünnen und langen Griffplattenschwerter der mittleren Bronzezeit ablöste. Der Querschnitt der Klinge ist flach linsenförmig, wobei zu bemerken ist, dass die Klingenschneiden nicht abgesetzt sind. Abgesetzte Klingenschneiden sind hingegen bei anderen Schwertern dieser Art nicht ungewöhnlich und wurden in diesen Fällen entweder in die gegossene Klinge eingeschliffen oder eingehämmert. Die Klinge des Neckarsulmer Schwertes ist in einer Art verziert, wie sie des Öfteren bei Schwertern mit weidenblattförmiger Klinge auftritt. Man erkennt an der Schwertspitze und zum Teil im unteren Klingenbereich eine oberhalb der Schneide verlaufende feine Rille, welche ehemals möglicherweise die gesamte Schwertklinge umrandete. Nach dem ersten Spezialisten für urnenfelderzeitliche Schwerter, dem Briten J. D. Cowen, werden solche Linien als „Outlines"[510] oder „Umrisslinien" bezeichnet. Nach Einschätzung der Restauratorin der Neckarsulmer Funde, Frau L. Fischer, weist das Fehlen der Umrisslinie im oberen Klingenbereich auf ein wiederholtes Schärfen der Klinge hin, was auf einen häufigen Gebrauch des Schwertes schließen lässt. Einschränkend muss jedoch gesagt werden, dass unter dem Binokular keine Scharten oder Hiebspuren an der Klinge zu erkennen sind, wenngleich gerade die dünne Schneide stark korrodiert ist. Das Schwert ist insgesamt betrachtet in einem ausgezeichneten Erhaltungszustand. Dies betrifft sowohl

---

506 P. Goessler, Fundber. Schwaben 17, 1909, 13.
507 O. Paret, Fundber. Schwaben N. F. 12, 1938–51, 29.
508 Wenngleich das Schwert bzw. das Grab von Gammertingen nach Kreutle in den Übergang zwischen die Stufen Ha A1 und Ha A2 datiert wird (siehe Kap. III.4.1.4.1).
509 Weidenblattförmig meint, dass die Klinge erst ab ihrer Mitte ausbaucht und ihre breiteste Stelle etwas unterhalb der Schwertspitze liegt.
510 J. D. Cowen, Eine Einführung in die Geschichte der bronzenen Griffzungenschwerter in Süddeutschland und den angrenzenden Gebieten. Bericht RGK 36, 1955, 73.

die Klinge als auch das Ricasso, welches bei anderen Exemplaren aufgrund einer langen Deponierung im Boden oder im Wasser häufig stumpf geworden ist.

4.2.1.1 Griffangelschwerter allgemein

Wie aus der Beschreibung des Neckarsulmer Schwertes bereits deutlich wurde, gehört dieses Exemplar aufgrund seiner Griffangel zur Familie der so genannten Griffangelschwerter, einer Schwertgattung, welche vor allem im südlichen Mitteleuropa verbreitet war (Abb. 51). Nur in Ausnahmen finden sich solche Schwerter auch in Norddeutschland.[511] Eine besonders hohe Funddichte zeigen diese Schwerter in Oberitalien[512], sowie im Maingebiet und im Neckarraum. Letztere Gebiete markieren dabei genau jene Region, die aufgrund ihrer Funde als „untermainisch-schwäbische Gruppe" umschrieben wird (Kap. II.3). Weitere Verbreitungsschwerpunkte zeigen sich in der Schweiz und im östlichen Frankreich, hier mit einer Häufung im Bereich der Mündungsgebiete von Seine und Yonne. In Österreich ist diese Schwertform eher selten.[513] Insgesamt treten diese Schwerter zahlenmäßig deutlich hinter den zeitgleichen Vollgriff- und Griffzungenschwertern zurück. Innerhalb der Familie der Griffangelschwerter kann zwischen mindestens sechs Typen unterschieden werden.[514] Dies sind im Einzelnen der Typ Monza, Typ Grigny, Typ Pépinville, Typ Arco, Typ Terontola und der Typ Unterhaching. Alle Typen sind mit mindestens einem Exemplar in Süddeutschland vertreten, wobei für die süddeutsche Region der Typ Unterhaching der geläufigste ist. Die einzelnen Typen unterscheiden sich im Detail recht deutlich voneinander, sowohl was die Art der Griffangel als auch die Form der Schwertklinge betrifft. Die Griffangeln von Schwertern aus Süddeutschland, Österreich und der Schweiz besitzen in der Regel einen viereckigen Querschnitt, solche aus Frankreich hingegen eher achteckige oder runde Querschnitte. Das zeitliche Auftreten von Griffangelschwertern beschränkt sich auf die Stufen von Bz D bis Ha A2[515]. Für Süddeutschland hat es den Anschein, dass diese technische Variante der Griffbefestigung relativ bald zugunsten der Griffzungenschwerter aufgegeben wurde.

Über den Ursprung der Griffangelschwerter besteht trotz über einhundert Jahren Forschung nach wie vor Unklarheit, und wie bei vielen anderen Neuerungen in der materiellen Kultur, ist es auch in diesem Fall schwierig zu sagen, ob es sich bei dieser Schwertform um eine Eigenentwicklung der mitteleuropäischen Urnenfelderkultur oder um eine extern übernommene Innovation handelt. Fest steht, dass die Griffangel, die von der Frühbronzezeit bis in die mittlere Bronzezeit (Hügelgräberzeit) bei den Dolchen und den Schwertern übliche Griffplatte ablöste. Als ein mögliches Ursprungsgebiet der Griffangelschwerter wird immer wieder an den Mittelmeerraum gedacht, da etwa die norditalienischen Griffangelschwerter mit ihrer am Ende hakenförmig umgebogenen Griffangel in diesem speziellen Detail eine große Ähnlichkeit zu zyprischen Dolchen aufweisen. In der Forschung war man daher versucht, auf Handels- und Kulturbeziehungen zwischen Südeuropa und dem Mittelmeerraum zu schließen, mit Zypern als damaliger Drehscheibe des Fernhandels. P. Reinecke[516] zeigte, dass es sich bei den Griffangeldolchen aus Zypern um lokale Erzeugnisse handelt, die auch hier ihre größte Verbreitung finden. Mögliche Exporte dieser Dolche wird es gegeben haben, einen Nachweis dafür, dass diese einen Innovationsschub in der Schwertechnik auslösten, konnte jedoch bislang nicht erbracht werden. Interessant ist das Auftreten von Griffangelschwertern im Vorderen Orient (Syrien und Ägypten), wobei es sich hier um zeitlich parallel entstandene Entwicklungen zu den Erzeugnissen aus Mitteleuropa gehandelt haben könnte.[517] B. O'Connor[518] vermutet zumindest im Falle des dem Typ Pépinville zuzurechnenden Schwerts aus dem ägyptischen Ort El-Kantara (Al Qantara), dieses soll angeblich beim Bau des Suezkanals gefunden worden sein, dass ein Antiquitätenhändler im 19. Jh. falsche Angaben zum Fundort lieferte und es sich tatsächlich um eine Produktion aus dem norditalienischen bis nordostfranzösischen Raum handelt. Formenkundlich lässt sich zwischen den Schwertern aus dem Vorderen Orient und weiteren Exemplaren aus dem Ägäisgebiet durchaus eine Beziehung zu den Schwertern aus Mitteleuropa und Norditalien vermuten, die Qualität dieser Beziehung konnte allerdings bislang nicht weiter herausgearbeitet werden.[519] Es gibt noch eine weitere, möglicherweise sogar naheliegendere Spur, die sich bezüglich der Herkunft von Griffangelschwertern, besonders von jenen mit ausbauchender

---

511 J. Naue, Die vorrömischen Schwerter aus Kupfer, Bronze und Eisen (München 1903) 42 u. Taf. 18,1–4; 6–7.
512 Reim, Griffangelschwerter 22; V. Bianco Peroni, Die Schwerter in Italien. PBF IV, 1 (München 1970) 32 ff.
513 Foltiny (Foltiny, Griffangelschwerter 39 ff.) nennt gerade einmal vier Exemplare.
514 Reim, Griffangelschwerter 17 ff; Bianco Peroni, Schwerter 32 ff; Schauer, Schwerter 82 ff.
515 Schauer, Schwerter 82 ff.; Reim, Griffangelschwerter 23 Abb. 4.
516 P. Reinecke, Kyprische Dolche aus Mitteleuropa? Germania 17, 1933, 256 ff.
517 B. O'Connor, Zum Griffangelschwert von „El Kantara" (Ägypten). Arch. Korrbl. 8, 1978, 187 f.
518 Ebd. 188. Vgl. Schauer, Schwerter 91 Anm. 4.
519 Foltiny, Griffangelschwerter 46.

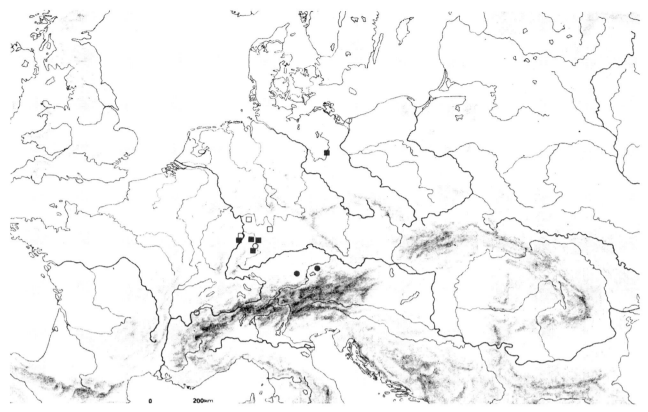

Abb. 51: Verbreitung Griffangelschwerter. Westeuropäische Griffangelschwerter (○); Griffangelschwerter vom Typ Unterhaching (●); Art Eßfeld (□); Variante Kirchardt (■) (nach Schauer, Schwerter Taf. 116 A).

Klinge, lohnt zu verfolgen. E. Wagner[520] meinte schon im Jahr 1911, dass die Schwerter mit ausladender Blattform ein Typ der Alpenländer seien und gerade die Gestaltung der Klinge auf ungarische Schwerter hinweise. Dieser möglichen Verbindung wird an späterer Stelle im Zusammenhang mit der Herkunft der Griffzungenschwerter vom Typ Hemigkofen und seinen Untervarianten genauer nachgegangen (Kap. III.4.2.2.2). Allen genannten Theorien zum Trotz hat sich in der Forschung inzwischen die Meinung verfestigt, dass es sich bei den mittel- und südeuropäischen Griffangelschwertern im überwiegenden Maße um eigenständige Produkte handelt und sich die einzelnen Schwertformen bzw. Typen nachweislich aus vorherigen Formen entwickelt haben. Im Falle der Griffangelschwerter lässt sich dieses vor allem an ihrer Klingenform ablesen. „Bei manchen Stücken zeigt die Klinge Verwandtschaft mit den frühurnenfelderzeitlichen Schwertern vom Typ Rixheim, bei anderen bereits mit den Griffzungen- und Vollgriffschwertern der älteren Urnenfelderkultur."[521]

Dass sich aus den Griffangelschwertern des Typs Unterhaching – der Typ, welcher im Folgenden näher besprochen werden soll – auch gewisse Typen von Griffzungenschwertern entwickelt haben könnten, bemerkte bereits P. Schauer. Schauer sieht aufgrund der Klingenform des Typs Unterhaching eine Gemeinsamkeit zu den Griffzungenschwertern der Art Hemigkofen[522] und deren Variante Uffhofen.[523] Dieser Beobachtung ist auf jeden Fall zuzustimmen, was beim Vergleich der Neckarsulmer Schwerter noch zu sehen sein wird (Kap. III.4.2.2.1).

4.2.1.2 Typ Unterhaching

Nach einer differenzierten Zuordnung des Neckarsulmer Schwertes zu einem der verschieden Typen von Griffangelschwertern, gehört unser Exemplar zweifellos dem von Schauer definierten Typ Unterhaching an. Schauer definiert diesen Typ wie folgt: „Kennzeichnend ist eine lange, gebogene, im Querschnitt vierkantige Angel, die unmittelbar in die Klinge übergeht und im Mittelwulst der oberen Klingenhälfte ausläuft. Unmittelbar darunter beginnt die nietlose Klingenpartie, die von den Heft-

---

520 E. Wagner, Fundstätten und Funde aus vorgeschichtlicher, römischer und alemannisch-fränkischer Zeit im Großherzogtum Baden II (Tübingen 1911) 344.
521 Krahe, Speyer 1960, 3. Vgl. Reim, Griffangelschwerter 22 f.
522 Schauer, Schwerter 157 ff.
523 Ebd. 160 ff.

schultern aus organischem Material umfasst wurde. Darunter ist die Klinge gekerbt und verläuft sanft weidenblattförmig, wobei der Mittelwulst im unteren Schwertdrittel in eine Klingenrippe übergeht. Die Klingenschneiden sind bei rautenförmigem Querschnitt abgesetzt. Die erhaltene Schwertlänge schwankt zwischen 42 und 56 cm."[524]
Vom „reinen" Typ Unterhaching, wie ihn Schauer hier definiert, liegen bislang nur zwei Exemplare aus Oberbayern vor. Dabei handelt es sich zum einen um das Schwert aus Unterhaching[525], der Fund, der diesem Typ auch den Namen gab, und zum anderen um ein Exemplar aus Altötting[526]. In beiden Fällen gehören die Schwerter zur Ausstattung eines Urnengrabes. Überdies fanden sich beide Gräber auf Gräberfeldern, auf denen weitere schwertführende Gräber angetroffen wurden. Diese hohe Zahl von Schwertgräbern auf den genannten Gräberfeldern (Ober-)Bayerns ist nur bedingt ungewöhnlich, da die Zahl der Gräber auf den Nekropolen in dieser Region allgemein höher liegt als im übrigen Süddeutschland, was zwangsläufig auch zu einer höheren Zahl an Funden führt. Bei den beiden genannten Schwertern sind die Klingen stark fragmentiert und mehrfach gebrochen, die ursprüngliche Klingenform ist in beiden Fällen daher nur noch undeutlich zu erkennen. Die starke Fragmentierung der beiden Funde ist mit Sicherheit die Folge der Brandbestattung, möglicherweise verbunden mit einer gezielten Unbrauchbarmachung der Waffen. Während Schwerter vom Typ Unterhaching per Definition im unteren Bereich der Klingen weidenblattartig ausbauchen, lässt sich gerade dieses Merkmal beim Schwert von Unterhaching allenfalls erahnen. In seinem heutigen Zustand wirkt die Klinge sogar eher schlank. Aus diesen Gründen ist es meiner Meinung nach etwas fragwürdig, dass Schauer gerade dieses Schwert als Leittyp verwendet, wo doch ein Gros der übrigen Schwerter dieses Typs über bauchige Klingen verfügt.
Schauer untergliedert die Schwerter vom Typ Unterhaching des Weiteren in zwei Varianten, welche er als „Art Eßfeld" (z. B. Dietzenbach, Eßfeld, Oranienburg und Speyer) und als „Variante Kirchardt" (z. B. Großvillars, Kirchardt und Waldsee) bezeichnet. Zur Art Eßfeld gehören Schwerter, „deren Klingen in der unteren Hälfte übermäßig ausbauchen, ansonsten aber Unterhaching-Schwertern ähnlich sind."[527] Die Schwerter der Variante Kirchardt verfügen nach Schauer über „eine lange, im Querschnitt vierkantige, gerade hochragende Griffangel; ihre Klingen sind in der Regel ebenso kräftig ausgebaucht und nietlos wie jene der Eßfeld-Schwerter."[528] Alternativ zu Schauers Unterscheidungskriterien sei an dieser Stelle auf die Variantenunterscheidung der Unterhaching-Schwerter nach H. Reim[529] hingewiesen, der zwischen den Varianten A und B unterscheidet. Schwerter der Variante A (z. B. Altötting, Dietzenbach, Eßfeld, Speyer und Unterhaching) sind nach Reim durch „eine quadratische oder rechteckige Griffangel, die unmittelbar zur wuchtigen weidenblattförmigen Klinge überleitet", gekennzeichnet, wobei die „breiteste Ausladung der Klinge im unteren Klingendrittel" liegt.[530] Hiervon zu unterscheiden ist die Variante B (z. B. Bacharach, Ettlingen, Großvillars und Kirchardt) mit Schwertern, deren „lange Griffangel durch eine Schulter vom Klingenblatt abgesetzt ist. Unterhalb der Schulter ist die weidenblattförmige Klinge stark eingezogen."[531]
Das Griffangelschwert von Neckarsulm gehört nach Reims Unterscheidung der Schwertvariante B oder alternativ der Variante Kirchardt nach Schauer an (Abb. 51). Welche der beiden Variantenunterscheidungen, also jene von Schauer und von Reim, der anderen vorzuziehen ist, bleibt schwierig zu entscheiden, da beiden zwar jeweils unterschiedliche, aber in sich stimmige Kriterien zugrunde liegen. Festzustellen ist, dass in beiden Fällen schlussendlich keine strikte Teilung des gesamten Vorrats an Schwertern möglich ist, sondern vielmehr fließende Übergänge von der einen zur jeweils anderen Variante festzustellen sind. Es wäre meiner Meinung nach ebenso überzeugend, Griffangelschwerter mit und ohne Ricasso voneinander zu unterscheiden, doch auch hier zeigen etwa die Schwerter von Kirchardt und Eßfeld, dass diesem Unterscheidungskriterium eine große Zahl von Merkmalen entgegensteht die beiden Schwertern gemein ist.
Griffangelschwerter sind in der Urnenfelderzeit generell eine seltene Schwertform, in Süddeutschland ist ihre Zahl verhältnismäßig gering. Schauer[532] weist den Griffangelschwertern neben Vollgriff- und Griffzungenschwertern keine „große Bedeutung" zu und sieht deren Herstellung in eher kleineren Werkstätten. Dadurch ließe sich ihre Verbreitung auf recht kleine Gebiete erklären. Schwerter, die der „reinen" Form des Typs Unterhaching angehören, treten, wie bereits angeführt, allein in Oberbayern auf, wobei Schauer[533] vermutet, dass diese Schwerter

---

524 Ebd. 83.
525 Ebd. Taf. 41 Nr. 279; Clausing, Untersuchungen Taf. 53 B.
526 Schauer, Schwerter Taf. 41 Nr. 280.
527 Ebd. 83.
528 Ebd. 84.
529 Reim, Griffangelschwerter 17 ff.
530 Ebd. 18.
531 Ebd.
532 Schauer, Schwerter 85.
533 Ebd.

dort in Werkstätten für Vollgriffschwerter der Typen Riegsee und Erlach hergestellt wurden. Die oberbayerischen Griffangelschwerter zeigen jedoch auch deutliche Gemeinsamkeiten zu jenen der Art Eßfeld und denen der Variante Kirchardt aus dem südwestdeutschen Raum. Nach Reim gehören die oberbayrischen Schwerter zur Variante A, zu welcher sich vergleichbare Exemplare aus dem südlichen Hessen, dem Neckarraum und der Pfalz hinzuzählen lassen. Schwerter der Variante B fanden sich vor allem im Nordwesten Baden-Württembergs mit einem regionalen Schwerpunkt auf den Neckarraum. Die beiden Varianten sind dabei räumlich deutlich von den übrigen Typen der Griffangelschwerter abgegrenzt.[534] Die Verbreitung der nach Schauer definierten Varianten zeigt konsequenterweise ein vergleichbares Bild:

„Die Schwerter der Art Eßfeld sind aus der Pfalz, aus Südhessen und Unterfranken bekannt, aus einem Gebiet, das dem südwestdeutschen Vorkommensbereich der Kirchardt-Schwerter benachbart ist."[535]

Das Neckarsulmer Schwert fügt sich in seiner gesamten Gestalt gut in den Bestand der Region ein, sodass bezüglich seiner Herkunft bzw. seiner Herstellung vom Neckarraum ausgegangen werden kann. Außerhalb des umrissenen Verbreitungsgebietes fanden sich vergleichbare Schwerter nur in wenigen Fällen, wobei hier vor allem ein Exemplar aus Oranienburg nördlich von Berlin genannt werden muss, das unserem Schwert sehr ähnlich ist (s. u.).

4.2.1.3 Vergleichsfunde

Im Folgenden werden einzelne Griffangelschwerter vom Typ Unterhaching vorgestellt, die dem Neckarsulmer Griffangelschwert besonders nahekommen. Hervorzuheben sind dabei die Schwerter aus Kirchardt, Speyer, Oranienburg, Eßfeld und Dietzenbach, da gerade diese recht große Gemeinsamkeiten mit unserem Schwert aufzeigen. Während die drei erstgenannten Schwerter zur Variante B bzw. zur Variante Kirchardt gehören, findet sich zum Exemplar aus Eßfeld, welches zur Variante A bzw. zur Art Eßfeld gehört, ebenfalls Gemeinsamkeiten. Hier zeigt sich die schon angesprochene Schwierigkeit in der Abgrenzung einzelner Griffangelschwerter voneinander, da die Übergänge zwischen den Varianten fließend sind. Dies offenbart in der Variantenunterscheidung eine gewisse Problematik, welche an späterer Stelle im Zusammenhang mit den Griffzungenschwertern vom Typ Hemigkofen deutlich wird, da auch zu diesem, scheinbar völlig andersartigen Schwerttyp gewisse Gemeinsamkeiten bestehen (Kap. III.4.2.2.1). Der Vollständigkeit halber werden auch einige weitere, nur zum Teil ähnliche Griffangelschwerter vorgestellt, da diese wichtige Hinweise auf die Verbreitung und Datierung dieser Schwertform liefern. Leider lassen die Fundumstände der Vergleichsfunde nicht immer eine genauere Datierung zu. So stammen fünf Schwerter aus Brandbestattungen (Altötting, Unterhaching, Dietzenbach, Eßfeld, Speyer), drei aus Gewässern (Bacharach, Bingerbrück, Oranienburg), zwei wurden einzeln aufgefunden (Großvillars, Ettlingen) und von zweien sind die Fundumstände gänzlich unbekannt (Kirchardt, Waldsee).[536] Das vorgestellte Schwert aus Neckarsulm ist somit das erste Exemplar eines Griffangelschwerts aus einer Körperbestattung und nach dem Speyerer Grab der neueste Fund nach 46 Jahren.

Kirchardt

Die größte Ähnlichkeit innerhalb der Gruppe der Unterhaching-Schwerter der Variante B zeigt sich zum Schwert von Kirchardt[537] aus dem Ldkr. Heilbronn in Baden-Württemberg. Das Schwert wurde beim Kreuzendwald in der Gemarkung Kirchardt gefunden und ist seit 1865 im Besitz des Badischen Landesmuseums Karlsruhe.[538] Über die Fundstände dieses Exemplars liegen leider keine genauen Angaben vor, auch nicht in der wohl ersten Veröffentlichung dieses Fundes in einer Arbeit von J. Naue aus dem Jahr 1885.[539] Hier findet sich außer einer Abbildung des Fundes keine weitere Erwähnung im Text. Eine Datierung dieses Einzelfundes ist aufgrund der unklaren Fundumstände daher leider nicht möglich. Das Schwert ist in seiner gesamten Gestalt unserem Schwert besonders ähnlich. Die Griffangel ist quadratisch ausgehämmert und maximal 0,9 cm breit. Unter der Angel beginnt ein nur schwach gezähntes Ricasso, das in einer Länge der Angel unseres Schwertes entspricht. Die Zähnung des Ricassos war vermutlich ausgeprägter, da das gesamte Objekt vor allem an den Seiten stark korrodiert ist. Es ist aber noch deutlich zu erkennen, dass das Ricasso von der Klinge und der geschliffenen Schneide abgesetzt war. Die gesamte Klingenform ist mit unserem Schwert identisch, ebenso ist der Klingenquerschnitt spindelförmig und auf gesamter

---

534 Vgl. Reim, Griffangelschwerter Taf. 1.
535 Schauer, Schwerter 85.
536 Schauer, Schwerter 85.
537 Schauer, Schwerter Taf. 42 Nr. 285. Bei dem bei Reim (Reim, Griffangelschwert Abb. 3,6) abgebildeten Schwert handelt es sich natürlich nicht um jenes von Großvillars, sondern um dasjenige von Kirchardt.
538 Zwischen dem Auffinden der beiden Schwerter liegen demnach ganze 116 Jahre.
539 J. Naue, Die prähistorischen Schwerter (München 1885), Taf. VIII 2.

Länge etwa gleich dick. Die maximale Klingenbreite beträgt 4,0 cm. Die größte Gemeinsamkeit zwischen den Schwertern findet sich in einem dick gewölbten, aus der Griffangel herauswachsenden Mittelwulst, welcher im Falle des Kirchardter Schwertes allerdings flach in die Klinge ausläuft. Die Gesamtlänge des Schwertes beträgt 58 cm, es ist also nur 4 cm länger als jenes von Neckarsulm. Am Original wie auch in der Abbildung bei Naue sind im unteren und oberen Klingenbereich Umrisslinien zu erkennen, womit eine weitere Gemeinsamkeit gefunden wäre. Aufgrund der großen Zahl gemeinsamer Merkmale und der Tatsache, dass Kirchardt nur 20 Kilometer westlich von Neckarsulm entfernt liegt, wird die enge Beziehung zwischen diesen beiden Funden mehr als deutlich. Das Griffangelschwert aus Neckarsulm zeigt sich demzufolge nicht als importiertes Objekt, sondern vielmehr als ein Produkt einer lokal ansässigen Werkstatt.

Speyer

Das Schwert von Speyer[540] in Rheinland-Pfalz kommt aufgrund mehrerer Merkmale dem Neckarsulmer Schwert ebenfalls recht nahe. Es stammt aus einem Brandgrab, welches am 25. Juli 1955 im Gewann „St. Ulrich" gefunden wurde. Außer den Maßen der Grabgrube ist über die Fundumstände nichts Weiteres dokumentiert. Zur Bestattung gehören neben dem Schwert zahlreiche weitere Beigaben, die in ihrer Zusammensetzung auf die Doppelbestattung eines Mannes und einer Frau schließen lassen. Das Schwert von Speyer ist noch 50,8 cm lang, der größte Teil der Griffangel ist allerdings abgebrochen. Mit vollständiger Griffangel dürfte dieses Schwert in etwa so lang wie das Neckarsulmer Exemplar gewesen sein. Die Griffangel ist flach rechteckig und maximal 1,5 cm breit. Unterhalb der Griffangel liegt ein etwa 7 cm langes und deutlich abgesetztes Ricasso, welches mit einer ausgeprägten Zähnung versehen ist. Ein deutlicher Unterschied zum Neckarsulmer Schwert findet sich in der Gestaltung der Klinge, da diese über eine Mittelrippe und keinen Mittelwulst verfügt. Die Klingenform wirkt etwas schmaler, da die größte Ausbauchung mit ihren 5,2 cm etwas höher auf der Klinge liegt. Die Schneide ist breit in die Klinge eingeschliffen worden. G. Krahe[541] machte darauf aufmerksam, dass die Klinge deutlich verbogen ist. Ob der Grund dafür in einer versuchten Unbrauchbarmachung des Objektes zu suchen ist, hinter der Verbiegung also rituelle Motive standen, oder aber dahinter gar kampftechnische Gründe zu suchen sind wie es K. Kristiansen[542] im Falle dänischer Schwerter vorgeschlagen hat, muss offen bleiben.

Wie angesprochen, fanden sich im Speyerer Grab neben dem Schwert noch weitere, allerdings durch das Feuer stark angegriffene Beigaben, welche auf eine Doppelbestattung eines Mannes und einer Frau hinweisen.[543] Diese Annahme basiert vor allem darauf, dass neben dem Schwert, welches allgemein als „männliche Beigabe" interpretiert wird, auch Beigaben zu finden sind, die eher der Tracht einer Frau zugeordnet werden. G. Krahe gibt zu bedenken, dass allerdings auch Knöchelbänder zur Männertracht gehört haben könnten und dass zur Klärung der Frage, welche Geschlechtergruppe nun welche Beigabenart einmal getragen habe, verstärkt auf die Vergesellschaftung von Beigaben in anderen Gräbern geachtet werden sollte.[544] Als weitere Beigaben[545] fanden sich im Speyerer Grab eine an vorheriger Stelle (Kap. III.4.1.1.1) bereits vorgestellte Kugelkopfnadel vom Typ Wollmesheim mit vier Schaftrippen oder Halsrippen, eine Nadelspitze, die zur vorherigen Nadel gehören dürfte, ein s-förmig gebogener Haken, den G. Krahe als „Fleischerhaken"[546] bezeichnet, vier Bruchstücke von rundem Bronzedraht, zwei offene Zwillingsarmringe mit aufgegossener Torsion, vier kleine Bronzeringe und die Reste einer Beinberge oder eines Knöchelbandes.[547] Neben dem Armschmuck sind es vor allem diese Beinbergen, die nach vorherrschender Meinung auf die Bestattung eines weiblichen Individuums hinweisen.

Obwohl das Grab von Speyer augenscheinlich reich an Beigaben ist, führt dieser Umstand nicht unbe-

---

540 Schauer, Schwerter Taf. 41 Nr. 283.
541 Siehe Krahe, Speyer Abb. 1,1.
542 K. Kristiansen, The Tale of the sword – swords and sword-fighters in Bronze Age Europe. Oxford Journal of Archaeology 21/4, 2002, 320.
543 So Krahe (Krahe, Speyer 15ff.), der sich nach ausführlicher Diskussion dieses Befunds für eine Doppelbestattung eines heterosexuellen Paares ausspricht.
544 Krahe, Speyer 14. Allerdings liegen mit den Gräbern aus Wollmesheim, Eßfeld und Gammertingen weitere Bestattungen vor, die über ähnliche Beigabenensembles und eindeutig zwei bestattete Individuen verfügen, weshalb eine gewisse Häufigkeit von Doppelbestattungen eines Mannes und einer Frau während der Urnenfelderzeit belegt zu sein scheint.
545 Eine genauere Beschreibung der Beigaben findet sich bei Krahe, Speyer 2ff. Abb. 4 und Schauer, Schwerter 84 Nr. 283.
546 Krahe, Speyer 4f. und Anm. 8. Vergleichbare „Fleischerhaken" finden sich interessanterweise auch in den genannten Gräbern von Gammertingen und Wollmesheim (siehe auch Kap. III.4.4.3.1).
547 „Die Bezeichnung solcher bereits von der Hügelgräberbronzezeit an üblichen Bändern schwankt zwischen Schildarmringen, Armbergen, Kniebändern, Beinringen, Fußbergen und Knöchelbändern. Wo eine gesicherte Lage festgestellt werden konnte, befanden sie sich zumeist an den Fußknöcheln, sodass wir die Bezeichnung Knöchelbänder vorziehen" (Krahe, Speyer 6). Zur Typenvielfalt und Verbreitung siehe ebd. 8ff.

dingt zu seiner eindeutigen Datierung. Hier spielt auch mit hinein, dass eine Trennung aller Beigaben auf zwei getrennte Ensembles ohne den direkten Nachweis auf die Bestattung zweier Individuen nicht gesichert ist und dass selbst im Falle einer Doppelbestattung unklar ist, ob die Grablegungen zeitgleich oder zeitversetzt erfolgten. Hauptansatz für eine Datierung des Grabes stellen die Beinbergen, die nach I. Richter[548] dem Typ Wollmesheim angehören, ein Typ welcher in die „ältere Urnenfelderzeit" zu datieren ist, wobei dieser Zeithorizont bei Richter die Stufen Ha A1 und Ha A2 umfasst. Die Nadel[549] datiert H. Reim[550] in die ältere Urnenfelderzeit bzw. die Stufe Ha A1, eine Datierung, die er anhand eines vergleichbaren Exemplars aus dem Grab von Dietzenbach vornahm. Nach Kubach treten Nadeln des Typs Wollmesheim jedoch sowohl in der Stufe Ha A1 („ältere Urnenfelderzeit") als auch der Stufe Ha A2 („mittlere Urnenfelderzeit") auf.[551] Auch die von Kubach vorgeschlagene Zuordnung der Nadel zur Variante Weinheim[552] bringt kein genaueres Datum, da auch diese Variante des Typs Wollmesheim während der gesamten Stufe Ha A auftritt (Kap. III.4.1.1.1).[553] Dieses wiederum belegt Kubach mit den Nadeln aus dem Grab von Wollmesheim, welches er nach Ha A2 datiert.[554] Das Griffangelschwert aus dem Speyerer Grab könnte allerdings einem älteren Zeithorizont angehören als die Beigaben der Wollmesheimer Gräber. So sagt I. Richter, dass „Griffangelschwerter der dort vertretenen Form […] sonst im Zusammenhang mit Formen des älteren Abschnittes der Urnenfelderzeit"[555] erscheinen, und verweist hier auf die Gräber von Eßfeld und Dietzenbach (s. u.). Auch G. Krahe und P. Schauer[556] ordnen das Grab von Speyer nur allgemein der älteren Urnenfelderzeit bzw. Ha A1 zu. Eine weitere Datierung des Grabes von Speyer stammt von D. Zylmann, der das Grab eher allgemein in die Stufe Ha A datiert, eine genauere Datierung nach Ha A1 jedoch nicht ausschließt.[557] Zuletzt hat L. Sperber[558] anhand der kombinationsstatistischen Methode das Grab in seine Stufe SB IIa bzw. nach Ha A1 datiert. C. Clausing[559] bemerkte jedoch, dass die Nadeln vom Typ Wollmesheim und die Beinbergen ebenso noch in der Stufe Ha A2 auftreten können. Ohne weitere Begründung führt Clausing den Fundkomplex von Speyer unter der Datierung Ha A1 auf[560], eine Datierung die allgemein vorherrschend ist und der sich anzuschließen ist.

Oranienburg

Ein interessantes Griffangelschwert ist jenes von Oranienburg[561] im Ldkr. Oberhavel in Brandenburg. Aufgrund mehrerer in ihm vereinigten Merkmale gehört es zweifellos zum Typ Unterhaching, liegt aber deutlich abseits vom Hauptverbreitungsgebiet dieser Schwerter. Bei dem Schwert handelt es sich um einen Baggerfund, der zwischen 1910–13 im Zuge der Begradigung der Havel geborgen wurde und im Jahr 1935 in den Besitz des heutigen Kreismuseums in Oranienburg überging.[562] Mit großer Wahrscheinlichkeit, aber nicht eindeutig gesichert, fand sich das Schwert zusammen mit einem Bronzehelm.[563] Bei dem Helm handelt es sich um einen so genannten Glockenhelm mit Scheitelknopf, der zur Befestigung des Helminnenfutters mit insgesamt 20 Nietlöchern versehen ist. Solche Helme werden tendenziell in die beginnende Urnenfelderzeit datiert, könnten nach B. Hänsel[564] jedoch schon seit der Frühbronzezeit hergestellt worden sein. Für die Zusammengehörigkeit von Schwert und Helm spricht die ähnliche Patina auf den aus Bronze hergestellten Objekten, dagegen die bei Flussfunden allgemein sehr unsichere Fundsituation. Es könnte sich nämlich entweder um einen geschlossenen Depotfund mit dem Charakter einer Waffenausstattung gehandelt haben[565], ebenso wäre es möglich, dass die Ob-

---

548 Richter, Arm- und Beinschmuck 64 ff.
549 Krahe, Speyer Abb. 4,1.
550 Reim, Griffangelschwerter 22.
551 Kubach, Nadeln 439.
552 Ebd. 431.
553 Ebd. 444.
554 Müller-Karpe, Chronologie Taf. 208 A 1.2.
555 Richter, Arm- und Beinschmuck 66.
556 Schauer, Schwerter 85.
557 D. Zylmann, Die Urnenfelderkultur in der Pfalz. Grab- und Depotfunde, Einzelfunde aus Metall. Veröffentlichungen der Pfälzischen Gesellschaft zur Förderung der Wissenschaften 72 (Speyer 1983) 247.
558 Sperber, Chronologie 318 Nr. 148.
559 Clausing, Untersuchungen 17.
560 Ebd. 355.
561 H. Wüstemann, Die Schwerter in Ostdeutschland. PBF IV, 15 (Stuttgart 2004), Taf. 41 Nr. 279; F. Horst, Oranienburg. EAZ 10, 1969, 54 Abb. 1.
562 An dieser Stelle möchte ich mich herzlich bei der Direktorin des Kreismuseums Oranienburg Frau Manuela Vehma-Çiftçi bedanken, die mir weitere Informationen und Abbildungen von diesem Fund zukommen ließ.
563 Gemeinsame fotografische Abbildungen von Schwert und Helm finden sich bei H. Jerchel / J. Seeger, Die Kunstdenkmäler des Kreises Niederbarnim (Berlin 1939) 31 Abb. 7 und M. Weiss / M. Rehberg, Zwischen Schorfheide und Spree. Heimatbuch des Kreises Niederbarnim (Berlin 1940) 73.
564 B. Hänsel, Bronzene Glockenhelme. Bemerkungen zu einem Altfund an der Neiße. In: J. Eckert (Hrsg.), Archäologische Perspektiven. Analysen und Interpretationen im Wandel (Rahden/Westf. 2003), 77 ff.
565 Dr. D.-W. Buck vom Brandenburgischen Landesamt für Denkmalpflege machte mich darauf aufmerksam, dass möglicherweise weitere Bronzefunde (eine Knopfsichel, eine Lanzenspitze, eine Nadel mit „geschwollenem Hals") zu diesem Fundkomplex gehörten. Ob die genannten Objekte zu einem Fundkomplex zu zählen sind, ist aufgrund der mehr als unsicheren Fundsituation und ungenauen Überlieferung unklar.

jekte zeitversetzt oder als Sammlung unterschiedlich alter Objekte dem Wasser geopfert wurden.

Die Griffangel des Oranienburger Schwertes hat einen flach rechteckigen Querschnitt und ist relativ dünn und lang. Die Griffangel läuft fließend mit „hängenden Schultern" in ein Ricasso über. Dieses ist gezähnt und von der Klinge in einer Stufe abgesetzt. Das Schwert ist in einem guten Erhaltungszustand, gerade aber die Zähne des Ricassos sind stark korrodiert und abgerundet. Die Seiten des Ricassos laufen nach unten hin zu, sodass es wie beim Neckarsulmer Schwert eine trapezförmige Gestalt annimmt. Die Klinge verfügt über eine durchgehende Mittelrippe, ein Mittelwulst ist nicht vorhanden. In ihrem unteren Bereich baucht die Klinge typischerweise weit weidenblattförmig aus und besitzt hier eine maximale Breite von 5,1 cm. Die Gesamtlänge des Schwertes beträgt 59 cm und ist daher nur unwesentlich länger als unser Exemplar. Die große Besonderheit am Schwert, die auch schon E. Sprockhoff[566] beschrieben hatte, ist eine „eigenartige Verzierung", welche an die Gestaltung der Neckarsulmer Schwerter erinnert: „Im unteren Drittel begleiten nämlich in mäßigem Abstande zwei Linien die Ränder, die nach der Spitze hin zusammenkommen, nach oben hin sich jedoch totlaufen."[567] Unterhalb dieser parallel verlaufenden „Umrisslinien" ist die Schneide leicht von der Klinge abgesetzt. Wie bereits angeführt, ist das Schwert von Oranienburg in seiner gesamten Art für die Region Brandenburg untypisch[568] und wird durch vermutlich auch heute nicht mehr zu klärende Gründe in die Region gelangt sein. Frühere Vorstellungen, dass es sich bei dem Schwert um das Erzeugnis eines „beruflichen Wandergießers"[569] handelt, können aufgrund der überaus hohen Distanz zum eigentlichen Verbreitungsgebiet der Griffangelschwerter in Süddeutschland aber ausgeschlossen werden.

Eßfeld

Das im Jahre 1913 „Am Albertshauser Weg" gefundene Schwert von Eßfeld (Taf. 53,1)[570] aus dem Ldkr. Würzburg in Bayern ist ein weiteres, dem unsrigen sehr ähnliches Schwert. Es sei daran erinnert, das P. Schauer mit diesem Exemplar innerhalb der Schwerter vom Typ Unterhaching die Art Eßfeld definierte. Das Schwert von Eßfeld hat eine Griffangel mit rechteckigem, fast quadratischem Querschnitt mit einer größten Angelbreite von 1,6 cm. Die Ober- und Unterseite der Angel ist leicht konkav, wodurch diese in ihrem Querschnitt wie zusammengedrückt wirkt.[571] Das Heft ist maximal 2,8 cm breit und verfügt im Gegensatz zu den vorherig genannten Schwertern über kein abgesetztes Ricasso, wobei allerdings aus der Zeichnung heraus der obere Teil auf einer Seite der Klingenschneide sanft gezähnt zu sein scheint.[572] Direkt unterhalb der Griffangel beginnt ein dicker Mittelwulst, der nach dem oberen Drittel der Klinge in eine Mittelrippe ausläuft. Die Mittelrippe wiederum verläuft bis in die Spitze hinein. Da die Spitze inzwischen abgebrochen ist und eventuell auch Teile der Angel fehlen, ist das Schwert noch etwa 49,8 cm lang. Wie für Schwerter der Varianten des Typs Unterhaching üblich, ist die Klinge breit weidenblattförmig und im unteren Drittel stark ausgebaucht. Der Querschnitt der bis zu 5,1 cm breiten Klinge ist flach rautenförmig und zeigt deutlich die auf der Klinge verlaufende Mittelrippe.

Das Schwertgrab von Eßfeld gehört zu einem kleineren urnenfelderzeitlichen Friedhof, der insgesamt sechs Steinkisten- oder Steinsetzungsgräber umfasste und in den Jahren 1913, 1933/34 und 1998[573] ergraben wurde. Von den älteren Grabungen liegen die Dokumentationen und Grabbeigaben leider nur fragmentarisch vor. Der größte Teil dieser Gräber war bis auf geringe Spuren von Leichenbrand, Ascheresten und einzelnen Keramikscherben fundleer. Das Schwert stammt aus dem Brandgrab 1, welches in einer Steinkiste angelegt war. Diese Steinkiste[574] bestand aus in einem Rechteck aufgestellten Steinplatten aus Muschelkalk mit den Maßen von ca. 3,20 m × 1,40 m. Außergewöhnlich bei dieser Steinkiste war der ebenfalls aus Muschelkalkplatten ausgelegte Boden. Dieses Steinkistengrab war das am reichsten ausgestattete Grab des gesamten Bestattungsplatzes. Als Beigaben[575] fanden sich neben dem Schwert die an vorheriger Stelle bereits vorgestellte

---

566 E. Sprockhoff, Vorgeschichtliche Forschungen Heft 7. Zur Handelsgeschichte der germanischen Bronzezeit (Berlin 1930) 44.
567 Ebd.
568 Aus Ostdeutschland liegen bislang nur sehr wenige Griffangelschwerter mit ausbauchenden Klingen vor. Zu nennen wäre hier einzig ein weiteres Exemplar aus Sandersleben in Sachsen-Anhalt (Wüstemann, Ostdeutschland 91 u. Taf. 41,280). Das Schwert besitzt eine schlanke, schilfblattförmige Klinge und zwei nachträglich angebrachte Nietlöcher unterhalb der Griffangel.
569 Jerchel/Seeger, Kunstdenkmäler, 9.
570 Schauer, Schwerter Taf. 41,282; Pescheck, Katalog Würzburg Taf. 31; Wilbertz, Unterfranken Taf. 53,1.
571 Pescheck (Pescheck, Katalog Würzburg 112) nennt den Querschnitt auch „dachförmig".
572 Diese Beobachtung auch bei Wilbertz, Unterfranken 203.
573 Das sechste Grab fand sich 1997 nur unweit der in den 1930er-Jahren entdeckten Bestattungen. Siehe Gerlach, Eßfeld 33ff.
574 Siehe Wilbertz, Unterfranken 205 Abb. 22.
575 Eine ausführlichere Fundbeschreibung findet sich bei Pescheck, Katalog Würzburg 120 u. Wilbertz, Unterfranken 203f. Unklar ist der Umstand, weshalb Müller-Karpe (Müller-Karpe, Chronologie Taf. 205 B 11) eine dritte Nadel mit flachkugeligem, diskoidem Nadelkopf als Beigabe dieses Grabes aufführt.

Plattenkopfnadel (Kap. III.4.1.2) und die Rollennadel (Kap. III.4.1.3), ein Messer mit durchlochtem Griffdorn und keilförmigem Klingenquerschnitt, ein zweites Griffdornmesser, zwei Beinbergen mit einfachen Spiralenden, ein offener unverzierter Armring, ein geschlossener strichverzierter Armring, ein Spiralring, ein Halsring mit gegossener Torsion, Bruchstücke einer Drahtbügelfibel vom Typ Burladingen, verschiedene Ringchen, Drahtröllchen und diverse Keramikscherben, worunter sich vier Töpfe und Tassen mit Henkel befinden. Da dieses Grab insgesamt zwei Messer enthielt und sich unter den Beigaben ein Schwert, aber auch Trachtbestandteile befinden, wurde seitens mehrerer Archäologen bereits überlegt, ob es sich bei diesem Grab nicht um eine Doppelbestattung gehandelt haben könnte. Die Knöchelbänder können dabei als Beigaben einer Frau angesehen werden, das Schwert hingegen als Beigabe eines Mannes.[576] In der Ausstattung der Toten sind deutliche Parallelen zu Doppelbestattungen aus Speyer (s.o.), Wollmesheim (Kap. III.4.1.1.1) und Gammertingen (Kap. III.4.1.4.1) zu sehen. Am Beispiel des Grabes von Eßfeld wird deutlich, dass die Größe eines Grabes allein keinen eindeutigen Hinweis auf die Zahl der hier Bestatteten liefert. „Die rechteckige Steinsetzung war groß genug, um neben der Brandbestattung noch eine Körperbestattung enthalten zu können. Es kann jedoch ebensogut eine Doppelbestattung gewesen sein."[577]

Für die Datierung des Grabes von Eßfeld kann das umfangreiche Set eindeutig zugeordnet werden. Die Keramik verfügt, wie Müller-Karpe[578] aufzeigte, in ihrer Machart zwar über „gewisse Anklänge an Bz D- Formen" gehört jedoch aufgrund ihres strengen Stufenprofils zu den älteren Formen der Keramik aus dem Hanauer Land und wird daher nach Ha A1 datiert. Für Ha A1 sprechen auch die Beinbergen[579], das Messer mit durchlochtem Griffdorn und keilförmigem Klingenquerschnitt[580] (vgl. Kap. III.4.3.1), die zweiteiligen Drahtbügelfibeln vom Typ Burladingen und ein Halsring[581] mit imitierter Torsion (vgl. Kap. III.4.4.4). Aufgrund der übereinstimmenden Datierung einer Vielzahl der Grabbeigaben kann der gesamte Grabkomplex inklusive des Schwerts in die Stufe Ha A1 datiert werden.[582]

Unterhaching

Das dem Schwerttyp Unterhaching seinen Namen gebende Exemplar wurde im März des Jahres 1934 in Grab 30 des Friedhofs von Unterhaching[583] im Ldkr. München entdeckt. Auf dem Friedhof von Unterhaching fanden sich zwei weitere Schwertgräber[584], was sich dadurch relativiert, dass von mehr als 124 Bestattungen[585] auf dieser Nekropole auszugehen ist und sich somit das Verhältnis von Gräbern mit und ohne Schwert im Vergleich zu Neckarsulm deutlich verringert. Die Größe des Gräberfeldes erklärt sich in Unterhaching vor allem durch seine von der Mittel- zur Spätbronzezeit fortlaufende Nutzung als Bestattungsplatz.[586] Bei dem uns hier interessierenden Grab 30 handelt es sich um eine in einer Urne deponierte Brandbestattung, die zahlreiche durch das Feuer stark angegriffene Beigaben enthielt. Das Schwert ist unter diesen besonders stark beschädigt und in insgesamt elf Teile zerbrochen. Die rekonstruierte Länge des Schwertes beträgt noch etwa 54,5 cm. Die Klinge war eher schmal als schilfblattförmig und im oberen Klingenteil gezähnt, d.h. wohl mit einem Ricasso versehen.[587] Weitere Funde[588] dieser Bestattung sind zwei Bruchstücke eines Messers mit keilförmigem Klingenquerschnitt und durchlochtem Griffdorn (Kap. III.4.3.1), eine Kugelkopfnadel, das Oberteil einer Rollennadel (Kap. III.4.1.3), ein weiteres Bruchstück einer Nadel, ein kleines geripptes Röhrchen, das Bruchstück einer Sichel und fünf Gussbrocken mit einem Gewicht von insgesamt 200 g. Die Urne ist von gelbbrauner Farbe, im oberen Teil sorgfältig geglättet und im unteren Teil mit Kammstrichen verziert. Als weiteres Gefäß fand sich eine schwarze, feintonige, gut geglättete Schale. Aufgrund des zur Grabausstattung gehörenden Griffdornmessers mit keilförmigem Querschnitt, ähnlich jenem aus dem bereits zuvor besprochenen Grab von Eßfeld (s.o.), datieren H. Müller-Karpe[589] und L. Sperber[590] das Grab in die Stufe Ha A1. Nach Müller-Karpe zeigt das Schwert Anklänge an solche der Stufe Bz D, da „deren Klingen nicht den in Ha A sonst üblichen rautenförmigen Querschnitt, sondern eine breite Mittelrippe aufweisen, wie sie etwa bei den Riegsee-Schwertern üblich ist."[591] Einer Datie-

---

576 Für diese Interpretation spricht sich bspw. S. Gerlach (Gerlach, Eßfeld 33) aus.
577 Krahe, Speyer, 17.
578 Müller-Karpe, Hanau 36ff.; ders., Chronologie 172ff.
579 Müller-Karpe, Chronologie 174.
580 Ebd. 172.
581 Wels-Weyrauch, Anhänger 162 Nr. 879.
582 Schauer, Schwerter 85; Clausing, Untersuchungen 16.
583 Schauer, Schwerter Taf. 41 Nr. 280.
584 Müller-Karpe, München 36 (Grab 13), 44 (Grab 92).
585 Ebd. 32.
586 H. Müller-Karpe, Handbuch der Vorgeschichte IV (München 1968) 858f. u. Taf. 423–426; ders., München 32ff. u. Taf. 16 B.
587 Müller-Karpe, München 37 Grab 30.
588 Müller-Karpe, Handbuch Taf. 426 A; Clausing, Untersuchungen Taf. 53 B.
589 Müller-Karpe, München 32ff.
590 Sperber, Chronologie 328, Nr. 178.
591 Müller-Karpe, München 34.

rung des Grabes in die Stufe Ha A1 kann wohl zugestimmt werden.

Dietzenbach

Das Schwert von Dietzenbach[592] im Kr. Offenbach in Hessen gehört als Beigabe zu jener Doppelbestattung, welche bereits an vorheriger Stelle ausführlich vorgestellt wurde (Kap. III.4.1.1.1). Da es sich bei dem Grab um eine Brandbestattung handelt, sind viele der bronzenen Beigaben stark durch das Bestattungsfeuer in Mitleidenschaft gezogen worden, das Schwert könnte jedoch schon vor der Verbrennung verbogen worden sein. Dieses Schwert verfügt über ein deutlich von der Klinge abgesetztes, leicht gezähntes Ricasso. Es lässt aufgrund einer hohen Fragmentierung der Klinge die weidenblattförmige Klingenform nur noch erahnen und wirkt im Vergleich zu den bisher genannten Schwertern eher schmal. Wie beim Neckarsulmer Schwert auch, wächst aus der Griffangel ein spindelförmiger Mittelwulst heraus, der hier jedoch in eine Mittelrippe übergeht. Die Länge des Schwerts beträgt aufgrund der abgebrochenen Griffangel und der fehlenden Schwertspitze noch etwa 42,3 cm.

An dieser Stelle sollen nicht alle weiteren Beigaben[593] nochmals genannt werden (siehe Taf. 52). Die übrigen Bronzefunde wie ein Rasiermesser und ein Messer, aber auch die Art der Keramik, machen eine Datierung dieses Grabes in die ältere Urnenfelderzeit mehr als wahrscheinlich. Nicht zuletzt aufgrund der gesamten Beigabenausstattung gilt das Grab von Dietzenbach daher auch als Leitinventar für die ältere Stufe der Urnenfelderzeit (Ha A1).[594]

Altötting

Über die Fundumstände des um das Jahr 1938 gefundenen Schwerts von Altötting[595] in Oberbayern liegen nur unzureichende Informationen vor. Das Schwert zählt zu insgesamt vier Schwertern, welche auf einem Gräberfeld in Altötting gefunden wurden.[596] Bei der Fundbergung wurde leider nicht darauf geachtet, die Gräberfunde voneinander zu trennen, weshalb dem uns hier interessierenden Schwert leider keine weiteren Beigaben mehr zugeordnet werden können. Scherben von größeren Gefäßen führten bei der Bergung zu der wohl berechtigten Annahme, dass es sich hier um einen Urnenfriedhof handelte. Dies zeigt auch die hohe Fragmentierung der Schwerter, die alle in mehrere Teile zerbrochen sind, was sich durch die große Hitze im Bestattungsfeuer erklären lässt. So ist auch das hier behandelte Schwert stark verbogen, zerschmolzen und in fünf Stücke zerbrochen. Auf den einzelnen Klingenfragmenten hat sich zudem eine grau- bis dunkelgrüne Brandpatina gebildet. Zusammengesetzt beträgt die Länge des Schwertes noch 40,3 cm. Während bei Schauer[597] sämtliche Schwertfragmente abgebildet werden, findet sich in der Veröffentlichung von Müller-Karpe[598] nur das Fragment der Griffangel. Diese ist insofern interessant, da in dieser Abbildung eine auf der Klinge liegende Mittelrippe zu erkennen ist. Über ein Ricasso verfügte das Schwert offenbar nicht. Als weitere Funde[599] des gesamten Urnenfriedhofs fanden sich ein Messer mit keilförmigem Klingenquerschnitt und durchlochtem Griffdorn, ein großer Armring mit rundem Querschnitt, übereinander greifenden Enden und Tannenzweigverzierung[600], ein kleiner Armring mit vierkantigem Querschnitt und längs verlaufendem Linienmuster[601], zwei Armringbruchstücke, zwei kleine kantige Ringe, zwei geschlossene Ringchen, mehrere Scherben von Urnen und ein mit „Ringabrollung" verzierter Henkelbecher. Die genannten Funde legen eine Datierung der meisten Gräber in die Stufe Ha A1 nahe.[602]

Waldsee

Das Schwert von Waldsee[603] im Kr. Speyer in Rheinland-Pfalz ist ein Einzelfund. Das Schwert hat eine Griffangel, welche etwa im mittleren Bereich der Klinge in einen Mittelwulst übergeht. An dieser Stelle beginnt eine Mittelrippe, die bis in die Spitze verläuft. Die Klinge baucht im unteren Teil weidenblattförmig aus. Die Gesamtlänge beträgt mit Angel insgesamt 57,2 cm. Auffällig und im Vergleich zu den vorherig besprochenen Griffangelschwertern andersartig ist die technische Umsetzung der Griffbefestigung. So diente neben der Griffangel ein Heft mit je drei Nieten pro Seite zur Befestigung des Griffs. Diese technische Umsetzung stellt das Schwert formal zwi-

---

592 Schauer, Schwerter 83 Nr. 281 u. Taf. 41,281.
593 Herrmann, Hessen Taf. 171; Clausing, Untersuchungen Taf. 3; Jockenhövel, Rasiermesser Taf. 66 A.
594 Vgl. Jockenhövel, Rasiermesser 109; 20, Abb. 3; Kubach, Nadeln 439; Müller-Karpe, Chronologie 175f.; Herrmann, Hessen 32.
595 Schauer, Schwerter Taf. 41,279.
596 In den Fundnachrichten zum Altöttinger Urnenfriedhof von 1938 werden zunächst nur drei Schwerter genannt. Siehe P. Beck/L. Reindl, Altötting. Bayer. Vorgeschbl. 15, 1938, 88. Bei Clausing (Clausing, Untersuchungen) sind unter Nr. 36–39 alle vier Schwerter aufgeführt.
597 Schauer, Schwerter Taf. 41 Nr. 279.
598 Müller-Karpe, Vollgriffschwerter Taf. 11 F 1.
599 Bei Müller-Karpe (Müller-Karpe, Vollgriffschwerter Taf. 11 F) sind die kleineren Bronzeobjekte und die Scherben der Urnen nicht abgebildet.
600 Vgl. Richter, Arm- und Beinschmuck Taf. 37.
601 Vgl. ebd. Taf. 33 Nr. 569–574.
602 Clausing, Untersuchungen 16; Müller-Karpe, Vollgriffschwerter 9.
603 Schauer, Schwerter Taf. 42 Nr. 286.

schen die Griffangelschwerter und die Griffzungenschwerter, man kann auch von einer Hybridform sprechen. Es gibt nur wenige Belege für eine solche Art von Schwertern. Müller-Karpe[604] hat hier auf vergleichbare Schwerter aus dem nordischen Kreis hingewiesen, wie einem Schwert aus einer Bestattung in Fahrenkrug im Kreis Segeberg in Schleswig-Holstein, welches ebenfalls diese Kombination von Griffangel und genietetem Heft aufweist.

Neckarsulm

Ein fast schon vergessener Schwertfund aus Neckarsulm (Abb. 52) soll abschließend vorgestellt werden. Dieses in den 1920er-Jahren bei Neckarsulm gefundene Schwert ist leider allein in einer Publikation von G. Kraft[605] aus dem Jahr 1926 dokumentiert. Vom Schwert sind weder die Fundumstände noch dessen Verbleib bekannt, es zeigt aber, dass Schwerter und vielleicht sogar Schwertgräber in Neckarsulm nicht unbekannt sind. Anhand der einzigen für dieses Schwert vorliegenden Zeichnung ist ersichtlich, dass es sich um ein Griffangelschwert handelte, dessen Griff durch zusätzliche Niete befestigt wurde. Die Nietlöcher waren zum Teil herausgebrochen, aber noch deutlich zu erkennen. Direkt unterhalb des Hefts begann ein sehr dicker Mittelwulst, wie er auch bei unserem Exemplar auftritt. Die weitere Gestaltung der Klinge ist unklar, da scheinbar nur der obere Teil mit der Griffangel und ein kleiner Teil der Klinge gefunden wurden. Bei diesem Schwert muss es sich nicht unbedingt um ein Schwert des Typs Unterhaching handeln. Denkbar wäre auch, dass es dem Typ Monza in der Variante C[606] zuzuordnen ist, ein Schwerttyp der in Süddeutschland bislang einzig mit einem Fund aus Mainz[607] bekannt ist.

4.2.2 Griffzungenschwert 1 (Grab 18/1)

Grab 18 ist eine Doppelbestattung, wobei es sich bei Individuum 1 nachweislich um einen männlichen Toten handelt, der im Alter von etwa 40 Jahren verstorben ist. Beim Toten fand sich oberhalb des Kopfes eine fragmentierte, mittelgroße Schüssel (Kap. III.4.6.2.3) sowie ein Fundensemble, welches auf Hüfthöhe der linken Körperseite lag. Dieses setzt sich aus einem Schwert, einer Nadel vom Typ Neckarsulm (Kap. III.4.1.5), einem Messer mit durchlochtem Griffdorn (Kap. III.4.3.1), einem unter dem Messer liegenden Wetzstein sowie mehreren kleinen Bronzeteilen zusammen. Letztere sind als die Reste eines Schwertgehänges (Kap. III.4.4.3.1) und einer Gürteltasche (Kap. III.4.4.3.2) zu interpretieren. Bei dem Schwert handelt es sich um ein so genanntes Griffzungenschwert von 53,5 cm Länge

Abb. 52: Griffangelschwert Neckarsulm (nach Kraft, Bronzezeit Taf. XIV, 5).

und breit weidenblattförmiger Klinge (Taf. 37,8). Die Griffzunge ist gebaucht und besitzt breite Stege, die zum Griffende hörnerartig auslaufen. In der Griffzunge liegen drei Nietlöcher, in denen noch jeweils ein Niet steckt. Das Heft ist breit trapezförmig, auf jeder Seite liegen je zwei Nietlöcher und auch hier sind noch alle vier Niete vorhanden. Die Heftschultern weisen im Übergang zur Klinge einen Winkel von etwas mehr als 90 Grad auf. Noch im Winkel beginnt ein scharf gezacktes Ricasso, welches bis in die Klinge übergeht. Das Ricasso ist auf seiner gesamten Länge mit drei untereinanderliegenden Punktlinien verziert. Diese Verzierung erinnert sehr stark an diejenige des obig besprochenen Griffangelschwertes aus Grab 22/1. Die Klinge des Schwertes läuft zur Spitze breit weidenblattförmig aus, ihre breiteste Stelle liegt im unteren Drittel. An

---

604 H. Müller-Karpe, Neues zur Urnenfelderkultur Bayerns. Bayer. Vorgeschbl. 23, 1958, 13 Anm. 17.
605 Kraft, Bronzezeit Taf. XIV 5.
606 Reim, Griffangelschwerter 17.
607 Schauer, Schwerter Taf. 40 Nr. 276; Reim, Griffangelschwerter Abb. 1,3.

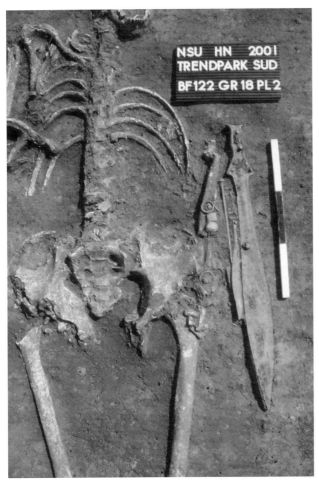

Abb. 53: Detailaufnahme mit Fundensemble, Bestattung 18/1 (Foto: A. Neth).

der Schwertspitze sind zwei untereinanderliegende Umrisslinien zu erkennen und es ist zu vermuten, dass diese Umrisslinien einmal die gesamte Klinge umliefen, mit der Zeit jedoch weggeschliffen worden sind. Die Schneiden sind von der Klinge abgesetzt, vermutlich wurden sie eingeschliffen oder eingehämmert. An der Klinge fällt der lang gezogene und spindelförmige Mittelwulst auf. Auch dieses Merkmal erinnert stark an das Griffangelschwert aus Grab 22/1, weshalb ich im Folgenden zunächst einmal diese beiden Schwerter miteinander vergleichen will.

4.2.2.1 Vergleich mit dem Griffangelschwert aus Grab 22/1

Ein Blick zurück auf das vorherig besprochene Griffangelschwert aus Grab 22/1 zeigt, dass zwischen den beiden Schwertern aufgrund ihrer Länge und der breiten weidenblattförmigen Klinge mit Umrisslinie große Gemeinsamkeiten bestehen. Auch der spindelförmige Mittelwulst verbindet beide Schwerter, wobei dieser beim Griffzungenschwert länger ist als beim Griffangelschwert. Ebenso das Ricasso ist nahezu identisch, wobei dieses beim Griffangelschwert geringfügig länger ist. Die Punktlinien am Ricasso finden sich bei beiden Schwertern, sie bestehen beim Griffangelschwert jedoch nur aus einer Linie, während beim Griffzungenschwert drei untereinanderliegende Punktlinien zu finden sind. Ein Unterschied zwischen den Schwertern findet sich im Klingenquerschnitt, welcher beim Griffzungenschwert flach rautenförmig und beim Griffangelschwert flach linsenförmig ist.

Trotz der Tatsache, dass beide Schwerter über zwei konzeptionell völlig andersartige Griffbefestigungen verfügen, anhand welcher sie normalerweise zwei strikt voneinander getrennten Schwertgruppen zugewiesen werden, besteht eine sehr große Ähnlichkeit zwischen den Schwertern. Schon P. Schauer wies auf die Tatsache hin, dass zwischen den Griffangelschwertern von Unterhaching und den Griffzungenschwertern der Art Hemigkofen in den Varianten Uffhofen und Elsenfeld eine große Gemeinsamkeit in den weidenblattförmigen Klingen besteht bzw. dass bei beiden Typen die größte Klingenbreite im unteren Drittel der Klinge liegt.[608] In chronologischer Hinsicht wissen wir, dass Griffangel- und Griffzungenschwerter in der Stufe Ha A1 nebeneinander auftreten, sich aber die Griffzunge später durchsetzen sollte. Es drängt sich hier natürlich die Frage auf, in welchem Verhältnis diese beiden Schwertformen zueinanderstehen und wie der Wandel oder Wechsel vom einen zum anderen Schwerttyp vor sich gegangen ist. Interessant ist in diesem Zusammenhang eine kleine Gruppe von Schwertern, die ich als „Hybridformen" bezeichne. Das bereits genannte Schwert von Waldsee[609] ist eine solche Hybridform, da es sowohl über eine Griffangel, als auch über Nietlöcher im Heft verfügt. Auch der frühe Fund aus der Nähe Neckarsulms ist ein weiteres Beispiel für eine Mischform (s. o.).

Sehr überraschend sind bei beiden Schwertern daher die schon erwähnten Punktlinien an den Ricassos. Wie ich bereits erwähnte, tritt nach bisherigem Wissensstand dieser Verzierungsstil in der Regel erst bei späteren Schwertern auf und greift bei unseren Schwertern demnach einen Stil voraus, welcher erst in der zweiten Hälfte der Stufe Ha A und der frühen Stufe Ha B erscheint (Abb. 54). J. D. Cowen stellte einige dieser verzierten Schwerter zusammen in eine „Frühe Gruppe der verzierten Schwerter"[610], welche

---

608 Schauer, Schwerter 85 Anm. 1.
609 Schauer, Schwerter Taf. 42 Nr. 286.
610 Cowen, Griffzungenschwerter 86 ff. und Taf. 9.

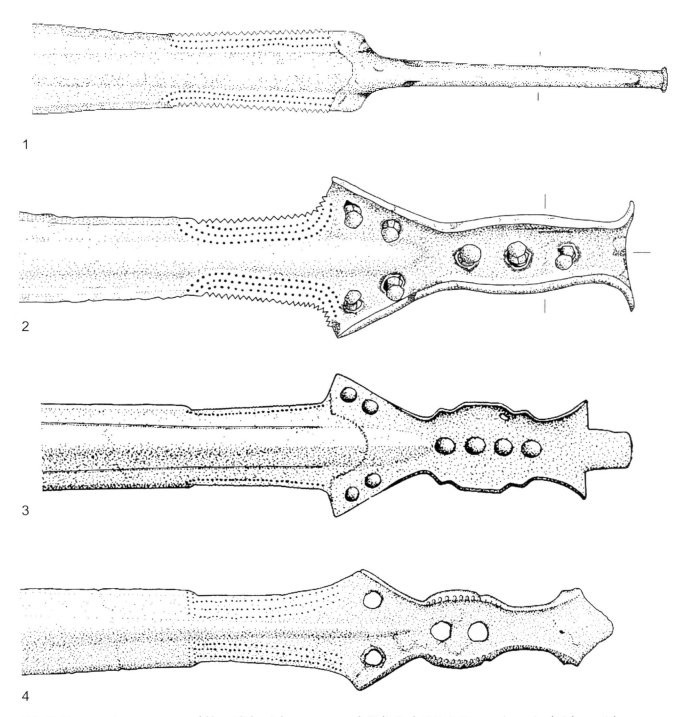

Abb. 54: Ricassoverzierungen an urnenfelderzeitlichen Schwertern. 1 Neckarsulm „Trendpark-Süd" Grab 22/1. 2 Neckarsulm „Trendpark-Süd" Grab 18/1. 3 Gammertingen (nach Schauer, Schwerter Taf. 79,529). 4 Locras (nach Schauer Taf. 78,522).

nach P. Schauers Typologie Schwerter des Typs Säckingen, Typs Klentnice und des Typs Locras (Abb. 54,4) umfasst.[611] Nach Cowen stehen diese Schwerter, unter Beibehaltung eines v-förmigen Heftes und eines lang gekerbten Ricassos, in der Tradition der von ihm als Typ Hemigkofen und Typ Erbenheim definierten Schwerter.[612] Ihre „anspruchslose" Punktverzierung stelle dabei das erste Stadium innerhalb einer Ornamentik dar, welche sich später zu eingeritzten Halbkreisen entwickelte:

„In begrenztem Umfang kann also der Ornamentstil für Zwecke der Chronologie Verwendung fin-

---

[611] Vgl. Schauer, Schwerter Taf. 78 u. Taf. 79.
[612] Cowen, Griffzungenschwerter 87.

den. Man darf jedoch nicht übersehen, dass die einfacheren Ornamentformen während der ganzen Periode vorkommen und daher als Kriterium für die Datierung innerhalb der Reihen keine Gültigkeit haben."[613]

Cowen bezieht sich in seiner Aussage zwar mehr auf Funde der Stufe Ha B, das Einsetzen der Punktverzierung beginnt jedoch schon vor dem Ende der Stufe Ha A. Zur zeitlichen Abgrenzung ist in diesem Zusammenhang ein Schwert aus Gammertingen (Abb. 54,3)[614] von Bedeutung, da auch bei diesem Schwert eine einfache Punktlinie am Ricasso auftritt. Das Grab von Gammertingen wurde von Müller-Karpe[615] zum Leitfund der Stufe Ha A2 erhoben, einem Datierungsansatz, dem bislang allgemein gefolgt wurde. Erst in jüngster Zeit hat R. Kreutle[616] eine andere Datierung vorgeschlagen (Kap. III.4.1.4.1), derzufolge das Grab von Gammertingen chronologisch in den Übergang von der Stufe Ha A1 nach Ha A2 zu stellen ist.

Für die Neckarsulmer Schwerter lassen sich nun insgesamt zwei wichtige Punkte festhalten. Zum einen zeigt eine Gegenüberstellung der beiden Schwerter, dass Griffangel- und Griffzungenschwerter in einem engen „verwandtschaftlichen" Verhältnis standen. Beide Schwerttypen können in diesem Fall nicht voneinander getrennt werden, vielmehr ist hier der Übergang von Schwertern mit Griffangel zu solchen mit Griffzunge deutlich zu beobachten. Dieser Wechsel zwischen den Schwerttypen war in diesem Fall auch ohne eine Hybridform möglich und es zeigt sich, dass es den Schmieden offensichtlich keine großen Mühen bereitete, ihre Produktion umzustellen. Die große Ähnlichkeit der beiden Neckarsulmer Schwerter legt zudem nahe, dass beide aus der gleichen Werkstatt stammen. Wie im Kapitel zur Datierung der Neckarsulmer Gräber gezeigt werden wird (Kap. IV), ist der Wechsel von Griffangel- zu Griffzungenschwertern dabei in die entwickelte Stufe Ha A1 anzusetzen.

4.2.2.2 Typ Hemigkofen

Aufgrund der Griffzunge, dem trapezförmigen Heft und der Zahl der Nieten ist das Neckarsulmer Griffzungenschwert eindeutig dem Typ Hemigkofen zu zuordnen.[617] Der Typ Hemigkofen wurde erstmals in den 1950er-Jahren von J. D. Cowen definiert[618] und durch P. Schauer[619] in dessen Arbeit zu den urnenfelderzeitlichen Schwertern unter diesem Namen weitergeführt. Die Benennung dieses Schwerttyps als Typ Hemigkofen ist nach heutiger Sicht etwas problematisch, da das am Bodensee gelegene Hemigkofen bereits am 18. Mai 1934 nach langjährigem Streit und gegen den Willen seiner damaligen Bewohner zusammen mit dem Ort Nonnenbach zur Gemeinde Kressbronn vereinigt wurde.[620] Auf modernen Karten wird die Ortsbezeichnung Hemigkofen daher schon seit längerer Zeit nicht mehr verwendet, weshalb der Ort unter seinem ursprünglichen Namen kaum aufzufinden ist. Es werden typologische Gründe gewesen sein, die Cowen dazu bewogen haben, jenes im Jahr 1911 in Hemigkofen gefundene Schwert zum namensgebenden Leittyp einer der am weitesten verbreiteten Schwertformen der Urnenfelderzeit zu machen. Es verwundert allerdings schon, dass Cowen dabei einen Ortsnamen verwendete, der schon zu seiner Zeit seit über 20 Jahren offiziell nicht mehr gebräuchlich war. Besser sollte dieser Schwerttyp unter dem Namen „Typ Kressbronn-Hemigkofen" geführt werden oder zumindest erläutert werden, wohin dieser Fund zu verorten ist. Im Folgenden bleibe ich jedoch dem Verständnis halber bei der Bezeichnung „Typ Hemigkofen".

Der Typ Hemigkofen vereinigt diverse Merkmale, welche anhand einzelner Partien am Schwert abgelesen werden können. Angefangen mit der Griffzunge, dem eigentlichen Schwertgriff, lässt sich sagen, dass diese meist bauchig ist und in ihr zwischen drei und sechs Nietlöchern zu finden sind. An diesen Stellen wurden Pflocknieten gesetzt, die zur Befestigung zweier Griffschalen aus organischem Material dienten. Wie bei unserem Schwert ist es möglich, dass die Nieten bei der Auffindung noch in den Nietlöchern stecken. Die Stege der Griffzungen sind meist kräftig ausgebildet, hochstehend und in manchen Fällen mit kleinen Kerben versehen. Typisch sind die hörnerartig nach hinten auslaufenden Stege. Nach vorne geht die Griffzunge meist in ein breit trapezförmiges oder V-förmiges Heft über. Hier im Heft befinden sich weitere zur Griffbefestigung verwendete Nietlöcher. Die Zahl der Nietlöcher pro Heftseite liegt dabei zwischen einem und vier Löchern. Die so genannten Heftschultern sind entweder gerade, gestreckt oder sanft gerundet. Der Heftausschnitt, man könnte es als „Dekolleté" der Griffzunge umschreiben, ist häufig bogenförmig ausgeschnitten. Der untere Teil der Schwertklinge, also jener Bereich direkt unterhalb der Heftschultern, ist

---

613 Ebd. 86.
614 Schauer, Schwerter Taf. 79 Nr. 529.
615 Siehe ebd. 7 Abb. 1.
616 Kreutle, Schwarzwald und Iller 321 ff.
617 Ebd. Nr. 157–159.
618 Cowen, Griffzungenschwerter 79 ff.
619 Schauer, Schwerter 157 ff.
620 E. Kuhn, Von Hemigkofen und Nonnenbach zur Gemeinde Kressbronn. Kressbronner Jahrbuch 14, 2001, 34 ff.

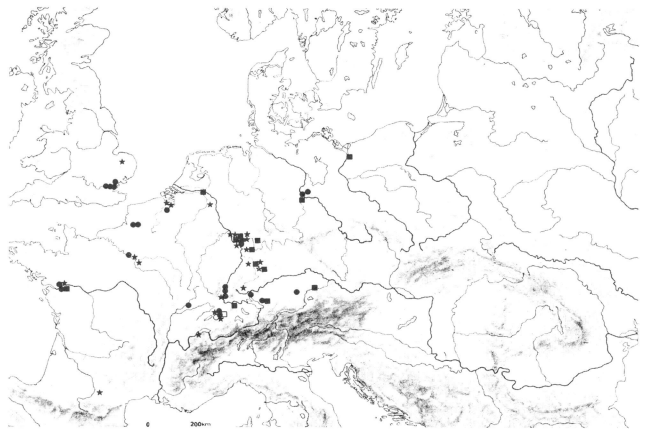

Abb. 55: Verbreitung Griffzungenschwerter Typ Hemigkofen. Griffzungenschwerter vom Typ Hemigkofen (● typisch; ○ nahestehend); Variante Uffhofen (★ typisch; ☐ nahestehend); Variante Elsenfeld (■) (nach Schauer, Schwerter Taf. 120 B).

nicht unbedingt geschärft, sondern häufig mit einem fein gekerbten oder auch scharfzackigen Ricasso versehen. Die mögliche Funktion dieser Ricassos wurde bereits bei den Griffangelschwertern erläutert (Kap. III.4.2.1.1). Diejenigen Schwerter, die kein gezacktes Ricasso besitzen, tragen an dieser Stelle eine „Fehlschärfe", d.h. die Klinge ist hier stumpf oder, wie bei den „reinen" Hemigkofen-Schwertern, durchgehend geschärft. Neben einem Ricasso sind es aber vor allem die bauchig auslaufenden als weidenblattförmig zu bezeichnenden Klingen, welche das wichtigste Charakteristikum dieses Schwerttyps darstellen. Im unteren Bereich der Klinge, meist noch an der Spitze zu erkennen, sind viele Schwerter mit einer Umrisslinie bzw. „Outline"[621] eingefasst. Die Querschnitte der Klingen variieren zwischen linsen- bis rautenförmig.

Der Schwerttyp Hemigkofen ist unter allen urnenfelderzeitlichen Schwertern einer der häufigsten und zugleich am weitesten verbreiteten Typen überhaupt (Abb. 55). Von diesem Schwerttyp liegen über 20 Exemplare vor, davon sind 14 Exemplare Fluss- oder Moorfunde, nur sechs Exemplare, inklusive dem hier besprochenen Schwert aus Neckarsulm, stammen aus Gräbern. Seine Verbreitung findet dieser Typ innerhalb Süddeutschlands im Neckarraum, dem Mainmündungsgebiet und im Gebiet um den Bodensee. Er ist demnach in der untermainisch-schwäbischen Gruppe heimisch. In einigen wenigen Fällen treten solche Schwerter auch im Münchner Raum auf. Neben Deutschland sind diese Schwerter vor allem in der westlichen Schweiz, Ostfrankreich und dem Elsass bekannt. Außerhalb dieses doch recht großen Kerngebietes gibt es auch Funde aus der Gegend der Saalemündung in Sachsen-Anhalt, der Loiremündung in Westfrankreich, dem Oberlauf der Schelde in den Niederlanden und an der Themsemündung in Südengland.[622] Ähnliche Schwerter finden sich auch in Dänemark und Schweden.[623]

Auch bei diesem Schwerttyp stellt sich die Frage nach seinem Ursprung. Über die Herkunft dieser Schwertform haben sich Archäologen bereits zum

---

621 Cowen, Griffzungenschwerter 79.
622 Hemigkofen Schwerter werden beispielsweise in der Abteilung für Bronzezeit im British Museum in London ausgestellt.
623 E. Sprockhoff, Die germanischen Griffzungenschwerter (Berlin/Leipzig 1931) 41.

Ende des 19. Jahrhunderts Gedanken gemacht. Es wurde festgestellt, dass sich allgemein unter den Bronzeobjekten Mitteleuropas einzelne Exemplare zeigten, die gewisse Ähnlichkeiten mit Objekten aus den Hochkulturen Griechenlands und Ägyptens aufwiesen. L. Lindenschmit beispielsweise äußerte sich im Jahre 1894 über die mögliche Abstammung des Schwertes von Mainz-Weisenau[624] von Funden aus Mykene, wobei er sich ganz allgemein auf die Schwerter vom Typ Hemigkofen bezog:

„Schliemann erhob aus dem Schutt, der die Akropolis in Mykenae bedeckte, ein Schwert, dessen Form an Fundstücken in Ungarn, Deutschland und Frankreich beobachtet werden kann und auch mit dem hier abgebildeten Schwert typisch übereinstimmt."[625]

Abgesehen von der Anerkennung, die er Schliemanns Arbeit zukommen lässt, steckt in seinem Gedanken eine sehr bedeutende Beobachtung, nämlich die, dass sich eine große Zahl von Schwertern Mitteleuropas einander sehr ähnelt und sie daher zu einem Typ zusammengefasst werden können. Bezüglich der Ähnlichkeit zu Schwertern aus Mykene geht aus dem Zitat Lindenschmits leider nicht hervor, auf welche Schwerter er sich dort bezieht und aufgrund welcher Merkmale er auf eine Verbindung zwischen Mykene und Mitteleuropa schließt. Ich gehe einmal davon aus, dass Lindenschmit nicht nur ein guter Kenner der Materie war, sondern auch ein guter Beobachter. Es fällt dennoch schwer, die Beobachtung Lindenschmits nachzuvollziehen und anhand zweier Schwerter eine so gebietsübergreifende Verbindung zu bestätigen.

Vielleicht ist es gar nicht notwendig, den Ursprung des Hiebschwerts, wie es der Typ Hemigkofen repräsentiert, außerhalb Mitteleuropas zu suchen. Zumindest in geografischer Hinsicht näher liegend ist die Übernahme von Schwertformen aus dem ungarischen Raum, die mit ihren weidenblattförmigen Klingen und ihren gelegentlich sehr reichhaltigen Verzierungen den süddeutschen Schwertern sehr ähnlich sind. Ich hatte auf diese mögliche Verbindung bereits bei der Besprechung der Griffangelschwerter hingewiesen (Kap. III.4.2.1.1). Schon in der frühesten Literatur zu den Funden der Urnenfelderzeit finden sich Verweise auf diese Schwerter und ihre Ähnlichkeit zu den süddeutschen Exemplaren.[626] Eine geraume Zeit wurden die süddeutschen Hiebschwerter sogar unter der Bezeichnung „ungarische Typen"[627] geführt, auch wenn eine direkte Abstammung nicht nachgewiesen werden kann. Denkbar ist darüber hinaus auch eine lokale Entwicklung dieser Schwerter, auf die auch Cowen hinweist:

„Ungeklärt bleibt der Ursprung dieser bedeutsamen Neuerung, die dem Krieger erlaubt, nicht nur mit der Spitze zuzustoßen, sondern auch besser zuzuschlagen. Obwohl neue Einflüsse vom Osten sich wiederum bemerkbar machen, ist es keineswegs unmöglich, dass die Idee der blattförmigen Klinge im Herzen unseres Gebietes selbst ihren Ursprung hatte und dort auch entwickelt wurde. Das bisher zugängliche Beweismaterial lässt eine klare Entscheidung über diesen Punkt noch nicht zu."[628]

Es scheint aufgrund dieser Äußerung Cowens eventuell lohnend zu sein, sich verstärkt mit der Frage auseinanderzusetzen, ob sich eine typologische Entwicklung und Beziehung einzelner Typen innerhalb der mitteleuropäischen Schwerter herausarbeiten lässt. Vorrausetzung hierfür wäre ein sich über Jahrhunderte entwickelndes Schmiedehandwerk, das je nach Region eigene Formen hervorbrachte und diese auch weiterentwickelte. Dabei könnten durchaus Schwerter anderer Regionen als Vorbild gedient haben. Änderungen, wie etwa die Umstellung von Griffangel- auf Griffzungenschwerter, könnten ebenso mit sich ändernden Ansprüchen an die Waffe in puncto Kampftechnik und Handhabung zusammenhängen. Cowen[629] sah in den Schwertern vom Typ Nenzingen[630], welche zwischen den Stufen Bz D und Anfang Ha A auftreten, Vorläufer der Hemigkofen-Schwerter. Nenzinger Schwerter sind so genannte Rapiere also Stichschwerter, gehören jedoch schon zu der Gruppe der Griffzungenschwerter. Diese Schwerter verschwinden ungefähr zu dem Zeitpunkt, als die ersten Schwerter mit blattförmigen Klingen auftreten. Zu Beginn der Stufe Ha A treten dann die Hiebschwerter auf, allen voran diejenigen vom Typ Erbenheim und Typ Hemigkofen. Nach Cowen ist der Typ Hemigkofen aus dem Nenzinger und dem Erbenheimer Typ[631] hervorgegangen. Der Erbenheimer Typ mit seiner blattförmigen Klinge sei dabei im Mainmündungsgebiet und am Mittelrhein entwickelt worden, aber durch ungarische Vorformen beeinflusst bzw. schon als entwickelte Form in Süddeutschland eingedrungen.[632] So schreibt Cowen zum Typ Erbenheim:

---

624 Schauer, Schwerter Taf. 72 Nr. 488.
625 L. Lindenschmit, Westd. Zschr. 13, 1894, 292.
626 J. Naue, Die Bronzezeit in Oberbayern (München 1894) 88 ff.
627 So haben Beck und Reindl (Beck/Reindl, Altötting 88) sämtliche Schwerter des Gräberfeldes von Altötting, darunter ein Griffangelschwert vom Typ Unterhaching (s. o.), als „ungarische Typen" umschrieben.
628 Cowen, Griffzungenschwerter 72 f.
629 Cowen, Griffzungenschwerter 85.
630 Dieser Schwerttyp heißt bei Schauer „Typ Reutlingen" (Schauer, Schwerter Taf. 58–65).
631 Schauer, Schwerter Taf. 74–76.
632 Cowen, Griffzungenschwerter 84. Vgl. Schauer, Schwerter 14.

„Die Entstehung des Typs scheint klar genug. Er ist einfach die Weiterbildung des Nenzinger Typs mit einer blattförmigen Klinge statt der geraden. Letzten Endes ist das der einzige wesentliche Unterschied zwischen beiden Typen. Es folgt daraus, dass der Nenzinger Typ gebräuchlich war, als die Erfindung der blattförmigen Klinge sich in diesem Gebiet neu entwickelte, und so wurden ihm die Klingen in Blattform zunächst – sozusagen – aufgepfropft. Der Hemigkofener Typ wird dann die Fortführung einer fest verankerten Tradition darstellen, unter Hinzufügung eines bedeutsamen neuen Faktors."[633]

Da im Rahmen dieser Arbeit keine Entwicklungsgeschichte der urnenfelderzeitlichen Schwerter geliefert werden kann, lasse ich die Überlegungen über die Herkunft und Entstehung der Hemigkofener Schwerter hiermit ruhen. Cowens Verdienst war es zweifellos, den Typ Hemigkofen zu definieren, wobei erst P. Schauer eine weitere Gliederung in eine „reine" Form sowie zwei Untervarianten vornahm. Unter den Schwertern vom „reinen" Typ Hemigkofen und den diesem Typ nahestehenden Schwertern sind Formen versammelt, die unserem Schwert nicht besonders ähnlich sind, da sie eher schlanke Schwertklingen und keine Ricassos besitzen. Kurze Schwerter mit weitbauchigen, weidenblattförmigen Klingen sind hier kaum vertreten. Bekannt sind Schwerter vom Typ Hemigkofen aus Deutschland und der Schweiz: aus Gerolfingen[634] im Ldkr. Ansbach, Homburg[635], Kressbronn-Hemigkofen[636], zwei Exemplare aus Mainz-Weisenau[637], aus Trimbs[638] im Ldkr. Mayen-Koblenz, aus Unterhaching[639] sowie aus Aach[640], von einem Fundplatz zwischen Orpund und Safnern im Kanton Bern[641], und aus Port im Kanton Bern[642]. Etliche Exemplare liegen auch aus Frankreich und mit einigen Exemplaren zudem aus England vor.[643] Die Schwerter datieren in die gesamte Stufe Ha A.

Nur allgemein dem Typ Hemigkofen zu zuordnen sind die Schwerter von Mengen[644] im Ldkr. Sigmaringen, Prien[645] am Chiemsee, Schinznach[646] im Kanton Bern und von Töging am Inn[647].

In Medelsheim[648] in der Gde. Gersheim im Saarland wurde im Jahr 1913 auf einem Acker ein Griffzungenschwert gefunden, dessen Typ aufgrund des abgebrochenen Griffs nicht weiter bestimmt werden kann. Von dem Schwert ist allein die bauchige, weidenblattförmige Klinge erhalten. Im Bereich der Schwertspitze sind mehrere Ritzlinien zu erkennen sowie eine durchgehend verlaufende Mittelrippe auf der noch insgesamt 41 cm langen Klinge. Falsch ist sicherlich die Zuweisung dieses Schwertes zum Typ Erbenheim wie sie A. Kolling[649] vornahm, da die Klinge offensichtlich kürzer und wesentlich bauchiger ist als bei Erbenheimer Schwertern üblich.[650] Bei dem Schwertfragment könnte es sich um den Überrest eines Schwertes vom Typ Hemigkofen in der Variante Uffhofen oder der Variante Elsenfeld handeln.

4.2.2.3 Variante Uffhofen und Variante Elsenfeld

Im süddeutschen Raum lassen sich die Schwerter vom Typ Hemigkofen in zwei Varianten unterscheiden. Für eine genaue Ansprache des Neckarsulmer Schwertes ist es unabdingbar, Unterschiede und Gemeinsamkeiten dieser beiden Varianten zu diskutieren.

Schwerter in der Variante Uffhofen[651] verfügen über eine breit gebauchte Griffzunge. Darin liegen Löcher für drei bis sechs Pflocknieten. Die so genannten Randstege sind hochstehend und laufen in der Regel hörnerartig aus. Die Griffzungen solcher Schwerter gehen in ein breites, häufig trapezförmiges Heft über. Im Heft befinden sich insgesamt vier Löcher für weitere Pflockniete. Die Heftschultern sind gebaucht oder straff gestreckt. Der Heftausschnitt ist entweder breit bogenförmig oder parabelförmig und geht scharf oder auch in einem sanften Bogen in ein Ricasso über. Das leicht gezähnte oder zackig ausgeprägte Ricasso stellt mit das wichtigste Kennzeichen dieser Schwertvariante dar. Die Klinge hat eine weidenblattartige Form, wobei die Schneiden bei einzelnen Exemplaren von der Klinge abge-

---

633 Cowen, Griffzungenschwerter 84.
634 Schauer, Schwerter Taf. 68 Nr. 467.
635 Kolling, Saar und Mosel 76. Vgl. Cowen, Griffzungenschwerter 79ff.
636 Schauer, Schwerter Taf. 67 Nr. 461.
637 Ebd. Taf. 67 Nr. 462 u. Nr. 463.
638 Clausing, Untersuchungen Taf. 51; A. von Berg, Untersuchungen zur Urnenfelderkultur im Neuwieder Becken und angrenzenden Landschaften (Marburg 1987) 63.
639 Schauer, Schwerter Taf. 68 Nr. 466; Clausing, Untersuchungen Taf. 53 B.
640 Schauer, Schwerter Taf. 67 Nr. 460.
641 Ebd. Taf. 68 Nr. 464.
642 Ebd. Taf. 68 Nr. 465.
643 Zugehörig zum Typ Kressbronn-Hemigkofen sind zwei Exemplare aus einem Torfmoor bei Amiens. Weitere Schwertfunde aus Frankreich stammen aus Auxonne, Bellevue en Sainte-Luce-sur-Loire, Dickelvenne, Éguisheim, Loire bei Nantes, Meyenheim, „Museum Nantes" und der Seine bei Vernon. In England fanden sich vor allem im Bereich der Themsemündung bei London und Barking Creek (Siehe Schauer, Schwerter 158, Fußnoten 1–14).
644 Schauer, Schwerter 195, Nr. 490.
645 Ebd. Taf. 73 Nr. 491.
646 Ebd. Taf. 73 Nr. 489.
647 Ebd. Taf. 71 Nr. 483.
648 Sprater, Pfalz 80 Abb. 81,11; Kolling, Saar und Mosel Taf. 57,5.
649 Kolling, Saar und Mosel 73.
650 Vgl. Schauer, Schwerter Taf. 75.
651 Ebd. 160.

setzt sein können. Die für Hemigkofen-Schwerter typischen Umrisslinien im unteren Klingenbereich sind bei dieser Variante eher selten anzutreffen. Die Form der Klingenquerschnitte variiert zwischen flach und breit rautenförmig. Die Schwertlängen liegen zwischen 45 und 64 cm, in Ausnahmen beträgt die Gesamtlänge sogar nur 40 cm.

Schwerter der Variante Uffhofen finden sich vor allem in Süddeutschland, der Westschweiz, dem Elsass und im Rheingebiet zwischen Mosel und Mainmündung. Sie finden sich aber auch in der Bretagne und an der Seine. Im heutigen Belgien sind sie im nördlichen Flandern und in Großbritannien im Raum Cambridge anzutreffen (Abb. 55).

Schwerter der Variante Elsenfeld[652] besitzen eher leicht gebauchte Griffzungen, die in einigen Fällen auch parallel zueinander stehen können. In den Griffzungen befinden sich häufig vier, gelegentlich aber auch fünf Nietlöcher. Die Stege sind kräftig ausgeprägt und laufen hörnerartig aus. Der Übergang von der Griffzunge ins Heft zeigt Unterschiede zwischen den Exemplaren mit nahezu parallelen Seiten und denen mit bauchigen Seiten der Griffstege. Während bei parallelen Griffstegen die Heftschultern gestreckt sind, verfügen Schwerter mit gebauchten Seiten über ein Heft mit gerundeten Schultern. Im Unterschied zu Schwertern der Variante Uffhofen finden sich im Heft nur zwei Nietlöcher. Auch bei dieser Schwertvariante liegt unterhalb des Hefts ein Bereich mit gekerbten Ricasso. Die Schwertklinge ist weidenblattförmig, wobei häufig der untere Teil der Klinge am breitesten ist. Schauer beschreibt ihr Aussehen daher als „plump und ungeschlacht."[653] Die Querschnitte der Klingen liegen zwischen linsen- und rautenförmig. Die Schwertlänge beträgt zwischen 49 und 63 cm.

Der Verbreitungsschwerpunkt dieser Variante liegt mit sieben von insgesamt 13 Exemplaren in Süddeutschland (Abb. 55).[654] Einzelne Funde stammen auch aus Frankreich, den Niederlanden und Südengland.[655] Bei den Schwertern vom Pohlsberg in Latdorf (s. u.) in Sachsen-Anhalt, Zdroje (Finkenwalde) in Polen, Inn im österreichischen Tirol und Schinznach in der Schweiz vermutet Schauer, dass sie ursprünglich in Werkstätten Süddeutschlands hergestellt wurden.[656]

Die im vorherigen wiedergegebene Variantenunterscheidung nach Schauer gestaltet sich in einzelnen Fällen als schwierig, da die Grenzen der beiden Varianten fließend sind. Hauptkriterien für die Unterscheidung der beiden Varianten bietet vor allem die Zahl der Nietlöcher im Heft. Während bei der Variante Uffhofen vier Nietlöcher vorliegen, verfügen Schwerter der Variante Elsenfeld über nur zwei Nietlöcher, also einem Niet pro Heftseite. Dafür liegt die Zahl der Nietlöcher in den Griffzungen bei den Schwertern der Variante Elsenfeld meist höher als bei denen der Variante Uffhofen. Bei ersteren können bis zu fünf Nietlöcher in der Griffzunge liegen. Dass sich die beiden Varianten sehr nahestehen, zeigt ihr nahezu deckungsgleiches Vorkommen im Raum Süddeutschland. Mit zwei Schwertfunden aus Pleidelsheim findet sich sogar ein Beleg für ein ortsgleiches Auftreten der beiden Varianten, was die Vermutung Schauers unterstützt, dass die Werkstätten der beiden Schwertvarianten „in regem Kontakt zueinander standen."[657]

Mit insgesamt vier Nieten im trapezförmigen Heft, dem gezackten Ricasso, der im unteren Drittel weit ausbauchenden Klinge und einem rhombischen Klingenquerschnitt spricht vieles für eine Ansprache des Neckarsulmer Griffzungenschwerts als Schwert vom Typ Hemigkofen in der Variante Uffhofen. Allerdings ist die Nähe zu einigen Exemplaren der Variante Elsenfeld nicht abzustreiten. Hätte das Schwert nicht vier sondern nur zwei Nietlöcher im Heft, wäre zu überlegen, ob es nicht sogar dieser Variante zuzuordnen wäre.

4.2.2.4 Vergleichsfunde Variante Uffhofen

Betrachten wir zunächst nur Vergleichsfunde der Variante Uffhofen, so kommen die Schwerter aus Eschborn, Flonheim-Uffhofen, Boppard und aus dem „Lorscher Wald" unserem Schwert besonders nahe.

Eschborn

Innerhalb der Variante Uffhofen findet sich im Schwert von Eschborn (Taf. 54,1)[658] aus dem Main-Taunus-Kreis in Hessen ein sehr ähnliches Exemplar. Da von der Griffzunge der größte Teil fehlt, lassen sich über dessen ursprüngliche Gestaltung sowie über die Zahl der Nietlöcher allerdings keine Aussagen treffen. Das nur 3,1 cm lange Fragment vom oberen Teil der Griffzunge zeigt jedoch, dass die Stege der Griffzunge hörnerartig ausliefen. Die Zahl der Niete im Heft wird bei zwei Nieten pro Seite gelegen haben, wie es ein ausgebrochenes Nietloch im Heft anzeigt. Von den gesamten Nieten haben sich vier Stück erhalten, jede mit einer Länge von 1,8 cm.

---

[652] Ebd. 163 ff.
[653] Ebd. 163.
[654] Vgl. Schauer, Schwerter Nr. 480, Nr. 482, Nr. 484–488.
[655] Ebd. 161 Anm. 1–10.
[656] Ebd. 165.
[657] Ebd. 163.
[658] Ebd. Taf. 69 Nr. 471.

Das Heft ist noch etwa 4,6 cm breit und gibt einen bogenförmigen Heftausschnitt zu erkennen. Der Übergangswinkel vom Heft in die Klinge ist nahezu rechtwinklig. Das gezähnte Ricasso ist von der Klinge abgesetzt, und da die Schneiden wegkorrodiert sind, wird der Absatz vermutlich noch deutlicher hervorgehoben gewesen sein. Schon im Heft beginnt ein Mittelwulst, welcher erst in der Klingenmitte breit in die Klinge ausläuft. Ab dieser Stelle beginnt auf der Klinge eine Mittelrippe, die bis in die Schwertspitze hineinführt. Das Schwert ist vom Heft bis zur Spitze noch 48,6 cm lang und verfügt über eine größte Klingenbreite von 5,0 cm. Der Klingenquerschnitt ist wie bei dem Neckarsulmer Schwert flach rautenförmig.

Das Schwert vom Eschborn stammt aus dem so genannten Steinkistengrab 2, welches im Dezember 1910 entdeckt wurde.[659] Die Steinkiste hatte die Maße von 3,50 m × 2,30 m, ihr Boden war zudem mit Steinplatten ausgelegt. Da weder verbrannte noch unverbrannte Knochen aufzufinden waren, lässt sich über die Art der Bestattung nichts sagen. Zum Grab gehören noch weitere Funde[660], von denen ich die Nadel der Form Schwabsburg bereits vorgestellt habe (Kap. III.4.1.4.1). Des Weiteren zu nennen sind sechs unterschiedlich große Tüllenpfeilspitzen mit Widerhaken und geripptem Blatt, zwei einzelne Niete, ein 19 cm langes Messer mit stark geschweiftem und durchlochtem Griffdorn und strichverziertem Rücken, zwei Bruchstücke, welche vermutlich von einer Sichel stammen, ein offener Armring mit rundem Querschnitt und ovaler Form vom Typ Hanau[661], dünnes Bronzeblech als Reste einer gehenkelten Schale, zwei Nadeln[662] und Gefäßscherben von schätzungsweise acht Gefäßen, darunter ein Becher vom Typ Nauheim.[663]

Für die Datierung ausschlaggebend sind die Nadel der Form Schwabsburg, der Armring Typ Hanau und der genannte Becher vom Typ Nauheim. Es handelt sich hier um qualitativ hochstehende Gefäße, die auch als „Adelskeramik" bezeichnet werden. Kubach datiert diese Funde in die „entwickelte Stufe Hanau" bzw. die Stufe Ha A2.[664] Dieselbe Datierung erfolgte auch durch Müller-Karpe[665] und Herrmann, der sich aufgrund der Keramik für eine Datierung in die „jüngere Urnenfelderzeit" (Ha A2) ausspricht.[666] Den Armring vom Typ Hanau erhebt I. Richter[667] sogar als Leitfund für die Stufe Ha A2.

Flonheim-Uffhofen

Vor allem in der Klingenform findet das Neckarsulmer Schwert im Schwert von Flonheim-Uffhofen[668] eine große Übereinstimmung. Das im Jahr 1862 in einem Grab[669] gefundene Schwert ist der Leitfund für die Variante Uffhofen, wobei sich hier wie schon bei der Typenbezeichnung „Hemigkofen" eine gewisse Problematik ergibt. Der Ort Uffhofen im Ldkr. Alzey-Worms in Rheinland-Pfalz wurde nämlich im Jahre 1972 der Gemeinde Flonheim zugeteilt und wird heutzutage nicht mehr unter seinem ursprünglichen Namen geführt.[670] Wollte man das Schwert korrekt ansprechen, müsste es als „Typ Kressbronn-Hemigkofen in der Variante Flonheim-Uffhofen" bezeichnet werden. In der neueren Literatur hat sich zumindest der Variantenname Flonheim-Uffhofen inzwischen durchgesetzt.[671]

Beim Flonheim-Uffhofener Schwert laufen die Stege der Griffzunge in typischer Weise hörnerartig aus, wobei die Griffzunge im Gegensatz zum Neckarsulmer Schwert nur sanft gebaucht ist. In der Griffzunge mit ihrer maximalen Breite von 2,7 cm befinden sich jeweils vier Nietlöcher, ein Nietloch mehr als bei unserem Schwert. Das Heft hat eine größte Breite von 5,3 cm, der Übergang in die Klinge erfolgt in einem leicht abgerundeten, stumpfen Winkel. Der Heftausschnitt ist spitz und bogenförmig. Schon im Heft beginnt in einem spitzdreieckigen Winkel eine Mittelrippe, welche bis in die Schwertspitze verläuft. Unterhalb des Heftes liegt ein von der Klinge abgesetztes gezähntes Ricasso, dessen Seiten nach unten zusammenlaufen. Dadurch bilden die Seiten des Ricassos, wie beim Schwert von Neckarsulm, ein Trapez. Wie angesprochen, liegt die größte Gemeinsamkeit zwischen den Schwertern in der im unteren Drittel weit ausbauchenden Klinge, welche hier bis zu 5,5 cm breit ist. Die Schneiden scheinen dabei zudem leicht von der Klinge abgesetzt zu sein. Der Querschnitt der Klinge ist wie beim Neckarsulmer Schwert flach rautenförmig. Das Schwert ist insgesamt 57,2 cm lang, also nur we-

---

659 Ritterling, Eschborn 1.
660 Eine genaue Beschreibung der Gefäße findet sich in Ritterling, Eschborn 5ff. und Herrmann, Hessen 27 Abb. 4; 73f.
661 Richter, Arm- und Beinschmuck Taf. 45 Nr. 839.
662 Darunter ist eine Nadel der Form Schwabsburg (Kubach, Nadeln Taf. 72 Nr. 1100) und eine Nadel mit profiliertem Kopf (Kubach, Nadeln Taf. 75 Nr. 1182).
663 Kubach, Nadeln 453.
664 Ebd.
665 Müller-Karpe, Chronologie 176; ders., Hanau 49.
666 Herrmann, Hessen 34.
667 Richter, Arm- und Beinschmuck 141.
668 Schauer, Schwerter Taf. 70 Nr. 477.
669 Möglicherweise stammt das Schwert sogar aus einem „abgetragenem Grabhügel" (Eggert, Rheinhessen 56 mit Anm. 307). Kubach (Kubach, Nadeln 463 Anm. 10) hegt hierin jedoch starke Zweifel.
670 Gemeinde Flonheim (Hrsg.), Flonheim und Uffhofen: Geschichte und Gegenwart im Wiesbachtal (Alzey 2001).
671 Vgl. Eggert, Rheinhessen 255, Nr. 420; Clausing, Untersuchungen 162, Nr. 63.

nige Zentimeter länger als unser Schwert. Zur Bestattung gehören weitere Beigaben[672], von welchen die Plattenkopfnadel bereits vorgestellt wurde (Kap. III.4.1.2). Weitere Funde sind ein Bronzemesser mit geripptem Zwischenstück am Griff und gekehltem Griffdorn und drei einfache Ringe[673], die möglicherweise den Rest eines Schwertgehänges (siehe Kap. III.4.4.3.1) darstellen. W. Kubach sieht in dem Messer eine erst in der mittleren Urnenfelderzeit (Ha A2) beginnende und in der jüngeren Urnenfelderzeit (Ha B) in veränderter Gestalt fortlebende Form.[674] Die Plattenkopfnadeln datiert er in die ältere (Ha A1) bis mittlere Urnenfelderzeit (Ha A2).[675] Auch P. Schauer[676] datiert das Schwert in die Stufe Gammertingen bzw. die Stufe Ha A2. Gegen eine Datierung des Grabes durch L. Sperber[677] in die Stufe Ha A1 spricht sich C. Clausing[678] aus, da der von Sperber definierte Messertyp 87, zu welchem dieser auch das Messer aus dem Grab von Flonheim-Uffhofen zählt, zu „inhomogen" sei, „um als Typ Bestand zu haben."[679]

Boppard
Das Schwert von Boppard[680] aus dem Rhein-Hunsrück-Kreis in Rheinland-Pfalz ist ebenfalls vor allem bezüglich seiner Klingenform dem Neckarsulmer Grillzungenschwert ähnlich. Gemeinsam sind ihnen auch die stark hörnerartig auslaufenden Griffstege, die identische Zahl von drei Nieten in der Griffzunge und die je zwei Nieten auf jeder Seite des Heftes. Die Griffzunge ist im Vergleich zum Neckarsulmer Schwert eher sanft gebaucht und hat eine größte Breite von 2,4 cm. Der Winkel, in dem das Heft in die Klinge übergeht, entspricht in etwa dem des Neckarsulmer Schwerts. Die größte Heftbreite beträgt hier 4,6 cm. Das Ricasso ist weniger zackig und seine Seiten verlaufen nahezu parallel, bilden also kein Trapez wie beim Neckarsulmer Schwert. Ein Mittelwulst zeichnet sich einzig im Bereich des Ricassos ab, läuft jedoch schon sehr bald in der Klinge aus. Der Heftausschnitt ist breit bogenförmig. Das Schwert von Boppard ist insgesamt 53,3 cm lang und hat eine größte Klingenbreite von 4,0 cm. Die Klinge baucht wie bei dieser Variante üblich erst im unteren Drittel aus. Innerhalb der gesamten Schwerter der Variante Uffhofen fallen die tiefen Rillen in der Klinge auf. Eine dieser Rillen liegt im inneren Bereich der Klinge, weshalb hier nicht von einer Umrisslinie, sondern eher von einer Innenlinie gesprochen werden kann. Weitere Rillenlinien finden sich auf den Schneiden der Klinge.
Über die Fundumstände des Schwertes ist relativ wenig bekannt. Überliefert ist zumindest, dass es vermutlich aus einem aus Tuffstein gebauten Steinkistengrab stammt.[681] Das Grab wurde während des Baus einer Straße zwischen Boppard und Koblenz gefunden, das Jahr der Auffindung ist nicht überliefert. Dokumentiert ist einzig das Jahr 1836, in welchem das Schwert vom Comte de Renesses in einer Auktion an das Museum der Universität Gent in Belgien veräußert wurde, was in etwa mit dem Zeitpunkt seiner Entdeckung übereinstimmen könnte.[682]

Lorscher Wald (1)
Ein Schwert aus dem Lorscher Wald[683] in der Nähe von Darmstadt in Hessen lässt sich als letztes Exemplar derjenigen Uffhofen-Schwerter anführen, welches über eine relativ große Ähnlichkeit zum Neckarsulmer Schwert verfügt. Über die Fundumstände ist nur bekannt, dass es 1837 in einem großen Grabhügel im Lorscher Wald geborgen wurde. Während der Bergung besaß das Schwert noch eine Griffzunge, in der insgesamt sechs Nieten steckten. Dieser Teil des Schwertes wurde jedoch infolge eines Museumsbrandes im Jahr 1944 zerstört. Reste des Heftes zeigen, dass auf jeder Seite zwei Niete zur Befestigung des Griffs dienten. Die größte Heftbreite beträgt heute noch 4,5 cm. Der Übergang vom Heft in die Klinge ist vergleichbar mit demjenigen des Schwerts aus Uffhofen. Aufgrund der starken Fragmentierung der Schwertklinge ist aus der Abbildung[684] zum Schwert nicht zu erkennen, ob das Schwert ein Ricasso besaß. Eine große Übereinstimmung mit allen bislang besprochenen Schwertern liegt in der weidenblattförmigen Klinge und dem flach rautenförmigen Klingenquerschnitt. Die Klingenbreite beträgt bis zu 5,2 cm. Insgesamt ist das Schwert noch 52,0 cm lang, ursprünglich sollen es 59,5 cm gewesen sein. Zur Bestattung sollen noch weitere Funde gehört haben, darunter Gefäßscherben, sowie Objekte aus Bronze, über die jedoch nichts Weiteres bekannt ist. Eine Besonderheit bilden etwa 13 Fragmente aus dickem Golddraht, wel-

---

672 Schauer, Schwerter Taf. 144 C; Eggert, Rheinhessen Taf. 13 A; Clausing, Untersuchungen Taf. 31 B.
673 Die Ringe sind inzwischen abhandengekommen. Siehe Eggert, Rheinhessen 256 Nr. 421.
674 Kubach, Nadeln 463 f.
675 Ebd. 464 f.
676 Schauer, Schwerter 162.
677 Sperber, Chronologie 318 Nr. 128.
678 Clausing, Untersuchungen 24.
679 Ebd. 24.
680 Schauer, Schwerter Taf. 69 Nr. 469.
681 Siehe J. M. de Noordhout, Catalogue du Musée des Antiquités de l'Université de Gand (Gent 1938) 83.
682 Ebd.
683 Schauer, Schwerter Taf. 69 Nr. 473.
684 Ebd.

che wie die übrigen Grabfunde allerdings verloren gegangen sind. Eine Datierung dieses Schwertes in die Stufe Ha A liegt aufgrund seiner gesamten Gestaltung nahe.

4.2.2.5 Vergleichsfunde Variante Elsenfeld

Im Folgenden werden Schwerter der Variante Elsenfeld besprochen, obgleich sich die Schwerter dieses Typs in gewissen Merkmalen von der Variante Uffhofen unterscheiden lassen. Dennoch finden sich auch unter diesen einige Exemplare, die dem Neckarsulmer Schwert teilweise sehr ähnlich sind. Dieses sind die Schwerter aus Langenargen, aus der Sammlung Guttmann in Berlin und ein Exemplar aus Heilbronn. Des Weiteren zu nennen sind die Schwerter aus dem Lorscher Wald, Elsenfeld und dem Pohlsberg bei Latdorf, welche zumindest in einigen Merkmalen unserem Schwert nahekommen.

Langenargen
Das Schwert von Langenargen[685] wurde am 30. April 1951[686] an der Mündung der Argen ausgebaggert. Der Fundort liegt etwa 1,5 km südöstlich des Ortes Langenargen im Ldkr. Bodensee in Südwürttemberg. Die Griffzunge ist nur leicht ausgebaucht und maximal 2,6 cm breit. Die Stege der Griffzunge laufen leicht hörnerartig aus, eines der Stegenden ist offensichtlich verbogen. In der Griffzunge liegen insgesamt fünf sehr unregelmäßig große Nietlöcher. Das Heft ist max. 4,2 cm breit und an einer Seite abgebrochen. Die gesamte Form des Heftes, auch der Winkel im Übergang zum Ricasso, ist dem Neckarsulmer Schwert sehr ähnlich. Im Heft liegt auf jeder Seite jeweils nur ein Nietloch, von denen eines ausgebrochen ist. Da auch das noch vorhandene Nietloch sehr dicht am Heftrand liegt, war die Gefahr eines Bruches scheinbar recht hoch. Im Heft beginnt ein dünner spindelförmiger Mittelwulst, dessen Gestaltung sehr stark an die des Neckarsulmer Schwerts erinnert. Auch der Winkel der Heftschulter im Übergang zur Klinge stimmt in etwa mit unserem Schwert überein. Das etwa 5 cm lange Ricasso ist schwach gezähnt und deutlich von der Klinge abgesetzt. Die Schneide ist von der Klinge abgesetzt bzw. eingeschliffen. Etwa ab der Klingenmitte läuft der Mittelwulst flach aus und geht in eine Mittelrippe über. Zwar ist die Klingenform weidenblattförmig, aber nicht besonders breit. Dies mag auch an den Beschädigungen an der Klinge und der Schneide liegen. Die Klinge ist leicht verbogen und im Querschnitt rautenförmig. Die Gesamtlänge des Schwertes beträgt 51,5 cm. Da es sich bei dem Schwert um einen Einzelfund handelt, lässt es sich aufgrund fehlender Beifunde leider nicht genauer als nach Ha A datieren.

Sammlung Guttmann (Berlin)
Interessant ist dieses Schwert unbekannter Herkunft, welches sich heute im Besitz der Sammlung Guttmann[687] in Berlin befindet. Das Schwert ist in vielen Punkten dem Schwert von Elsenfeld ähnlich und seine Zuordnung zu dieser Variante daher eindeutig. Die Seiten der Griffzunge stehen nahezu parallel zueinander, dazwischen liegen fünf Nietlöcher, in denen noch alle Niete stecken. Ein auffälliges Detail sind Kerbungen in den Griffstegen. Das Heft ist breit dreieckig mit „fallenden Schultern".[688] Auf jeder Heftseite befindet sich ein Nietloch, die Niete sind allerdings nicht mehr vorhanden. H. Born und S. Hansen weisen daraufhin, dass die Niete in der Griffzunge nur 2,1 cm lang sind „und entsprechend dünn hat man sich die eigentliche Handhabe des Schwertes vorzustellen."[689] Im Heft beginnt mit spitz dreieckiger Form ein deutlich gewölbter Mittelwulst, welcher etwa in der Mitte in die Klinge ausläuft. Unterhalb des Heftes beginnt ein deutlich von der Klinge abgesetztes Ricasso, welches vermutlich gezähnt ist. Die Klinge baucht in ihrem unteren Drittel stark aus, wobei die Klingenränder in diesem Bereich durch mehrere Umrisslinien verziert sind. Born und Hansen geben an, dass die Schwertklinge mehrfach nachgeschärft wurde und daher offensichtlich in Gebrauch gewesen ist.[690] Das Schwert ist insgesamt 54,5 cm lang. Über die Fundumstände, seine Herkunft und auf welche Weise das Schwert in die Sammlung Guttmann gekommen ist, finden sich keine weiteren Informationen. Einzig die dunkelgrüne Patina scheint darauf hinzuweisen, dass es sich bei dem Schwert um einen „Erdfund"[691] handelt.

Heilbronn
Das Schwert von Heilbronn[692] in Baden-Württemberg fand sich in nur 8 km Entfernung von Neckarsulm. Es wurde im November 1909 bei Baggerarbeiten zum Neckarkanal zwischen den Ortschaften Winterhafen und Kastell Böckingen[693] entdeckt.[694]

---

685 Ebd. Taf. 72 Nr. 484.
686 Paret, Fundberichte 29.
687 H. Born/S. Hansen, Helme und Waffen Alteuropas IX, Sammlung Guttmann (Mainz 2001) 108 Abb. 88, AG 1013.
688 Ebd. 107.
689 Ebd.
690 Ebd.
691 Ebd.
692 Schauer, Schwerter Taf. 71,482.
693 Das römische Kastell Heilbronn-Böckingen gehörte zum Neckar-Odenwald-Limes.
694 In den Jahren 1883, 1910 und 1951 wurden in Heilbronn zudem vereinzelt Gräber der Spätbronzezeit aufgedeckt. Im Jahre 1951 fand sich dabei ein Steinkistengrab, welches neben Gefäßscherben auch ein Griffzungenschwert vom Typ Erbenheim enthielt (siehe Paret, Fundberichte 28 u. Taf. IV 1, 2).

Das Schwert ist durch sekundäre Feuereinwirkung verbogen, was jedoch auch die Folge eines Museumsbrands im Zweiten Weltkrieg (Kap. II.1) sein könnte. Die Griffzunge ist oberhalb des Hefts durchgebrochen und die Schwertspitze fehlt. Die Stege der Griffzunge sind kaum ausgebaucht, sondern liegen eher parallel zueinander. Die größte Zungenbreite beträgt dabei 2,3 cm. In der Griffzunge befinden sich vier relativ weit auseinanderliegende Nietlöcher. Deren Lochung ist nicht rund, sondern wirkt ausgefranst. Im 4,7 cm breiten Heft befindet sich auf jeder Seite nur ein Nietloch – dasjenige Kriterium, was für eine Zuweisung zur Variante Elsenfeld spricht. Nur noch in einem der Heftlöcher steckt ein Niet, während der Bergung sollen noch alle sechs Nieten vorhanden gewesen sein. Im Heft beginnt ein spitzer, bald breit gewölbter Mittelwulst, der jedoch schon unterhalb des Ricassos ausläuft und ab hier in eine Mittelrippe übergeht. Die Seiten des schwach gezähnten Ricassos ziehen deutlich konkav nach innen ein. G. Beiler beschrieb das Ricasso als „aufgekantete Ränder" und den Griff als „schwach gerippelt."[695] Vom Ricasso abgesetzt beginnt die Schwertklinge, die in ihrer unteren Hälfte weidenblattartig ausbaucht. An in ihrer breitesten Stelle ist sie 4,7 cm breit. Das Schwert ist noch 49,5 cm lang und in seinem Klingenquerschnitt rautenförmig. Da es sich um einen Einzelfund handelt, ist eine genauere Datierung als in die Stufe Ha A leider nicht möglich.

Lorscher Wald (2)
Ein Schwert aus dem Lorscher Wald[696] im Kr. Bergstraße in Hessen – von diesem Fundplatz wurde bereits ein Schwert in der Variante Uffhofen vorgestellt (s. o.) – erinnert mit seinem spindelförmigen Mittelwulst ebenfalls an das Neckarsulmer Schwert. Es wurde um die Mitte des 19 Jh. beim Bau der Eisenbahnlinie von Worms nach Bensheim gefunden.[697] Es soll aus einem Grabhügel (Grab 5) geborgen worden sein, was nicht unwahrscheinlich ist, da sich im Lorscher Wald mehrere urnenfelderzeitliche Grabhügel befunden haben.
Die Griffstege verlaufen nicht hörnerartig, sondern zeigen spitz zur Seite. Die Stege der Griffzunge liegen nahezu parallel zueinander, die Zunge ist also nicht gebaucht. In der maximal 2,2 cm breiten Griffzunge liegen insgesamt vier Nietlöcher, zwei weitere Nietlöcher befinden sich im Heft, eines auf jeder Seite, wie es für diese Variante typisch ist. Das Heft hat eine größte Breite von 4,55 cm und „hängende" Schultern. Unterhalb des letzten Nietloches in der Griffzunge beginnt noch im Heft ein spindelförmiger Mittelwulst, der noch in der oberen Klingenhälfte flach ausläuft. Nicht nur der Mittelwulst, auch das Ricasso ähnelt unserem Schwert. Es ist deutlich von der Klinge abgesetzt, scharf gezackt und seine Seiten laufen trapezförmig zu. Die darunter beginnende Schwertklinge hat eine deutlich abgesetzte Schneide. Die Klinge baucht zunehmend in ihrer unteren Hälfte weidenblattartig aus, macht jedoch insgesamt einen schlanken Eindruck. Die größte Breite der Klinge beträgt 4,5 cm. Das Schwert ist mit leicht abgebrochener Spitze noch 60,0 cm lang. Der Klingenquerschnitt ist sehr flach und spitzoval. Die unklare Fundsituation erlaubt nur eine Datierung in die Stufe Ha A.

Elsenfeld
Im Folgenden sei das für die Variante Elsenfeld namengebende Schwert aus Elsenfeld[698] im Ldkr. Miltenberg in Bayern vorgestellt. Das Schwert wurde im Jahr 1948 beim Bau eines Hauses in einem Flachgrab entdeckt. Die Grabgrube hatte eine Ausdehnung von 2,0 m × 1,15 m und war mit einem Steinpflaster ausgelegt. Im Grab lagen verstreut einige Knochenteile, die vermutlich die Reste des Leichenbrands darstellten. Auf eine Brandbestattung weisen die am nördlichen Ende der Steinpflasterung gelegenen, durch Feuer geschwärzten Steine hin.
Das Schwert besitzt eine Griffzunge mit nahezu parallel liegenden Stegen, die an ihrem Ende deutlich hörnerartig auslaufen. Zwischen den Griffstegen liegen drei Nietlöcher mit noch darin steckenden Nieten. Die Griffzunge, mit einer größten Breite von 2,3 cm, weist eigentümliche Schlagmarken oder sonstige Beschädigungen auf. Das Heft ist maximal 4,7 cm breit und besitzt „hängende" Schultern. Auf jeder Heftseite liegt ein Nietloch, wobei sich nur noch ein Niet an seiner ursprünglichen Stelle befindet. Bereits im Heft beginnt eine Mittelrippe, die bis in die Schwertspitze verläuft. Der obere Teil der Schwertklinge hat nahezu parallele Seiten, ein Ricasso ist nicht vorhanden. In der unteren Hälfte der Klinge baucht diese weidenblattförmig aus und nimmt hier eine größte Breite von 4,7 cm ein. Die Gesamtlänge des Schwerts beträgt 51,7 cm, der Klingenquerschnitt ist rautenförmig. Aufgrund der Tatsache, dass das Grab weitere Beigaben[699] enthielt,

---

[695] Beiler, Heilbronn 112.
[696] Schauer, Schwerter Taf. 72 Nr. 485.
[697] Die älteste Erwähnung dieses Schwerts findet sich bei Lindenschmit (L. Lindenschmit. Die Altertümer unserer heidnischen Vorzeit [Mainz 1858], Taf. 2,14). Hier auch die Angabe, dass es „in einem Grabhügel" gefunden wurde.
[698] Schauer, Schwerter Taf. 71 Nr. 480.
[699] P. Endrich, Elsenfeld. Bayer. Vorgeschbl. 18–19, 1951/52, Abb. 18 A; Wilbertz, Unterfranken Taf. 36,2–12.

kommt ihm eine wesentliche Bedeutung zur Datierung der Schwerter der Variante Elsenfeld zu. Bei den Beigaben handelt es sich neben dem Schwert um fünf bronzene Tüllenpfeilspitzen, die Bruchstücke von vier Nadeln, darunter eine nahezu vollständige Plattenkopfnadel[700] mit Strichverzierung am Kopf (Kap. III.4.1.2), einen scheibenförmigen Bronzeknopf mit Öse, einen Tierzahn sowie um die Scherben einer Schale, eine konische Terrine und einen Becher mit Girlandenriefen und Buckeln vom Typ Nauheim.[701] Anhand des Bechers datiert Kubach das Grab in „eine entwickelte Stufe Hanau"[702], was der Stufe Ha A2 entspricht. Für dieselbe Datierung spricht sich auch Schauer[703] aus. Schon Cowen sprach ebenfalls von einer Datierung in das entwickelte Stadium der Stufe Ha A.[704]

Pohlsberg bei Latdorf
Dass Schwerter vom Typ Hemigkofen auch außerhalb ihres Kerngebietes in Süddeutschland auftreten, verdeutlicht das Schwert vom Pohlsberg in Latdorf[705] im Ldkr. Bernburg in Sachsen-Anhalt. Der Pohlsberg ist ein großer und in der Landschaft markant sichtbarer Hügel von 40 m Länge, 18 m Breite und 4 m Höhe.[706] In dem als Grabhügel errichteten Monument fanden sich insgesamt acht Gräber, von denen der überwiegende Teil bereits im Neolithikum angelegt wurde, wie es Keramik der Kultur mit Schnurkeramik und der Bernburger Kultur belegen. Im Frühmittelalter wurde der Hügel erneut als Bestattungsplatz genutzt. Im Hügel fanden sich auch spätbronzezeitliche Bestattungen, darunter ein aufwendig angelegtes Steinkistengrab. Bei diesem Steinkistengrab III handelt es sich um eine sehr reich ausgestattete Brandbestattung, die zusammen mit den übrigen Gräbern des Hügels im September 1904 unter der Leitung von P. Höfer ausgegraben wurde.[707] Die Grabausstattung[708] der Steinkiste ist reich an Keramik und Bronzen, neben dem Schwert fanden sich drei Lanzenspitzen, acht Bronzeringe, sechs Doppelknöpfe, eine Nadel mit Plattenkopf, eine Pinzette, ein verzierter Tüllenmeißel aus Bronze, eine kleine Tasse mit abgebrochenem Henkel, eine große Terrine, eine große Amphora und ein zylindrisches Tongefäß mit Deckel. Die Gefäße gehören einem jüngeren Lausitzer Stil an. Vermutlich zum Schwert gehörte ein mit kleinen Kreisen verziertes Knochenstück, das eventuell den Überrest der Griffschalen darstellt. Bei dem Schwert handelt es sich um ein Griffzungenschwert mit leicht ausbauchender Klinge. Die Stege der Griffzunge laufen hörnerartig aus, in der Griffzunge liegen drei Nietlöcher mit noch darin steckenden Nieten. Die Griffzunge geht in breitdreieckiger Form in das Heft über, das in einem Bogen zur Klinge zieht. Im Heft befindet sich auf jeder Seite ein Nietloch mit darin steckendem Niet. Laut Beschreibung Sprockhoffs[709] ist der Klingenansatz gekerbt, über ein ausgeprägtes Ricasso verfügt das Schwert jedoch nicht. Bereits im Heft beginnt ein gewölbter Mittelwulst, der sich im unteren Drittel der Schwertklinge zu einer Mittelrippe verdünnt, die kurz vor der Schwertspitze in die Klinge ausläuft. Die Klinge ist schilfblattförmig, d. h. eher schlank, und unterscheidet sich somit von den obig beschriebenen Schwertern und deren eher wuchtig ausgebauchten Klingen. Als Detail sind bei diesem Schwert Umrisslinien im unteren Drittel der Klinge zu nennen. Insgesamt hat das Schwert eine Länge von 52 cm. Zweifellos lässt sich dieses Schwert dem Typ Hemigkofen zuordnen.[710] Aufgrund verschiedener Merkmale, etwa der Zahl von nur einem Nietloch pro Heftseite, ist es wohl zulässig, es als ein der Variante Elsenfeld verwandtes Schwert anzusprechen. Die Bedeutung dieses Fundes liegt in seinem Auftreten abseits vom eigentlichen Kerngebiet der Hemigkofener Schwerter sowie der umfangreichen Waffenausstattung mit Resten von einem bis mehreren Waffengehängen sowie einer Stoß- und zwei Wurflanzen. Der Umfang der Waffenausstattung liegt weit über dem, was man von Gräbern der süddeutschen Urnenfelderkultur kennt. E. Sprockhoff[711] und später auch J. D. Cowen[712] datierten die Bestattung in die Stufe Montelius V, einen Zeithorizont, der nach heutigem Verständnis um das Jahr 800 v. Chr. einzuordnen ist. Bereits W. Grünberg[713] hielt eine Datierung in die Stufe Montelius Periode IV, also ein spätes Hallstatt A, für wahrscheinlicher, ein Ansatz, dem sich Schauer[714] anschloss und dem hier gefolgt werden soll. Eine Da-

---

700 Kubach, Nadeln 464 Anm. 19.
701 Ebd. 453 mit Anm. 7.
702 Ebd. 453.
703 Schauer, Schwerter 164 f.
704 Cowen, Griffzungenschwerter 133.
705 Wüstemann, Ostdeutschland Taf. 29 Nr. 202.
706 Die Maßangaben stammen aus dem Jahre 1905 (siehe P. Höfer, Der Pohlsberg bei Latdorf, Kr. Bernburg. Jahresschrift der Vorgeschichte sächsisch-thüringischer Länder 4, 1905, 64).
707 Höfer, Pohlsberg 63–101.
708 H. Behrens, Inventaria Archaeologica, Deutschland. Steinzeit-Bronzezeit Heft 13. (Berlin 1964), Taf. D 127; Sprockhoff, Griffzungenschwerter Taf. 20.
709 Sprockhoff, Griffzungenschwerter 109.
710 Cowen, Griffzungenschwerter 135, Nr. 16; P. Höfer (Höfer, Pohlsberg 87) sieht sich an ungarische Schwertformen erinnert und ordnet es dem Naue-Typ II zu.
711 Sprockhoff, Griffzungenschwerter 41.
712 Cowen, Griffzungenschwerter 135 Nr. 16.
713 W. Grünberg, Die Grabfunde der jüngeren und jüngsten Bronzezeit im Gau Sachsen (Berlin 1943) 94.
714 Schauer, Schwerter 164 mit Anm. 2.

tierung in die Stufe Ha A scheint meiner Meinung nach stimmiger zu sein, da das gesamte Beigabenensemble einen urnenfelderzeitlichen Charakter besitzt und auch die Keramik in diese Stufe zu datieren ist. Nichtsdestotrotz wirkt das Schwert, wie auch die wenigen anderen Schwerter vom Typ Hemigkofen, im Gegensatz zu den Lanzenspitzen und ihrer mitteldeutschen Ausprägung, innerhalb des Lausitzer Kulturkreis fremd und man fragt sich, wie diese Objekte hierher gelangt sind.

4.2.3 Griffzungenschwert 2 (Grab 21/1)

Das zweite Griffzungenschwert (Fd.-Nr. 2001-48-31-6) fand sich bei Individuum 1 aus der Doppelbestattung in Grab 21 (Taf. 44,1). Das Schwert lag hier parallel zum linken Oberarm von Individuum 1. Der Tote war männlichen Geschlechts und verstarb in einem Alter zwischen 25 und 30 Jahren. Unter dem Schwert fand sich eine Plattenkopfnadel mit abgebrochenem Nadelschaft (Kap. III.4.1.2). Zudem trug der Tote an seinem rechten Arm einen Armreif (Kap. III.4.4.2). Wie die Nadel ist auch das Schwert zerbrochen und unvollständig, was darauf schließen lässt, dass beide Funde wahrscheinlich durch den Pflug zerstört wurden und nicht etwa rituell zerbrochen worden sind. Vom Schwert liegen noch zwei Bruchstücke vor, wobei der gesamte Teil von der Griffzunge bis zum Ricasso fehlt. Vom Griff ist ein ca. 8,2 cm langes Fragment erhalten, welches oberhalb der Griffzunge abgebrochen ist. Beim zweiten Bruchstück handelt es sich um einen großen Teil der Schwertklinge. Die Länge beträgt ca. 31,4 cm. Aufgrund der weidenblattförmigen Klinge handelt es sich definitiv um ein Griffzungenschwert vom Typ Hemigkofen. Da der Bereich der Griffzunge fehlt, lässt sich eine genauere Variantenunterscheidung jedoch nicht vornehmen. Es ist aber zu vermuten, dass dieses Schwert jenem aus Grab 18/1 ähnlich war. Eine differenziertere Datierung als in die Stufe Ha A ist nicht möglich.

4.3 Messer

In urnenfelderzeitlichen Bestattungen gehören Messer neben den Nadeln zu den am häufigsten auftretenden Objekten aus Bronze. Das Aussehen der Messer ist, mit großer Ausnahme der Griffgestaltung, sehr einheitlich. Während der gesamten Stufe Ha A fanden im Gebiet der untermainisch-schwäbischen Kultur vor allem zwei Messertypen ihre Verwendung: Messer mit durchlochtem und Messer mit umgeschlagenem Griffdorn. Durch den Umstand, dass Messer aufgrund ihres häufigen Auftretens in verschiedensten Kombinationen mit anderen Funden vergesellschaftet sind, wird den Messern bezüglich ihrer chronologischen Aussagekraft ein hohes Gewicht beigemessen. Sie gelten auch als chronologische Leitfunde der Urnenfelderzeit. Auf dem Gräberfeld von Neckarsulm fanden sich insgesamt vier Messer, davon drei in Gräbern und ein weiteres als Streufund.

4.3.1 Messer mit durchlochtem Griffdorn

In Neckarsulm gehören insgesamt drei Messer zum Typ mit durchlochtem Griff. Messer dieses Typs werden wie folgt beschrieben:
„Der runde Griffdorn der Messer ist an seinem Ende breitgeschlagen. Das Nietloch liegt in der Mitte einer spitzovalen Einarbeitung von wechselnder Größe. Gewöhnlich ist der Dorn glatt."[715]
Bei der Datierung dieser Messer aus Württemberg und den übrigen Gebieten der untermainisch-schwäbischen Kultur wird von folgendem Ansatz ausgegangen:
„Einfache Griffdornmesser mit durchbohrter Griffangel und ungegliedertem, keilförmigem Querschnitt sind in der Mehrzahl charakteristisch für die Stufe Ha A1, kommen aber noch während Ha A2 vor. Diese Messerform ist stets unverziert."[716]
Betrachten wir im Folgenden zunächst die Messer vom Neckarsulmer Gräberfeld.
Bei Bestattung 2/3 (Fd.-Nr. 2001-48-4-2) lag das Messer (Taf. 31,1) am linken Oberarm des Toten, wobei die Messerspitze zum Ellenbogen zeigte. Die Messerschneide war dabei zum Körper gewandt. Interessant ist die Beobachtung, dass in situ am Messer faserige, organische Reste klebten. Das Messer steckte daher wohl in einem Futteral aus Leder o. Ä. Material. Ein unmittelbar neben dem Messer gelegener Ring könnte als Rest eines Gürtels interpretiert werden. Die genaue Dokumentation des Fundes während der Ausgrabung liefert zudem aufschlussreiche Hinweise über die ursprüngliche Gestaltung des Messergriffs. Zwar war der organische Griff völlig vergangen, erhalten geblieben sind aber insgesamt sieben Pflockniete von jeweils ca. 1,2 cm Länge. Ein Niet steckte im durchlochten Griffdorn, die übrigen sechs Niete steckten in situ hintereinander aufgereiht im Boden. Dadurch lässt sich die ursprüngliche Länge des Griffs rekonstruieren. Geht man davon aus, dass der Griff direkt bis zum Beginn der Schneide reichte, so betrug die Grifflänge etwa 10 bis 11 cm. Mit Griff war das Messer bei einer

---
715 Kimmig, Baden 97.
716 Dehn, Nordwürttemberg 31. Siehe auch Herrmann, Hessen 31 Abb. 5; Müller-Karpe, Chronologie 194 Abb. 29.

Klingenlänge von ca. 14,3 cm insgesamt etwa 24 cm lang. Die Klinge ist in ihrer Mitte maximale 1,7 cm breit und im Querschnitt keilförmig. Der Klingenrücken schwingt in der unteren Klingenhälfte bogig aus. Die Messerschneide ist durch die lange Lagerung im Boden stark korrodiert.

In Grab 18/1 lagen auf Hüfthöhe des Toten parallel nebeneinander ein Griffzungenschwert[717] (Kap. III.4.2.2), eine Nadel mit doppelkonischem Kopf vom Typ Neckarsulm (Kap. III.4.1.5) und eben jenes Messer mit durchlochtem Griffdorn (Fd.-Nr. 2001-48-31-7) (Taf. 38,1). Unter dem Messer lag zudem ein Wetzstein (Kap. III.4.5.2). Wie einige feine Bronzereste andeuten, steckten das Messer, der Wetzstein und die Nadel vermutlich zusammen in einem ledernen Futteral oder einer Gürteltasche (Kap. III.4.4.3.1). Auch bei diesem Messer konnten mehrere in situ aufgereihte Niete beobachtet werden, deren Zahl hier sogar bei insgesamt elf Stück liegt. Die Länge der einzelnen Niete beträgt ebenfalls jeweils ca. 1,2 cm. Wieder steckt ein Niet im Griffdorn, neun weitere Niete steckten hintereinander aufgereiht im Boden. Der elfte Niet lag etwas abseits außerhalb dieser Reihe, da er auf irgendeine Weise verlagert wurde. Anhand der aufgereihten Niete kann von einer Grifflänge von mindestens 11,3 cm ausgegangen werden. Griff und Klinge werden daher zusammen ein ca. 25 bis 26 cm langes Messer ergeben haben. Die max. Klingenbreite liegt in der Mitte der Klinge und beträgt ca. 1,8 cm. Der Messerrücken schwingt von der Messerspitze weggehend bauchig aus. Der Klingenquerschnitt ist keilförmig und zeigt deutlich die eingeschliffene Schneide, welche stark korrodiert ist.

Das letzte der drei Messer dieses Typs (Taf. 50,1) fand sich als Streufund (Fd.-Nr. 2001-48-59-1) im Norden des Gräberfeldes. Es ist mit Griffdorn 18,0 cm lang, wobei die Klinge eine Länge von ca. 13,4 cm einnimmt. Die max. Klingenbreite beträgt 1,4 cm und ist in ihrem Querschnitt keilförmig. Der Griffdorn ist im Querschnitt kreisrund. Der Klingenrücken zieht in Richtung Spitze zunehmend ein, ist aber weniger geschwungen als bei den beiden vorherigen Messern. In den unteren zwei Dritteln und an der Schneide weist die Klinge breite Schleifrinnen auf. Die Messerschneide ist nur geringfügig korrodiert.

Wie eingangs angeführt, sind die Zahl und auch der Verbreitungsgrad von Messern (mit durchlochtem Griffdorn) im Raum der süddeutschen Urnenfelderkultur überaus groß und es würde den Rahmen dieser Arbeit sprengen, sämtliche vergleichbaren Messer aufzuzählen. Zudem weichen die Messer in ihrem Aussehen nur in Details, wie etwa dem Schwung der Klinge, voneinander ab. Es ist hier offenbar nicht möglich, innerhalb der Messer mit durchlochtem Griffdorn verschiedene Messergruppen herauszuarbeiten. Innerhalb des gesamten Messerfundus aus dem Urnenfelderkreis sei in puncto Griffgestaltung auf einen Fund aus einem Grab in Heidelberg-Grubenhof[718] in Baden-Württemberg hingewiesen (vgl. Kap. III.4.1.1.1 u. Kap. III.4.4.1), da hier wie bei den Messern aus Grab 2/3 und 18/1 ein Hinweis auf die ursprüngliche Grifflänge solcher Messer gegeben ist. Da es sich auch bei dieser Bestattung um ein Körpergrab handelt, konnte die Lage der beim Messer liegenden fünf Nieten in situ beobachtet werden:

„Sie steckten im Abstand von je 3 cm senkrecht im Boden, woraus sich eine Mindestlänge von 15 cm für das über den Dorn herausragende Griffstück berechnen lässt. Auffallend ist, dass der lange, offenbar durch zwei Schalen gebildete Griff, lediglich durch einen Niet mit dem Griffdorn verbunden war."[719]

Die von Kimmig berechnete Grifflänge scheint meines Erachtens um einige Zentimeter zu hoch gegriffen, vor allem im Gegensatz zu den für die Neckarsulmer Messer berechneten Längen zwischen 10 bis 11 cm. Aber auch aus dem Messerfund von Heidelberg wird deutlich, wie groß bzw. wie lang man sich urnenfelderzeitliche Messer vorzustellen hat.

4.3.2 Messer mit umgeschlagenem Griffdorn

Auch vom zweiten, in der Urnenfelderkultur ausgesprochen häufig vorkommenden Messertyp – jenem mit umgeschlagenem Griffdorn – fand sich ein Exemplar in Neckarsulm. Dieser Messertyp, der gelegentlich auch als Griffangelmesser bezeichnet wird, lässt sich wie folgt beschreiben:

„Diese Messerform ist der erstbeschriebenen mit durchbohrtem Dorn nächstverwandt. Alle Einzelheiten, die wir auch dort als charakteristisch herausstellten, lassen sich auch hier beobachten. Wieder ist der Griffdorn rund, er wird jedoch, – und das ist der einzige wirkliche Unterschied gegenüber der vorigen Messerform –, nicht durchbohrt, sondern um

---

[717] Es gibt mehrere Belege für die Kombination von Schwert und Messern mit durchbohrtem Griffdorn. Im Grab von Eßfeld (Pescheck, Katalog Würzburg, Taf. 31,2.17) war ein Griffzungenschwert mit mindestens einem Messer vergesellschaftet. In den Gräbern von Flonheim-Uffhofen (Eggert, Rheinhessen Taf. 13,3) und Eschborn (Herrmann, Hessen Taf. 84,2) handelt es sich jeweils um ein Griffzungenschwert vom Typ Hemigkofen, Variante Uffhofen. In beiden Fällen hat man es mit einer Variante dieses Messertyps zu tun, bei der ein Zwischenstück zwischen Klinge und Griffdorn aufgeschoben wurde.
[718] Kimmig, Baden Taf. 10 H 5; Müller-Karpe, Chronologie 195 Abb. 30. Hier auch mit einer Datierung des Grabes in die Stufe Ha A1
[719] Kimmig, Baden 97.

den Niet herumgelegt. Dabei wird das Ende des Dorns auf ein oft beträchtliches Stück ganz flach gehämmert und anscheinend meist nach unten, also in Richtung der Schneide, umgelegt."[720]

Obgleich sie meistens unverziert sind, begegnet man noch einem weiteren Merkmal. So tritt gelegentlich eine Verzierung des Messerrückens auf, vornehmlich auf dem Klingenrücken.[721]

Das Exemplar aus Neckarsulm (Taf. 43,1) fand sich in Grab 20 (Fd.-Nr. 2001-48-34-1) und lag dort zusammen mit verschiedenen anderen Objekten auf der linken Brusthälfte des Toten. Unter den weiteren Objekten sind ein Gerät, welches als Pfriem (Kap. VII.4) angesprochen werden kann, sowie mehrere kleinere Bronzeteile, wie ein Bronzering und eine Bronzehülse. Hinzu kommt eine kleine Perle aus Bernstein (Kap. III.4.5.3). Das Messer lag mit der Spitze zum Kopf des Toten zeigend, wobei die Schneide zum linken Oberarm gewandt war. Der Griff weist den typisch nach unten umgeschlagenen Griffdorn auf, in welchem noch ein Niet steckte. Der Griffdorn ist in seinem Querschnitt kreisrund. Zwei etwas weiter abseits gelegene Niete (Fd.-Nr. 2001-48-34-3; 2001-48-34-4) gehörten mit großer Sicherheit ebenfalls zum Messergriff (Taf. 43,3–4). Da die Niete jedoch verlagert waren, lässt sich die ursprüngliche Grifflänge nicht mehr rekonstruieren. Mit Griffdorn ist das Messer ca. 16,2 cm lang, wobei die Länge der Klinge etwa 12,3 cm beträgt. Die maximale Breite der Klinge liegt in der Mitte bei ca. 1,7 cm. Der Klingenrücken baucht ungefähr in der Mitte der Klinge aus und zieht in Richtung der Spitze ein wenig ein. In ihrem Querschnitt ist die Klinge wie bei den vorherigen Messern keilförmig. Der Erhaltungszustand des Messers ist relativ gut.

Auch bei diesem Messertyp würde es den Rahmen der Arbeit sprengen, sämtliche bekannten Messer aufzuzählen oder nach besonders ähnlichen Exemplaren zu suchen. Nach Dehn[722] ist es allerdings möglich, für diesen Typ nach drei Varianten zu unterscheiden. Dies wären erstens unverzierte Messer mit einer schlichten Form und ungegliedertem, keilförmigem Klingenquerschnitt. Zum Zweiten sind dies unverzierte Messer mit gegliedertem Klingenquerschnitt und drittens Messer mit einem gegliederten Klingenquerschnitt und einer Verzierung auf dem Klingenrücken. Unser Messer würde demnach zur ersten dieser drei Varianten gehören.

In puncto der Datierung eröffnet sich hier eine Diskussion, ob Messer mit umgeschlagenem Griffdorn tatsächlich, wie es Müller-Karpe[723] und Herrmann[724] vorschlagen, als Leitform der Stufe Ha A2 zu verstehen sind oder nicht. Folgt man bei dem Messer aus Grab 20 diesem Ansatz, so läge hiermit die einzige Bestattung aus Neckarsulm vor, die in die Stufe Ha A2 zu datieren wäre. Demgegenüber stünden mehrere Bestattungen, die in die Stufe Ha A1 datieren (vgl. Kap. IV). Interessant ist in diesem Zusammenhang daher ein Messer[725] mit umgeschlagenem Griffdorn aus dem nur wenige Kilometer von Neckarsulm entfernten Bad Friedrichshall-Jagstfeld. Innerhalb einer Gruppe urnenfelderzeitlicher Grabhügel fand sich in Hügel 3 eine Bestattung, deren Ausstattung sich aus eben einem solchen Messer, mehreren Gefäßen (Kap. III.4.6.2.5), einem Rasiermesser mit x-förmigem Gittergriff der Variante Heilbronn[726] und einem Gürtelhaken mit Mittelbuckel und Rückenöse zusammensetzt. Es ist aufschlussreich, dass selbst Müller-Karpe[727], der ja eine Datierung der Messer mit umgeschlagenem Griffdorn nach Ha A2 postuliert, derartige Gürtelhaken in die Stufe Ha A1 datiert. Auch R. Dehn[728] datiert das Grab aufgrund des halbmondförmigen Blattes des Rasiermessers in diese Stufe. Allein Jockenhövel[729] datiert, aufgrund des von Müller-Karpe vorgeschlagenen Datierungsansatzes für die Messer mit umgeschlagenem Griffdorn, das Rasiermesser und somit das gesamte Grab in die Stufe Ha A2. Es zeigt sich also, dass auch wenn die Messer mit umgeschlagenem Griffdorn „hauptsächlich"[730] in die Stufe Ha A2 datieren, diese bereits in der Stufe Ha A1 auftreten können. Dieser Ansatz wird gestützt durch R. Kreutles Überlegungen zur Datierung des Grabes von Gammertingen, welches bislang ja als Leitfund der Stufe Ha A2 („Stufe Gammertingen") verstanden wurde. In dem Grab von Gammertingen findet sich ein Messer mit umgeschlagenem Griffdorn (Taf. 55,4), welches aber „aufgrund seines keilförmigen Klingenquerschnitts und Klingenumrisses den älteren Messern mit durchlochtem Griffdorn der Stufe Ha A1 noch sehr nahe [steht]."[731] Kreutle sieht in dem Messer von Gammertingen einen Fund, der innerhalb der Stufe Ha A2 eine ältere Messerform repräsentiert. Er datiert das Grab aufgrund des Messers sowie anderer Elemente in der Grabausstattung daher in den Übergang von der Stufe Ha A1 nach Ha A2 (siehe Kap. III.4.1.4.1). Aus den Messerfun-

---

720 Kimmig, Baden 97 f.
721 Eggert, Rheinhessen 38.
722 Dehn, Nordwürttemberg 31.
723 Müller-Karpe, Chronologie 153; 154 Abb. 16.
724 Herrmann, Hessen 31 Abb. 5.
725 Dehn, Nordwürttemberg Taf. 3,11.
726 Jockenhövel, Rasiermesser 117 ff.
727 Müller-Karpe, Chronologie 153.
728 Dehn, Nordwürttemberg 32.
729 Jockenhövel, Rasiermesser 121.
730 Dehn, Nordwürttemberg 31.
731 Kreutle, Schwarzwald und Iller 137.

den von Bad Friedrichshall-Jagstfeld und Gammertingen wird demnach ersichtlich, dass eine pauschale Datierung der Messer mit umgeschlagenem Griffdorn in die Stufe Ha A2 nicht gerechtfertigt ist. Im Kontext der nach Ha A1 zu datierenden Funde aus Neckarsulm spricht also nichts gegen eine Datierung des Messers aus Grab 20 in die Stufe Ha A1.

4.4 Bronzene Kleinfunde und Einzelstücke
4.4.1 Rasiermesser

Eine weitere Gruppe von Bronzeobjekten, welche wie die Messer in der Urnenfelderzeit relativ zahlreich auftritt, sind die Rasiermesser. Auch diese besitzen innerhalb ihres Typs ein sehr einheitliches Aussehen, verfügen jedoch über längere Laufzeiten. Im Neckarsulmer Grab 18/2 (Fd.-Nr. 2001-48-32-2) lagen ein Rasiermesser (Taf. 41,2) und eine Nadel der Form Schwabsburg (Kap. III.4.1.4.1) direkt über dem Kopf des Toten. Das Rasiermesser ist stark korrodiert, vor allem das dünne Blech des äußeren Klingenblattes ist, wie bei vielen anderen Rasiermessern auch, wegkorrodiert. Der Rahmengriff mit einer größten Breite von 1,9 cm hat eine ovale Form und ist offen, d. h. der Griff hat keine innere Verstrebung. Der so genannte Endring ist geschlossen kreisrund und hat einen äußeren Durchmesser von 2,1 cm.

Bei der Typenbestimmung finden sich in der Übersichtspublikation über die Rasiermesser der Urnenfelderzeit von A. Jockenhövel gleich zwei Typen, die unserem Exemplar ähnlich sind. Dieses wären zum einen der Typ Obermenzing[732] und zum anderen der Typ Lampertheim[733]. Bei einer näheren Überprüfung der Typen wird klar, dass der Typ Obermenzing aufgrund seiner allgemeinen Datierung in die ausgehende Hügelgräberbronzezeit[734] wohl für einen Vergleich nicht infrage kommt, da er einen Zeithorizont berührt, der für den Neckarsulmer Fund sicherlich zu alt ist.[735] Da bei dem Neckarsulmer Stück nicht von einem Altfund auszugehen ist, ist die Zuweisung unseres Fundes zum Typ Lampertheim die logische Konsequenz. Wie das Neckarsulmer Exemplar besitzen Rasiermesser dieses Typs einen durchbrochenen, d. h. offenen Rahmengriff ohne Gitterverstrebung und einen geschlossenen Endring. Der Blattausschnitt ist bei diesem Typ entweder eckig oder (spitz-)oval. Ein weiterer Punkt, der für eine Zuordnung zum Typ Lampertheim spricht, ist die Fundlage des Rasiermessers im Grab, die aufgrund des Umstands, dass in Neckarsulm ausschließlich Körperbestattungen anzutreffen sind, gut beobachtet werden konnte. Die Lage direkt am Kopf scheint für den Typ Lampertheim nicht ungewöhnlich zu sein, da sie so auch bei dem bereits genannten Grab von Heidelberg-Grubenhof (s. o.) beobachtet wurde.[736]

Betrachten wir nun Grab 18 näher, so muss auf folgende zwei Beobachtungen hingewiesen werden. Zuerst einmal haben wir es hier mit einer Doppelbestattung zu tun. Bei Individuum 18/1 handelt es sich um einen Schwertträger und Individuum 18/2, die Bestattung mit dem Rasiermesser, war mit Blickrichtung auf diesen Schwertträger beigelegt worden. Beim Besitzer des Rasiermessers war hingegen keine Geschlechtsbestimmung möglich, da Rasiermesser jedoch, soweit bekannt ist, in erster Linie in Männergräbern auftreten, ist davon auszugehen, dass es sich hier um ein männliches Individuum handelt. Die Skelettuntersuchung durch den Anthropologen Prof. Dr. J. Wahl ergab, dass Individuum 18/2 in einem Alter von etwa 70 Jahren starb. Im Vergleich zu den übrigen Altersbestimmungen handelt es sich somit um den ältesten Toten auf dem gesamten Gräberfeld.[737]

Im Folgenden soll nun versucht werden, die Bedeutung von Rasiermessern als Teil der Grabausstattung zu diskutieren. So schreibt Hansen über das Auftreten von Rasiermessern als Grabbeigaben:

„Rasiermesser sind […] Bestandteil sehr unterschiedlicher Grabausstattungen. Neben einfachen Ausstattungen sind solche mit Schwertern, Lanzenspitzen und Pfeilspitzen belegt. Letztere in durchaus beträchtlicher Zahl, was bemerkenswert ist, da bei den Schwertgräbern sich die Beigabe von Rasiermessern und Pfeilspitzen praktisch ausschloss. In den meisten angeführten Gräbern dürften Männer bestattet worden sein. Die Hinweise auf Doppelbestattungen und reine Frauengräber sind gering, aber gerade deshalb hervorzuheben."[738]

Wir haben mit der Neckarsulmer Doppelbestattung mit Rasiermesser in Grab 18 also den seltenen Fall einer Körperbestattung vermutlich zweier Männer vorliegen.[739] Welche Schlüsse lassen sich nun aus dem gesamten Fundzusammenhang ziehen?

Für Jockenhövel stellen Rasiermesser ein Attribut des erwachsenen Mannes dar, der dieses in einer Art Initiation beim Überschreiten der Schwelle vom

---
732 Jockenhövel, Rasiermesser 54 ff.
733 Ebd. 96 ff.
734 Ebd. 62.
735 Vgl. S. Hansen, Studien zu den Metalldeponierungen während der älteren Urnenfelderzeit zwischen Rhônetal und Karpatenbecken. UPA 21 (Bonn 1994) 100.
736 Zu weiteren Fundlagen siehe Jockenhövel, Rasiermesser 246.
737 Siehe hierzu den Beitrag von J. Wahl in diesem Buch.
738 Hansen, Metalldeponierungen 108.
739 Siehe zu vermutlichen Doppelbestattungen von einem Mann und einer Frau Jockenhövel, Rasiermesser 9, 70, 89, 124, 137, 213.

Jungen zum Mann überreicht bekommt.⁷⁴⁰ Dieser These steht die Meinung von S. Hansen entgegen, der keinen nachweisbaren Zusammenhang zwischen Rasiermessern und einer Altersgruppe feststellen kann, wenngleich auch er beim überwiegenden Teil der Bestatteten von einem männlichen Geschlecht ausgeht:
„Aufgrund des Fehlens anthropologischer Untersuchungen ist es gegenwärtig unmöglich, sich ein Bild von jener Menschengruppe zu machen, denen ein Rasiermesser ins Grab gelegt wurde. Ob es sich um eine besonders bevorrechtigte, z. B. durch Alter ausgezeichnete Gruppe handelte, ist nicht zu ermitteln."⁷⁴¹
Auch wenn Rasiermesser nicht einer bestimmten Altersgruppe zugewiesen werden können, ist es dennoch naheliegend, dass sie Statusanzeiger für erwachsene Männer gewesen sind. So ist denkbar, dass ein junger Mann, sobald er ein bestimmtes Alter (sowohl im sozialen als auch biologischen Sinn) überschritten hatte, die Zugehörigkeit zur Gruppe der erwachsenen Männer erwarb bzw. zugeschrieben bekam. Dieser Übergang könnte mit einem Initiationsritus verknüpft gewesen sein. Die Zugehörigkeit zur Gruppe der erwachsenen Männer verlieh dem jungen Mann nun das Recht, ein Rasiermesser zu besitzen bzw. es könnte ihm auch in Kontext des Initiationsrituals überreicht worden sein. Dies würde bedeuten, dass alle männlichen Mitglieder, die ein bestimmtes Alter überschritten haben, ein Rasiermesser besessen haben könnten. Der Besitz eines Rasiermessers würde somit das soziale Alter und die damit verbundene Statusposition anzeigen. Folgt man dieser Argumentation, dann könnte man gemäß Jockenhövel das Rasiermesser allgemein als ein persönliches Attribut des erwachsenen Mannes ansehen.
Kehren wir zurück zum Besitzer des Rasiermessers aus Grab 18. Wenn wir davon ausgehen, dass das Rasiermesser ein persönlicher Gegenstand des Toten gewesen ist, stellt sich die Frage, wie lange der ca. 70-Jährige im Besitz des Rasiermessers war, da bei einem so hohen Alter einige Jahrzehnte zwischen der Inbesitznahme des Geräts und dem Ableben des Toten gelegen habe könnten. Diese Überlegung ist für die spätere Datierung des Fundes zu berücksichtigen (Kap. IX).
Eine weitere Interpretationsmöglichkeit ist, dass es sich bei dem Rasiermesser gar nicht um einen persönlichen Gegenstand des Toten handelt, sondern dass es zu einem speziellen Bestattungsritual gehörte. Die im Neckarsulmer Fall prominente Deponierung des Rasiermessers am Kopf lässt fragen, ob es nicht möglich ist, hieraus Rückschlüsse auf die Funktion und auch die Bedeutung von Rasiermessern innerhalb des rituellen Kontextes der Bestattung zu ziehen. Hier bringt wiederum Jockenhövel einen Ritus zur Sprache, der sich mit dem Begriff „Haaropfer" am treffendsten umschreiben lässt. Gedacht wird hierbei an einen Brauch, bei dem die Trauernden sich selbst und/oder dem Toten Haare abnehmen und anschließend das verwendete Gerät der Bestattung beilegen. Derartige Riten werden in antiken griechischen Quellen⁷⁴² beschrieben und könnten auch in der Urnenfelderkultur zum Bestattungskult gehört haben.⁷⁴³ Als Instrumente zum Abschneiden der Haare könnten dabei neben Rasiermessern⁷⁴⁴ auch andere in den Gräbern dieser Zeit gefundene Gegenstände wie Feuersteinabschläge⁷⁴⁵ und Sicheln⁷⁴⁶ gehört haben. Vielleicht zeigt ja die Lage des in Grab 18 gefundenen Rasiermessers ein solches „Haaropfer" an.
Die Bedeutung des Rasiermessers als Grabbeigabe kann nicht abschließend geklärt werden. Vor allem die Tatsache, dass im Gräberfeld von Neckarsulm nur ein einziges Rasiermesser aufgefunden worden ist, erlaubt es nicht, diesbezüglich Regelhaftigkeiten abzuleiten oder weiter reichende Aussagen zu machen. Andererseits kann das Rasiermesser aber zusammen mit den anderen Beigaben wesentlich zur Datierung der Doppelbestattung und weiterer Gräber beitragen (siehe Kap. IV).
Kehren wir daher nochmals zum Rasiermessertyp Lampertheim zurück. Es kann festgestellt werden, dass bislang nur fünf Exemplare dieses Typs vorlagen. Jenes Exemplar, das zur Datierung dieses Typs besonders wichtig ist, stammt aus dem bereits mehrfach genannten Grab von Heidelberg-Grubenhof.⁷⁴⁷ Dieses Rasiermesser ist zwar insgesamt stark korrodiert, sein Griff verdeutlicht aber seine Zugehörigkeit zum Typ Lampertheim. Das Grab lässt sich aufgrund des zur Grabausstattung⁷⁴⁸ gehörenden Griffangelmessers mit durchlochtem Griffdorn (s. o.) in die Stufe Ha A1 datieren. Die Nadel aus diesem Grab vom Typ Wollmesheim in der Variante Weinheim (Kap. III.4.1.1.1) kommt sowohl während

---

740 Jockenhövel, Rasiermesser 9, 247 f. mit Anm. 9.
741 Hansen, Metalldeponierungen 108.
742 Jockenhövel, Rasiermesser 247 Anm. 1; 2.
743 Ein Hinweis auf das Entfernen der Körperhaare bei einem Toten könnte im Fall des späthallstattzeitlichen Zentralgrabs aus dem Hohmichele vorliegen (siehe G. Rieck, Der Hohmichele [Berlin 1962] 129 ff.).
744 Jockenhövel, Rasiermesser 162.
745 Schauer, Schwerter 42; Jockenhövel, Rasiermesser 248.
746 Schauer, Schwerter 162.
747 Jockenhövel, Rasiermesser Taf. 11 Nr. 124.
748 Kimmig, Baden Taf. 10 H.

Ha A1 als auch in Ha A2 vor. Das Grab könnte daher auch jünger als aus der Stufe Ha A1 sein.

Das Rasiermesser aus dem eponymen Grab von Lampertheim[749] im Regierungsbezirk Darmstadt in Hessen war mit einer Nadel mit Kugelkopf und umwickeltem Schaft, einer Knickwandschale, einem Teller und einem „Toneimer" vergesellschaftet. Die genaue Datierung des Befunds bleibt allerdings unklar.[750] Jockenhövel spricht sich tendenziell für die Datierung des Lampertheimgrabes in die Dietzenbach-Stufe bzw. Ha A1 aus, dies vor allem, da das Messerblatt dieses Rasiermessers an Rasiermesser der Variante Dietzenbach aus der gleichnamigen Stufe erinnert.[751] Auch Sperber[752] datiert das Grab in die Stufe Ha A1.

Dass dieser Rasiermessertyp in der Region um Neckarsulm geläufig ist, zeigt das bereits im Jahre 1912 in Bad Friedrichshall-Jagstfeld[753] gefundene Grab aus Hügel 2. Zur Grabausstattung[754] gehören zwei Bronzedrahtspiralen[755] und verschiedene kleine Ringe[756] sowie eine Henkelschale (siehe Kap. III.4.6.2.4. u. III.4.6.2.5). Da sowohl das Rasiermesser als auch die übrigen Funde stark fragmentiert sind – Letztere verraten kaum etwas über ihr ursprüngliches Aussehen und bieten daher keine Anhaltspunkte für ihre Datierung –, ist eine gesamthafte chronologische Einbindung dieses Fundkomplexes schwer. Die Grabausstattung gehört aber sicherlich in die Stufe Ha A.[757]

Eine Datierung des Rasiermessers aus der Bestattung 18/2 in die Stufe Ha A ist gesichert, wobei tendenziell ein chronologischer Schwerpunkt in der Stufe Ha A1 konstatiert werden kann.

4.4.2 Armreif

Armschmuck wird häufig mit der Trachtausstattung der urnenfelderzeitlichen Frau in Verbindung gebracht. Doch gerade Armreife finden sich in einfacher, d.h. nicht paarig getragener Ausführung gelegentlich auch bei männlichen Toten. So auch bei der Bestattung 21/1 (Fd.-Nr. 2001-48-35-2), in welcher der Tote nach anthropologischer Bestimmung männlichen Geschlechts ist. Diese Geschlechtsbestimmung wird auch durch die gesamte Grabausstattung bekräftigt, da neben dem Toten ein Griffzungenschwert (Kap. III.4.2.3) niedergelegt worden war.

Der Armreif (Taf. 44,3)[758] lag in situ auf der rechten Beckenschaufel des Toten. Er lag dabei leicht verkantet, d.h. das westliche Ende des Reifs lag auf etwas höherem Niveau als das östliche Ende. Es ist anzunehmen, dass der Tote den Armreif ursprünglich am rechten Handgelenk trug, ein Armknochen steckte jedoch nicht mehr im Reif. Allerdings sind die Langknochen des rechten Arms stark fragmentiert und wesentliche Partien fehlten. Möglicherweise war der Armreif im Laufe der Zeit auch verrutscht.

Der Armreif hat in der Mitte seinen größten Durchmesser von 0,7 cm. Im Querschnitt ist er rhombenförmig. Der obere Grad ist gerundet, die beiden seitlichen Grade sind ein wenig scharfkantig. Die Verzierung des Reifes besteht aus mit Strichen gefüllten Dreiecken, die Schraffierung ist dabei abwechselnd gegenläufig. Die eingeritzten Linien sind sehr dünn und fein. Die Enden des Reifes verjüngen sich auf einen Durchmesser von 0,45 cm und laufen stumpf aus. An ihnen findet sich eine Verzierung von jeweils fünf eingeritzten dünnen Linien. Die Breite des gesamten Rings beträgt ca. 7,8 cm, die Öffnung ist 3,0 cm breit.

In Nordwürttemberg ist bislang offenbar noch kein Armreif dieser Art gefunden worden. In der Übersichtspublikation von I. Richter über Armschmuck der Urnenfelderzeit im Raum Hessen und Rheinhessen finden sich hingegen ähnliche Stücke vom Typ Nieder-Flörsheim.[759] Gemeinsam sind den Armreifen der rhombische Querschnitt und die verjüngten, mit feinen Strichen verzierten Enden. Man findet lediglich ein einziges, diesem Typ allerdings nur nahestehendes Exemplar, welches ebenfalls gefüllte Dreiecke als Verzierung besitzt und insgesamt unserem Stück sehr ähnlich ist.[760] Leider ist von diesem Armring der Fundort nicht bekannt. Zusätzlich zu den gefüllten Dreiecken tritt bei diesem Stück eine Verzierung aus parallelen Linien auf, die bei der Seitenansicht ebenfalls Dreiecke, bei der Aufsicht je-

---

749 Jockenhövel, Rasiermesser Taf. 11 Nr. 123.
750 Ebd. 97.
751 Ebd. 98.
752 Sperber, Chronologie 47 „Typ 75".
753 Jockenhövel, Rasiermesser Taf. 11 Nr. 126; Dehn, Nordwürttemberg Taf. 5 B. Zu beachten ist, dass Dehn bei der Darstellung der Funde aus Hügel 2 auf Taf. 5 C fälschlicherweise das Rasiermesser aus Hügel 4 abgebildet hat. Diese Verwechslung wird bei Müller-Karpe, Chronologie Taf. 211 E 1, und P. Goessler/A. Schliz, Grabhügel von Jagstfeld. Fundber. Schwaben 20, 1912, 14f. deutlich.
754 Dehn, Nordwürttemberg Taf. 5 C 1–5; 7.
755 Dabei könnte es sich möglicherweise um die Reste einer Bügelfibel handeln.
756 Jockenhövel, Rasiermesser 97 bezeichnet zwei davon als „Ohrringe mit Häschenverschluss".
757 Als Einzelfunde, und daher nicht weiter datierbar, sind ein Rasiermesser aus einer Brandbestattung in Lich-Eberstadt im Kreis Gießen in Hessen (Jockenhövel, Rasiermesser Taf. 11 Nr. 125) und ein Exemplar aus der Stadt Landau in Rheinland-Pfalz zu nennen (Ebd. Taf. 11 Nr. 127).
758 Da es sich um einen offenen Ring handelt, bevorzuge ich den Begriff Armreif.
759 Richter, Arm- und Beinschmuck 107ff. mit Taf. 37 Nr. 621 u. Nr. 622.
760 Ebd. Taf. 37 Nr. 645.

doch Kreuze bilden. Diese „liegenden Kreuze" aus meist drei parallelen Linien sind ein Kennzeichen des Typs Nieder-Flörsheim, finden sich beim Neckarsulmer Armreif jedoch nicht. Zu der Kreuzschraffur treten beim Typ Nieder-Flörsheim des Weiteren dichte Bündel von senkrechten Linien, die zwischen den Kreuzen liegen. Auch diese Verzierung findet sich beim Neckarsulmer Armreif nicht. Man erkennt zwischen dem Neckarsulmer Armreif und jenen vom Typ Nieder-Flörsheim, gerade was den Querschnitt und die verjüngenden Enden betreffen, deutliche Übereinstimmungen, in der Verzierung zeigen sich, bis auf die eine Ausnahme, jedoch Unterschiede. Da sich nur zu einem einzigen Fund, der nach Richter dem Typ Nieder-Flörsheim nur verwandt ist, eine Übereinstimmung findet, stellt sich nun die Frage, ob unser Stück diesem Typ zuzuordnen ist oder nicht. Man mag hier zögern, da die Verzierungen des Neckarsulmer Armreifes in ihrem Konzept doch recht deutlich vom Typ Nieder-Flörsheim abweichen und auch da dieser Typ von Richter insgesamt älter datiert wird, als man es bei den weiteren Beigaben der Neckarsulmer Bestattung, hier vor allem dem Griffzungenschwert, tun würde. Obwohl die Zahl von Armringen vom Typ Nieder-Flörsheim nicht klein ist, liegen im Grunde nur zwei definitiv geschlossene und daher relativchronologisch datierbare Funde vor. Dieses sind der namensgebende Depotfund von Nieder-Flörsheim, der insgesamt sieben Exemplare enthielt, und das Grab von Wölfersheim. Letzteres bezeichnet den Zeitraum, in den Depot wie Grab datiert werden, die Stufe Wölfersheim.[761] Die Stufe Wölfersheim wurde im Rhein-Main-Gebiet Hessens und Rheinhessens als eigenständige Stufe definiert und umschreibt eine Stufe, die in diesem Gebiet den Übergang zur Urnenfelderzeit einleitet.[762] Die Stufe Wölfersheim markiert demnach das Ende der Stufe Bz D und den Beginn der Stufe Ha A(1). Meiner Einschätzung nach wäre die Datierung unseres Armreifs an das Ende der Stufe Bz D definitiv zu alt und es ist die Frage, ob es sich bei dem Fund um ein „Altstück" handelt. Da die Ähnlichkeit unseres Armreifs zu einem Exemplar vom Typ Nieder-Flörsheim nicht abzustreiten ist, jedoch auch gewisse Unterschiede festzustellen sind, muss das Exemplar von Neckarsulm als eine Weiterentwicklung des Typs Nieder-Flörsheim verstanden werden. Eine Datierung in die Stufe Ha A1 scheint daher gerechtfertigt.

4.4.3 Bronzeringe, Bronzehülsen, Bronzeknebel und Doppelknopf

Kleine Bronzeringe mit rhombischem Querschnitt werden schon seit einiger Zeit in der Forschung als mögliche Gürtelbestandteile angesprochen. Es ist bislang allerdings unklar, ob in einem einzelnen Ring nur der Überrest eines Gürtels oder speziell der eines Schwertgehänges gesehen werden kann. Dieses liegt vor allem daran, dass die Lage solcher Bronzeringe in (Körper-)Gräbern nur in seltenen Fällen dokumentiert wurde:
„Da Körperbestattungen fehlen, bei denen die Lage des Ringes zu beobachten wäre, kann über seine Verwendung nichts ausgesagt werden, doch darf er hier mit zur Männerausrüstung gerechnet werden, wenn er auch nicht ausschließlich für jene typisch ist."[763]
Bronzeringe sind, wie man inzwischen weiß, nicht ausschließlich als eine Beigabe in Männergräbern oder gar als ein geschlechtsspezifisches Attribut von Männerbestattungen zu betrachten, da diese nachweislich auch in Frauengräbern auftreten. So fanden sich beispielsweise in den hessischen Frauenbestattungen von Pfungstadt[764] im Ldkr. Darmstadt-Dieburg und in Petterweil[765] im Wetteraukreis ein bzw. vier solcher Ringe. Zu jedem der beiden genannten Bestattungen gehört ein doppelter Satz von Nadeln des Typs Wollmesheim (Kap. III.4.1.1), wobei das Tragen paariger Nadeln in der Urnenfelderzeit zur typischen Trachtausstattung der Frau gehört. Auffällig häufig ist dennoch die Vergesellschaftung von Ringen mit anderen Bronzeobjekten, die in der Regel als Beigaben von Männern betrachtet werden. Aus der Urnenfelderzeit kennt man sowohl Ringe aus Waffengräbern[766], aber auch aus Gräbern ohne Waffen, aber mit Messern und anderen, den Männern zuzuordnenden Beigaben aus Bronze.[767]
Dass Bronzeringe auch ohne weitere Bronzefunde auftreten, zeigt das Grab 1 aus Neckarsulm. Hier fand sich unter dem rechten Oberarm ein Bronzering (Fd.-Nr. 2001-48-1-3). Dieser hat einen äußeren Durchmesser von ca. 2,4 cm und einen rhombischen Querschnitt (Taf. 30,2). Im Neckarsulmer Grab 2/3 liegt die Kombination von einem Messer mit durchlochtem Griffdorn (Kap. III.4.3.1) zusammen mit einem Ring (Fd.-Nr. 2001-48-4-3) vor (Taf. 31,2). Messer und Ring lagen dicht beieinander am linken Oberarm des Toten. Der Ring hat einen rhombischen Querschnitt und einen äußeren Durchmesser von ca. 2,5 cm. Am Messer hafteten in situ kleine schwarze Teile, welche möglicherweise auf die Reste einer Messerscheide oder einer kleinen Tasche aus

---

761 Ebd. 109f.
762 Ebd. 15f.
763 Jockenhövel, Rasiermesser 113f.
764 Herrmann, Hessen Taf. 153 B 6.
765 Ebd. Taf. 118 C 4–7.
766 Clausing, Untersuchungen 48 Anm. 875.
767 Ebd. Anm. 876.

Leder hinweisen. Ein besonderes Merkmal dieses Rings ist seine gekerbte Außenseite, eine Gestaltung, die man bereits von Ringen aus Gräbern in Oberrimsingen[768] und in Bötzingen[769] kennt. Beide Fundorte liegen im Landkreis Breisgau-Hochschwarzwald. Zu der Bestattung aus Oberrimsingen gehören des Weiteren ein dritter Bronzering, ein Gürtelhaken, ein Pfriem und drei Bronzehülsen. Auf Letztere werde ich in diesem Kapitel noch zu sprechen kommen.

Auch in Grab 20 aus Neckarsulm findet sich die Kombination von Ring (Taf. 43,6) und Messer. Hier lag ein Ringfragment (Fd.-Nr. 2001-48-34-7) zwischen dem linken Oberarm und dem Brustkorb des Toten. Im Vergleich zu den vorherigen Ringen ist dieser Ring um einiges dünner und hat einen runden Querschnitt. Sein äußerer Durchmesser beträgt ca. 2,2 cm. Direkt neben diesem fand sich eine etwa 1 cm lange Bronzehülse (Fd.-Nr. 2001-48-34-8). Bei den Objekten lagen in unmittelbarer Nähe ein Messer mit umgeschlagenem Griffdorn (Kap. III.4.3.2) und ein Pfriem mit Knochengriff (Kap. III.4.5.4). Diese Fundkombination erinnert stark an die oben genannte Ausstattung des Grabes aus Oberrimsingen. Als Besonderheit gehört zum Ensemble eine kleine Perle aus Bernstein (Kap. III.4.5.3). Da Messer und Pfriem so dicht beieinanderlagen, wäre zu vermuten, dass der Ring und die Bronzehülse die Reste eines Gürtels oder gar einer Tasche darstellen, in der die Geräte aufbewahrt waren. Daran könnte die Bernsteinperle als Anhänger gehangen haben.

In Grab 18/1 fanden sich gleich sieben einfache Bronzeringe und mehrere Bronzehülsen unterschiedlicher Art. Es ist ein sehr spannender Fund, auf welchen im unteren Teil gesondert eingegangen wird (s. u.).

In den Neckarsulmer Gräbern 20 (Taf. 43,5) und 22/1 (Taf. 45,5) fanden sich je ein, in Grab 18/1 gleich mehrere kleine Bronzehülsen (Taf. 37,44–45). In Grab 22/1 ist diese Bronzehülse (Taf. 45,5) flach gedrückt und ritzverziert. Diese fand sich im Aushub des Grabes, ihre ursprüngliche Lage war also nicht zu ermitteln. Eine weitere Hülse fand sich als Streufund bei Grab 21 (Taf. 51,3). Solche Bronzehülsen sind aus verschiedenen Gräbern der Urnenfelderzeit bekannt, exemplarisch[770] seien hier nur die bereits erwähnten Gräber von Heidelberg-Grubenhof[771] (Kap. III.4.3.1) und Oberrimsingen[772] (Kap. III.4.5.4) genannt. Die Kombination von Bronzehülsen mit Bronzeringen lässt vermuten, dass diese Teile zusammen zu einem Gürtel o. Ä. gehörten. Die Ringe hatten dabei eventuell die Funktion einer Art Gürtelschließe, durch welche die Lederriemen gezogen wurden. Die Bronzehülsen können eine spezielle Funktion gehabt haben, da sie das Ende eines dünnen Riemens oder Kordel daran hindern sollten, auszufransen. Man kennt dies gut von unseren heutigen Schnürsenkeln und ihren zumeist mit Plastik verschweißten Enden. Vergleichbare Hülsen aus Bronze finden sich noch in Gräbern des Frühmittelalters und an neuzeitlichen Schuhen.

Neben Bronzeringen und Bronzehülsen zeigen auch die so genannten Bronzeknebel[773] einen Bezug zu Schwertfunden. So fand man in Grab 22/1 direkt am Griffangelschwert (Kap. III.4.2.1) zwei solcher Bronzeknebel (Taf. 45,6–7). Der erste Knebel (Fd.-Nr. 2001-48-37-10) lag am Ricasso des Schwerts, der zweite Knebel (Fd.-Nr. 2001-48-37-11) fand sich auf Höhe der Schwertmitte nahe der Wirbelsäule des Toten. Bei den Knebeln handelt es sich um zwei jeweils 1,6 cm lange, im Querschnitt dreieckige Bronzestifte, deren Enden nach oben gebogen wurden. In ihrer Mitte sind sie mit einer spitzen rhombenförmigen Öffnung versehen. Auch in Grab 18/2 fanden sich solche Knebel (Taf. 37,7, Taf. 41,3) (2001-48-31-21, 2001-48-32-3). Identische Knebel kennt man unter anderem aus den Schwertgräbern von Wollmesheim[774] und dem Grab von Gammertingen (Taf. 55, 35)[775]. Über die Funktion solcher Knebel kann aufgrund fehlender organischer Reste nur spekuliert werden. Möglicherweise handelt es sich um den Verschluss eines (Schulter-)Gurtes o. Ä., wobei zum Verschließen eine Schlaufe über den Knebel gezogen wurde. Noch heute findet man dieses Verschlusssystem bei den klassischen Dufflecoats oder als so genannten Knebelverschluss bei Halsketten, bei denen der Knebel durch einen Ring gezogen wird.

Mehr als im Fall der Gürtelringe und Knebel wurde in der Forschung bei den so genannten Doppelknöpfen diskutiert, ob diese nicht als Überrest eines Schwertgehänges zu interpretieren sind. Diese Überlegungen führen zum Teil sogar so weit, in Fällen, in denen ein Schwert fehlte, jedoch ein oder mehrere Doppelknöpfe im Grab angetroffen wurden, den Toten als Schwertträger anzusprechen:

---

768 Grimmer-Dehn, Oberrhein Taf. 109,2.4.
769 Ebd. Taf. 91 C 3.
770 Weitere solcher Hülsen liegen u. a. aus folgenden Gräbern vor: Oberwalluf (Herrmann, Hessen Taf. 89 B 10); Viernheim (Herrmann, Hessen Taf. 144 A); Alzey (Eggert, Rheinhessen Taf. 15,7); Seckenheim (Kimmig, Baden Taf. 2 A 11); Unterwiesheim (Kimmig, Baden Taf. 1 C 5).
771 Kimmig, Baden Taf. 10 H 2.
772 Grimmer-Dehn, Oberrhein Taf. 109,5.
773 Zu beachten ist, dass sich diese Knebel von den Ringknebeln unterscheiden, wie sie C. Clausing beschreibt (Clausing, Untersuchungen 42 f.).
774 Ebd. Taf. 21 B 86.87.
775 Schauer, Schwerter Taf. 146,35.

„Und endlich gibt es noch indirekte Anzeiger für das Schwert, so etwa die so genannten Doppelknöpfe, die in der Tracht der Urnenfelderkultur wohl am Schwertkoppel ihren Platz hatten."[776]

Der Tote bekam dieser Einschätzung nach, aus welchen Gründen auch immer, kein Schwert, aber sein Schwertgehänge bzw. seinen Waffengurt als Beigabe mit ins Grab. Das Aushängen der Waffen, vor allem aber deren Fehlen, scheint ein in der Urnenfelderzeit häufig auftretendes Phänomen zu sein:

„Seit der frühen Urnenfelderzeit erscheint die Problematik etwa der Aushängung der Waffen, die daher als Statussymbol in Gräbern nicht fassbar sind und dadurch auch reiche Bestattungen nur in Ausnahmefällen identifizierbar werden."[777]

Die Doppelknöpfe wären in diesem Sinne als ein pars pro toto zu verstehen. Es gibt jedoch auch Stimmen, die in den Doppelknöpfen keinen Bestandteil eines Schwertgehänges sehen. Gestützt auf das Auftreten dieser Objekte[778] in „normalen" Gräbern, argumentiert Clausing, dass Doppelköpfe genauso gut „als Gürtelbestandteil und in ihrer eigentlichen Funktion als Knöpfe als Bestandteil der Bekleidung angesehen werden [können]."[779]

Bleiben wir bei der Funktion von Doppelknöpfen als Bestandteil von Schwertgehängen, so finden wir einen solchen im Schwertgrab 18/1 (Taf. 37,4). Wie wir noch sehen werden, gehört er hier definitiv zusammen mit Bronzeringen und anderen Kleinteilen zu einem Schwertgehänge (siehe Rekonstruktionsversuch im folgenden Kapitel). Die Kombination von Doppelknöpfen und Ringen kennt man ebenfalls aus dem Schwertgrab von Pohlsberg bei Latdorf[780] (Kap. III.4.2.2.5) in Sachsen-Anhalt. Dieses Grab enthielt neben einem Schwert gleich sechs Doppelknöpfe und mehrere Ringe. Eine vergleichbar hohe Zahl von sieben Doppelknöpfen fand sich bei dem bereits im Zusammenhang mit den Bronzeknebeln genannten Schwertgrab von Gammertingen[781] (Kap. III.4.1.4.1). Aus Oberwalluf[782] im Rheingau-Taunus-Kreis in Hessen, einer Bestattung mit fünf Pfeilspitzen, könnten ein so genannter Zwingenbuckel und verzierte Bronzehülsen zu einem Waffengehänge gehört haben. Einen anderen Aufbau scheint das Gehänge vom Grab in Mönlas[783] besessen zu haben. Hier wurde vermutlich an einem am Gürtel befestigten (Dreipass-)Haken die Schwertscheide eingehängt.

4.4.3.1 Rekonstruktion des Schwertgehänges (Grab 18/1)

Nachdem ich im obigen Teil mehrere mögliche Komponenten eines Schwertgehänges vorgestellt habe, möchte ich im Folgenden konkret versuchen, ein solches zu rekonstruieren. Dieses ist in sofern möglich, als dass in Grab 18/1 nahezu bei sämtlichen kleinteiligen Bronzeobjekten wie Ringe, Knebel, Hülsen und Zwingen deren jeweilige Fundlage dokumentiert worden ist. Anhand einer fotografischen Nahaufnahme der Funde in situ sowie einer Röntgenaufnahme der en bloc gehobenen Objekte (Abb. 56) lässt sich die Lage der einzelnen Objekte gut verfolgen.

Das Neckarsulmer Schwertgehänge setzte sich aus mehreren Komponenten zusammen. Dies wären zum einen ein Schultergurt und zum anderem der eigentliche Schwert- oder auch Hüftgurt. Zum Schultergurt, an den die Schwertscheide angehängt wurde – bekannt ist diese Trageweise von Abbildungen auf antiken griechischen Vasen[784] – dürften drei Bronzeblechszwingen (Taf. 40,2–4) gehört haben. Diese lagen im Abstand von nur wenigen Zentimetern untereinander im Bereich der rechten Brustseite des Toten. Ihre Lage spricht meines Erachtens deutlich für einen ledernen Schultergurt, wie es auch geringe Spuren von dunklen Verfärbungen (Lederreste?) im Boden verdeutlichten. Bei den Zwingen handelt es sich um zusammengebogene Streifen aus max. 0,6 mm breitem und bis zu 6 cm langem Bronzeblech. Die Streifen wurden, nicht unbedingt sorgfältig, so zusammengebogen, dass die Enden einander überschlugen. Offensichtlich umwickelten sie einen dickeren Riemen und bogen sich sekundär wieder auseinander. Im Grab, allerdings ohne genaue Angabe zur Lage, da sie erst beim Putzen des Grabes gefunden wurden, fanden sich zwei weitere solcher Zwingen (Taf. 40,5–7). Eine von diesen ist sekundär fast vollständig auseinandergebogen.

Das Schwert der Bestattung 18/1 lag dicht an der linken Seite des Toten. Wie es auch bei anderen Schwertgräbern beobachtet wurde, trug es der Tote also nicht direkt an einem Gürtel oder an einem Schultergurt, sondern es lag ausgehängt neben ihm im Grab. Dies ist in unserem Fall besonders offensichtlich, da zwischen Schwert und dem Toten die kleinteiligen Funde sowie Messer und Nadel lagen.

---

776 Sperber, Goldschmuck 68; ebenso Jockenhövel, Rasiermesser 80.
777 Stary, Häuptlingsgrab 58.
778 Eine vollständige Auflistung bei Clausing, Untersuchungen 44 f.
779 Ebd. 48.
780 Behrens, Inventaria Taf. D 127, 2.
781 Schauer, Schwerter Taf. 146,11.
782 Kubach, Nadeln Nr. 1163; Herrmann, Hessen Taf. 89 B; Clausing, Untersuchungen Taf. 78 A.
783 Schauer, Schwerter Taf. 145 A.
784 Demhingegen lässt sich auf den stark schematisierten Abbildungen von Kriegern auf bronzezeitlichen Steinstelen keine Verwendung von Schwertgehängen erkennen, obwohl es solche gegeben haben muss (siehe Harrison, Warriors).

Abb. 56: Röntgenbild des Fundensembles aus Bestattung 18/1 (Schwert, Nadel, Messer, Gürteltasche, Schwertgehänge).

Am unteren Teil der Schwertklinge hafteten einige schwärzliche Flecken an, die von einer ledernen Schwertscheide stammen könnten. Dass Schwerter bei der Grablegung noch in ihren Scheiden steckten, konnte bei anderen Grabfunden durch an der Klinge haftende Faserreste aus filzartigen Materialen oder anhand anderer organischer Reste beobachtet werden. Auch für das Griffangelschwert aus Grab 22/1 trifft dies zu. Die Restauratorin Frau Fischer beschreibt, dass an der Schwertklinge neben unbestimmbaren organischen Spuren Reste einer filzartigen Substanz klebten und eine durchgehende dunkle Lederverfärbung zu beobachten war. Auf welche Art die Schwertscheiden der Neckarsulmer Schwerter genau konstruiert waren, kann allerdings nicht mehr genau ermittelt werden.

Aus der Urnenfelderzeit liegen Belege für zwei unterschiedliche Konstruktionsvarianten von Schwertscheiden vor, solche aus Holz und solche aus Leder. Eine Lederscheide ist von einem Schwertfund aus einem Grab in Gündlingen[785], Kr. Breisgau-Hochschwarzwald, bekannt. Hier klebten an der Klinge Lederreste. Aus ca. 1 mm starkem Holz war die Schwertscheide aus einem Grab in Schönningstedt[786] im Kreis Stormarn in Schleswig-Holstein. In einigen Fällen konnte sogar die Holzart, aus welcher die Scheiden gefertigt waren, bestimmt werden. So ist eine Scheide aus Birkenholz aus einem Grab in Mindelheim[787] im Ldkr. Unterallgäu in Bayerisch Schwaben bekannt. Die Scheide war in diesem Fall außen zudem mit einem Wollgewebe umkleidet. Aus Birkenbast sind zwei Scheiden aus Gräbern in Steinkirchen[788] im Ldkr. Deggendorf in Niederbayern und Muschenheim[789] im Ldkr. Gießen in Hessen. Aber auch andere Holzarten wurden verwendet. Eine mit einem Wollgewebe umwickelte Scheide aus Eichenholz kennt man aus einem Grab in Bubesheim[790] im Ldkr. Günzburg in Bayern.

Nach Schultergurt und Schwertscheide komme ich nun zur Rekonstruktion des Schwertgehänges. Im oberen Abschnitt sind als Bestandteil solcher Gehänge bereits die kleinen Bronzeringe und vor allem die Doppelknöpfe genannt worden. Aufgrund der schlechten Erhaltungsbedingungen für organische Materialien wie Holz, Leder und Textilien findet man ja bekanntlich in den Gräbern Mitteleuropas kaum Reste der Kleidung noch andere Objekte aus organischen Werkstoffen. Es kann nur schwer abgeschätzt werden, wie hoch die Zahl jener Objekte gewesen ist, die ausschließlich aus organischem Material gefertigt waren und als Beigaben in die Gräber gelangten. Im Falle der Schwertgehänge und Gürtel erlauben es die kleinen Bronzeteile zumindest indirekt, auf deren Anwesenheit zu schließen. Eine wesentlich bessere Funderhaltung bieten die bronzezeitlichen Hügelgräber Skandinaviens, in denen sich aufgrund der Grabkonstruktion und Lagerbedingungen stellenweise nahezu sämtliche Textilien, hölzerne Objekte und Lederreste erhalten haben. Ein annähernd vollständiges Schwertgehänge samt Schwertscheide fand sich in einem Hügelgrab in Hvidegaard[791] im dänischen Lyngby. Ich komme an

---

785 Schauer, Schwerter 202; 199 Nr. 624.
786 Ebd. 134.
787 Ebd. 193, Nr. 608.
788 Ebd. 200, Nr. 631.
789 Ebd. 206, Nr. 639.
790 Ebd. 195, Nr. 618.
791 Aner/Kersten, Die Funde der älteren Bronzezeit des nordischen Kreises in Dänemark, Schleswig-Holstein und Niedersachsen. Band 1: Frederiksborg und Københavns Amt (Neumünster 1973), Taf. 83.

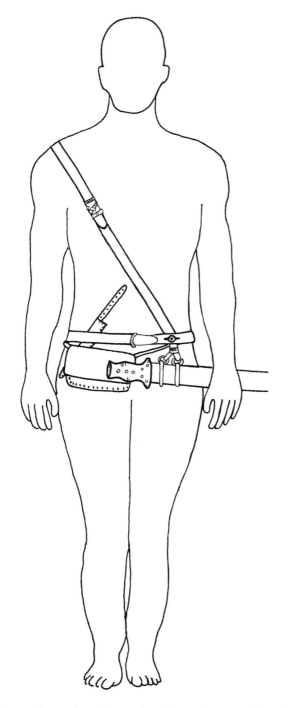

Abb. 57: Rekonstruktion Trageweise Schwertgehänge und Gürteltasche (© Guido Knöpke).

späterer Stelle noch einmal ausführlich auf diesen Befund zu sprechen. Man erkennt auf den Zeichnungen zu diesem Schwertfund (Taf. 58), dass ein Riemen aus Leder durch einen fest an der Scheide befestigten Ring durchgezogen war. Bei diesem und zwei weiteren Lederstücken ist zu erkennen, dass die Lederriemen nicht aus einem gesamten Stück, sondern aus unterschiedlich langen Teilen bestanden. Die Funktion der Doppelknöpfe bestand darin, die Riemen zusammenzuhalten, ein flexibleres Hängen des Schwertes zu ermöglichen und dieses mit der Scheide relativ einfach vom Gurt lösen zu können. Da die Zahl der Bronzeteile beim Neckarsulmer Grab 18/1 jedoch um ein Vielfaches höher ist, wäre hier von einer etwas anderen Konstruktion des Schwertgehänges auszugehen.

Für eine Rekonstruktion der urnenfelderzeitlichen Schwertgehänge Süddeutschlands stehen aufgrund der mangelhaften Erhaltung und der überwiegend ungenügenden Funddokumentation nur wenige Beobachtungen zur Verfügung. Eine Ausnahme bildet das Schwertgrab von Wiesbaden-Erbenheim[792]. In diesem Steinkistengrab fand sich am Schwert das bis dahin einzige, wohl in seinem ursprünglichen Verband dokumentierte und somit auch rekonstruierbare urnenfelderzeitliche Schwertgehänge. An dieser Stelle seien drei kurze Beschreibungen bezüglich der Fundlage und der möglichen Funktion der angetroffenen kleinteiligen Objekte wiedergegeben:

„Das Schwert lag neben dem rechten Oberschenkel, dicht dabei die Doppelknöpfe, Ringe und Nieten, die sich unter dem Oberteil des Schwertes hinzogen."[793]

„Die beiden Doppelknöpfe und drei kleine Bronzeringe waren am Schwertgehänge befestigt."[794]

„Möglicherweise saßen sie als Knöpfe am ledernen (?) Schwertkoppel, das dadurch geöffnet oder über der Brust geschlossen werden konnte. Die Ringchen können zur Befestigung der Schwertscheide am Koppel gedient haben."[795]

Die Zitate unterstreichen, dass Doppelknöpfe und Ringe feste Bestandteile eines Schwertgehänges sind. Die Fundlage mehrerer Bronzeteile in Grab 18/1 entspricht in weiten Teilen den im Falle des Gammertinger Grabes beschriebenen Beobachtungen und Rekonstruktionsversuchen. Im Röntgenbild zu Grab 18/1 (Abb. 56) sieht man zuoberst zwei nebeneinanderliegende Ringe (2001-48-31-11). Diese Ringe bilden die obere Basis des Schwertgehänges, an welchem die Schwertscheide befestigt war (Taf. 37,2). Die Ringe waren durch eine rechteckig zusammengebogene Bronzezwinge (2001-48-31-15a), die unter den beiden Ringen lag, in ihrer Verbindung gestärkt (Taf. 37,1). Am Schwert von Hvidegaard ist zu erkennen, dass das Schwertgehänge nicht fest an einem

---

792 Herrmann, Hessen Taf. 99 C; F. Kutsch, Ein jüngstbronzezeitliches Skelettgrab aus Erbenheim. Nass. Ann. 48, 1927, 38 ff. Abb. 1.2.
793 Herrmann, Hessen 101.
794 Schauer, Schwerter 169.
795 Ebd. 169 Anm. 19.

Gürtel hing, sondern mittels eines Doppelknopfes an diesen geknüpft wurde. So liegt auch im Neckarsulmer Grab 18/1 ein Doppelknopf (2001-48-31-13) knapp unterhalb der beiden Ringe (Taf. 37,4). Zwischen den Ringen und dem Doppelknopf befand sich ein quadratisch zusammengefaltetes Stück Bronzeblech (2001-48-31-12). Hier wurden vermutlich die zwei an den Ringen befestigten Riemen zusammengeführt (Taf. 37,3). Durch das Ende dieses Riemens konnte der am Schwertgürtel sitzende Doppelknopf geknöpft werden. Eine kleine verzierte Bronzehülse (2001-48-31-9a) lag unmittelbar unter dem Doppelknopf (Taf. 37,5). Welche Funktion diese Hülse genau besaß, ist unklar. Aufgrund ihres geringen Durchmessers ist hier an das Endstück eines dünnen Riemens oder einer Kordel zu denken. Da die Hülse verziert ist, war sie beim Tragen vermutlich sichtbar. Einige Zentimeter unterhalb des Doppelknopfes lagen in situ zwei weitere Ringe aufeinander, unter diesen fanden sich wiederum zwei Bronzehülsen (Taf. 37,6). Die beiden Ringe sind etwas dünner als diejenigen des Schwertgehänges, wir haben es hier sicherlich mit dem Rest eines weiteren Gurtes zu tun. Eine genaue Verwendung dieser Teile bzw. die Trageweise dieses Gürtels erschließt sich mir nicht. Ebenfalls zu einem Gurt zu zählen ist ein bereits oben beschriebener Bronzeknebel (Taf. 37,7). Dieser lag etwas abseits der übrigen Bronzeteile, man erkennt ihn auf dem Röntgenbild am äußeren Rand. Zwei kleine verzierte Hülsen gehören vermutlich ebenfalls zu dünnen Riemen (Taf. 39,2–3). Die eine Bronzehülse lag auf der Schwertklinge (2001-48-31-9b), die andere (2001-48-31-18b) fand sich ohne eine genauere Lagebeschreibung im Grab. Eine weitere, mit dünnen Linien verzierte Bronzehülse lag einige Zentimeter über dem Messer (ohne Fd.-Nr.). Einige Zentimeter darunter, zwischen Messer und Schwert, fand sich zudem eine breit rechteckig zusammengefaltete Bronzezwinge (Taf. 40,1). Von einigen weiteren Bronzeteilen ist keine genaue Lage bekannt, sie fanden sich beim Freilegen der Bestattung. Dieses sind eine kleine, nur zur Hälfte erhalten gebliebene Bronzehülse (Taf. 39,4) und drei Bronzeringe (Taf. 39,5). Letztere dürften zu einem weiteren Gurt gehört haben. Verschiedene zum Teil tordierte Bronzefragmente (Taf. 39,6) lagen am Schwert. Diese werden an anderer Stelle besprochen (s. u.).

Wir sehen, dass neben einem Schwertgehänge eine große Zahl von weiteren Ringen, Zwingen, Hülsen und einem Knebel auf mindestens einen, wenn nicht zwei Gurte oder Riemen schließen lässt. Zwar ist davon auszugehen, dass die Hinterbliebenen die Objekte sorgfältig zusammengelegt im Grab deponiert haben, die übrig gebliebenen kleinteiligen Objekte wirken in ihrer Anordnung jedoch für uns ungeordnet, weshalb die einzelnen Teile kaum voneinander zu trennen sind bzw. ihre Zugehörigkeit zu einem bestimmten Gürtel nicht zu bestimmen ist.

4.4.3.2 Rekonstruktion einer Gürteltasche (Grab 18/1)

Der folgende Fund aus Grab 18/1 wäre ohne die sorgfältige Bergung und Präparierung der einzelnen Objekte sicherlich so nicht beobachtet worden. Ich hatte bereits oben auf das mehrteilige Fundensemble kleinteiliger Bronzeobjekte aus diesem Grab hingewiesen. Bei den größeren Objekten handelt es sich um ein Schwert und links neben ihm, eng beieinanderliegend, ein Messer (Kap. III.4.3.1), und eine Nadel (Kap. III.4.1.5). Unter dem Messer lag zudem ein Wetzstein. Ohne genauere Beobachtung hätte man davon ausgehen können, dass Messer, Wetzstein und Nadel lose in einer nahezu parallelen Lage im Grab abgelegt wurden. Es zeigte sich aber, dass die Objekte ursprünglich in einer vermutlich aus Leder oder einem anderem Material gefertigten Tasche steckten. Die Grabungsleiterin Frau Dr. Neth hatte sich bei der Fundbergung dazu entschlossen, das gesamte Fundensemble inklusive Schwert en bloc zu bergen. Dabei wurde ein größerer Erdblock mit Gipsbinden ummantelt und aus dem Grab gehoben. Anschließend wurde der Block geröntgt, wobei auf dem Röntgenbild die Lage der einzelnen Objekte gut zu erkennen war. Dieses erlaubt, vor allem was die Position der kleineren Bronzeteile angeht, sehr aufschlussreiche Beobachtungen. Nur im Röntgenbild (Abb. 56) und während des Herauspräparierens der Funde im Restaurationslabor konnten etwa 21 sehr filigrane und bereits nahezu vollständig aufgelöste Bronzehülsen beobachtet werden.[796] Diese lagen in dichter Abfolge untereinander aufgereiht. Der Anfang der Reihe begann etwa im Bereich der Nadelmitte und endete ca. 3,5 cm oberhalb der Messerspitze. Im Folgenden möchte ich deutlich machen, dass dieser Fund als Rest eines (ledernen) Behältnisses interpretiert werden muss.

Die Zahl vergleichbar gut dokumentierter Grabfunde mit derartigen Resten ist sehr gering.[797] Zu nennen sind hier zwei Funde aus Frankreich in Passy-Richebourg[798], Dép. Yonne, und Marolles-sur-

---

[796] Da die Bronzeröllchen sich bereits nahezu vollständig aufgelöst hatten, konnten sie nicht konserviert werden. Es findet sich daher auf der Tafel zu den Funden aus Grab 18/1 keines dieser Röllchen. Dokumentiert sind diese allein im Röntgenbild.

[797] Sperber, Goldschmuck 75 f. Anm. 17

[798] J.-P. Thevenot, Gallia préhistoire 28, 1985, 205 f. Abb. 39,3.

Seine[799], Dép. Seine-et-Marne. In Passy-Richebourg markierten drei geriffelte Bronzehülsen den Umriss einer Tasche oder eines Kästchens (*coffret*). In dem Behältnis wurden ein Rasiermesser, eine Dolchklinge und eine Pfriemnadel aufbewahrt. Etwas unklarer ist der Befund aus Marolles-sur-Seine. Hier lagen in einer Urne der Leichenbrand und darauf eine große Zahl von Objekten. Drei in ihrer Form uns schon vertraute Bronzehülsen lagen direkt um eine Dolchklinge. Die Bronzehülsen können in diesem Fall zu einer Messerscheide gehört haben. Links vom Dolch fanden sich weitere Objekte, darunter ein Rasiermesser, eine Pinzette, eine Nadel, eine Knochenahle, eine Bernsteinperle, Goldplättchen, Silex etc. Die dichte Lage der Objekte macht es wahrscheinlich, dass sie wiederum zusammen in einer Tasche oder einem Beutel auf der Leichenasche aufbewahrt worden waren. Der dritte und herausragendste Fund ist eine hervorragend erhaltene Ledertasche aus dem Hügelgrab in Hvidegaard im dänischen Lyngby (Taf. 58).[800] Ich hatte diesen Fund bereits oben im Abschnitt über die Schwertgehänge erwähnt. Die lederne Tasche[801] befindet sich heute als Ausstellungsstück im dänischen Nationalmuseum von Kopenhagen. Das Grab wurde im Jahr 1845 durch C. J. Thomsen und seine Mitarbeiter freigelegt und barg in einem Baumsarg den Leichnam eines in einer wollenen Decke eingewickelten Toten. Als Beigaben besaß der Tote ein noch in seiner Scheide steckendes Schwert, ein Messer, einen Flintdolch, ein Rasiermesser mit Pferdekopf am Griffende, eine Pinzette und eine Fibel.[802] Hinzu kommt jene sehr gut erhaltene Tasche aus Leder inklusive Inhalt. P. Höfer, der Ausgräber des bereits vorgestellten Grabes aus dem Pohlsberg bei Latdorf (Kap. III.4.2.2.5) beschrieb 1905 diesen Fund wie folgt:

„In der Steinkiste inmitten des Hügels von Hvidegaard bei Lyngby fand sich zur Seite des auf einer Tierhaut ausgebreiteten, mit Wollzeug bedeckten Brandgebeins ein Bronzeschwert in der Scheide mit Resten von Lederriemen, welche Bronzeknöpfe trugen, und hart am Schwert lag ein rundes Futteral aus dickem Leder, das, an der Seite zum Öffnen eingerichtet, durch eine Bronzenadel wie die unsrige geschlossen war, indem diese durch eine Reihe von Ösen hindurchgeschoben war. Das Futteral hatte vermutlich am Gürtel gehangen und enthielt allerlei Seltsamkeiten (Schwanz einer Natter, eine kleine Mittelmeermuschel, eine Falkenklaue, ein kleines zugeschnittenes Stück Holz, ein Bruchstück einer Bernsteinperle, Unterkiefer eines jungen Eichhorns, einige Steinchen), die wahrscheinlich als Amulette gedient haben."[803]

Die dichte Reihe der Bronzehülsen und – dies zeigen vor allem die Funde aus Frankreich – deren direkte Lage an den Objekten spricht eindeutig für Behältnisse aus organischem Material, welche mit diesen Hülsen vernietet oder besetzt waren. Bei der Tasche von Hvidegaard handelt es sich nicht, und dies erkennt man erst bei der Ansicht auf deren offene Seite, um einzelne Hülsen, sondern um eine Art von Spirale. Diese erinnert an Spiralbindungen aus Plastik, wie sie heutzutage zum Binden von Skripten verwendet werden. In Neckarsulm schließen es die waagerecht untereinanderliegenden Hülsen aus, dass wir es mit einem vergleichbaren Verschlusssystem zu tun haben. Naheliegender ist eine Funktion der filigranen Hülsen als eine seitliche Vernietung einer Tasche aus Leder oder Textil. Die Länge dieses Objekts betrug mindestens 15 cm, dies ergibt sich aus der Reihe der Hülsen. Über die Breite der Tasche kann nur spekuliert werden.

4.4.4 Tordierter Ring

Unter den oben genannten kleinteiligen Bronzeobjekten der Bestattung 18/1 finden sich insgesamt vier Bruchstücke (2001-48-31-20), welche möglicherweise die Fragmente eines dünnen tordierten Rings darstellen (Taf. 39,6). Die Bruchstücke lagen zwischen dem Messer und dem Schwert, wobei die Enden des großen halbrunden Bruchstücks auf der Schwertklinge auflagen. Die einzelnen Teile sind zwischen 3 und 5 cm lang und im Querschnitt ca. 0,4 cm dick. Zwei Bruchstücke sind glatt, die beiden anderen tragen eine imitierte Torsion, sind also nur scheinbar aufgedreht worden. Die Einzelteile lassen sich nicht zusammensetzen und es stellt sich die Frage, ob dieses Objekt sekundär verbogen und zerbrochen ist, oder ob es bereits zerbrochen ins Grab gelegt wurde.

Eine erste Annahme, dass es sich um die Reste eines Armrings handelt – so sind verschiedene Armringe mit imitierter Torsion bekannt,[804] –, muss fallen gelassen werden, da jene durchweg über einen wesentlich größeren Durchmesser im Querschnitt verfügen. Eine weitere bekannte Objektgattung mit imitierter Torsion sind Halsringe. Mit einem Durchmesser im

---

799 C. et D. Mordant, Le site protohistorique des Gours-aux-Lions à Marolles-sur-Seine (Seine-et-Marne) (Paris 1970) 54 ff., Abb. 26 u. Abb. 31,9–27.
800 Müller, Nordische Altertumskunde 356 ff.
801 Aner/Kersten, Nordische Bronzezeit Taf. 83.
802 Aufgrund der genannten Funde datiert das Grab in die Periode III nach O. Montelius und fällt daher absolutchronologisch in den Zeitraum von 1250–1050 v. Chr., was nach der süddeutschen Chronologie der Urnenfelderzeit entspricht.
803 Höfer, Pohlsberg 85 f.
804 Richter, Arm- und Beinschmuck Taf. 43.

Querschnitt von ca. 0,4 cm könnten die tordierten Bruchstücke aus Neckarsulm von einem Halsring stammen, wie er in einem vollständigen Exemplar in der bereits vorgestellten Doppelbestattung aus Eßfeld (Taf. 53,15) gefunden wurde. Wie beim Eßfelder Halsring erkennt man auch am Neckarsulmer Bruchstück glatte unverzierte Enden. Tordierte Halsringe sind im Bereich der süddeutschen Urnenfelderkultur eher selten, finden sich aber mit einigen Exemplaren in Bayern.[805] Nimmt man das Exemplar von Eßfeld als Anhaltungspunkt, so würden die Fragmente aus Neckarsulm, sofern es sich tatsächlich um die Reste eines Halsringes handelt, in die Stufe Ha A1 datieren.

Da aber Halsringe in Männergräbern so gut wie nie vorkommen, könnte es sich bei den in Neckarsulm gefundenen Bruchstücken auch um eine andere Objektgattung handeln. Die Bruchstücke sind möglicherweise die Reste eines Hakens, wie sie auch im Ha A2-zeitlichen Grab von Gammertingen[806] vorliegen (Taf. 55,6–7). Die Doppelbestattung von Gammertingen erbrachte „zwei tordierte Haken mit eingerollten Enden"[807], deren genaue Funktion bislang allerdings nicht geklärt werden konnte. Auch in Wollmesheim und Speyer, beides ebenfalls Doppelbestattungen mit Schwertbeigabe, wurden solche Haken gefunden, wenngleich diese Funde keine Torsion aufweisen und ihre Enden s-förmig aufgerollt sind. G. Krahe bezeichnete diese Objekte ihrem Aussehen nach als „Fleischerhaken"[808], konnte deren genaue Funktion aber ebenfalls nicht erklären. Fügt man dem langen tordierten Bruchstück von Neckarsulm das glatte unverzierte, spitz zulaufende Bruchstück an, so hätte man durchaus ein ähnliches Gerät wie jene Haken aus Gammertingen vorliegen. In Gammertingen ist es aufgrund der nicht dokumentierten Fundlage leider nicht möglich, die Objekte dem Mann oder der Frau zuzuordnen. Würde es sich im Falle von Neckarsulm um die Reste eines solchen Hakens handeln, könnte die dichte Fundlage am Schwert darauf hinweisen, dass solche Haken ebenfalls im Kontext des Schwertgehänges verwendet wurden.

4.4.5 Streufunde

4.4.5.1 Lanzenspitze

Die Stoßlanze war vermutlich die Hauptwaffe (spät-)bronzezeitlicher Krieger. Betrachtet man beispielsweise die Abbildungen von Kriegern auf griechischen Vasen, so sind diese allein mit Lanzen und selten mit Schwertern bewaffnet.[809] Es ist daher mehr als erstaunlich, dass diese Lanzen- bzw. Lanzenfragmente nur in 79 Fällen in urnenfelderzeitlichen Gräbern auftauchen[810] und stattdessen eher in Depotfunden vertreten sind. So liegt in dieser Fundgattung während der älteren Urnenfelderzeit die Zahl der Lanzenspitzen deutlich über jener der Schwerter.[811] Lanzenspitzen sind auch in der untermainisch-schwäbischen Kultur eine eher selten anzutreffende Waffengattung in Gräbern.[812]

Bei der Lanzenspitze aus Neckarsulm (Taf. 50,2) handelt es sich nicht um einen Grabfund, sondern um einen Streufund. Zwar wurde die Lanzenspitze am südwestlichen Bereich der Grabgrube von Grab 18 gefunden, sie gehört vermutlich jedoch nicht zur direkten Grabausstattung eines der beiden Toten, da beide Bestattungen offenbar ungestört sind. Es kann vermutet werden, dass die Lanze bewusst am Rande des Grabes deponiert worden war oder aber dass etwa der Pflug dieses Objekt aus dem Bereich des Grabes entfernte, ohne nachweislich eine Störung zu verursachen.[813] Trifft der erste Fall zu, wäre zu vermuten, dass Lanzen zumindest in der Urnenfelderzeit nur in Ausnahmefällen aus rituellen Gründen in Gräbern niedergelegt wurden. Ein spezifischer Ritus würde die Seltenheit von Lanzen dieser Fundgattung zumindest im Ansatz erklären.

Die Lanzenspitze aus Neckarsulm ist in ihrer Mitte durchbrochen, was auf eine starke Biegung der Lanze zurückzuführen ist. Dies wird durch den Pflug geschehen sein, und zwar vor nicht allzu langer Zeit, da die Bruchstelle eine natürlich bronzene, d. h. rostbraune Farbe besitzt und eben nicht patiniert ist. Dagegen ist die äußere Patina der Lanzenspitze dunkelgrün. Die zwei Teile der Lanze sind 13,5 und 7,9 cm lang, wobei das längere Stück jenes mit der Tülle ist. Das untere Blatt hat eine maximale Breite von 4,25 cm. Die Tülle hat in ihrer unteren Öffnung einen Durchmesser von 2,5 cm, das Metall ist hier 0,3 cm stark. In der Tülle sitzen zwei kleine Löcher, durch welche ein Stift gezogen wurde, welcher für einen stärkeren Halt am Schaft sorgte.

Die chronologische wie typologische Einordnung von Lanzenspitzen ist im Vergleich zu anderen

---

805 Ebd. 171. Vgl. Eggert, Rheinhessen 41; 117.
806 Schauer, Schwerter Taf. 146,6–7.
807 Ebd. 178 Nr. 529.
808 Krahe, Speyer 4 f.
809 Demhingegen werden auf bronzezeitlichen Steinstelen aus Spanien die Krieger oftmals mit einer Waffenkombination bestehend aus Schwert, Lanze und auch Pfeil und Bogen dargestellt (Harrison, Warriors).
810 Clausing, Untersuchungen 49.
811 Hansen, Metalldeponierungen 59.
812 Vgl. Jockenhövel, Rasiermesser 108 Anm. 2; Clausing, Untersuchungen 155 ff. u. 169 ff.
813 Über die mögliche Lage von Lanzen im Grab siehe Clausing, Untersuchungen 104 mit Anm. 1930.

Bronzefunden eine der am schwierigsten zu lösenden Aufgaben. Zum einen treten innerhalb unterschiedlicher Zeithorizonte gleichartige Formen auf, zum anderen ist das Herausarbeiten bestimmter Gruppen äußerst schwierig. Die jüngsten Ordnungsversuche der Lanzenspitzen aus der Urnenfelderzeit stammen von S. Hansen[814] und C. Clausing.[815] Gerade bei Clausing wird deutlich, dass aufgrund des Fehlens markanter Kennzeichen eine Gruppenbildung bei vielen der in Gräbern gemachten Funde kaum möglich ist. Clausing bildet anhand von nur zwei Fundstücken eine Gruppe von „Lanzenspitzen mit rechteckigem Tüllenquerschnitt im Blattbereich."[816] Bei den beiden Stücken handelt es sich um ein Exemplar aus Dietzenbach und eines aus Gau-Algesheim[817], letzterer Fund weist meines Erachtens allerdings trotz verzierter Tülle keine besondere Ähnlichkeit zum Dietzenbacher Stück auf, da es ein sehr schlankes Exemplar ist. Allein das Merkmal eines ähnlichen Tüllenquerschnitts reicht hier wohl nicht zur Bildung einer eigenen Lanzengruppe.

Über eine gewisse Ähnlichkeit zum Neckarsulmer Stück verfügt das Exemplar aus Dietzenbach (Taf. 52,2). Dieses ist mit seiner Länge von 22,4 cm, einer ausgeprägten Mittelrippe und Schneidenform in der Tat der Neckarsulmer Lanze sehr ähnlich. Unterschiede bilden der runde statt rechteckige Querschnitt der Tülle, der Ansatz[818] der Schneide an der Tülle, die Verzierung der Tülle am Dietzenbacher Stück und die Durchbohrung des Schaftes bei der Neckarsulmer Lanzenspitze. Gerade die Verzierung macht die Dietzenbacher Lanze zu einem einzigartigen Exemplar:

„Eine unmittelbare Parallele zur Dietzenbacher Lanzenspitze ist mir nicht bekannt; ihr Blattumriss und ihre Verzierung mit punktreihenbegleitenden, gewinkelten und waagrechten Linienbändern erlauben vielleicht einen Vergleich mit einer südfranzösischen Spitze aus der Eremitage de Toulon."[819]

Hansen sieht in der Verzierung hier eine „danubische Formenprägung" und „vielleicht ein einheimisches Imitat".[820] Datiert wird das Dietzenbacher Grab und somit dessen Lanze in die ältere Urnenfelderzeit bzw. Ha A1 (Kap. III.4.1.1.1. u. III.4.2.1.3), ein Ansatz, der auch auf die Lanze aus Neckarsulm zutrifft, da auch die Grabfunde aus Grab 18 in diese Stufe zu datieren sind (Kap. IV).

4.4.5.2 Sonstige

Ein Messer (Fd.-Nr. 2001-48-59-1) wurde in der sechsten nördlichen Erweiterung von Schnitt 2 in dessen südöstlichem Viertel, kurz gesagt im Norden des Gräberfeldes, als Streufund geborgen. Dieses Messer mit durchlochtem Griffdorn (Taf. 50,1) wurde bereits in Kapitel III.4.3.1. besprochen.

Ebenfalls in der sechsten nördlichen Erweiterung von Schnitt 2, diesmal im nordwestlichen Viertel, fanden sich ein einzelner Pflockniet von 1,3 cm Länge und ein Bronzefragment, bei dem es sich vermutlich um das Bruchstück eines kleinen Armreifs oder Rings handelt (Taf. 51,2). Es ist dies vermutlich die Hälfte eines gegossenen, runden Reifes oder Ringes mit einem Durchmesser von ca. 4,0 cm. Das Fragment ist im Querschnitt flach dreieckig und ca. 0,5 cm breit. Als Streufund fand sich zudem bei Grab 21 eine Bronzehülse (Taf. 51,3), bei der unklar ist, ob sie ursprünglich in diesem Grab gelegen hatte. In der dritten südlichen Erweiterung von Schnitt 2, d.h. im Süden des Gräberfelds, fand sich als Baggerfund eine zierliche Nadel mit kugeligem Kopf (Taf. 51,1). Im Gegensatz zu allen anderen Bronzeobjekten des Gräberfelds hat diese Nadel keine grüne Patina, sondern ist glänzend hellgelb. Es ist ein sehr schlichtes Objekt ohne weitere Verzierung am Kopf. Dieser ist mit einem Kopfdurchmesser von 0,8 cm recht klein. Der Nadelschaft ist stark verbogen, die Gesamtlänge beträgt geschätzte 4,7 cm. Nadeln dieser Art treten während der gesamten Urnenfelderzeit zwischen den Perioden Ha A und Ha B auf. Bei Kubach werden verschiedene solcher Nadeln aufgeführt, deren Kopfformen zwischen kugelig rund bis doppelkonisch variieren.[821] Derartige Nadeln sind in der Regel unverziert, können jedoch in Einzelfällen eine Verzierung am Hals aufweisen. Die große Variabilität in der Form und der sehr lange Herstellungszeitraum machen es nicht möglich, hier einen Nadeltyp mit unterscheidbaren Untergruppen zu definieren. Als Vergleichsfund anzuführen ist eine ähnliche Nadel aus einem Urnenflachgrab im hessischen Reinheim.[822] Er ist einer der wenigen Funde, der mit seinen Beigaben einen Datierungsansatz liefert. Zur Beigabenausstattung gehören neben der Nadel ein Vollgriffmesser, drei kleine Ringe, ein Wetzstein, eine Urne mit Tupfenleiste auf der Schulter, die

---

814 Hansen, Metalldeponierungen 59–82.
815 Clausing, Untersuchungen 48 ff.
816 Ebd. 51.
817 Ebd. Taf. 59 D 1; H. Biehn, Urnenfeldergrab von Gau-Algesheim, Rheinhessen. Germania 20, 1936, 89 Abb. 4.
818 Kubach (Kubach, Nadeln 439 Anm. 116) weist darauf hin, dass entgegen der häufig angeführten Abbildungen bei Müller-Karpe (Müller-Karpe, Chronologie 211, A 1) und Herrmann (Herrmann, Hessen Taf. 171,8) das Blatt der Dietzenbacher Lanzenspitze nicht „stufenartig von der Tülle abgesetzt" ist.
819 Kubach, Nadeln 439.
820 Hansen, Metalldeponierungen 73.
821 Kubach, Nadeln Taf. 77.
822 Ebd. Taf. 77 Nr. 1250.

Wandscherbe eines gerieften Bechers, eine Knickwandschale, drei konische Schalen und eine Fußschale. Datiert wird das Grab nach Kubach[823] in die ältere (Ha A1) bis mittlere Urnenfelderzeit (Ha A2).

4.5 Funde aus anderen Materialien
4.5.1 Goldener Fingerring (Grab 22/1)
Der goldene Fingerring aus der Neckarsulmer Bestattung 22/1 gehört zu den herausragenden Funden des Gräberfeldes (Taf. 46,1). Es ist ein Glücksfall, dass die dazugehörige Bestattung ungestört blieb, da die beiden übrigen Bestattungen dieses Grabes nachweislich beraubt wurden (Kap. III.2). Der Tote, ein Schwertträger (siehe Kap. III.4.2.1), trug den Ring am Mittelfinger der linken Hand. Aus der Ringgröße mit einem äußeren Durchmesser von 2,25 cm – dies entspricht einer heutigen Ringgröße 60 – ist abzulesen, dass der Tote sehr kräftige Hände besaß. Es ist ein sehr schlichter gegossener Ring ohne Verzierung, die leichte Außennaht entstand vermutlich im Gussprozess. Der Ring wiegt nur wenige Gramm, was bei seiner geringen Breite von nur 0,11 cm nicht verwundert. Trotz seiner Schlichtheit wird es ein besonderes Schmuckstück gewesen sein, was durch die Seltenheit dieses Objekttyps und durch das mit Sicherheit auch seinerzeit sehr kostbare Material unterstrichen wird.

Gold ist bereits seit der Jungsteinzeit als Werkstoff bekannt, die Goldverarbeitung nahm jedoch erst in der Bronzezeit ein größeres Ausmaß an.[824] Einige zum Teil außerordentlich spektakuläre Funde belegen dabei die hohen technischen Fähigkeiten der damaligen Goldschmiede. In Süddeutschland wird vor allem der Rhein, welcher geringe Mengen an Gold führt, als Hauptlieferant für das Rohmaterial vermutet. Hergestellt wurden in erster Linie besondere Objekte wie Kultgegenstände und Schmuck. Teilweise veredelte man auch Objekte aus Bronze, wie etwa Messer und Nadeln, durch Goldauflagen.

Goldene Fingerringe waren in der südwestdeutschen Urnenfelderkultur bislang unbekannt, sind aber in einigen wenigen Funden aus dem Osten Deutschlands bekannt. Nennen möchte ich hier einen umfangreichen Grabfund aus dem Saalemündungsgebiet[825], wobei der genaue Fundort unbekannt ist. Entweder stammen die Funde aus Bernburg im Salzlandkreis oder aus Köthen im Ldkr. Anhalt-Bitterfeld, beides Ortschaften in Sachsen-Anhalt.[826] In ihrer Zusammenstellung erinnert die Grabausstattung an den geschlossenen Grabfund vom Pohlsberg bei Latdorf (Kap. III.4.2.2.5), das ebenfalls im Salzlandkreis liegt. Die Ähnlichkeit zu dieser Grabausstattung lässt vermuten, dass auch die Bernburger bzw. Köthener Funde zusammengehören und aus einem Grab stammen. W. A. von Brunn nennt als Funde ein Griffzungenschwert[827] vom Typ Hemigkofen, ein „schmales überschlankes Messer" mit sechs vermutlich zum Griff gehörenden Nieten, ein sehr schlankes Tüllenbeil, einen sehr schlanken Tüllenmeißel und zwölf Ösenknöpfe.[828] Als besonderer Fund ist hier ein „geschlossener Goldfingerring mit halbrundem Querschnitt und schräggerippter Außenseite"[829] hervorzuheben. Schauer[830] datiert diesen Fundkomplex „in den älteren Abschnitt der Periode IV" nach Montelius, was den Stufen Ha A2 bis Ha B1 entspricht. Wir haben es also mit einem jüngeren Grabfund als dem Neckarsulmer Grab zu tun. Interessant ist aber auch hier, dass ein Schwert und ein Goldring wohl zusammen zur Grabausstattung gehören.

Betrachtet man das Gebiet Baden-Württemberg, muss man zeitlich zurück in die mittlere Bronzezeit gehen, um auf goldene Fingerringe zu treffen. Hier liegen jedoch keine gegossenen Ringe, sondern so genannte „bandförmige" Goldfingerringe vor. S. Oberrath[831] zählt insgesamt neun Exemplare. Interessanterweise stammen die Funde überwiegend aus dem Bereich der Schwäbischen Alb[832] und keiner der Funde dürfte älter bzw. jünger als aus den Stufen Bz C1 und Bz C2[833] sein. Als Fundorte sind hier zu nennen: Mössingen, Ldkr. Tübingen; mit zwei Exemplaren das Gräberfeld von Nehren, Ldkr. Tübingen; mit jeweils einem Exemplar Albstadt-Ebingen und Albstadt-Onstmettingen, Zollernalbkreis; Sankt Johann-Bleichstetten, Ldkr. Reutlingen; Sonnenbühl-Erpfingen, Ldkr. Reutlingen; Stühlingen-Weizen, Ldkr. Waldshut; Waldshut-Tiengen, Ldkr. Waldshut. Ich möchte hier nicht im Einzelnen auf die jeweiligen Funde eingehen, da Oberrath dies ausführlich getan

---

823 Ebd. 486.
824 Germanisches Nationalmuseum Nürnberg (Hrsg.), Gold und Kult der Bronzezeit. Katalog zur Ausstellung im Germanischen Nationalmuseum Nürnberg, 22. Mai bis 7. September 2003 (Nürnberg 2003); Sperber, Goldene Zeichen.
825 Leider liegen von diesem Ring, wie auch von den übrigen Funden, keine Abbildungen vor.
826 Schauer, Schwerter 159 Anm. 6.
827 Wüstemann, Ostdeutschland Taf. 29 Nr. 204.
828 W. A. von Brunn, Ein Grabhügel bei Osternienburg (Anhalt). In: H. J. Eggers/J. Werner (Hrsg.), Festschrift für Ernst Sprockhoff zum 60. Geburtstag. Jahrbuch des Römisch-Germanischen Zentralmuseums Mainz 2, 1955, 77 Anm. 4.
829 Ebd. 77 Anm. 4.
830 Schauer, Schwerter 159.
831 S. Oberrath, Bandförmige Goldfingerringe der Bronzezeit aus Baden-Württemberg. Fundber. Baden-Württemberg 20, 1995, 329–357.
832 A. Rieth, Württembergische Goldfunde der Hügelgräberbronzezeit. Germania 23, 1939, 147–149. Siehe auch Oberrath, Goldfingerringe 342 Abb. 12.
833 Oberrath, Goldfingerringe 352f. mit Abb. 21.

hat, sondern nur zwei Funde hervorheben, welche beide aus geschlossenen Grabfunden stammen und in die mittelbronzezeitliche Stufe Bz C1 datiert werden können.

Das Grab von Weizen[834] enthielt neben Keramik einen Griffplattendolch, ein Griffplattenschwert vom Typ Weizen[835], ein Randleistenbeil, einen Gürtelhaken und eine Nadel. Ausgerechnet der goldene Fingerring ging verloren, vermutlich wurde er eingeschmolzen. Noch vorhanden sind ein mit Rippen und Buckelchen punzierter Goldblechring und ein Bleisilberring mit Goldeinfassung aus Grab 1 des Hügels 7 in Nehren.[836] Den Goldring trug der Tote an der linken, den Bleisilberring an der rechten Hand. Als weitere Beigaben fanden sich ein Griffplattenschwert vom Typ Nehren[837], ein Randleistenbeil, ein Dolch und eine goldumwickelte Nadel. Anhand dieser beiden Grabfunde ergeben sich zwei aufschlussreiche Beobachtungen. Erstens trug wie der Schwertträger aus Grab 22 auch der Tote von Nehren zumindest einen der beiden Ringe an seiner linken Hand. Oberrath stellt heraus, dass auch bei den Griechen und Römern die Goldringe bevorzugt an der linken Hand getragen wurden.[838] Vielleicht hängt dies mit dem Umstand zusammen, dass die rechte Hand meist die Arbeitshand und die linke Seite die Herzseite ist. Über das Tragen von Goldringen gibt es von Plinius d. Ä. (23–79 n. Chr.) eine interessante Bemerkung:

„Und wer es auch immer war, der sie [die Goldringe] zuerst einführte, er machte es nur zögernd: er steckte sie an die linke Hand die ‚im Gewand' verborgen ist, da man sie doch, wenn die Auszeichnung unbedenklich gewesen wäre, an der rechten Hand zur Schau hätte stellen müssen. Denn, konnte man darin irgendeine Behinderung sehen, so wäre auch dies eine Begründung für den späteren Gebrauch: an der linken Hand, mit der man den Schild fasst, wäre die Behinderung noch größer gewesen."[839]

Die zweite Beobachtung ist diejenige, dass die Toten aus Nehren, Weizen und Neckarsulm nicht nur einen Goldring, sondern auch ein Schwert und zum Teil weitere Waffen trugen:

„Die Verflechtung von Reichtum und gesellschaftlichem Rang ist ein geläufiges Phänomen, und die Kombination von Waffen sowie bestimmten Schmuckformen können ein geeignetes Mittel darstellen, um sozialen Rang und Prestigeansprüche zu demonstrieren."[840]

Dass wir es bei den hier genannten Grabfunden nicht mit einer zufälligen Kombination von Schwert und Goldring zu tun haben, wird durch eine Beobachtung von E. Čujanova-Jílková[841] über Gräber aus Böhmen, wohl ein Hauptlieferant von Gold und Goldprodukten in der Urnenfelderzeit, bestätigt. In Westböhmen kann während der Periode Bz C1 bei 8% aller Hügelgräberbestattungen Gold nachgewiesen werden. Eine bestimmte Art von Ringen, die so genannten „Goldnoppenringe", kommt dabei ausschließlich in Gräbern mit Waffen vor: „Damit scheint ihre Funktion als Schmuck hochgestellter männlicher Persönlichkeiten gesichert."[842]

Da wir es hier mit dem ersten goldenen Fingerring aus einem urnenfelderzeitlichen Kriegergrab zu tun haben, lassen sich die gezeigten Beobachtungen aus den mittelbronzezeitlichen Gräbern Baden-Württembergs und Böhmens nur bedingt auf die Urnenfelderzeit übertragen. Dennoch fassen wir ein Muster, welches bis in die Urnenfelderzeit hinein beobachtet werden kann.[843]

4.5.2 Wetzstein (Grab 18/1)

Zur Beigabenausstattung des Neckarsulmer Schwertgrabs 18/1 gehört ein direkt unter einem Messer (Kap. III.4.3.1) gelegener, kleiner Wetzstein (Taf. 38,3). Hergestellt wurde dieser aus rötlichem Sandstein. Der Schleifstein war offensichtlich unbenutzt, da sich auf dem Objekt keine Gebrauchsspuren finden. Der Wetzstein hat eine Länge von 7 cm und eine Breite von 2,2 cm und ist ca. 0,8 cm dick. Möglicherweise wurde er zusammen mit dem Messer und einer Nadel (Kap. III.4.1.5) in einer Gürteltasche (siehe Kap. III.4.4.3.2) aus ehemals organischem Material aufbewahrt.

Wetzsteine treten im gesamten Raum der Urnenfelderkultur auf. Sie finden sich vor allem in Gräbern,[844] sind aber auch in größerer Zahl aus Siedlungen und Depotfunden bekannt. Schleifsteine stellen neben den Sicheln eines der wenigen Alltagsgeräte dar, die in Gräbern aufgefunden werden. Ihre Größe variiert zwischen mindestens 3 und maximal 24 cm. Ihre Form ist häufig rechteckig, kann aber auch walzenartig sein. Gelegentlich sind die Schleifsteine

---

834 Ebd. 350 Abb. 19. Da der Ring bald nach der Auffindung des Grabes verloren ging, existiert bedauerlicherweise keine Abbildung von diesem Fund.
835 Schauer, Schwerter 57 Nr. 158.
836 Oberrath, Goldfingerringe 346 Abb. 15.
837 Schauer, Schwerter 48 Nr. 129.
838 Oberrath, Goldfingerringe 357.
839 Plinius, Naturalis Historiae. XXXIII, 13. C. In: R. König/G. Winkler (Hrsg.), C. Plinius Secundus d. Ä. Naturalis Historiae. Buch XXXIII (München/Zürich 1984).
840 Oberrath, Goldfingerringe 357.
841 E. Čujanova-Jílková, Gegenstände aus Gold in Gräbern der böhmisch-oberpfälzischen Hügelgrabkultur. Památky Archeologické 66, 1975, 128.
842 Stary, Häuptlingsgrab 59.
843 Zum Aspekt von Gold als Statusanzeiger siehe Kap. V.1.2.3.
844 Jockenhövel, Rasiermesser 6.

durchlocht oder mit einer Einkerbung versehen. Das Material der Schleifsteine besteht in der Regel aus Sandstein oder Schiefer. Inwieweit es sich bei Schleifsteinen um Importe oder um lokal hergestellte Produkte handelt, ist ungeklärt, da Untersuchungen über die Herkunft der Rohmaterialien nicht vorliegen. Wetzsteine sind in Gräbern besonders häufig mit Messern vergesellschaftet. Sie treten aber ebenso in Kombination mit anderen bronzenen Schneidwerkzeugen wie Rasiermessern und Sicheln oder aber mit Waffen wie Schwertern, Lanzenspitzen und Pfeilspitzen auf. Möglicherweise sollten die Schleifsteine den Toten das Schärfen ihrer Geräte im Jenseits garantieren. Schleifsteine finden sich ebenso auch ohne die genannten Objekte in den Gräbern. Sie sind als Beigabe weder an das Geschlecht oder eine Altersgruppe gebunden noch sind sie auf „arme" oder „reiche" Gräber beschränkt. Die Zahl von Schleifsteinen aus dem Bereich der untermainisch-schwäbischen Gruppe ist recht hoch und die Zahl der bislang bekannten Exemplare dürfte bei über 40 liegen. Eine genauere Kartierung würde in Verbindung mit einer Herkunftsbestimmung der Rohmaterialien sicherlich neue Aufschlüsse über diese Objektgattung erbringen, eine Aufgabe, die im Rahmen dieser Arbeit jedoch nicht erbracht werden kann.

4.5.3 Bernsteinperle (Grab 20)

In Grab 20 fand sich in unmittelbarer Nähe eines Messers und direkt am Ende des Knochengriffs eines Pfriems (Kap. III.4.5.4) eine kleine Perle aus Bernstein (Taf. 43,7). Aufgrund des Fundensembles, bestehend aus Messer, Pfriem und verschiedenen bronzenen Kleinteilen (Kap. III.4.3.2. u. III.4.4.3., III.4.4), ist es denkbar, dass die Bernsteinperle als Anhänger an einer (Gürtel-)Tasche gehangen hat oder eventuell auch in einer solchen aufbewahrt worden ist. Die Perle hat eine unregelmäßig rundliche Form und einen Durchmesser von ca. 1,1 cm. Die Durchlochung liegt versetzt am oberen Rand. Die Perle ist korrodiert und zeigt feine Risse auf der Oberfläche, ihr Herstellungsmaterial ist aufgrund der braunen Farbe aber unschwer als Bernstein zu erkennen.

Bernstein ist in urnenfelderzeitlichen Gräbern, ganz im Gegensatz zu mittelbronzezeitlichen und frühhallstattzeitlichen Bestattungen, nur sehr selten anzutreffen.[845] Dies begründet sich vor allem in der Bestattungssitte, da Bernsteinobjekte, wie viele andere organische Beigaben, im Bestattungsfeuer zerstört wurden. Es liegen allerdings auch einige Belege dafür vor, dass Bernsteinobjekte erst nach der Verbrennung des Toten in die Gräber gelegt, also nicht mit dem Toten und seinen Beigaben verbrannt wurden. In Körpergräbern hat sich Bernstein gelegentlich erhalten, aber auch hier ist die Zahl der gefundenen Objekte sehr gering. Die Materialbeschaffenheit von Bernstein macht es möglich, verschiedene Objekte zu schnitzen oder zu drechseln. Unter den Objekten dominieren vor allem durchlochte Perlen unterschiedlicher Form und Größe. Aufgrund der Exklusivität dieses Materials kann von einer besonderen Bedeutung dieser Anhänger ausgegangen werden, eventuell dienten sie als Schutzamulett, Glücksbringer etc.

4.5.4 Pfriem (Grab 20)

Beim Toten in Grab 20 fanden sich im Bereich des linken Oberarms und dem oberen Bereich des Brustkorbs dicht beieinanderliegend mehrere Gegenstände. Neben einem Messer (Kap. III.4.3.2) lag ein Objekt, welches als Pfriem anzusprechen ist (Taf. 43,2). Die Spitze des Pfriems zeigte zum Kopf des Toten, an seinem Griffende lagen eine kleine Bernsteinperle (s. o.), zwei kleine Bruchstücke eines Bronzeringes sowie eine Bronzehülse (Kap. III.4.4.3). Auffällig ist eine grünliche Verfärbung am Knochengriff des Pfriems. Die gleiche Verfärbung findet sich auch am Oberarmknochen des Toten, es ist jedoch völlig unklar, worauf diese Verfärbungen zurückzuführen sind. Möglicherweise befand sich hier ein später entnommenes bronzenes Objekt oder aber sehr dünne Teile aus Bronzeblech, welche sich vollständig aufgelöst haben (siehe Kap. III.2.9).

Bei dem Pfriem handelt es sich um ein Gerät, das aus zwei Komponenten, einem Knochengriff und einer Bronzenadel, zusammengesetzt ist. Der Knochengriff ist 11,9 cm lang, in der Mitte 1,2 cm und am Griffende ca. 2,1 cm breit. Die Bronzenadel ist im Querschnitt vierkantig und hat eine Länge von ca. 9,4 cm. In den Knochengriff eingesteckt ergibt sich für den Pfriem eine Gesamtlänge von ca. 16 cm. Eine zoologische Bestimmung durch Frau E. Stephan erbrachte folgende Zusatzinformationen: Bei dem für die Schäftung verwendeten Knochen handelt es sich hierbei um den Mittelfußknochen (Metatarsus III/IV) eines nahezu ausgewachsenen Schafs.

„Im Bereich des proximalen Gelenkendes und im Schaftbereich in der Nähe dieses Gelenks plantar, sowie im distalen Schaftbereich volar existieren Glättungs- bzw. Gebrauchsspuren. Im proximalen Schaftbereich volar und im distalen Schaftbereich plantar sind Spuren (Grübchen und Rinnen) zu se-

---

845 C. Stahl, Mitteleuropäische Bernsteinfunde von der Frühbronze- bis zur Frühlatènezeit. Ihre Verbreitung, Formgebung, Zeitstellung und Herkunft. Würzburger Studien zur Sprache & Kultur Bd. 9 (Dettelbach 2006) 24 ff.; Eggert, Rheinhessen, 51.

hen, die bei der Nutzung des Geräts entstanden sein können."[846]
Die Untersuchung zeigt demnach, dass der Pfriem nicht eigens für die Bestattung hergestellt worden war – von einer solchen Möglichkeit muss immer grundlegend ausgegangen werden –, sondern dass dieses Gerät womöglich über Jahre in Gebrauch gewesen ist. Vermutlich bekam der Tote also eine Beigabe mit ins Grab, die über eine längere Zeit in seinem Besitz bzw. seinem Gebrauch gewesen ist.
Im Raum der untermainisch-schwäbischen Kulturgruppe der Spätbronzezeit und Urnenfelderzeit sind derartige Geräte bislang nur in Ausnahmen in Gräbern aufgefunden worden. Die größte Parallele findet sich in einem Fund aus dem Steinkistengrab von Oberrimsingen im Kr. Breisgau-Hochschwarzwald. Zu den Grabbeigaben gehören ein umfangreiches Gefäßset und mehrere auf Schulter- und Brusthöhe gelegene Objekte.[847] Hervorzuheben ist an dieser Stelle ein Pfriem, der auf gleiche Weise wie unser Stück mit einem Schaft aus Knochen versehen ist. Die darin steckende Nadel ist ebenfalls vierkantig, der Knochen mit ca. 8,5 cm jedoch um einige Zentimeter kürzer. Das Grab wird in die Stufen Bz D bis Ha A1 datiert.[848]
Ebenfalls mit einem Knochenschaft versehen ist ein Pfriem aus einem Grab der mittleren Bronzezeit in Eilsbrunn[849] im Ldkr. Regensburg in Bayern (Abb. 58,3). Zur Grabausstattung gehörten inzwischen verloren gegangene Spiralröllchen und Spiralscheiben sowie ein gehenkeltes Schälchen. Bei der Bestattung handelte es sich um die in einem Grabhügel angelegte Körperbestattung. Der Pfriem lag hier im Bereich unterhalb der Schulter des Toten.
Weitere Pfrieme, bei denen sich keine Reste der Schäftungen erhalten haben, stammen aus Hagenau[850], ebenfalls aus dem Ldkr. Regensburg (Abb. 58,5). In diesem Bz C2/D-zeitlichen Grab fanden sich drei Nadeleinsätze bzw. „vierkantige Geräte mit je einem spatelförmigen und einem spitzen Ende."[851]
Nur eine dieser Nadeln verfügt wie unser Exemplar über zwei spitze Enden. Wie beim Neckarsulmer Pfriem sind die Querschnitte der Hagenauer Nadeln viereckig und mit den Maßen von 3 mm × 4 mm nur geringfügig dünner. Die Längen der Hagenauer Objekte liegen zwischen 12,5 und 13,9 cm, der bronzene Einsatz des Neckarsulmer Exemplars ist mit etwa 9,4 cm somit etwas kürzer. In den Knochengriff eingesteckt ist das Neckarsulmer Objekt wiederum um einige wenige Zentimeter länger als die Hagenauer Nadeln. Die Ähnlichkeit dieser Nadeln mit den bereits genannten, vollständigen Pfriemen macht es wahrscheinlich, dass die Hagenauer Geräte einmal geschäftet waren.

Pfrieme wie jene aus Neckarsulm, Oberrimsingen, Eilsbrunn, Hagenau und anderen Fundorten sind während aller Phasen der Bronzezeit und bereits aus dem Neolitikum (Abb. 58,4) aus ganz Europa bekannt:
„Erste Nadeln dieser Art lassen sich bereits seit der frühen Bronzezeit besonders in Norditalien und der Schweiz, seit der mittleren Bronzezeit in Süddeutschland und ab Montelius Periode III in Norddeutschland (wenn auch mit anderen Formen) belegen. Im mitteleuropäischen Bereich treten entsprechende Geräte bis zur Urnenfelderzeit auf."[852]
Lohnend ist vor allem der Blick auf die Funde der nordischen Bronzezeit[853], da aus diesem Raum eine große Zahl von Pfriemen bekannt ist und man sich in der Forschung recht ausführlich mit diesen beschäftigt hat. Man findet bei den Pfriemen Nordeuropas die unterschiedlichsten Materialien für die Schäftung. Bekannt sind Pfrieme mit Griffen aus Holz, Metall und in einem besonderen Exemplar auch aus Bernstein.[854] Gleichartig sind bei allen Funden die bronzenen Nadeleinsätze. Im Norden sind die Nadeln im Gegensatz zu den genannten süddeutschen Funden überwiegend rund, in einigen Fällen können sie aber im Bereich der Schäftung vierkantig sein:
„Wie wir aus etlichen Funden kennen, ist der meißelförmige, im Querschnitt flach rechteckige Teil in einen hölzernen Griff eingelassen gewesen, während die Spitze mit rundem Querschnitt für den Arbeitseinsatz bestimmt war."[855]
Eine der jüngsten Untersuchungen zu diesen nordischen Funden stammt von K.-H. Willroth, der verschiedene Exemplare zusammengetragen und näher analysiert hat.[856] Die nordischen Pfrieme finden sich nach seiner Aussage vor allem in reich ausgestatteten Gräbern und dies in der Regel mit nur einem Exemplar. Für eine Datierung der nordischen Pfrieme sind die jeweiligen Schäftungsmaterialien von

---

846 Schreiben von Dr. J. Wahl vom 19.04.05.
847 Grimmer-Dehn, Oberrhein Taf. 109; 122.
848 Ebd. 64ff.
849 W. Torbrügge, Die Bronzezeit in der Oberpfalz (Kallmünz 1959), Taf. 56,5.
850 Stary, Häuptlingsgrab, 78 Taf. 3,5–7.
851 Ebd. 49.
852 Ebd. 55.
853 P. Ille, Totenbrauchtum in der älteren Bronzezeit auf den dänischen Inseln. (Rahden/Westf. 1991), 29f.
854 Müller, Altertumskunde 261 Abb. 127.
855 K.-H. Willroth, Prunkbeil oder Stoßwaffe, Pfriem oder Tätowierstift, Tüllengerät oder Treibstachel? Anmerkungen zu einigen Metallobjekten der älteren nordischen Bronzezeit I. In: C. Becker (Hrsg.), Beiträge zur prähistorischen Archäologie zwischen Nord-und Südosteuropa. (Espelkamp 1997) 479.
856 Willroth, Anmerkungen 479 mit Abb.6.

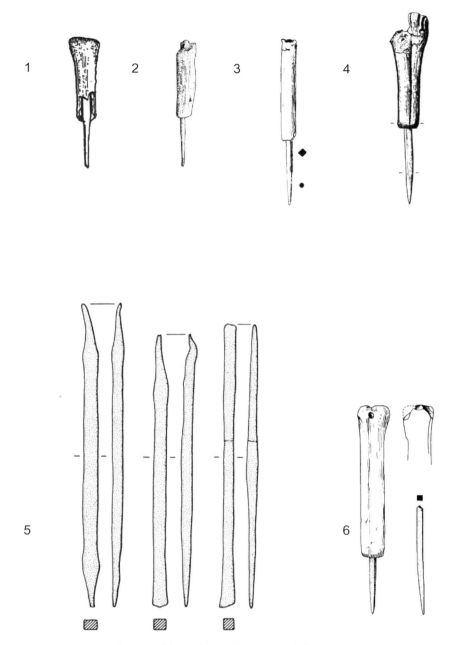

Abb. 58: Pfrieme. 1 Straubing (nach Behrens, Süddeutschland Taf. V 8). 2 Kapusany (nach Jockenhövel, Rasiermesser Taf. 74 A 2). 3 Eilsbrunn (nach Torbrügge, Oberpfalz Taf. 56,5). 4 Westschweiz Endneolithikum (nach Helv. Arch. 25, 1994, Abb. 17). 5 Hagenau (nach Stary, Häuptlingsgrab Taf. 3,5–7). 6 Oberrimsingen (nach Grimmer-Dehn, Oberrhein Taf. 109,13).

Bedeutung: „Nach den datierenden Funden treten die Pfrieme mit massivem Griff erst seit der Periode III auf, während die mit organischem Griff schon seit der Periode I vorkommen."[857]

Auf die Frage, welche Funktion die Pfrieme eigentlich besaßen, findet man nur schwer eine Antwort. Analogien zu modernen Geräten sind nur eingeschränkt hilfreich, da gleichartige Geräte heutzutage in sehr verschiedenen Bereichen eingesetzt werden. Geschäftete Geräte mit einem spitzen Nadeleinsatz werden beispielsweise in Druckereien zum Umdrehen der Lettern, zum Buchbinden, bei Schuhmachern und auch als Reparaturwerkzeug von Maschinen oder als chirurgisches Instrument eingesetzt. Ein Blick zurück ins Mittelalter zeigt, dass seinerzeit solche Geräte aus Bein und Holz auch als Essbesteck dienten. In der Archäologie werden einige weitere Funktionen der Pfrieme favorisiert. Man sieht in ihnen beispielsweise ein Werkzeug, mit dem

---

857 Ebd. 481.

153

Leder oder Textilien bearbeitet wurden – mit dem beispielsweise Löcher durchgestochen wurden, um das Material zu (ver-)nähen oder etwas zu applizieren. Denkbar wäre auch, dass sie in Funktion einer Netznadel dabei halfen, feine Fischernetze zu knüpfen. Als eher abwegig und daher „phantastisch" bezeichnete W. Torbrügge[858] die von G. Schwantes[859] aufgestellte Vermutung, dass es sich bei den Pfriemen um „Dornauszieher" handelte. Eine weitere sehr spezifische Verwendung wurde in der Holzbearbeitung gesehen, beispielsweise um Späne abzuziehen, Löcher zu stoßen oder die Rinde vom Holz zu entfernen.[860] Einer der frühesten Vertreter dieser Theorie war der Archäologe T. Thomsen, der in seiner Arbeit aus dem Jahr 1929 die These äußerte, dass Pfrieme für die Holzbearbeitung eingesetzt wurdenn. Zu dieser Vermutung gelangte er aufgrund der gelegentlich gemeinsam mit Pfriemen aufgefundenen Spanschachteln in dänischen Hügelgräbern.[861] Da sich jedoch in den süddeutschen Gräbern in der Regel keine organischen Materialien erhalten haben, kann dieser Theorie hier nicht weiter nachgegangen werden. An dieser Stelle lässt sich dennoch bereits festhalten, dass es sich bei den Pfriemen um sehr multifunktionale Allzweckgeräte gehandelt haben dürfte.

Eine völlig andere Funktion, welche in der Forschung immer wieder bei der Auseinandersetzung mit diesen Fundobjekten zur Sprache kommt, ist die der Verwendung von Pfriemen als Tatauier- bzw. Tätowiergerät. Für diese Funktion hatte sich 1897 erstmals S. Müller ausgesprochen, auf den daher in diesem Zusammenhang immer wieder verwiesen wird.[862] Inwieweit Müller bei seiner Interpretation durch die in seiner Zeit aufkommenden völkerkundlichen Forschungen beeinflusst wurde, lässt sich nur vermuten. Seine Interpretation ausschließlich in einem zeit- und forschungsgeschichtlichen Zusammenhang zu sehen, wie P. Ille[863] es tut, erscheint mir jedoch allzu vereinfachend zu sein, vor allem da sich Ille bei seiner Interpretation der Pfrieme als Geräte zur Holzbearbeitung ebenfalls ethnografischer Analogien bedient.[864] Bei der Kritik an Müllers Interpretation wird zudem oftmals übersehen, dass dieser eine Verwendung der Prieme in der Leder- und Holzbearbeitung sehr wohl in Betracht zog, für eine solche Verwendung allerdings nur die „großen und schweren Ahlen und Bohrer"[865] für geeignet erachtete. Von diesen großen Geräten trennte Müller die „kleinen und feinen Ahlen", da diese „für eine wirkliche Verwendung zur Arbeit oft zu kurz und zu fein" seien.[866]

Interessant ist in diesem Zusammenhang die zumindest für die nordische Bronzezeit gemachte Beobachtung, dass Pfrieme in Gräbern oftmals mit Rasiermessern und Pinzetten vergesellschaftet sind. J. Brøndsted spricht hier sogar von einem „feststehendem Satz" von „Toilettegegenständen", zu denen sich gelegentlich der Kamm hinzugesellt: „Zuweilen haben diese Toilettesätze ein ausgesprochen luxuriöses Gepräge, wenn zum Beispiel die Pinzette oder der Pfriem (die Tätowiernadel) aus Gold gemacht [sind]."[867] Willroth warnt jedoch davor, diese Beobachtung zu verallgemeinern, da „das Vorkommen in Frauen- und Männergräbern und auch die häufigere Kombination mit Messern […] eher auf ein breites Funktionsspektrum hinzuweisen [scheint]."[868] Für Willroth existieren hingegen keine schlüssigen Anhaltspunkte für eine Verwendung der Pfrieme als Tatauiernadeln: „Aus der Kombination Pfriem/Rasiermesser/Pinzette allein ist nun sicherlich nicht unbedingt eine Benutzung als Tatauiernadel zu folgern."[869] Während Willroth demnach einer Interpretation der Pfrieme als Tatauiernadeln eher ablehnend gegenübersteht, meint er hingegen die so genannten Tüllengeräte als Treibstachel erkennen zu können, welche er von den „echten Pfriemen" abgrenzt.[870] Für eine derartige Interpretation sind jedoch, wie er selbst zugeben muss, nur indirekte Belege zu finden.[871]

Den verschiedenen Interpretationen für und wider eine bestimmte Funktion der Pfrieme mangelt es demnach an eindeutigen Belegen. Schlussendlich gibt es im Grunde bei keinem einzigen Fund eine direkt aus dem Fundzusammenhang ablesbare Funktion.

Vor dem Hintergrund, dass es sich beim Gräberfeld von Neckarsulm möglicherweise um einen Kriegerfriedhof handelt (siehe Kap. V.4), halte ich es für gerechtfertigt, die These, dass Pfrieme als Tatauierge-

---

858 Torbrügge, Oberpfalz 66.
859 G. Schwantes, Die Vorgeschichte Schleswig-Holsteins (Neumünster 1939) 328.
860 Müller, Altertumskunde, 261; Ille, Totenbrauchtum, 30 mit weiteren Verweisen.
861 T. Thomsen, Egekistefundet fra Egtved, fra den ældre Bronzealder. Nordiske Fortidsminder II (Kopenhagen 1929) 183 ff. mit Abb. 12; 16.
862 Müller, Altertumskunde 262 ff.
863 Ille, Totenbrauchtum 30.
864 Ebd. mit Fußnote 275.
865 Müller, Altertumskunde 261.
866 Ebd. 261 f.
867 J. Brøndsted, Nordische Vorzeit. Bronzezeit in Dänemark. Band 2 (Neumünster 1962) 177.
868 Willroth, Anmerkungen 481.
869 Ebd. 481 f. und 487 ff.
870 Ebd. 483 f.
871 Ebd. 490. Zu Treibstacheln siehe auch D. Krausse, Treibstachel und Peitsche. Bemerkungen zur Funktion hallstattzeitlicher Stockbewehrungen. Arch. Korrbl. 22, 1992, 515 ff.

räte gedient haben könnten, an dieser Stelle weiter zu verfolgen. Verschiedene Autoren haben darauf verwiesen, dass Krieger scheinbar eine eigene Körperkultur gepflegt haben, bei der auch temporäre oder permanente Körperverzierungen eine Rolle spielten.[872] Daher möchte ich diese Interpretationsmöglichkeit – trotz des Mangels eines direkten Funktionsnachweises der Pfrieme als Tatauiernadeln – im Folgenden weiter ausführen.

Der Begriff Tatauierung, umgangssprachlich auch Tätowierung genannt, bezeichnet das Einstechen oder Einritzen von Ornamenten in die Haut, wobei in die musterhaft angeordneten Stiche oder Schnitte Farbstoffe eingerieben werden.[873] Bezüglich der Techniken muss zwischen Punkttatauierung, Schnitttatauierung und Nahttatauierung unterschieden werden.[874] Bei der Punkttatauierung setzt sich die Körperverzierung aus einer Vielzahl kleiner Einstiche zusammen. Dabei wird mithilfe von Nadeln (oder ähnlicher Geräte) sowie eines Schlegels Farbstoff unter die Haut eingebracht.

Die Nadel des Neckarsulmer Pfriems scheint für die zuletzt genannte Punkttatauierung durchaus geeignet zu sein. Aus der Ethnologie sind Beschreibungen dieser Tatauierungstechnik gut belegt, so etwa bei den Maori.[875] Dabei wurde ein dem Neckarsulmer Pfriem vergleichbares Gerät wie ein Meißel gehalten und mit einem weichen Stück Holz auf das Griffende geschlagen. In diesem Zusammenhang fällt auf, dass nahezu alle mit einem Griff versehenen Pfrieme der Bronzezeit über ein flaches Ende verfügen.[876] Da nur sanft auf das Gerät geschlagen worden sein wird, müsste nicht einmal unbedingt mit Schlagspuren auf den Griffen zu rechnen sein.

Bei der Auseinandersetzung mit dem Thema Tatauierungen in prähistorischen Kulturen stellt man relativ schnell fest, dass bislang nur sehr wenige archäologische Nachweise vorliegen.[877] Dennoch wird in der Archäologie fest davon ausgegangen, dass diese Art der Körperveränderung schon sehr früh praktiziert wurde.[878] Den ältesten und direktesten Beleg zeigt der um etwa 3500 v. Chr. gestorbene Mann vom Hauslabjoch, der „Ötzi", welcher bis zu 50 zumeist kleine Tatauierungen an seinem Körper trägt.[879] Aufgrund der Lage der Tatauierungen, welche ziemlich genau mit bestimmten Akupunkturpunkten bei Rücken- und Magenproblemen übereinstimmen, gehen Mediziner wie Archäologen in diesem Fall von der Anbringung der Tatauierungen aus medizinischen Gründen aus.[880] Besonders eindrucksvoll sind die Nachweise von Tatauierungen bei den Bestattungen aus der Region des Altaigebirges. Die in Grabhügeln bzw. Kurganen aufgefundenen Bestattungen der Skythen sind vor allem ab den 1990er-Jahren gut dokumentiert. Sie können chronologisch etwa in das 5. Jh. v. Chr. datiert werden.[881] Aufgrund des glücklichen Umstands, dass die Bestatteten unterhalb der Permafrostgrenze lagen, haben sich die Körper nahezu vollständig erhalten. Die Toten beiderlei Geschlechts tragen zum Teil sehr aufwendige Tatauierungen.[882]

Für den deutschsprachigen Raum gibt es leider kaum archäologische Funde, die Tatauierungspraktiken glaubhaft belegen. So konnten beispielsweise die von A. Dieck zusammengetragenen Funde von tatauierten Moorleichen[883], einer genaueren Überprüfung nicht standhalten.[884] In diesem Zusammenhang ist die Arbeit von S. Eisenbeiß zu nennen, die zeigt, dass Dieck mehr als 1000 Fälle, darunter vor allem besonders spektakuläre Moorleichenfunde, schlichtweg erfunden hat.[885] Mit großer Wahr-

---

872 U. a. Treherne, The Warriors Beauty. The Masculine Body and Self-Identity in Bronze-Age Europe. In: Journal of European Archaeology 3 (1995), 105–144.
873 Der Große Brockhaus, Bd. 21, 19. Auflage, Stichwort „Tatauierung".
874 Für Details zur Technik sowie Beispiele siehe Feest/Janata, Technologie II, 212 f. sowie A. Dieck, Tatauierung in vor- und frühgeschichtlicher Zeit. Arch. Korrbl. 6, 1976, 169 ff. Vorsicht geboten ist bei den von Dieck angeführten Beispielen und Funden, da diese überwiegend seiner Fantasie entstammen.
875 Z. B. S. M. Mead, Traditional Maori Clothing. A Study of Technological and Functional Change (Wellington 1969); H. G. Robley, Moko, or Maori Tattooing (London 1896); D. R. Simmons, Moko. In: M. Mead/B. Kernot (Hrsg.), Art and Artists of Oceania (Palmerston 1983) 226–243.
876 Siehe Willroth, Anmerkungen 478 Abb. 6.
877 M. Kunter, Zur Geschichte der Tatauierung und Körperbemalung in Europa. Paideuma. Mitteilungen zur Kulturkunde XVII, 1971, 1–20.
878 Die Tatsache, dass die Tatauierungen durch Kleidung verdeckt gewesen sein könnten und somit nicht jederzeit sichtbar waren, spricht nicht gegen eine solche Tradition. Götze spricht hingegen z. B. den Skythen die Sitte der Tatauierung ab, da figürliche Darstellungen keine Körperverzierungen aufweisen. (A. Götze, Stichwort „Tätowierung". In: F. Ebert [Hrsg.] Reallexikon der Vorgeschichte Bd. XIII [Berlin 1929] 198 f.) Dieser Schluss ist jedoch falsch, wie es antike Schriftquellen und vor allem die bekannten Leichenfunde aus dem Altaigebirge belegen.
879 Angaben bezüglich der Anzahl der Tatauierungen variieren je nach Autor.
880 L. Dorfer/K. Spindler u. a., 5200-Year-Old Acupuncture in Central Europe. In: Science 282, No. 5387, 1998, 242–243.
881 R. Rolle, Die skythenzeitlichen Mumienfunde von Pazyryk – Frostkonservierte Gräber aus dem Altaigebirge. In: K. Spindler u. a. (Hrsg.), Der Mann aus dem Eis 1 (Innsbruck 1992) 334–358.
882 V. Ivanovič, Die Tätowierung bei der antiken Bevölkerung Sibiriens. In: Mitteilungen der Anthropologischen Gesellschaft in Wien. Bd. 134/135, 2004/2005, 101 ff. Abb. 4–6; H. Parzinger, Die Skythen (München 2004).
883 Dieck, Tatauierung 169 ff.
884 Siehe Willroth, Anmerkungen 482 Anm. 72.
885 S. Eisenbeiß, Berichte über Moorleichen aus Niedersachsen im Nachlass von Alfred Dieck. Die Kunde N. F. 45, 1994, 91–120; S. Eisenbeiß/W. A. B. van der Sanden, Imaginary people – Alfred Dieck and the bog bodies of northwest Europe. Archäologisches Korrespondenzblatt 1, 2006, 111–122.

scheinlichkeit entstammt auch ein von Dieck genannter spätbronzezeitlicher Fund zweier tatauierter Moorleichen aus Zwettle in Oberösterreich dem Bereich seiner Fantasie.

Somit lässt sich festhalten, dass zwar einige wenige gesicherte Funde vorliegen, die Tatauierungen in prähistorischen Gesellschaften belegen, aber gerade aus dem bronzezeitlichen Norden Europas, aus dem der Großteil der hier als Tatauiernadeln bezeichneten Objekte stammt, gibt es bisher keinen sicheren Beleg für Tatauierungen.

Bemüht man Schriftquellen aus der Antike,[886] so zeigt sich, dass auch in diesen die Hinweise auf Tatauierungen relativ rar und nicht besonders ausführlich sind. Zum einen schreibt Herodot (484–424 v. Chr.) über diese Art des Körperschmucks bei den Thrakern:

„Es gilt bei ihnen als vornehm, Tätowierungen auf der Haut zu haben. Wer sie nicht aufweisen kann, gehört nicht zum Adel. Wer faul ist, wird hoch geehrt, wer sein Feld bebaut, zu tiefst verachtet. Von Krieg und Raub zu leben ist das Schönste."[887]

Zweitens wäre Strabon (63 v. Chr.–23 n. Chr.) zu nennen, der über die Iapoden, einen Stamm der Illyrer, sagte: „Ihre Bewaffnung ist keltisch und sie sind, genauso wie die übrigen Illyrer und Thraker, tätowiert."[888]

Unter den römischen Autoren berichtet beispielsweise Plinius d. Ä. (23–79 n. Chr.) über einige Völker und ihre spezielle Verwendung von Pflanzen: „[…] und auch die Männer bei den Dakern und Sarmaten tätowieren ihre Körper damit [corpora sua inscribunt]."[889] An anderer Stelle berichtet er über skythische Stämme, „[…] die Stämme der Tibarener und Mossyner, die ihre Körper durch Zeichen markieren […]."[890] Und Tacitus (55–116 n. Chr.) berichtet über die ostgermanischen Harier: „Die Harier übertreffen die kurz zuvor aufgezählten Stämme nicht nur an Stärke, sondern sind außerdem furchtbar anzusehen und helfen ihrer angeborenen Wildheit noch durch künstliche Mittel und günstigen Zeitpunkt [zum Angriff] nach. Denn schwarz sind die Schilde, bemalt die Oberkörper [tincta corpora]."[891]

Auch von Caesar gibt es eine kurze Bemerkung über den Brauch der Inselkelten: „Alle Britannier aber reiben sich mit Waid ein, das himmelblau färbt, und dadurch sehen sie im Kampf noch schrecklicher aus."[892] Die genannten Quellen sind insgesamt betrachtet sehr ungenau, vor allem aber durch archäologische Quellen nicht belegbar.[893]

Eine weitere Quellengattung, die herangezogen werden kann, sind bildliche Darstellungen. Für die Bronzezeit liegen diese in erster Linie in Form von Felszeichnungen vor, wie sie in großer Zahl vor allem in Norddeutschland und Skandinavien zu finden sind. Diese Zeichnungen stellen den Menschen jedoch in starker Vereinfachung dar, sodass Details wie Kleidung und Körperverzierungen nicht identifizierbar sind. Ebenso verhält es sich bei den wenigen Menschendarstellungen auf Tongefäßen. Zudem mangelt es gerade in Mitteleuropa an plastischen Darstellungen. Der Rückgriff auf andere Regionen scheint daher notwendig, dieser ist jedoch nicht unumstritten. So gehen die Meinungen, ob beispielsweise bildliche Darstellungen der antiken Griechen über das Auftreten von Tatauierungen eine Auskunft geben können, innerhalb der hierfür zuständigen Disziplinen auseinander.[894] Auch wenn die Unterscheidung schwerfällt, ob es sich bei den sichtbaren Verzierungen nun um temporäre oder permanente Körperverzierungen oder gar um verzierte Bereiche der Kleidung oder Schutzbewaffnung handelt, ist bei den antiken Griechen definitiv von einer über Jahrhunderte währenden Tradition der Körperverzierung auszugehen. Im griechisch-ägäischen Raum finden sich vom 3. Jahrtausend bis ins 6. Jh. v. Chr. besonders auf Keramiken, aber auch auf Plastiken, Abbildungen von Menschen mit Körperverzierungen im Bereich von Gesicht, Armen und Beinen. Die Verzierungen bestehen aus ornamentalen Mustern, die aus Strichen, Punkten, Kreisen und geometrischen und teilweise floralen Motiven. Die ersten Hinweise auf solche Körperverzierungen rei-

---

886 P. Wolters, ΕΛΑΦΟΣΙΚΤΟΣ. Hermes 38, 1903, 265–273; Kunter, Tatauierung 12ff.
887 Herodot, Historien V, 6, 1. In: J. Feix (Hrsg.), Herodot Historien Bd. 1 (München 1977) 657.
888 Strabon, Geographika VII, 4. In: S. Radt (Hrsg.), Strabons Geographika Bd. 2. Buch V–VIII (Göttingen 2003) 301.
889 Plinius, Naturalis Historiae. XX,2. In: R. König/G. Winkler (Hrsg.), C. Plinius Secundus d. Ä. Naturalis Historiae. Buch XXI/XXII (München/Zürich 1985).
890 Plinius, Naturalis Historiae. VI,11. In: K. Brodersen (Hrsg.), C. Plinius Secundus d. Ä. Naturalis Historiae. Buch VI (Zürich/Düsseldorf 1996).
891 Tacitus, Germania 43, 4. In: Tacitus, Germania. Lateinisch und deutsch von G. Pearl, Griechische und lateinische Quellen zur Frühgeschichte Mitteleuropas bis zur Mitte des 1. Jahrtausends u.Z., hrsg. von J. Herrmann, Zweiter Teil = Schriften und Quellen der alten Welt Bd. 37, 2 (Berlin 1990).
892 Caesar, De bello Gallico V, 14, 2. In: O. Schönberger (Hrsg.), Caesar. Der Gallische Krieg (Düsseldorf/Zürich 1999) 207.
893 Siehe F. B. Pyatt/E. H. Beaumont (u.a.), Mobilisation of Elements from the Bog Bodies Lindow II and III and some Observations on Body Painting. In: R. C. Turner/R. G. Scaife (Hrsg.), Bog Bodies. New Discoveries and New Perspectives (London 1995) 70ff.
894 So wird beispielsweise die Unterscheidbarkeit von Tatauierungen und Körperbemalungen auf bildlichen Darstellungen problematisiert. Fellmann umgeht diese Problematik, indem er Tatauierungen und Körperbemalungen einfach zu „Körperornamenten" zusammenfasst (Fellmann, Körperornamente 1–29).

chen im ägäischen Raum bis ins Neolithikum zurück und treten hier bei aus Stein und Terrakotta hergestellten menschlichen Figuren auf.[895] Während sich bei den neolithischen und frühbronzezeitlichen Figuren die Körperbemalung vor allem auf den Bereich des Kopfes beschränkt, kommen auf den Keramiken der geometrischen Zeit bzw. ab dem 7. Jh. v. Chr. Belege für Verzierungen auf den unteren Körperhälften hinzu.[896] Diese „Körperornamente" interpretiert Fellmann als eine Art dämonisch-göttlichen Zauber, der dem Träger Schutz und Kraft verleihen sollte.[897] „Besonders dem Krieger scheinen sie Schutz und Kraft zu verleihen, er trägt sie wie Schildzeichen und Amulette."[898] Für letztere Beobachtung gibt es zahlreiche Analogien aus ethnologischen Untersuchungen.

Die Funktion von Tatauierungen kann vielfältig sein, so vielfältig wie die Muster und Motive.[899] Zunächst besitzen Tatauierungen als Körperverzierungen vermutlich einen Schmuckcharakter. Daneben können Tatauierungen einen Schutzcharakter (Amulett) oder medizinischen Aspekt haben. Darüber hinaus können sie Lebensabschnitte markieren (erste Menstruation, Initiation, Trauer etc.), gesellschaftlich niedrigstehende oder gar stigmatisierte Personen kennzeichnen (Straftäter, Sklaven, Aussätzige), oder aber die Zugehörigkeit zu einer bestimmten Gruppe aufzeigen, als Auszeichnung oder Rangabzeichen fungieren bzw. den sozialen Status anzeigen (Krieger, höhere soziale Schicht, Adel).

In Zusammenhang mit der Interpretation des gesamten Neckarsulmer Befundes, insbesondere dem in seiner Gesamtheit deutlich werdenden kriegerischen Charakter der Bestattungsgemeinschaft und der zutage tretenden geschlossenen Gruppenzusammengehörigkeit in Gestalt zahlreicher Doppel- und Mehrfachbestattungen, sei vor allem auf die genannte Bedeutung von Tatauierungen als Rang-, Identitäts- und Gruppenzeichen hingewiesen:

„Die Tätowierung als Rangabzeichen kann man vor allem mit unseren Orden, Ehrennadeln oder Uniformen vergleichen. Bei dieser Art von Tätowierungen lassen sich hauptsächlich drei Arten unterscheiden: Die reichen, vornehmen Leute, deren gesellschaftlichen Stand man schon an der Tätowierung ablesen kann, die tapferen Krieger, die mit ihren „Abzeichen" auf ihre Heldentaten hinweisen, sowie die etwas seltenere Tätowierung für soziale Verdienste."[900]

Bei der Interpretation des Neckarsulmer Pfriems ist noch nichts endgültig bewiesen. Meiner Ansicht nach spricht jedoch vieles dafür, dass sich die damaligen Krieger durch Körperverzierungen schmückten, kennzeichneten und/oder schützten. Ich schließe mich hier daher der Einschätzung von W. Torbrügge an:

„Es ist in diesem Zusammenhang unwichtig, ob die bronzezeitliche Tatauierung in Süddeutschland anderweitig nachzuweisen ist oder nicht. Die reine Möglichkeit festigt sich zur Wahrscheinlichkeit, wenn man von den zahlreichen Fundkombinationen mit Rasiermesser, Pinzette und Nadel ausgeht, wie es S. Müller getan hat."[901]

Diese Fundkombinationen könnten auf eine Körperkultur von Kriegern jener Zeit verweisen, die auch Tatauierungen einschloss. Für die Herausbildung einer Körperkultur bei Kriegern in der Bronze- und frühen Eisenzeit spricht sich auch Kristiansen aus: „[…] appearance and body care gains new significance, reflected in the universal employment of razors and tweezer, and in needles for tattooing."[902]

4.6 Keramik

4.6.1 Allgemeines zur urnenfelderzeitlichen Keramik

Im Gebiet der südwestdeutschen Urnenfelderkultur stellt Keramik vor allem in Siedlungen den Hauptanteil unter den Funden. Sie dominiert anteilmäßig auch innerhalb der Grabfunde, wobei es abgesehen von den Urnengefäßen allem Anschein nach keine spezielle Grabkeramik gegeben hat, wenngleich Grobgefäße in Gräbern seltener vorkommen als Feinkeramik.[903] Die Wahrscheinlichkeit, vollständige Gefäße anzutreffen, liegt bei Gräbern erfahrungsgemäß höher als bei Siedlungen, da hier die Keramik in der Regel aus Abfallgruben stammt und zum Zeitpunkt ihrer „Deponierung" bereits unvollständig war.

---

895 F. Blakholmer, Körperzeichen in der ägäischen Frühzeit: Ästhetik, Stigma und Ritual. In: Mitteilungen der Anthropologischen Gesellschaft in Wien Bd. 134/135, 2004/2005, 55 ff.
896 Fellmann, Körperornamente 9 ff.
897 Ebd. 29.
898 Ebd.
899 S. Wohlrab/B. Fink/P.M. Kappeler, Menschlicher Körperschmuck aus evolutionärer Perspektive – Diversität und Funktionen von Tätowierungen, Piercings und Skarifizierungen. Mitteilungen der Anthropologischen Gesellschaft in Wien Bd. 134/135, 2004/2005, 1–10, 2 ff.; Götze, Tätowierung 19 ff.
900 M. Heinz/P. Pinkl, Lebensspuren hautnah. Eine Kulturgeschichte der Tätowierung. Begleitheft zur Ausstellung im Museum der Siegel und Stempel in Wels/Österreich vom 4. April– 26. Okt. 2003 (Wels 2003) 56.
901 Torbrügge, Oberpfalz 66.
902 K. Kristiansen, The Emergence of Warrior Aristocracies in Later European Prehistory and their lay-term History. In: J. Carman/A. Harding (Hrsg.), Ancient Warfare (Stroud 1999) 181.
903 So beispielsweise bei urnenfelderzeitlichen Gräbern im Marburger Raum. Siehe C. Dobiat, Forschungen zu Grabhügelgruppen der Urnenfelderzeit im Marburger Raum (Marburg 1994) 107.

Für die Erstellung einer auf Gefäßen basierenden relativen Chronologie muss zunächst eine typologische Ordnung in einzelne Gefäßgruppen erfolgen. Dabei folgt man unterschiedlichen Kriterien, wie etwa einer Unterscheidung nach Gefäßform, Verzierung und/oder der Unterscheidung vor allem eigentümlicher Rand- und Halspartien.[904] Die Typologisierung von Gefäßen anhand der oberen Gefäßpartien ist der Tatsache geschuldet, dass diese Teile meist besser identifizierbar sind als die große Masse undefinierbarer Fragmente des Gefäßkörpers. Zum anderen kann man, vor allem bei den Siedlungsfunden mit ihren großen Mengen an keramischem Material, den Fundstoff nicht anders bewältigen. Die Erstellung von „Leitformen" erleichtert die Einordnung und auch Abgrenzung von Gefäßformen, sie garantiert jedoch keine 100% stimmige Zuordnung einzelner Fragmente zu einem Typ. Dieses wird umso schwieriger, wenn man Gefäße anderer Fundorte hinzuzieht, da von einem teilweise recht hohen Grad an Unterschieden zwischen lokalen Gefäßproduktionen auszugehen ist. Dies zeigt sich im Detail auch auf der Mikroebene, wenn es gelingt, den Fundstoff einer Siedlung jeweils kleineren Wirtschaftseinheiten zuordnen zu können.

Bezüglich der Keramik des Neckarsulmer Gräberfeldes gelang es nicht in jedem Fall, die einzelnen Gefäße bzw. Gefäßfragmente anhand ihrer Randformen gemäß der von R. Dehn für Nordwürttemberg aufgestellten Gefäßtypologie einzuordnen. Im Gegensatz dazu zeigen die auf den Gefäßen angebrachten Verzierungsstile eindeutigeren Bezug zu einem „Kulturraum". Die Unterscheidung von Verzierungsstilen ist vor allem für überregionale Untersuchungen von Bedeutung. Da Verzierungsstile in ihrer Verbreitung gewissen räumlichen Grenzen unterworfen waren, bietet sich die Möglichkeit, anhand dieses Merkmals so genannte „Kulturräume" herauszuarbeiten. Beschränkt man sich zeitlich auf die Periode Ha A in Südwestdeutschland, so stehen sich zwei Keramikgruppen, wenn nicht sogar zwei Kulturgruppen gegenüber, die als untermainisch-schwäbische Gruppe und als rheinisch-schweizerisch-ostfranzösische Gruppe bezeichnet werden (Kap. II.3).[905] Die für diese Arbeit relevante untermainisch-schwäbische Gruppe besetzt dabei in ihrem Kerngebiet den Neckarraum, Unterfranken sowie Mittel- und Südhessen. Nach Osten reicht ihr Einflussgebiet bis nach Oberbayern, wobei sie vom Westen her kommend die Isar nicht überschreitet. Nach Süden hin reicht der Einfluss vereinzelt bis über den Oberrheingraben und das Bodenseegebiet hinaus. Nach Westen bildet der Rhein eine natürliche Grenze, wobei diese auch auf das westliche Rheinufer ausgedehnt sein kann. Typisch und den Ziervorrat beherrschend ist in dieser Gruppe ab der Stufe Ha A1 die Horizontalriefenzier[906], gelegentlich sind die Riefen auch „gerafft".[907] Die Art der Riefen reicht von schmal bis breit, häufig liegen mehrere Riefen untereinander. Die verzierten Zonen liegen besonders im Schulterbereich oder auf Höhe des Gefäßbauchs, wodurch die Gefäße durch diese Verzierungsart eine außerordentlich plastische Formgebung erhalten.[908] Hinzu kommen als weiteres Zierelement horizontale Rillenlinien, die gelegentlich auch in Kombination mit der Riefenverzierung auftreten. Bei Grobkeramik ist zudem häufig eine Fingertupfenverzierung zu finden. Bereits während der Stufe Ha A1 und im Übergang zur Stufe Ha A2 erscheinen geraffte Horizontalriefen, Girlandenriefen[909] und Buckel[910]. Ornamentartige Verzierungsstile wie Dreiecksmuster, Kerbeinstiche, Ritzlinien und Kammstrichbänder treten nur sporadisch auf und gehen klar auf den Einfluss der rheinisch-schweizerisch-ostfranzösischen Gruppe zurück. Im mittleren Neckarraum zeigt die Keramik während Ha A1 (b) bzw. der Stufe 1 nach Dehn Einflüsse aus dem nordwestlichen Neckarmündungsgebiet.[911] Dadurch wird ein Verhältnis der beiden Gebiete zueinander angezeigt, welches sich bereits in der ausgehenden Bronzezeit (Bz D) bemerkbar machte.

Abschließend sei kurz auf den Begriff „Metallstil" eingegangen, mit welchem E. Vogt[912] und W. Kimmig[913] den metallenen Charakter der mit Horizontalriefen verzierten Keramik beschreiben, da die plastische Ornamentik der Riefen an getriebene Metallgefäße erinnert:

---

904 So geschehen beispielsweise bei Keramik aus Nordwürttemberg (Dehn, Nordwürttemberg), dem Oberrheingraben (Grimmer-Dehn, Oberrhein), dem Raum zwischen Schwarzwald und Iller (Kreutle, Schwarzwald und Iller) und dem Schweizer Kanton Basel-Stadt (D. Holstein, Die bronzezeitlichen Funde aus dem Kanton Basel-Stadt. Materialhefte zur Archäologie in Basel 7 [Basel 1991]). Eine Zusammenstellung für die süddeutsche urnenfelderzeitliche Keramik findet sich bei R. Schreg, Keramik aus Süddeutschland. Eine Hilfe zur Beschreibung, Bestimmung und Datierung archäologischer Funde vom Neolithikum bis zur Neuzeit (Schönaich 1998) 132 ff.
905 Diese Unterscheidung geht auf E. Vogt (Vogt, Keramik) und W. Kimmig (Kimmig, Baden) zurück.
906 Zur Entstehung dieses Verzierungsstils siehe Sperber, Chronologie 189 ff.
907 In älteren Publikationen wird statt Riefe der Begriff Kannelure verwendet. Siehe dazu Dobiat, Grabhügelgruppen 124 Anm. 277.
908 Kimmig, Baden 32.
909 Zum weiteren Aussehen der Girlandenriefen siehe Kimmig, Baden 32.
910 Meistens handelt es sich dabei um Vollbuckel, seltener um Halb- bzw. Hufeisenbuckel.
911 Dehn, Nordwürttemberg 62.
912 Vogt, Keramik 20.
913 Kimmig, Baden 32.

„Allerdings werden unter ‚Metallstil' nicht nur die deutliche Gliederung des Gefäßkörpers, scharfe Umbrüche und kantige, innen facettierte Ränder verstanden, sondern auch eine gewisse Dünnwandigkeit der Gefäße, gratige Verzierungseintiefungen sowie eine qualitätsvolle Oberflächenbehandlung bis hin zur ‚Hochglanzpolitur', die dem Gefäß einen metallischen Glanz verleiht."[914]

Die Imitierung von konkreten Metallgefäßen ist meines Erachtens jedoch nicht anzunehmen, da Gefäße aus Metall fast ausschließlich in Gestalt von Bronzetassen auftreten. Zu nennen sind hier vor allem die Ha A2-zeitlichen Bronzetassen vom Typ Fuchsstadt. Aufgrund der Tatsache, dass sich solch beschriebene Keramik vor allem in reich ausgestatteten Gräbern findet, führte F.-R. Herrmann auch den Begriff „Adelskeramik"[915] ein. Da mit diesem Begriff im ursprünglichen Sinne nur die Kennzeichnung von Keramik mit herausragender Qualität verbunden ist, ohne diese jedoch im Detail weiter zu definieren, Herrmann sie jedoch zugleich mit einer Interpretation der sozialen Verhältnisse in Verbindung brachte, sollte er nicht ohne Vorbehalt verwendet werden.

Deutlich vom riefendominierten Verzierungsstil der untermainisch-schwäbischen Keramikgruppe getrennt und dieser räumlich gegenüberstehend, ist die rheinisch-schweizerisch-ostfranzösische Gruppe, welche vor allem die Gebiete links des Rheins einnahm. Für Deutschland umfasst diese Gruppe die Pfalz, das Saarland, Rheinhessen, das Trierer Land und das Neuwieder Becken. Hinzu kommen der Osten Frankreichs und die Nordschweiz. Zwar tritt auch hier gelegentlich, als Fortführung Bz D-zeitlicher Tradition, Keramik mit Riefen- und Rillenverzierung auf, kennzeichnend, und damit als deutlicher Gegenpol zur untermainisch-schwäbischen Gruppe stehend, sind hier jedoch Kammstrich-, Ritz- und Stempelverzierungen. Diese Arten von Verzierungen bezeichnete Kimmig als „ausgesprochen zeichnerisch-linear."[916] Die ornamentartigen Dekore nehmen zum Teil sehr große Flächen ein und liegen nicht nur auf der Gefäßaußenseite, sondern füllen, wie etwa bei den konischen Schalen, auch die Gefäßinnenseite. Letzteres kommt bei der untermainisch-schwäbischen Keramik nicht vor. Die Techniken in der Verzierung sind vielseitig und wurden durch (Kamm-)Striche, (Kerb-)Schnitte, (Korn-)Stiche und (Finger-)Tupfen hergestellt. Beobachtet wurden auch Inkrustationen aus weißer Paste[917], nur sehr selten nachweisbar sind Einlegearbeiten aus organischen Fäden oder solchen aus Zinn. Im Übergang zur Phase Ha A2 und Ha B kommt die Mäander- und Riefenverzierung hinzu.

In puncto der chronologischen Aussagekraft von Keramik ist es von Bedeutung, vorab klarzustellen, dass die von Müller-Karpe aufgestellte Chronologie der Urnenfelderzeit nahezu ausschließlich auf den Bronzefunden basiert.[918] Mit aus diesem Grunde hat W. Dehn in einer Überarbeitung der bestehenden Chronologie auch Gefäße berücksichtigt und seine Ergebnisse in einer Kombinationstabelle[919] vorgelegt. Sicherlich wäre es wünschenswert gewesen, eine solche Kombinationstabelle auch anhand von Materialien aus dem untermainisch-schwäbischen Raum oder gar Nordwürttembergs zu erstellen, in welchem unser Fundort liegt. Jedoch gab es zum Zeitpunkt, als Dehn seine Verfeinerung der Müller-Karpschen Chronologie vornahm, kein ausreichend großes Gräberfeld, das genügend Funde hervorbrachte und anhand dessen man eine solche Tabelle hätte verwirklichen können. Aus diesem Grund verwendete Dehn das bereits von Müller-Karpe für dessen Chronologieschema überaus relevante Gräberfeld von Unterhaching. Bezüglich der neu von Dehn aufgenommenen Keramikformen zeigt sich, dass in der Kombinationstabelle fast ausschließlich diverse Urnentypen vertreten sind. Aufgrund der Tatsache, dass in Neckarsulm einzig Körperbestattungen vorliegen, ergibt sich somit schon vorab ein sehr eingeschränkter Nutzen dieser Ergebnisse für die Datierung der Neckarsulmer Gefäße. Wesentlich gravierender ist jedoch der Umstand, dass Dehns Untergliederung der Stufe Ha A1 in die Unterphasen Ha A1a (Stufe 1) und Ha A1b (Stufe 2) scheinbar eine größere Zahl von Fehlern und Ungenauigkeiten aufweist.[920] Festzuhalten ist, dass die Keramikformen tendenziell Hinweise auf die Datierung in die Stufen Ha A1 und Ha A2 bieten, ihre chronologische Aussagekraft allerdings, je nach Ausgangslage, unter derjenigen der Bronzen liegt.

4.6.2 Keramik des Neckarsulmer Gräberfelds

Wie eingangs bereits angeführt, liegt die Zahl der in Gräbern der Urnenfelderzeit aufgefundenen Gefäße bzw. Gefäßreste über derjenigen der Objekte aus Bronze. Diese Beobachtung erklärt sich zum einen

---

914 Dobiat, Grabhügelgruppen 123.
915 Herrmann, Hessen 26 Abb. 4.
916 Kimmig, Baden 33.
917 Nach Kimmigs Ansicht (Kimmig, Baden 36) waren fast alle Verzierungen der rheinisch-schweizerisch-ostfranzösischen Keramik mit weißer Masse gefüllt.
918 Ob es allerdings möglich ist, allein anhand von Keramik chronologische Stufen voneinander zu trennen, hat bereits 1966 F. R. Herrmann infrage gestellt (siehe Herrmann, Hessen 32).
919 Dehn, Nordwürttemberg 44 Abb. 9.
920 Sperber, Chronologie 181 ff.

dadurch, dass zu den überwiegend kremierten Toten in der Regel mindestens ein Leichenbrandgefäß in Gestalt einer Urne gehörte, und vor allem dadurch, dass während der Urnenfelderzeit den Toten häufig umfangreiche Keramiksets mit ins Grab gelegt wurden. Die Zahl der einzelnen Gefäße und die Art der Zusammensetzung dieser Sets können dabei variieren, Keramiksets aus mehreren Gefäßen gelten aber als ein typisches Kennzeichen der damaligen Bestattungspraxis.[921] Interessanterweise durchbricht in diesem Punkt das Gräberfeld von Neckarsulm diese Regelhaftigkeit, denn bis auf eine einzige Bestattung, der vermutlich zwei Gefäße[922] zugeordnet werden können, fand sich beim größten Teil der Toten kein einziges Gefäß[923] oder nur ein einziges Exemplar[924]. Die Aussage, dass in Neckarsulm keine Keramiksets auftreten bzw. dass sich nicht bei jeder Bestattung ein Gefäß auffand, wäre allerdings zu relativieren, da in den Gräbern und/oder deren Verfüllung verschiedentlich einzelne Scherben auf das ehemalige Vorhandensein weiterer Gefäße schließen lassen. Vielleicht gehörten diese jedoch nicht zur Grabausstattung, sondern gelangten sekundär mit der Erdverfüllung in die Grabgruben.

Bei den aufgefundenen Gefäßen bzw. Gefäßresten handelt es sich in qualitativer Hinsicht ausschließlich um so genannte „Feinkeramik". Unter den Formen finden sich, abgesehen von einer Schale mit Knickwand und einer kleinen Amphore, kleine Becher und in einer größeren Zahl gehenkelte Schüsseln, wobei Letztere von ihrer Funktion als Trinkgefäße angesprochen werden müssen. Es ist dieser Gefäßtyp, der in Neckarsulm dominiert. Gehenkelte Gefäße treten im Gebiet der untermainisch-schwäbischen Kultur allerdings sehr selten auf. Dehn versucht diesen Umstand „auf die Möglichkeit geringerer Nachweisbarkeit zurückzuführen"[925], d.h. dass die Henkel abgebrochen und verloren gegangen sein können.

Kurz anzusprechen ist ein grundlegendes typologisches Problem, welches C. Dobiat ausführlich behandelt. Es geht um die Frage, welche Gefäße als Becher zu bezeichnen sind und welche nicht.[926] Im Fall von Neckarsulm betrifft dies vor allem die als „Henkelgefäße" bezeichneten Gefäße. Derartige Gefäße werden in einzelnen Publikationen als „gehenkelte Becher" bezeichnet. Beim größten Teil der Neckarsulmer Gefäße fällt es mir allerdings schwer, diese unter der Typenbezeichnung „Becher" zu subsumieren. Es stellte sich daher die Notwendigkeit nach einer eindeutigen Unterscheidung der Gefäßformen, wobei Dobiat meines Erachtens einen recht überzeugenden Ansatz bietet:

„Eine Becherform liegt vor, wenn ihre Höhe gleich oder größer als der Randdurchmesser ist; von einer Schüssel wird gesprochen, wenn die Höhe geringer ist als der äußere Randdurchmesser."[927]

In den Gräbern von Neckarsulm finden sich nach dieser Definition nur zwei Becher und mehrere gehenkelte Schüsseln. Beide Formen sind als Trinkgefäße zu bezeichnen, wenngleich das Fassungsvermögen stark variiert. Bezüglich der gehenkelten Schüsseln ist es interessant festzustellen, dass diese in Gräbern der Stufe Ha A oftmals mit Waffen wie etwa einem Schwert[928], einer Lanzenspitze[929], Pfeilspitzen[930] oder mit den auf ein Schwertgehänge hinweisenden Doppelknöpfen[931] vergesellschaftet sind. Man findet solche Gefäße aber auch in „normal" ausgestatteten Gräbern[932] und in Siedlungen. Eine eindeutige Beschränkung dieses Gefäßtyps auf Waffengräber liegt demnach nicht vor.

4.6.2.1 Becher

Grab 15/1

Ein stark zerscherbter Becher (Taf. 35,3) lag westlich vom Kopf des Toten (Fd.-Nr. 2001-48-27-1). Er ist schwarz gebrannt und an den Bruchstellen ziegelrot.

---

921 Die einzelnen Gefäßgrundtypen (Urne, Becher, Schüssel, Schale, Fußschale, Tasse und Topf) wurden nicht immer miteinander kombiniert. Offenbar scheinen die diversen Trinkgefäße einander auszuschließen. Vgl. Dobiat, Grabhügelgruppen 117.
922 Grab 22/1.
923 Keine Gefäße, wenn auch z.T. einzelne Scherben, fanden sich in den Gräbern bzw. Bestattungen: 2/1; 2/2; 3; 4; 5; 6; 7/1; 7/2; 7/3; 7/4; 7/5; 9; 10; 11/1; 11/2; 12/1; 13/1; 13/2; 14; 15/2; 16; 18/2; 20; 21/1; 21/2; 22/2; 24/1; 24/2; 25/1; 25/3; 26; 27; 28; 29; 30; 33.
924 Ein einzelnes Gefäß fand sich in den Bestattungen: 1; 2/3; 8/1; 8/2; 12/2; 15/1; 17; 18/1; 19; 23; 25/2; 32.
925 Dehn, Nordwürttemberg 22.
926 Dobiat, Grabhügelgruppen 109ff.
927 Dobiat, Grabhügelgruppen 111f.
928 Elsenfeld (Wilbertz, Unterfranken Taf. 36), Eßfeld (Pescheck, Katalog Würzburg I, Taf. 31), Heilbronn (Dehn, Nordwürttemberg Taf. 5), Worms-Herrnsheim (Zylmann, Worms-Herrnsheim 51 f., Abb. 2–3).
929 Bad Nauheim (Herrmann, Hessen Taf. 103,7).
930 Aschaffenburg-Strietwald (H. G. Rau, Das urnenfelderzeitliche Gräberfeld von Aschaffenburg-Strietwald. [Kallmünz/Opf. 1972], Taf. 15); Elsenfeld (Wilbertz, Unterfranken Taf. 36); Frankfurt-Fechenheim (Herrmann, Hessen Taf. 69 D); Frankfurt-Stadtwald (Herrmann, Hessen Taf. 76); Hanau „Bruchköbler Wald" (Müller-Karpe, Hanau Taf. 17 C); Herrnwahlthann (Pfauth, Herrnwahlthann 56 Abb. 4); Wallmerod (Herrmann, Hessen Taf. 82 D); Ohne Henkel, aber ähnlicher Form: Darmstadt (Herrmann, Hessen Taf. 146 A); Langenau (S. Oberrath, Tod und Bestattung in der Bronzezeit: Untersuchungen zum Bestattungsbrauchtum der mittleren und späten Bronzezeit in Südwürttemberg (Tübingen 2003), Taf. 4; Oberwalluf, Steinkiste B (Herrmann, Hessen Taf. 89 C).
931 Bad Nauheim (Herrmann, Hessen Taf. 103,7), Niederwalluf, Steinkiste (Herrmann, Hessen Taf. 89 A).
932 Damit sind Gräber gemeint, die ausschließlich Keramik enthalten, oder solche, die neben Keramik auch Nadeln, Messer oder ein Rasiermesser enthalten.

Die ungefähre Gefäßhöhe dürfte bei etwa 8 cm gelegen haben. Der Mündungsdurchmesser beträgt ca. 10,8 cm. Das Gefäß ist von untersetzter doppelkonischer Form und die Randform zeigt, dass es sich um ein Schrägrandgefäß handelt. Wie bei Schrägrandgefäßen zumeist üblich, ist der Gefäßrand dabei scharf profiliert. Die Randlippe ist nach innen abgestrichen. Der Gefäßhals ist kegelförmig und wirkt aufgrund der tief liegenden Riefenverzierung wie abgesetzt. Die Riefenverzierung besteht aus drei je 0,7 cm, 0,8 cm bzw. 0,5 cm breiten, scharf profilierten Riefen. Vom tief liegenden Gefäßumbruch zieht der Gefäßboden steil nach unten ein, was dem Gefäßkörper einen etwas untersetzten bzw. gestauchten Ausdruck verleiht.

Während große Schrägrandgefäße mit doppelkonischer Form innerhalb der urnenfelderzeitlichen Keramik nicht unbedingt selten vorkommen, verhält es sich bei Bechern dieser Form anders. So fanden sich bislang keine vergleichbaren Exemplare im Gebiet Württembergs, sondern vielmehr im untermainischen Gebiet des heutigen Hessen. Mit seinem hohen Hals, den Riefen auf Höhe des Gefäßumbruchs und einer niedrig liegenden unteren Gefäßhälfte hat der Becher aus dem Urnengrab von Wiesbaden-Schierstein[933] Gemeinsamkeiten mit unserem Gefäß, besitzt jedoch im Gegensatz zu diesem einen zylinderförmigen Gefäßhals und nimmt daher keine doppelkonische Form ein. Das Gefäß ist braunschwarz, glatt poliert und mit einer Höhe von 6,4 cm geringfügig niedriger und weniger breit als der Neckarsulmer Becher. Die weiteren Gefäße dieser Bestattung sowie ein stark fragmentierter Bronzering tragen leider nichts zur genaueren Datierung bei. Eine Datierung nach Ha A ist aber anzunehmen.

Ohne Riefen, jedoch mit einer nahezu identischen Gefäßform ist ein Becher aus dem reich ausgestatteten, bereits genannten Steinkistengrab 1 von Dietzenbach[934] (Kap. III.4.2.1.3). Auch dieses Exemplar ist mit einer Höhe von 6,2 cm niedriger und im Verhältnis zur Höhe weniger breit (Taf. 52,10). Herrmann bezeichnet es „als doppelkonischen Becher mit Schrägrand".[935] Anhand des „strengen Stufenprofils"[936] des Gefäßes und der weiteren Beigaben aus Schwert und drei Nadeln[937] wird das Grab nach Ha A1 datiert.[938]

Grab 32
Von diesem Becher (2001-48-53-1), im Grab westlich über dem Kopf des Toten gelegen, fehlt leider ein Großteil der Scherben, besonders der Mittelteil ist unvollständig (Taf. 49,2). Es ist aber noch zu erkennen, dass die Gefäßmitte mit Riefen verziert war. Die Keramik ist von schwarzer Farbe und mit einer Wandstärke von etwa 0,3 cm recht dünn. Über die ursprünglichen Maße des Gefäßes lässt sich nichts Genaueres mehr feststellen, da wie gesagt vor allem vom Gefäßkörper Teile fehlen. Die Gefäßhöhe wird vermutlich mindestens 8 cm betragen haben. Zweifelsohne handelt es sich bei dem Gefäß um einen Schrägrandbecher. Der Gefäßrand ist scharf profiliert mit einer spitzen horizontal abgestrichenen Randlippe. Der Gefäßhals ist relativ breit und kegelförmig. Der Gefäßquerschnitt zeigt, dass der Becher mit horizontalen Riefen verziert war. Die untere Gefäßhälfte läuft halbkugelig zu einem flachen, von unten leicht eingebeulten Boden hin ein. Die Standfläche ist demnach mit einem Durchmesser von ca. 3 cm recht klein.

Aus dem Raum Hessen stammen einige vergleichbare Becher. Hervorzuheben ist der unserem Gefäß am ähnlichsten, leider verloren gegangene Becher aus einem Grabhügel der größeren Grabhügelgruppe in Darmstadt-Arheilgen[939]. Dieser Becher ist 8,0 cm hoch gewesen und kommt mit seiner Form, besonders dem halbkugeligen Gefäßunterteil, unserem Gefäß recht nahe. Der Gefäßhals ist ungefähr so breit wie beim Neckarsulmer Gefäß, der Gefäßrand ist allerdings hochstehend. Verziert ist der Becher mit in der Mitte liegenden Riefen, welche diesen optisch in zwei etwa gleich große Gefäßhälften teilen. Zur Grabausstattung gehören fünf weitere Gefäße, jedoch keine Funde aus Bronze. Eine feinere Datierung als in die Stufe Ha A ist daher nicht möglich.

Ein weiterer, etwa 7,0 cm hoher Becher stammt aus Grab 7 eines kleinen Gräberfeldes aus Mainz-Kostheim[940]. Dieser hat einen breiten, kegelförmigen Hals mit hochstehendem Gefäßrand. Verziert ist das Gefäß mit vier stufenartig angebrachten Riefen, die im unteren Bereich des Gefäßkörpers liegen. Das Gefäßunterteil ist nahezu halbkugelig und der Gefäßboden deutlich eingedrückt. Zur weiteren Grabausstattung dieser mit vier Findlingen aufwendig ausgekleideten Grabgrube, es soll sich um die Bestattung eines im Alter von 3–4 Jahren verstorbenes Kind handeln, gehören zwei Schalen und ein unverzierter Armring[941] mit D-förmigem Querschnitt und übereinandergreifenden Enden. Letzteren da-

---

933 Herrmann, Hessen Taf. 101 A 4.
934 Ebd. Taf. 171.
935 Ebd. 185.
936 Clausing, Untersuchungen 16.
937 Kubach, Nadeln 439 f. u. 443 f.
938 Schauer, Schwerter 85.
939 Herrmann, Hessen Taf. 145 C 2.
940 Ebd. Taf. 94 E 1.
941 Richter, Arm- und Beinschmuck Taf. 29 Nr. 473.

tiert I. Richter in „den jüngeren Abschnitt der älteren Urnenfelderzeit"[942] bzw. in die Stufe Ha A1.
Aus Nordwürttemberg kann ein Becher aus Hügel 5 des Hügelgräberfeldes von Bad Friedsrichshall-Jagstfeld[943] zum Vergleich herangezogen werden. Der Fundort liegt nur wenige Kilometer nördlich von Neckarsulm. Dieser Becher ist 7,0 cm hoch und hat einen Randdurchmesser von 8,4 cm. Der Hals dieses Gefäßes wirkt, da nur eine einzelne Riefe oberhalb des Gefäßumbruchs den Gefäßkörper verziert, nicht so breit wie der des Neckarsulmer Bechers, dafür ist die untere Gefäßhälfte bei beiden Exemplaren von nahezu halbkugeliger Form. Zur Grabausstattung gehören weitere Gefäße, ein Rasiermesser[944] der Variante Dietzenbach sowie ein Bronzegürtelhaken[945] mit Mittelbuckel und Rückenöse vom Typ Wilten, welcher normalerweise in Bayern und Nordtirol auftritt. Beide Bronzefunde lassen sich nach Ha A1 (b)[946] datieren.

4.6.2.2 Kleine Schüssel

Grab 25 / 2

Am Kopf des Toten lag eine in größere Teile zerbrochene, jedoch nahezu vollständig erhaltene Schüssel (Taf. 48,2) (2001-48-45-1). Die Keramik ist von dunkelbrauner bis schwarzer Farbe mit sorgfältig geglätteter Oberfläche. Die Wandstärke liegt zwischen 0,3 und 0,4 cm. Das Gefäß ist ca. 8 cm hoch und besitzt einen Mündungsdurchmesser von 13,5 cm. Aufgrund dieser Maße ist das Objekt als kleine Schüssel mit Schrägrand und leicht doppelkonischer Form zu bezeichnen. Verziert ist die Schüssel mit drei über dem Gefäßumbruch liegenden, dünnen horizontalen Rillenlinien und darunter, direkt auf Höhe des Gefäßumbruchs, mit zwei ca. 0,3 bis 0,4 cm breiten Riefen. Unterhalb des Gefäßumbruchs zieht das Gefäßunterteil zu einer kleinen Standfläche ein. Der Gefäßboden mit seinem Durchmesser von 3,3 cm ist von unten leicht gewölbt.

Trotz der vermeintlich einfachen Form finden sich vergleichbare Gefäße in nur überraschend geringer Anzahl. Herangezogen werden kann das mit einer Höhe von nur 5,5 cm etwas kleinere Gefäß aus dem mit zahlreichen weiteren Gefäßen ausgestatteten Urnengrab 1 von Wisselsheim im Kr. Friedberg in Hessen.[947] Die kleine Schüssel ist sorgfältig geglättet und poliert, die Riefen liegen im Gegensatz zu unserem Gefäß oberhalb des Gefäßumbruchs. Der Gefäßhals fällt im Gegensatz zum Neckarsulmer Gefäß fast senkrecht ab, vor allem aber hat dieses Gefäß nur eine bedingt doppelkonische Form und auch der Boden ist wesentlich mehr eingedrückt. Andere Gefäße aus dieser Bestattung zeigen Verzierungen in Form von Buckeln und vor allem wellenartig gerafften Horizontalriefen, die auf eine Datierung des Grabes nach Ha A2 hinweisen dürften.[948]

Ein anderer Becher, ca. 7,2 cm hoch und direkt auf Höhe des Gefäßumbruchs mit zwei breiten Riefen verziert, stammt aus dem Schwertgrab[949] von Heilbronn (Taf. 59,5).[950] Das Gefäß ist mit seiner doppelkonischen Form dem unseren sehr ähnlich, jedoch sind die Konturen, etwa beim Umbruch, wesentlich schärfer gestaltet. Auch die Randform ist eine andere. Das Grab von Heilbronn liegt nur unweit vom Gräberfeld Neckarsulm und lässt sich aufgrund des Schwerts vom Typ Erbenheim in die Stufe Ha A2 datieren.

4.6.2.3 Mittelgroße Schrägrandschüsseln mit randständigem Henkel

Grab 8 / 1

Neben dem Schädel von Individuum 1 lag ein stark zerscherbtes, zusammengesetzt jedoch weitgehend vollständiges Henkelgefäß mit Schrägrand (Taf. 34,1) (Fd.-Nr. 2001-48-15-5). Das Gefäß ist grauschwarzer Farbe und besitzt eine schräg nach außen abgestrichene Randlippe von etwa 1 cm Breite. Der Gefäßkörper ist leicht doppelkonisch und ca. 9,8 cm hoch. Im Bereich des Gefäßumbruchs hat die Schüssel ihren größten Durchmesser von ca. 17,5 cm. Das Gefäß kann, obwohl mehrere Teile des Gefäßrands fehlen, als gehenkelte Schüssel rekonstruiert werden. Auf Höhe des Gefäßumbruchs liegen als verzierendes Element zwei jeweils ca. 0,6 cm breite Riefen, wobei oberhalb der obersten Riefe ein x-bandförmiger Henkel ansetzt. Der Henkel ist allerdings zu etwa zwei Dritteln abgebrochen und fehlt zusammen mit dem oberen Gefäßrand.

Die Form und der Typ dieses Gefäßes sind selten, weshalb nur wenige vergleichbare Funde herangezogen werden können. Die größte Übereinstimmung findet sich in dem bereits im Zusammenhang

---

[942] Ebd. 84.
[943] Dehn, Nordwürttemberg Taf. 3 C 5.
[944] Jockenhövel, Rasiermesser Taf. 13 Nr. 154.
[945] Kilian-Dirlmeier, Anhänger Taf. 16 Nr. 156.
[946] Dehn, Nordwürttemberg 35; 55; I. Kilian-Dirlmeier, Gürtelhaken, Gürtelblech und Blechgürtel der Bronzezeit in Mitteleuropa. PBF XII, 2 (München 1975) 17 mit Anm. 128; vgl. Müller-Karpe, Chronologie 154 Abb. 16.
[947] Herrmann, Hessen Taf. 123 D 2.
[948] Dehn, Nordwürttemberg 43.
[949] Weder bei Dehn (Ebd. 88) noch bei Schauer (Schauer, Schwerter 168 Nr. 505) ist der zur Grabausstattung gehörende Bronzeknopf mit flacher Platte abgebildet, der wie die Doppelknöpfe zu einem Schwertgehänge gehören dürfte.
[950] R. Koch, Zwei Griffzungenschwerter von Bad Wimpfen und Heilbronn. Fundber. Baden-Württemberg, 1979/4, Abb. 3,5; Dehn, Nordwürttemberg Taf. 5 A 5.

mit der kleinen Schüssel aus Grab 25/2 genannten Gefäß aus dem Schwertgrab von Heilbronn (s.o.). Dieses Gefäß (Taf. 59,5)⁹⁵¹ ist Bestandteil eines insgesamt aus vier Gefäßen bestehenden Keramiksets und zeigt besonders in seiner Form und der Riefenverzierung die größte Übereinstimmung mit unserer Schüssel. Allerdings ist es mit einer Höhe von ca. 7,6 cm und einem größten Gefäßdurchmesser von ca. 15 cm insgesamt etwas kleiner. Aufgrund des Schwertes vom Typ Erbenheim datiert das Heilbronner Grab in die Stufe Ha A2.⁹⁵²

Grab 18/1
Südwestlich vom Kopf des Toten lag dieses nur in Teilen erhaltene Gefäß (Taf. 39,1) (Fd.-Nr. 2001-48-31-4) von dunkelgrauer Farbe. Da das Gefäß unvollständig ist, können über die ursprüngliche Gefäßhöhe und den Mündungsdurchmesser keine sicheren Angaben gemacht werden. Die vorhandenen Randscherben und die Teile des Gefäßkörpers erlauben jedoch die Rekonstruktion einer gehenkelten Schüssel mit Schrägrand. Man spricht in diesem Fall von einem randständigen Henkel, da dieser direkt aus dem Rand des Gefäßes hervorgeht. Der Henkel selbst ist schmal x-bandförmig. Der Gefäßrand ist scharf profiliert und die Randlippe schräg nach außen abgestrichen. Die Verzierung besteht aus einer Kombination von horizontalen Rillen und Riefen, die auch bei anderen Gefäßen aus Neckarsulm festgestellt werden können. Die drei Rillenlinien liegen direkt auf der Höhe, an welcher der Henkel an den Gefäßkörper ansetzt. Darunter liegen zwei ca. 0,9 bzw. 0,8 cm breite Riefen, wobei unterhalb der zweiten Riefe bereits der Gefäßumbruch einsetzt. Tendenziell zieht die Gefäßwand der unteren Gefäßhälfte stark zum Boden hin ein, der Gefäßboden wird daher keinen allzu großen Durchmesser besessen haben.

Während in den Materialvorlagen aus Württemberg keine vergleichbaren Gefäße zu finden sind, liegen aus Hessen einige Exemplare vor, welche vergleichbare Verzierungen aus Riefen und Rillen tragen. Ein Gefäß aus Frankfurt-Nied⁹⁵³ ist unserem besonders ähnlich, vor allem betreffend der Höhe seiner Rillen- und Riefenverzierung auf dem Gefäßkörper. Einen Henkel besitzt dieses Gefäß allerdings nicht und es ist mit einer Höhe von ca. 12 cm auch größer als unser Exemplar. Eine Datierung wird dadurch erschwert, dass sich der gesamte Fundkomplex von Frankfurt-Nied aus den Funden mehrerer Gräbern bzw. Grabinventare zusammensetzt, welche im Einzelnen nicht mehr voneinander zu trennen sind. Die Gräber werden allgemein in die Stufe Ha A datiert. Mit ca. 5,2 cm Höhe etwas kleiner und zudem hen-

kellos ist eine kleine Schüssel aus Grab 1 in Wisselsheim⁹⁵⁴ im Kr. Friedberg, welche schon bei der Beschreibung der Neckarsulmer Schüssel aus Grab 25/2 genannt wurde (s.o.). Hier zeigt sich vor allem in der Form der unteren Gefäßhälfte und einer Verzierung aus zwei breiten Riefen knapp oberhalb des Gefäßumbruchs eine gewisse Ähnlichkeit auch zu diesem Exemplar. Aufgrund weiterer mit Riefengirlanden und Buckeln verzierter Keramik aus diesem Grab ist das Gefäß aus Wisselsheim nach Ha A2 zu datieren.

Des Weiteren zu nennen ist ein Gefäß aus Darmstadt-Oberwald⁹⁵⁵ (siehe auch III.4.6.2.4, Grab 17), es stammt aus Grabhügel 2, welches mit einer Gefäßhöhe von ca. 8,8 cm von annähernd gleicher Größe wie das Neckarsulmer Gefäß sein dürfte. Es unterscheidet sich jedoch in der Verzierung mit drei statt zwei Riefen, durch einen fehlenden Henkel und auch durch den stärker nach innen einziehenden Gefäßhals. Zur Darmstädter Grabausstattung gehören zahlreiche weitere Gefäße, vor allem Schalen, ein Messer mit umgeschlagenem Griffdorn, zwei Fingerringe, ein Armring und zwei Tüllenpfeilspitzen. Es handelt sich demnach um ein reich ausgestattetes Grab mit kriegerischem Charakter. Aufgrund des Messers und des Armrings vom Typ Hanau⁹⁵⁶ wird dieses Grab in den jüngeren Abschnitt der älteren Urnenfelderzeit bzw. die Stufe Ha A2 datiert.

Konzentriert man sich bei der Keramik auf die stilistische Kombination von Riefen und dünnen Rillenlinien, bieten sich auch Gefäße aus dem Grab von Lampertheim⁹⁵⁷ und Oberwalluf⁹⁵⁸ an. Die genannten Gefäße zeigen allerdings aufgrund ihrer Größe, der Gefäßform, dem höher liegenden Gefäßumbruch und aufgrund fehlender Henkel keine besonders hohe Übereinstimmung mit dem Neckarsulmer Gefäß. Trotz dieser mehr oder weniger großen Unterschiede können diese Gefäße wichtige Hinweise auf die Datierung unseres Grabes liefern. Das Grab von Lampertheim wird vor allem aufgrund des Rasier-

---

951 Koch, Griffzungenschwerter Abb. 3,5; Dehn, Nordwürttemberg Taf. 5 A 5.
952 Schauer (Schauer, Schwerter 170) gibt irrtümlicher Weise an, dass das Grab „undatiert" sei, obwohl das Schwert einen guten Anhaltspunkt zur Datierung liefert. Ihm war darüber hinaus nicht bekannt, dass die vier „zerdrückten kleinen Gefäße" aus dieser Bestattung bereits 1956 rekonstruiert wurden (vgl. Fundber. Schwaben N.F. 15, 1959, 146 f. Taf. 23 B; Koch, Griffzungenschwerter 21).
953 Ebd. Taf. 71,1.
954 Ebd. Taf. 123 D 2.
955 Ebd. Taf. 146 A 2.
956 Richter, Arm- und Beinschmuck 141.
957 Herrmann, Hessen Taf. 140,16–17.
958 Ebd. Taf. 89 B 22–23.

messers vom Typ Lampertheim (Kap. III.4.4.1) in die Phase Ha A1 (Stufe Dietzenbach) datiert.[959] Das Grab von Oberwalluf enthielt zahlreiche Bronzefunde wie ein Messer und sechs Pfeilspitzen, vor allem aber auch eine Nadel mit doppelkonischem, gerripptem Kopf der Form Landau[960], auf die bereits bei der Besprechung der Neckarsulmer Nadeln vom Typ Neckarsulm hingewiesen wurde (Kap. III.4.1.5). Das Messer mit seinem keilförmigem Klingenquerschnitt und dem durchlochtem Griffende (Kap. III.4.3.1) repräsentiert einen Typ, der sowohl in der älteren (Ha A1) wie auch in der mittleren Urnenfelderzeit (Ha A2) auftritt. Für die mittlere Urnenfelderzeit spräche nach W. Kubach[961] eine Schale aus diesem Grab, welche am Rand mit strichgefüllten Dreiecken verziert ist.[962]
Abschließend muss auf eine kleine gehenkelte Schüssel aus Grab 8 bei Individuum 2 hingewiesen werden, welche in ihrer Gestaltung dem hier besprochenen Gefäß ähnlich ist (s. u.).

Grab 19
Im Bereich oberhalb der linken Schulter lag bei dem Toten ein stark zerschertes Gefäß (2001-48-33-2) von dunkelgrauer Farbe, das sich rekonstruiert als Schrägrandgefäß mit breitem x-bandförmigem Henkel zu erkennen gab (Taf. 42,1). Der Mündungsdurchmesser beträgt ca. 14,5 cm. Der Umbruch des Gefäßes liegt verhältnismäßig tief, sodass der Eindruck eines sehr breiten Gefäßhalses entsteht. Oberhalb des Gefäßumbruchs liegen drei dünne Rillenlinien, darunter im Bereich des Gefäßumbruchs eine ca. 0,5 cm und zwei ca. 0,3 cm breite Riefen. Unter diesen zieht das Gefäß „weich" zum Boden hin ein. Obwohl der Gefäßboden fehlt, ist davon auszugehen, dass dieser von halbrunder Form gewesen ist. Die Gefäßhöhe ohne Boden beträgt noch ca. 8,5 cm. Aufgrund der Tatsache, dass die Höhe des Gefäßes unterhalb des Randdurchmessers gelegen haben wird, ist das Gefäß als Schüssel zu bezeichnen. Obwohl es sich um eine eher seltene Gefäßform handelt, können doch einige sehr ähnliche Vergleichsfunde herangezogen werden.
Um einiges kleiner und ohne Henkel, jedoch in ihrer Form ähnlich, d. h. mit einem tief liegenden Gefäßumbruch und dort angebrachten Riefen, ist eine kleine Schüssel aus Langenhain[963] im Kr. Friedberg in Hessen. Das Gefäß ist ein Einzelfund mit unbekannten Fundumständen, weshalb es sich nicht genauer datieren lässt. Gleiches gilt leider auch für die Schüssel aus Allmendfeld[964] im Kreis Groß-Gerau, die zwar weder über einen Henkel noch über Riefen verfügt, jedoch von gleicher Form ist.
Vom oberen Rheingraben ist ein Gefäß aus dem reichhaltig ausgestatteten Grab 1 von Oberrimsingen[965] von Bedeutung. Das Gefäß ist zwar henkellos, zeigt aber ebenfalls einen breiten Gefäßhals und einen tief liegenden Gefäßumbruch. An dieser Stelle ist das Gefäß mit zwei breiten Rillenlinien verziert. Mit einem Mündungsdurchmesser von 9 cm und einer Gefäßhöhe von 4,7 cm ist es um einiges kleiner als unser Gefäß. Zur Bestattung gehören weitere Gefäße und ein Bronzeknopf mit Öse, welcher keinen genauen Hinweis auf eine Datierung liefert. Ebenfalls aus Oberrimsingen, diesmal jedoch aus Grab 3, stammt ein weiteres sehr ähnliches Gefäß.[966] Auf dieses Grab wurde bereits an vorheriger Stelle hingewiesen, da zu den weiteren Funden ein Goldblech und vor allem ein mit einem Tierknochen geschäfteter Pfriem (vgl. Kap. III.4.5.4) gehören. Mit einem Mündungsdurchmesser von 12,6 cm und einer Höhe von 6,6 cm ist die Schüssel etwas größer als das vorherige Exemplar. Verziert ist sie unterhalb des Gefäßumbruchs mit einer kleinen Gruppe senkrechter Kerben. Des Weiteren fand sich in diesem Grab ein Gürtelhaken vom Typ Wangen, den I. Kilian-Dirlmeier in die ältere Urnenfelderzeit bzw. Ha A1 datiert.[967] Grimmer-Dehn datiert das gesamte Grab wiederum in ihre Stufe 1, welche die auslaufende Stufe Bz D und die gesamte Stufe Ha A1 umfasst.[968] Die Gefäße aus den Oberrimsinger Gräbern sind insofern interessant, als auch bei anderen Gefäßen ein tief liegender Gefäßumbruch mit halbrund zulaufenden Böden zu beobachten ist und bei diesen zudem des Öfteren eine Rillenverzierung anzutreffen ist.[969] Die gesamte Keramik bezeichnet Grimmer-Dehn als vom untermainisch-schwäbischen Kreis geprägt.[970] Drei Gefäße der beschriebenen Art fanden sich auch in einem Holzkammergrab in Langenau[971] im Alb-Donau-Kreis. Weitere Grabfunde sind hier neben anderen Gefäßresten zwei Pfeilspitzen. S. Oberrath datiert dieses Grab in die Stufe Bz D, ich halte eine Datierung in den Beginn der Stufe Ha A1 aber für wahrscheinlicher.

---

959 Jockenhövel, Rasiermesser 97 f.; Herrmann, Hessen 32.
960 Kubach, Nadeln 468 Nr. 1163.
961 Ebd. 470.
962 Zum Wandel des Verzierungsstils siehe oben.
963 Ebd. Taf. 44 D.
964 Ebd. Taf. 64 H.
965 Grimmer-Dehn, Oberrhein Taf. 105 B 1 u. Taf. 115.
966 Ebd. Taf. 108,4 u. Taf. 117.
967 Kilian-Dirlmeier, Anhänger 45.
968 Siehe Synopse verschiedener Chronologieschemata in Grimmer-Dehn, Oberrhein 63 Tabelle 5.
969 Grimmer-Dehn, Oberrhein Taf. 105; 107; 108.
970 Ebd. 60.
971 Oberrath, Bronzezeit Taf. 4,3–5.

4.6.2.4 Große Schrägrandschüsseln mit randständigem Henkel

Grab 17

Oberhalb des Kopfes des Bestatteten lag ein bis auf wenige Teile vollständig erhaltenes Schrägrandgefäß (Taf. 36,1) von grauschwarzer Farbe (Fd.-Nr. 2001-48-30-2). Das Gefäß besaß ursprünglich auf beiden Seiten einen Henkel, wovon sich jedoch nur einer erhalten hat, welcher x-bandförmig ist.[972] Zeichnerisch nicht wiedergegeben ist ein kleines kreisrundes Loch mit einem Durchmesser von 1,5 cm, das sich direkt unter dem vollständigen Henkel befindet.[973] Das Gefäß ist im Vergleich zu den anderen Henkelgefäßen aus Neckarsulm recht dünn und filigran. Aufgrund seiner niedrigen Gefäßhöhe von ca. 9,2 cm ist es als gehenkelte Schüssel mit Schrägrand zu bezeichnen. Die Randlippe läuft spitz zu und ist nach innen abgestrichen. Der Gefäßrand ist außen scharf profiliert, im Gefäßinneren jedoch schräg nach innen abgestrichen, womit wir es mit einer Randform zu tun haben, die äußerst selten ist. Der erhaltene Henkel setzt oben am schräg nach innen abgestrichenen Rand an, er ist also randständig, und schließt unten knapp über der obersten Riefe wieder am Gefäß an. Insgesamt ist das Gefäß mit zwei ca. 1,2 cm breiten, untereinanderliegenden Riefen verziert. Bei der untersten Riefe hat das Gefäß seinen größten Durchmesser von ca. 20 cm. Knapp 1,5 cm über dem Gefäßboden findet sich ein stufiger Absatz, welcher besonders im Querschnitt des Gefäßes gut zu erkennen ist. Diese Art von Absatz erinnert stark an die kleine gehenkelte Schüssel aus Grab 8/2 (siehe unten).

Aus Hessen finden sich einige relativ ähnliche, zumeist aber in der Gestaltung des Halsbereichs und des Körpers abweichende Gefäße. Zu nennen wäre hier ein Exemplar aus Frankfurt-Niederursel „Ziegelei Falkenhan"[974], Grab 8. Dieses Gefäß ist dem unseren in der Form und mit zwei Riefen in der mittleren Gefäßhälfte sehr ähnlich. Mit einer Höhe von 7,6 cm fällt es jedoch etwas kleiner aus. Zu dieser Bestattung gehört eine zweite Schüssel, ein Hinweis für eine Datierung des Grabes ergibt sich jedoch nicht. Ein Gefäß aus Darmstadt-Oberwald[975], von der bereits bei der Besprechung der Schüssel aus dem Neckarsulmer Grab 18/1 die Rede war (s. o.), ist nicht mit zwei, sondern mit drei Riefen verziert. Auch bei dieser Grabausstattung vertreten die Keramiken eine ältere Phase, während das Grab eher in eine jüngere Phase bzw. Ha A2 datiert werden muss.[976]

Aus Nordwürttemberg liegen einige wenige gehenkelte Schüsseln mit Riefenverzierung vor, die noch kurz genannt werden sollen. Es sind dies Gefäße aus dem Schwertgrab von Heilbronn (Taf. 59,6–7)[977], ich hatte diese Gefäße schon bei der Besprechung der Keramiken aus Grab 25/2 und 8/1 vorgestellt, und aus zwei Hügelgräbern aus Bad Friedrichshall-Jagstfeld. Die erste Schüssel stammt aus Hügel 2.[978] Die Ähnlichkeit zum Neckarsulmer Gefäß besteht hier in der Henkelung, der Gefäßform und den jeweils zwei etwa gleichbreiten Riefen auf Höhe des Gefäßumbruchs. Im näheren Vergleich zum Friedrichshaller Gefäß wirkt unser Gefäß jedoch unterhalb der letzten Riefe ausladender, was besonders gut im Gefäßquerschnitt zu erkennen ist. Datiert wird das Bad Friedrichshaller Grab aufgrund des Rasiermessers[979] mit durchbrochenem Griff und halbmondförmigem Blatt vom Typ Lampertheim (Kap. III.4.4.1) in die Stufe Dietzenbach bzw. Ha A1. Ein weiteres Henkelgefäß, der Henkel zeigt sich weniger gut in der Zeichnung, sondern mehr in einer Fotografie (Abb. 59), stammt aus Hügel 5. Ich hatte dieses Grab bereits bei der Besprechung eines Bechers aus Grab 32 vorgestellt (s. o.). Auch dieses Grab datiert in die Stufe Ha A1.

Grab 22/1

Individuum 1 aus Grab 22 ist der einzige Tote des Gräberfeldes, dem gesichert zwei Gefäße zugeordnet werden können. Es handelt sich hierbei um die Bestattung eines Schwertträgers mit Griffangelschwert (siehe Kap. III.4.2.1). Individuum 2 und 3

---

972 Allein eine Schüssel aus Hanau-Bruchköbler Wald (Müller-Karpe, Hanau Taf. 17 C u. Taf. 56,1) kann als weitere Schüssel mit zwei Henkeln angeführt werden.
973 C. Dobiat (Dobiat, Grabhügelgruppen 128) vermutet, dass solche Löcher zur Aufhängung des Gefäßes dienten.
974 Herrmann, Hessen Taf. 72 C 2.
975 Ebd. Taf. 146 A 2.
976 Ebd. 34.
977 Koch, Grifflzungenschwerter Abb. 3,6–7.
978 Dehn, Nordwürttemberg Taf. 5 C 7.
979 Bezüglich der Zusammensetzung der Beigabenausstattung und insbesondere des Rasiermessertyps ergab sich bei den Recherchen eine gewisse Unklarheit. Während Dehn der Bestattung ein Rasiermesser (Dehn, Nordwürttemberg Taf. 5 C 7) mit Rahmengriff und x-förmiger Verstrebung vom Typ Heilbronn zuordnet, weist Jockenhövel der Bestattung ein Rasiermesser (Jockenhövel, Rasiermesser Taf. 15,180) ohne x-förmige Verstrebung vom Typ Lampertheim zu. Dieses ist insofern entscheidend, da Ersteres nach Ha A2 und Letzteres nach Ha A1 datiert wird. Offensichtlich hat Dehn hier die Rasiermesser aus den Jagstfelder Hügeln 2 und 4 aus Versehen miteinander vertauscht (vgl. Dehn, Nordwürttemberg Taf. 3 B). Dass Dehn hier geirrt haben muss, wird zum einen durch Müller-Karpe belegt, der dem Hügel 2 ebenfalls das Rasiermesser vom Typ Lampertheim zuordnet (Müller-Karpe, Chronologie Taf. 211 E 1), sowie den Fundbericht aus dem Jahre 1912, in welchem steht, dass in Hügel 2 „ein Rasiermesser mit durchbrochenem Griff", d. h. ohne x-förmige Verstrebung, gefunden wurde (Goessler/Schliz, Jagstfeld 14 f.).

Abb. 59: Gefäß, Bad Friedrichshall-Jagstfeld Hügel 5 (Foto: Landesmus. Stuttgart).

dieser Dreierbestattung sind hingegen aufgrund einer Beraubung massiv gestört und beigabenlos.
Das folgende erste Gefäß (Fd.-Nr. 2001-48-37-2) lag direkt über dem Kopf und konnte nahezu vollständig zusammengesetzt werden. Bei dem Gefäß handelt es sich um eine große gehenkelte Schüssel mit Schrägrand und Zylinderhals (Taf. 46,3). Die Farbe ist dunkelbraun. Die Ansprache des Gefäßes als Schüssel und nicht etwa als großer Becher begründet sich dadurch, dass die Höhe mit ca. 14 cm knapp über der Breite des Mündungsdurchmessers von ca. 15,7 cm liegt. Die Randlippe läuft spitz zu, der Gefäßrand ist leicht schräg nach innen abgestrichen und endet bald an dem deutlich vom Gefäßkörper abgesetzten Gefäßhals von ca. 1,4 Breite. Der Henkel ist x-bandförmig und recht breit gehalten. Es ist ein randständiger Henkel, der etwa ca. 1,5 cm unterhalb vom Gefäßhals wieder am Gefäßkörper ansetzt. Genau auf dieser Höhe ist die Schüssel mit zwei dünnen, nicht immer sorgfältig ausgeführten Rillenlinien verziert. Direkt darunter verlaufen zwei ca. 0,7 bzw. 1,0 cm breite Riefen. An die letzte Riefe anschließend, etwa auf Höhe der Gefäßmitte, auf welcher das Gefäß zudem ausbaucht, stehen um das Gefäß herumlaufend aneinander angrenzende Ritzverzierungen in Y-Form. Zwar sind von urnenfelderzeitlichen Schulterbechern, Schrägrandgefäßen und Schrägrandschalen aus der untermainisch-schwäbischen Kultur, hier vor allem im Raum Hessen, verschiedenste Verzierungsmuster[980] bekannt, ein solches Y-förmiges Verzierungsmuster ist jedoch einmalig. Einzig ein Gefäß aus dem Schwertgrab (Grab 12) von Reutlingen, Ldkr. Reutlingen in Baden-Württemberg, trägt eine vergleichbare Verzierung aus Y-förmigen Rillen (Taf. 60,37). Bei diesem Gefäß handelt es sich um einen gehenkelten Krug, welcher mit verschiedenen voneinander getrennten Zonen aus Kerbbändern, Zickzackmustern, eben jenem Y-Band und strichgefüllten, hängenden Dreiecken verziert ist. C. Unz kann ähnliche Y-Muster, welche er als „einzigartig" und „eigenartig" bezeichnet, nur auf zwei weiteren Scherben anderer Fundorte ausmachen.[981] Aufgrund eines Schwertes[982] vom Typ Reutlingen und weiterer Bronzefunde wird das Grab von Reutlingen in den Übergang zwischen die Stufen Bz D und Ha A1 datiert.[983]
Da es ansonsten keine weiteren Gefäße mit solchen Y-förmigen Dekoren gibt, muss man sich auf der Suche nach vergleichbaren Gefäßen mit Schüsseln ähnlicher Form begnügen. Das Gefäß aus dem Grab von Frankfurt-Fechenheim[984] zeigt mit 13,7 cm nahezu die gleiche Gefäßhöhe, besitzt ebenfalls einen zylinderförmigen Hals und zudem einen Henkel. Der Gefäßrand ist ebenfalls schräg nach innen abgestrichen und auch die Gefäßform entspricht derjenigen der Neckarsulmer Schüsssel. Verziert ist das Gefäß mit drei am Henkel ansetzenden, sich überlappenden, d. h. gerafften Riefen. Das Grab enthielt zudem drei Tüllenpfeilspitzen, weshalb es sich offensichtlich um ein „Kriegergrab" handelt. Die horizontale Riefenverzierung des Gefäßes spricht nach Clausing für eine Datierung in die Stufe Ha A1.[985]
Aus dem bereits erwähnten Grab 1973/3 von Oberrimsingen stammt ein weiteres, insgesamt jedoch gut 10 cm höheres, henkelloses Gefäß.[986] Dieses gleicht dem unsrigen mit seinem Zylinderhals und einem nach innen abgestrichenen Gefäßrand. Da der Gefäßumbruch höher liegt, ist der Gefäßkörper aber „terrinenartiger". Verziert ist das Gefäß mit drei Riefen, die auf Höhe der Gefäßschulter liegen. Datiert wird das Grab nach Ha A1[987] oder sogar in den Übergang von Bz D nach Ha A1.[988]
Aus dem nur wenige Kilometer südlich von Neckarsulm gelegenen Schwertgrab von Heilbronn[989] stammt ein ähnliches Schrägrandgefäß mit randständigem Henkel. Ich hatte Gefäße dieser Bestattung schon bei der Besprechung der Keramik aus den Neckarsulmer Gräbern 25/2, 8/1 und 17 genannt (s. o.). Das Gefäß ist zwar geringfügig kleiner, besitzt jedoch eine identische Form und einen ebenfalls recht breiten Henkel. Was allerdings fehlt, ist der ab-

---

980 Siehe Grimmer-Dehn, Oberrhein 28 ff.
981 C. Unz, Die spätbronzezeitliche Keramik in Südwestdeutschland, in der Schweiz und in Ostfrankreich. Prähistorische Zeitschrift 48, 1973, 19; 36.
982 Schauer, Schwerter Taf. 59 Nr. 404.
983 Kreutle, Schwarzwald und Iller 103.
984 Herrmann, Hessen Taf. 69 D 4.
985 Clausing, Untersuchungen 66.
986 Grimmer-Dehn, Oberrhein Taf. 106,1; 119 (3).
987 Kilian-Dirlmeier, Anhänger 45.
988 Grimmer-Dehn, Oberrhein 60.
989 Dehn, Nordwürttemberg Taf. 5 A 4.

gesetzte, zylinderartige Gefäßhals. An der Stelle, wo der Henkel an den Gefäßkörper anschließt, ist das Heilbronner Gefäß mit zwei Riefen verziert. Aufgrund des Schwerts vom Typ Erbenheim[990] wird das Grab nach Ha A2 datiert.

Aus dem Gräberfeld von Aschaffenburg-Strietwald sind zwei ähnliche Gefäße bekannt. Das erste Gefäß[991] stammt aus Grab 3, zeigt einen abgesetzten Hals mit Henkel und auf der Schulter drei Riefen. Diesem Gefäß ähnlich, wenn auch hier mit randständigem Henkel, ist das zweite Gefäß[992] aus Grab 27. Neben einem reich verzierten Henkelgefäß, einer Urne und drei Schalen fanden sich ein Messer mit verziertem Rücken sowie insgesamt zwölf z.T. unvollständige Tüllenpfeilspitzen, weshalb diese Bestattung als „Kriegergrab" angesprochen werden kann. H. G. Rau datiert die genannten Gräber in die Stufe Ha A[993], während Clausing[994], wohl in Anlehnung an Müller-Karpe[995], aufgrund der horizontalen Riefenverzierung eine Datierung in die ältere Urnenfelderzeit (Ha A1) annimmt.

Wie oben bereits erwähnt, gehört zur Bestattung noch ein zweites Gefäß (Fd.-Nr. 2001-48-37-1). Dieses lag etwa 10 cm westlich vom vorherig besprochenen Exemplar, ebenfalls über dem Kopf des Schwertträgers. Auch hier handelt es sich um ein Schrägrandgefäß mit randständigem Henkel (Taf. 46,2). Die Farbe ist dunkelbraun, z.T. auch grau. Da der Mündungsdurchmesser ca. 17,5 cm bei einer Gefäßhöhe von ca. 10,5 cm beträgt, wird das Gefäß als Schüssel angesprochen. Über die Form des Henkels kann nur spekuliert werden, da der größte Teil abgebrochen ist und fehlt. Etwa 2,5 cm unter dem Gefäßrand, auf der Höhe der Schulter, ist das Gefäß mit einer ca. 0,7 cm breiten Riefe verziert. Darunter folgen zwei dünne Rillenlinien. Ein zweite Riefe, ca. 0,3 cm breit, liegt etwa 2,3 cm über dem Gefäßboden. Die Form dieses Henkelgefäßes kann als „terrinenartig" bezeichnet werden, da das Gefäß etwa ab der Mitte des Gefäßkörpers leicht ausbeult und daraufhin in einem sanften Bogen zum Boden hin einzieht. Gerade für Gefäße in dieser Größe stellt diese Form eine Seltenheit dar, weshalb nur wenige Vergleichsbeispiele herangezogen werden können.

Eine recht große Übereinstimmung, zumindest in der Gefäßform, findet unser Exemplar in einem Gefäß aus einem Grab aus Viernheim[996] im Kr. Bergstraße in Hessen. Dieses ist ebenfalls von „terrinenartiger" Form, mit einer Höhe von 8,8 cm aber geringfügig kleiner und mit einer breiten Riefe unterhalb des Gefäßrandes verziert. Was fehlt sind ein Henkel und zusätzliche Rillenlinien als verzierendes Element. Zur Grabausstattung gehörten ein Messer mit durchlochtem Griff (Kap. III.4.3.1) und eine Plattenkopfnadel[997] (Kap. III.4.1.2) mit doppelkonischem flachen Kopf und schrägstrichgefüllten Rillen. Während Herrmann[998] das Grab in die älteste Urnenfelderzeit bzw. die Stufe Ha A1 datiert, weist Kubach[999] darauf hin, dass Messer mit durchlochtem Griff während der gesamten Stufe Ha A auftreten. Das Grab könnte daher auch jünger sein.

Als gehenkeltes Gefäß ist jene Schüssel aus Pfungstadt[1000] Grab 4 zu nennen, bei der die Verzierung jedoch aus drei gerafften Riefen besteht, die weit oberhalb des Gefäßumbruchs liegen. Der Henkel ist ebenfalls randständig und x-bandförmig. Das Gefäß baucht wie alle bereits genannten Beispiele unterhalb des Gefäßumbruchs ein wenig aus, zieht dann aber „terrinenartig", d.h. in einem sanften Bogen zum Boden hin ein. Da nur zwei einfache Knickwandschalen zur weiteren Grabausstattung gehören, ist eine Datierung schwierig, da diese während der gesamten Stufe Ha A auftreten.

Ebenfalls von terrinenartiger Form sowie mit Henkel und einer Verzierung aus Riefen und Rillen ist eine Schüssel aus dem unterfränkischen Aschaffenburg-Strietwald[1001], genauer gesagt aus Grab 47 dieses großen Urnenfriedhofs. Es ist ca. 16 cm hoch, besitzt jedoch eine abgesetzte Halspartie. Zur Bestattung gehören eine Nadel mit flach doppelkonischem Kopf und weitere Gefäße. Das Grab datiert in die Stufe Ha A.

4.6.2.5 Kleine gehenkelte Schale

Grab 8/2

Wie schon bei der ersten Bestattung dieses Grabes (vgl. Kap. III.4.6.2.3), fand sich neben dem Kopf des zweiten Individuums ein stark zerscherbtes Gefäß (Taf. 34,2) (2001-48-16-4). Es ist von hell- bis dunkelbrauner Farbe. Zwar ist der größte Teil des Gefäßes noch vorhanden, einige Bereiche mussten allerdings zeichnerisch ergänzt werden. Von der Art her lässt sich das Gefäß als flache Henkelschale mit Schrägrand beschreiben, welche mit einer Gefäßhöhe von ca. 5,7 cm relativ niedrig ausfällt. Mit einer Wandstärke von nur 2 mm ist die Keramik zudem

---

990 Schauer, Schwerter 167 ff.
991 Rau, Aschaffenburg-Strietwald Taf. 5,2.
992 Ebd. Taf. 15,2.
993 Ebd. 20.
994 Clausing, Untersuchungen 63.
995 Müller-Karpe, Chronologie 172.
996 Herrmann, Hessen Taf. 143 A 6.
997 Kubach, Nadeln Taf. 74 Nr. 1147.
998 Herrmann, Hessen 32.
999 Kubach, Nadeln 464.
1000 Herrmann, Hessen Taf. 154 C 3.
1001 Rau, Aschaffenburg-Strietwald, Taf. 23,7.

recht dünn. Etwa im Bereich des Gefäßumbruchs hat die Schale ihren größten Durchmesser von ca. 14 cm. An dieser Stelle befinden sich auch drei unterschiedlich breite Riefen, wobei die erste Riefe max. 0,5 cm breit und in ihrem Inneren durch ein umlaufendes Band schräg liegender Kerb- bzw. Korneinstiche verziert ist. Die darunterliegende Riefe ist mit ca. 0,6 cm etwas breiter und die darauf folgende Riefe nur noch 0,2 cm schmal. Knapp über dem Gefäßboden liegt eine weitere maximal 0,2 cm breite Riefe, die optisch einen Absatz schafft. Dies erinnert an die große Schrägrandschüssel aus dem Neckarsulmer Grab 17 (s. o.). Der x-bandförmige Henkel setzt oben am schräg abgestrichenen Gefäßrand an und schließt im Bereich der kerbverzierten Riefe wieder am Gefäßkörper an.

Solche gehenkelten Schalen finden sich innerhalb des gesamten Formenspektrums urnenfelderzeitlicher Gefäße äußerst selten. Am nächsten kommt unserem Gefäß jenes Ha A1-zeitliche Exemplar aus dem bereits erwähnten Grab in Bad Friedrichshall-Jagstfeld[1002] Hügel 2. Wie bereits beschrieben, handelt es sich dabei um eine flache Knickwandschale mit Henkel, die im Bereich des Gefäßumbruchs mit einer schmalen und einer breiten Riefe verziert ist. Der Hals des Gefäßes geht jedoch nahezu senkrecht nach unten. Ein weiterer Unterschied findet sich in dem deutlich weniger spitz ausbauchenden Gefäßkörper. Datiert wird dieses Grab nach Ha A1.[1003] Eine weitere, allerdings von ihrer Form andersartige Schale, stammt ebenfalls aus Bad Friedrichshall-Jagstfeld[1004], diesmal aus Hügel 3. Oberhalb des Gefäßumbruchs liegen drei Rillenlinien, darunter liegen auf Höhe des Umbruchs zwei nach außen gewölbte Leisten. Die obere Leiste ist mit Korneinstichen verziert. Datiert wird dieses Grab aufgrund eines Rasiermessers[1005] mit rhombischem Rahmengriff der Variante Heilbronn in die Stufe Ha A1 (vgl. Kap. III.4.3.2).

Bezüglich der Korneinstiche, welche uns auf dem unvollständigen Becher aus dem Neckarsulmer Grab 1 (siehe III.4.6.2.8) wieder beggnen, gibt es einige Parallelen. Hervorzuheben sind hier Gefäße aus dem reich mit Keramik ausgestatteten Grab 3 von Oberrimsingen[1006], die in den Übergang der Stufe Bz D nach Ha A1 datiert werden können.[1007] Obwohl dieser Fundort außerhalb des eigentlichen Kerngebiets der untermainisch-schwäbischen Gruppe liegt, zeigt die Keramik aufgrund ihrer Rillenlinienverzierung und in einem Falle durch ein mit Vollbuckeln verziertes Gefäß eine deutliche Parallele zu dieser Gruppe.[1008] Keramik mit dieser Art von Korneinstichmustern kommt in Nordwürttemberg nur selten vor.[1009] Diese treten bei feinkeramischen Gefäßen wie jener oben genannten Schale aus Bad Friedrichshall-Jagstfeld, aber auch bei grobkeramischen Gefäßen auf.[1010] Wie eingangs erläutert, ist die Keramik der untermainisch-schwäbischen Gruppe vorrangig mit Riefen- und Rillenmustern verziert und lehnt im Grunde ornamentartige Muster wie die der rheinisch-schweizerisch-ostfranzösischen Gruppe ab. Korneinstichmuster, vor allem in Verbindung mit Rillenlinien, scheinen eine der wenigen Ausnahmen für ein Ornamentmuster zu sein. Hier ist aber nicht an einen Einfluss durch Keramik der rheinisch-schweizerisch-ostfranzösischen Gruppe zu denken – ein solcher lässt sich erst im Übergang zwischen den Stufen Ha A2 und Ha B beobachten[1011] –, sondern vielmehr an eine Kontinuität bzw. ein Fortleben spätbronzezeitlicher Verzierungen. Sogenannte „Kerbleisten", welche wie in unserem Falle zwischen zwei Riefen liegen, sind bereits bei der süddeutschen Keramik der Spätbronzezeit nicht untypisch.[1012]

4.6.2.6 Große Knickwandschale

Grab 2/3

Das einzig vollständig erhaltene Gefäß dieser Dreifachbestattung fand sich bei Individuum 3 (Taf. 32). Dort lag es zwischen Kopf und linker Schulter des Toten. Vollständig zusammengesetzt ergibt es eine große, graubraune Schale (Fd.-Nr. 2001-48-4-1). Diese ist ca. 8,5 cm hoch und besitzt mit ca. 28 cm einen recht großen Durchmesser. Ihre Randlippe läuft spitz zu, der Gefäßrand ist leicht schräg nach innen abgestrichen. Es handelt sich hier um eine so genannte Knickwandschale, eine der am häufigsten auftretenden Keramikform der Urnenfelderzeit.[1013] Knickwandschalen zeigen zudem einen großen Verbreitungsgrad und sind mit ihrem Auftreten zwischen Bz D und Ha A ein sehr langlebiger Typ. Eine mögliche Parallele findet unsere Schale in einem Exemplar aus einem Grab in Bad Krozingen[1014] im

---

1002 Dehn, Nordwürttemberg Taf. 5 C 7.
1003 Zur Problematik bei der Datierung dieses Grabes siehe Kapitel III.4.6.2.4.
1004 Dehn, Nordwürttemberg Taf. 3 A 5.
1005 Jockenhövel, Rasiermesser 118 Nr. 183.
1006 Grimmer-Dehn, Oberrhein Taf. 106,2; Taf. 1083,6–7; Taf. 118; 120.
1007 Ebd. 69. Den Gräbern aus Oberrimsingen kommt bei der von Grimmer-Dehn aufgestellten Stufe 1 eine besondere Stellung zu, da sie aufgrund ihrer Keramik und anderen Beigaben Verbindungen zu anderen Gräbern aufweisen.
1008 So auch Grimmer-Dehn, Oberrhein 60; 69.
1009 Dehn, Nordwürttemberg 20.
1010 Ebd. 18, Abb. 2.
1011 Kreutle, Württemberg 184.
1012 Unz, Keramik 31.
1013 Dehn, Nordwürttemberg 22.
1014 Grimmer-Dehn, Oberrhein Taf. 100; 112.

Landkreis Breisgau-Hochschwarzwald. Neben einem umfangreichen Keramikset gehören zu dieser Bestattung einige bronzene Trachtbestandteile, darunter ein Paar identischer Binninger Nadeln[1015] mit jeweils fünf Halsrippen sowie ein massiver rundstabiger Armring. Zwar sind solche Nadeln nicht selten, jedoch nur schwer zu datieren. Kubach[1016] spricht sich hier für ein Auftreten dieser Nadeln in der frühen (Bz D) und älteren Urnenfelderzeit (Ha A1) aus. Die angesprochene Knickwandschale zeigt eine große Ähnlichkeit zum Neckarsulmer Exemplar. Nahezu übereinstimmend sind der große Mündungsdurchmesser von ca. 27 cm und der spitz auslaufende Gefäßrand. Grimmer-Dehn[1017] datiert das Grab in ihre Stufe I, was den Zeitraum vom Ende der Stufe Bz D und die gesamte Stufe Ha A1 umfasst.[1018] Auch im Raum Hessen treten solche Schalen des Öfteren in Gräbern auf. Die Schale aus einem Grab in Frankfurt-Höchst[1019] datieren Kubach[1020] und Herrmann[1021] aufgrund einer Plattenkopfnadel vom Typ Eddersheim[1022] allgemein in die Stufe Ha A. Müller-Karpe[1023] spricht sich für eine Datierung des Grabes in die Stufe Ha A1 aus.

Aus dem bereits erwähnten Grab aus Lampertheim[1024] stammt eine weitere sehr ähnliche Schale. Aufgrund des zur Grabausstattung gehörenden Rasiermessers (Kap. III.4.4.1) vom Typ Lampertheim wird das Grab in die Stufe Ha A1 datiert.[1025]

4.6.2.7 Kleine Amphora

Grab 23
Im Bereich der Knöchel des Toten lagen mehrere kleine Scherben, die erst beim Zusammensetzen zu erkennen gaben, dass es sich bei diesem Gefäß (Fd.-Nr. 2001-48-41-2) um eine kleine Amphora[1026] handelt (Taf. 47,1). Die Farbe der Keramik ist hell rotbraun, die Gefäßunterseite ist schwarz verkohlt. Das Gefäß besitzt einen verhältnismäßig langen zylindrischen Hals, zwei kleine Ösenhenkelchen und einen gewölbten „terrinenartigen" Gefäßkörper. Der Halsdurchmesser beträgt 6,9 cm und die Höhe noch etwa 8,2 cm, wobei der Gefäßboden fehlt.

In Württemberg liegen aus Gräbern und Siedlungen zwar einige wenige amphorenartige Gefäße vor, diese weichen allerdings in ihrer Form und Größe erheblich von unserem Stück ab.[1027] Im Raum des heutigen Hessen[1028] kommen Amphorengefäße um einiges häufiger vor, in ihren Formen und Größen besitzen diese jedoch keine Gemeinsamkeiten mit dem Neckarsulmer Gefäß. Gleiches gilt auch für die wenigen Gefäße aus Rheinhessen[1029]. Gefäße aus Ober- und Mittelfranken[1030] zeigen hier bereits größere Übereinstimmungen, eine Beobachtung, die es sich lohnt weiterzuverfolgen. Bereits im 19. Jahrhundert und später in den Jahren 1983/84 wurden im oberfränkischen Grundfeld über 80 Grabanlagen der Urnenfelderzeit freigelegt. In der Arbeit von M. Ullrich[1031] über die Funde aus Grundfeld finden sich vergleichbare Gefäße, die der Autor in Anlehnung an eine Arbeit von Bouzek[1032] in verschiedene Typen einteilt. Dabei handelt es sich um Gruppen so genannter „Etagengefäße". Eine Sondergruppe bilden relativ kleine Gefäße mit (nahezu) zylindrischem Hals, welche bereits deutliche Ähnlichkeiten zum Neckarsulmer Gefäß aufweisen.[1033] Bei einer im Jahr 2001 in Grundfeld durchgeführten neuen Grabungskampagne wurden weitere 77 Gräber freigelegt. Interessant ist hier nun der Befund 131, ein mit sehr schweren Steinplatten eingefasstes Urnengrab.[1034] Die Grabausstattung besteht aus einem umfangreichen Gefäßensemble, darunter auch eine Amphora, welche dem Neckarsulmer Gefäß überaus ähnlich ist.[1035]

Die Spur zu derartigen Amphoren endet jedoch nicht in Oberfranken, sondern führt noch weiter nach Osten. Der Raum Oberfrankens zählt nämlich in der Urnenfelderzeit zur so genannten böhmisch-nordbayerischen Gruppe, und tatsächlich finden

---

1015 Kubach, Nadeln 415 ff.
1016 Ebd. 421.
1017 Grimmer-Dehn, Oberrhein 60.
1018 Ebd. 63 Tab. 5.
1019 Herrmann, Hessen Taf. 70 C 5.
1020 Kubach, Nadeln 458.
1021 Herrmann, Hessen 31 Abb. 5,26.
1022 Kubach, Nadeln 455 Nr. 1122.
1023 Müller-Karpe, Chronologie 172; 196 Abb. 30,1.
1024 Herrmann, Hessen Taf. 140,14.
1025 Ebd. 31 Abb. 5; 32; Jockenhövel, Rasiermesser 97 f.
1026 Unter Amphoren werden „in der Urnenfelder-Literatur allgemein Gefäße mit zwei gegenständigen Henkeln verstanden" (Dobiat, Hügelgräbergruppen 108; siehe auch ebd. 116, Anm. 265).
1027 Siehe Dehn, Nordwürttemberg Taf. 9 C 5; Taf. 11 C 1; Taf. 14 C 6; Taf. 17,6.
1028 Siehe Herrmann, Hessen Taf. 94 C 1; Taf. 109 D 9; Taf. 149 A 1; Taf. 165 B 11.
1029 Eggert, Rheinhessen Taf. 8 B 2; Taf. 12 C 3.
1030 H. Hennig, Die Grab- und Hortfunde der Urnenfelderkultur aus Ober- und Mittelfranken. Materialhefte zur bayerischen Vorgeschichte 23 (Kallmünz/Opf. 1982).
1031 M. Ullrich, Das urnenfelderzeitliche Gräberfeld von Grundfeld/Reundorf, Lkr. Lichtenfels, Oberfranken (Kallmünz/Opf. 2004).
1032 J. Bouzek, Etážovité nádoby v Čechách (Die Etagengefäße in Böhmen). Archeologické Rozhledy 10, 345–348; 363–408.
1033 Ebd. Taf. 38 A 4 (FSt. 28).
1034 M. Ullrich, Neues vom urnenfelderzeitlichen Friedhof bei Grundfeld. Stadt Bad Staffelstein, Landkreis Lichtenfels, Oberfranken. Das archäologische Jahr in Bayern 2003, 42 Abb. 37.
1035 Leider wurde bislang keine Zeichnung des Gefäßes publiziert. Eine Abbildung findet sich bislang nur im Internet www.landschaftsmuseum.de/Bilder/Grundfeld_Gefaesssatz-2.jpg (Stand: 9.05.08).

Abb. 60: Amphorenartige Gefäße. 1 Hájek (nach Bouzek, Böhmen und Bayern Abb. 6, Nr. 4 u. 5). 2 Tlučná-Draganc (nach Bouzek, Böhmen und Bayern Abb. 5,7).

sich vor allem im böhmischen Raum[1036], dem westlichen Teil Tschechiens, überaus ähnliche Gefäße zum Neckarsulmer Exemplar. So liegen beispielsweise kleine amphorenartige Gefäße aus Tlučná-Draganc (Abb. 60,2)[1037] und Hájek (Abb. 60,1)[1038] vor. Ihre Gemeinsamkeit mit dem Neckarsulmer Gefäß besteht in den langen zylindrischen Gefäßhälsen, den kleinen Ösenhenkeln und den terrinenartigen Gefäßkörpern. Datiert werden diese Funde in die Endphase der Stufe Bz D bzw. die frühe Stufe Ha A1. Ein weiteres sehr ähnliches Gefäß aus Böhmen stammt aus einem Urnengrab in Hrušov (Abb. 61).[1039] Dieses Grab enthielt neben einer kleinen Amphore zwei Tüllenpfeilspitzen, ein Messer mit durchlochter Griffangel, eine Nadel mit doppelkonischem Kopf sowie einige Schüsseln und andere Gefäße. Das Grab datiert in die ältere Urnenfelderzeit bzw. die Stufe Ha A1.[1040] Die böhmischen Gefäße bieten einen Datierungsansatz, der für das Gefäß aus Neckarsulm überaus stimmig wäre. Eine Datierung von Grab 23 in die Stufe Ha A1 ist also sehr wahrscheinlich.

Die große Übereinstimmung der Neckarsulmer Amphora zu Gefäßen aus Oberfranken und vor allem Böhmen kann kein Zufall sein. Vielmehr ist fest davon auszugehen, dass das Gefäß aus Neckarsulm entweder aus dem oberfränkischen bzw. dem böhmischen Raum stammt, also importiert wurde, oder dass es anhand ortsfremder Vorbilder gefertigt wurde. Aufschlussreich ist H. Hennigs Bemerkung, dass sich gerade in der Verbreitung der „Etagengefäße" eine deutliche räumliche Trennung zwischen den urnenfelderzeitlichen Gruppen ablesen lässt:

„An der Verbreitung eines ursprünglich in Böhmen beheimateten Keramiktyps, dem Etagengefäß, kann geradezu verblüffend demonstriert werden, wie scharf die Grenze zwischen der böhmisch-nordbayerischen und der untermainisch-schwäbischen Urnenfeldergruppe, zu der auch die unterfränkischen Funde gerechnet werden müssen, sich abhebt."[1041]

Durch diese Aussage wird noch einmal unterstrichen, wie fremd die Amphore aus Grab 23 innerhalb des gesamten keramischen Spektrums von Neckarsulm ist. Es wäre aufschlussreich zu wissen, wie und vor allem warum dieses Gefäß in das Grab gelangte. Möglicherweise stammt sogar der Tote aus dem oberfränkisch-böhmischen Raum, eine Hypothese, der es bei den geplanten Strontium-Isotopen-Analysen des Knochenmaterials nachzugehen gilt.

4.6.2.8 Unvollständige Gefäße

Grab 1

Das dunkelbraun bis schwarz gebrannte Gefäß ist vor allem im oberen Bereich unvollständig, einzig Bereiche des Gefäßkörpers und des Bodens können

---

1036 J. Bouzek, Böhmen und Bayern in der Urnenfelderkultur I. Germania 83, 215.
1037 Ebd., Abb. 5,7.
1038 Ebd., Abb. 6,4–5.
1039 Jockenhövel, Rasiermesser Taf. 68 A 8.
1040 Ebd. 192.
1041 H. Henning, Ober- und Mittelfranken 42, mit Verbreitungskarte Abb. 8.

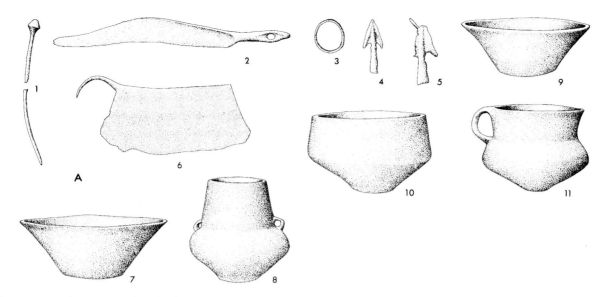

Abb. 61: Urnengrab Hrušov (nach Jockenhövel, Rasiermesser Taf. 68 A).

zusammengesetzt werden (Taf. 30,1). Es wäre zu vermuten, dass es sich ursprünglich um einen Becher (Fd.-Nr. 2001-48-1-2) gehandelt hat. Der Gefäßkörper ist insgesamt recht klein und von doppelkonischer Form. Der Gefäßumbruch verläuft in einem abgerundeten Knick, um zum Boden hin in halbkugeliger Form auszulaufen. Im Bereich des Gefäßumbruchs finden sich als Verzierung fünf dünne parallel liegende Rillenlinien, die wenig sorgfältig ausgeführt wurden. Darunter liegt ein dünnes Band schräg verlaufender kleiner Kerben. An der Stelle des Gefäßumbruchs und des Kerbbandes besitzt das Gefäß seinen größten Durchmesser von ca. 10 cm. Die beschriebene doppelkonische Gefäßform und der halbkugelige Gefäßboden finden sich innerhalb des gesamten keramischen Formenguts der untermainisch-schwäbischen Urnenfelderkultur bei Bechern nicht wieder. Gefäße mit einem vergleichbaren doppelkonischen Körper treten nach Sperber[1042] bereits in seiner Stufe SB Ib bzw. Bz D auf, eine Datierung, die für dieses Gefäß etwas zu alt sein dürfte. Obwohl in den folgenden Stufen Becher relativ häufig vorkommen, finden sich kaum vergleichbare Exemplare. Am nächsten kommt dem Neckarsulmer Gefäß in puncto des doppelkonischen Gefäßkörpers ein Exemplar aus Heilbronn-Böckingen.[1043] Mit etwa 10 cm Gefäßdurchmesser im breitesten Bereich ist dieses Gefäß, welches Dehn[1044] als ein „gedrückt bauchiges kleines Zylinderhalsgefäß mit geblähtem Hals" bezeichnet, in etwa gleich groß. Die Verzierung besteht hier aus schmalen Riefen auf der Schulter. Der Fund stammt aus einem mit Steinen umstellten Urnengrab, welches zwar weitere Gefäße enthielt, sich aber kaum genauer als nach Ha A datieren lässt. Inwieweit dieses Gefäß für einen Vergleich herangezogen werden kann, ist unklar, da beim Neckarsulmer Gefäß die zur weiteren typologischen Bestimmung notwendigen Bereiche von Hals und Schulter fehlen. Zudem ergibt sich ein Unterschied zwischen den beiden Gefäßen, da sich beim Neckarsulmer Exemplar die Verzierung im Bereich des Gefäßumbruchs befindet und beim Heilbronner Gefäß im Bereich der Schulter.

Der ehemals offensichtlich halbkugelig zulaufende Gefäßboden des Neckarsulmer Gefäßes führt uns zu einem anderen Fund, der zahlreiche Gefäße und gut datierbare Bronzefunde erbrachte. Das reich ausgestattete Grab von Oberrimsingen[1045] (s. o.), es wurde bereits mehrmals genannt, enthielt Gefäße, deren Gefäßumbrüche ebenfalls sehr tief liegen und deren Böden halbkugelig zulaufen. Unser Becher hat zwar diesen halbkugeligen Boden, der Gefäßumbruch ist jedoch weich gehalten und ist nicht wie bei den Oberrimsinger Exemplaren scharf herausmodelliert. Die Oberrimsinger Funde werden hier aus einem anderen Grund vorgebracht, nämlich aufgrund der vergleichbaren Dekore. Auf den bei Grimmer-Dehn wiedergegebenen Fotografien der Funde[1046] lassen sich die Verzierungen besonders gut erkennen. Dabei fallen zwei Gefäße besonders auf, nämlich ein Schrägrandgefäß[1047] sowie eine Knickwand-

---

1042 Sperber, Chronologie Taf. 15,76.
1043 Dehn, Nordwürttemberg Taf. 11 A 1.
1044 Ebd. 88.
1045 Grimmer-Dehn, Oberrhein 127; Taf. 105; 107; 108.
1046 Ebd. Taf. 117–120.
1047 Ebd. Taf. 118 rechts oben und unten.

schale[1048] mit hohlem Fuß. Bei beiden Gefäßen ist das Muster aus dünnen Linien und schräg laufenden Kerben zu erkennen, welches schon bei der Besprechung der Schale aus dem Neckarsulmer Grab 8/2 (III.4.6.2.5) angesprochen wurde. Grimmer-Dehn[1049] hat die verschiedenen Verzierungsstile urnenfelderzeitlicher Gefäße zusammengetragen und stellt fest, dass diese Art der Verzierung bei Gefäßen unterschiedlichster Form auftritt bzw. dass kein engerer Zusammenhang zwischen Gefäßform und Verzierungsmuster besteht. Es muss daher nicht verwundern, dass auch ein Becher ein solches Muster tragen kann. Die Oberrimsinger Gefäße und somit auch deren Verzierungstile werden bei Grimmer-Dehn in ihre Stufe 1 datiert, welche den Übergang von Bz D nach Ha A1 markiert.

Grab 12/2
Die Reste dieses Gefäßes (2001-48-21-2) bestehen aus drei größeren Scherben, die stimmig aneinanderpassen (Taf. 35,1). Aufgrund der erhalten gebliebenen Partien des Gefäßrandes ist zu erkennen, dass es sich um ein Schrägrandgefäß gehandelt hat. Ursprünglich dürfte das Gefäß einen Mündungsdurchmesser von etwa 12 cm besessen haben, weshalb davon auszugehen ist, dass wir es hier mit den Resten eines Bechers zu tun haben.

Grab 2/1
Oberhalb des Kopfes von Individuum 1 fand sich ein stark zerscherbtes Gefäß aus brauner Keramik. Obwohl eine Vielzahl von Scherben vorliegt, war es aufgrund des allgemein schlechten Zustands der Fragmente nicht möglich, ein Gefäß zu rekonstruieren. Der Fund trägt zwar eine Fundnummer (2001-48-2-7), wurde aber nicht gezeichnet.

4.6.2.9 Einzelne Scherben
Bei den obig beschriebenen Gefäßen handelt es sich um jene Exemplare des Gräberfeldes, die entweder vollständig oder zumindest in größeren Teilen vorliegen, sodass eine genauere Bestimmung der Gefäßart möglich war. Im Folgenden seien nicht nur der Vollständigkeit halber weitere Scherbenfunde angesprochen, anhand derer jedoch einzig der Hinweis auf weitere Gefäße geliefert wird. Es ist festzustellen, dass bei einer größeren Zahl von Gräbern einzelne Scherben auftraten, und dies sowohl in Gräbern, in denen bereits vollständige Gefäße vorlagen, als auch in solchen Gräbern, in denen keine Gefäße angetroffen wurden.

Die Ursachen für die Zerstörung von Gefäßen können vielfacher Natur sein. Beispielsweise kann dieses durch eine absichtliche Zerschlagung der Gefäße, durch den Druck der oberen Erdmassen, infolge einer Beraubung oder durch die Einwirkung des Pfluges geschehen sein. Die Ursachen für das (teilweise) Fehlen von Scherben stellen die Archäologen immer wieder vor Rätsel, denken wir hier an einige Gefäße aus den Neckarsulmer Gräbern, bei denen trotz einer Lage in situ größere Partien fehlen. Wieder können mechanische Gründe angeführt werden, etwa dass die Keramik durch den Erddruck oder durch Bodenbewegungen zermahlen worden ist. Wahrscheinlich sind hier aber ebenso chemische Gründe zu nennen, etwa aufgrund der Bodenverhältnisse besonders in Verbindung mit der Qualität der Keramik. Wie auch immer das Auftreten einzelner Scherben interpretiert werden muss, es ist eine sehr schwierige Entscheidung, zu bestimmen, ob in den Gräbern ursprünglich eine größere Zahl an Gefäßen gelegen hat, als wir es heute feststellen können, oder ob einzelne Scherben mit der Verfüllung in die Gräber gelangten. Auch hier sind wieder mehrere Szenarien denkbar, entweder weil auf der Erdoberfläche „keramische Abfälle" herumlagen und diese aus „Unachtsamkeit" in die Grabgruben eingebracht wurden, oder wir haben es mit einem Ritus zu tun, bei welchem während der Totenfeier zerschlagene Gefäße bzw. einzelne Scherben in das Grab geworfen wurden. Interessanterweise ist ein hoher Anteil der vorliegenden Scherben aus schwarzer Keramik, wie sie nicht unter den vollständiger erhaltenen Gefäßen des Gräberfeldes auftritt. Die einzelnen Scherben aus insgesamt 24 Bestattungen sollen hier nicht im Einzelnen beschrieben werden (siehe Katalog).

1048 Ebd. Taf. 120 unten.
1049 Ebd. 26 ff.

IV Chronologie des Gräberfeldes

In diesem Kapitel werden die einzelnen Grabfunde und, in einer Synthese, die jeweiligen Neckarsulmer Gräber datiert. Angesprochen werden dabei allein die Funde, die chronologisch zur Datierung beitragen können. Kleinteilige Bronzeobjekte und einzelne Scherben sind daher nicht berücksichtigt. Begonnen wird mit jenen Gräbern, in denen die chronologisch besonders aussagekräftigen Bestattungen anzutreffen sind. Darunter befinden sich u. a. alle drei Schwertbestattungen im östlichen Bereich der Nekropole. Die Datierung dieser Gräber bildet sozusagen das chronologische Grundgerüst, in welches die übrigen Gräber, soweit dies möglich ist, eingebunden werden. Zunächst werden die gesichert in Ha A1 datierbaren Gräber angesprochen, danach folgen jene Gräber, die gesichert in Ha A datieren, vermutlich sogar ebenfalls nach Ha A1. Abschließend werden die nicht datierbaren Gräber genannt. Bezüglich der Doppel- und Mehrfachbestattungen ist folgende Anmerkung vorauszuschicken. Gefolgt wird der Annahme, dass die Toten aus den Doppel- oder Mehrfachbestattungen zum selben Zeitpunkt, d. h. als Paar oder als Gruppe, bestattet wurden. Diese Annahme basiert zum einen auf der Beobachtung, dass in keinem Fall ein erneutes Öffnen der Gräber festgestellt werden konnte, und zum anderen darauf, dass die Sitte von Doppel- und Mehrfachbestattungen eine evidente Regelhaftigkeit des Neckarsulmer Gräberfeldes darstellt. In den Fällen von Doppel- und Mehrfachbestattungen, in denen nur einer Bestattung Funde zugeordnet werden können, datiert jeweils die fundtragende Bestattung das gesamte Grab. Finden sich in einem Grab datierbare Beigaben bei verschiedenen Toten, so lässt sich in der Kombination der jeweiligen Funddatierungen ein gesamthafter Datierungsansatz für das Grab erstellen.

1 Hallstatt A1-zeitliche Gräber

Grab 22

Grab 22 ist insofern ein überaus interessanter Fund, weil hier zwei von drei Bestattungen offensichtlich beraubt sind. Zu erkennen ist dies bei zwei Bestattungen aufgrund massiver Störungen im Bereich der Oberkörper, während die dritte Bestattung offensichtlich unberührt blieb. Beraubt und fundleer sind die mittlere Bestattung (Individuum 2) und die östliche Bestattung (Individuum 3). Es ist demnach die Bestattung von Individuum 1, welche mit ihren Grabbeigaben das gesamte Grab datiert. Diese Bestattung ist innerhalb des Gräberfeldes einzigartig, da hier dem Toten gleich zwei vollständige Gefäße, statt wie üblich nur einem, zugewiesen werden können.

Das erste Gefäß (Taf. 46,3), eine große Schrägrandschüssel mit randständigem Henkel, ist weniger durch seine Form, als durch seine eigentümliche Verzierung etwas Besonderes. Das Dekor besteht neben zwei Riefen und feinen Rillen aus einer auffälligen Reihe Y-artiger Einritzungen. Ein derartiges Dekor ist für urnenfelderzeitliche Gefäße absolut untypisch und es bedarf eines Blickes zurück in die Spätbronzezeit, um ein vergleichbar verziertes Gefäß zu finden. Der gehenkelte Krug[1050] aus dem spätbronzezeitlichen Schwertgrab im württembergischen Reutlingen (Taf. 60,37) ist das einzige vollständige Gefäß mit einem vergleichbaren Dekor. Das Dekor besteht hier aus einer Kombination von Zickzackmustern, einer Y-Reihe und hängenden Dreiecken. Das besagte Y-Dekor ist wesentlich kleiner als beim Neckarsulmer Gefäß und stellt nur ein Element der gesamten Verzierung dar. Zwar sind großflächige Dekore auf Gefäßen der Spätbronzezeit (Stufe Bz D) im Raum der untermainisch-schwäbischen Gruppe nicht selten, aber gerade auch für diese Stufe ist die Y-Reihe eine absolut einzigartige Verzierung. Das Grab von Reutlingen datiert aufgrund eines Schwertes[1051] vom Typ Reutlingen in das Ende bzw. den Beginn der Stufen Bz D und Ha A1.[1052] Das Neckarsulmer Gefäß ist zwar formal als gehenkelte Schüssel und nicht als Krug anzusprechen, dennoch kann es als eine weiterentwickelte Form einer spätbronzezeitlichen Keramiktradition angesehen werden. Dies trifft vor allem auf dessen beschriebene Verzierung zu, da in der Urnenfelderzeit im Raum der untermainisch-schwäbischen Gruppe üblicherweise keine Gefäße mit vollem Dekor auftreten und die Mehrheit

---
1050 Unz, Keramik Taf. 3,3.
1051 Schauer, Schwerter Taf. 59 Nr. 404.
1052 Unz, Keramik 66; Sperber, Chronologie Taf. 104,3.

ausschließlich mit Riefen und Rillen verziert ist. Nur in den Gebieten der untermainisch-schwäbischen Gruppe, welche an jene der rheinisch-schweizerischen Gruppe anschließt, finden sich gewisse Einflüsse im Verzierungsstil. Nordwürttemberg ist aber definitiv nicht als eine Zone zu bezeichnen, in der eine solche Vermischung bzw. solche Einflüsse zu beobachten sind. Dass das Gefäß aus Neckarsulm in die Stufe Ha A1 zu datieren ist, darauf weisen Vergleichsfunde aus Frankfurt-Fechenheim[1053] und Aschaffenburg-Strietwald (Grab 27)[1054] hin. Besonders die Gefäßformen und die Riefenverzierungen dieser Funde entsprechen dem Neckarsulmer Gefäß. Interessant ist, dass es sich in beiden Fällen um Kriegerbestattungen handelt, wie es die Anwesenheit von drei bzw. zwölf Tüllenpfeilspitzen verrät. Im Grab von Aschaffenburg-Strietwald findet sich überdies ein weiteres Gefäß[1055], welches mit seinem ausfüllenden Dekor, dem hohen Hals und einem Henkel deutlich an den oben genannten Krug aus Reutlingen erinnert. Ein derart volldekoriertes und krugartiges Gefäß findet sich im Übrigen auch in einem Ha A1-zeitlichen Grab mit Griffangelschwert aus Altötting[1056] und auch aus Aschaffenburg-Strietwald (Grab 27). Möglicherweise sind derartige Gefäße für Kriegergräber der späten Bronze- und älteren Urnenfelderzeit nicht unüblich, wenn auch nur selten belegt.

Aber nicht allein das Dekor des Neckarsulmer Gefäßes, sondern auch dessen Form zeigt Verbindungen zur Spätbronzezeit. Dies verdeutlicht ein ähnliches, nur etwas größeres Gefäß aus einem Grab im südbadischen Oberrimsingen. Dieses datiert wie das Reutlinger Grab in den Übergang der Stufen Bz D nach Ha A1.[1057]

Abschließend sei auf ein Gefäß verwiesen, welches belegt, dass Keramikformen wie aus dem Neckarsulmer Grab noch in der Stufe Ha A2 auftreten. Es handelt sich um ein Henkelgefäß, allerdings ohne abgesetzte Halspartie, aus dem nur unweit von Neckarsulm entfernten Heilbronn (Taf. 59,6). Ein Schwert vom Typ Erbenheim[1058] datiert dieses Grab in die Stufe Ha A2. Die übrigen Gefäße dieses Grabes erinnern interessanterweise an solche aus den Neckarsulmer Gräbern 8/1, 17 und 25/2.

Das zweite Gefäß der Neckarsulmer Bestattung 22/1 (Taf. 46,2), es handelt sich um eine gehenkelte Schüssel mit Riefen- und Rillenverzierung, verfügt über einen terrinenartigen Gefäßkörper. Dies ist eine Gefäßform, welche sehr selten bei urnenfelderzeitlichen Keramiken anzutreffen ist. Eines der wenigen datierbaren Gefäße dieser Form stammt aus einem Grab im hessischen Viernheim.[1059] Aufgrund der Beifunde, bestehend aus einem Messer mit durchlochtem Griffdorn und einer Plattenkopfnadel[1060] mit doppelkonischem flachen Kopf und schrägstrichgefüllten Rillen, wird diese Bestattung in die Stufe Ha A1 datiert.[1061]

Das zur Bestattung gehörende Griffangelschwert (Taf. 45,8) vom Typ Unterhaching wurde bereits ausführlich diskutiert (Kap. III.4.2.1. u. III.4.2.2.1). Dieser Schwerttyp tritt während der Stufen Bz D bis Ha A2[1062] auf, ist aber vor allem für die Stufe Ha A1 typisch. Neben der „reinen" Form Unterhaching unterscheidet P. Schauer zwischen Schwertern der Variante Kirchardt und Eßfeld.[1063] Alternativ ist auch eine Unterscheidung dieses Typs in eine Variante A und eine Variante B nach H. Reim möglich.[1064]

Vergleichbare und vor allem datierbare Griffangelschwerter finden sich in den bekanntesten Gräbern der älteren Urnenfelderzeit. Besonders ähnlich ist ein Exemplar aus Grab 1 im hessischen Dietzenbach.[1065] Es handelt sich in diesem Fall um die Doppelbestattung eines Mannes und einer Frau. Zu den weiteren Grabbeigaben (Taf. 52)[1066] gehören drei Nadeln vom Typ Wollmesheim in den Varianten Mosbach[1067], Eschollbrücken[1068] und Weinheim[1069], ein Rasiermesser vom Typ Dietzenbach[1070] und ein Messer mit durchbohrtem Griffdorn. Hinzu kommt als weitere Waffe eine Lanzenspitze, welche wiederum einem Streufund ähnelt, der am Neckarsulmer Grab 18 gefunden wurde (Taf. 50,2). Zusammen mit verschiedenen Gefäßen, die eine Verzierung aus horizontalen Riefen aufweisen, ist eine Datierung des Dietzenbacher Grabes in die Stufe Ha A1 gesichert.[1071] Dieses Grab gilt in der Forschung auch als Leitinventar der älteren Urnenfelderzeit[1072] bzw. der

---

1053 Herrmann, Hessen Taf. 69 D 4; Datierung: Clausing, Untersuchungen 66.
1054 Rau, Aschaffenburg-Strietwald Taf. 15,2; Datierung: ebd. 20 u. Clausing, Untersuchungen 63.
1055 Rau, Aschaffenburg-Strietwald Taf. 15,1.
1056 Müller-Karpe, Vollgriffschwerter Taf. 11 F.
1057 Grimmer-Dehn, Oberrhein 60 und Taf. 106,1.
1058 Schauer, Schwerter Taf. 76 Nr. 505.
1059 Herrmann, Hessen Taf. 143 A 6.
1060 Kubach, Nadeln Taf. 74 Nr. 1147.
1061 Herrmann, Hessen 32.
1062 Reim, Griffangelschwerter 18ff.
1063 Schauer, Schwerter 83f.
1064 Reim, Griffangelschwerter 18.
1065 Schauer, Schwerter Taf. 41,281.
1066 Herrmann, Urnenfelderkultur Taf. 171; Jockenhövel, Rasiermesser Taf. 66, Clausing, Untersuchungen Taf. 3.
1067 Kubach, Nadeln Taf. 69 Nr. 1044.
1068 Ebd. Taf. 67 Nr. 1005.
1069 Ebd. Taf. 70 Nr. 1063.
1070 Jockenhövel, Rasiermesser Taf. 12 Nr. 148.
1071 Müller-Karpe, Hanau 36ff.; ders., Chronologie 172ff.; Clausing, Untersuchungen 16.
1072 Herrmann, Hessen 32; Kubach, Nadeln 439; Müller-Karpe, Chronologie 176.

Stufe Ha A1, welche daher nach Jockenhövel[1073] auch als „Stufe Dietzenbach" bezeichnet wird.

Auch das Griffangelschwert aus Speyer[1074] in Rheinland-Pfalz stammt aus einer Doppelbestattung eines Mannes und einer Frau. Unter den Beigaben[1075] dieses Grabes sind eine Nadel vom Typ Wollmesheim, zwei Zwillingsarmringe und der Überrest einer Beinberge der Frau zu zuordnen. Die Nadel und auch die Beinberge vertreten jeweils Fundtypen, die während der gesamten Stufe Ha A auftreten. Aufgrund der Ähnlichkeit des Schwerts zu jenen aus den Schwertgräbern von Dietzenbach und dem im Folgenden vorgestellten Grab von Eßfeld (s. u.), spricht sich die Mehrheit der Archäologinnen und Archäologen für eine präzisere Datierung dieses Grabes in die Stufe Ha A1 aus.[1076]

Ein drittes, sehr ähnliches Griffangelschwert stammt aus einem Grab im bayerischen Eßfeld (Taf. 53,1).[1077] Wiederum handelt es sich um die Doppelbestattung eines Mannes und einer Frau. Unter den Beigaben[1078] fanden sich neben einem Griffangelschwert, einer Rollen- und einer Plattenkopfnadel (s. u.), ein Messer mit durchlochtem Griffdorn, zwei Beinbergen und eine Fibel (Taf. 53). Das Messer[1079], die Beinbergen[1080] und auch das Schwert [1081] sprechen für eine Datierung der Bestattungen in die Stufe Ha A1. Mit der Fibel[1082] vom Typ Burladingen liegt ein Fund vor, welcher auch in die Stufe Ha A2 datiert werden könnte. Interessant ist, dass Müller-Karpe in der Keramik Anklänge an Formen der Stufe Bz D erkennt,[1083] weshalb von einer Datierung des Grabes in die Stufe Ha A1 ausgegangen werden muss.

Auch das Grab 30 von Unterhaching[1084] ist aufgrund seines Griffangelschwerts[1085], das zur „reinen Form" des Typs Unterhaching gehört, in die Stufe Ha A1 zu datieren. Bereits Müller-Karpe[1086] machte darauf aufmerksam, dass die schlanke Klinge dieses Schwertes an die Schwerter vom Typ Riegsee erinnert und somit noch in der Tradition spätbronzezeitlicher (Bz D) Schwerter steht. Obwohl die weiteren Bronzefunde, wie ein Messer mit durchlochtem Griffdorn und eine Rollennadel, während der gesamten Stufe Ha A auftreten, ist das Grab von Unterhaching in die Stufe Ha A1[1087] zu datieren.

Als Fazit ergibt sich für die Datierung der Bestattung 22/1 bzw. des gesamten Grabes, dass dieses mit Sicherheit während der Stufe Ha A1 angelegt wurde. Ausschlaggebend für diese Datierung ist, dass auch die Vergleichsgräber mit Griffangelschwertern wiederholt Keramik enthalten, welche Anleihen an Formen und Dekore der Spätbronzezeit zeigen. Es handelt sich aber jeweils um Gefäße, die aufgrund ihrer Riefenverzierung einen voll ausgebildeten Stil der Stufe Ha A1 repräsentieren.[1088]

Abschließend ist noch auf ein besonderes Detail am Neckarsulmer Griffangelschwert aufmerksam zu machen. Die Punktlinien am Ricasso, welche auch am Griffzungenschwert aus Grab 18 (s. u.) zu sehen sind, weisen auf eine Verzierung hin, welche bislang erst auf jüngeren Schwertern der Stufe Ha A2 zu entdecken waren (Abb. 54). Schwerter der Stufe Ha A1, seien es nun Griffangel- oder Griffzungenschwerter, tragen solche Verzierungen nämlich normalerweise nicht. Eine vergleichbare Ricassoverzierung findet man bspw. am Griffzungenschwert von Gammertingen[1089], welches bis dato als Leitfund der Stufe Ha A2 angesehen wurde. Letzteres könnte nach Kreutle sogar älter sein und in den Übergang zwischen die Stufen Ha A1 und Ha A2 gestellt werden. Ich komme bezüglich der Ricassoverzierungen zu dem Schluss, dass man hier ein Merkmal an einem Griffangelschwert zu fassen bekommt, welches den Verzierungsstil für eine Reihe späterer Griffzungenschwerter vorausnimmt. Daraus ergibt sich nicht, dass das Griffangelschwert aus Grab 22 aufgrund dieses Merkmals jünger als nach Ha A1 zu datieren sei. Allein aufgrund der Datierungen der Griffangelschwerter aus den oben genannten Gräbern von Eßfeld, Speyer, Dietzenbach ist diese jüngere Datierung nämlich auszuschließen.

Es ist bedauerlich, dass gleich zwei Bestattungen aus Grab 22 beraubt sind, und es wäre interessant zu wissen, mit welchen Beigaben diese Personen ursprünglich ausgestattet waren. Es ist daher ein glücklicher Umstand, dass gerade die Bestattung 22/1 unangetastet blieb. Der Schwertträger bzw. seine Funde stehen in einer Tradition, die deutlich Bezüge zur Spätbronzezeit aufweisen, insgesamt betrachtet aber voll in der Stufe Ha A1 stehen. Etwas

---

1073 Jockenhövel, Rasiermesser 109.
1074 Schauer, Schwerter Taf. 41 Nr. 283; Krahe, Speyer Abb. 1,1.
1075 Krahe, Speyer 2ff. Abb. 4; Schauer, Schwerter Taf. 84 Nr. 283.
1076 Schauer, Schwerter 85; Richter, Arm- und Beinschmuck 64ff.; Reim, Griffangelschwerter 22; Zylmann, Pfalz 247; Sperber, Chronologie 318, Nr. 148; Clausing, Untersuchungen 355.
1077 Schauer, Schwerter Taf. 41,282.
1078 Pescheck, Würzburg Taf. 31; Wilbertz, Unterfranken Taf. 53.
1079 Müller-Karpe, Chronologie 172.
1080 Ebd. 174.
1081 Schauer, Schwerter 85; Clausing, Untersuchungen 16.
1082 Betzler, Fibeln 36 u. Taf. 3,61; Vgl. Wilbertz, Unterfranken Taf. 53,14.
1083 Müller-Karpe, Chronologie 174.
1084 Schauer, Schwerter Taf. 41 Nr. 280.
1085 Müller-Karpe, Handbuch Taf. 426 A; Clausing, Untersuchungen Taf. 53 B.
1086 H. Müller-Karpe, Münchener Urnenfelder (Kallmünz/Opf. 1957) 34.
1087 Ebd. 32ff.; Sperber, Chronologie 328, Nr. 178.
1088 Müller-Karpe, Chronologie 172; 174.
1089 Schauer, Schwerter, Taf. 79 Nr. 529.

Besonderes ist bei dieser Bestattung der goldene Ring (Taf. 46,1), den der Tote am Finger trug, denn goldene Ringe, vor allem in Verbindung mit einem Schwert, wurden bislang nur in Gräbern der mittleren Bronzezeit aufgefunden.[1090] Hier zeigen sich möglicherweise sogar noch weiter zurückreichende Traditionen an.

Grab 18

Grab 18 liegt unmittelbar südlich des vorherig behandelten Grabs 22 und ist aufgrund der zahlreichen Bronzen beider Bestattungen nicht nur das am reichsten ausgestattete Grab der Nekropole, ihm kommt in Bezug auf die Datierung weiterer Gräber des Gräberfeldes eine zentrale Bedeutung zu.

Konzentrieren wir uns zunächst auf die östlich gelegene Bestattung von Individuum 1, wobei mit dem Griffzungenschwert (Taf. 37,8) vom Typ Hemigkofen begonnen werden soll, in welchem ich einen Vertreter der Variante Uffhofen erkenne. Das namengebende Schwert dieser Variante aus einem Grab im rheinland-pfälzischen Flonheim-Uffhofen[1091] enthielt als Grabausstattung unter anderem drei Bronzeringe, eine Plattenkopfnadel und ein Messer mit geripptem Zwischenstück am Griff und gekehltem Griffdorn. Kubach meint in dem Messer „eine erst in der mittleren Urnenfelderzeit [Ha A2] beginnende und in der jüngeren Urnenfelderzeit [Ha B] in veränderter Gestalt fortlebende Form"[1092] erkennen zu können. Auch andere Archäologen datieren den Grabfund in die Stufe Ha A2.[1093] Einzig Sperber[1094] kommt nach seiner Seriation zu dem Ergebnis, dass das Grab in die Stufe Ha A1 zu datieren sei.

Der zweite datierbare Grabfund mit einem Schwert der Variante Uffhofen ist jener aus dem hessischen Eschborn (Taf. 54).[1095] Zum Grab[1096] gehören unter anderem sechs Tüllenpfeilspitzen sowie zwei Nadeln[1097], auf die wir im Folgenden noch zu sprechen kommen (s. u.). Bei der Keramik handelt es sich um zumeist unvollständige Reste von insgesamt sechs becherartigen Gefäßen, darunter ein Becher mit gerafften Rillen, Riefengirlanden und Riefenbuckeln vom Typ Nauheim.[1098] Der größte Teil der Gefäße ist von feiner Qualität und wird daher auch zur so genannten „Adelskeramik"[1099] gerechnet, welche in der Stufe Ha A2 auftritt. Ein noch edleres Trinkgefäß aus dem Grab stellt eine Bronzeblechtasse vom Typ Fuchsstadt dar. Der Armring[1100] aus diesem Grab gehört zum Typ Hanau. Ein weiterer Armring dieses Typs findet sich im Ha A2-zeitlichen Grab von Gammertingen (Taf. 55,21)[1101] (s. u.). Hervorzuheben ist unter den Funden des Eschborner Grabs ein Messer (Taf. 54,4), welches wie jenes aus dem Grab von Flonheim-Uffhofen über ein Zwischenstück am Griff und einen gekehltem Griffdorn verfügt. Eine Datierung des Eschborner Grabes bzw. der einzelnen Funde erfolgt mehrheitlich in die Stufe Ha A2.[1102]

Bereits bei der Besprechung des Neckarsulmer Schwertes (Kap. III.4.2.2) wurde darauf hingewiesen, dass bei Schwertern vom Typ Hemigkofen eine Abgrenzung zwischen der Variante Uffhofen und der Variante Elsenfeld nicht immer einfach ist. Aus diesem Grunde sei noch auf den Fund aus Elsenfeld[1103] in Bayern verwiesen, welcher dieser Variante den Namen gab. Als Beigaben[1104] fanden sich auch in diesem Grab Bruchstücke von fünf Pfeilspitzen. Möglicherweise enthielt die Bestattung insgesamt vier Nadeln, von denen sich aber allein eine Plattenkopfnadel[1105] erhalten hat. An Keramik fand sich ein Becher mit Girlandenriefen und Buckeln vom Typ Nauheim[1106]. Datiert wird dieses Grab mehrheitlich in die Stufe Ha A2.[1107]

Es ist also festzuhalten, dass Schwerter der Varianten Uffhofen[1108] und Elsenfeld mehrheitlich in die Stufe Ha A2 datiert werden. Einzig L. Sperber[1109] kommt wie gesagt zum Ergebnis, dass die Schwertvariante Uffhofen, mit Ausnahme des Schwerts von Eschborn[1110], in die Stufe SB II a bzw. Ha A1 zu datieren sei. Bleibt man bei der Datierung der oben genannten Schwerter bzw. Schwertgräber in die Stufe Ha A2, so stellt sich die Frage, ob man dieser Datierung im Falle des Neckarsulmer Schwerts folgen soll. Hier ist aber zunächst auf die große Ähnlichkeit

---

1090 Oberrath, Goldfingerringe Abb. 22.
1091 Schauer, Schwerter Taf. 144 C. Eggert, Rheinhessen Taf. 13 A; Clausing, Untersuchungen Taf. 31 B.
1092 Kubach, Nadeln 463 f.
1093 Schauer, Schwerter 162; Clausing, Untersuchungen 24.
1094 Sperber, Chronologie 318, Nr. 128.
1095 Schauer, Schwerter Taf. 69 Nr. 471.
1096 Herrmann, Hessen Taf. 84; Richter, Arm- und Beinschmuck Taf. 86.
1097 Kubach, Nadeln Taf. 72 Nr. 1100; ebd. Taf. 75 Nr. 1182.
1098 Ebd. 453.
1099 Herrmann, Hessen 34.
1100 Richter, Arm- und Beinschmuck Taf. 45 Nr. 839.
1101 Schauer, Schwerter Taf. 146,21.
1102 Müller-Karpe, Chronologie 176; ders., Hanau 49; Schauer, Schwerter 162; Kubach, Nadeln 453; 464 Anm. 11; Richter, Arm- und Beinschmuck 141; Kolling, Mimbach 51; Sperber, Chronologie 73.
1103 Schauer, Schwerter Taf. 71 Nr. 480.
1104 Endrich, Elsenfeld Abb. 18 A; Wilbertz, Unterfranken Taf. 36,2–12.
1105 Kubach, Nadeln 464 Anm. 19.
1106 Ebd. 453 mit Anm. 7.
1107 Cowen, Griffzungenschwerter 133; Müller-Karpe, Chronologie 176; Kubach, Nadeln 453; Schauer, Schwerter 179.
1108 Schauer, Schwerter 162.
1109 Sperber, Chronologie 48 „Typ 81".
1110 Ebd. 73.

dieses Schwerts zu dem oben genannten Griffangelschwert aus Grab 22/1 hinzuweisen, das ich in die Stufe Ha A1 datiere. Aufgrund der großen Ähnlichkeit bezweifele ich daher, dass zwischen der Produktion beider Schwerter ein allzu großer Zeitraum gelegen hat. Ich gehe vielmehr sogar davon aus, dass beide Schwerter in derselben Werkstatt hergestellt wurden. Bereits bei der Ricassoverzierung des Griffangelschwertes, die sich in ähnlicher Weise auch bei dem Griffzungenschwert beobachten lässt, wurde auf das Grab von Gammertingen verwiesen. Die schlüssige Argumentation von Kreutle besagt, dass dieses Grab in den Übergang der Stufen Ha A1 und Ha A2 datiert und eben nicht als Leitinventar der Stufe Ha A2 zu betrachten ist. Das Schwert aus Gammertingen würde somit betreffend seiner Ricassoverzierung eine chronologische Brücke zwischen die Neckarsulmer Schwerter und den Schwertern vom Typ Locras schlagen. Auf Letzterem, Ha A2-zeitlichen Typ tritt nämlich die Verzierung des Ricassos in vollem Umfang zutage.

Bei dem Gefäß aus der Bestattung 18/1 handelt es sich um eine Schrägrandschüssel mit randständigem Henkel (Taf. 39,1). Hier ist zunächst zu sagen, dass Gefäße mit horizontaler Riefenverzierung typisch sind für die Stufe Ha A1.[1111] Das diesem Gefäß ähnlichste Exemplar aus einem Grab in Frankfurt-Nied[1112] ist leider aufgrund der unsicheren Fundbergung nicht genauer als nach Ha A zu datieren. Interessant ist daher ein weiteres Gefäß aus einem Grab im südhessischen Lampertheim[1113], da zu dieser Bestattung auch ein Rasiermesser vom Typ Lampertheim gehört. Ein derartiges Rasiermesser fand sich bei dem zweiten Individuum des Neckarsulmer Grabes, bei Bestattung 18/2. Wir kommen an späterer Stelle auf dieses Objekt zurück (s. u.). Das Grab von Lampertheim datiert in die Stufe Dietzenbach bzw. Ha A1.[1114]

Ein anderes Gefäß (vgl. Gefäß aus Grab 25/2) stammt aus Grab 1 von Wisselsheim[1115] im Kr. Friedberg. Dieses entspricht in der Form der unteren Gefäßhälfte und seiner Verzierung aus zwei breiten Riefen oberhalb des Gefäßumbruchs unserem Gefäß. Da zum Wisselsheimer Grab ebenso mit Riefengirlanden und Buckeln verzierte Gefäße gehören, ist das Grab nach Ha A2 zu datieren. Die gleiche Datierung gilt für das Gefäß aus einem Grab in Darmstadt-Oberwald[1116], da dieses mit einem Messer mit umgeschlagenem Griffdorn und einem Armring vom Typ Hanau[1117] (s. o.) vergesellschaftet ist. Allerdings ist das Gefäß dem Neckarsulmer Fund nur bedingt ähnlich. In einem Grab im hessischen Oberwalluf[1118] fanden sich Gefäße, die mit ihrer Verzierung, bestehend aus einer Kombination aus Riefen und Rillenlinien, sowie den einziehenden Gefäßunterteilen dem Neckarsulmer Gefäß nahekommen. Herrmann[1119] nimmt aufgrund der Keramik eine Datierung des gesamten Grabes in die Stufe Ha A1 vor. Das Grab enthielt an bronzenen Beigaben unter anderem sechs Pfeilspitzen und, wie Bestattung 18/1, ein Messer mit durchbohrtem Griffdorn und keilförmigem Klingenquerschnitt. Kubach[1120] scheint bei der Datierung des Grabes aus Oberwalluf in Richtung Stufe Ha A2 zu tendieren, da eine Schale aus diesem Grab eine für diese Stufe nicht seltene Verzierung aus strichgefüllten Dreiecken aufweist. Interessant ist dieses Grab aber vor allem aufgrund eines weiteren Fundes, und zwar einer Nadel[1121] mit getrepptem doppelkonischem Kopf, die Kubach zur Nadelform Landau zählt. Dieser Form ähnlich sind Nadeln vom „Typ Neckarsaulm" (s. u.) und es spricht vieles dafür, diese Nadel aus Oberwalluf dem von uns definiertem Nadeltyp zuzuordnen.

Wie man feststellen kann, trägt das Gefäß dieser Bestattung nur bedingt etwas zur Datierung des Grabes bei. Im Gegensatz zu einem weiteren Bronzefund, welcher unmittelbar am Schwert lag. Das Messer (Taf. 38,1) mit durchlochtem Griffdorn spräche nach Ansicht von Müller-Karpe[1122] und Herrmann[1123] tendenziell für eine Datierung der Bestattung in die Stufe Ha A1, wenngleich derartige Messer noch während der Stufe Ha A2[1124] auftreten können.

Als letzter, und wie man feststellen wird, überaus wichtiger Bronzefund, ist eine Nadel (Taf. 38,2) zu nennen. Da dieser Nadeltyp mit insgesamt sieben Exemplaren auf dem Gräberfeld vorliegt (Abb. 62) und es nicht genügt, diese Nadeln dem Nadeltyp Landau bzw. den „Nadeln mit doppelkonischem Kopf" zuzuordnen, habe ich den Nadeltyp Neckarsulm definiert. Dieser Nadeltyp zeigt eine doppelkonische Kopfform, eine getreppte Rillenverzierung und eine Knopfspitze. Der Nadel aus Bestattung 18/1 kommt nun zur Datierung der übrigen Nadeln

---

[1111] Müller-Karpe, Chronologie 172ff.; Richter, Arm- und Beinschmuck 16.
[1112] Herrmann, Hessen Taf. 71,1.
[1113] Ebd. Taf. 140,16.
[1114] Jockenhövel, Rasiermesser 97; Sperber, Chronologie 47 „Typ 75".
[1115] Herrmann, Hessen Taf. 123 D 2.
[1116] Ebd. Taf. 146 A 2.
[1117] Richter, Arm- und Beinschmuck 141.
[1118] Herrmann, Hessen Taf. 89 B 22.23.
[1119] Ebd. 31 Abb. 5,6.
[1120] Kubach, Nadeln 470.
[1121] Ebd. 468, Nr. 1163.
[1122] Müller-Karpe, Chronologie 194 Abb. 29.
[1123] Herrmann, Hessen 31.
[1124] Dehn, Nordwürttemberg 31.

dieses Typs eine besondere Aufgabe zu, da nur wenige dieser Nadeln in der Nekropole mit Bronzefunden vergesellschaftet sind und sie somit kaum Datierungsansätze liefern können. Einzig ein Exemplar bei Individuum 1 aus Grab 2 (s. u.) kann zumindest nach Ha A datiert werden, da sich bei den beiden übrigen Bestattungen dieses Grabes je eine Nadel vom Typ Wollmesheim fand (vgl. Kap. III.4.1.1). Folglich kommt Grab 18 die Aufgabe zu, innerhalb des Gräberfeldes einen Anhaltspunkt für die Datierung des Nadeltyps Neckarsulm zu liefern, wodurch sich sozusagen ein gewisses „Abhängigkeitsverhältnis" zwischen Grab 18 und den Gräbern 2, 4, 7, 12, 17 und 24 ergibt.

Die oben genannten Nadeln des Typs Landau datiert Kubach[1125] nach Ha A2. Unter diesen Nadeln befinden sich jedoch nur sehr wenige, die den Neckarsulmer Nadeln ähnlich sind. Diese Zahl verringert sich zudem, wenn nur diejenigen Nadeln berücksichtigt werden, die aus geschlossenen Funden stammen und daher Hinweise auf eine Datierung dieses neu definierten Nadeltyps liefern können. Annähernd ähnlich ist jene bereits genannte Nadel aus dem Grab von Oberwalluf[1126], welche vor allem den Nadeln aus den Neckarsulmer Gräbern 7/1, 12/1 und eben jenem Exemplar aus Grab 18/1 nahekommt. Bereits bezüglich eines Gefäßes, ähnlich demjenigen der Bestattung 18/1, wurde auf die Datierung des Oberwallufer Grabes in die Stufe Ha A1 hingewiesen (s. o.). Als zweiter Fund ist eine Nadel aus Grab 2 in Herrnwahlthann[1127] in Niederbayern zu nennen. Dieses Grab datiert aufgrund eines Rasiermessers[1128] der Variante Dietzenbach in die Stufe Ha A1. Das Grab aus Dietzenbach, welches namengebend für diesen Rasiermessertyp ist, wurde oben bereits vorgestellt, da es ein Griffangelschwert enthält. Da einem Messer aus dem Grab von Herrnwahlthann der Griffdorn abgebrochen ist und fehlt, ergeben sich mit diesem Objekt, wie auch durch die Keramik und zwei Pfeilspitzen, keine zusätzlichen Hinweise für eine Datierung des Grabes. Dem hingegen möchte U. Pfauth[1129] den gesamten Grabfund in die Stufe Ha A2 datieren.

Bevor nun die einzelnen Ergebnisse für eine Datierung der Funde aus Bestattung 18/1 zusammengeführt werden, sollen noch die Funde der zweiten Bestattung dieses Grabes besprochen werden. Abschließend erfolgt dann eine umfassende Datierung von Grab 18.

Die Bestattung von Individuum 2 enthielt zwei Beigaben aus Bronze, die beide auf Kopfhöhe des Bestatteten lagen. Beim ersten Fund handelt es sich um ein Rasiermesser (Taf. 41,2) mit offenem Rahmengriff und Endring vom Typ Lampertheim.[1130] Zu bedenken wäre, dass der Tote mit 70 Jahren bereits sehr alt war und, falls das Rasiermesser schon viele Jahre in seinem Besitz war, das Objekt schon zu jener Zeit ein Altstück war. Chronologisch fällt dieser Umstand, wie man noch sehen wird, allerdings nicht ins Gewicht.

Es liegen vom Typ Lampertheim nur sehr wenige geschlossene Grabfunde vor, die Datierungsansätze für diesen Typ liefern können. Das Grab von Lampertheim[1131] in Hessen wurde bereits oben genannt, da sich unter der Grabkeramik unter anderem auch ein Gefäß befindet, das jenem aus Bestattung 18/1 ähnelt. Jockenhövel sieht bei der Datierung des Lampertheimer Grabes vor allem in Hinblick auf die weiteren Beigaben gewisse Schwierigkeiten:

„Das Grab von Lampertheim lässt keine eindeutige Zuweisung zur Dietzenbach- oder Gammertingen-Stufe zu. Die Kugelkopfnadel und der Toneimer sind in beiden Zeitstufen [Ha A1 und Ha A2] der südwestdeutschen älteren Urnenfelderkultur geläufig."[1132]

Jockenhövel entschließt sich im Falle des Lampertheimer Grabes jedoch für eine Datierung und stützt sich dabei auf das Rasiermesser.[1133] Er führt an, dass die nach Ha A1 zu datierenden Rasiermesser vom Typ Dietzenbach über ein vergleichbares Messerblatt verfügen und daher auch der Typ Lampertheim nach Ha A1 datiert werden könne.[1134] Das zweite datierbare Rasiermesser[1135] stammt aus einem Grab in Heidelberg-Grubenhof. Der Erhaltungszustand dieses Fundes ist zwar recht schlecht, Griff und Blatt geben aber gut zu erkennen, dass es sich um einen Vertreter des Typs Lampertheim handelt. Auch hier geben zwar die weiteren Grabbeigaben[1136] keinen eindeutigen Hinweis auf die Datierung des Grabes, da sowohl ein Messer mit durchlochtem Griffdorn, als auch eine Nadel vom Typ Wollmesheim sowohl in Stufe Ha A1 als auch in Stufe Ha A2 auftreten können. Jockenhövel[1137] und bereits Müller-Karpe[1138] sprechen sich jedoch beide für eine Datierung

---

1125 Kubach, Nadeln 473.
1126 Kubach, Nadeln Taf. 75 Nr. 1163; Herrmann, Hessen Taf. 89 B 8.
1127 Pfauth, Herrnwahlthann Abb. 4,1.
1128 Jockenhövel, Rasiermesser Taf. 13 Nr. 159.
1129 Pfauth, Herrnwahlthann 22.
1130 Jockenhövel, Rasiermesser 96 ff.
1131 Herrmann, Hessen Taf. 140.
1132 Jockenhövel, Rasiermesser 97.
1133 Ebd. Taf. 11 Nr. 123.
1134 Ebd. 98, vgl. Herrmann, Hessen 32.
1135 Ebd. Taf. 11 Nr. 124.
1136 Ebd. Taf. 65 B.
1137 Ebd. 98.
1138 Müller-Karpe, Chronologie 195 Abb. 30.

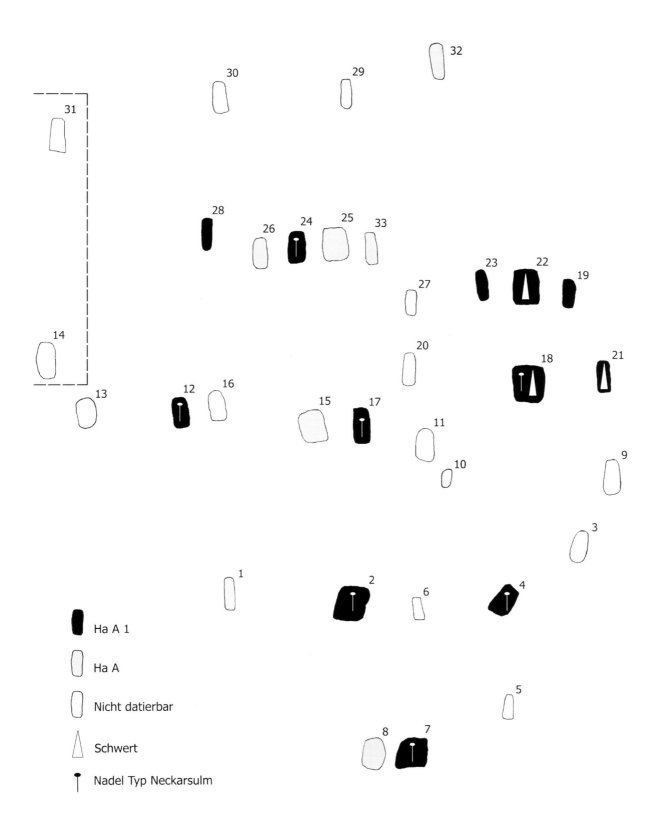

Abb. 62: Gräberfeldplan mit Datierung der Gräber.

des Grabes in die Stufe Dietzenbach bzw. Ha A1 aus. Bei der zweiten Beigabe dieser Bestattung handelt es sich um eine prunkvolle Nadel (Taf. 41,1), die ich der Nadelform Schwabsburg[1139] zuordne. Nadeln der Form Schwabsburg besitzen ebenfalls eine diskoide Kopfform, zeigen allerdings nur in Ausnahmen eine getreppte Rillenverzierung und eine Knopfspitze. Die Neckarsulmer Nadel ist allerdings in ihrer Art absolut einmalig, weshalb kein anderes Exemplar mit übereinstimmendem Aussehen genannt werden kann. Das namengebende Exemplar aus Schwabsburg zeigt bspw. eine andere Gestaltung des Kopfes, nämlich ein ornamentales Muster aus sternförmigen Punktreihen und Strichelbündeln. Da die Zahl von Nadeln der Form Schwabsburg überhaupt sehr gering ist, die jeweiligen Übereinstimmungen innerhalb der Vertreter nur auf verschiedene Merkmale beschränkt sind und nur wenige Nadeln aus datierbaren Fundzusammenhängen stammen, können die Datierungshinweise, welche die Vergleichsfunde liefern, nur unter Vorbehalt angenommen werden.

Aufgrund der qualitativ leider sehr schlechten Abbildung lässt sich die Ähnlichkeit zu einer Nadel aus einem Grab im luxemburgischen Ort Burmerange[1140] im Kt. Remich nur erahnen (Abb. 47). Anhaltspunkte für eine enge Verwandtschaft zu unserer Nadel liefern aber die zu erkennende flach doppelkonische Kopfform und die schriftlich vorliegende Beschreibung des Objektes. Umlaufende konzentrische Kreise, vermutlich getreppt, sowie eine dazwischenliegende Verzierung zeigen eine deutliche Übereinstimmung zu unserem Exemplar. Die übrigen Grabfunde aus Burmerange sind nicht typisch für den Raum der rheinisch-schweizerisch-ostfranzösischen Urnenfelderkultur. Dieses betrifft zwar nicht das Messer mit durchlochtem Griffdorn, aber das Rasiermesser mit x-Verstrebung im Rahmengriff, welches zweifellos zum Typ Dietzenbach[1141] gehört. Die beiden letzteren Bronzefunde datieren den gesamten Fundkomplex inklusive der Nadel in die Stufe Ha A1.[1142]

Die Nadel aus dem ostbayerischen Grab von Gundelsheim (Taf. 56)[1143] zeigt zwar mit ihrer flach doppelkonischen Kopfform, einer umlaufenden Punktlinie auf der Ober- und Unterseite sowie einem mit Strichen gekerbten Mittelwulst etliche Übereinstimmungen zur Neckarsulmer Nadel, ein wichtiges Merkmal fehlt jedoch. So ist der Nadelkopf weder mit getreppten Zonen verziert, noch ist die Nadelspitze mit einer Knopfspitze versehen. Sie gehört damit zu den Nadeln der Form Schwabsburg, deren Kopf glatt ist. Auch die Nadeln von Schwabsburg (Abb. 45,1) und Eschborn (Taf. 54,14) gehören zu dieser Art von Nadeln. Das Gundelsheimer Grab liegt außerhalb der untermainisch-schwäbischen Gruppe, was sich durch das Auftreten eines Vollgriffschwerts[1144] vom Typ Erlach bemerkbar macht. Derartige Schwerter treten im Raum der südwestdeutschen Urnenfelderkultur nämlich nicht auf. Anders verhält es sich mit dem Messer mit durchlochtem Griffdorn aus diesem Grab. Das Messer ist auf ungewöhnliche Weise mit einer goldornamentierten Zwinge verziert. Eine Datierung des Grabes in die Stufe Ha A1 ist wohl vor allem aufgrund des Schwertes gesichert.[1145]

Wurden bislang nur Nadeln aus der älteren Urnenfelderzeit vorgestellt, so komme ich nun zu Exemplaren aus jüngeren Grabfunden. Interessanterweise trifft man hier wieder auf das bereits im Zusammenhang mit dem Griffzungenschwert der Bestattung 18/1 angesprochene Grab von Eschborn (Taf. 54). Da die Datierung dieses Grabes in die Stufe Ha A2 bereits dargelegt wurde, konzentrieren wir uns nur auf einzelne Beigaben. Hierunter ist eine Nadel[1146] mit großem, flach doppelkonischem Kopf der Form Schwabsburg. Ein direkter Vergleich zu unserer Nadel zeigt, dass beide Exemplare sich allerdings nur entfernt nahestehen und nur in einigen Details Übereinstimmungen zeigen. Dieses betrifft vor allem die Kopfform und den mit einem Strichelband gekerbten Mittelwulst. Im Gegensatz zu unserer Nadel findet sich eine getreppte Rillenverzierung beim Eschborner Exemplar nur im oberen Bereich hin zur Spitze bzw. nach unten zum Nadelschaft. Eine Knopfspitze ist hier zwar vorhanden, allerdings ist diese sehr flach. Die Nadel von Eschborn ist in ihrer Erscheinung weniger durch die getreppte Rillenverzierung, als durch ein ornamentales Verzierungsmuster geprägt. Letzteres besteht nicht nur aus einer umlaufenden Punktlinie am äußeren Rand, sondern durch auffällige Punktlinien in sternartigen Anordnungen, welche sich auf der Ober- und Unterseite des Nadelkopfes befinden. Diese Verzierung findet sich auch auf der Nadel von Schwabsburg wieder, weshalb die Nadel von Eschborn in einem engen Verhältnis zu dieser Nadel steht. Ebenso kann eine Verbindung zu ähnlichen Nadeln aus einem Ha A-zeitlichen Depotfund aus Villethiery in Frankreich (Abb. 44,1–3) aufzeigt werden.

1139 Kubach, Nadeln 452f.
1140 Lamesch, Burmerange Taf. 1 (links).
1141 Jockenhövel, Rasiermesser 105ff.
1142 Sperber, Chronologie 317 Nr. 115a.
1143 Hennig, Obermain 117 Abb. 13,4; Eckes, Ostbayern Taf. 1,2c.
1144 Müller-Karpe, Vollgriffschwerter Taf. 5,3.
1145 Müller-Karpe, Vollgriffschwerter 9; Hennig, Obermain 143.
1146 Kubach, Nadeln Taf. 72 Nr. 1100.

Nur noch ein Grabfund aus Gammertingen in Baden-Württemberg zeigt ein Paar identischer Nadeln (Taf. 55), welche in die Nähe der Nadeln der Form Schwabsburg gestellt werden können, auch wenn Kubach[1147] der Ansicht ist, dass zwischen diesen und den Nadeln aus Schwabsburg und Eschborn keine enge Verwandtschaft besteht. Dieses liegt vor allem an der Einzigartigkeit der beiden Gammertinger Nadeln, die in der mittleren Urnenfelderzeit mit ihren überlangen Nadelschäften, welche unterhalb des Kopfes mit mehreren Wülsten dekoriert sind, keine Parallelen finden. Die Nadel aus der Neckarsulmer Bestattung 18/2 erinnert aber vor allem aufgrund ihrer doppelkonischen Kopfform und der flachen Knopfspitze an diese Nadeln. Auch hier sind die Nadelköpfe mit umlaufenden Punktlinien verziert. Eine Untergliederung in mehrere Zonen und eine Treppung ist bei den Gammertinger Nadeln allerdings nur schwach ausgeprägt. Die beiden Nadeln sind Bestandteil einer überaus reichen Grabausstattung, wobei es sich hier mit einiger Sicherheit um die Doppelbestattung eines Mannes und einer Frau handelt. Wir hatten das Grab und die zahlreichen Funde bereits an anderer Stelle ausführlich vorgestellt. Das Grab von Gammertingen gilt als ein Leitinventar[1148] der Stufe Ha A2, weshalb diese Stufe auch als „Stufe Gammertingen"[1149] bezeichnet wird. Dieser Datierungsansatz gründet sich auf das Griffzungenschwert vom Typ Locras[1150] und ein Messer mit umgeschlagenem Griffdorn. Bei der mit übermäßig vielen Armringen ausgestatteten Frau datieren zwei Drillingsarmringe vom Typ Framersheim in der Variante Framersheim[1151] sowie ein Armring von Typ Hanau in die Stufe Ha A2. Kreutle hat in einer jüngeren Arbeit einen neuen Datierungsvorschlag vorgebracht, nach welchem das Grab von Gammertingen in den Übergang zwischen die Stufen Ha A1 und Ha A2 gestellt werden muss (Kap. III.4.1.4.1).

Als Fazit lässt sich festhalten, dass für das gesamte Grab 18 mehrere Faktoren für eine Datierung in die Stufe Ha A1 sprechen. Dieses sind für die Bestattung 18/1 das Messer mit durchlochtem Griffdorn und das Gefäß mit Riefenverzierung sowie das Rasiermesser der Bestattung 18/2. Letztere Datierung begründet sich vor allem mit der Ähnlichkeit der Rasiermesser vom Typ Lampertheim zu jenen vom Typ Dietzenbach. Vom Typ Dietzenbach findet sich ein Exemplar im Grab von Herrnwahlthann, welches eine entfernt ähnliche Nadel zu den Nadeln des Typs Neckarsulm enthält. Eine weitere ähnliche Nadel stammt aus dem Grab von Oberwalluf, das ebenfalls eine Datierung der Nadeln aus Neckarsulm in die Stufe Ha A1 unterstützt. Allein das Griffzungenschwert aus Grab 18 steht der Datierung, zumindest auf den ersten Blick, im Wege, da der größte Teil der Gräber mit Schwertern der Varianten Uffhofen und Elsenfeld in die Stufe Ha A2 datiert. Die Gräber von Eschborn und Flonheim-Uffhofen sind sicherlich in die Stufe Ha A2 zu datieren, da zu diesen Gefäße gehören, die mit Girlandenriefen und Buckeln verziert sind. Zudem findet sich in beiden Gräbern ein Messer mit gerripptem Zwischenstück. Nach Clausing hat man es dabei mit Messern zu tun, die „eigentlich so selten sind, dass sie wohl kaum als Leitform, aber doch als typisch für die mittlere Urnenfelderzeit (Ha A2) gelten können."[1152] Clausing nennt hier verschiedene Gräber mit solchen Funden[1153], wobei es erstaunt, dass hier nicht auch ein Messer aus dem Grab von Gundelsheim genannt wird (Taf. 56,3). Es ist eben jenes Grab (s.o), das u.a. mit einem Vollgriffschwert vom Typ Erlach und einer Nadel der Form Schwabsburg ausgestattet ist. Das Messer aus dem Gundelsheimer Grab verfügt über einen keilförmigen Klingenquerschnitt, einen durchlochten Griffdorn und eine aufgeschobene Zwinge aus Gold. Aufgrund des Schwertes und des Messers datieren Müller-Karpe[1154] und auch Clausing[1155] dieses Grab in die Stufe Ha A1. Diese Datierung widerspricht nun aber jener des Grabes von Eschborn, denn die Messer von Gundelsheim und Eschborn sind sich aufgrund der Zwinge, aber vor allem aufgrund eines verzierten Klingenrückens, dermaßen ähnlich, dass man für beide eine übereinstimmende Datierung erwarten würde. Möglicherweise ist ja das Grab von Gundelsheim in die Übergangsphase zwischen Ha A1 und Ha A2 oder sogar vollständig nach Ha A2 zu datieren. Andererseits könnte man auch die Datierung des Eschborner Grabes neu überdenken. Denn hier liegen, wie in Grab 18 von Neckarsulm, ein Griffzungenschwert vom Typ Uffhofen, eine Nadel der Form Schwabsburg und eine Nadel vor, die entfernt an den Typ Neckarsulm erinnert. Datiert das Grab von Eschborn vielleicht in eine frühe Stufe Ha A2 und werden hier Formen eines Ha A1-zeitlichen Grabes wie jenem von Neckarsulm fortgeführt? Wie auch immer, es steht m.E. jedoch fest, dass Schwerter der Variante Uffhofen bereits in der Stufe

---

1147 Kubach, Nadeln 454 Anm. 17.
1148 Müller-Karpe, Chronologie 197; Siehe auch Schauer, Schwerter 179; Richter, Arm- und Beinschmuck 136; 141; Wels-Weyrauch, Anhänger und Halsringe 76.
1149 Schauer, Schwerter 14f.
1150 Ebd. Taf. 79 Nr. 529.
1151 Richter, Arm- und Beinschmuck 133ff.
1152 Clausing, Untersuchungen 24.
1153 Ebd. Anm. 463.
1154 Müller-Karpe, Vollgriffschwerter 9.
1155 Clausing, Untersuchungen 37.

Ha A1 auftreten. Allein die Ähnlichkeiten zwischen dem Griffangelschwert aus Grab 21 und den beiden Griffzungenschwertern aus Grab 22 und besonders aus Grab 18 sprechen dafür (vgl. Kap. III.4.2.2.1). Natürlich gehören die Schwerter zu einer jeweils anderen „Schwertfamilie", doch bereits Schauer hat darauf aufmerksam gemacht, dass gerade die für Hiebwaffen charakteristischen Schwertklingen der Griffangelschwerter vom Typ Unterhaching und der Griffzungenschwerter vom Typ Hemigkofen über eine große Ähnlichkeit verfügen.[1156] Wieso sollte es in der älteren Urnenfelderzeit keine Griffzungenschwerter vom Typ Hemigkofen mit weidenblattförmiger Klinge gegeben haben, wenn Schwerter mit Griffangel bereits über solche Klingen verfügten? Möglicherweise hat man es im Falle der Griffzungenschwerter aus Neckarsulm ja mit den frühesten Exemplaren des Typs Hemigkofen mit weidenblattförmigen Klingen zu tun.

Zu guter Letzt datiert vermutlich auch die Lanzenspitze, die bei Grab 18 gefunden wurde, in die Stufe Ha A1. Diese ähnelt nämlich der Lanzenspitze aus dem Ha A1-zeitlichen Grab von Dietzenbach (Taf. 52,2). Wichtig ist nun, dass vor allem für die Nadel vom Typ Neckarsulm aus Grab 18 eine Datierung vorliegt, denn nun steht ein Datierungsansatz zur Verfügung, mit welchem auch die übrigen Nadeln dieses Typs werden können.

Grab 21

Grab 21 ist das Letzte der drei Schwertgräber und zugleich eines mit einer relativ hohen Zahl an Bronzefunden, die sich auf beide Bestattungen verteilen. Gefäße fanden sich interessanterweise nicht in diesem Grab.

Die prominenteste Beigabe der Bestattung 21/1 ist ein Griffzungenschwert (Taf. 44,1), das leider unvollständig ist. Die vorhandenen Bruchstücke erlauben zumindest eine Zuordnung zum Typ Hemigkofen, da jedoch der Bereich des Ricassos fehlt, kann nicht gesagt werden, ob das Schwert zur Variante Uffhofen oder zur Variante Elsenfeld gehört. Eine Datierung nach Ha A ist jedoch eindeutig.

Der Bronze-Armreif (Taf. 44,3) von Individuum 1 ist aufgrund seiner Verzierung aus strichgefüllten Dreiecken ein Fund, zu dem es kaum Parallelen gibt. Ich hatte aufgrund seines rhombenförmigen Querschnitts und den verjüngten, mit feinen Strichen verzierten Enden auf gewisse Ähnlichkeiten zu Armreifen des Typs Nieder-Flörsheim[1157] aufmerksam gemacht. Einzig in einem diesem Typ nahestehenden, allerdings aufgrund seiner Fundsituation nicht datierbaren Exemplar[1158] aus Hessen findet sich ein vergleichbares Objekt. Zu den Armringen vom Typ Nieder-Flörsheim bestehen sowohl Parallelen als auch Unterschiede (Kap. III.4.4.2), weshalb wir unseren Fund nicht ohne Vorbehalte diesem Typ zuordnen wollen. Da der Typ Nieder-Flörsheim bzw. die zahlreichen Armreife aus dem Depotfund dieses Ortes in die Stufe Wölfersheim[1159] bzw. den Übergang von der Stufe Bz D zur Stufe Ha A1[1160] datiert werden und ich nicht glaube, dass der Armring aus Neckarsulm in die Spätbronzezeit datiert werden kann, sehe ich in diesem Objekt eine Weiterentwicklung von Armringen des Typs Nieder-Flörsheim. Eine Datierung des Fundes in die Stufe Ha A1 ist daher naheliegend.

Unter dem Griffzungenschwert fand sich der obere Teil einer Plattenkopfnadel (Taf. 44,2). Diese hat eine sehr schlichte Kopfform und ist einzig mit fünf feinen, allerdings nur schwach zu erkennenden Rillen verziert. Plattenkopfnadeln gehören zu einem Nadeltyp, welcher in der gesamten Stufe Ha A auftritt, weshalb sich vergleichbare Nadeln sowohl aus der Stufe Ha A1 wie der Stufe Ha A2 anführen lassen. Aus der Stufe Ha A1 stammt eine Nadel aus einem Grabhügel im württembergischen Triensbach.[1161] Zur weiteren Grabausstattung gehören hier mit Riefen verzierte Gefäße, ein Verzierungsstil, der eine Datierung des Grabes in die Stufe Ha A1 rechtfertigt.[1162]

Ebenfalls in die Stufe Ha A1[1163] zu datieren ist eine Plattenkopfnadel[1164] aus dem Schwertgrab von Eßfeld in Unterfranken (Taf. 53,3). Das Griffangelschwert aus diesem Grab wurde bereits bei der Besprechung von Grab 22 erwähnt. Eine Datierung des Grabes in diese Stufe basiert nicht nur auf dem Schwert, sondern auch auf zwei Messern mit durchlochtem Griffdorn und einer Drahtbügelfibel[1165] vom Typ Burladingen. Für uns von hohem Interesse ist jedoch auch der andere Nadelfund aus dem Eßfelder Grab, nämlich der einer Rollennadel (Taf. 53,2). Ein solches Exemplar fand sich auch bei der zweiten Bestattung aus Grab 21 (s. u.).

An Ha A2-zeitlichen Funden von Plattenkopfnadeln kann ein Exemplar aus dem hessischen Steinheim[1166]

1156 Schauer, Schwerter 85 Anm. 1.
1157 Richter, Arm- und Beinschmuck 107ff.; Taf. 37 Nr. 621 u. Nr. 622.
1158 Ebd. Taf. 37 Nr. 645.
1159 Ebd. 109f.
1160 Ebd. 15f.
1161 Zürn, Schwäbisch Hall Taf. 31 B; Kreutle, Württemberg Abb. 6.
1162 Kreutle, Württemberg 180.
1163 Betzler, Fibeln 36.
1164 Wilbertz, Unterfranken Taf. 53,3.
1165 Betzler, Fibeln Taf. 3,61.
1166 Kubach, Nadeln Taf. 74 Nr. 1138.

genannt werden. Hier geben etwa ein Messer mit umgeschlagenem Griffdorn und ein Kegelhalsbecher der Form Nauheim[1167] den Ausschlag für diese Datierung.[1168] Auch in einem Grab aus dem hessischen Viernheim ist eine Plattenkopfnadel[1169] mit einem Messer mit umgeschlagenem Griffdorn[1170] vergesellschaftet. Eine Lanzenspitze[1171] weist das Grab im Übrigen als „Kriegergrab" aus. Für eine Datierung nach Ha A2 spricht auch eine Bronzetasse[1172] vom Typ Friedrichsruhe der Variante Osternienburg[1173]. Unter den Beigaben[1174] des Grabs von Flonheim-Uffhofen fand sich neben einem Schwert vom Typ Hemigkofen in der Variante Uffhofen (s. o) neben einem Messer auch eine Plattenkopfnadel. Kubach[1175] datiert den Grabfund jedoch in die Stufe Ha A2.

Bei der zweiten Bestattung des Grabes fand sich als Beigabe einzig eine Rollennadel (Taf. 44,4). Auch diese Nadeln sind wie die Plattenkopfnadeln von überaus schlichter Gestaltung und treten während der gesamten Stufe Ha A auf. Ein bedeutendes Element bei den Neckarsulmer Rollennadeln – vergleichbare Nadeln fanden sich auch in den Gräbern 23 und 33 – ist der nach hinten gelegte Kopf. Dieses erlaubt zuerst einmal eine Datierung in die Stufe Ha A. Im Folgenden nenne ich nur zwei datierbare Nadelfunde, wobei beide aus Gräbern der Stufe Ha A1 stammen. Diese Gräber stellen nur eine Auswahl dar, zu bedenken ist, dass Ha A2-zeitliche Gräber mit diesem Nadeltyp ebenfalls vorliegen. Dennoch ist es bemerkenswert, dass wir es in dem bereits genannten Schwertgrab[1176] von Eßfeld (Taf. 53), das ohne Zweifel in die Stufe Ha A1 datiert, mit der Vergesellschaftung einer Plattenkopf- und einer Rollennadel zu tun haben. Die gleiche Situation liegt nunmehr auch in unserem Grab 21 vor. Die Kombination von Rollenkopf- und Plattenkopfnadel in einem Grab findet daher eine interessante Parallele im Eßfelder Grab und unterstützt die chronologische Nähe der beiden Gräber aus Eßfeld und Neckarsulm. Als einziger württembergischer Fundort, vor allem aus einem gut datierbaren Fundzusammenhang, kann allein ein Exemplar aus Stuttgart-Bad Cannstatt[1177] angeführt werden. Möglicherweise gehört zu diesem Grab auch ein Rasiermesser vom Typ Dietzenbach, welches somit diese Rollennadel in die Stufe Ha A1 datieren würde.

Der Armreif hat gezeigt, dass auch in Grab 21 ein gewisser Bezug zur Stufe Bz D angezeigt wird. Platten- und Rollennadel allein können in die gesamte Stufe Ha A datieren, in ihrer Kombination erinnern sie dabei an das Ha A1-zeitliche Grab von Eßfeld. Führt man die Datierungen der beiden Bestattungen aus Grab 21 zusammen, so ist die Einordnung des gesamten Grabes in die Stufe Ha A1 naheliegend.

Grab 2

Bei diesem Grab handelt es sich um eine der wenigen Mehrfachbestattungen, bei welcher jeder der Toten im Besitz einer Nadel war. Das Grab ist daher offensichtlich unberaubt geblieben und die sehr dichte Lage der Skelette zeigt an, dass die Toten gleichzeitig bestattet worden sind.

Die östliche Bestattung von Individuum 1 besaß als Beigabe eine Nadel (Taf. 30,3) mit kleinem doppelkonischem Kopf vom Typ Neckarsulm. Eine Nadel dieses Typs aus Grab 22 hatte ich in die Stufe Ha A1 datiert, doch sollen zunächst die beiden übrigen Nadeln aus Grab 2 datiert werden, bevor diese Datierung übernommen wird.

Beim mittleren Individuum 2 fand sich eine Nadel (Taf. 30,4), die ich dem Typ Wollmesheim der Variante Weinheim zurechne. Diese ist besonders einer Nadel aus dem rheinland-pfälzischen Nierstein[1178] ähnlich. Zum Niersteiner Grab gehörte (vermutlich) ein unverzierter Armring, welcher in die Stufe Ha A1 datiert werden kann.[1179]

Eine Nadel aus dem hessischen Großkrotzenburg[1180] ist mit Gefäßen vergesellschaftet, die gewisse Anklänge an die Spätbronzezeit (Bz D) aufzeigen. Das Grab datiert vermutlich in den Übergang nach Ha A1,[1181] auch wenn an anderer Stelle die Nadel nach Ha A2 datiert wird.[1182]

Nur von geringer Ähnlichkeit zur Neckarsulmer Nadel, aber ebenfalls zur Variante Weinheim gehörend, sind die Nadeln aus Gau-Weinheim[1183], Dietzenbach (Taf. 52,3)[1184], Heidelberg-Grubenhof[1185] und Speyer[1186]. Wir sind auf einige dieser Gräber bereits oben zu sprechen gekommen, weshalb an dieser Stelle allein deren jeweilige Datierung nach Ha A1 hervorzuheben ist.

1167 Ebd. 453f.
1168 Ebd. 463.
1169 Ebd. Taf. 74 Nr. 1134.
1170 Herrmann, Hessen Taf. 144 A 22.
1171 Ebd. Taf. 144 A 13.14.
1172 Ebd. Taf. 144 A 1.
1173 Kubach, Nadeln 463.
1174 Schauer, Schwerter Taf. 144 C.
1175 Kubach, Nadeln 463f.
1176 Wilbertz, Unterfranken Taf. 53.
1177 Dehn, Nordwürttemberg Taf. 5 D 4.
1178 Kubach, Nadeln Taf. 69 Nr. 1046.
1179 Richter, Arm- und Beinschmuck 85.
1180 Kubach, Nadeln Taf. 69 Nr. 1048.
1181 Ebd. 442.
1182 Müller-Karpe, Chronologie 203 Abb. 39,3.
1183 Kubach, Nadeln Taf. 70 Nr. 1060; 1061.
1184 Jockenhövel, Rasiermesser Taf. 66 A.
1185 Ebd. Taf. 65 B.
1186 Krahe, Speyer Abb. 4,1.

Nach Ha A2 zu datieren sind zwei Nadeln aus der Doppelbestattung von Wollmesheim in Rheinland-Pfalz. Zur Ausstattung der Frau gehören unter anderem noch zwei Drillingsarmringe vom Typ Framersheim[1187] in der Variante Framersheim. Dem Mann lässt sich vor allem ein Griffzungenschwert[1188] vom Typ Erbenheim zuordnen. Die genannten Funde datieren das Grab in die Stufe Ha A2.[1189]

Das westlich in der Grabgrube liegende Individuum 3 verfügt neben einer Nadel über ein Gefäß und weitere Beigaben aus Bronze. Nicht zu datieren ist dabei ein kleiner Bronzering (Taf. 30,2), welcher vermutlich zu einem Gürtel o. Ä. gehörte. Ein Messer (Taf. 31,1) mit durchlochtem Griffdorn liefert einen ersten Hinweis für eine Datierung dieser Bestattung in die Stufe Ha A1.

Bei der Nadel (Taf. 31,3) handelt es sich wie bei der Bestattung 2/2 um ein Exemplar vom Typ Wollmesheim, diese gehört nun allerdings zur Variante Plaidt. Der überwiegende Teil der Gräber mit Nadeln der Variante Plaidt, genannt wurden hier die hessischen Gräber von Großkrotzenburg[1190], Gambach[1191], Bischofsheim[1192], Schröck[1193] und Södel[1194], datieren in die Stufe Ha A1. Dem hingegen ist eine Datierung des Grabes von Münzenberg[1195] sowohl in die Stufe Ha A1 und Ha A2 möglich[1196], während die Nadeln bzw. das Grab von Reichelsheim[1197] mit seinem Messer mit umgeschlagenem Griffdorn in die Stufe Ha A2 datiert werden kann.

Bei dem Gefäß (Taf. 32) dieser Bestattung handelt es sich ausnahmsweise nicht um eine gehenkelte Schüssel, sondern um eine Knickwandschale. Es ist die einzige Schale des Gräberfeldes. Wie schon die Nadeln vom Typ Wollmesheim, ist dies ein Typ, der in recht großer Zahl während der gesamten Stufe Ha A auftritt.[1198] Ich hatte nur eine geringe Auswahl von Gräbern mit vergleichbaren Knickwandschalen vorgestellt, zu erkennen war hier aber bereits ein gehäuftes Auftreten dieser Form während der Stufe Ha A1.

Eine Knickwandschale ähnlicher Form fand sich in einem Grab aus Bad Krozingen.[1199] Zur Grabausstattung gehören auch ein Paar identischer Binninger Nadeln[1200] und ein massiver rundstabiger Armring. Das Grab wird von verschiedenen Seiten in den Zeitraum vom Ende der Stufe Bz D und der Stufe Ha A1 datiert.[1201]

Mit einer Knickwandschale[1202], einer Plattenkopfnadel[1203] vom Typ Eddersheim und einem Messer mit durchlochtem Griffdorn datiert das Grab von Frankfurt-Höchst zumindest in die Stufe Ha A[1204], wenn nicht gar in die Stufe Ha A1.[1205]

Aus dem bereits im Zusammenhang mit dem Neckarsulmer Grab 18 angesprochenen Grab von Lampertheim[1206] mit seinem Rasiermesser vom Typ Lampertheim stammt eine weitere Schale. Das Grab datiert vermutlich ebenfalls in die Stufe Ha A1.[1207]

Eine Zusammenfassung der Datierung der einzelnen Bestattungen aus Grab 2 ergibt ein recht eindeutiges Bild. Zwar haben wir es gerade mit den Nadeln vom Typ Wollmesheim und der Knickwandschale mit Formen zu tun, welche während der gesamten Stufe Ha A auftreten, die genannten Vergleichsfunde datieren jedoch gehäuft in die Stufe Ha A1. Die Kombination aller Funde in Verbindung mit der angenommenen Datierung des Messers mit durchlochtem Griffdorn und der Nadel vom Typ Neckarsulm legt eine Datierung des gesamten Grabes in die Stufe Ha A1 nahe.

Grab 4

Grab 4 ist vollständig zerstört. Vom Skelett ist einzig noch ein Oberarmknochen vorhanden, an dem auch die einzige Beigabe dieser Bestattung, eine Nadel (Taf. 33,4) vom Typ Neckarsulm, liegt. Auf ein ehemals vorhandenes Gefäß weisen einige kleinere Scherben hin. Aufgrund der Nadel ist das Grab in die Stufe Ha A1 zu datieren.

Grab 7

Bei dieser Mehrfachbestattung ist einzig die Bestattung des östlichen Individuums 1 von einer Beraubung verschont geblieben. Hier fand sich eine Nadel (Taf. 33,2) vom Typ Neckarsulm. Die übrigen vier Bestattungen von Individuum 2–5 sind im Oberkörperbereich vollständig gestört, ein wiederkehrendes Muster, welches auf Grabraub hinweist. Mit der Nadel ist ein Anhaltspunkt für eine Datierung des Grabes in die Stufe Ha A1 gegeben.

1187 Richter, Arm- und Beinschmuck 133f.
1188 Schauer, Schwerter Taf. 76 Nr. 509.
1189 Müller-Karpe, Chronologie 154 Abb. 16; 197; Schauer, Schwerter 170; Kubach, Nadeln 444.
1190 Kubach, Nadeln Taf. 68 Nr. 1026.
1191 Herrmann, Hessen Taf. 109 D.
1192 Kubach, Nadeln Taf. 68 Nr. 1028.
1193 Ebd. Taf. 68 Nr. 1020.
1194 Ebd. Taf. 68 Nr. 1035.
1195 Ebd. Taf. 68 Nr. 1024.
1196 Wels-Weyrauch, Anhänger 114.
1197 Kubach, Nadeln Taf. 68 Nr. 1032; 1033.
1198 Dehn, Nordwürttemberg 22.
1199 Grimmer-Dehn, Oberrhein Taf. 100; 112.
1200 Kubach, Nadeln 415 ff.
1201 Kubach, Nadeln 421; Grimmer-Dehn, Oberrhein 60.
1202 Herrmann, Hessen Taf. 70 C 5.
1203 Kubach, Nadeln 455, Nr. 1122.
1204 Kubach, Nadeln 458; Herrmann, Hessen 31 Abb. 5,26.
1205 Müller-Karpe, Chronologie 172; 196, Abb. 30,1.
1206 Herrmann, Hessen Taf. 140,14.
1207 Ebd. 32.

Grab 12

Dieses Grab umfasst eine Doppelbestattung, wobei die Bestattung von Individuum 1 beigabenlos ist. Bei der westlichen Bestattung von Individuum 2 fand sich ein nur unvollständiges Gefäß (Taf. 35,1), wobei es sich möglicherweise um den Überrest eines Bechers mit Schrägrand handelt. Als zweite Beigabe besaß der Tote eine Nadel (Taf. 35,2) vom Typ Neckarsulm. Die Nadel vom Typ Neckarsulm datiert das Grab in die Stufe Ha A1.

Grab 17

Das Grab ist eine Einzelbestattung, zu deren Ausstattung eine Nadel (Taf. 36,2) vom Typ Neckarsulm und eine Schüssel (Taf. 36,1) mit ursprünglich zwei Henkeln gehören. Verziert ist das Gefäß mit zwei breiten Riefen.

Es lassen sich einige Vergleichsfunde anführen, die allerdings nur eine entfernte Ähnlichkeit mit unserem Gefäß besitzen. Die Gefäße aus Darmstadt-Oberwald[1208], (siehe auch Grab 18/1) und die Gefäße aus dem Schwertgrab von Heilbronn (Taf. 59,6–7)[1209] (siehe auch Grab 25/2 und 8/1) datieren in die Stufe Ha A2.[1210] Genannt werden müssen noch einmal die Gefäße aus den Hügelgräbern in Bad Friedrichshall-Jagstfeld. Eine Schüssel aus Hügel 2[1211] und ein Exemplar aus Hügel 5 (siehe auch Grab 32) datieren aufgrund ihrer Beifunde in die Stufe Ha A1. Aufgrund der Tatsache, dass die meisten Vergleichsgefäße demjenigen aus Grab 17 nur entfernt ähnlich sind, gewichte ich die chronologische Aussagekraft des Gefäßes niedriger als die der Nadel. Das Neckarsulmer Gefäß ist mit seiner strengen Riefenverzierung allerdings typisch für Gefäße der Stufe Ha A1. Aufgrund der Nadel datiere ich dieses Grab in die Stufe Ha A1.

Grab 24

Auch wenn die Doppelbestattung einen unberaubten Eindruck macht, verfügt nur die Bestattung von Individuum 2 über eine Beigabe. Dieses ist eine Nadel (Taf. 48,1) vom Typ Neckarsulm. Die Bestattung von Individuum 1 ist abgesehen von einzelnen Scherben beigabenlos. Aufgrund der Nadel ist das Grab in die Stufe Ha A1 zu datieren.

Grab 28

Zur Einzelbestattung aus Grab 28 gehört einer der herausragenden Nadelfunde des Gräberfeldes. Bei der Nadel (Taf. 49,1) handelt es sich um eine Form, welche zwar durch einige Funde bekannt ist, aber bislang nicht näher typologisiert wurde. Diese Gruppe von Nadeln bezeichne ich als kleine Variante von Nadeln der Form Schwabsburg. Die große Variante von Nadeln der Form Schwabsburg wurde bereits bei Bestattung 18/2 (siehe auch Kap. III. 4.1.4.1) vorgestellt. Andererseits erscheinen diese Nadeln bei näherer Betrachtung auch als eine stark vergrößerte Ausgabe von Nadeln des Typs Neckarsulm, da deren Kopfform und ihre Gestaltung mit Knopfspitze und getreppter Verzierung deutlich an diese erinnert.

Nadeln dieser Art finden sich in einigen Exemplaren im französischen Raum, etwa als Einzelfund aus Vierzon[1212] im Dép. Chér (Abb. 48,2), oder in mehreren Exemplaren im Depotfund von Villethierry[1213] im Dép. Yonne (Abb. 44,1–3). Letzterer Fund datiert in die Stufe Ha A.

Ein Streufund aus einer Grube im rheinland-pfälzischen Ernzen (Abb. 48,1)[1214] ist möglicherweise in Zusammenhang mit einer Ha A- bis Ha B-zeitlichen Wallanlage zu stellen.

Datierbar ist eine ähnliche Nadel aus einem Schwertgrab im saarländischen Mimbach (Taf. 57).[1215] Das Schwert gehört zum Typ Hemigkofen und kann daher in die Stufe Ha A datiert werden. Die Keramik ist im Stil der rheinisch-schweizerisch-ostfranzösischen Gruppe gehalten und weist chronologisch ungefähr in den Übergang zwischen die Stufen Ha A1 und Ha A2.[1216] Sperber[1217] datiert dieses Grab in die Stufe SB II a bzw. Ha A1.

Aufgrund der recht großen Ähnlichkeiten zur Nadel der Form Schwabsburg aus Grab 18 und den Nadeln vom Typ Neckarsulm, kann die Nadel und somit auch das Grab 28 in die Stufe Ha A1 datiert werden.

Grab 19

Grab 19 liegt direkt östlich neben Grab 22. Es handelt sich hierbei um eine Einzelbestattung mit recht speziellen Beigaben. Gemeint sind damit eine als Stabkopfnadel (Taf. 42,2) bezeichnete Nadel und ein Gefäß mit hoher Halspartie.

Zur Nadel fehlen entsprechende Vergleichsfunde, weshalb dieser Fund nicht näher datiert werden kann. Angewiesen ist man daher auf das Gefäß (Taf. 42,1) dieser Bestattung, aber auch hier sind Vergleichsfunde rar. Die Riefen und Rillenverzierung zeigten bereits eine Datierung in die frühe Stufe

---

1208 Herrmann, Hessen Taf. 146 A 2.
1209 Koch, Griffzungenschwerter Abb. 3,6–7.
1210 Herrmann, Hessen 34.
1211 Dehn, Nordwürttemberg Taf. 5 C 7.
1212 Villes, Vierzon 400 Abb. 9,16.
1213 Mordant u.a., Villethierry 80ff. Abb. 65–76.
1214 Gollup, Ernzen 21 Abb. 9,2.
1215 Kolling, Mimbach Abb. 3,4.
1216 Ebd. 51.
1217 Sperber, Chronologie 48 „Typ 80"; Taf. 17,130.

Ha A an. Ein weiteres sehr aufschlussreiches Merkmal dieses Gefäßes ist sein verhältnismäßig tief liegender Boden bzw. die sich daraus ergebende sehr hohe Halspartie. Hier sind Gräber aus dem badischen Oberrimsingen interessant, da dort Gefäße mit vergleichbar niedrigem Boden anzutreffen sind. Während sich ein henkelloses Gefäß aus dem Oberrimsinger Grab 1[1218] nicht genauer als nach Ha A datieren lässt, datiert Grab 3[1219], auch hier treten Gefäße mit niedrigem Boden und hoher Halspartie auf, in den Übergang der Stufe Bz D und Ha A1.[1220] Für diese Datierung spricht ein Gürtelhaken vom Typ Wangen aus diesem Grab.[1221] Die Datierung von Gefäßen der beschriebenen Art in die auslaufende Stufe Bz D oder vielleicht sogar in Stufe Ha A1, bestätigen des Weiteren die Gefäßfunde aus einem Grab in Langenau[1222] im Alb-Donau-Kreis. Ich halte es für gerechtfertigt, das Gefäß aus Grab 19 aufgrund seiner Gestaltung in die Stufe Ha A1 zu datieren, da sich noch Anklänge an die Spätbronzezeit erkennen lassen.

Grab 23

Grab 23 liegt direkt westlich von Grab 22 und ist aufgrund einer hier angefundenen Beigabe eine besondere Bestattung. Gemeint ist dabei weniger die Rollennadel (Taf. 47,2), welche, wie oben gezeigt wurde, einem häufiger auftretenden Typ angehört. Dieser Typ kann zunächst allgemein in die Stufe Ha A datieren werden, wenngleich ich bereits eine vergleichbare Nadel aus Grab 21 in die Stufe Ha A1 datiert habe. Außergewöhnlich ist vielmehr ein kleines amphorenartiges Gefäß (Taf. 47,1), das sich an den Füßen des Toten anfand. Ich hatte hier bereits auf überaus ähnliche Gefäße aus Oberfranken und vor allem aus dem böhmischen Gebiet hingewiesen. Zu nennen sind Gefäße aus Tlučná-Draganc[1223], Hájek[1224] und Hrušov[1225], die mit ihrem terrinenförmigen Körper, dem hohen zylindrischen Hals und den kleinen Henkelchen unserem Gefäß verblüffend ähnlich sind (Abb. 60; 61). Diese Ähnlichkeit ist sicherlich nicht zufällig, weshalb das Neckarsulmer Gefäß auf Vorbilder aus diesem Raum zurückgehen wird oder es sich sogar um ein importiertes Gefäß handelt. Die böhmischen Gefäße datieren nach dem Grab von Hrušov (Abb. 61), mit zwei Pfeilspitzen im Übrigen ein Kriegergrab, in die Stufe Ha A1.[1226] Eine Datierung des Neckarsulmer Grabes in die Stufe Ha A1 ist aufgrund der Parallelen zu den böhmischen Gräbern anzunehmen.

Grab 20

Grab 20 liegt einige Meter westlich von Grab 18 und beinhaltet höchst interessante Funde. Gemeint sind hier vor allem eine Bernsteinperle (Taf. 43,7) und ein Pfriem (Taf. 43,2) mit Knochengriff. Der Pfriem besitzt ein sehr ähnliches Gegenstück[1227] aus dem Bz D- bis Ha A1-zeitlichen Grab von Oberrimsingen. Da weder eine Nadel noch ein Gefäß bei dem Bestatteten gefunden wurde, kommt einem weiteren Fund, einem Messer (Taf. 43,1), eine besondere Bedeutung zu. Dieses Messer besitzt einen umgeschlagenen Griffdorn, ein Fundtyp, welcher allgemein als Leitfund der Stufe Ha A2 gilt. Nur in wenigen Fällen tritt dieser Typ bereits in der Stufe Ha A1 auf, so etwa in Grabhügel 3 aus dem unweit von Neckarsulm entfernten Bad Friedrichshall-Jagstfeld.[1228] Auch Kreutle weist mit seiner Datierung des Grabes von Gammertingen in den Übergang von der Stufe Ha A1 zur Stufe Ha A2 darauf hin, dass Messer mit umgeschlagenem Griffdorn, vor allem solche, die in ihrer Klingenform an Messer mit durchlochtem Griffdorn erinnern, in die Stufe Ha A1 datiert werden können.[1229]

Grab 20 ermöglicht sowohl eine Datierung in die Stufe Ha A1 und Ha A2. Es wäre allerdings der einzige Fund des Gräberfeldes, der für eine Datierung nach Ha A2 sprechen würde. Aufgrund der Nähe zu den obigen Gräbern spreche ich mich, unter einem gewissen Vorbehalt, auch in diesem Fall für eine Datierung des Grabes in die Stufe Ha A1 aus. Man hätte es hier also mit einem der wenigen Messer mit umgeschlagenem Griffdorn zu tun, das in die Stufe Ha A1 datiert.

2 Hallstatt A-zeitliche Gräber

Grab 1

Grab 1 ist, wie seine Nummerierung es bereits verrät, die erste in Neckarsulm aufgedeckte Bestattung. Die Grabausstattung besteht aus einem Bronzering (Taf. 30,2), der vermutlich zu einem Gürtel gehörte. Dieser Ring kann als Einzelfund jedoch nicht genauer datiert werden. An Keramik konnte ein kleiner Becher (Taf. 30,1) mit doppelkonischem Körper

---

1218 Grimmer-Dehn, Oberrhein Taf. 105 B 1 u. Taf. 115.
1219 Ebd. Taf. 108,4 u. Taf. 117.
1220 Ebd. 63 Tabelle 5.
1221 Kilian-Dirlmeier, Anhänger 45.
1222 Oberrath, Bronzezeit Taf. 4,3–5.
1223 J. Bouzek, Böhmen und Bayern Abb. 5,7.
1224 Ebd. Abb. 6,4–5.
1225 Jockenhövel, Rasiermesser Taf. 68 A 8.
1226 Ebd. 192.
1227 Grimmer-Dehn, Oberrhein Taf. 109,13.
1228 Dehn, Nordwürttemberg Taf. 3,11.
1229 Kreutle, Schwarzwald und Iller 137.

rekonstruiert werden. Verziert ist dieser mit mehreren dünnen Rillenlinien mit einem dazwischenliegenden Band aus kleinen Kerben.
Möglicherweise deutet die Gefäßform auf eine Verbindung zu Gefäßen der Stufe Bz D hin, wie sie Sperber[1230] aufführt. Aus Heilbronn-Böckingen liegt ein Becher[1231] vor, der diesem ähnlich ist. Dieser Fund datiert in die Stufe Ha A. Konzentriert man sich auf die Verzierung des Gefäßes, so findet man vergleichbare Ornamente bei Grabfunden[1232] aus Oberrimsingen. Die Gefäße datieren in den Übergang von der Stufe Bz D zur Stufe Ha A1. Eine Datierung von Grab 1 in die Stufe Ha A1 halte ich für wahrscheinlich, da sich noch Bezüge zur Spätbronzezeit aufzeigen lassen.

Grab 8

Bei dem östlichen Individuum 1 fanden sich ein Gefäß und eine Plattenkopfnadel (Taf. 33,3). Der Kopf dieser Nadel ist in verschiedene Zonen untergliedert, wobei ein dickerer Mittelwulst besonders hervortritt. Eine vergleichbare Nadel[1233] stammt aus dem rheinland-pfälzischen Nieder-Flörsheim. Diese gehört zu einer Urnenbestattung, welche nur allgemein in die Stufe Ha A datiert werden kann.[1234]
Bei dem Gefäß (Taf. 34,1) der Bestattung 8/1 handelt es sich um eine Schrägrandschüssel mit randständigem Henkel. Dieses ist von doppelkonischer Form und trägt zwei Riefen auf Höhe des Umbruchs. Diesem Gefäß sehr ähnlich, allerdings ohne Henkel, ist ein Gefäß[1235] aus dem Schwertgrab von Heilbronn (Taf. 59), welches mit seinem Griffzungenschwert vom Typ Erbenheim in die Stufe Ha A2 datiert (siehe auch Gefäß aus Grab 25/2, Taf. 48,2).
Die westliche Bestattung von Individuum 2 verfügt ebenfalls über eine Nadel, welche sich zum Zeitpunkt der Ausgrabung allerdings nahezu vollständig aufgelöst hatte und in ihrem Typ nicht mehr angesprochen werden kann. Als weitere Beigabe bekam auch dieser Tote eine gehenkelte Schale (Taf. 34,2) mit ins Grab. Dieses Gefäß ist im Vergleich zu den übrigen Henkelschalen aus Neckarsulm verhältnismäßig flach und zeigt neben zwei horizontalen Riefen ein Band aus gekerbten Einstichen.
Interessant ist, dass in Bad Friedrichshall-Jagstfeld, nur unweit von Neckarsulm gelegen, in zwei Hügelgräbern (Hügel 2 und Hügel 3) vergleichbare gehenkelte Schüsseln von niedriger Höhe gefunden wurden. Während das Grab aus Hügel 2[1236] in die Stufe Ha A1 datiert wird, ist das Grab aus Hügel 3[1237] aufgrund seines Rasiermessers[1238] mit rhombischem Rahmengriff der Variante Heilbronn in die Stufe Ha A2 zu datieren.
Grab 8 wird mit Sicherheit in die Stufe Ha A datiert, vielleicht spricht das Kerbmuster am Gefäß von Bestattung 8/2 für eine frühere Datierung in die Stufe Ha A1. Die Gefäße zeigen dabei bereits Bezüge zu solchen der Stufe Ha A2.

Grab 15

Die Doppelbestattung ist vermutlich unberaubt, jedoch nahezu fundleer. Bei Individuum 2, dem westlichen Skelett, fanden sich keine Beigaben.
Bei Individuum 1 lag am Kopf ein kleiner Becher (Taf. 35,3) von untersetzt doppelkonischer Form. Er hat einen kegelförmigen Hals und oberhalb des Umbruchs drei Riefen. Diesem Becher ähnlich ist ein Gefäß aus einem Urnengrab in Wiesbaden-Schierstein.[1239] Zu diesem Grab gehören weitere Gefäße und ein Bronzering, eine genauere Datierung der Funde als nach Ha A ist daher nicht möglich.
Dem Neckarsulmer Gefäß sehr ähnlich, allerdings ohne Riefenverzierung, ist ein Becher aus dem bereits mehrfach genannten Steinkistengrab von Dietzenbach (Taf. 52,10)[1240] (siehe Grab 18). Das Grab und seine Funde datieren in die Stufe Ha A1.[1241] Mit dem Grab von Dietzenbach liegt ein kleiner Anhaltspunkt für die Datierung von Grab 15 in die Stufe Ha A1 vor.

Grab 26

Bei dieser Einzelbestattung fand sich als Beigabe allein eine Plattenkopfnadel (Taf. 48,3) mit unverziertem Kopf. Es ist dies eine recht einfache und schlichte Nadelform, die in mehreren Funden vorliegt. Datiert sind bspw. Funde aus einer Ha A-zeitlichen Siedlung in Bad Kreuznach[1242] in Rheinland-Pfalz und aus einem Grab im hessischen Heldenbergen[1243]. Zu letzterer Grabausstattung gehören Bruchstücke einer Fibel[1244] vom Typ Burladingen und eines bronzenen Gefäßes. Möglicherweise sind andere Bronzeblechfragmente einem Gürtelblech zuzuordnen.[1245] Leider verloren gegangen sind eine

---

1230 Sperber, Chronologie Taf. 15,76.
1231 Dehn, Nordwürttemberg Taf. 11 A 1.
1232 Grimmer-Dehn, Oberrhein 127; Taf. 105; 107; 108.
1233 Kubach, Nadeln Taf. 74 Nr. 1139.
1234 Eggert, Rheinhessen 116; Kubach, Nadeln 464.
1235 Koch, Griffzungenschwerter Abb. 3,5; Dehn, Nordwürttemberg Taf. 5 A 5.
1236 Dehn, Nordwürttemberg Taf. 5 C 7.
1237 Ebd. Taf. 3 A 5.
1238 Jockenhövel, Rasiermesser 118, Nr. 183.
1239 Herrmann, Hessen Taf. 101 A 4.
1240 Ebd. Taf. 171.
1241 Schauer, Schwerter 85.
1242 Dehn, Kreuznach 58 Abb. 33,13–14.
1243 Kubach, Nadeln Taf. 74 Nr. 1143.
1244 Betzler, Fibeln Taf. 3 Nr. 60.
1245 Herrmann, Hessen 121.

Lanzenspitze[1246] und drei Tüllenpfeilspitzen[1247], die dieses Grab als Kriegerbestattung ausweisen. Für eine Datierung des Grabs von Heldenbergen in die Stufe Ha A1 oder die Stufe Ha A2 spricht die Fibel vom Typ Burladingen.[1248]

Grab 26 datiert sicherlich in die Stufe Ha A. Da in Neckarsulm eindeutig in die Stufe Ha A2 zu datierende Gräber fehlen, liegt eine Datierung in die Stufe Ha A1 nahe.

Grab 32

Diese nördlich von den übrigen Gräbern gelegene Bestattung ist bis auf einen nur unvollständig erhaltenen Becher (Taf. 49,2) ohne Beigaben. Der Becher hat einen kegeligen Hals und läuft unten zu einer halbkugeligen Form zu. Die Gefäßmitte war vermutlich mit Riefen verziert.

Vergleichbare Becher kennt man beispielsweise aus zwei urnenfelderzeitlichen Grabhügeln in Darmstadt-Arheilgen[1249], diese datieren nach Ha A, und aus dem nur unweit von Neckarsulm liegenden Bad Friedrichshall-Jagstfeld[1250]. In letzterem Grab fanden sich ein Rasiermesser[1251] in der Variante Dietzenbach und ein Gürtelhaken[1252] vom Typ Wilten. Beides sind Funde der Stufe Ha A1[1253]. Ein Becher aus einem Grab in Mainz-Kostheim[1254] ist mit einem unverzierten Armring[1255] mit D-förmigem Querschnitt und übereinandergreifenden Enden vergesellschaftet. Diesen Armring datiert Richter in die Stufe Ha A1.[1256]

Grab 32 datiert mit Sicherheit in die Stufe Ha A, wenn nicht sogar in die Stufe Ha A1, was durch die geografische Nähe zu den derart datierbaren Funden aus Bad Friedrichshall unterstützt würde.

Grab 33

Abgesehen von einigen Scherben gehört zur Ausstattung dieser Einzelbestattung eine einfache Rollenadel (Taf. 49,3). Diese datiert gewiss in die Stufe Ha A, und kann, wie ich es bei einer entsprechenden Nadel aus Grab 18 bereits getan habe, möglicherweise sogar in die Stufe Ha A1 datiert werden.

Grab 25

Bei dieser Dreifachbestattung ist trotz der überwiegend beigabenlosen Bestattungen nicht unbedingt von einer Beraubung auszugehen. Zwar fehlt bei jedem Individuum eine Vielzahl von Knochen der oberen Körperhälfte, da jedoch die Langknochen der Arme in situ liegen und nicht verlagert wurden, kann eine Beraubung im Grunde ausgeschlossen werden. Bei den östlich und westlich liegenden Individuen 1 und 3 fanden sich bis auf einzelne Scherben keine Beigaben. Allein bei dem in der Mitte liegenden Individuum 2 konnte am Kopf ein nahezu vollständiges Gefäß (Taf. 48,2) angetroffen werden, das ich als kleine Schüssel mit Schrägrand bezeichne. Dieses Gefäß hat eine leicht doppelkonische Form und trägt eine Verzierung aus Rillenlinien und dünnen Riefen. Annähernd ähnliche Gefäße finden sich u. a. in den Gräber im hessischen Wisselsheim[1257] und im bereits genannten Schwertgrab[1258] von Heilbronn (Taf. 59,5). Beide Gräber datieren in die Stufe Ha A2, wobei nochmals darauf aufmerksam gemacht werden muss, dass vergleichbare Gefäße bereits in der Stufe Ha A1 auftreten.

3 Nicht datierbare Gräber

Grab 3

Grab 3 ist vermutlich beraubt und daher fundleer.

Grab 5

Das Grab ist vollständig zerstört und bis auf wenige Scherben fundleer.

Grab 6

Auch dieses Grab ist vollständig zerstört. Wenige Scherben und eine bereits stark aufgelöste Nadel aus Bronze lassen eine weitere Datierung dieser Bestattung nicht zu.

Grab 9

Grab 9 ist offensichtlich beraubt und aufgrund fehlender Funde nicht zu datieren.

Grab 10

Das Grab ist vollständig zerstört. Hinweise auf die ehemalige Bestattung geben allein wenige menschliche Knochen und einige Gefäßscherben. Das Grab ist nicht zu datieren.

1246 Ebd. Taf. 111 B 4.
1247 Herrmann Taf. 111 B 1–3.
1248 Kubach, Nadeln 463; Betzler, Fibeln 36.
1249 Herrmann, Hessen Taf. 145 C 2.
1250 Dehn, Nordwürttemberg Taf. 3 C 5.
1251 Jockenhövel, Rasiermesser Taf. 13 Nr. 154.
1252 Kilian-Dirlmeier, Anhänger Taf. 16 Nr. 156.
1253 Dehn, Nordwürttemberg 35; 55; Kilian-Dirlmeier, Anhänger 17; vgl. Müller-Karpe, Chronologie 154 Abb. 16.
1254 Herrmann, Hessen Taf. 94 E 1.
1255 Richter, Arm- und Beinschmuck Taf. 29 Nr. 473.
1256 Ebd. 84.
1257 Herrmann, Hessen Taf. 123 D 2.
1258 Koch, Griffzungenschwerter von Abb. 3,5; Dehn, Nordwürttemberg Taf. 5 A 5.

Grab 11

Bei diesem Grab fehlen bei beiden Bestatteten die Knochen aus dem Oberkörperbereich, was auf eine Beraubung des Grabes schließen lässt. Weder bei Individuum 1 noch bei Individuum 2 fanden sich Beigaben. Wenige Keramikscherben lassen jedoch auf die ehemalige Existenz mindestens eines Gefäßes schließen. Eine Datierung des Grabes ist nicht möglich.

Grab 13

Diese Doppelbestattung ist offensichtlich beraubt worden. Zu erkennen ist dies an zwei Raubschächten, die direkt zum Bereich der Oberkörper führten. Weder bei Individuum 1 noch bei Individuum 2 fanden sich Beigaben. Wenige Scherben, darunter ein Henkelfragment, lassen vermuten, dass sich im Grab ein für die Neckarsulmer Bestattungen typisches Henkelgefäß befunden hat. Eine Datierung des Grabes ist nicht möglich.

Grab 14

Dieses abseits vom Gräberfeld liegende Grab ist nahezu vollständig zerstört und bis auf wenige menschliche Knochen fundleer. Eine Datierung des Grabes ist nicht möglich.

Grab 16

Diese Einzelbestattung ist offensichtlich unberaubt, da das gut erhaltene Skelett nicht in seinem Knochenverband gestört wurde. Dennoch fanden sich bei dieser Bestattung keine Beigaben, offenbar wurden dem Toten weder Bronzen noch Gefäße ins Grab gelegt. Eine Datierung des Grabes ist nicht möglich.

Grab 27

Grab 27 ist komplett zerstört und fundleer. Eine Datierung ist daher nicht möglich.

Grab 29

Diese Einzelbestattung machte aufgrund des unberührten Skeletts nicht den Eindruck, beraubt worden zu sein. Dennoch ist das Grab fundleer und daher nicht zu datieren.

Grab 30

Das Grab liegt abseits der übrigen Gräber auf Höhe der unteren Feuergruben. Die Bestattung ist fast vollständig zerstört und enthält nur wenige menschliche Knochen. Eine Datierung des Grabes ist nicht möglich.

4 Fazit

Die Keramik aus den Gräbern zeigt in keinem einzigen Fall dekorative Merkmale Ha A2-zeitlicher Gefäße, wie etwa Riefengirlanden, Buckel und Kammstrichverzierung etc. Bei der Keramik dieses Gräberfeldes haben wir es mehrheitlich mit einer durch ihre schlichte Rillen- und Riefenverzierung geprägte Keramik zu tun, wie sie für die Ha A1-zeitliche Stufe der untermainisch-schwäbischen Kultur typisch ist. Anzumerken ist, und darauf wurde in einigen Fällen hingewiesen, dass derartige Gefäße noch in der Stufe Ha A2 auftreten, hier aber mit den für diese Stufe typischen Gefäßformen bzw. Gefäßverzierungen vergesellschaftet sind.

Als ein fremdartiges Stück ist die kleine Amphora aus Grab 23 zu bezeichnen, da solche Gefäße normalerweise nur im oberfränkischen und böhmischen Raum auftreten. Aber auch dieses Gefäß datiert in die Stufe Ha A1. Für eine Datierung weiterer Gefäße des Gräberfeldes in die Stufe Ha A1 spricht, dass in diesen noch Bezüge zu Keramikformen und Verzierungsstilen der Spätbronzezeit zu erkennen sind. Daraus ergibt sich allerdings keine Datierung dieser Gefäße in die Stufe Bz D, sondern dies zeigt vielmehr, aus welcher Tradition sich diese Keramik herausgebildet hat. Bei anderen Gefäßen zeigen sich hingegen keine Bezüge zur Stufe Bz D, aber auch nicht zur Stufe Ha A2, was bedeutet, dass man es hier mit einer Keramik aus der entwickelten Stufe Ha A1 zu tun hat.

In Bezug auf die Bronzeobjekte ist es ein glücklicher Umstand, dass die Beigaben aus dem reich ausgestatteten Grab 18 dazu beitragen, die Nadeln vom Typ Neckarsulm chronologisch zu verorten. Somit ergibt sich auch für die übrigen Gräber, welche Nadeln dieses Typs enthalten, ein Datierungsansatz in die Stufe Ha A1 (siehe Abb. 62). Andere Nadeln aus Neckarsulm, darunter die Nadeln vom Typ Wollmesheim, die Plattenkopf- und die Rollennadel, stellen Formen dar, welche in der gesamten Stufe Ha A auftreten. Da einige dieser Nadeln mit Ha A1-zeitlichen Funden vergesellschaftet sind, können auch diese genauer in die besagte Stufe datiert werden. Gewisse Probleme bereiten die Nadeln, welche der Form Schwabsburg zugeordnet werden, da die Zahl gut datierter Vergleichsfunde recht gering ist. Gleiches gilt im Übrigen auch für die dem Typ Neckarsulm ähnlichen Nadeln und auch für die so genannte Stabkopfnadel. Für Letztere finden sich zumindest vergleichbare Funde aus Ha A1-zeitlichen Kontexten.

Ha A2-zeitliche Parallelen zeigen sich zunächst bei einigen Gefäßformen und auch im Messer aus

Grab 20 mit seinem umgeschlagenen Griffdorn. Bei der Keramik wurde bereits angeführt, dass bestimmte Formen in der gesamten Stufe Ha A auftreten. Es mag Zufall sein, dass unter den Vergleichsfunden keine Ha A1-zeitlichen Gefäße vertreten sind. Am Messer entzündet sich die Grundsatzfrage, ob solche mit umgeschlagenem Griffdorn bereits in der Stufe Ha A1 auftreten. Dafür spricht im Detail die Klingenform unseres Messers, da sich hierin eine deutliche Übereinstimmung zu den Messern mit durchlochtem Griffdorn zeigt. Ich schließe mich mit diesem Datierungsansatz den in der Literatur bereits an verschiedenen Stellen geäußerten Meinungen an. Entgegenstellen möchte ich mich dem Datierungsansatz, dass Griffzungenschwerter vom Typ Hemigkofen in der Variante Uffhofen ausschließlich in die Stufe Ha A2 datiert werden müssen. Unser Exemplar aus Grab 22/1 ist dem nach Ha A1 zu datierenden Griffangelschwert in vielen Details dermaßen ähnlich, dass es ebenfalls in diese Stufe datiert werden sollte.[1259] Man hätte es somit mit einem frühen Exemplar eines Griffzungenschwerts mit weidenblattförmiger Klinge zu tun.

Zusammenfassend lässt sich festhalten, dass die Neckarsulmer Gräber mehrheitlich in die Stufe Ha A1 datieren. In einigen Fällen ist zumindest eine Datierung in die Stufe Ha A gesichert, wobei in Einzelfällen auch hier zu überlegen wäre, ob gewisse Funde nicht doch als Ha A1-zeitlich angesprochen werden können. Da sich kein einziges Grab findet, welches eindeutig nach Ha A2 zu datieren ist und wie gesagt Gräber der Stufe Ha A1 dominieren, ist davon auszugehen, dass das Gräberfeld ausschließlich während der Stufe Ha A1 als Bestattungsplatz genutzt wurde.

Eine Kartierung der datierbaren Gräber zeigt, dass sich keine chronologische Belegungsabfolge auf dem Gräberfeld zu erkennen gibt (siehe Abb. 62). Die Ha A1-zeitlichen Gräber verteilen sich über das gesamte Gräberfeld. Berücksichtigt man im Detail jene Bestattungen, welche eine Nadel vom Typ Neckarsulm enthalten, so sind diese in nahezu jedem Bereich des Gräberfeldareals anzutreffen. Aufgrund der Annahme, dass derartige Nadeln innerhalb eines klar umgrenzten Zeitraumes produziert wurden, der Stufe Ha A1, ergibt sich daraus eine wichtige Schlussfolgerung: Die Gräber bzw. Bestattungen des Neckarsulmer Gräberfeldes liegen, nach archäologischen Maßstäben, zeitlich nicht allzu weit auseinander. Wie hoch der zeitliche Abstand zwischen den Grablegungen tatsächlich zu veranschlagen ist, ist schwierig zu sagen. Nimmt man für die Stufe Ha A1 einen Zeitraum von etwa 50 Jahren an, so könnten die Gräber im Abstand von wenigen Jahrzehnten, das wären etwa maximal zwei Generationen, oder sogar im Abstand nur weniger Jahre angelegt worden sein. Starben die Männer von Neckarsulm möglicherweise infolge eines oder gar mehrerer kriegerischer Ereignisse? Fest steht, dies verrät uns die hohe Zahl an Doppel- und Mehrfachbestattungen, dass wiederholt mehrere Personen – d.h. Männer – gleichzeitig verstorben und gemeinsam in einem Grab bestattet worden waren.

1259 So dürfte auch das Schwert vom Typ Hemigkofen in der Var. Uffhofen aus Pleidelsheim in die Stufe Ha A1 datieren (siehe Schauer, Schwerter 162).

V Diskussion zur Sozialstruktur der Urnenfelderzeit

1 Vorüberlegungen zur Aussagekraft von Grabbeigaben für die Rekonstruktion der urnenfelderzeitlichen Sozialstruktur

Seit einigen Jahrzehnten steht in der deutschsprachigen Archäologie nicht mehr eine rein historische, überwiegend deskriptive Betrachtungsweise der Vorgeschichte im Vordergrund. Archäologische Funde werden vorrangig nicht mehr entlang typologischer und chronologischer Aspekte untersucht, sondern man ist bemüht, die prähistorischen Gesellschaften zu verstehen und zu erklären. Funde aus Depots, Siedlungen und Gräbern werden nun als direkte Quellen bewusster und unbewusster Handlungen von Menschen verstanden. Eines der Ziele ist es dabei, den Aufbau prähistorischer Gesellschaften zu rekonstruieren, wobei der jeweilige Befund nicht nur als ein konkreter Zeitausschnitt, sondern auch als Zeitpunkt innerhalb längerfristiger Entwicklungen verstanden wird.

Grundsätzlich ist zunächst nach der Möglichkeit zu fragen, ob die prähistorischen Hinterlassenschaften derartige Analysen und Interpretationen überhaupt zulassen. Da aus der europäischen Bronzezeit keine Schriftquellen vorliegen, muss zur Rekonstruktion von Gesellschaftsstrukturen und zur Bestimmung von Prozessen sozialer Differenzierung auf die materiellen Hinterlassenschaften der damaligen Menschen zurückgegriffen werden. Für die Periode der Urnenfelderzeit stehen hier vor allem Grabfunde in genügender Menge zur Verfügung, während Depotfunde nur in geringer Zahl vorliegen und Siedlungen bislang nur unzureichend erforscht sind. Somit findet hier bereits eine zwangsläufige Reduktion der Quellen statt, doch für derartige Fragestellungen scheinen vor allem die Grabfunde geeignet zu sein, denn bei keiner anderen Fundgattung stehen der Mensch, bzw. dessen sterbliche Überreste, in so einer direkten Beziehung zu Objekten wie bei den Bestattungen. Der in der Forschung an verschiedenen Stellen vorgebrachte Ausdruck der Gräber als „Spiegel des Lebens" zeigt dabei an, wie hoch hier deren Aussagekraft gemessen wird. Dieses zeugt von der Auffassung, dass mit dem Grabbau und den Grabbeigaben der Status, die soziale Rolle sowie die tatsächlichen Lebensumstände der Bestatteten am deutlichsten widergespiegelt werden.[1260] Diese Einschätzung teilen jedoch nicht alle Archäologen und vor allem im angloamerikanischen Raum wurde der Ansatz, anhand von Gräbern prähistorische Gesellschaften zu rekonstruieren, ausgiebig diskutiert. Dabei stehen sich nach wie vor zwei Positionen gegenüber. Der amerikanische Archäologe L. R. Binford[1261] formulierte die folgende These:

„[…] the form and structure which characterize the mortuary practices of any society are conditioned by the form and complexity of the organizational characteristics of the society itself."[1262]

Binford stützt sich bei dieser Aussage vor allem auf eigene ethnoarchäologische Untersuchungen. P. Ucko[1263] kam einige Jahre zuvor, ebenfalls unter Verwendung ethnologischer Studien, zu einer gegenteiligen Einschätzung. Im Fall von Grabanlagen sagte er:

„It is certainly true that in several societies today the size of tombs often reflects status […]. But there are also ethnographic examples which suggest that the large funerary structure may have a very different meaning […]."[1264]

Über die Aussagekraft von Grabbeigaben sagte Ucko weiterhin:

„Ethnographic evidence also suggests that […] the identification of poor and rich members of the same society from funerary remains, may not always be as simple as it might first appear."[1265]

Diese unterschiedlichen Meinungen zeigen exemplarisch die abweichende Einschätzung der Aussagekraft von Grabfunden bzw. wie diese dazu beitragen helfen, die Strukturen prähistorischer Gesellschaften rekonstruieren zu können. Es würde an dieser Stelle zu weit führen, die nun bereits über mehrere Jahrzehnte verlaufende Diskussion im Detail darzulegen.[1266] In der deutschsprachigen Ar-

---

1260 „Zum Dilemma sozialer Interpretation" siehe St. Burmeister, Geschlecht, Alter und Herrschaft in der Späthallstattzeit Württembergs (Münster/New York 2000) 95 ff.
1261 Binford, Practices 6 ff.
1262 Binford, Practices 23.
1263 P. Ucko, Ethnography and Archaeological Interpretation of Funerary Remains. World Archaeology 1, 1969, 262–280.
1264 Ebd. 268.
1265 Ebd. 266.
1266 Als Einstieg in diese Thematik ist als weitere Literatur zu empfehlen: M. Parker Pearson, The Archaeology of Death and Burial (Sutton 2003) 28 ff.

chäologie wurde diese Debatte weit weniger kontrovers diskutiert, hier überwiegt der Anteil derjenigen, die, in Binfords Sinn, in Gräbern durchaus ein Abbild gesellschaftlicher Positionen zu erkennen meinen. Exemplarisch möchte ich Kreutle nennen: „[So] spiegelt sich im Grabbau und in der Grabausstattung der gesellschaftliche Rang, den der oder die Bestattete zu Lebzeiten einnahm und in der Welt der Toten ungeschmälert beibehalten wollte, wider; und natürlich auch das gesellschaftliche Repräsentationsbedürfnis der Familie des Toten. Die Gräber geben demnach in ihrer Ausstattung für das Leben im Jenseits umrisshaft den diesseitigen Lebensstil des einzelnen und die Strukturen der urnenfelderzeitlichen Gesellschaft zu erkennen."[1267]

In Anerkennung der beiden entgegenstehenden Positionen wäre es m. E. falsch, wenn man dazu übergehen würde, gänzlich auf Forschungsfragen zur sozialen Organisation zu verzichten und Gräber ausschließlich unter chronologischen Aspekten zu untersuchen. In dieser Arbeit wird grundsätzlich davon ausgegangen, dass Gräber durchaus Rückschlüsse auf prähistorische Gesellschaften zulassen, wenngleich hierbei äußerst kritisch vorgegangen werden muss. Folgende Kriterien bei der Gräberanalyse sollten beachtet werden, wenn man sich etwa mit Gräbern beschäftigt, die aufgrund ihres Beigabenreichtums eine soziale Schichtung andeuten: „Die Art und Form der Hervorhebung eines gesellschaftlich herausragenden Toten kann vielfältige Erscheinungen aufweisen: angefangen bei einer Bestattung ohne besondere Eigenheiten des Grabbaues und der Qualität und/oder der Quantität der Beigaben, Hervorhebung durch den Grabbau und/oder der Beigaben in einer größeren Nekropole, durch eine topographisch hervorgehobene Lage des Grabes innerhalb des Gräberfeldes oder isoliert außerhalb mit oder ohne besonderen Grabbau und/oder hervorragende Beigaben."[1268]

Bevor die urnenfelderzeitlichen Bestattungssitten hinsichtlich dieser einzelnen Merkmale untersucht werden, will ich noch eine kritische Bemerkung vorausschicken: Es darf bei jeder sich nun anschließenden Interpretation der Befunde nicht vergessen werden, dass es die Gemeinschaft oder zumindest die nächsten Angehörigen waren, die für die Ausstattung des Toten im Jenseits verantwortlich waren. Jede Begräbniszeremonie stellt daher in gewisser Weise eine Inszenierung der Toten dar. Eine Bestattung ist also eine bewusste Handlung, hinter der ein Handlungsmotiv der Bestattenden steht. Eine Bestattung bietet dabei allerdings nicht zwangsläufig ein Abbild der gesellschaftlichen Position der oder des Toten. Grundsätzlich ist vielmehr davon auszugehen, dass hinter der Art und Weise, wie jemand bestattet wurde, ganz eigene Motive der Hinterbliebenen zu suchen sind. So ist es denkbar, dass diese den Status eines Toten höher oder niedriger darstellten als er tatsächlich gewesen war. Grundsätzlich hinterlässt jeder verstorbene Mensch eine Lücke in der Familie, Verwandtschaft und Gesellschaft, woraus sich zum Teil gravierende Folgen ergeben können. So kann der Zweck einer Bestattungszeremonie auch darin gesehen werden, dass die Angehörigen versuchen, ihre eigene Position in der Gesellschaft zu festigen. Dieses ist insofern wichtig, da im Falle des Todes einer Leitfigur neue Allianzen geschmiedet oder alte Verbindungen gelöst werden müssen. Born und Hansen interpretieren Grabausstattungen in diese Richtung:
„‚Grabbeigaben' sind ‚Opfergaben', d.h. Gaben an die Toten, die Geister und Götter, die eine Gegengabe erzwingen sollen. Das ist gleichsam die religiöse Seite. Daneben ist besonders großzügiges Geben, also die Vernichtung von Prestigegütern, wie Waffen, Gefäßen und Schmuck, im Grabe für die Familie des Verstorbenen ein Mittel zur Selbstdarstellung. Die Präsentation opulenter Beigaben für den Toten sowie die Ausrichtung der Beerdigungsfeier für die Trauernden zeigt in aller Öffentlichkeit die Pietät, die wirtschaftliche Potenz und vor allem die Freigiebigkeit der Familie. Damit erhöht sich ihr Prestige, von dem entschieden abhängt, welchen gesellschaftlichen Einfluss sie weiterhin ausüben kann."[1269]

Inwieweit für die Urnenfelderzeit Statuspositionen und Rangunterschiede anhand von Grabausstattungen bzw. einzelner Beigaben herauszuarbeiten sind, soll im Folgenden nun näher diskutiert werden.

1.1 Grabbau

In der Urnenfelderzeit kann zwischen mindestens drei Grabtypen unterschieden werden. Dies sind die noch zu Beginn der älteren Urnenfelderzeit weiter genutzten bzw. neu errichteten Hügelgräber mit eingebauten Grabkammern[1270], die nicht überhügelten Steinkistengräber und der häufigste Typ, die für Brand- oder Körperbestattungen angelegten Flachgräber. Besonders die Steinkistengräber gelten als eine für die untermainisch-schwäbische Gruppe charakteristische Grabform. Urnenfelderzeitliche Steinkistengräber sind in den Boden gebaut und wa-

---

1267 Kreutle, Grabsitten 108.
1268 Stary, Häuptlingsgrab 58.
1269 Born/Hansen, Sammlung Guttmann 162.
1270 So die Grabhügel aus der Hügelgruppe von Bad Friedrichshall-Jagstfeld (Dehn, Nordwürttemberg 83 f.).

ren nicht überhügelt. Kimmig nennt sie daher auch „Steinkisten als Flachgräber."[1271] Die Kisten sind in der Regel zwischen 2 und 4 m lang und zwischen 1 und 2 m breit. Das Seitenverhältnis ihrer Länge zur Breite liegt demzufolge häufig im Verhältnis von 2:1. Der Boden einer Steinkiste ist oftmals gepflastert, die Seitenwände bestehen aus aufrecht aufgestellten Steinplatten oder aus mit kleinen bis mittelgroßen Steinen errichteten Trockenmauern. Zur Stabilisierung der Kammern wurden vermutlich auch Holzbalken verwendet, gelegentlich wurden die Kammern auch ausschließlich aus Holz erbaut.[1272] Gemeinsam ist allen diesen Gräbern eine nordsüdliche oder nordwest-südöstliche Orientierung, wobei im Falle von Körperbestattungen die Toten immer mit dem Kopf nach Süden ausgerichtet sind. Bei Brandbestattungen wurde beobachtet, dass der Leichenbrand über den gesamten Boden der Kiste verstreut sein konnte (Brandstreuungsgrab), was in gewisser Weise wohl die Totenlage eines unverbrannten Körpers im Grab imitiert. Erinnert sei daran, dass die Steinkisten mindestens körperlang sind und dass in mehreren Fällen der oder die Tote(n) auch unverbrannt in das Kammergrab gelegt wurden[1273] (siehe Kap. III.2.3). Aus Nordwürttemberg[1274] sind über 13 Steinkistengräber bekannt, deren Grabausstattungen bezüglich ihres Reichtums in der Regel über denjenigen von einfachen Flachbrandgräbern liegen. Dehn zählte in seiner Publikation von 1972, dass von den damals vier bekannten Schwertfunden Nordwürttembergs drei aus Steinkistengräbern stammten.[1275] Auch die übrigen bekannten Steinkistengräber aus der Region enthielten eine reichere Grabausstattung als die einfachen Urnenflachgräber, aber auch als die aus Hügeln bekannten Brandgräber.[1276]
Der Aufwand für die Errichtung von Steinkistengräbern lag mit Sicherheit über jenem für einfache Flachgräber. Er war aber geringer als jener zum Bau der noch in der frühen Phase der Urnenfelderzeit auftretenden Hügelgräber. Zwar finden sich auch bei Urnenbestattungen mit Steinen ausgekleidete Gruben und Steinpackungen, die Größe und das gesamte Gewicht der Steine kommen jedoch nicht an die großen Steinkisten heran. Es stellen sich im Folgenden zwei Fragen: zum einen, ob die Bestattungen aus Steinkistengräbern eine reichere Grabausstattung haben und somit einen hohen Status des Toten anzeigen, und zum anderen, ob man es bei den Steinkistengräbern mit einer fortgeführten Bauweise zu tun hat, die auf Traditionen der mittleren Bronzezeit zurückgeht. Eine mögliche Antwort auf diese Fragen meinte Müller-Karpe geben zu können:

„Es scheint uns also, als sei diese Grabform von den Trägern der Urnenfelderkultur in der untermainisch-schwäbischen Provinz, vielleicht am Untermain, ausgeprägt worden. Daraus darf man vielleicht schließen, dass es sich hier nicht um eine traditionsgebundene Volkssitte handelt, sondern wir es mit bewussten und in ihrem Gegensatz zu den anderen Gräbern gewollten Anlagen zu tun haben, bei deren Errichtung es der als Träger in Betracht kommenden Menschengruppe weniger auf die Fortführung einer Tradition ankam, als darauf, einen ihrer sozialen Stellung gemäßen Ausdruck in der Totenbestattung zu finden."[1277]

Betrachtet man vorrangig das Bauprinzip der Kammergräber von der mittleren Bronzezeit bis in die Urnenfelderzeit, wie es F. Falkenstein in jüngster Zeit getan hat, so lassen sich die gesamten Gräber auch unter dem Oberbegriff „Kistengräber" zusammenfassen:

„Als Kistengrab wird eine Grablege verstanden, in der durch steinerne oder hölzerne Einbauten ein immobiler Hohlraum geschaffen wurde, der die Körper- oder Brandbestattung aufnahm."[1278]

Mit der Bildung dieser Grabkategorie stellt Falkenstein eine größere Datengrundlage mit Gräbern für weitere Überlegungen zur Verfügung, als wenn er sich allein auf Steinkistengräber beschränkt hätte. Zudem weitet er den chronologischen Rahmen von Kammergräbern der Mittel- und Spätbronzezeit bis zu jenen der Urnenfelderzeit aus und kommt schließlich auf eine Datenbasis von nun etwa 500 Gräbern. Es zeigt sich, dass bestimmte Elemente in der Konstruktion der Kammergräber – Boden, Wände, Abdeckung, etc. – während des gesamten Zeitraums in unterschiedlicher Ausprägung und Kombination auftreten, was zunächst zu einem recht differenzierten Bild führt. Falkenstein meint hierin eine Bautradition von Kistengräbern, ausgehend von der Mittelbronzezeit bis in die Urnenfelderzeit, zu erkennen, wenn es auch im Laufe der Zeit offenbar zu Veränderungen in der Kammerkonstruktion und in der regionalen Verbreitung derartiger Gräber gekommen ist.[1279] Speziell die Steinkistengräber der Urnenfelderzeit treten in verschiedenen Größen und Grundformen auf und können auf

---

1271 Kimmig, Baden.
1272 Das urnenfelderzeitliche Wagengrab von Mengen (Ldkr. Sigmaringen) verdeutlicht mit den Maßen von 1,7 m × ca. 3,4 m, wie groß solche Holzkammergräber gewesen sein können.
1273 Heilbronn-Sontheim, Kirchheim a. N., Offenau.
1274 Dehn, Nordwürttemberg 39f.
1275 Dieses sind die Schwertfunde von Heilbronn „Bühn", Möckmühl, Münchingen.
1276 Dehn, Nordwürttemberg 40.
1277 Müller-Karpe, Hanau 15.
1278 Falkenstein, Alter und Geschlecht 75.
1279 Ebd. 76.

verschiedenartige Weise konstruiert sein.[1280] Nun beschränkt sich Falkenstein nicht auf die Konstruktionsmerkmale der Kistengräber, sondern er wendet sich einem strukturellen Muster zu, nämlich ihrer Größe und ihrer Grabausstattung. Falkenstein unterteilt die Grabkammern der mittleren Bronzezeit, Spätbronzezeit und Urnenfelderzeit in insgesamt vier Größenkategorien und kommt zum Ergebnis, dass kleine wie große Kistengräber gleich häufig bzw. im Sinne einer Normalverteilung vorkommen. Zur Interpretation dieses Verteilungsmusters nennt er verschiedene Möglichkeiten:
„Entweder liefert die Kammergröße gar keinen Hinweis auf die soziale Rangposition des Bestatteten, sondern ist mehr oder weniger beliebig, oder die Kammergröße spiegelt durchaus die Rangposition des Individuums innerhalb der Gruppe wider. In diesem Falle gäbe es zwar deutliche Rangunterschiede innerhalb dieser Ritualgemeinschaft, doch wäre die Gruppe in sich nicht hierarchisch, sondern tendenziell egalitär aufgebaut. Eine solche innere Organisation wäre zum Beispiel denkbar, wenn die Kammergräberpopulation eine abgesonderte Oberschicht umfasste, welche nur die Spitze der gesamtgesellschaftlichen Hierarchie einnahm."[1281]
Aufschlussreich ist Falkensteins weitere Feststellung, dass in den kleinsten Kammergräbern vor allem Kinder und Frauen bestattet wurden. Weibliche Tote finden sich ebenso in den mittelgroßen Kammern, aber nicht in den größten Kammern, denn diese sind allein den erwachsenen Männern vorbehalten. Waffen finden sich umgekehrt nicht in den kleinsten Grabkammern, sondern treten stattdessen besonders häufig in den größten Kammern auf. Wichtig ist jedoch festzuhalten, dass Gräber mit aufwendigem Steinbau, die keine Waffen enthielten, häufig durch das Raster bei der Untersuchung von Kammergräbern fallen.[1282] So treten Waffen zwar nur in insgesamt 21% der Kammergräber auf, bedenkt man jedoch, dass etwa 10% der einfachen Erdgräber Waffen enthalten, ist dies ein verhältnismäßig hoher Prozentanteil.[1283] Gleiches gilt im Übrigen für Objekte aus Gold, die in den großen Kistengräbern ebenfalls besonders häufig vorkommen: „Die Statistik zeigt also einen klaren Zusammenhang zwischen der Größe einer Grabkammer und der Zahl exklusiver Beigaben. Dieses Ergebnis stützt die These, nach der die Grabgröße und die Auswahl der Beigaben Reichtum und Prestige der bestatteten Personen verkörpern."[1284]
Zu einer völlig gegenteiligen Interpretation kam C. Clausing in seiner Untersuchung zu urnenfelderzeitlichen Waffengräbern aus dem mitteleuropäischen Raum. Er meint, dass nur bei der Hälfte aller Steinkistengräber von „reichen" Grabausstattungen gesprochen werde könne.[1285] Der Schluss, den Clausing aus diesem Ergebnis zieht, ist eindeutig: „Insgesamt kann keinesfalls die Rede davon sein, Steinkistengräber grundsätzlich als reich ausgestattet und damit die Bestatteten als sozial bevorrechtigt zu bezeichnen."[1286] In diesem Sinne äußert sich auch L. Sperber: „Bei der Mehrheit der Steinkistengräber geben aber die Beigaben keinen Hinweis auf eine herausragende soziale Stellung der Grabinhaber."[1287]
Fasst man die unterschiedlichen Positionen zusammen, dann lässt sich Folgendes festhalten: Wenn in Steinkistengräber 50% aller Bestattungen eine reiche Grabausstattung aufweisen, ist dies ein hoher Prozentanteil. Ist darunter wiederum eine höhere Zahl von Waffengräbern, ist auch dies ein hoher Wert. Betrachtet man die auf diese Weise Bestatteten als Mitglieder einer in sich homogenen und zugleich nicht hierarchischen Gruppe, wie es Falkenstein getan hat, so ergibt sich eine Gruppe von Menschen, die sich zum einen innerhalb der Kistengräber und zum anderen generell von der Gesamtbevölkerung deutlich abgrenzte. Kistengräber, und im Speziellen die Steinkistengräber, stellen also eine Grabform dar, die sich auf einen kleinen Personenkreis beschränkte, bei welchem es sich aufgrund der Grabausstattung und des Grabbaus um eine Art „Oberschicht" gehandelt haben könnte. An der Spitze dieser Personen standen einige wenige Männer, welche in den größten Kisten bestattet und im Verhältnis zu den übrigen Bestattungen mehr Objekte aus Gold und häufiger Waffen als Beigaben bekamen. Des Weiteren drückt sich deren hoher Status bereits im aufwendigen Grabbau aus.
Doch welche Personen wurden nun eigentlich in den Steinkistengräbern bestattet? H. Müller-Karpe und zuletzt R. Kreutle sehen in den Gräbern Bestattungen einer kleinen, untereinander verwandten Gesellschaftsschicht: „Im unterschiedlichen Grabbau scheinen sich demnach nicht nur die soziale Gliederung der Gesellschaft, sondern auch gesellschaftliche und familiäre Traditionen abzuzeich-

---

1280 Siehe Falkenstein, Alter und Geschlecht 76 Abb. 3.
1281 Ebd. 77.
1282 Vgl. Schauer, Überlegungen 209.
1283 Falkenstein, Alter und Geschlecht 78.
1284 Ebd.
1285 Zu beachten ist jedoch auch eine gewisse Anzahl potenziell beraubter und anderweitig zerstörter Steinkistengräber.
1286 Clausing, Untersuchungen 112; siehe auch Clausing, Mitteleuropa 330.
1287 L. Sperber, Zu den Schwertträgern im westlichen Kreis der Urnenfelderkultur: Profane und religiöse Aspekte. In: Eliten in der Bronzezeit. Ergebnisse zweier Kolloquien in Mainz und Athen. RGZM 43 (Mainz 1999) 613.

nen."[1288] Traditionen in der Baustruktur der Steinkistengräber können in einem Zeitraum von wenigen Generationen, aber auch in längerfristigen Entwicklungen gesehen werden, wie es Falkenstein getan hat. Die Beibehaltung des Bauprinzips der Kistengräber ab der mittleren Bronzezeit und auch das Auftreten von Körperbestattungen in solchen Gräbern kann für die Urnenfelderzeit als ein Festhalten einzelner Familien an Traditionen interpretiert werden. An späterer Stelle wird noch dargelegt, dass daraus von verschiedener Seite auf vererbbare Statuspositionen geschlossen wird.

Bei all diesen Interpretationen muss aber bedacht werden, dass insbesondere die Steinkistengräber der Urnenfelderzeit, obwohl auch diese ein Kistengrab darstellen, im Großen und Ganzen etwas anderes sind, als die Kistengräber der mittleren Bronzezeit. Zwar wurden die Zentralgräber der Hügelgräber ebenfalls als Kammern angelegt, meist jedoch nicht als reine Steinkammern, sondern als mit Steinen bedeckte Holzkammern. Der große Unterschied zu den urnenfelderzeitlichen Steinkistengräbern besteht vor allem aber darin, dass Letztere in den Boden eingetieft waren, während die Kistengräber der mittleren Bronzezeit ebenerdig standen. Die Steinkistengräber der Urnenfelderzeit waren in der Regel wohl nicht übergroß überhügelt, wenn es auch hier einige wenige Ausnahmen gibt.[1289] Bezüglich der Bestattungsform ist interessant, dass Urnen nur sehr selten in Steinkammergräbern anzutreffen sind. Tatsächlich, und auch dies ist ein besonderes Kennzeichen der urnenfelderzeitlichen Steinkistengräber, finden sich in einigen dieser Gräber auch unverbrannt bestattete Tote. Bereits bei der Besprechung von Körperbestattungen wurde gezeigt, dass diese nicht (unbedingt) als weitergeführte Traditionen der mittleren Bronzezeit verstanden werden müssen. Gleiches gilt m. E. auch für die Steinkistengräber.[1290] Hier liegen Personen, bei deren Bestattungsart es wie bei den Körperbestattungen vornehmlich um eine Abgrenzung von den einfachen Urnengräbern ging und vielleicht weniger um die Fortführung von Traditionen. Interessant ist, dass sich nun zu den drei bislang bekannten nordwürttembergischen Steinkistengräbern mit Schwert[1291] gleich drei Schwertgräber aus Neckarsulm gesellt haben, die sich in ihrem Grabbau gänzlich von diesen unterscheiden. Auf der einen Seite handelt es sich um Brandbestattungen in Steinkisten und auf der anderen Seite um Körperbestattungen aus Flachgräbern. Das breite Spektrum in den Bestattungssitten zeigt sich im nordwürttembergischen Raum auch in einfachen Brandbestattungen in Grabhügeln und den üblichen Brandbestattungen in Flachgräbern. Reiche Grabausstattungen finden sich sowohl in Körper- als auch in Brandgräbern. Die Situation in Nordwürttemberg verdeutlicht, dass der Grabbau nicht zwingend an soziale Schichten gekoppelt ist, sondern man es gerade bei den Steinkistengräbern und den Körperbestattungen mit Bestattungssitten zu tun hat, die offenbar der bewussten Abgrenzung der Bestatteten von der übrigen Gesellschaft dienten (siehe auch III.2.2, III.2.3 u. III.2.10).

1.2 Beigaben

Grabbeigaben sind noch vor dem Bestattungsritus, dem Grabbau und anderen Merkmalen eines Grabes tendenziell am besten dazu geeignet, mögliche Statuspositionen und bei umfassender Datenbasis auch mögliche Sozialstrukturen einer Gesellschaft aufzudecken. Dabei liegt uns jedoch nur ein Ausschnitt aller ehemals im Grab deponierten Beigaben vor, da sich aufgrund der Lagerbedingungen im Boden organische Objekte wie Textilien oder Holz nicht erhalten haben. Auch der Ritus der Feuerbestattung und das mehr oder weniger sorgfältige Auflesen der verbrannten Beigaben werden zur Selektion beigetragen haben. Daher spiegeln Beigaben, so Jockenhövel und Herrmann, „nur in sehr beschränktem Maße den tatsächlichen Besitzstand oder Funktion bzw. Status des jeweiligen Toten wider."[1292]

Im Folgenden sollen die Beigabengattungen getrennt nach Keramik, Bronze, Gold, Wagen(-teilen) und Waffen diskutiert werden. Dabei wird sich zeigen, dass nicht alle Beigaben hinsichtlich ihrer statusanzeigenden Aussagekraft die gleiche „Qualität" besitzen.

1.2.1 Keramik

Keramik ist seit dem Neolithikum ein fester Bestandteil von Grabausstattungen. Funktionell handelt es sich dabei um Trink- und Essgeschirr, Vorratsgefäße oder Weihegefäße. Überaus selten sind Menschen- und Tierfiguren. Es ist davon auszugehen, dass einige Gefäße gefüllt ins Grab gestellt wurden. Doch nur in den Fällen, bei denen geröstete Körner oder Fleischstücke mit Knochen zur Nahrungsbeigabe gehörten, haben sich Reste erhalten. Zudem treten in der Urnenfelderzeit gelegentlich in-

---

1288 Kreutle, Grabsitten 115.
1289 So etwa die urnenfelderzeitlichen Grabhügel aus Bad Friedrichshall unweit von Neckarsulm. In den Hügeln fanden sich aus Muschelkalkplatten errichtete Steinkistengräber (Dehn, Nordwürttemberg 83f.).
1290 So auch Müller-Karpe im obigen Zitat.
1291 Dehn, Nordwürttemberg 39.
1292 Herrmann/Jockenhövel, Vorgeschichte Hessen 227.

einandergestapelte Gefäße auf, bei denen hingegen nicht von mit Speisen gefülltem Geschirr auszugehen ist. Die Anzahl von Gefäßen kann bei nur einem bis zwei Exemplaren pro Individuum liegen wie in Neckarsulm oder umfangreiche Keramiksets umfassen. Bestimmte Gefäßtypen und Formen treten dabei allein in Gräbern auf, während grobe (Vorrats-)Gefäße, wie man sie aus Siedlungen kennt, kaum in Gräbern angetroffen werden. In Gräbern aufgefundene Keramiken sind in der Regel von guter bis hoher Qualität. Aus Gräbern der frühen Urnenfelderzeit sind einige wenige Gefäße von sehr hoher Qualität bekannt, welche in der Forschung unter dem Begriff „Adelskeramik"[1293] geführt werden. Diese Keramik ist sehr dünnwandig und poliert. Ob es jedoch gerechtfertigt ist, in diesen wenigen Funden eine eigenständige Kategorie von Keramik zu sehen, ist umstritten.[1294] Allein die sehr fein gearbeiteten Gefäße vom Typ Nauheim lassen sich zu einer Gruppe zusammenfassen. Dieser Gefäßtyp findet sich in Gräbern mit einer umfangreichen Grabausstattung, darunter viele Objekte aus Bronze, weshalb man es hier mit Keramik zu tun hat, die durchaus als Indikator für den hohen Status der oder des Bestatteten angesehen werden kann.

In Neckarsulm fällt auf, dass in den Gräbern umfangreiche Keramiksets fehlen und dass die Toten entweder kein oder nur ein einziges Gefäß mitbekamen. Nur bei der Bestattung 22/1 können dem Toten zwei Gefäße zugeordnet werden. Unter den Keramiken dominieren in Neckarsulm gehenkelte Schüsseln, die als Trinkgefäße angesprochen werden müssen. Hinzu kommen mehrere kleine Becher, auch diese sind Trinkgefäße, und nur in einem einzigen Fall eine Knickwandschale. Die Machart der Keramik ist überwiegend von guter Qualität und meist relativ dünnwandig. Unklar ist, wie man die verschiedenen kleinen Scherben zu interpretieren hat, die in den Gräbern bzw. der Grabverfüllung angetroffen wurden. Es mag sich hierbei um Reste von Grabgefäßen handeln oder um Fragmente, die aus rituellen oder profanen Gründen in die Gräber gelangt waren (vgl. Kap. III.4.6.2.9).

1.2.2 Bronzeobjekte (ohne Waffen)

Bei der Unterscheidung zwischen „reichen" und „armen" Grabausstattungen ist neben der Gesamtzahl der Funde aus Bronze auch das Gewicht des einzelnen Objekte oder aller Objekte zu berücksichtigen. Mit diesen und anderen Angaben lassen sich so genannte „soziale Indizes" erstellen, wie es bei Untersuchungen von Gräbern verschiedener Epochen bereits getan wurde. Für die Spätbronzezeit Dänemarks und Schleswig-Holsteins ergab eine Untersuchung von H. Thrane[1295] zur Zahl bronzener Beigaben in spätbronzezeitlichen Gräbern eine in Stufen aufgebaute Pyramide mit wenigen „reichen" und einer Vielzahl von „armen" Gräbern. Dieses Aufbauprinzip zeigt sich im Übrigen auch bei vergleichbaren Arbeiten für andere Epochen. Anhand der Verteilung von Bronzen in den Gräbern könnte man versucht sein, hieraus eine hierarchische Gesellschaftsordnung abzuleiten. Die Frage ist jedoch, ob tatsächlich die gesamte Bevölkerung in den Gräbern erfasst wurde, da ein Großteil der Bevölkerung auch auf eine Weise bestattet worden sein könnte, die archäologisch nicht greifbar ist. Insgesamt kommt Thrane zum Schluss: „It would be naive to assume a mechanical relationship between gravegoods and social status."[1296] Auch H. Steuer betrachtet die Methode, anhand des Gewichts und der Zahl von Bronzen eine Gesellschaft zu rekonstruieren, kritisch:

„Grobe Klassifizierungen lassen wohl Rangunterschiede zwischen den einzelnen Verwandtschaftsgruppen und innerhalb dieser erkennen, aber die Differenzierung der gesellschaftlichen Position nach bestimmten Mengen an Bronzegewicht im Grab oder die Zahl der Waffen setzt für frühgeschichtliche Gesellschaften eine Normung der Verhaltensweisen voraus, die nicht einmal in der Gegenwart zu erreichen wäre."[1297]

Natürlich ist bei Bronzeobjekten auch deren Machart bzw. der handwerkliche Aufwand für ihre Herstellung ein zu beachtender Faktor. Die Exklusivität von Objekten spielt eine wichtige Rolle, da diese sie zu Statusobjekten (vgl. Kap. V.2.1.1) erheben kann. Für die Urnenfelderzeit ist dabei zu beobachten, dass bei Trachtschmuck wie Nadeln in der Regel einheimische Formen bevorzugt wurden, wenn auch bestimmte Formen wie Nadeln vom Typ Wollmesheim und Rollennadeln einen überaus hohen Verbreitungsgrad aufweisen (siehe III.4.1). Hoch ist auch der Verbreitungsgrad von Messern, Rasiermessern und gewissen Schwertformen, wobei der größte Teil aus einheimischer Produktion stammen dürfte (Kap. III.4.2. – III.4.4.1). Ohne Metallanalysen fällt es überaus schwer, fertige Bronzeobjekte als „Importgüter" zu identifizieren. Möglich ist auch, dass fremde Formen kopiert bzw. adaptiert wurden, wie man es im Falle der Nadeln der Form Schwabsburg (siehe Kap. III.4.1.4) vermuten könnte. Die

---

1293 Herrmann, Hessen 34.
1294 Clausing, Untersuchungen 98.
1295 H. Thrane, Late Bronze Age Graves in Denmark seen as Expressions of Social Ranking – an Initial Report. In: H. Lorenz (Hrsg.), Studien zur Bronzezeit (Mainz 1981) 475–488.
1296 Ebd. 483.
1297 Steuer, Sozialstrukturen 518f.

Nadel dieser Form aus der Bestattung 18/2 stellt aufgrund ihres Gewichts und ihrer prunkvollen Gestaltung ein Objekt dar, welches zudem sicherlich nicht von jeder Person getragen oder erworben werden konnte. Gleiches gilt vermutlich auch für die drei Schwerter des Gräberfeldes, welche aufgrund ihres Gewichts und ihrer technologisch aufwendigen Herstellung besonders kostbar gewesen sein werden. Die Zahl, das Gewicht und die Herstellung von Bronzen bieten also durchaus einen Ansatz, innerhalb der Neckarsulmer Bestattungen gewisse soziale Abstufungen aufzuzeigen. Woraus sich die soziale Position der Toten jedoch ableitet, ist schwer zu sagen, da die Zahl der Bronzen in keinem erkennbaren Zusammenhang zum Alter der Toten oder zu Einzelbestattungen steht. Ein regelhaftes Verteilungsmuster lässt sich hier bei den Bronzeobjekten nicht feststellen.

1.2.3 Gold

Gold ist aufgrund seiner Materialeigenschaften, Ausstrahlung und seiner Seltenheit wohl seit jeher von besonderer Bedeutung gewesen. Bereits bei der Vorstellung des goldenen Fingerrings von Individuum 1 aus Grab 22 wurde festgestellt, dass zumindest goldene Ringe in der mittleren Bronzezeit und vor allem in der Urnenfelderzeit überaus selten sind (Kap. III. 4.5.1). Auffällig ist dabei vor allem das Auftreten von Goldblechringen in Schwert- und Waffengräbern. Erinnert sei an den von F. Falkenstein ermittelten Umstand (s. o.), dass goldene Objekte vor allem in den größten Kistengräbern auftreten, eine gewisse statusanzeigende Funktion von Gold nach seinen Ergebnissen daher nicht auszuschließen ist.[1298] Falkenstein zeigt, dass bei 7 % der Kistengräber Gold anzutreffen ist, während in einfachen Erdbestattungen der Goldanteil bei nur 1 % liegt.[1299] L. Sperber[1300] hat in einer Untersuchung die soziale Bewertung von goldenem Trachtschmuck und auch von Schwertern zu ermitteln versucht, wobei an dieser Stelle einzig auf die Objekte aus Gold eingegangen werden soll. Sperber konnte zunächst in mikroskopischen Untersuchungen nachweisen, dass einige bronzene Schmuckscheiben der Urnenfelderzeit ursprünglich mit dünnem Goldblech ummantelt gewesen waren. Bei Brandbestattungen ging dieser Goldüberzug infolge der großen Hitze im Bestattungsfeuer unweigerlich verloren. Gleiches wird daher auch für Goldschmuck aus feinem Draht und Goldbesätze an der Kleidung gegolten haben. Sperber vermutet, dass sowohl das Feuer als auch die unsachgemäße Reinigung und Lagerung von Funden eine derartige Verwendung von Gold als Auflage von bronzenen Objekten kaum mehr nachweisbar macht:

„Bis auf wenige Ausnahmen im zentralfranzösischen Raum und im südlichen Oberrheingebiet stammen die Funde goldenen Trachtschmucks aus Brandbestattungen. In den Brandgräbern erscheinen die Reste des goldenen Trachtzubehörs immer unter den Objekten, die an und mit dem Toten auf dem Scheiterhaufen verbrannt und dabei mehr oder weniger stark beschädigt oder gänzlich zerstört worden sind (,Scheiterhaufenbeigaben'). Nie begegnen sie unter den Gegenständen, die nach der Totenverbrennung unversehrt direkt im Grab deponiert wurden (,Grabbeigaben')."[1301]

Es ist somit sehr wahrscheinlich, dass es sich bei den aus den Brandbestattungen vorliegenden Goldobjekten nur um einen geringen Teil dessen handelt, was tatsächlich zur ursprünglichen Beigabenausstattung gehörte. Die Zahl der mit Gold verzierten oder aus Gold hergestellten Objekte wird also um einiges höher gewesen sein, wenngleich sich die tatsächliche Zahl dieser Objekte nur schwer schätzen lässt.[1302] Aufwendige und große Goldgegenstände von entsprechend hohem Wert fanden sich bislang nicht in urnenfelderzeitlichen Bestattungen, wenngleich die Zahl von Goldbeigaben nicht gering ist. Unter Berücksichtigung von Gräbern aus Nordtirol, hier vor allem dem Gräberfeld von Volders, kommt Sperber zum Ergebnis:

„Nicht nur in Nordtirol, sondern auch sonst im Bereich der Urnenfelderkultur scheint sich also der goldene Trachtschmuck der Frauen über eine breitere gesellschaftliche Schicht zu verteilen, als es bei der Schwertbeigabe der Männer der Fall ist."[1303]

Clausing geht sogar einen Schritt weiter, wenn er sagt, dass Gold im Grabbrauch der Urnenfelderzeit als Statusanzeiger von geringer Bedeutung gewesen sei und „somit vernachlässigt werden [könne]."[1304]

Alles in allem zeigen verschiedene Untersuchungen, dass Goldbeigaben allein noch nicht sicher auf einen hohen Status hinweisen müssen. Im Zusammentreffen mit anderen Faktoren wie dem Grabbau und der übrigen Grabausstattung bilden Objekte aus Gold jedoch einen wichtigen ergänzenden Faktor. Dabei macht es einen Unterschied, ob Objekte aus massivem Gold, aus Goldblech oder nur vergoldet waren.

1298 Den Status zeigen bei den Kistengräbern natürlich auch der hohe Aufwand im Bau und weitere Bronzebeigaben an.
1299 Falkenstein, Alter und Geschlecht 78.
1300 Sperber, Goldschmuck 63 ff.
1301 Ebd. 65.
1302 Ebd. 68.
1303 Ebd. 74.
1304 Clausing, Sozialstrukturen 310; ders., Mitteleuropa 322.

1.2.4 Wagen

Auch wenn in Neckarsulm kein Wagengrab angetroffen wurde, müssen diese Gräber in weitere Überlegungen über die urnenfelderzeitlichen Gesellschaften mit einbezogen werden, da sie einen wichtigen Bestandteil zur Klärung urnenfelderzeitlicher Machtstrukturen darstellen. Bestattungen mit vierrädrigen Wagen gehören zu den besonderen Gräbern der Bronze- und Urnenfelderzeit[1305], die sich allerdings nur schwer zu erkennen geben, da sich von diesen Fuhrwerken allein bronzene Beschlagteile, Achskappen, Achsnägel etc. erhalten haben. In Nord- bzw. Südwürttemberg können urnenfelderzeitliche Funde aus Königsbronn, Ldkr. Heidenheim,[1306] und Pfullingen, Ldkr. Reutlingen,[1307] als Wagengräber angesprochen werden. Zum Grabfund aus Königsbronn gehören u. a. auch eine Lanzenspitze, zwei Pferdetrensen und ein Deichselaufsatz. Aus dem Grab von Pfullingen liegen ebenfalls eine Lanzenspitze und Beschläge eines Wagenkastens vor. Hinzu kommen Funde von Wagenbestandteilen aus Gräbern in Mengen im Ldkr. Sigmaringen, welche in den Übergang zur älteren Urnenfelderzeit datieren. Hier wurden in den Jahren 1905 und 1955 zwei Gräber entdeckt, welche unter anderem verschiedene Bronzeteile, darunter Radnabenbeschläge und Stangenknebel, enthielten. Die Zahl der Wagengräber erhöht sich also, wenn man auch diejenigen Gräber mit einbezieht, in denen nur einzelne Wagenteile oder auch nur Bestandteile der Pferdeschirrung angetroffen wurden. Diese Funde können daher als pars-pro-toto-Beigaben[1308] anstelle eines vollständigen Wagens angesehen werden. Gräber mit offensichtlich vollständigen Wagen fanden sich bislang nur im bayerischen Raum. Am bekanntesten sind hier die Gräber aus Hader im Ldkr. Passau, Poing[1309] im Ldkr. Ebersberg und Hart an der Alz[1310] im Ldkr. Altötting. Ein weiteres, bereits Ha B-zeitliches Grab aus Acholshausen[1311] im Ldkr. Ochsenfurt enthielt einen kleinen Kesselwagen aus Bronze, der verdeutlicht, welche kultische Bedeutung dem Wagen zukam. Man erfasst an diesem Fund auch die häufiger zu beobachtende Zusammenführung zweier Elemente in den Wagengräbern, nämlich die Verbindung zwischen Wagen und Trinkgefäßen als Hinweis auf spezielle Trinkzeremonien. Trinkgeschirr fand sich im Grab von Hart an der Alz in Form einer Bronzetasse vom Typ Fuchsstadt, einer bronzenen Siebtasse, einem Bronzeeimer und neun keramischen Trinkgefäßen. Auch zur Grabausstattung des Grabes aus Poing gehören eine bronzene Siebtasse sowie mehrere große Tongefäße und Tassen. Im gemeinsamen Auftreten von Wagen und Trinkgeschirr zeigt sich eine deutliche Parallele zu eisenzeitlichen Gräbern, erinnert sei hier an das bekannte „Fürstengrab" von Eberdingen-Hochdorf mit seinem Bronzekessel und den neun Trinkhörnern.[1312] Wir erfassen hier offensichtlich miteinander vergleichbare Trinkrituale, die eine gewisse Tradition zwischen Urnenfelderzeit und Eisenzeit zu erkennen geben. Eine weitere Gemeinsamkeit der Wagengräber ist offensichtlich deren häufige Ausstattung mit Waffen. Im Grab von Hart a. d. Alz fanden sich der Griff eines Schwerts vom Typ Erlach sowie drei Pfeilspitzen, im Grab von Hader die Fragmente zweier Lanzenspitzen und auch im Grab von Königsbronn gehörte eine Lanzenspitze zur Grabausstattung. Das Grab von Poing enthielt das kleine Fragment einer Schwertklinge und insgesamt sieben Tüllenpfeilspitzen. Wagengräber sind daher häufig zur Gattung der Waffengräber zu zählen, wobei die kriegerische Komponente hier mit kultischen Elementen wie Wagen und Trinkservice vereinigt ist. Interessant ist zudem, dass es sich bei allen Wagengräbern, bei denen die Fundumstände bekannt sind, um Brandbestattungen handelt, was der von anderer Seite vorgetragenen Behauptung, Körperbestattungen seien das Kennzeichen einer Oberschicht, deutlich widerspricht (vgl. Kap. III.2.3). Ein weiteres Element der Wagengräber sind ein aufwendiger Grabbau aus Steinpackungen oder Hinweise auf ehemalige Holzeinbauten in den Gräbern.

Das Auftreten des vierrädrigen Wagens in einigen Gräbern ab der Stufe Bz D stellt insgesamt betrachtet ein Phänomen dar, welches nicht nur im süddeutschen Raum, sondern in verschiedenen Teilen

---

1305 C. F. E. Pare, Der Zeremonialwagen der Bronze- und Urnenfelderzeit – seine Entstehung, Form und Verbreitung. In: F. E. Barth (Hrsg.), Vierrädrige Wagen der Hallstattzeit (Mainz 1987) 25–67; M. U. Vosteen, Urgeschichtliche Wagen in Mitteleuropa. Eine archäologische und religionswissenschaftliche Untersuchung neolithischer bis hallstattzeitlicher Befunde (Rahden/Westf. 1999), 52–88; Clausing, Untersuchungen 87 ff.
1306 Pare, Zeremonialwagen 38 ff.
1307 C. Clausing, Ein späturnenfelderzeitlicher Grabfund mit Wagenbronzen aus Pfullingen, Baden-Württemberg. Arch. Korrbl. 27, 1997, 567–582.
1308 Siehe C. F. E. Pare, Wagons and Wagon-Graves of the Early Iron Age in Central Europe (Oxford 1992) 122 f.; 195 ff.
1309 St. Winghart, Ein Wagengrab der späten Bronzezeit von Poing. Arch. Jahr Bayern 1989 (Stuttgart 1990) 74–75; ders., Das Wagengrab von Poing, Lkr. Ebersberg, und der Beginn der Urnenfelderzeit in Südbayern. In: H. Dannheimer/R. Gebhard (Hrsg.), Das keltische Jahrtausend (Mainz 1993) 88–93.
1310 H. Müller-Karpe, Das urnenfelderzeitliche Wagengrab von Hart a.d. Alz, Oberbayern. Bayer. Vorgeschbl. 21, 1956, 46–75.
1311 C. Pescheck. Ein reicher Grabfund mit Kesselwagen aus Unterfranken. Germania 50, 1972, 29–56.
1312 D. Krauße, Hochdorf III. Das Trink- und Speiseservice aus dem späthallstattzeitlichen Fürstengrab von Eberdingen-Hochdorf (Kr. Ludwigsburg) Forsch. u. Ber. Vor- u. Frühgesch. Baden-Württemberg 64 (Stuttgart 1996).

Europas zu beobachten ist. Interpretiert wurde dies als ein kultureller Austausch innerhalb der europäischen „Eliten". St. Winghart sagt hierzu:
„Nur eine dünne soziale Oberschicht verfügt über entsprechende Mittel der Thesaurierung und über die Fernbeziehungen, die nötig sind, um fremde Sachformen und neues Gedankengut aufzunehmen."[1313] Born und Hansen meinen jedoch, dass die Verbreitung der Wagengräber in Süddeutschland nicht überbewertet werden darf bzw. „dass der Wagen eher im Zuge einer regionalen Beigabensitte und nicht als überregional akzeptierter Rangindikator zu verstehen ist."[1314]
Auch bei der Deutung der gesellschaftlichen Position der hier bestatteten Personen sollten deren Gräber in ihrem zeitlichen Kontext gesehen und nicht mit den Bestatteten aus den Wagengräbern der Späthallstattzeit gleichgesetzt werden. St. Winghart geht m. E. daher in seiner Interpretation zu weit, wenn er die Toten aus Poing und Hart a.d. Alz als „Angehörige einer fürstlichen oder königlichen"[1315] Gruppe bezeichnet.[1316] Mit der Verwendung des Begriffs „Fürst" rückt Winghart diese Gräber in die Nähe der späthallstattzeitlichen „Fürstengräber", was sehr hoch gegriffen scheint, da die Wagengräber der Urnenfelderzeit qualitativ und quantitativ nicht an die Grabausstattungen der eisenzeitliche Wagengräber heranreichen. Vorrangig ist es zunächst wichtiger festzuhalten, dass sich die urnenfelderzeitlichen Wagengräber in ihrer Ausstattung – nicht nur bezüglich des Wagens – deutlich von anderen reichen Gräbern ihrer Zeit unterscheiden. So äußert sich R. Kreutle zu den Wagengräbern von Mengen:
„In den beiden Wagengräbern von Mengen fassen wir auf jeden Fall Angehörige der führenden Familien zwischen Schwarzwald und Iller. Beide Toten dürften zu Lebzeiten zu den mächtigsten Männern gehört haben. Ihre herausragende gesellschaftliche Stellung wurde durch Statussymbole zum Ausdruck gebracht, wie sie seit der Spätbronzezeit in der obersten Gesellschaftsschicht im Raum nordwärts der Alpen Gültigkeit besaßen (vierrädrige Prunkwagen mit Speichenrädern und Pferdegespannen, Symbolgut, Heilszeichen, Ton- und Bronzegefäßsätze)."[1317]
An späterer Stelle werde ich die soziale Position der urnenfelderzeitlichen „Wagengrab-Herren" eingehender diskutieren und versuchen, deren Position in der damaligen Gesellschaft genauer zu definieren (Kap. V.3.3).

1.2.5 Waffen

Der chronologische Schwerpunkt von Waffengräbern liegt in der Bronzezeit zwischen den Perioden Bz D und Ha A2. Ab der Stufe Ha B nimmt die Zahl von Waffen in Gräbern deutlich ab und verschwindet nahezu vollständig. Es ist allerdings kaum davon auszugehen, dass man nun in eine besonders friedliche Zeit eintrat, da in der Stufe Ha B befestigte Dörfer und die „Höhensiedlungen" auftreten. Das Fehlen von Waffen ist vielmehr mit veränderten Bestattungssitten zu interpretieren, die aus uns unbekannten Gründen den Status oder die Rolle von Männern als Krieger nicht mehr anzeigten.[1318]
Innerhalb des gesamten Waffenspektrums ist zunächst zwischen Fern- und Nahkampfwaffen zu unterscheiden. Als Nahkampfwaffen der späten Bronzezeit sind Dolch und Beil zu nennen. Beide Waffen verschwinden jedoch schon zu Beginn der Urnenfelderzeit aus den Gräbern, da sie aufgrund einer neuen Kampfweise wohl nicht mehr eingesetzt wurden. Verdrängt wurden diese Waffen durch das Schwert, welches in der späten Bronzezeit mit seiner zumeist schmalen und langen Klinge in seiner Kampfesweise dem modernen Fechten geähnelt haben mag. Die Schwerter der Urnenfelderzeit verfügen hingegen über breite, häufig schilf- oder weidenblattförmige Klingen, die ihre Verwendung als Hiebschwerter verdeutlichen (vgl. Kap. III.4.2). Die Lanzen gehören zu einem Waffentyp, welcher sich sowohl zum Kampf auf mittleren bis kurzen Distanzen eignete. An eine Funktion als Wurfspeere kann gerade bei Lanzen mit schmalem Blatt gedacht werden, nur würde ein Krieger, insofern er nicht

---

1313 St. Winghart, Die Wagengräber von Poing und Hart a.d. Alz. Evidenz und Ursachen spätbronzezeitlicher Elitenbildung in der Zone nordwärts der Alpen. In: Eliten der Bronzezeit (Mainz 1999) 531.
1314 Born/Hansen, Sammlung Guttmann 156.
1315 Winghart, Poing II 93.
1316 Auch Clausing lehnt den Begriff Fürst ab, da in der Urnenfelderzeit keine Herrscherdynastien festzustellen seien. Clausing plädiert vielmehr für eine Bezeichnung der „Mächtigen" der Urnenfelderzeit als Häuptlinge, vergisst jedoch, dass er hier ebenfalls eine Interpretation hin zu zentralisierten und institutionalisierten Herrschaftsstrukturen einschlägt (Clausing, Mitteleuropa 393 Anm. 120).
1317 Kreutle, Schwarzwald und Iller 363f.; vgl. Winghart, Elitenbildung 517.
1318 Kossack nennt für den Wandel der Bewaffnung der ausgehenden eisenzeitlichen Hallstattzeit (hier löste die Lanze das Schwert als Hauptwaffe ab) noch weitere Gründe für das Verschwinden bestimmter Waffen im Kontext der Grabausstattungen (G. Kossack, Südbayern während der Hallstattzeit [Berlin 1959] 96). Im Falle der Eisenzeit wäre dies ein mögliches Verbot, Schwerter als Waffe zu tragen oder diese als Beigabe ins Grab zu legen. Ein weiterer Grund könnte auch in einer Umstellung der Kampftechnik liegen, wobei das Fehlen metallener Waffen in der späten Urnenfelderzeit hierdurch nicht zu erklären wäre. Sperber denkt für das Verschwinden von Schwertern in Gräbern zum Ende der Urnenfelderzeit nicht nur an religiös motivierte Veränderungen in den Bestattungssitten, sondern auch an sich verändernde Erbregelungen und wirtschaftlich oder sozial bedingte Umbrüche (Sperber, Schwertträger 650).

noch weitere Waffen bei sich trägt, nicht mehr in der Lage sein, sich zu verteidigen. Als Fernwaffe und Jagdgerät schon seit dem Mittelpaläolithikum und dem Neolithikum bekannt, sind Pfeil und Bogen zu nennen. In der Urnenfelderzeit kennt man Pfeilspitzen dreier verschiedener Typen, deren genaue funktionale Unterschiede aber unklar sind. So gibt es Dornpfeilspitzen, Tüllenpfeilspitzen und Tüllenpfeilspitzen mit meist einem, seltener auch zwei Widerhaken am Tüllenmund.[1319] An Schutzwaffen[1320] der Bronzezeit kennt man den Helm, Brustpanzer, Beinschienen und Schilde. Von Schilden, die wohl nahezu vollständig aus Holz und Leder gefertigt waren, haben sich meist nur einige Nägel als Reste erhalten. Auch bei den Helmen und Brustpanzern ist zu vermuten, dass die Mehrzahl aus organischen Materialien wie Holz, Leder, mehreren Lagen aus Leinen etc. bestanden und sich daher nicht erhalten haben.[1321] Die wenigen massiv aus Bronze gefertigten Helme und Panzer, wie man sie aus einigen Depots und Gräbern kennt, dürften daher nur einem kleinen Personenkreis vorbehalten gewesen sein.

In den Gräbern der Urnenfelderzeit ist zu beobachten, dass bestimmte Waffen einzeln, aber auch in Kombination mit anderen Waffen auftreten.[1322] Interessanterweise wurden aber nicht alle Waffentypen miteinander kombiniert. So konnte die Kombination von Pfeilspitzen, Schwert und Lanze bislang in keinem einzigen Fall beobachtet werden. Schwerter, Lanzen oder Pfeilspitzen finden sich sowohl in schlichten, als auch in besonders „reichen" Gräbern.[1323] P. Schauer[1324] hat für die Stufen Bz D bis Ha A2 folgende Ausstattungsmuster von Waffengräbern herausgearbeitet:

a) Männergräber mit Schwert, Messer/Rasiermesser, Nadel (Schwert, Dolch/Messer).
b) Männergräber mit Schwert, Pfeilspitzen, Messer, Nadel.
c) Doppelgräber (Mann/Frau) mit Lanze (auch Lanze und Pfeilspitzen), Messer, Nadel und Frauentracht.
d) Männergräber mit Schwert, Lanze, Nadel.
e) Männergräber mit Pfeilspitzen, Messer/Rasiermesser, Nadel.
f) Männergräber mit Lanzen/Speer, Messer/Rasiermesser, Nadel.

Die von Schauer vorgelegten Ausstattungsmuster stehen ohne Wertung des jeweiligen Status der derart ausgestatteten Personen nebeneinander. Die Absicht von Schauer war es demnach nicht, diese Ausstattungsmuster im Sinne von Rangabfolgen zu interpretieren. Aufgrund der verschiedenartig kombinierten Waffentypen könnte man hinter den unterschiedlichen Bewaffnungen verschiedene Kampfstile der Krieger vermuten. Aus der Bewaffnung könnte aber auch die Stellung des Kriegers in der Kampflinie abgeleitet werden oder dessen Position innerhalb eines Kriegerverbandes. Eine zentrale Frage ist nun, ob die Ausstattungsmuster als Hinweis auf soziale Ränge oder sozialen Status interpretiert werden können. So könnten mit der Grabausstattung und der Kumulation von Waffen ansteigende Statuspositionen der Träger dargestellt worden sein. Diesem Ansatz wird in der Archäologie mehrheitlich gefolgt, so steht die Analyse von Waffengräbern mit an vorderster Stelle, um die Sozialstrukturen prähistorischer Gesellschaften zu rekonstruieren. In treffender Weise hat H. Steuer dieses Vorgehen beschrieben:

„Die Abfolge dieser Gliederung der Bewaffnung von der Ausrüstung mit mehreren Waffen, z. B. Schwert, Dolch, Messer, über einzelne Waffen wie Bogen oder Lanze zur Waffenlosigkeit entspricht einer allgemeinen Tradition in der Vorgeschichtsforschung, die auf Analogien aus der Antike zurückzugehen scheint. Es wird zu einem Axiom, dass eine bestimmte Waffenausrüstung den Rang des Kriegers in der Gesellschaft kennzeichnet. Dabei steht das Schwert immer an erster Stelle. Lanzenkämpfer haben ein höheres Ansehen als Bogenschützen."[1325] Steuer betrachtet die oben genannte Vorgehensweise, eine Rangabfolge innerhalb der Waffen zu bilden, äußerst kritisch und bezeichnet die daraus gewonnenen Ergebnisse als „einbahnige" stufenweise Gliederung der Gesellschaft.[1326] Nichtsdestotrotz sind für die Waffengräber der Urnenfelderzeit verschiedene Ar-

---

1319 H. Eckhardt, Pfeil und Bogen. Eine archäologisch-technologische Untersuchung zu urnenfelder- und hallstattzeitlichen Befunden. Internationale Archäologie 21 (Espelkamp 1996).

1320 P. Schauer, Urnenfelderzeitliche Helmformen und ihre Vorbilder. Fundber. Hessen 19–20, 1979–1980, 521–543; ders., Deutungs- und Rekonstruktionsversuche bronzezeitlicher Kompositpanzer. Arch. Korrbl. 12, 1982, 335–349; ders., Die Beinschienen der späten Bronze- und frühen Eisenzeit. Jahrb. RGZM 29, 1982, 100–155.

1321 Zum Gebrauch bronzezeitlicher Schutzwaffen siehe: B. Kamphaus, Usewear and Functional Analysis of Bronze Weapons and Armor. Journal of World Anthropology Vol. 3, No.1, 2007, 113–138.

1322 In der gesamten Urnenfelderzeit treten in der Gesamtheit aller Waffengräber in 35 % als alleinige Waffe Schwerter auf. Es folgen 30 % von Gräbern nur mit Pfeilen und 26 % Lanzengräber (Clausing, Untersuchungen 125 Diagr. 8). Wesentlich geringer ist die Kombination verschiedenster Waffentypen wie Schwert/Lanze, Schwert/Pfeil und Lanze/Pfeil.

1323 Clausing, Sozialstrukturen 311.

1324 P. Schauer, Überregionale Gemeinsamkeiten bei Waffengräbern der ausgehenden Bronzezeit und älteren Urnenfelderzeit des Voralpenraums. Jahrbuch RGZM 31, 1984, 209ff.

1325 Steuer, Sozialstrukturen 121 f.

1326 Steuer, Sozialstrukturen 122.

Clausing 1999		Fischer 1997	Eibner 1966 (nach Jockenhövel 1971)	
Wagen Waffen Bronzegefäß Grabbau	Schicht 1	Waffen Wagen/ Zaumzeug	Wagen Zaumzeug Bronzegefäß Lanzenspitze Pfeilspitze Beil Dolch	Oberschicht (Gruppe 2)
Wagen Waffen (kein Bronzegefäß)				
Wagen (keine Waffen) (kein Bronzegefäß)				
Schwert Bronzegefäß	Schicht 2	Schwert Dolch/ Lanzenspitze	Waffen Bronzegefäß Rasiermesser Sichel Messer Nadel Zierbuckel Tüllenhaken Doppelknöpfe Pfriem Schleifstein (kombiniert)	Oberschicht (Gruppe 1)
Lanzenspitze Bronzegefäß				
Schwert		Schwert		
Lanzenspitze	Schicht 3	Dolch/ Lanzenspitze		
Pfeilspitzen				
Bronzegefäß	Schicht			
		Metallbeigaben (Keine Waffen)	Rasiermesser Pinzette Drillings- und Zwillingsarmringe Doppelknöpfe Tüllenhaken Pfrieme (nur einzeln)	Mittelschicht
		Keine Metallbeigaben	Einfache Grabausstattung	

Tabelle 2: Abstufung der Bewaffnung in urnenfelderzeitlichen Waffengräbern.

beiten vorgelegt worden, welche derartige Ausstattungsmuster herausarbeiten.

Eine der ersten Arbeiten dieser Art findet sich in der im Jahre 1966 eingereichten, aber nicht publizierten Doktorarbeit von C. Eibner.[1327] Vergleichbare Abstufungen von Waffengräbern finden sich zudem in den in jüngerer Zeit erschienenen Arbeiten von C. Fischer[1328] und C. Clausing[1329]. In Tabelle 2 sind die Ergebnisse dieser Arbeiten grafisch gegenübergestellt. Es ist festzustellen, dass sich die drei Tabel-

---

1327 Siehe auch Jockenhövel, Rasiermesser 9 Anm. 4.
1328 C. Fischer, Innovation und Tradition in der Mittel- und Spätbronzezeit: Gräber und Siedlungen in Neftenbach, Fällanden, Dietikon, Pfäffikon und Erlenbach (Zürich 1997) 82 Abb. 44.
1329 Clausing, Mitteleuropa 335 Abb. 9.

len insgesamt relativ ähnlich sind. An der Spitze stehen jeweils die Wagengräber, die als Gräber der obersten gesellschaftlichen Schicht verstanden werden. Hinter den Wagengräbern folgen zunächst Gruppen von Waffengräbern, die sich vor allem im Auftreten bestimmter Waffentypen und deren Kombination mit anderen Grabbeigaben voneinander unterscheiden. Innerhalb der Waffengräber stehen die Gräber mit der Kombination von Schwert und Bronzegefäß bei Clausing bzw. der Kombination von Schwert und Lanze bei Fischer an vorderster Stelle. Es folgen in voneinander getrennten Stufen Gräber mit Schwert, mit Lanze und mit Pfeilspitzen. Diese Gruppen von Waffengräbern werden über jene Gräber gestellt, in denen zwar Bronzebeigaben, jedoch keine Waffen vorhanden sind. An unterster Stufe stehen Gräber ohne jegliche Beigaben aus Bronze. Zwar wird in den einzelnen Arbeiten an verschiedenen Stellen betont, dass auch weitere Faktoren, wie das Materialgewicht der Bronzen, der Grabbau, das Vorhandensein einer Doppelbestattung, die Bestattungsart und die Zahl der keramischen Gefäße zu berücksichtigen sind,[1330] diesen Merkmalen wird jedoch, meist auch aufgrund der beschränkten Darstellungsmöglichkeiten, tendenziell weniger Aufmerksamkeit geschenkt.

Grundsätzlich ist das Verfahren, Waffengräber in der Art ihrer Zusammensetzung hinsichtlich von Status- und Rangpositionen zu untersuchen, ein interessanter Ansatz, welcher auf den ersten Blick nachvollziehbare Ergebnisse zu liefern scheint. Zu kritisieren ist jedoch, dass man sich hier, trotz gegenteiliger Beteuerungen, meist auf die Beigaben aus Bronze beschränkt bzw. diese höher gewichtet. Die Anordnung der Waffengräber in eine Stufenabfolge erfolgt schlussendlich nicht auf statistischem Wege, sondern aufgrund gewisser „Erfahrungswerte", wie es Clausing freundlich umschreibt.[1331] Es verwundert daher nicht, dass auch C. Fischer, obwohl ihre Datenbasis geringer sein dürfte als jene von Clausing, mit einer ähnlichen Bewertung der Waffentypen und Ausstattungsmuster zu einem sehr ähnlichen Ergebnis kommt. Die gesamte Methode ist daher als höchst subjektiv zu bezeichnen.[1332] Zu kritisieren ist ebenso, dass etwa Clausing mit der bewussten Auswahl von allein 24 Gräbern eine Stufenabfolge kreiert, die, würde man alle Waffengräber der Urnenfelderzeit berücksichtigen, deutlich an Schärfe verlöre.[1333] Diesem Umstand scheint Clausing immerhin Rechnung zu tragen, da er das Ergebnis seiner Statustabelle als „– zumindest grobes – Bild der sozialen Schichtung in der Urnenfelderzeit"[1334] bezeichnet. Die Beurteilung von Clausings Ergebnissen soll hier nicht als Kritik an seiner Arbeit verstanden werden, sondern ihm vielmehr recht geben, dass die urnenfelderzeitlichen Gräber – ob mit oder ohne Waffen, ob als Brandbestattung oder Körpergrab – nur ein unscharfes Bild der gesellschaftlichen Ordnung aufzeigen. Clausing ist daher zuzustimmen, dass man möglicherweise ein klareres Bild bekäme, wenn man die waffenführenden Gräber den waffenlosen Männergräbern und den Frauengräbern vergleichend gegenüberstellen würde.

1.2.6 Fazit

Fasst man die einzelnen Ergebnisse zusammen, so kommt man zum Schluss, dass der Grabbau und die diversen Beigaben wie Keramik, Gold, Objekte aus Bronze als einzeln betrachtete Kriterien, abgesehen vom Wagen bzw. der Kombination von Wagen und Schwert, keine regelhaften Hinweise auf den Status der Bestatteten liefern können. Das Bild wird lediglich etwas deutlicher, wenn die verschiedenartig kombinierten Beigaben mit dem Grabbau in Verbindung gebracht werden. Aber auch hier stechen vor allem diejenigen Bestattungen ins Auge, deren Beigabenzahl besonders hoch ist. In den Versuchen, die Waffengräber in eine Rangabfolge zu bringen, werden die Wagengräber durchgehend als oberste Grabkategorie bestimmt. Gleiches gilt innerhalb der Waffentypen für die Schwerter. Eine überzeugende Argumentation für dieses Vorgehen bleibt aus, das Einbringen von „Erfahrungswerten" als Begründung ist m. E. unbefriedigend. Die durch verschiedene Archäologinnen und Archäologen erzeugte hierarchische Rangordnung innerhalb der Waffengräber mag schlussendlich nicht ganz überzeugen, da hinter den Waffenkombinationen im Grunde auch unterschiedliche Kampftechniken stehen könnten. Es stellt sich bei den Waffengräbern zudem die Frage, ob diese Anordnungen und Abstufungen im Sinne „militärischer Ränge" zu interpretieren sind oder ob diese Modelle auch auf soziale Differenzierung der gesamten Gesellschaft bzw. der gesellschaftlichen Elite übertragen werden dürfen. Dies würde nämlich eine durch und durch militärisch organisierte Gesellschaft zeichnen – gleichwohl wir im Folgenden noch sehen werden, dass gerade dem

---

1330 Clausing, Sozialstrukturen 311; ders., Mitteleuropa 332.
1331 Clausing, Mitteleuropa 332.
1332 Und dies, obwohl sich Clausing selbst gegen „subjektive Einschätzungen der Befunde" ausspricht und Beurteilungen auf Grundlage von „empirisch gewonnenen Daten" als geeigneter betrachtet (Clausing, Mitteleuropa 320).
1333 „Bei größerer Materialbasis erhöht sich zwangsläufig auch die Zahl gesellschaftlicher Gruppierungen gleichen Ranges" (Clausing, Sozialstrukturen 319).
1334 Clausing, Sozialstrukturen 319.

urnenfelderzeitlichen Kriegertum eine gesellschaftlich überaus bedeutende Rolle zugesprochen wird.[1335]

Das unscharfe Bild von Status und Rang in den urnenfelderzeitlichen Gräbern lässt sich auf verschiedene Weise erklären. Zum einen wäre es möglich, dass „die Begräbnis- und damit auch die Beigabenvorschriften in der Urnenfelderzeit wenig normiert gewesen [sind]."[1336] Dies würde für eher wenig ausgeprägt hierarchische Strukturen sprechen oder für „eine Phase des Suchens nach neuen Ausdrucksformen, sozialen Rang anhand des Grabes darzustellen."[1337] Zum anderen könnte davon ausgegangen werden, dass sich die Gesellschaft weniger auf vertikaler, d.h. hierarchischer Ebene gliederte, sondern vielmehr zwischen verschiedenen sozialen Gruppen auf horizontaler Ebene (z.B. verwandtschaftlich organisierte Verbände) unterschieden werden muss.[1338]

2 Modelle zur sozialen Organisation: Begriffe, Konzepte, Theorien

2.1 Einführung

Im vorherigen Kapitel wurde aufgezeigt, inwieweit die Grabfunde der Urnenfelderzeit, und speziell auch die Waffengräber, Hinweise auf eine soziale Differenzierung bzw. eine Hierarchisierung der Gesellschaft geben können. Es wurde deutlich, dass einzelne Faktoren wie Bestattungssitte, Grabbau und verschiedenartige Beigaben für sich allein genommen nur ein ungenaues Bild ergeben. Auch wenn die einzelnen Faktoren in Kombination miteinander gebracht werden, können sie keine ausgeprägte (gesamt-)gesellschaftliche Schichtung aufzeigen. Soziale Unterschiede zwischen den Bestatteten geben sich vielmehr nur in einem groben Rahmen zu erkennen:

„[Es] ergibt sich der Eindruck einer nicht regelhaften Verteilung bestimmter Beigaben bzw. Merkmale bei reicheren und ärmeren Befunden. Dies ist wohlmöglich ein wichtiger Grund für den Mangel an umfassenden Untersuchungen zu den sozialen Strukturen der Urnenfelderzeit."[1339]

Eine Ausnahme bildet die Gattung der Waffengräber, bei denen sich, wie es Clausing u. a. zeigen, anhand von Waffentypen und deren Kombination geschichtete Ränge herausarbeiten lassen, die als soziale Statuspositionen interpretiert werden können. Wie gezeigt wurde, bleibt aber auch bei den Waffengräbern das Bild insgesamt betrachtet eher verschwommen, ein Ergebnis, welches sich unweigerlich auf die Interpretation der jeweiligen sozialen Stellung der Bestatteten auswirkt. Stary kommt daher zu dem Schluss:

„Wodurch ein Mensch in Lage und Genuss einer hervorgehobenen Bestattung versetzt wurde, ob durch Reichtum (reicher Händler, Bauer, Feudalherr), Kraft seiner gesellschaftlichen Stellung (Häuptling, Anführer, Held) oder aufgrund seines religiösen Amtes (Priester), bleibt zumindest in den Grabfunden verschlossen. Zu rechnen ist mit einer, häufig auch mit der Verbindung mehrerer oder aller Eigenschaften."[1340]

Es wird wohl daher ein Wunsch bleiben, einzelne bestattete Personen in ihrer gesellschaftlichen Stellung und Funktion dezidiert ansprechen zu können. Während es sich bei einem Großteil der Bestattungen wohl um die Vertreter einer einfachen, als Bauern lebenden Bevölkerung gehandelt haben wird, geben sich bislang Personengruppen wie Händler, Handwerker und Priester nicht eindeutig zu erkennen. Dies ist allerdings ein Phänomen, welches nicht allein die Bronzezeit betrifft, sondern im gleichen Maße auch für die eisenzeitlichen Perioden gilt. Anders verhält es sich mit Personen, die aufgrund ihrer Waffenausstattung vereinfachend als „Krieger" angesprochen werden. Das Auftreten derartiger Gräber ist ein besonderes Kennzeichen der urnenfelderzeitlichen Kulturen Mitteleuropas und darüber hinaus. Ab der mittleren Bronzezeit (Bz C) treten Kriegergräber deutlich in Erscheinung und sind besonders in der älteren Urnenfelderzeit (Ha A1) zu beobachten. Mit der mittleren Urnenfelderzeit (Ha A2) geht die Zahl der Kriegergräber spürbar zurück, ein Zustand, welcher sich bis in die gesamte jüngere Urnenfelderzeit (Ha B1–3) halten sollte. Obwohl man es bei diesen Kriegergräbern demnach mit einer, im archäologischen Sinne, relativ kurzfristigen Erscheinung zu tun hat, besteht in der Forschung die einhellige Meinung, dass in diesen Gräbern eine Gruppe greifbar wird, welche zugleich einen sozialen Wandel der urnenfelderzeitlichen Ge-

---

[1335] Möglicherweise ist diese Einschätzung falsch und in der Bronzezeit ist die Gesellschaftsstruktur zu Friedens- und Kriegszeiten nicht zu trennen, wie es O. Hellmann in der „Ilias" von Homer zu erkennen glaubt: „Im Idealbild der Ilias überlagern und entsprechen sich militärische und soziale Hierarchien, die letztlich an die individuelle Kampfleistung gebunden sind" (O. Hellmann, Die Schlachtszenen der Ilias [Stuttgart 2000] 58).
[1336] Clausing, Sozialstrukturen 320.
[1337] Ebd.
[1338] Eine Gliederung in Segmente impliziert jedoch nicht, dass es sich auch um egalitäre Gesellschaften handelt. So können vertikale Differenzierungen innerhalb der Segmente durchaus existiert haben (siehe Kap. V.2.2.2).
[1339] Clausing, Mitteleuropa 332.
[1340] Stary, Häuptlingsgrab 57.

sellschaft anzeigt. In der Literatur finden sich verschiedenste Begriffe, mit welchen diese Gruppe bewaffneter Personen umschrieben wird. Darunter sind Bezeichnungen wie „Kriegerkaste", „Häuptlingsadel" oder „Schwertträgeradel".

„Dabei ist keiner der angeführten Begriffe mit bestimmten (Sach-)Inhalten belegt, durch die sich die jeweilige soziale Stufe exakt fassen ließe. Trotzdem gehören sie in der Zwischenzeit zum Allgemeingut der Forschung, ohne dass ausreichende Grundlagen geschaffen wären."[1341]

Auch wenn diese Begriffe also in einer recht unreflektierten Weise gebraucht werden, zudem meist ohne näher definiert zu werden, stecken hinter ihnen, ob nun beabsichtigt oder nicht, weiter reichende Implikationen und daraus abzuleitende oder zu entwickelnde Gesellschaftsmodelle. In den folgenden Kapiteln erfolgt eine Annäherung an die in den Begriffen und Konzepten mehr oder weniger implizit versteckten Modelle, aber auch an die wenigen konkreten Gesellschaftsmodelle, die vor allem in der englischsprachigen Literatur zu finden sind. Notwendig ist dabei zunächst eine Erklärung der Begriffe, welche den Prozess und auch die Stufen einer gesellschaftlichen Differenzierung beschreiben. Des Weiteren wird auf Modelle eingegangen, wie sie in der Soziologie und der Ethnologie entwickelt wurden. In der Archäologie wurden dabei vor allem die im amerikanischen Raum entwickelten neo-evolutionistischen Modelle rezipiert.[1342]

Zu betonen ist bereits an dieser Stelle, dass sich jede Gesellschaft in einem stetigen Wandel befindet. Herausgestellt werden sollen daher gewisse Prozesse des sozialen Wandels, wobei jenen der „Institutionalisierung von Macht"[1343] eine besondere Rolle zukommt. Abschließend wird auf spezielle soziale Gruppen Bezug genommen, die aus der Frühgeschichte und der Ethnologie als Männerbünde und Gefolgschaftsverbände bekannt sind. Hiernach wird in einem abschließenden Kapitel der Bogen zurück zum Gräberfeld von Neckarsulm geschlagen, um in einer abschließenden Synthese und Interpretation die Bedeutung dieses Befundes für die Erforschung der urnenfelderzeitlichen Gesellschaft deutlich zu machen.

2.1.1 Prestige und sozialer Status

Da es sich bei der Mehrzahl aller prähistorischen Gräber um Einzelbestattungen handelt, soll zunächst auf die soziale Stellung des einzelnen Individuums Bezug genommen werden. Dessen Stellung wird unter anderem durch Status, hier verstanden als sozial bewertete Position, und Prestige bestimmt.[1344] Der Ausdruck Prestige bezeichnet den (guten) Ruf oder das Ansehen einer Person innerhalb der Gesellschaft, weshalb auch von „Sozialprestige" gesprochen werden kann. Da Prestige und Status an sich nicht sichtbar sind, werden beispielsweise Zeichen wie Kleidung, Haartracht, Insignien und „Prestigeobjekte" benutzt, um ihnen Ausdruck zu verleihen. Wichtig für die Zuschreibung und auch die Erzeugung und Aufrechterhaltung von Status sind also nicht allein die das Prestige erzeugenden Handlungen, sondern auch die Repräsentation. Dafür eignen sich vor allem Gegenstände, die sich durch ein besonders kostbares und/oder seltenes Material auszeichnen oder aufwendig in ihrer Herstellung sind. Aus der Ethnologie sind jedoch auch Objekte bekannt, die auf den ersten Blick aus eher gewöhnlichen Materialien bestehen und ihre Bedeutung erst im Handeln verliehen bekommen. Diese Aspekte erschweren es uns heute, frühgeschichtliche Statusobjekte zu interpretieren. Einerseits wissen wir kaum etwas über damalige Symbolsysteme, weil uns die Handlungskontexte der Objekte weitgehend verschlossen bleiben, andererseits haben sich vermutlich auch nicht alle Objekte erhalten. So fehlen in den ur- und frühgeschichtlichen Gräbern nahezu sämtliche organischen Materialien, von der Kleidung sind meist nur Gürtelschließen, Nadeln, Fibeln und Applikationen aus Bronze erhalten geblieben. Unser Fokus liegt daher vor allem auf den das Geschlecht und den Status anzeigenden Objekten – bei den Männern sind dies vor allem Schwerter und andere Waffen. L. Sperber bezeichnet demzufolge, wie andere Archäologen auch, die mit Waffen ausgestatteten Toten als „Persönlichkeiten der gesellschaftlichen Oberschicht, die sich durch die Beigabe des Schwertes als Statussymbol im Grab auszeichneten."[1345] Über den Waffengräbern stehen allein die Wagengräber als „erstrangiges Statussym-

---

1341 C. Bockisch-Bräuer, Zur Aussagefähigkeit von Gräbern bei der Rekonstruktion sozialer Strukturen – Überlegungen am Beispiel der Spätbronze- und Urnenfelderzeit in Nordbayern. In: Eliten der Bronzezeit (Mainz 1999) 533.

1342 Eine Ausnahme stellt hier die Arbeit von A. Testart dar (A. Testart, Eléments de classification des sociétés [Paris 2005]).

1343 H. Popitz, Phänomene der Macht (Tübingen 1992). Popitz definiert Macht nach Max Weber als „jede Chance, innerhalb einer sozialen Beziehung den eigenen Willen auch gegen Widerstreben durchzusetzen, gleichwohl worauf diese Chance beruht" (ebd. 17). Herrschaft wird verstanden als „institutionalisierte Macht" (ebd. 232).

1344 Auf kollektive Statuspositionen wie „Adel" und Familien einer Oberschicht wird an späterer Stelle eingegangen.

1345 L. Sperber, Zeugnisse der „Schwertträger". In: Landesverein Badische Heimat (Hrsg.), Nachrichten & Notizen zur Landeskunde in der Region. 4/97, 2; www.zum.de/Faecher/G/BW/Landeskunde/rhein/geschichte/archaeol/schwerttraeger.htm (Stand: 15.04.2008).

bol."¹³⁴⁶ Es stellt sich nun aber die Frage, auf welche Weise sich der Status eines Objektes, das denjenigen seines Trägers repräsentiert, ermitteln lässt. Hier unterbreitet L. Sperber einen interessanten Ansatz.

„Der soziale Status des Schwertträgers misst sich primär an der Häufigkeit des Schwertes bzw. des Schwertträgers. Diese ist innerhalb der Siedlungsgemeinschaft oder des nächst größeren Verbandes, in dem der Schwertträger lebte, zu ermitteln, also zunächst für die Population eines Gräberfeldes. Geht das nicht, weil die Gräberfelder gewöhnlich nicht vollständig und oft nur punktuell erfasst sind, kann man auf die nächst größere „Einheit" ausweichen, beispielsweise auf eine kleinere oder größere Reihe benachbarter und faziell einheitlicher Gräberfelder."¹³⁴⁷

Bevor man diesem Ansatz folgt, ist zunächst eine weitere Klärung des Begriffs sozialer Status notwendig. Unter sozialem Status wird in der Soziologie die gesellschaftlich bewertete soziale Position einer Person verstanden. Mit der sozialen Position sind gewisse Rechte, Pflichten, aber auch Verfügungsgewalt verbunden, welche allerdings nicht in jeder Situation gelten müssen. Status ist daher nicht als ein dauerhafter, unabänderlicher Zustand, sondern auch in seinem temporären Charakter zu verstehen. Zu unterscheiden ist des Weiteren zwischen zwei Formen von Status. Zum einen gibt es den zugeschriebenen Status (*ascribed status*), über den das einzelne Individuum kaum eine Kontrolle hat und den es selbst auch nicht ändern kann. Dieses gilt vor allem für einen Status, der sich aus dem Geschlecht oder einer Geburtsgruppe ableitet. Auch durch das Alter wird der zugeschriebene Status einer Person bestimmt, wobei sich hier naturgegeben der Status einer Person im Laufe des Lebens spürbar ändern kann. Dies zeigt sich in den meisten Gesellschaften an den an Altersstufen gekoppelten Statuspositionen. Demgegenüber steht der erworbene Status (*achieved status*). Derartige Statuspositionen werden durch persönliche Leistung, Fähigkeiten, Wissen etc. erworben. Diese Art von Statuserwerb kann zu Ansehen, Prestige und auch zu Macht führen.

In einer Erweiterung des Statusbegriffs haben Ralph Linton¹³⁴⁸ und W. H. Goodenough¹³⁴⁹ den Begriff der sozialen Rolle bzw. der sozialen Person definiert. Die soziale Person bestimmt sich dabei durch die verschiedenen Rollen, die ein Individuum im Leben einnimmt. Ein erwachsener Mann ist in diesem Sinne zugleich Sohn wie Vater, in einem alltäglichen Kontext der einfache Bauer und in einer gewaltsamen Auseinandersetzung der Krieger. Mit jeder Rolle ist ein bestimmter Status verbunden und die Schwierigkeit für das Individuum besteht darin, die jeweiligen Rollen miteinander zu vereinen oder die Rollenerwartungen in Abwechslung zueinander in gewissen Situationen zu erfüllen. Im Hinblick auf prähistorische Bestattungen meint R. Bernbeck, dass bei der Bestattung eines Toten die Bestattenden versuchen, in einer Synthese einen bestimmten Ausschnitt der im Leben eingenommenen Rollen des Toten darzustellen:¹³⁵⁰

„Das Konzept der ‚sozialen Person' im Begräbnis spiegelt also nicht eine einzelne Rolle oder gar alle Rollen wider, die das Individuum innehatte, sondern eine Rollenselektion, die das Verhältnis zwischen Verstorbenen und Gesellschaft wiedergibt."¹³⁵¹

Folgt man dieser Einschätzung, so ist der individuelle Status eines Bestatteten kaum in seiner Gesamtheit zu erfassen. Nur in seinem Verhältnis zu anderen Bestattungen aus dem gleichen Zeitraum mag es gelingen, wie auch Sperber im obigen Zitat meint, sich dem Status des Einzelnen anzunähern. Vor dem Hintergrund der verschiedenen Rollen des Toten erscheint es dabei sinnvoll, wenn man sich auf bestimmte Elemente aus den Gräbern beschränkt. Letzteres ist aufgrund der erhaltungsbedingten Selektion zwangsläufig vorgegeben, da nur bestimmte den Status anzeigende Faktoren wie Bestattungssitte, Bestattungsform, Körperhaltung, Grabbau und Beigaben archäologisch fassbar sind. Wie bereits im vorherigen Kapitel zu sehen war, zeigen sich in der Urnenfelderzeit zwar gewisse Rangpositionen innerhalb der Bestattungen an, die Grenzen sind jedoch, beginnend mit den beigabenlosen Bestattungen bis hin zu den umfangreich ausgestatteten Wagengräbern, fließend. So lässt sich zunächst einmal zwischen „ärmeren" und „reichen" Grabausstattungen unterschieden, wobei letztere in geringerer Zahl vorliegen. Interpretiert man den Reichtum der Grabausstattung etc. als Anzeiger von Status oder gesellschaftlichem Rang, so bedeutet dies, dass einem kleinen Personenkreis einer höheren Gesellschaftsschicht eine große gesellschaftlich niedriger gestellte Bevölkerung gegenüberstand. Dieses spricht deutlich für eine soziale Differenzierung der urnenfelderzeitlichen Gesellschaft. Für das Gräber-

---

1346 Kreutle, Grabsitten 112.
1347 Sperber, Goldschmuck 68.
1348 R. Linton, The Study of Man (New York 1936).
1349 W. H. Goodenough, Rethinking „Status" und „Role": Toward a General Model of the Cultural Organization of Social relationships. In: M. Banton (Hrsg.), The relevance of Models for Social Anthropology (London 1965) 1–24.
1350 Siehe auch A. Saxe, Social Dimensions of Mortuary Practices (Diss. Ann Arbor 1970) 4ff.
1351 R. Bernbeck, Theorien in der Archäologie (Tübingen/Basel 1997) 252.

feld von Neckarsulm würde dies bedeuten, dass zumindest die drei Toten mit der Schwertbeigabe den höchsten Status innerhalb der Bestattungsgemeinschaft besaßen. Von diesen würde der Schwertträger mit dem goldenen Fingerring und den beiden Gefäßbeigaben aus Bestattung 22/1 den höchsten Status eingenommen haben. Da weitere Bestattungen nachweislich beraubt wurden, ist allerdings nicht auszuschließen, dass sich unter diesen möglicherweise weitere Waffengräber befunden haben. Unterhalb der Schwertgräber finden sich, in absteigender Reihe, die Toten mit anderen Beigaben aus Bronze, wie Rasiermesser, Messer und Nadeln, bis hin zu den Toten, bei welchen sich keine Beigaben, nicht einmal solche aus Keramik anfanden. Folgt man der Rangfolge von Clausing u. a. (Tabelle 2), würden die Schwertgräber unter denjenigen urnenfelderzeitlichen Gräbern stehen, welche weitere Waffen oder gar einen Wagen enthalten und zudem durch einen aufwendigen Grabbau gekennzeichnet sind. Geht man zurück auf die von Sperber postulierte Voraussetzung für die Herausarbeitung von sozialen Statuspositionen der Schwertgräber, nämlich den Umstand, dass das Neckarsulmer Gräberfeld vollständig ergraben wurde, so könnte man sich nun mit diesen Ergebnissen zufrieden geben. Doch sagt der vermeintlich hohe Status einzelner Individuen weder etwas über die interne Organisation der Bestattungsgemeinschaft, geschweige denn etwas über die gesamte Gesellschaftsstruktur aus.

„Entscheidend ist, dass Gesellschaftsstrukturen nicht direkt aus einem Friedhofsbefund rekonstruiert werden können. Zunächst müssen Informationen zur Komplexität der entsprechenden Gesellschaft vorliegen, und weiterhin kann soziale Komplexität nur im Vergleich zu anderen Gesellschaften festgestellt werden, nicht aber die genaue Anzahl an Status einer durch Gräber dokumentierten Gemeinschaft."[1352]

Unter der Komplexität einer Gesellschaft können die Organisationsform, die Größe und die soziale Differenzierung einer Gesellschaft verstanden werden. Im Folgenden soll daher auf die möglichen Formen der sozialen Organisation und auf verschiedene Gesellschaftsmodelle eingegangen werden.

2.2 Neo-evolutionistische Modelle, Stufenmodelle

2.2.1 Einführung und Gegenüberstellung

Am Department für Anthropologie der Universität Michigan entwickelte sich in den 1950er-Jahren um den Ethnologen Leslie A. White[1353] eine besondere Forschungsrichtung der politischen Anthropologie. White orientierte sich an den Evolutionslehren des 19. Jahrhunderts von Lewis Henry Morgan[1354], Charles Darwin, Herbert Spencer, Edward B. Taylor u. a. und entwickelte aus diesen Arbeiten eine Theorie über die soziokulturelle Entwicklung menschlicher Gesellschaften. Sein Bestreben war es nicht, verschiedene evolutionäre Stufen herauszuarbeiten, sondern er beschäftigte sich mit der Evolution der menschlichen Kultur im Allgemeinen, wobei Kultur für ihn die Summe aller menschlichen Aktivitäten darstellt. White's Theorie ist als ein unilineares Konzept zu bezeichnen, da er davon ausging, dass die kulturelle Evolution wie auch die biologische Evolution zielgerichtet seien. Allein das Tempo der Entwicklungen sei je nach Gesellschaft unterschiedlich, was auf die inneren Anlagen und äußeren Bedingungen zurückzuführen sei. Gemäß seiner Theorie sei der kulturelle Fortschritt vorrangig von der Gewinnung und Nutzung von Energie[1355] abhängig. Die einzelnen Stufen technischer Innovationen und Energienutzung gehen dabei auseinander hervor, werden von Generation zu Generation weitergegeben und bewirken somit zugleich auch eine zunehmende soziale Differenzierung und komplexere Gesellschaftsformen.

Demgegenüber steht das einige Jahre vor Whites Arbeit erschienene und sich später durchsetzende Konzept der multilinearen Evolution von J. Steward[1356], dem Gründer des Departments für Anthropologie an der Universität Michigan und dortiger Vorgänger von White. Im Gegensatz zu Whites Theorie versteht sich dieser Ansatz als eine Theorie mittlerer Reichweite, die evolutionäre Regelmäßigkeiten in einer begrenzten Anzahl von vergleichbaren, regional weit gestreuten Fällen zu erklären versucht.[1357] In Stewards Theorie wird davon ausgegangen, dass sich Kulturen nicht aus einem inneren Antrieb heraus gesellschaftlich weiterentwickeln, sondern dass sie ihre Gesellschaftsstruktur an jeweils neue Bedingungen der Umwelt anpassen. Dieses geschieht u. a. durch Veränderungen in der sozialen Organisation.

1352 Ebd. 253f.
1353 L. White, The Evolution of Culture: The Development of Civilization to the Fall of Rome (New York 1959).
1354 In seinem wichtigsten Werk von der „Ancient Society" von 1877 unterschied Morgan zwischen den drei Entwicklungsstufen der Menschheit: der Wildheit, der Barbarei und der Zivilisation.
1355 Gemeint sind damit Muskelkraft, das Einsetzen von Tieren als Arbeitskraft, die Energie aus Pflanzen und die natürlichen Rohstoffe wie Kohle, Gas und die Atomkraft.
1356 J. H. Steward, The Theory of Cultural Change: The Methodology of Multilinear Evolution (Urbana 1955).
1357 W. Hirschberg, Neues Wörterbuch der Völkerkunde (Berlin 1988) 139.

Service (1962) Johnson & Earle (1987)	Sahlins (1963) Earle (1978)	Fried (1967)
Band (Horde) Family-Level Group	Head Man (Ältester)	Egalitarian Society (egalitäre Gesellschaft)
Tribe (Stamm) Local Group	Big Man	Ranked Society (Ranggesellschaft)
Chiefdom (Häuptlingstum)	Simple Chiefdom (einfaches Häuptlingstum)	
	Complex Chiefdom (komplexes Häuptlingstum)	Stratified Society (stratifizierte Gesellschaft)
Staat	Staat	Staat

Tabelle 3: Typologien sozialer Evolution in neo-evolutionistischen Modellen (nach Earle 1994, 941 Tab. 1; Eggert 2007, 261 Abb.1).

Als Entwicklungsstufen der sozialen Organisation bestimmte Steward die Familie, die Horde, den Stamm und den Staat. Kultureller Wandel bedeute dabei nicht, dass zwangsläufig alle Stufen gesellschaftlicher Evolution durchlaufen werden. Der Hauptunterschied zu unilinearen Theorien besteht darin, dass historische Bedingungen als ausschlaggebend für sozialen Wandel gesehen werden und nicht etwa „biologisch" vorgegebene Mechanismen. Zudem wird nicht nach universellen, sondern nach begrenzten Regelmäßigkeiten gesucht. Gemeinsam sind beiden Theorien die Frage, auf welche Weise sich rezente, historische und prähistorische Gesellschaften bzw. die menschliche Kultur in ihrer Gesamtheit, von einfachen Gruppen bis hin zu komplexen Staatssystemen entwickeln.

Dass unilineare und multilineare Theorien durchaus miteinander vereinbar sind, versuchten zwei spätere Schüler von White, Elman R. Service und Marshall D. Sahlins, in ihrem 1960 erschienenen Buch „Evolution and Culture"[1358] zu zeigen.[1359] Gesucht wurde hier nach einem Modell, das zwar universelle Gültigkeit besitzen, aber zugleich auf individuelle Kulturen übertragbar sein sollte. Die Ansichten der beiden später sehr populären Vertreter des Neo-Evolutionismus entwickelten sich jedoch in verschiedene Richtungen und mündeten in zwei voneinander unabhängige Modelle (Tabelle 3). In Services[1360] Modell aus dem Jahre 1962 wird zwischen den vier Stadien *Band* (Horde), *Tribe* (Stamm), *Chiefdom* (Häuptlingstum) und *State* (Staat) unterschieden. Ein Jahr darauf folgte Sahlins[1361] und stellte in einem Artikel, ausgehend von Studien in Melanesien und Polynesien, ein Modell vor, das zwischen Gesellschaften mit Big-Man-System, Häuptlingstümern und staatlicher Herrschaft unterscheidet. Die Bedeutung neo-evolutionärer Ansätze in der ethnologischen Forschung dieser Zeit verdeutlicht sich in einem weiteren Modell von Morton H. Fried[1362], das neben jenem von Service zu den am häufigsten in der Ethnologie und Archäologie zitierten Modellen gehört. Auch das Modell von Fried ist in vier Stufen untergliedert und zwar in die der *egalitarian Society* (egalitäre Gesellschaft), der *ranked Society* (Ranggesellschaft), der *stratified Society* (stratifizierte Gesellschaft) und den *State* (Staat).[1363] In den 1970er-Jahren erschienen weitere wichtige Arbeiten, wie etwa jene von Robert L. Carneiro[1364] zur Entstehung des Staates oder von Jonathan Friedman[1365] zur Entstehung von Häuptlingstümern. Timothy

---

1358 M. Sahlins/E. Service, Evolution and Culture (Michigan 1960).
1359 Auch der Begründer der New Archaeology, Lewis R. Binford, ist ein Schüler von White gewesen und trug maßgeblich zur Verbreitung von dessen Ansatz in der Archäologie bei.
1360 E. Service, Primitive Social Evolution: An Evolutionary Perspective (New York 1962).
1361 M. Sahlins, Poor Man, Rich Man, Big-Man, Chief: Political Types in Melanesia and Polynesia. Comparative Studies in Society and History, 5/3, 1963, 285–303.
1362 Fried war ein Schüler von Julian H. Steward.
1363 M. Fried, The Evolution of Political Society: An Essay in Political Anthropology (New York 1967).
1364 R. Carneiro, A Theory of the Origin of the State. Science 169, 1970, 733–738.
1365 J. Friedman, Tribes, States, and Transformations. In: M. Bloch (Hrsg.), Marxist Analyses and Social Anthropology (London 1975) 161–202.

K. Earle[1366], der in den frühen 1970er-Jahren an einem Forschungsprojekt von Sahlins auf Hawaii teilnahm, sollte dessen Modell später maßgeblich erweitern. So führte er die Unterscheidung zwischen *simple Chiefdoms* und *complex Chiefdoms*[1367] ein sowie, in einer Arbeit zusammen mit Allen W. Johnson, die Terminologie *family groups*, *local groups* (akephale Gruppen, Big Man collectivity) und *Regional Polity* (Häuptlingstum, *early state*, *nation-state*).[1368]

Im Folgenden soll näher auf die genannten Modelle eingegangen werden, wobei vor allem die am häufigsten verwendeten Modelle von Service, Sahlins, Fried und Earle im Vordergrund stehen (Tabelle 3). Die Stufen von Fried sind, auch wenn sie in der Tabelle den anderen Modellen gegenübergestellt werden, vor allem mit dem Modell von Service nur bedingt vergleichbar und werden daher getrennt behandelt.

Da für die Urnenfelderzeit davon auszugehen ist, dass die Gesellschaften weder in einfachen egalitären Horden zusammenlebten noch in komplexen Staatssystemen organisiert waren, wird auf diese beiden (End-)Pole der neo-evolutionistischen Modelle nicht weiter eingegangen.

„[…] most Bronze Age groups would fall into the category of tribe, some of the simple segmented form, some more complex and qualifying for the label ‚chiefdom'. Clearly they were larger and more complex than band societies. Equally clearly, they were not states; they fall somewhere inbetween."[1369] So konzentriere ich mich im Folgenden auf diese Stufen „dazwischen".

2.2.2 Tribe und Chiefdom

Im Modell von Service finden sich zwei der am häufigsten verwendeten Begriffe zur Gesellschaftsform rezenter und prähistorischer Gesellschaften wieder: *Tribe*[1370] (Stamm) und *Chiefdom* (Häuptlingstum). Der Stamm oder die Stammesgesellschaft lassen sich als auf Verwandtschaft aufgebaute soziale Verbände beschreiben, die sich in ihrer Entstehung auf einen gemeinsamen Urahnen und einen Gründungsmythos beziehen. Stämme sind Lokalgruppen bzw. autonome politische Einheiten von flexibler Gestalt, deren wirtschaftliche Basis auf Ackerbau und Weidewirtschaft beruht. Da sich Stämme aus Verwandtschaftsgruppen wie *Clans* und *Lineages* (Sippen) zusammensetzen, können sie mehrere Hundert Personen umfassen. Die Lokalgruppen können sich ad hoc zu größeren Gruppen zusammenschließen, z. B. zur Teilnahme an gemeinsamen Festen oder zur Aufstellung von Kampfverbänden im Falle eines Angriffs von außen.

Die Verwendung des Begriffs *Tribe* ist deutlich mit der Eroberung Amerikas und der Kolonisierung Afrikas und Ozeaniens in Verbindung zu bringen, wobei Stämme als Gruppen verstanden wurden, die kleiner sind als Völker.[1371] Bei den einige Tausend Personen zählenden Großstämmen, die auf der Grundlage kultureller und sprachlicher Gemeinsamkeiten abgegrenzt wurden, handelt es sich jedoch um ethische Kategorien und kulturelle Konstrukte. Der Begriff Stamm bzw. *Tribe* wird heute als problematisch erachtet, vor allem aufgrund seiner kolonialen Vergangenheit und der negativen Assoziierung von „Stammesgesellschaften" mit „primitiven" Gesellschaften. Zudem überschätzt das Stammeskonzept die kulturelle Homogenität, Territorialität, soziale Integration und auch die Abgrenzbarkeit solcher sozialen Verbände. „Stammesgesellschaften" werden heute vielmehr mit dem Begriff der segmentären Gesellschaft beschrieben, einem Begriff, der ursprünglich auf den Soziologen Émile Durkheim zurückgeht. Kennzeichen segmentärer Gesellschaften ist eben deren segmentäre Differenzierung in gleichartige und tendenziell gleichrangige Segmente und Subsegmente sowie das Fehlen einer politischen Zentralinstanz, wofür von den Ethnologen E. Evans-Pritchard und Meyer Fortes der Begriff akephal eingeführt worden ist.[1372] Das Ordnungsprinzip der Segmente basiert zum einen auf der unilinearen Abstammung (*Deszendenz*), in aufsteigenden Ebenen meint dies die Zugehörigkeit zu Familien, Lineages, *Clans* oder *Tribes* und zum anderen auf der Residenz bzw. der Koresidenz. Durch

---

1366 T. K. Earle, Economic and Social Organization of a Complex Chiefdom: The Halelea District, Kaua'i, Hawaii (Michigan 1978).

1367 Ebd.; T. K. Earle, Political Domination and Social Evolution. In: T. Ingold (Hrsg.), Companion Encyclopedia of Anthropology (London/New York 1994) 940–961.

1368 A. W. Johnson/T. K. Earle, The Evolution of Human Society: From Foraging Group to Agrarian State (Stanford ¹1987, ²2000). Von Earle sind vor allem in den 1990er-Jahren weitere wichtige Arbeiten zu *Chiefdoms* veröffentlicht worden. U.a. T. K. Earle, Chiefdoms in Archaeological and Ethnohistorical Perspective. Annual Review of Anthropology 16, 1987, 279–308; ders. (Hrsg.), Chiefdoms: Power, Economy and Ideology (Cambridge 1991); ders., How Chiefs Come to Power: the Political Economy in Prehistory (Stanford 1997).

1369 A. F. Harding, European Societies in the Bronze Age (Cambridge 2000) 389.

1370 Die Definition von *Tribes* geht nicht ausschließlich auf Service zurück, eingehende Beschreibungen über die verschiedenen Organisationsformen und Ausprägungen von Stammesgesellschaften lieferten ebenso auch Sahlins (M. Sahlins, Tribesmen [New York 1968]) und Fried (M. Fried, The Notion of Tribe [Menlo Park 1975]).

1371 Zur kolonialen Erfindung von Stämmen siehe C. Lentz, Ethnizität und ‚Tribalismus' in Afrika. Ein Forschungsüberblick. Leviathan 23, 1995, 115–145.

1372 E. Evans-Pritchard/M. Fortes (Hrsg.), African Political Systems (London 1940).

die Segmente hindurch ziehen sich quer liegende, Lineage übergreifende und nicht auf Verwandtschaft basierende Gruppen (*nonkin sodalities*)[1373] wie Altersklassenverbände und Bünde, z.B. Geheimbünde, Männerbünde, Kriegerbünde, wobei ich auf Letztere an späterer Stelle noch zu sprechen komme (Kap. V.4). Diese quer liegenden Strukturen wirken sich stabilisierend auf den Zusammenhalt der segmentär organisierten sozialen Verbände aus. Die *sodalities* wurden daher in den neo-evolutionistischen Theorien als evolutionärer Vorteil verstanden, da auf diese Weise die Größe und die Verbundenheit von Stammesverbänden erheblich zunehmen. Das besondere Kennzeichen von segmentären Gesellschaften ist, dass zwar eine höhere Anzahl verschiedenartiger Statuspositionen existiert, es jedoch keine Zentralautorität gibt. Es handelt sich also um Gesellschaften ohne zentralisierte Macht. Dennoch kann es zwischen den Segmenten zu Funktionsdifferenzierungen kommen, es fehlt jedoch eine mit einem Segment assoziierte Zentralinstanz. So definiert der Ethnologe C. Sigrist segmentäre Gesellschaften als:

„[...] eine akephal (d.h. politisch nicht durch eine Zentralinstanz organisierte) Gesellschaft, deren politische Organisation durch politisch gleichrangige und gleichartig unterteilte mehr- oder vielstufige Gruppen vermittelt ist."[1374]

Hier im Sinne von Fried von „egalitären Gesellschaften" zu sprechen ist jedoch falsch, da innerhalb wie auch zwischen den einzelnen Segmenten unterschiedlich hohe gesellschaftliche Positionen einzelner Personen oder ganzer Gruppen existieren. Eine absolute soziale Gleichheit zwischen allen Individuen liegt demnach nicht vor. Im Gegenteil existieren einzelne Positionen, die sich durch einen hohen gesellschaftlichen Status auszeichnen. Als Beispiel ist etwa der Personenkreis der Ältesten zu nennen, welche als Vertreter und Oberhäupter von Deszendenzgruppen agieren.[1375] Bereits an vorheriger Stelle wurde erläutert, dass sich durch die Erarbeitung von Prestige der persönliche Status des Einzelnen erhöhen lässt. Individuen können in bestimmten Situationen und aufgrund besonderer Eigenschaften wie Tapferkeit, Charisma, Überzeugungskraft, überlegtem Handeln und die Fähigkeit zur Mobilisierung größerer Gruppen in eine Führungsposition gelangen. Zu nennen ist aber besonders der durch Sahlins geprägte Begriff des *Big Man*. Nach Service und Sahlins liegt die Aufgabe des Big Man vor allem in der Redistribution von Gütern, womit der Austausch und die Verteilung von Nahrungsmitteln oder auch von Prestigegütern gemeint sind. Die Plattform für solche Verteilungen bieten regelmäßig veranstaltete Feste, zu denen auch andere Stämme eingeladen werden. Der Big Man nutzt und stützt seine zentrale Position als Redistributor, um sich die Unterstützung seiner Gefolgsleute zu sichern und um sein Prestige zu vermehren. Er befindet sich dabei in einem Wettbewerb mit anderen Big Man, da es innerhalb von Verwandtschaftsgruppen mehrere derartige Positionen geben kann, deren Inhaber ihrerseits an der Erlangung der höchsten und angesehensten Führungsposition interessiert sind. Rivalität, drohender Loyalitätsverlust und die Notwendigkeit, kontinuierlich die eigene Position aufrechtzuerhalten, bewirken eine hohe Instabilität der Position des Big Man. Zwar wird gesellschaftlich akzeptiert, dass einer von vielen in eine hohe Position gelangen kann, bei der Position des Big Man handelt es sich jedoch nicht um ein vererbtes Amt in der Form „institutionalisierter Macht", womit eine Legitimierung der Ausübung von Gewalt und der Verhängung von Sanktionen verbunden wäre.[1376] Im Gegensatz zum Häuptling verfügt der Big Man über keine formale Autorität. Fehlt dem Big Man die Unterstützung der Gemeinschaft, so wird ihm seine Macht wieder entzogen. Die instabile Position des Big Man und das Fehlen einer Zentralinstanz waren es, die Sahlins dazu bewogen, Big-Man-Systeme als „politisch unterentwickelt"[1377] zu bezeichnen. Aus der Position des Big Man entwickelte sich aber, so zumindest postulieren es neo-evolutionäre Theorien, das vererbbare und institutionalisierte Amt des Häuptlings. Aus den akephal und segmentär organisierten Gesellschaften entstanden nun also zentralisiert organisierte Häuptlingstümer.

Häuptlingstümer sind in ihrer Gesellschaftsstruktur komplexer als segmentäre Gesellschaften. Die innere Ordnung der Häuptlingstümer besteht nicht aus gleichberechtigt nebeneinander stehenden Segmenten, sondern aus einer hierarchisch aufgebauten, nahezu „pyramidenförmigen" Struktur. Ein Merkmal von Häuptlingstümern ist, dass eine Form von Hierarchie und erblichem Status existiert. Hier herrscht häufig das Prinzip der Primogenitur, also das Recht des Erstgeborenen, die Position des Vaters (bei patrilinearer Abstammung) bzw. des Mutterbruders (bei matrilinearer Abstammung) einzunehmen. Die

---

1373 Der Begriff „sodalities" leitet sich vom lat. „sodalitas" = Bund ab.
1374 C. Sigrist, Regulierte Anarchie. Untersuchungen zum Fehlen und zur Entstehung politischer Herrschaft in segmentären Gesellschaften Afrikas (Frankfurt a.M. 1979), 30.
1375 Steuer, Sozialstrukturen 162.
1376 Popitz, Macht 233 ff.
1377 Sahlins, Tribesmen 50.

gesellschaftliche Position der übrigen Mitglieder einer Lineage richtet sich daran aus, in welcher Linie sie mit dem Häuptling verwandt sind, da sich dessen Status auch auf sie überträgt. Innerhalb der Verwandtschaftsgruppen bilden sich Ränge aus, die politisch mächtiger sind, je enger die genealogische Nähe zum Häuptling ist (vgl. Ranggesellschaft). Die Abstammung richtet sich dabei auch an einem Ur-Häuptling aus, einer Art Gründungsvater, und je weiter die einzelnen Verwandtschaftsgruppen innerhalb der weit verzweigten Deszendenzstruktur sich von diesem entfernen, desto niedriger ist auch deren Rang. Auch bei der Position des Häuptlings heben Service und Sahlins die Aufgabe der Redistribution von Gütern hervor. Darüber hinaus handelt es sich nun bei der Position des Häuptlings um ein politisches Amt, welches die Durchsetzung von Macht und die Ausübung von Herrschaft ermöglicht. Im Sinne des Soziologen H. Popitz ist durch die zunehmende Entpersonalisierung und Formalisierung nun eine weitere Stufe im Prozess der Institutionalisierung von Macht erreicht.[1378] Die Macht des Häuptlings basiert auf zusätzlichen bürokratischen Ämtern und lokalen Instanzen. Letztere können beispielsweise die Ältesten einer Verwandtschaftsgruppe sein. In wirtschaftlicher Hinsicht basiert die Macht des Häuptlings auf der Kontrolle und Umverteilung von Ressourcen (Rohstoffe, Land etc.) sowie (Prestige-)Gütern, eine Aufgabe, welche bei zunehmender Größe der Häuptlingstümer an Bedeutung gewinnt. Durch die Kontrolle des Handels, ökonomischer Ressourcen und der erwirtschafteten Überschüsse ist der Häuptling in der Lage, in den Ausbau seiner Macht und in Handwerker (u.a. zur Herstellung von Waffen und Prestigeobjekten) zu investieren, was zu einer beruflichen Spezialisierung derselben führt. Aber auch in ideologischer Hinsicht ist der Häuptling mächtig, denn er kontrolliert Rituale und kann zu einem Repräsentanten der Religion werden, wobei in Häuptlingstümern oftmals auch ein professionelles Priestertum anzutreffen ist. Zudem übt der Häuptling eine Kontrolle über die Krieger und die Verteilung von Waffen aus, womit ihm die Möglichkeit gegeben ist, bewaffnete Verbände zur Verteidigung und zur Durchführung von Kriegen und Überfällen auf benachbarte Gruppen zu organisieren. Ausdruck des Häuptlingstums sind spezifische Symbole der Macht, seien es nun einzelne Insignien oder Kleidung, aber auch Monumente wie Vorratsbauten, Heiligtümer und Paläste.

Da sich Häuptlingstümer zum Teil deutlich durch ihre Größe und ihre Komplexität voneinander unterscheiden, differenzieren Earle[1379] und Sahlins[1380] zwischen *simple Chiefdoms* und *complex Chiefdoms*. Unterscheidungskriterien sind dabei der Grad der politischen, wirtschaftlichen und rituellen Kontrolle des Häuptlings und die jeweilige Größe. Einfache Häuptlingstümer umfassen dabei bis zu tausend Personen, komplexe Häuptlingstümer hingegen einige Zehntausend Personen. In komplexen Häuptlingstümern herrschen die so genannten *local chiefs* bzw. *vasal chiefs*, die wiederum einem *paramount chief* unterstellt sind. Der *paramount chief* ist aufgrund der Genealogie das Oberhaupt des gesamten Clans, also der Vereinigung mehrerer Lineages. Häuptlingstümer expandieren, indem etwa der zweitgeborene Sohn, der keinen Anspruch auf eine Nachfolge hat, in einem neu gegründeten Häuptlingstum als neuer Häuptling eingesetzt wird. Auch hier gilt zwar im Grunde das Prinzip, dass der Verwandtschaftsgrad zum *paramount chief* den Status seiner nächsten Angehörigen bestimmt, der Status auf der Basis von Rängen gewinnt nun aber gegenüber demjenigen auf der Basis von Verwandtschaft an Bedeutung. Die kleineren Häuptlingstümer stehen in einem Abhängigkeitsverhältnis, da ihre Ämter durch den *paramount chief* besetzt werden und sie auf die Redistribution von Gütern sowie auf militärische Protektion angewiesen sind. Die Herrschaft des *paramount chiefs* umfasst insgesamt also mehrere kleinere Häuptlingstümer von niedrigem Rang. Da sich darunter zum Teil auch sehr große Siedlungen und frühe Städte befinden können, kann die Zahl der Personen, welche unter der Kontrolle dieses Oberhäuptlings stehen, mehrere Tausend Personen umfassen. In komplexen Häuptlingstümern liegen demnach deutlich ausgeprägte Hierarchien nicht nur in der Herrschaftsstruktur, sondern auch in Gestalt von Siedlungshierarchien vor.

2.2.3 Ranked Society und Stratified Society

Nachdem ausführlich auf die Konzepte *Tribe* und *Chiefdom* sowie die einflussreichsten Stufenmodelle eingegangen wurde, stelle ich nun kurz das Modell von M. Fried[1381] vor. In Frieds Modell liegt der Fokus vor allem auf der Entstehung, dem Grad und der Aufrechterhaltung von wirtschaftlicher und sozialer Ungleichheit. Ursprung jeder Gesellschaft seien dabei „egalitäre" Verhältnisse, also eine Gesellschaft, in welcher sich der Status von Personen allein aufgrund des Alters, des Geschlechts und/oder der individuellen Fähigkeiten, nicht aber aufgrund der

---

1378 Popitz, Macht 233 ff.
1379 Earle, Complex Chiefdom.
1380 Sahlins, Political Types 294 ff.
1381 Fried, Society.

Abstammung definiert.[1382] In „egalitären" Gesellschaften gibt es keine Beschränkung von Statuspositionen, da jeder, der qualifiziert ist und Leistung zeigt, einen ihm entsprechenden Status erlangen kann.[1383] Der Zugang zu den Ressourcen ist allen Personen möglich. Dieses ist nach Fried in der darauf folgenden Stufe der sozial komplexeren Ranggesellschaft (*ranked society*) nicht anders, aber nun macht sich eine Ungleichheit bemerkbar, und zwar dergestalt, dass nicht jede Person den Zugang zu einer ihren Fähigkeiten entsprechenden Statusposition findet. Dieses ist ein wichtiger Faktor, da allein der höhere Status die Höhe des gesellschaftlichen Ranges bestimmt. Als Ursache für den abnehmenden Zugang zu Statuspositionen führt Fried an, dass die Zahl dieser Positionen sehr beschränkt ist. Er lässt dabei jedoch offen, ob dies durch die Einführung von vererbbaren Statuspositionen geschieht (vgl. einfache Häuptlingstümer) oder ob es bei zunehmender Gruppengröße zu einem gesteigerten Wettbewerb vieler Personen um einzelne Positionen kommt (vgl. Big Man). Die Funktion der höchsten Statuspersonen ist, wie in den Modellen von Service und Sahlins, die Redistribution von Gütern und die Veranstaltung von Festen. Die vergebenen Positionen sind jedoch auch in Ranggesellschaften nicht institutionalisiert, d.h. gesellschaftlich als Amt anerkannt und gefestigt. Zur Durchsetzung eigener Interessen stehen keine Machtinstrumente zur Verfügung, vielmehr müssen sich die Führungspersonen allein auf ihre persönlichen Fähigkeiten und die Loyalität ihrer Gefolgsleute verlassen. In der darauf folgenden Stufe der stratifizierten Gesellschaft (*stratified society*) ist die mögliche Erlangung von Statuspositionen und der Zugang zu strategischen Ressourcen, nicht zuletzt aufgrund der nun zum Teil über zehntausende Menschen umfassenden Gesellschaft, begrenzt. Gesellschaftliche Positionen und Prestigegüter sind nun aufgrund der Bildung von sozialen „Strata" durch die an der Spitze der Gesellschaft positionierten Gruppen monopolisiert (vgl. komplexe Häuptlingstümer). Wer in einer unteren Schicht geboren wurde, hat nun unabhängig von Alter und Geschlecht erschwerte oder sogar überhaupt keine Möglichkeiten mehr, einen hohen Status zu erlangen. Da nach Fried in einem fortschreitenden Stadium auch Fremde zur Aufrechterhaltung des ökonomischen und politischen Systems integriert werden und somit die auf Deszendenz beruhende Vergabe von Statuspositionen aufgeweicht wird, ist der Übergang zum Staat eingeleitet. Nach Fried besteht eine Unterscheidungsmöglichkeit zwischen der Ranggesellschaft und der stratifizierten Gesellschaft im Grunde nur durch den Nachweis vererbbarer Statuspositionen und den Wechsel vom allgemeinen zum privaten Eigentum.

2.2.4 Weitere Modelle

Die genannten Modelle bildeten die Basis für viele archäologische Analysen. Die Zahl alternativer Modelle ist stark begrenzt, und auch sie erinnern oftmals deutlich an jene von Service, Sahlins und Fried. Es war vor allem die Stufe der *Chiefdoms*, welche in der Archäologie besonders in den Fokus geriet und ab den 1970er-Jahren in verschiedenen Untersuchungen modifiziert wurde.[1384] Im Folgenden seien nur einige dieser Arbeiten genannt.

Colin Renfrew[1385] zählt bezüglich neo-evolutionistischer Modelle zu den einflussreichsten Archäologen. Er unterschied in einem Artikel von 1972 zwischen so genannten *group-orientated Chiefdoms* und *individualizing Chiefdoms*.[1386] In der ersteren Form sind nach Renfrew keine Indizien für eine Führerschaft zu erkennen. Die Solidarität und Identität der Gesellschaft drückt sich stattdessen durch gemeinsame Aktivitäten, wie etwa den Bau von großen Monumentalbauten aus. Der *Chief* als Organisator der Gruppenaktivität dient der Gruppe, anstatt seine persönlichen Interessen zu verfolgen. Bei der zweiten Form von *Chiefdoms* gibt sich eine Führungsgruppe zu erkennen, welche eine zentralisierte Macht und Autorität verkörpert. Die Führungspersonen häufen dabei persönlichen Reichtum und Prestige an und kennzeichnen ihren Rangunterschied gegenüber der übrigen Bevölkerung durch größere Häuser und monumentale Grabbauten. Renfrews Arbeit zu der neolithischen bzw. frühbronzezeitlichen Wessex-Kultur[1387] in Südengland, hier vor allem jene mit

---

1382 „Der Begriff ‚egalitär' bedeutet hier keine *tatsächliche*, sondern nur eine *virtuelle* Gleichheit aller Gesellschaftsmitglieder". (H. Fischer [Hrsg.], Ethnologie. Einführung und Überblick [Berlin 1988] 182).

1383 Hirschberg, Völkerkunde 107.

1384 Siehe dazu Earle, Perspective 279 ff.; L. L. Junker, The Archaeology of Chiefdoms. In: International Encyclopedia of the Social & Behavioral Sciences (2001), 1667–1672.

1385 C. Renfrew (Hrsg.), The Explanation of Culture Change: Models in Prehistory (London 1973); siehe auch T. L. Kienlin, Die britische Processual Archaeology und die Rolle David L. Clarkes und Colin Renfrews: Herausbildung, Struktur, Einfluss. In: M. K. H. Eggert (Hrsg.), Theorien in der Archäologie: Zur englischsprachigen Diskussion (Münster 1998) 90 ff.

1386 C. Renfrew, Beyond a Subsistence Economy: The Evolution of Social Organization in Prehistoric Europe. In: C. B. More (Hrsg.), Reconstructing Complex Societies: An Archaeological Colloquium (Cambridge 1974) 69–85.

1387 C. Renfrew, Wessex without Mycenae. Annual of the British School of Archaeology at Athens 63, 1968, 277–285; ders., Monuments, Mobilization and Social Organisation in Neolithic Wessex. In: C. Renfrew (Hrsg.), The Explanation of Culture Change: Models in Prehistory (London 1973) 539–558.

reich ausgestatteten Grabhügeln, trug maßgeblich zur Verbreitung dieses *Chiefdom*-Modells in der Archäologie Großbritanniens bei.[1388]

Im Jahre 1981 schlug Robert Carneiro[1389], unzufrieden mit der Unterteilung der Chiefdom-Stufe in *simple* und *complex Chiefdoms*, eine Dreiteilung vor. Carneiros Unterscheidung folgt der Komplexität politischer Hierarchien und vorrangig den Fragen nach der Redistribution von Gütern. Als *minimal Chiefdoms* bezeichnet er Häuptlingstümer, die auf einem niedrigsten Level überhaupt die Bezeichnung *Chiefdom* verdienen. Hier müssen sich zumindest mehrere Dörfer unter der Kontrolle eines *paramount Chiefs* befinden. Es folgen die *typical Chiefdoms*, die, wie es der Name verrät, alle Kriterien eines Häuptlingstums im Sinne von Service erfüllen. Bei diesen beiden Typen ist der Grad der Verteilung hoch, da in solchen Häuptlingstümern die Bedeutung der Verwandtschaftslinien stark ausgeprägt ist. Die dritte Kategorie stellen *maximal Chiefdoms* dar, welche aufgrund ihrer Komplexität und Größe bereits an der Schwelle zu frühen Staaten stehen. Hier haben sich Klassen mit einer Elite an der Spitze ausgebildet, welche nun Land und somit Produktionsflächen als ihr Eigentum beanspruchen und von den Produzenten Tribute, Steuern, Arbeitskraft etc. einfordern, welche aber nicht mehr zurückverteilt, sondern einbehalten werden. Das Modell von Carneiro – gleichwohl er ein früher Student der Michiganer Schule war – setzte sich nicht zuletzt aufgrund seines späten Erscheinungsdatums nicht durch, als die Archäologie begann, sich von neo-evolutionistischen Modellen abzuwenden. Zum anderen überzeugte viele die unscharfe Trennung der *Chiefdom*-Typen in die drei genannten Stufen nicht, da deren Kriterien zu mehrdeutig waren.

T. K. Earle und T. D'Altroy[1390] unterscheiden Chiefdoms mit *staple finance* und *wealth finance* Systemen.[1391] In eigenen Worten beschreibt Earle diese Formen wie folgt:

„Staple finance, often in the absence of extensive exchange, involves the mobilization and disbursement of food and technological goods as payment for services. The simplest form of staple finance involves providing feasts, common in virtually all chiefdoms. Wealth finance involves the procurement of items of symbolic value, either through long-distance exchange or patronized craft production, and their bestowal on supporters. The possessions of these wealth objects is desired because of they define an individual's social position and economic prerogatives."[1392]

In knapper Form wird hier zwischen der Kontrolle über die Produktion von Gütern (*staple finance*) und die über Wertgegenstände / Prestigegüter (*wealth finance*) unterschieden. Eine jüngere Arbeit, welche sich diesem Modell bzw. Ansatz annahm, stammt von K. Kristiansen, wobei dieser davon ausgeht, dass sich auf *staple finance* basierende *Chiefdoms* zu archaischen Staaten und solche mit *wealth finance* zu dezentralen stratifizierten Gesellschaften entwickeln.[1393]

J. Friedman und M. Rowlands[1394] trugen im Jahre 1977 in einem Artikel verschiedene Kritikpunkte an den Modellen von Service und Fried vor, die sich vor allem auf die lineare Reihung der Stufen bezogen, welche keinen Raum für Rückentwicklungen zuließen. Zudem würden als Ursachen vorrangig externe Faktoren angeführt und ausgeklammert, dass sich Gesellschaften auch aus innerem Antrieb verändern können. So maßen sie der Beziehung, die die handelnden Akteure zwischen ihrer gegenwärtigen sozialen Wirklichkeit und dem Übernatürlichen herstellten, besondere evolutionäre Bedeutung zu.[1395]

S. Breuer[1396] hat in seiner Abhandlung über den archaischen Staat die Ideen von Friedman wieder aufgegriffen und in einem „epigenetischen Modell" mit Aspekten der Herrschaftssoziologie von Max Weber verknüpft. Zur Erklärung der Abbildung dieses Modells (Diagramm 1) nach Friedman und Breuer hier eine Erläuterung von W. Schier:

„An die Stelle einer unilinearen Evolution sozialer Organisationsformen tritt eine diagonal dargestellte *Tendenz* fortschreitender Komplexität, die jedoch ergänzt wird durch zyklische Variationen, die auch devolutive Veränderungen möglich werden lassen. Dieses Modell beschreibt nicht eine gradlinige Evo-

---

1388 J. Cherry / C. Scarre / S. Shennan (Hrsg.), Explaining Social Change: Studies in Honour of Colin Renfrew (Oxford 2004).
1389 R. Carneiro, Precursor of the State. In: G. Jones / R. Kautz (Hrsg.), The Transition to Statehood in the New World (Cambridge 1981) 37–79.
1390 T. D'Altroy / T. K. Earle, Staple finance, wealth finance, and storage in the Inca political economy. Current Anthropology 26/2, 1985, 187–206.
1391 Siehe auch K. Kristiansen, Chiefdoms, States and Systems of Social Evolution. In: K. Kristiansen / M. Rowlands, Social Transformations in Archaeology (London 1998) 248 f.
1392 T. K. Earle, The Evolution of Chiefdoms. In: T. K. Earle (Hrsg.), Chiefdoms: Power, Economy and Ideology (Cambridge 1991) 3.
1393 K. Kristiansen, Social Evolution 22 ff.
1394 J. Friedman / M. Rowlands, Notes toward an Epigenetic Model of the Evolution of ‚Civilization'. In: dies. (Hrsg.), The Evolution of Social Systems (London 1977) 201–276.
1395 M. K. H. Eggert, Wirtschaft und Gesellschaft im früheisenzeitlichen Mitteleuropa: Überlegungen zum „Fürstenphänomen". Fundber. Baden-Württemberg 29, 2007, 266.
1396 St. Breuer, Der archaische Staat. Zur Soziologie charismatischer Herrschaft (Berlin 1990); zur Kritik an dem Modell von Friedman und Rowlands bzw. demjenigen von Breuer siehe: Eggert, Wirtschaft und Gesellschaft 266 ff.

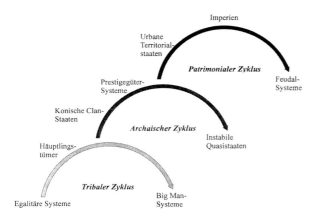

Diagramm 1: Entwicklungsmodell sozio-politischer Organisation (nach Schier 1998, 507 Abb. 3).

lution, sondern berücksichtigt auch Verzweigungen möglicher Entwicklungswege, abrupten Wandel und Rückentwicklungen und vermag so die empirische Vielfalt sozialer Organisation besser zu erklären als die Abfolge von drei bis vier Entwicklungsstufen."[1397]

Die Bedeutung neo-evolutionistischer Modelle hat heute deutlich nachgelassen. Insgesamt ist wohl die Zeit der Entwicklung evolutionärer Stufenmodelle vorbei. Neu an vielen heutigen Ansätzen ist, dass nunmehr der Mensch als handlungs- und entscheidungsfähiges Individuum stärker im Vordergrund steht (vgl. *action theory* und *game theory*). So fordert beispielsweise Stephen Shennan eine „micro-scale analysis of the costs and benefits of alternative courses of action, using such tool as game theory."[1398] In eine ähnliche Richtung geht das „agent-based modeling" von Jonathan Haas[1399], welches dem Menschen als Akteur mehrere Handlungsoptionen und Strategien zugesteht.

2.2.5 Kritik

Nicht nur die alten neo-evolutionistischen Modelle, sondern auch die neueren Ansätze müssen sich der Kritik stellen. Die dargelegten neo-evolutionistischen Modelle sind, wie bereits zu Beginn dargestellt wurde, zunächst einmal ein Produkt ihrer Zeit und vorwiegend in einem Zirkel amerikanischer Wissenschaftler entstanden. Ihre Modelle stellen dabei eine Brücke zwischen der Archäologie und der Ethnologie dar. Während sich letztere Disziplin schon seit längerer Zeit von der Suche nach den Mustern gesellschaftlicher Evolution abgewendet hat, finden die Modelle in der Archäologie zum Teil nach wie vor Anwendung. Zu ihrer Verbreitung in der Archäologie war nicht nur der stetige Verweis der Neo-Evolutionisten auf archäologische Kulturen verantwortlich, sondern auch die in den 1960er- und 1970er-Jahren aufkommende Richtung der New Archaeology.[1400] Eine Kritik daran ist nun, dass gesellschaftliche Entwicklungen nicht derart zielgerichtet und linear von einfachen zu komplexen Gesellschaften verlaufen oder universellen Gesetzmäßigkeiten folgen. Die Verschiedenheit und die (historische) Einzigartigkeit von Gesellschaften werden zulasten ihrer Kategorisierung in eine Entwicklungsstufe oftmals vernachlässigt.

Der Reiz, den die Modelle auf die Archäologie ausüben, liegt unter anderem darin, die jeweils untersuchte prähistorische Kultur, obwohl oder gerade weil diese nur in stark selektiver Form vorliegt, in eine gewisse Ordnung zu bringen und in ihrem gesellschaftlichen Entwicklungsstadium ansprechen zu können.[1401]

Nun erfolgt das archäologische Vorgehen bei der Einordnung der prähistorischen Kulturen häufig in Form eines katalogartigen Abfragens der Befunde auf die einzelnen, meist selektiv oder je nach Fragestellung ausgewählten Merkmale (*checklist archaeology*).[1402] Verschiedene Merkmale, etwa jene von Häuptlingstümern, sind auf archäologischem Wege nicht oder zumindest nur indirekt zu erschließen. Fehlen im archäologischen Befund gewisse Merkmale, so kann es daran liegen, dass diese nicht beobachtbar sind oder aber dass sie tatsächlich nicht existieren. Lücken in den Modellen oder Funden durch vermeintlich kausale Zusammenhänge mehrerer Merkmale oder Analogien zu schließen, erzeugt al-

---

1397 W. Schier, Fürsten, Herren, Händler? Bemerkungen zu Wirtschaft und Gesellschaft der westlichen Hallstattkultur. In: H. Küster / A. Lang / P. Schauer (Hrsg.), Archäologische Forschungen in urgeschichtlichen Siedlungslandschaften (Regensburg 1998) 504.

1398 S. Shennan, After social Evolution: a new archaeological agenda? In: N. Yoffee / A. Sherrat (Hrsg.), Archaeological Theory: Who sets the Agenda? (Cambridge 1993) 58.

1399 J. Haas, A Brief Consideration of Cultural Evolution: Stages, Agents, and Tinkering. Complexity 3/3, 1998, 12–21.

1400 A. Theel, Die Rekonstruktion von Sozialstrukturen am Beispiel des so genannten Fürstengrabes von Hochdorf (Baden-Württemberg): Ein Beitrag zur Anwendung ethnologischer Modelle in der archäologischen Theoriediskussion. Leipziger online-Beiträge zur Ur- und Frühgeschichtlichen Archäologie 20, 2006, 6; www.uni-leipzig.de/~ufg/reihe/files/l20.pdf.

1401 Als Ausnahme kann A. Testart genannt werden, der in seinem Werk „Éléments de classification des sociétés" (Paris 2005) eine politisch-ökonomische Klassifikation von Gesellschaften vorlegt. Darin hinterfragt er auch die (neo-)evolutionistischen Theorien der amerikanischen Anthropologen und kritisiert deren Konfusion taxonomischer und evolutionistischer Reflexionen. Ihre Modelle würden nach Testart weniger eine Evolution beschreiben, als eine einfache Klassifikation von Gesellschaften darstellen.

1402 J. Tainter, Mortuary Practices and the Study of Prehistoric Social Systems. In M. Schiffer (Hrsg.), Advances in Archaeological Theory and Method 1, 1978, 116f.

lerdings kein Abbild der sozialen Wirklichkeit.[1403] Von archäologischer Seite wurde an vielen Stellen immer wieder der Vorwurf laut, dass die neo-evolutionistischen Modelle in erster Linie anhand rezenter, nicht-industrieller Gesellschaften entwickelt wurden und sich daher die Frage stellt, inwieweit diese überhaupt auf prähistorische Kulturen übertragbar seien:

„The critique has centred on two main areas: on the one hand, the archaeological record does not always appear to illustrate the ‚ideal' characteristics of chiefdoms as defined above; on the other, the methods by which chiefs would have acquired and maintained their elite status have been questioned. At the same time, the question of scale has been much discussed."[1404]

Die Zahl der Merkmale aus rezenten *Chiefdoms* ist weitaus höher, als die in archäologischen Funden. Yoffee meinte daher, dass sich archäologische Befunde niemals mit den ethnologischen Gesellschaftsmodellen wie dem des *Chiefdoms* in Einklang bringen lassen werden. „The subject of ‚chiefdom' is light-years away from anything that modern anthropologist study."[1405] Andererseits ist klar, dass es sich hier im Grunde nur um Modelle mit heuristischem Wert handelt und bestimmte kulturelle Merkmale danach geordnet werden sollen. Ethnologen wie Sahlins und Service betonten bereits an verschiedenen Stellen, dass es sich bei ihren Modelle eben nur um Modelle handelt, wobei die beschriebenen Stufen in erster Linie Idealtypen darstellen, wenngleich sie natürlich Ergebnis empirischer Forschungen sind. Darüber hinaus stellt sich die Frage, inwieweit gewisse Gesellschaftsformen sogar das Produkt moderner Einflüsse sind. So weist u.a. A. Sherratt[1406] darauf hin, dass die ethnografisch beschriebenen Häuptlingstümer in erster Linie *secondary formations* waren, also in Reaktion auf die europäische Kolonialherrschaft entstanden und eben nicht deren ursprüngliche soziale Organisationsform darstellen. Die Verwendung der *Chiefdom*-Modelle für das prähistorische Europa lehnte er aus diesem Grunde ab.

Auch dieses Beispiel deutet darauf hin, dass eine Entwicklung zu einer höheren Stufe bzw. einer komplexeren Gesellschaftsform unter bestimmten Umständen zwar notwendig sein mag und die Gesellschaften dabei bewussten Entscheidungen folgen. Die Erreichung komplexerer Gesellschaftsformen ist aber nicht das erstrebte Ziel einer jeden Gesellschaft. Wie anders wäre es zu erklären, dass, wie es ethnologische Untersuchungen zeigen, akephale segmentäre Gesellschaften parallel zu Häuptlingstümern, sakralen Königtümern oder frühen Staaten leben können, ohne dass die vermeintlich kulturell unterlegenen Stämme versuchen würden, ihren Nachbarn in deren sozialer Komplexität nachzueifern. Ein weiterer Kritikpunkt ist, dass die neo-evolutionistischen Theorien zwar Faktoren gesellschaftlichen Wandels nennen, die Prozesse des Wandels dabei allerdings nicht vollständig ausgeleuchtet werden. Gefolgt wird meist monokausalen Erklärungsansätzen bzw. es werden nur wenige Faktoren hervorgehoben. Stattdessen ist von einer Vielzahl möglicher endogener und exogener Faktoren auszugehen, die unterschiedlich ins Gewicht fallen können. Zudem folgen diese Theorien der Annahme, dass soziale Entwicklungen gleichzeitig die Zunahme von sozialer Komplexität bedeuten. Es ist andererseits jedoch ebenso möglich, dass es zu Veränderungen und Entwicklungen kommt, die eben nicht einen Übergang in die nächsthöhere Stufe bedeuten. So lassen sich die Stufen intern weiter ausdifferenzieren, wie es auch Earle und Johnson bei der Unterscheidung zwischen einfachen und komplexen Häuptlingstümern umsetzten. Die Einteilung der Modelle in einzelne Stufen suggeriert zudem, dass Entwicklungen quasi sprunghaft und nicht fließend verlaufen. Übergangsphasen, die sich eben gerade dadurch auszeichnen, dass sie die Merkmale beider Stufen tragen, sind daher nicht deutlich genug sichtbar und bleiben analytisch unterbeleuchtet. Analysiert man einen Befund aus einer solchen Übergangsphase, kann es, je nachdem welche Kriterien jeweils schwerer gewichtet werden, zu je anderen Schlussfolgerungen kommen. Nicht nur Mischformen, auch die Möglichkeit von Devolution, das heißt der Rückfall auf frühere Zustände, wird meist zu wenig in Betracht gezogen. Denn selbst wenn eine Gesellschaft eine höhere Entwicklungsstufe erreicht, bedeutet dies nicht, dass dieser Zustand nicht wieder verloren gehen kann. Big-Man-Systeme, aber auch Häuptlingstümer sind höchst instabil, da ein ständiger Wettbewerb um diese Positionen herrscht, es immer wieder zu Krisen bei der Neubesetzung von Positionen kommen kann und die Ausübung von Macht eben nicht so ausgebildet sind, dass eine Herrschaft auf Dauer möglich wäre: „[…] many groups that appear to have chieftainship are

---

1403 Siehe hierzu auch A. Theel, Rekonstruktion 7. Durch den Vergleich mehrerer Kulturen miteinander kann zumindest eine Annäherung an diese erfolgen.
1404 Harding, European Societies 390.
1405 N. Yoffee, Too many Chiefs? (or, Safe texts for the '90s). In: N. Yoffee / A. Sherrat (Hrsg.), Archaeological Theory: Who sets the Agenda? (Cambridge 1993) 64.
1406 A. Sherrat, Economy and Society in Prehistoric Europe (Edingburgh 1997) 135.

not stable at all; they oscillate back and forth from leadership to egalitarianism as strong leaders come and go."[1407] Die Möglichkeit der Rückentwicklung bzw. des Rückfalls muss daher bei der Entstehung von Herrschaft immer in Betracht gezogen werden: „Prozesse der Machtbildung sind besonders instabile Vorgänge. Sie laufen ständig ab, brechen in sich zusammen, bleiben stecken, erreichen eine Stufe der Institutionalisierung von Macht und verlieren sie wieder."[1408]

Zusammenfassend lässt sich Folgendes festhalten: Entwicklungsstufen-Modelle besitzen höchstens einen Wert als Beschreibungsmodelle, wobei die einzelnen Entwicklungsstufen immer als Idealtypen begriffen werden müssen. Mischformen und Übergangsstadien werden in diesen Stufenmodellen nicht abgebildet. Die Möglichkeit der Devolution wird allein in den neueren Modellen berücksichtigt.

3 Archäologische Modelle der urnenfelderzeitlichen Gesellschaft

Bereits im Kapitel zur Rekonstruktion urnenfelderzeitlicher Sozialstrukturen anhand von Grabbeigaben (Kap. V.1) wurde deutlich, wie schwierig es ist, innerhalb der damaligen Gesellschaft zwischen klar voneinander abgrenzbaren Gesellschaftsgruppen zu unterscheiden. Einer Masse von Urnen- bzw. Brandbestattungen steht hier eine geringe Zahl von beigabenreichen Gräbern entgegen, unter denen die Waffengräber ins Auge springen. F. R. Herrmann und A. Jockenhövel bringen hier das in der deutschsprachigen Archäologie vorherrschende Bild über den Aufbau der urnenfelderzeitlichen Gesellschaft noch einmal auf den Punkt:

„An der Spitze stehen dann Gräber mit schwererer Bewaffnung (Schwerter, Lanzenspitzen) und bronzenem Trinkgeschirr, von dem in Hessen nur Tassen überliefert sind, oder Wagenteilen sowie mit reichem Bronze- und Goldschmuck. In dieser sich gegenüber der Hügelgräberbronzezeit deutlicher abzeichnenden vertikalen Hierarchisierung der urnenfelderzeitlichen Gesellschaft – wenige ‚reiche' Gräber stehen einer Masse ‚einfacher' gegenüber – sind auch die Steinkistengräber und solche einzubeziehen, die eine sehr dünnwandige, exquisite Feinkeramik, die ‚Adelskeramik' geliefert haben."[1409]

Unter der vertikalen Differenzierung einer Gesellschaft ist die Entstehung und die Etablierung von hierarchischen Strukturen zu verstehen, ein Prozess, der in der Urnenfelderzeit ohne Zweifel auszumachen ist. Dabei fällt es der Archäologie offensichtlich jedoch schwer, wie im Folgenden zu sehen sein wird, den Vertretern der so genannten „oberen Schicht" einen passenden Namen zu geben. Dies vor allem auch deswegen, da es sich als schwierig erweist, unter den Waffengräbern, abgesehen von militärischen Rängen und Kriegertypen, einzelne soziale Gruppen oder gar Führungspersonen herauszuarbeiten, deren soziale Position im Sinne eines Big Man oder eines Häuptlings zu bezeichnen wäre. Insgesamt betrachtet bewegt sich die Archäologie hinsichtlich ihrer Interpretationen in einem engen Rahmen, der ihr durch die zur Verfügung stehenden Quellen vorgegeben ist. Im Folgenden wird gezeigt, mit welchen Begriffen und Modellen Archäologen versuchen, die urnenfelderzeitliche Gesellschaft zu beschreiben und welche Rolle dabei dem urnenfelderzeitlichen Krieger zukommt.

3.1 Archäologische Begriffe und Konzepte sozialer Differenzierung

Ausgangspunkt dieses Überblicks über die verschiedenen Bezeichnungen, Begriffe und Konzepte zur urnenfelderzeitlichen Gesellschaft ist zunächst die Feststellung, dass diese Gesellschaft grob in zwei Gruppen unterteilt werden kann. Es stellt sich nun zu Beginn die Frage, auf welche Weise diese beiden Gesellschaftsgruppen anzusprechen sind, ohne zugleich eine Wertung oder Interpretation vorzunehmen. Die Verwendung des Begriffs einer sozialen Schicht erfüllt hier die formulierte Annahme, dass in der Urnenfelderzeit eine soziale Schichtung im Sinne einer vertikal in zwei Gruppen untergliederten Gesellschaft vorliegt. Eine wertneutrale Bezeichnung der oberen Schicht wäre es, wie es Gerlach[1410] im Falle der Toten aus den Steinkistengräbern von Eßfeld getan hat, von einer „sozial herausgehobenen Bevölkerungsschicht" zu sprechen. Ähnliche Umschreibungen finden sich in Arbeiten von Clausing[1411], wenn er diese Gruppe als einen „sozial hochstehenden Personenkreis" oder als „gehobene Gesellschaftsschicht" bezeichnet. Weitere Bezeichnungen ähnlicher Art sind: „gehobene soziale Gruppe"[1412], „sozial bevorrechtigte Schicht"[1413], „sozial führende Schicht"[1414], „herausragende Bevölkerungs-

---

1407 T. Lewellen, Political Anthropology (Westport 2003) 33.
1408 T. von Trotha, Koloniale Herrschaft. Zur soziologischen Theorie der Staatsentstehung am Beispiel des „Schutzgebietes Togo" (Tübingen 1994) 3.
1409 Herrmann/Jockenhövel, Vorgeschichte Hessen 226f.
1410 Gerlach, Eßfeld 35.
1411 Clausing, Sozialstrukturen 310.
1412 Pare, Zeremonialwagen 39f.
1413 Dehn, Nordwürttemberg 39.
1414 Müller-Karpe, Chronologie 176.

schicht"[1415], „Angehörige von führenden Bevölkerungsgruppen" oder „Führungsschicht"[1416] und Oberschicht[1417]. Bereits eine Interpretation in Richtung einer durch Männer und Krieger dominierten Oberschicht verrät hingegen der Ausdruck „Herrenschicht"[1418].

Von der Terminologie in ihrem Kern ebenfalls einigermaßen wertneutral, aber je nach Auslegung mit einer gesellschaftskritischen Konnotation behaftet, ist der gerade in jüngster Zeit gern verwendete Begriff einer gesellschaftlichen „Elite". Man begegnet diesem Begriff in den Titeln zweier im Jahr 1999 erschienenen Bände[1419] zu in Mainz und Athen veranstalteten Kolloquien, welche eben jene „Eliten der Bronzezeit" zum Thema hatten. Geläufig ist für die Periode der Urnenfelderzeit der Begriff der „Kriegerelite"[1420], welcher bereits verrät, welche Gruppe zu jener Zeit zur Oberschicht gehört haben mag. Bezogen auf die obere Bevölkerungsgruppe kann der Elitebegriff derart verstanden werden, dass sich diese durch Leistung, Macht, Einfluss und Bewaffnung kennzeichnete. „Elitär" wird meist in der Art verstanden, dass der größte Teil der Gesellschaft von bestimmten Dingen ausgegrenzt ist, wobei es sich um materielle Dinge wie auch um immaterielle Dinge handeln kann.

Die archäologische Verwendung der Begriffe Schicht und Elite ist noch verhältnismäßig vage bzw. unpräzise und stellt nur den ersten Schritt in Richtung eines konkreten Gesellschaftsmodells dar. Bereits an vorheriger Stelle wurde gezeigt, dass hingegen in der Ethnologie und Soziologie sehr detailliert ausgearbeitete Modelle vorliegen, welche nicht nur einzelne soziale Gruppen genauestens beschreiben, sondern vielmehr Prozesse und Stufen sozialer Differenzierung benennen. Während in der angloamerikanischen Archäologie diese Modelle bereits mehr oder weniger erfolgreich angewendet wurden, erstaunt es, dass die Zahl derartiger Arbeiten im deutschsprachigen Raum überaus gering ist. Oftmals begnügte man sich hier mit aus der Ethnologie entlehnten Begriffen, ohne jedoch die dahinterstehenden Modelle zu adaptieren und weiterzuentwickeln. So zeigt sich in einigen Arbeiten die Annahme, dass die urnenfelderzeitliche Gesellschaft in Form von Stammesverbänden organisiert war, beispielsweise in der Bezeichnung der Schwertträger durch L. Sperber als „Sippen- oder Clansoberhäupter"[1421]. A. Kolling ging sogar einen Schritt weiter mit seiner Annahme, dass Stammesmitglieder ihre Toten auf zwei gesonderten Typen von Bestattungsplätzen bestatteten:

„Es gab den ,Gemeindefriedhof', wo das schlichte Stammesmitglied seinen Beerdigungsplatz hatte, und den Separatfriedhof, welcher der Adelsfamilie vorbehalten war. Wirklich reiche Gräber, wie ein solches in Homburg-Schwarzenbach vorliegt, mögen einer Familie mit überregionaler Machtposition zugehören. Hier kann durchaus an Stammesführer gedacht werden."[1422]

In anderen Arbeiten kann eine gewisse Anlehnung an das Modell der Ranggesellschaft von Fried erkannt werden, auch wenn auf dessen Modell an keiner Stelle explizit Bezug genommen wird. Einzig R. Kreutle[1423] verwendet den Begriff Rang, wenn er sagt, dass „sich im Grabbau und in der Grabausstattung der gesellschaftliche Rang"[1424] des Bestatteten widerspiegelt. Vom Schwert spricht er dabei in dessen Funktion als „soziales Rangsymbol" und auch Kolling meint im Zusammenhang mit dem spätbronzezeitlichen Schwertgrab von Mimbach, „dass das Schwert in seiner Eigenschaft als Grabbeigabe ein Rangabzeichen war, etwa in dem Sinne, dass es nur einer höher stehenden Person gebührte."[1425] Auch in der an vorheriger Stelle gezeigten Zusammenstellung von Waffengräbern (siehe Tabelle 2), ließe sich eine derartige Rangabfolge ihrer Träger ablesen, wenngleich weder Clausing noch andere Archäologen ihre Ergebnisse im Sinne einer Ranggesellschaft beschreiben. Vielmehr beschränkt sich ihre Rangordnung auf die Waffengräber, auch wenn diese innerhalb der Gräber der „Oberschicht" einen großen Raum eingenommen haben könnten. Eine Übertragung der Waffenränge auf die gesamte Gesellschaft würde jedoch unweigerlich das Bild einer hoch militarisierten, in ihrem Innern nach militärischen Rängen aufgebauten Gesellschaft führen. Wesentlich häufiger als von einer Stammes- oder Ranggesellschaft wird für die Urnenfelderzeit von

---

1415 Herrmann, Hessen 22.
1416 Schauer, Gemeinsamkeiten Waffengräber 209; A. Lang, Güterverteilung in der Urnenfelderzeit. In: H. Dannheimer/R. Gebhard (Hrsg.), Das keltische Jahrtausend (Mainz 1993) 194 ff. bes. 196.
1417 H. P. Uenze, Ein keltisches Jahrtausend? Kontinuität und Diskontinuität. In: H. Dannheimer/R. Gebhard (Hrsg.), Das keltische Jahrtausend 7 ff.
1418 Kutsch, Erbenheim 42; Gerlach, Eßfeld 35.
1419 Eliten in der Bronzezeit. Ergebnisse zweier Kolloquien in Mainz und Athen. Monographien des Römisch-Germanischen Zentralmuseums Mainz 43/1 und 43/2 (Mainz 1999); siehe auch Winghart, Eliten (In: Menschen-Zeiten-Räume) 178 ff.
1420 So im Zusammenhang mit den sog. „Kesselwagen" der Urnenfelder- und Hallstattkultur (siehe RGA Bd. 17 Stichwort: „Kultwagen", 468).
1421 Sperber, Zeugnisse.
1422 Kolling, Mimbach 53.
1423 Kreutle, Württemberg 181.
1424 Kreutle, Grabsitten 108.
1425 Kolling, Mimbach 54.

einer stratifizierten Gesellschaft ausgegangen, welche in etwa einem komplexen Häuptlingstum entspricht (vgl. Tabelle 3). Dabei wird die Herausbildung von Kasten und Klassen etc. vor dem Hintergrund der urnenfelderzeitlichen Waffengräber als gesichert angenommen. Der aus der Ethnologie entlehnte Begriff „Kaste"[1426], welcher sich ursprünglich auf die Beschreibung der indischen Gesellschaftsordnung bezog, umschreibt einzelne sozial voneinander getrennte Geburtsgruppen. Die Trennung basiert auf einem Kastensystem mit jeweils eigenen wirtschaftlichen, rechtlichen und rituellen Lebensbereichen. Die Kasten definieren sich vor allem durch die spezifischen Aufgabenbereiche und Tätigkeitsfelder ihrer Angehörigen. In grober Form lassen sich in Indien einzelne Kasten für Religionsvertreter, Krieger, Handwerker und Bauern und Handlangern feststellen. Die Zugehörigkeit zu einer Kaste ist per Geburt vorbestimmt und es ist nicht möglich, in eine andere Kaste zu wechseln. Dieses Hintergrundwissen ist von Bedeutung, um genau zu verstehen, was Archäologen wie K. Schumacher etwa unter dem Begriff der „Kriegerkaste" gemeint haben könnten:

„Jene alten waffenkundigen Geschlechter mochten unter den friedlichen Urnenfelderleuten eine bevorzugte Stellung haben, indem sie für die Sicherheit dieser sorgten, eine Art Kriegerkaste."[1427]

Schuhmacher bezog sich hier vor allem auf Schwertgräber mit aufwendigem Grabbau wie die Steinkistengräber, wobei W. Kimmig später auch auf die Anwesenheit von Waffen in Brandbestattungen hinwies: „Dem ist entgegenzuhalten, dass Gräber fast desselben Inhalts auch als Brandbestattungen auftreten (z. B. Nauheim, Eschborn, Grab 1). Ferner sind eine ganze Menge von normalen Brandgräbern bekannt, die (teilweise zerschmolzene) Schwerter enthielten und die somit ebenfalls als Kriegergräber anzusprechen sind. Unterschiede liegen nur in der Schwertform. Endlich ist auf die überwiegende Menge ganz einfacher Skelettgräber hinzuweisen, die sich unmöglich als einer bevorzugten Kriegerkaste zugehörig erklären lassen. Wir können lediglich feststellen, dass sich sowohl bei Skelett- wie bei Brandgräbern gewisse soziale Unterschiede aufzeigen lassen."[1428]

Kimmig lehnt also den Begriff Kriegerkaste ab, da Waffengräber nicht allein mit einem aufwendigen Grabbau in Verbindung gebracht werden können, sondern auch mit einfachen Brand- und Körperbestattungen. Der Begriff Kriegerkaste wird einige Jahre später auch von F. R. Herrmann abgelehnt und durch einen, wie er meint, neutraleren Begriff ersetzt: „Die Bezeichnung ‚Kriegerkaste' für diese Schicht ist recht unglücklich, obwohl die meisten Gräber durch Schwert, Lanzenspitze oder Pfeilspitzen als Kriegergräber gekennzeichnet sind; doch darf die Bewaffnung für eine politisch führende Gruppe in dieser Zeit fraglos angenommen werden. Der neutralere Begriff ‚Häuptlingsadel' schließt die waffenlosen Gräber mit ein und lässt Raum für die Bestattungen weiblicher Angehöriger dieses Bevölkerungsteils […]."[1429]

Herrmann verwendet zunächst den Begriff Schicht, der keine Geburtsgruppe wie der Begriff Kaste bezeichnet, sondern offener ist. Er entscheidet sich dann für den Begriff „Häuptlingsadel", um auch die weiblichen Bevölkerungsteile sowie die waffenlosen Männer einschließen zu können. Problematisch sind hier allerdings die Verwendung der Begriffe „Häuptling" und „Adel". Es mag bezweifelt werden, dass Herrmann hier den Begriff des Häuptlings in der Definition benutzt, wie er durch die Ethnologie vorgegeben ist. Auch in anderen Arbeiten werden Begriffe wie „Häuptling"[1430], „Häuptlingsabzeichen"[1431] oder gar „konservatives Häuptlingstum"[1432] ohne jede weitere Erläuterung verwendet. Dieses verwundert, denn nach Sahlins sind Häuptlingstümer pyramidenförmig aufgebaut, eine hierarchische Struktur, die gewissen Arbeitsergebnissen im Grunde sehr entgegenkommt.[1433] Ein Aspekt des Häuptlingstums, den es sich lohnen würde weiterzuverfolgen, wäre der, dass das Amt des Häuptlings erblich ist und sich der Status des Häuptlings auch auf dessen Angehörige überträgt. Letzteres Kennzeichen drückt sich in gewisser Weise in dem Begriff „Häuptlingsadel" aus, wie er im obigen Zitat von F. R. Herrmann[1434] und auch von H. J. Hundt[1435] verwendet wurde. Allerdings stellen beide eben keine genaue Definition dieses Begriffs zur Verfügung, womit er zu einem leeren Schlagwort verkommt.

1426 Hirschberg, Völkerkunde 245 f.
1427 K. Schumacher, Siedungs- und Kulturgeschichte der Rheinlande von der Urzeit bis in das Mittelalter. Bd. 1: Die vorrömische Eisenzeit (Mainz 1921) 72 f.
1428 Kimmig, Baden 29 f.
1429 Herrmann, Hessen 26.
1430 Stary, Häuptlingsgrab 46 ff; G. Kossack, Religiöses Denken in dinglicher und bildlicher Überlieferung Alteuropas aus der Spätbronze- und frühen Eisenzeit (9.–6. Jahrhundert v. Chr. Geb.) (München 1999) 115 ff.
1431 Kolling, Mimbach 54.
1432 R. Baumeister, Ein Grabfund der älteren Urnenfelderzeit aus dem Kraichgau. Arch. Nachr. Baden 47/48, 1992, 16 ff.
1433 Pyramidenartige Verteilungsmuster zeigen sich häufig auch in jenen Modellen, die mit der Anzahl und dem Gewicht von Bronzeobjekten in Gräbern arbeiten (siehe Thrane, Denmark, 477 Abb. 1).
1434 Herrmann, Hessen 46.
1435 H. J. Hundt, Ein spätbronzezeitliches Doppelgrab in Frankfurt-Berkersheim. Germania 36, 1958, 357.

Auch die Verwendung des Adelsbegriffs, er erscheint in verschiedenster Kombination mit anderen Begriffen wie „Häuptlingsadel" (s. o.) oder „Kriegeradel"[1436], verlangt zunächst einmal weitere Erläuterungen. Betrachtet man den Begriff Adel in seiner etymologischen Bedeutung, so leitet sich dieser Begriff vom germanischen Wort „Odal" ab, welches als „Erbbesitz" oder „Herkunft" zu übersetzen ist.[1437] Im Hochdeutschen steht „Adel" auch synonym für ein „vornehmes Geschlecht". Überträgt man diese Wortbedeutung auf die urnenfelderzeitliche Oberschicht, könnte er dazu dienen, wohlhabende Familien, Sippen, Lineages oder allgemein Abstammungsgruppen zu bezeichnen, denen es gelang, ihren Reichtum (z. B. Landbesitz, Prestigegüter) über mehrere Generationen hinweg zu vererben und hohe soziale Positionen zu bekleiden:

„Das beinhaltete keine ‚besondere Rechtsstellung'; vielmehr hatte jede Familie ihren eigenen graduellen ‚Adel'. […] Neue, zu Macht und Reichtum gekommene Gruppen wurden mit der Zeit gleichermaßen ‚adelig'."[1438]

Besonders der Begriff „Kriegeradel" lässt sich in seiner Verwendung innerhalb der Archäologie gut auf Arbeiten im englischsprachigen Raum zurückverfolgen. Der Terminus von einer *warrior aristocracy*[1439] wird hier oftmals verwendet. Entstanden ist er im Zusammenhang mit ägäischen Waffengräbern der Bronzezeit, den so genannten *warrior graves*. J. Whitley[1440] bezeichnet letzteren Begriff als eine *tenacious legacy*[1441] einer „Homerischen Archäologie", welche in der Tradition der ersten Grabungen Schliemanns auf Mykene und denen von Evans auf Knossos zurückgeht. Die Archäologie im Mittelmeerraum sei deshalb als „homerisch" zu bezeichnen, da die Grabungsergebnisse oftmals durch die Epen Homers und ihre illustrativen Beschreibungen des männlichen Kriegers als Helden unterfüttert werden. Die frühen Grabungen und ihre aufsehenerregenden Funde trugen mit Sicherheit zur Verbreitung des Konzept „Kriegeradel" bei, das daraufhin für die bronze- und urnenfelderzeitlichen Waffengräber Mitteleuropas übernommen wurde.

Zusammenfassend lässt sich festhalten, dass im überwiegenden Teil der archäologischen Literatur verschiedene Begriffe zur Beschreibung der urnenfelderzeitlichen Gesellschaft verwendet werden, ohne diese klar zu definieren. Es bleibt oftmals dem Leser überlassen, welche Gesellschaftsmodelle daraus abzuleiten wären. C. Böckisch-Bauer hat ihre Kritik zu diesem Umstand deutlich geäußert:

„Dabei ist keiner der angeführten Begriffe mit bestimmten (Sach-)Inhalten belegt, durch die sich die jeweilige soziale Stufe exakt fassen ließe. Trotzdem gehören sie in der Zwischenzeit zum Allgemeingut der Forschung, ohne dass ausreichende Grundlagen geschaffen wären."[1442]

Es ist klar, dass es zur Schaffung fundierter Grundlagen weiterer umfangreicher Studien bedarf, vor allem aber einer intensiven Auseinandersetzung mit den häufig leider sehr unkritisch und sorglos verwendeten Begriffen. Ein Weg ist hier der Blick in Nachbardisziplinen wie die Ethnologie und die Soziologie und die dort verwendeten Konzepte, Modelle und Terminologien. Dies verlangt nicht, dass die Archäologie sich inhaltlich auf fremde Gebiete ausdehnt, zumindest kann aber erwartet werden, dass Archäologinnen und Archäologen lernen, in Zukunft bewusster mit bestimmten Begriffen zu operieren oder wenigstens beginnen, genauestens darzulegen, welche Vorannahmen sie mit ihren Äußerungen verbinden. Es zeichnete sich an verschiedenen Stellen bereits ab, wie man sich den Aufbau der urnenfelderzeitlichen Gesellschaft vorstellen könnte, nur wagen viele den Schritt nicht, hier mit der Entwicklung eigener Modelle einzusetzen.

3.2 Diskussion zum neueren deutschsprachigen Modell

In jüngerer Zeit finden sich in einigen wenigen Arbeiten deutscher Archäologen relativ weitgehende Beschreibungen einzelner Aspekte der urnenfelderzeitlichen Gesellschaft, wenngleich auch hier der Fokus meist auf der so genannten Oberschicht liegt. Es ist L. Sperbers Verdienst, hier als Erster ausführliche Beschreibungen jener Gesellschaft vorzulegen, welche zusammengenommen das wohl erste umfassende Gesellschaftsmodell im deutschsprachigen Raum ergeben. Im Folgenden werden in einer Synthese Sperbers verschiedene Beschreibungen der ur-

---

1436 Müller-Karpe, Hanau 59; H. J. Hundt, Ein spätbronzezeitliches Adelsgrab von Behringersdorf, Ldkr. Lauf a. d. Pegnitz. Jahresber. Bayer. Bodendenkmalpfl. 15–16, 1974–1975, 57; P. Schauer, Die Bewaffnung der „Adelskrieger" während der späten Bronze- und frühen Eisenzeit. In: Ausgrabungen in Deutschland 1/3, 1984, 305 ff.
1437 F. Kluge, Etymologisches Wörterbuch der deutschen Sprache, Stichwort „Adel" (Berlin/New York 1999) 14.
1438 H. P. Drexler, Metamorphosen der Macht. Die Entstehung von Herrschaft, Klassen und Staat untersucht am Beispiel der germanisch-fränkischen Gesellschaftsgeschichte (Marburg 2001) 34 f.
1439 Treherne, Warrior's Beauty 106; Kristiansen, Warrior 175 ff.
1440 J. Whitley, Objects with Attitude: Biographical Facts and Fallacies in the Study of Late Bronze Age and Early Iron Age Warrior Graves. Cambridge Archaeological Journal 12/2, 2002, 218.
1441 Tenacious legacy: (dt.) „ein hartnäckiges Erbe".
1442 Bockisch-Bräuer, Nordbayern 533.

nenfelderzeitlichen Gesellschaft zusammen mit ergänzenden Bemerkungen anderer Archäologen zu einem gesamthaften Modell zusammengeführt und diskutiert.

Die urnenfelderzeitliche Gesellschaft ist nicht aus sich heraus entstanden, sondern aus den vorherigen bronzezeitlichen Epochen erwachsen. Den Hauptunterschied zur mittleren Bronzezeit bilden die Bestattungssitten, da hier als Bestattungsort zum Teil sehr große Grabhügel angelegt wurden. Die Grablegungen erfolgten dabei meist sukzessive, weshalb auch von Kollektivgräbern zu sprechen ist. In der Forschung herrscht nahezu einhellige Meinung, dass es sich bei den in diesen Grabhügeln bestatteten Personen um Familien oder um andere Verwandtschaftsgruppen handelt. Diese Theorie wurde bislang allerdings nicht durch anthropologische und molekulargenetische Untersuchungen abgesichert und bleibt daher nach wie vor rein hypothetisch. Alternativ werden, wohl auch aufgrund dieser unsicheren Lage, die Grabhügel als Bestattungsplatz von Siedlungsverbänden[1443] interpretiert. Mit dem Aufkommen der Urnenbestattung ab der Spätbronzezeit (Bz D) ändert sich die Bestattungspraxis, ein Vorgang, der bislang nicht schlüssig erklärt werden konnte. Als Ursache wurden anfangs eingewanderte Volksgruppen vermutet, eine Theorie, von der man inzwischen abgekommen ist.[1444] Heute werden vor allem religiöse Gründe angeführt oder es wird allgemein von einschneidenden Veränderungen in der spätbronzezeitlichen Gesellschaft ausgegangen. Neu ist bei dieser Bestattungssitte, dass nun jedes Individuum – die wenigen Doppel- und Mehrfachbestattungen der Urnenfelderzeit einmal ausgeklammert – für sich bestattet wurde. Dies spricht nach Ansicht von Kreutle für eine individualisierende Darstellung der bestatteten Person und für eine Betonung des individuellen Status und Ranges der oder des Toten:

„Die Flachgrabsitte ermöglichte es, im Gegensatz zu den mehrfach belegten Familien- oder Sippengrabhügeln mit ihrem begrenztem Platzangebot, den gesellschaftlichen Rang, den die Toten zu Lebzeiten in der Gesellschaft einnahmen, noch im Tod, ohne Rücksicht auf Nachbarbestattungen, aufwändiger und individueller zu demonstrieren."[1445]

Der größte Teil der urnenfelderzeitlichen Gräber fällt dabei unter die Kategorie „einfacher" Urnen- bzw. Brandbestattungen. Dies meint, dass man es mit Bestattungen mit wenig aufwendigem Grabbau und Ausstattungen mit nur einer geringen Zahl von Bronzen zu tun hat. Hinzu kommt eine Vielzahl von Gräbern ohne jegliche Beigaben, noch nicht einmal keramische Gefäße, und ein nicht abzuschätzender Prozentsatz von Bestattungen, welche sich archäologisch gar nicht fassen lassen. Bei der Mehrheit dieser Gräber wird es sich um eine bäuerliche, vom Ackerbau und der Viehzucht lebende Bevölkerung gehandelt haben dürfen. Der Grad ihrer wirtschaftlichen Unabhängigkeit ist nicht vollständig abzuschätzen, sicher ist jedoch, dass kleinere Objekte aus Bronze in den Siedlungen hergestellt wurden und die dazu notwendigen Rohstoffe, wie auch fertige Produkte, durch Handel mit anderen Siedlungen erworben wurden. So hat A. Jockenhövel in einer Untersuchung über urnenfelderzeitliches Bronzehandwerk auf der Basis kleinerer Siedlungen herausgefunden, „[…] dass in vielen Siedlungen, besonders den offenen, kein Metall verarbeitet wurde; sie waren demnach abhängig von Nachbarsiedlungen. In vielen anderen wurden im Rahmen eines ‚Hauswerks' die alltäglichen Arbeitsgeräte, wie Sicheln, Beile usw., und Kleinschmuck hergestellt."[1446]

Damit wird bereits die Frage angeschnitten, inwieweit kleinere Siedlungen in größere Handelsnetze eingebunden waren und auf welchem Level die Verteilung wichtiger Rohstoffe erfolgte. Dieses ist insofern ein wichtiger Aspekt, als dass Wirtschaft und Gesellschaft zwei nicht voneinander zu trennende Bereiche darstellen. Sicher ist, dass der Zugang zu Bronzevorkommen und anderen Rohstoffen, wie etwa Salz, allein durch geografische oder auch gesellschaftliche Gründe beschränkt war und dass es für die Herstellung einiger Produkte spezialisierter Handwerker bedurfte. So groß auch der Anteil der bäuerlichen Bevölkerung an der gesamten Gesellschaft war, so niedrig ist dabei jedoch der momentane Kenntnisstand über den inneren Aufbau dieser Gruppe. So weiß man wenig über die horizontale Differenzierung, basierend auf Alter, Geschlecht und Verwandtschaft. Die in Süddeutschland gefundenen Gräberfelder sind verhältnismäßig klein, was auf ebenso kleine Siedlungsverbände oder Verwandtschaftsgruppen schließen lässt. Da es sich in der Regel um Bestattungsplätze von nur kurzer Belegungsdauer, d.h. vermutlich nur wenige Generationen, handelt und nicht auszuschließen ist, dass nicht sämtliche Personen hier bestattet wurden (z.B. fehlen viele Kindergräber), lässt sich die ursprüngliche Größe dieser Gruppen nur sehr schwer schät-

---

1443 Gleichwohl hier ebenso mit einer oder gar mehreren Verwandtschaftsgruppen zu rechnen ist.
1444 Kolling, Mimbach 54.
1445 Kreutle, Schwarzwald und Iller 349.
1446 A. Jockenhövel, Struktur und Organisation der Metallverarbeitung in urnenfelderzeitlichen Siedlungen Süddeutschlands. Veröffentlichungen des Museums für Ur- und Frühgeschichte Potsdam 20, 1986, 229.

219

zen. Auch die Sphäre des Siedlungsverhaltens und der Wohngewohnheiten lässt sich kaum bzw. gar nicht erfassen, da Siedlungsfunde sehr selten sind. Dies betrifft vor allem einzelne Wohnbauten, aber auch ganze Siedlungen, beides wesentliche Faktoren zur Rekonstruktion sozialer Organisation. Man weiß im Grunde nichts über die Größe einzelner Wirtschafts- und Kerneinheiten, über die Abläufe des täglichen Lebens und wie verschiedene Familien ihr Zusammenleben in Dörfern regelten. Trotz jahrzehntelanger Forschung, und obwohl umfangreiches Material vorliegt, ist der Wissensstand über den größten Teil der urnenfelderzeitlichen Gesellschaft demnach überaus gering. Man würde nun allerdings auf unterster Argumentationsebene kein Risiko eingehen, wenn man die bäuerliche Gesellschaft der Urnenfelderkultur als kleine Siedlungsverbände beschreibt, die in ihrem Inneren auf familiärer bzw. verwandtschaftlicher Basis organisiert waren. Auf der Basis der wenigen Siedlungsfunde eine Unterscheidung zwischen einer segmentären Gesellschaft und einem Häuptlingstum oder zwischen einer stratifizierten Gesellschaft und einer Ranggesellschaft zu treffen, ist jedoch nicht möglich.

So verwundert es nicht, dass sich die Archäologie auf die in der Urnenfelderzeit aufkommenden Waffengräber und weitere besonders reiche Gräber konzentrierte. Deren Auftreten wurde in einen engen Zusammenhang mit der Verbreitung der Urnengräber gesehen, was insgesamt als einschneidende gesellschaftliche Veränderungen interpretiert wurde. Dabei handelt es sich jedoch um einen Vorgang, welcher bereits zu Beginn der Bronzezeit einsetzt und in der älteren Urnenfelderzeit in einer Vielzahl von Waffengräbern kulminiert. Nun kristallisiert sich eine Gruppe von Gräbern einer „Oberschicht" heraus, oder wie auch immer man diese Gruppe nennen möchte (s. o.). L. Sperber liefert in folgender Äußerung ein allgemein in der Forschung akzeptiertes Bild, wie man sich die Entstehung dieser Oberschicht vorzustellen hat:

„Das Eigentum der einzelnen Familie oder Sippe am Land gewann wachsende Bedeutung und bestimmte den sozialen Rang. Familien, die in der ‚kritischen' Phase der Mittelbronzezeit und der älteren Spätbronzezeit im Besitz des Landes waren und den Besitz gegen Angriffe von außen und ohne Erbteilung ungeschmälert über einige Generationen behaupten konnten, mussten sich zu einer wehrhaften Herrenschicht, zu einem Geburtsadel, entwickeln. Sie bildeten eine stabile gesellschaftliche Oberschicht, in die Mangels der ökonomischen Basis von unten her kaum einzudringen und die somit auch nur ganz langsam über viele Generationen hinweg ablösbar war. Ausdruck ihrer Wehrhaftigkeit war das Schwert, das die Sippenhäupter als Statussymbol mit ins Grab nehmen konnten."[1447]

Auch bei der Oberschicht hat man es nach Sperbers Meinung mit vornehmlich auf verwandtschaftlicher Basis strukturierten Gruppen zu tun. Es könnten klare Erbregelungen und geschickte Heiratsallianzen gewesen sein, die einen Erhalt des eigenen Besitzes ermöglichten oder gar für dessen Zuwachs sorgten. Der Annahme, dass der Ausgangspunkt auch bei diesen Familien die Landwirtschaft war und sich diese mit der Zeit zu einer „Schicht führender bäuerlicher Familien"[1448] entwickelte, ist wahrscheinlich zuzustimmen. Inwieweit jedoch das starke Anwachsen der Bevölkerung in der Bronzezeit und ein dadurch enger gewordener Lebensraum[1449] zu gewaltsamen Krisen führten, ist schwer zu sagen. Ursache von Konflikten können auch Hungersnöte gewesen sein, welche zu Migrationsbewegungen führten. Zum Beleg dieser Theorien müssten sich im Idealfall per Pollenanalysen eine Ausdehnung von Siedlungsflächen und eventuell auch Bestattungen ortsfremder Personen nachweisen lassen.

Landwirtschaft und Landbesitz können sicherlich als Ausgangspunkt, jedoch nicht als alleiniger Faktor für den Erwerb von Wohlstand gedient haben. Denn wie war es möglich, dass es einige wenige Bauern zu Reichtum brachten, während andere dies nicht schafften? Daher ist noch nach weiteren Ursachen für den Aufstieg einzelner Familien zu suchen. Die Versorgung mit Metall bzw. anderen Rohstoffen und der Handel mit fertigen Produkten könnten hier ein Grund gewesen sein:

„Die Gesellschaft war nur wenig gegliedert, die Wirtschaft im Wesentlichen eine bäuerliche und weitgehend auf Selbstversorgung der einzelnen Höfe ausgerichtet. Gewerbliche Strukturen waren auf die Erzeugung und Verarbeitung einiger Metalle begrenzt, die Metallerzeugung überdies auf die wenigen Regionen mit großen Kupfer- und Zinnlagerstätten. Der kleinzelligen bäuerlichen Wirtschaftsstruktur stand aber die weiträumige Vernetzung der europäischen Regionen in der Technik, der Metallversorgung, im geistigen und religiösen Austausch und ganz generell durch die weitreichenden Kontakte der Oberschicht gegenüber."[1450]

In dieser Äußerung stecken verschiedene wirtschaftliche und andere Faktoren, die im Einzelnen

---

[1447] Sperber, Schwertträger 637.
[1448] Kreutle, Schwarzwald und Iller 383.
[1449] Sperber, Schwertträger 635.
[1450] Sperber, Goldene Zeichen. Kult und Macht in der Bronzezeit (Speyer 2005) 5.

näher betrachtet werden sollen. Die Monopolisierung von Rohstoffen bzw. der ungleiche Zugang zu Ressourcen stellt dabei einen möglichen Grund für die Erlangung von Wohlstand dar. Die Grundvorausetzungen hierfür sind aber nicht in jeder Region gegeben:

„Nur in den wenigen Bergbauregionen, insbesondere in Nordtirol und im oberbayrisch-salzburgischen Alpenvorland, bilden auch Produktion und Vertrieb von Kupfer einen oder gar den tragenden Wirtschaftsfaktor."[1451]

An anderer Stelle geht Sperber auf die Familien außerhalb der Erzlagerstätten ein und sagt:

„Außerhalb der Bergbauregionen und ihres engeren Vorlands konnten nur Personen Metall in größerem Umfang erwerben, die größere Überschüsse an Gütern des Lebensunterhalts erwirtschafteten, und dies waren hauptsächlich die Sippenoberhäupter und Schwertträger, die das Land weitgehend unter sich aufgeteilt hatten. Die Masse des insgesamt vorhandenen Metalls (des verarbeiteten wie des unverarbeiteten) war sicherlich beim Schwertträgeradel gehortet, der auch über die nötige Mannschaft zur Sicherung dieses Besitzes verfügte."[1452]

Während Metallhorte archäologisch belegt sind, gestaltet sich der Nachweis von spezialisiertem Metallhandwerk schwieriger. Wo man zudem diese Handwerker zu verorten hat, ob sie am „Hofe" des Schwertträgers lebten, Mitglieder der Lokalgruppe waren oder ob es sich um Wanderhandwerker handelte, konnte bislang archäologisch nicht geklärt werden. Wanderhandwerker wären eine gute Erklärung für die Verbreitung bestimmter Bronzeformen und Typen, aber auch ein weit vernetztes Handelsnetz ist denkbar. Über die zunehmende Bedeutung von Bronze als Werkstoff sagt R. Kreutle:

„Dadurch entstand angesichts des zunehmenden Bedarfs an Kupfer und Zinn und der parallel zunehmenden Abhängigkeit von diesen Rohstoffen zwangsläufig ein überregionales Handelsnetz, das diesen Bedürfnissen nachkam. Damit war aber zugleich ein Kommunikationsnetz geschaffen, durch das außer Waren auch Nachrichten und Informationen aller Art vermittelt werden konnten, die sich dann in Neuerungen auswirkten, die wir als kulturelle Einflüsse verstehen."[1453]

Bleibt man zunächst beim Aspekt der Gewinnung von Metall und beim Handel, so ist die Verteilung von Gräbern und Siedlungsfunden in geografischer Hinsicht durchaus mit Rohstoffquellen und verkehrsgünstig gelegenen Regionen zusammenzubringen. Auch die Lage des Gräberfeldes von Neckarsulm lässt sich möglicherweise mit seiner Nähe zu zwei Flüssen, der Sulm und dem Neckar, sowie der Nähe zu Salzlagerstätten auf diese Weise erklären. Kreutle kommt in seiner Untersuchung über die Region zwischen Schwarzwald und Iller insgesamt zum Schluss:

„Die Lage der Begräbnisplätze und damit der Siedlungen befindet sich aber durchweg an auffallend verkehrsgünstig gelegenen Stellen, weshalb Verkehr und Handel oder vielmehr die Kontrolle der Verkehrswege einen wichtigen Bestandteil der Macht und des Einflusses dieser Familien ausgemacht haben müssen."[1454]

Die Existenz von Handel ist natürlich in keiner Weise anzuzweifeln, aber über dessen Ausmaß und Struktur liefern die archäologischen Funde keine Hinweise. Unklar ist, ob in überwiegendem Maße Rohstoffe verhandelt wurden und in welcher Form sie zum Handwerker gelangten. Unklar ist ebenso, wie hoch der Vertrieb fertiger Produkte gewesen ist und ob es professionelle Händler gab. Die Ausdehnung von Handelsnetzen kann unterschiedlich gewesen sein und über kürzere Distanzen von Dorf zu Dorf, über längere Distanzen mit Händlern als Zwischenstation oder über zentrale Handelsplätze aufgebaut gewesen sein. Gerade letztere „Zentralorte" des Handels konnten für die Periode Ha A1 aber nicht nachgewiesen werden. Nicht abzustreiten ist jedoch, dass an Handelsnetze nicht nur der Austausch von Gütern, sondern auch jener von Technologien, Informationen und auch Personen geknüpft ist.[1455] Gerade Heiratsallianzen und die Entsendung erwachsener Söhne in fremde Dienste[1456] können hilfreich gewesen sein, bereits existierende Handelspartner enger aneinander zu binden. Derartige „Kommunikationsnetze" lassen sich in der Archäologie aber allenfalls nur auf indirektem Wege erschließen. Die Verbreitung von Kriegergräbern, hier vor allem der Wagengräber, verdeutlicht bestimmte Ideale und auch religiöse Vorstellungen, die im gesamten Mitteleuropa in nahezu gleicher Form beobachtet werden können. Ihre Verbreitung ist sicherlich als ein direkter Niederschlag kulturellen und materiellen Austausches zu verstehen. Aber auch

---

1451 Ebd. 9.
1452 Sperber, Schwertträger 644.
1453 Kreutle, Schwarzwald und Iller 344.
1454 Ebd. 404 f.
1455 S. Hansen, Aspekte des Gabentauschs und Handel während der Urnenfelderzeit in Mittel- und Nordeuropa im Lichte der Fundüberlieferung. In: B. Hänsel (Hrsg.), Handel, Tausch und Verkehr im Bronze- und früheisenzeitlichen Südosteuropa (München/Berlin 1995) 67–80.
1456 K. Kristiansen/T. B. Larsson, The Rise of Bronze Age Society. Travels, Transmissions and Transformations (Cambridge 2005) 236 ff.

hier ist unklar, welche Personen als Vermittler eine Rolle spielten:

„Inwieweit es sich um Häuptlinge, reiche Händler oder Helden handelte, die diese ‚internationalen Kontakte' pflegten, sei dahingestellt. Vermutlich vereinigten sie mehr oder weniger alle Elemente in einer Person, da alle Eigenschaften zur Erhaltung wirtschaftlicher und politischer Macht die Voraussetzung gebildet haben müssen."[1457]

Nachdem verschiedene Gründe für das Aufkommen wohlhabender Familien referiert wurden, ist zu diskutieren, auf welche Weise diese intern organisiert gewesen sein könnten. Ausgehend von der Kernhypothese, dass sich der Wohlstand dieser Familien auf Landbesitz gründete, kann nach ihrer möglichen Größe und ihrem Einflussgebiet gefragt werden. Kreutle erkennt in seinem Arbeitsgebiet, der Region zwischen Schwarzwald und Iller, verschiedene „Herrschaftsgebiete", deren Zentrum reiche Gräber zu markieren scheinen:

„Die Begräbnisplätze mit herausragenden gleichzeitigen Gräbern streuen über das gesamte Arbeitsgebiet und liegen nie zu dicht aufeinander. Darin zeichnen sich kleine Regionen ab, die man als Herrschaftsgebiete einflussreicher Familien verstehen darf."[1458]

Am Beispiel einer Kleinregion in der mittleren Vorderpfalz markiert Sperber seinerseits, dicht beieinander liegende Gräbergruppen eingrenzend, verschiedene Kleinterritorien bzw. „Schwertträgerterritorien" mit einem jeweiligen Radius von 2,5 bis 3 km. Seiner Ansicht nach erfasst er hiermit den Siedlungsbereich von Schwertträgerfamilien bzw. Sippenverbänden. Deren Siedlungsform sei ein größerer Hof gewesen, den er, gleichwohl Siedlungsfunde fehlen, mit dem griechischen Oikos vergleicht.[1459] Die Größe der hier lebenden Verbände schätzt er auf der Grundlage von Gräberfeldern Südwestdeutschlands auf ca. 80–90 Individuen. Eine Beschreibung eines derartigen Oikos-Modells findet sich in einer Arbeit von C. Oeftiger:

„Diese ökonomischen Zellen stellen relativ selbständige politische Einheiten dar, deren Stellenwert und Einfluss in erheblichem Umfange auch von der Anzahl und Befähigung der an einen Oikos gebundenen Gefolgschaft abzuleiten ist. Die Gefolgsleute repräsentieren unmittelbar die personelle ‚Hausmacht' des Besitzers und verkörpern nach außen dessen wirtschaftliches, politisches und kriegerisches Potenzial."[1460]

Als dominante Figuren des urnenfelderzeitlichen Oikos sieht Sperber eben jene schwerttragenden Männer, die sich in den Gräbern durch ihre Bewaffnung fassen lassen. Diese bezeichnet er an anderer Stelle auch als Sippenoberhaupt und Patron.[1461] Unter der Gefolgschaft im Sinne Oeftigers versteht Sperber genauer eine Gruppe aus „Familie, Sippenverwandten, Gefolgsleuten, Lehnsbauern und sonstigen freien und unfreien Arbeitskräften."[1462] Die Größe dieser Gruppe bzw. Oikos-Bewohner dürfte mit der obigen Schätzung Sperbers in etwa vereinbar sein. Auch Kreutle schließt sich offensichtlich diesem Modell an, da er in den mit Schwert bestatteten Männern „Angehörige, wenn nicht […] Häupter landbesitzender Familien mit Gefolge und Hintersassen sowie entsprechendem Ansehen von ‚politischem' Gewicht"[1463] sieht. Interessant ist in diesem Zusammenhang ein Auszug aus dem von F. Engels erstmals im Jahre 1884 erschienenen Werk „Der Ursprung der Familie, des Privateigentums und des Staats", in welchem er sich auch zur Entwicklung von Eigentumsverhältnissen während der Bronzezeit äußerte:

„Die Steigerung der Produktion in allen Zweigen – Viehzucht, Ackerbau, häusliches Handwerk– gab der menschlichen Arbeitskraft die Fähigkeit, ein größeres Produkt zu erzeugen, als zu ihrem Unterhalt erforderlich war. Sie steigerte gleichzeitig die tägliche Arbeitsmenge, die jedem Mitglied der Gens, der Hausgemeinde oder der Einzelfamilie zufiel. Die Einschaltung neuer Arbeitskräfte wurde wünschenswert. Der Krieg lieferte sie: Die Kriegsgefangenen wurden in Sklaven verwandelt. Die erste große gesellschaftliche Teilung der Arbeit zog mit ihrer Steigerung der Produktivität der Arbeit, also des Reichtums, und mit ihrer Erweiterung des Produktionsfeldes, unter den gegebenen geschichtlichen Gesamtbedingungen, die Sklaverei mit Notwendigkeit nach sich. Aus der ersten großen gesellschaftlichen Arbeitsteilung entsprang die erste große Spaltung der Gesellschaft in zwei Klassen: Herren und Sklaven, Ausbeuter und Ausgebeutete."[1464]

Bei Engels taucht nun wieder eine weitere Erfolgsquelle für die Erwirtschaftung von Überschüssen und Reichtum auf oder wie Sperber es nennt, die Möglichkeit, „über das Lebensnotwendige hinaus Güter und Kostbarkeiten anzuhäufen."[1465] Es ist dies

---

1457 Stary, Häuptlingsgrab 69.
1458 Kreutle, Schwarzwald und Iller 404.
1459 Sperber, Schwertträger 631ff. mit Abb. 16.
1460 Oeftiger, Mehrfachbestattungen 112; siehe auch Schier, Fürsten 507.
1461 Sperber, Goldene Zeichen 9.
1462 Ebd. 8.
1463 Kreutle, Schwarzwald und Iller 369f.
1464 F. Engels, Der Ursprung der Familie, des Privateigentums und des Staats. In: K. Marx/F. Engels, Gesammelte Werke (Berlin 1975) 157.

die Versklavung von Kriegsgefangenen. Archäologische Belege für Sklaverei gibt es aus der Bronzezeit meines Wissens keine, während aus der Eisenzeit Nord- und Süddeutschlands wenige und aus der römischen Periode natürlich sehr viele Hinweise vorliegen. Während in den verschiedenen Gräbern der Urnenfelderzeit die Bestattungen reicher Familienoberhäupter (einzelne Schwertträger oder Schwertträger mit ihrer Frau), Krieger (Waffengräber allgemein) und eine breite Schicht sonstiger Gruppen vermutet werden können, konnte bislang kein Grab schlüssig als das eines Sklaven oder Unfreien interpretiert werden. In der Bronzezeit den Zeitpunkt für die Entstehung von wirtschaftlichen Abhängigkeitsverhältnissen oder für das Recht, Tribute einzufordern etc. zu sehen, bleibt unbelegt.

3.3 Schwertträgeradel und Wagengrab-Herren

Für die Urnenfelderzeit stellt sich vor allem die Frage, wie die Positionen der in Waffengräbern bestatteten Männer anzusprechen sind, wobei je nach Bestattung mehrere Möglichkeiten infrage kommen können: Handelte es sich um Männer aus einfachen oder wohlhabenden Familien, die sich zu Kriegerverbänden oder Gefolgschaften zusammengeschlossen haben? Handelte es sich um Familien- bzw. Sippenoberhäupter ohne weitere Machtansprüche über den eigenen Verwandtschaftsverband hinaus? Handelte es sich um Personen, die aufgrund ihrer persönlichen Fähigkeiten zum Big Man aufgestiegen waren? Oder handelte es sich um Häuptlinge, deren Macht institutionalisiert und vererbbar war und sich über eine größere Bevölkerungsgruppe erstreckte?

In der archäologischen Praxis ist es üblich, nahezu jedes Grab, welches Waffen enthält, als Kriegergrab zu bezeichnen. Das Schwert ist jedoch nicht nur als Waffe, sondern auch als Statusobjekt zu verstehen. K. Kristiansen stellt anhand dänischer Schwerter der Bronzezeit fest, dass an einfachen Griffzungenschwertern (*flange-hilted swords*) im Gegensatz zu reich dekorierten Vollgriffschwertern (*full-hilted swords*) deutlich mehr Spuren eines Gebrauchs im Kampf festzustellen sind.[1466] Daraus entwickelt er zwei Typen bzw. ein Duo von Häuptlingen (*twin rulers*), zum einen den *warrior chief*, der im Kampf sein Schwert nutzte, und den *priestly high chief*, eine Verbindung aus Priester und *war chief* mit einem Vollgriffschwert als Repräsentations- und Statusobjekt.[1467]

Es gibt bislang keine Hinweise, dass es im süddeutschen Raum solche *twin rulers* gegeben hat. Eine wichtige Erkenntnis ist jedoch, dass ein Schwertträger nicht „nur" Krieger sein muss, sondern verschiedene Rollen in sich vereinbaren kann: Kämpfer, Anführer im Krieg, Priesterhäuptling u.a. Die Entstehung verschiedener Häuptlingstypen mit unterschiedlichen Aufgaben, wie es Kristiansen beschreibt, könnte mit einer zunehmenden Etablierung der Krieger innerhalb der Gesellschaft erklärt werden. So hält es auch P. F. Stary durchaus für möglich, dass politische Funktionen aus dem Kriegertum entstanden sind:

„Zu denken ist unter anderem an die Möglichkeit einer bronzezeitlichen Kriegerherrenschicht, die noch mit dem Waffenhandwerk eng verbunden war, sich dann seit der Spätbronzezeit weitgehend vom Militärbereich löste und ab dieser Zeit nur noch eine politische und gesellschaftliche Führungsposition einnahm."[1468]

Im Folgenden soll nun näher betrachtet werden, wie die Führungsposition der Schwertträger innerhalb der urnenfelderzeitlichen Gesellschaft ausgesehen haben könnte. Sperber versteht die von ihm als Schwertträgeradel bezeichneten Personen, wie bereits oben gezeigt wurde, als Oberhäupter von Familien und Sippen. In den beiden folgenden Zitaten sei Sperbers Definition noch einmal wiederholt, wobei nun die wesentlichen Aspekte hervorgehoben werden:

„Sie waren nicht mehr als die *Häupter* alteingesessener, begüterter und untereinander prinzipiell *gleichrangiger Familien und Sippen*, die das Land und seine Ressourcen unter sich aufgeteilt hatten. Über Reichtum, Einfluss und Macht der einzelnen Schwertträger ist damit nichts gesagt; die waren aufgrund unterschiedlicher *persönlicher Fähigkeiten* und wirtschaftlicher Möglichkeiten zweifellos auch unterschiedlich verteilt. Es gab aber *keine Anzeichen für eine institutionalisierte Hierarchie* innerhalb der Schwertträgerschicht."[1469]

„Sie bildeten eine breite, in sich *egalitäre Oberschicht* alter, traditionsbewusster Familien mit angestammtem, über Generationen *vererbtem Vorrang und Besitz*, die das Land und die Ressourcen unter sich aufgeteilt hatten, die auch die Masse des beweglichen Besitztums auf sich vereinten und denen eine *breite Bevölkerung* gegenüberstand, die nur über

---

1465 Sperber, Goldene Zeichen 9.
1466 K. Kristiansen, Krieger- und Häuptlinge in der Bronzezeit Dänemarks. Ein Beitrag zur Geschichte des bronzezeitlichen Schwertes. Jahrb. RGZM 31, 1982, 187–205.
1467 K. Kristiansen, Rulers and Warriors: Symbolic Transmission and Social Transformation in Bronze Age Europe. In: J. Haas (Hrsg.), From Leaders to Rulers (New York 2001) 93.
1468 Stary, Häuptlingsgrab 64.
1469 Sperber, Goldene Zeichen 9 [Hervorhebungen St.K.].

das Lebensnotwendigste (Nahrung, Kleidung, Behausung) verfügte. In diesem Sinne darf man durchaus von einem Adel sprechen: dem *Schwerträgeradel*."[1470]

Sperbers Definition der Schwertträger ist sehr präzise formuliert und hebt sich durch die verwendeten ethnologischen Terminologien weitgehend von vielen anderen Beschreibungen der Urnenfelderzeit ab. Er beschreibt hier zunächst eine als segmentär zu bezeichnende Gesellschaft, mit mehreren Sippen als einzelnen Segmenten. Die Schwertträgerfamilien sind untereinander gleichrangig und stehen einer breiten Bevölkerung gegenüber. Wenn Sperber die Familien der Schwertträger als Adel bezeichnet, so leitet sich dies aus der Tatsache ab, dass es diesen Familien möglich war, vermutlich durch geschickte Heiratspolitik und geregelte Erbfolgen, den Besitz in der Familie zu halten. Die Machtposition der Schwertträger als Oberhäupter ihrer Familie bzw. Sippe beschreibt Sperber als beschränkt. So dehnte sich ihre Macht offenbar nicht über die eigene Verwandtschaftsgruppe hinaus aus. Zudem hatte sich nach Sperber keine institutionalisierte Hierarchie zwischen den Schwertträgerfamilien gebildet und es gelang scheinbar keiner Schwertträgerfamilie, eine Vorragstellung über die anderen Schwertträgerfamilien einzunehmen. Sperber beschreibt daher die Familien als gleichrangig bzw. als „egalitär", man kann somit von einem Fehlen einer zentralisierten Herrschaft sprechen. Obwohl er davon schreibt, dass Einfluss und Macht der Schwertträger aufgrund „unterschiedlicher persönlicher Fähigkeiten und wirtschaftlicher Möglichkeiten"[1471] unterschiedlich groß waren, erscheint es mir jedoch nicht als gerechtfertigt, die Position des Schwertträgers als Big Man zu bezeichnen. Zum einen ist unklar, ob und wie weit sich die Macht der Schwertträger auf die Masse der einfachen Bevölkerung ausdehnte. Denn unter Big Man versteht man Führungspersonen größerer sozialer Verbände, deren Einfluss sich nicht bloß auf die eigene Lineage beschränkt. Zum anderen ist die Position eines Big Man nicht vererbbar, Sperber, aber auch Clausing gehen jedoch von einer gewissen gesicherten Nachfolge und einem vererbten Vorrang aus:

„Offenbar gelingt es einer Führungsschicht, ihren Machtanspruch eine Zeitlang durchzusetzen und zu festigen und vor allem im Grabbrauch darzustellen. Dass es dabei ein gewisses System gesicherter Nachfolge gegeben haben muss, dafür spricht die Anlage der Gräber selbst. Denn die Nachfolger sorgen, solange die entsprechenden Normen gelten, für das standesgemäße Begräbnis der Vorfahren. Aufgrund des weitgehenden Fehlens kontinuierlicher Begräbnisse mit den genannten rangsignifikanten Beigaben für die Führungsschicht innerhalb einzelner Siedelverbände kann dabei von regelrechten Dynastien allerdings nicht die Rede sein."[1472]

Festzuhalten bleibt an dieser Stelle, dass man es mit einer nicht-zentralisierten, segmentären Gesellschaftsorganisation zu tun hat, wobei einzelne „Adelsfamilien" bzw. reichere Familiengeschlechter eine in sich gleichrangige Oberschicht oder „Führungsschicht" bildeten. Aus diesen Schwertträgerfamilien hat sich scheinbar jedoch (noch) keine Herrscherdynastie oder Häuptlingsdynastie herausbilden können.

Es ist in der Urnenfelderzeit überaus schwierig, Bestattungen einer Familie oder größerer Verwandtschaftsgruppen über mehrere Generationen zurückzuverfolgen. Anders scheint es für die mittlere Bronzezeit zu sein, da hier die Grabhügel oftmals als Sippengrabhügel interpretiert werden. Die Gräberfelder der Urnenfelderzeit wurden hingegen offensichtlich selten über mehrere Generationen belegt, was sich in ihrer geringen Größe ausdrückt. Die „reich" ausgestatteten Gräber, Waffengräber und Steinkistengräber, liegen meist vereinzelt, d.h. nicht in Gruppen, vor. Zwar konnte in wenigen Fällen eine gewisse Häufung der genannten Gräber beobachtet werden, die Verteilung dieser Gräber ist jedoch zu verstreut, mit zum Teil beträchtlichen Abständen zwischen den einzelnen Bestattungen, weshalb nicht von geschlossenen Bestattungsarealen gesprochen werden kann. Für die von Sperber u.a. dargelegte Theorie von Familienverbänden mit fortgeführten Bestattungstraditionen und vererbten Vorrangstellungen finden sich also keine Belege. Einzig das von Sperber bearbeitete, bislang jedoch nicht vollständig vorgelegte Gräberfeld von Volders[1473] in Nordtirol liefert allem Anschein nach einen Beleg für eine innerhalb einer Familie über Generationen vererbbare Vorrangposition des Schwertträgers. Letzteren bezeichnet Sperber wiederum als Sippenoberhaupt. Diese Nekropole unterscheidet sich deutlich von vergleichbaren Befunden aus Süddeutschland, da man es in diesem Fall mit einem recht großen Gräberfeld zu tun hat, welches zudem eine verhältnismäßig lange Belegungsdauer aufweist. Sperber errechnet für das Gräberfeld von Volders, dass es über mehr als zwölf Generationen bzw. mehr als drei Jahrhunderte genutzt wurde.

1470 Ebd. 7 [Hervorhebungen St. K.].
1471 Ebd. 9.
1472 Clausing, Mitteleuropa 392.
1473 Sperber, Schwertträger 639 ff.

Eine Generation dauerte nach seinen Berechnungen etwa 26 Jahre, wobei Sperber zum Ergebnis kommt, dass innerhalb einer Generation nur ein Schwertgrab auftritt.[1474]

„Allerdings erreichen Beigabenqualität und -quantität sowie Grabbau der schwertführenden Grablegen von Volders im Vergleich mit den mitteleuropäischen Schwertgräbern und deren Gruppierungen kein sehr hohes Niveau; es handelt sich eher um einfache Bestattungen, die sich bis auf die Schwertbeigabe so gut wie nicht von den übrigen Bestattungen der Nekropole abheben."[1475]

Sperbers Theorie ist nun, dass nur jeweils eine einzige Familie in einem Verband mehrerer miteinander verwandten Familien dazu berechtigt war, den Schwertträger zu stellen. Gleiches meint er für das Gräberfeld von Innsbruck-Mühlau zu erkennen, wobei hier später ein zweiter Schwertträger aus einer anderen Familie hinzukommt.[1476] Sperbers Theorie, dass nur eine Familie den Schwertträger stellt, begründet sich auf der Beobachtung, dass sich ab der 6. Generation die Schwertgräber auf den mittleren Teil des Gräberfeldes konzentrieren. Dieser mittlere Bereich sei daher nur von einer Familie genutzt worden, während der nordöstliche Bereich, der Bereich in welchem die Belegung der Nekropole ihren Ausgang nahm, weiterhin von einer anderen Familie genutzt wurde. Wie Clausing im obigen Zitat feststellte, heben sich die Gräber der Schwertgräber allerdings allein durch die Schwertbeigabe von den übrigen Bestattungen ab und sie liegen in ihrer Ausstattung und dem Grabbau sogar hinter den sonst in Mitteleuropa bekannten Schwertgräbern zurück. Der Rangunterschied zwischen den einzelnen Familien aus Volders dürfte daher insgesamt betrachtet nicht allzu groß ausgefallen sein. Wie auch immer sich die Familien im Rang unterscheiden, auch im Falle von Volders beschreibt Sperber in erster Linie Rangpositionen des Schwertträgers innerhalb einer Sippe, von einer Vorrangstellung innerhalb einer aus mehreren Sozialverbänden oder Sippen bestehenden Gesellschaft spricht er nicht. Auch hier ist der Schwertträger im Sinne Sperbers also weder als Big Man noch als Häuptling zu verstehen.

Neben dem Schwertträgeradel kommt Sperber noch auf eine andere Führungsposition zu sprechen, es ist die der so genannten „Wagengrab-Herren". Kennzeichen dieser Personen ist das Wagengrab und der von Sperber vermutete, überörtliche Machtanspruch:

„*Überörtliche Herrschaft war jedenfalls nicht institutionalisiert und konnte auch nicht erblich weitergegeben werden.* Denn im Gegensatz zur Grabbeigabe des Schwertes als herrschaftliches Symbol, das häufig am gleichen Ort über mehrere Generationen verfolgbar ist und die Erblichkeit des Vorrangs bezeugt, haben die ‚*Wagengräber*' und die vergleichbar reichen Gräber mit anderen herausragenden Kostbarkeiten nie eine Nachfolge am Ort. *Die zeitweilige Vorherrschaft dieser Herren war wie bei den homerischen Basilees nicht dynastisch legitimiert; sie musste persönlich errungen und auch behauptet werden*, andernfalls der große Herr wieder auf den Status eines durchschnittlichen Oikos-Herrn zurücksank."[1477]

Es wird deutlich, dass die Vorherrschaft dieser Wagengrab-Herren weniger auf Macht und auf Befehlsgewalt beruht, als auf Überzeugung und anderen Fähigkeiten. So müssen auch diese Männer als Big Man bezeichnet werden. Als Herrschaft ist deren Machtposition jedoch nicht zu bezeichnen.[1478] Der Begriff des Basileus ist von Sperber korrekt wiedergegeben worden, da die geläufige Übersetzung als „König" irreführend ist. G. Tomedi liefert hier eine Definition des griechischen Basileus:

„Wenn die Führer als βασιλείς (Könige) bezeichnet werden, beinhaltet dies vornehmlich eine soziale Funktion und in zweiter Linie einen hohen Status. Weiteres macht die intensive Lektüre der Homerischen Epen deutlich, inwieweit sich nun ein solcher König stets um die Erhaltung seiner Würde und seiner Funktion bemühen musste. […] Daraus mag man schließen, dass es eine personifizierte Institution eines Oberkönigs, der zu Lebzeiten nicht angetastet werden darf, gar nicht gegeben hat. Vielmehr muss der βασιλεύς ständig darauf achten, dass seine persönlichen Eigenschaften als Führungskraft nicht versiegen. So erklärt sich auch der blanke Materialismus der Helden Homers."[1479]

Auch Tomedis Beschreibung des griechischen Basileus, er bezieht sich hier explizit auf eine Untersuchung von C. Ulf[1480], kennzeichnet diesen als Big Man. Auch von anderer Seite wird die Position des Basileus als höchst instabil und in ständiger Kon-

---

1474 Ebd. Abb. 21.
1475 Clausing, Mitteleuropa 393.
1476 Sperber, Goldschmuck 71.
1477 Sperber, Goldene Zeichen 11f [Hervorhebungen St.K.].
1478 Nach der gängigen Definition von H. Popitz handelt es sich bei „Herrschaft" um institutionalisierte Macht (Popitz, Macht 232). Es ist in diesem Sinne daher falsch bzw. widersprüchlich, wenn Sperber von Herrschaft spricht, die zugleich nicht institutionalisiert sei.
1479 G. Tomedi, Eliten und Dynasten der späten Urnenfelderzeit und Hallstattzeit im Südostalpenraum. In: Eliten der Bronzezeit 666.
1480 C. Ulf, Die homerische Gesellschaft: Materialien zur analytischen Beschreibung und historischen Lokalisierung (München 1990) 224ff.

kurrenz stehend bezeichnet.[1481] Die Verteilung von in Raubzügen erbeuteten Gütern an Gefolgsleute festigt diese Bindungen und ist für die Bildung bzw. die Aufrechterhaltung des Status ein notwendiges Mittel. Eine zentralisierte Herrschaftsform mit formal institutionalisierten Häuptlingsämtern und vererbbaren politischen Positionen hat es demnach auch im archaischen Griechenland, welches so oft Lieferant verschiedenster Analogien für die mitteleuropäische Bronzezeit dient, nicht gegeben.

„Ergebnis einer neueren Studie des Althistorikers Christoph Ulf zu den Homerischen Epen war indes, dass dort die Annahme eines Geburtsadels (Blutadels) durch nichts bestätigt werden kann. […] Aristhoi ist somit kein Synonym für Angehörige einer Aristokratie im gegenwärtig gültigen Wortsinn."[1482]

Die Oberschicht der Urnenfelderkultur als Adel zu bezeichnen, wie es in verschiedensten Begriffen wie „Schwertträgeradel", „Kriegeradel", „Häuptlingsadel" etc. getan wird, ist im Grunde, selbst in der Definition Sperbers, falsch (siehe Kap. V.3.1). Selbst die Statusposition der Wagengrab-Herren, um in der Terminologie Sperbers zu bleiben, ist allenfalls als Big Man zu bezeichnen.

An dieser Stelle ist festzuhalten, dass es archäologisch äußerst schwierig ist, schlüssige und vor allem durch Funde belegbare Erklärungen für die Vorrangstellung einzelner Familien zu erbringen. Es mögen wirtschaftliche Grundlagen gewesen sein, doch ob und zu welchem Anteil sie auf der Landwirtschaft, dem Zugang zu Rohstoffen, zur Herstellung von Gütern oder zum Handel entstanden sind und ob sich durch Kontaktnetze gewisse Vorteile erwirken ließen, bleibt dahingestellt. Man würde es sich sicherlich zu einfach machen, hier in einem einzigen Faktor eine Erklärung zu suchen und zu versuchen, für verschiedene Regionen ein allgemeingültiges Modell aufzustellen.

3.4 *Chiefdom* statt *Tribe*?

Im vorherigen Teil wurde deutlich, dass in der deutschsprachigen Archäologie ein Gesellschaftsmodell bezüglich der Urnenfelderzeit favorisiert wird, welches sich als segmentäre Gesellschaft bzw. als ein Big-Man-System bezeichnen lässt. Dem hingegen wird außerhalb Deutschlands, etwa durch den Dänen K. Kristiansen oder Archäologen aus Großbritannien, für die Urnenfelderzeit eine als Häuptlingstum organisierte Gesellschaft postuliert. Es würde an dieser Stelle zu weit führen, hier in aller Breite auf die verschiedenen Arbeiten einzugehen, vor allem auch deshalb, da nicht immer implizit auf die Urnenfelderkultur Süddeutschlands eingegangen wird, sondern vielmehr mit breiten Strichen ein gesamthaftes Bild über die Entwicklung bronzezeitlicher Gesellschaften im gesamten mitteleuropäischen Raum gezeichnet wird. Aber auch hier werden die bereits beschriebenen Charakteristika der Urnenfelderzeit betont, etwa das Erscheinen von Kriegergräbern und die sich andeutende soziale Stratifizierung, wenngleich andere Schlüsse gezogen werden und der Grad der gesellschaftlichen Entwicklung weit höher angesetzt wird. So beschreibt M. Rowlands die Entwicklung in der Urnenfelderzeit wie folgt:

„Even in Urnfield contexts there is some evidence that under certain conditions, more stable, ordered hierarchies could develop, for example in the early and late phases of the Urnfield sequence. The reappearance of rich burials, usually in marginal areas with either cremation or inhumation practice and categories of high status grave goods, suggests that more coherent and extensive hierarchies could develop under special conditions in the Later Bronze Age."[1483]

K. Kristiansen[1484] folgt diesem Modell, sieht aber zunächst auf der Basis der Urnengräberfelder keine ausgeprägten Hierarchien. Er kommt zum Schluss, dass die Siedlungen als *egalitarian village communities*[1485] zu interpretieren sind. Abseits der Gräberfelder und Siedlungen dieser einfachen bäuerlichen Bevölkerung finden sich auch reich ausgestattete Gräber, die er als Häuptlingsgräber (*chiefly barrows*) bezeichnet. Mit Verweis auf Arbeiten der deutschen Archäologen H. J. Hundt und H. Müller-Karpe sagt Kristiansen über die Urnenfelderkultur:

„The egalitarian ideology demonstrated the social and economic importance of newly founded farming communities, but they also suggest that they had by now been defined as an economic class apart from the chiefly elite."[1486]

Kristiansen spricht hier von einer Klassengesellschaft, mit einer Gruppe von Häuptlingen und ei-

---

1481 Schier, Fürsten 508.
1482 Tomedi, Eliten 665 f.
1483 M. Rowlands, Conceptualizing the European Bronze and Early Iron Ages. In: K. Kristiansen/M. Rowlands, Social Transformations in Archaeology (New York 1998) 63.
1484 K. Kristiansen, The Formation of Tribal Systems in Later European Prehistory: Northern Europe, 4000–500 BC. In: M. J. Rowlands/B. A. Seagraves (Hrsg.), Theory and Explanation in Archaeology (New York 1982) 241–280.
1485 K. Kristiansen, The Emergence of the European World System in the Bronze Age. In: K. Kristiansen/M. Rowlands, Social Transformations in Archaeology (New York 1998) 305; siehe auch ders., Europe before History (Cambridge 1998) 122.
1486 Kristiansen, World System 305.

nem „Kriegeradel" (*warrior aristicracy*[1487]) bzw. einer „Kriegerlite" (*warrior elite*) an der Spitze der Gesellschaft. Insgesamt entwirft er folgendes Bild:
„A warrior Elite, as first defined by Müller-Karpe (1958) and refined by Schauer (1975), thus represented the political leaders of metal production and trade based at the largest central places. [...] Below them in rank we can envisage groups of local chiefs as reflected by the richer graves in urnfields with weapons or a single beaten cup, or in ritually deposited hoards, perhaps also residing in smaller fortified settlements. Below them again were farming communities and hamlets of four or five houses with storage pits and a small urnfield. Between twenty and sixty hamlets were controlled by each fortified settlement."[1488]
Nordeuropa unterscheide sich dabei deutlich von Zentraleuropa, wo sich aufgrund einer gesellschaftlichen Stabilität stabile Hierarchien entwickeln konnten:
„During the late Urnfield period, competitive warrior societies continued to dominate in the northern peripheries, while more stable hierarchies of warrior elites/farming communities developed in Central Europe."[1489]
Kristiansen ist fest davon überzeugt, dass sich in der Urnenfelderzeit Häuptlingstümer ausbildeten, nur über deren Komplexität, also ob es sich um *simple chiefdoms* oder *complex chiefdoms* handelte, vertritt er widersprüchliche Ansichten. „Urnfield society was thus highly stratified, to be characterised as complex chiefdoms or archaic states (Engel's ‚Militärische Demokratie')."[1490] An anderer Stelle sagt er hingegen:
„The cyclical trends of evolution and devolution during the first and second millennia BC suggests that developments in Bronze Age Europe were resistant against the formation of more rigid social differentiation and state formations."[1491]
Kristiansens Ansichten können hier nur stark komprimiert wiedergegeben werden und die hier dargelegten Zitate geben nur einen kleinen Teil seiner überaus umfangreichen Arbeiten wieder. Die Argumentationskette von Kristiansen über die gesellschaftliche Entwicklung ist lang und reicht von der frühen Urnenfelderzeit bis in die späte Eisenzeit bzw. die Latènezeit. In punto der Urnenfelderzeit ist festzustellen, dass er hier überwiegend von den Zuständen der Stufe Ha B ausgeht, wobei sein Untersuchungsgebiet nahezu das gesamte Gebiet Nord- und Mitteleuropas umfasst. Kristiansen geht es also nicht um regionale Einzelstudien, sondern um ein gesamteuropäisches Bild. Dass hier nicht im Detail auf die Funde Süddeutschlands eingegangen wird, speziell auf jene der älteren Urnenfelderzeit (Ha A1) ist verständlich, zum anderen jedoch auch bedauerlich. So spielen die regionalen Eigenheiten unseres Untersuchungsgebiets, der untermanisch-schwäbischen Kultur, in Kristiansens Überlegungen nur eine Nebenrolle und gehen in seinen sehr allgemein gehaltenen Ausführungen unter.

Kristiansens Ansichten über die Urnenfelderzeit stehen offensichtlich nicht allein und werden von verschiedenen Seiten in der englischsprachigen Archäologie geteilt. Dies zeigt auch ein ausführlicher und sehr detaillierter Beitrag über die Urnenfelderzeit von Peter N. Peregrine und Melvin Ember in der *Encyclopedia of Prehistory*.[1492] Für die Urnenfelderzeit beschreiben sie eine Gesellschaft, deren *sociopolitical complexity*[1493] auf regionaler, aber auch auf zeitlicher Ebene zwar deutlichen Schwankungen unterlag, welche aber insgesamt als *ranked society* bzw. als *chiefdom* zu bezeichnen ist.[1494] Auf regionaler Ebene sehen sie folgendes Gesellschaftssystem:

„Numerous scholars have suggested that certain areas of west-central Europe experienced the development of a complex socio-political hierarchy based on a ruling warrior elite centered in fortified towns, who controlled trade and regional interaction by local political elites (chiefs), who in turn managed a network of small, general undifferentiated farming communities."[1495]
Auch in diesem Modell liegt die Macht in den Händen einer Kriegerelite, welche im Rang über lokalen Häuptlingen (*local chiefs*) und Letztere wiederum über der bäuerlichen Bevölkerungsgruppe standen. Die Kontrolle landwirtschaftlicher Produktion bildete die Basis für deren Wohlstand, aber auch Handel und der damit verbundene Erwerb von Prestigegütern habe eine wichtige Rolle gespielt:
„The settlement hierarchy, although not evident throughout the entire region, also indicates an increasingly complex social organisation characterized by long-distance trade in prestige goods, control

---

1487 Kristiansen, Warrior, 157 ff.
1488 Kristiansen, Europe 115.
1489 Kristiansen, World System 307.
1490 Kristiansen, Europe 122; siehe auch ebd. 46 ff.; siehe auch: J. Herrmann, Militärische Demokratie und die Übergangsperiode zur Klassengesellschaft. EAZ 23, 1982, 11–31. Zu archaischen Staaten siehe auch Breuer, Archaischer Staat.
1491 Kristiansen, World System 313 f.
1492 P. Peregrine/M. Ember, Western European Late Bronze Age, „Urnfields". In: Encyclopedia of Prehistory Vol. 4 (New York 2001) 415–428.
1493 Ebd. 416.
1494 Ebd. 419.
1495 Ebd. 416; siehe auch Kristiansen, Europe 115 f.

of specialist production, and development of warrior elites. Because Late Bronze Age communities were relatively small-scale societies, elite status was probably based on kinship ties and descent group membership. The competitive practices of warfare and feasting suggest that elite status and social relationship may have been fluid and required continual maintenance."[1496]

Beschrieben wird hier demnach eine Elite, deren gesellschaftliche Vorrangstellung sich aus ihrer Abstammung ableitet. Aufgrund des Wettbewerbs mit anderen Familien kann aber nicht von stabilen Machtverhältnissen gesprochen werden. Bedenklich ist an vielen Modellen aus dem englischsprachigen Raum, dass zur Definierung der Urnenfelderkultur Kennzeichen einer Gesellschaftsform angeführt werden, die im archäologischen Befund so nicht belegt werden können. So mangelt es im süddeutschen Raum bekanntlich an Siedlungsfunden und Belegen für die oben genannten, angeblich charakteristischen *fortified towns*. Als derartige befestigte Städte könnte die mit Palisaden befestigte Wasserburg Buchau[1497] angesprochen werden, die etwa zum Beginn der Stufe Ha A2 angelegt wurde. Auch die ersten urnenfelderzeitlichen „Höhensiedlungen"[1498] erscheinen zum Ende dieser Stufe, vor allem aber ab der Stufe Ha B. Für die Stufe Ha A1, in welche das Gräberfeld von Neckarsulm datiert, fehlen derartige befestigte Siedlungen. Als besonders problematisch muss aber die Art und Weise gesehen werden, wie sowohl in englisch- als auch in deutschsprachigen Arbeiten mit Gesellschaftsmodellen für die Urnenfelderkulturen hantiert wird. So fehlen in der Regel ausführliche Begründungen, weshalb die Urnenfelderkulturen als Häuptlingstümer und weniger als segmentäre Gesellschaften verstanden werden. Während in der englischen Literatur hierbei der Fokus auf einer Kriegeraristokratie liegt, wird in Deutschland die Rolle der Schwertträgerfamilien betont. Letzteres Modell lässt sich m. E. als eine segmentäre Gesellschaft beschreiben, mit Verwandtschaftsgruppen (Sippen, Lineages) als einzelne Segmente. Innerhalb jedes Segments werden Rangabstufungen vermutet, mit einem oder mehreren Schwertträgern an der Spitze. Die Macht eines obersten Schwertträgers reicht dabei jedoch nicht über das eigene Segment hinaus, stattdessen herrscht zwischen verschiedenen Sippen ein Wettbewerb um Macht und Einfluss. Das bedeutet, dass man es in der Urnenfelderzeit vermutlich nicht mit Häuptlingstümern, geschweige denn Königs- oder Fürstentümern zu tun hat, sondern mit akephalen (nicht egalitären) Gesellschaften ohne zentralisierte Herrschaft. Allerdings mag es regionale Ausnahmen gegeben haben, etwa in Form der überwiegend im bayerischen Raum auftretenden Wagengrab-Herren, die als Big Man interpretiert werden können. Interessant ist die Rolle der Krieger, weil sich diese zu Gruppenverbänden zusammenschließen konnten, welche sich aus Mitgliedern verschiedener Segmente bzw. Familien zusammensetzten. Durch diese Männerbünde, Kriegerverbände oder Gefolgschaften konnten gesellschaftliche Veränderungen und Prozesse in Richtung Machtinstitutionalisierung ausgelöst werden. Auf die verschiedenen Formen von Kriegergruppen wird an späterer Stelle nach einem Ausblick in die eisenzeitliche Hallstattperiode ausführlich eingegangen (Kap. V.4).

3.5 Blick in die eisenzeitliche Hallstattperiode

Die neo-evolutionistischen Modelle bieten der Archäologie einen Ansatz über „kulturelle Entwicklung", bspw. im Sinne von Service, welche die Entwicklungsschritte von Gesellschaften in der Organisationsform von einer Horde, über der eines Stamm, eines Häuptlingstums bis hin zum Staat aufzeigen. Gerade hier kann die Archäologie mit einem prozessualen Ansatz und einer diachronen Perspektive in ihren Untersuchungen ansetzen und fragen, wie sich etwa die prähistorischen Gesellschaften im heutigen Baden-Württemberg von der Frühbronzezeit bis hin zur Späthallstattzeit entwickelten. Die Urnenfelderzeit gilt für viele Archäologen dabei als Ausgangspunkt sozialer Differenzierung und Machtinstitutionalisierung, sozusagen als kulturelles Wurzelwerk späthallstattzeitlicher Gesellschaften. L. Sperber etwa sieht in der Urnenfelderzeit Belege für „große und stabile Territorien, in denen wir Stammes- und Volksgebiete (und den Kernraum keltischer Ethnogenese) sehen dürfen."[1499] Die Gesellschaften der Urnenfelderkultur in Süddeutschland werden nicht nur von ihm als „proto-keltisch" angesehen.[1500] Auch die für die Späthallstattzeit diskutierte Existenz von Adelsstrukturen – Stichworte

---

1496 Peregrine/Ember, Urnfields 419.
1497 W. Kimmig (Hrsg.), Die Wasserburg Buchau – eine spätbronzezeitliche Siedlung. Forschungsgeschichte und Kleinfunde. Materialhefte zur Archäologie in Baden-Württemberg 16 (Stuttgart 1992).
1498 J. Biel, Die bronze- und urnenfelderzeitlichen Höhensiedlungen in Südwürttemberg. Archäologisches Korrespondenzblatt 10, 1980, 23–32; ders., Vorgeschichtliche Höhensiedlungen in Südwürttemberg-Hohenzollern. Forschungen und Berichte zur Vor- und Frühgeschichte in Baden-Württemberg 24 (Stuttgart 1987) 73–90.
1499 Sperber, Goldene Zeichen 11.
1500 Uenze, Keltisches Jahrtausend 7–14.

sind hier Fürst[1501], „Fürstensitze"[1502], aber auch Häuptlinge und Herren – lässt sich nach Ansicht vieler Archäologen auf einen Ursprung in der Urnenfelderzeit zurückführen:

„Der ‚Adel', wie wir dann in der entwickelten Hallstattkultur diese Herren nennen, war bereits in der Urnenfelderbevölkerung vorgebildet: es waren Schwertkrieger, die diese soziale Stellung für sich beanspruchten."[1503]

Auch für R. Kreutle stehen die eisenzeitlichen Fürsten in einer über mehrere Jahrhunderte verlaufenen Entwicklungslinie:

„Betrachtet man die Entwicklung in Mitteleuropa von der Hochbronzezeit (15./14. Jh.) bis zur Frühlatènezeit (5./4. Jh.), so erscheint die Urnenfelderzeit des 13. bis 11. Jahrhunderts als die Zeit eigenwüchsiger Entstehung einer frühen Aristokratie, deren Entwicklung von den verwandten frühen südostmitteleuropäisch-donauländischen Urnenfelderkulturen angeregt wurde. […] Aber erst Generationen später, nach der Verarbeitung von Einflüssen der rheinisch-schweizerischen Urnenfeldergruppe, führte diese Entwicklung dann unter Anlehnung an mediterrane Verhältnisse zu den ‚Fürstengräbern' und ‚Fürstensitzen' […]."[1504]

Betrachtet man die Forschungsdiskussion zur Spätphase der eisenzeitlichen Hallstattzeit (Ha D), so fällt zuerst einmal auf, wie lange bereits, es sind nunmehr über 40 Jahre, hier verschiedene Gesellschaftsmodelle diskutiert wurden. Es verwundert, dass diese Diskussion in der Archäologie zur Spätbronzezeit und Urnenfelderzeit so lange unbeachtet blieb, obgleich sich hier zum Teil sehr hitzig geführte Debatten um die geeignetsten Methoden und Ansätze entfalteten. Grundlage bilden die Beobachtungen, dass es in der Späthallstatt zu einer Verdichtung von Prunkgräbern und Höhensiedlungen im süddeutschen Raum gekommen war:

„Diesen Überlegungen folgend dominieren in der aktuellen deutschsprachigen Diskussion Entwicklungsmodelle, die für den Zeitraum vom 7.–5. Jh. v. Chr. eine zunehmende Konzentration der Macht in Form eines räumlichen und sozialen Zentralisierungsprozesses postulieren."[1505]

Auch für die Hallstattzeit werden neben Modellen, die sich am Feudalsystem des Mittelalters oder des früharchaischen Griechenland orientieren[1506], zwei Stufenmodelle besonders diskutiert. Wie in der oben dargelegten Diskussion in der Urnenfelderkultur kreist die aktuelle Diskussion um die Frage, ob in der Späthallstattzeit die Gesellschaften in Stämmen oder in Häuptlingstümern organisiert waren bzw. um die Frage, ob hier ein „Prozess weg von einer mehr segmentären Organisationsstruktur in Richtung einer zentralisierten Gesellschaft"[1507] zu beobachten ist.

Grundlage für neuere Betrachtungen dieser Prozesse und Beleg für eine Konzentrierung von Macht stellt u. a. der in den Jahren 1978/79 unter der Leitung von Jörg Biel ausgegrabene Grabhügel von Eberdingen-Hochdorf, Kr. Esslingen, in Baden-Württemberg dar.[1508] Hierin verbarg sich das wohl nicht nur am bekanntesten gewordene, sondern auch das am besten untersuchte Grab eines hallstattzeitlichen „Fürsten". In der Grabkammer fanden sich außergewöhnliche Funde, darunter eine Klinge aus Bronze, ein voluminöser Bronzekessel, eine goldene Schüssel und weitere mit Gold ummantelte Funde. Aufschlussreich war die Untersuchung eines mehrteiligen Trink- und Essgeschirrs, welches u. a. aus Bronzetellern und insgesamt neun Trinkhörnern besteht. Letztere zeigen, dass sich um den Fürsten als Benutzer des größten Horns eine Gruppe von acht Gefolgsleuten scharte.[1509] Der Bearbeiter dieser Funde Dirk Krausse[1510] interpretierte in einer kontextuellen Analyse weitere Geräte, darunter ein großes Schlachtmesser und ein übergroßes Tüllenbeil, als Gegenstände religiöser Handlungen. Das Messer sei als ein Gerät zur Durchführung ritueller Schlachtopfer zu verstehen und der Fürst daher ein gesellschaftlich sehr hochstehender Mann gewesen, der

---

1501 Zum Fürstenbegriff siehe Reallexikon Germanischer Altertumskunde Bd. 10, Stichwort „Fürstengräber" 168ff.

1502 W. Kimmig, Zum Problem späthallstattzeitlicher Adelssitze. In: K.-H. Otto/J. Herrmann (Hrsg.), Siedlung, Burg und Stadt. Studien zu ihren Anfängen (Berlin 1969) 96–113; M. K. H. Eggert, Die „Fürstensitze" der Späthallstattzeit: Bemerkungen zu einem archäologischen Konstrukt. Hammaburg NF 9, 1989, 53–66.

1503 K. Kromer, Das östliche Mitteleuropa in der frühen Eisenzeit (7.–5. Jh. v. Chr.) – seine Beziehungen zu den Steppenvölkern und antiken Hochkulturen. Jahrbuch RGZM 33/1, 1986, 88.

1504 Kreutle, Schwarzwald und Iller 405.

1505 D. Krauße, Prunkgräber der nordwestalpinen Späthallstattkultur. Neue Fragestellungen und Untersuchungen zu ihrer sozialhistorischen Deutung. In: C. von Carnap-Bornheim u. a. (Hrsg.), Herrschaft – Tod – Bestattung [Kongreß Kiel 2003]. UPA 139 (Bonn 2006) 64.

1506 Kimmig, Adelssitze; S. Rieckhoff/J. Biel, Die Kelten in Deutschland (Stuttgart 2001) 87f.; E. Sangmeister, Einige Gedanken zur Sozialstruktur im Westhallstattgebiet. In: C. Dobiat (Hrsg.), Festschrift für Otto-Herman Frey zum 65. Geburtstag (Marburg 1994) 523–534; H. Zürn, Hallstattforschungen in Nordwürttemberg (Stuttgart 1970) 118f.

1507 Krauße, Prunkgräber 65.

1508 J. Biel, Ein Fürstengrab der späten Hallstattzeit bei Eberdingen-Hochdorf, Kr. Ludwigsburg (Baden-Württemberg). Germania 60, 1982, 61–104.

1509 K. Peschel, Zur kultischen Devotion innerhalb der keltischen Kriegergemeinschaft. In: F. Schlette/D. Kaufmann (Hrsg.), Religion und Kult in ur- und frühgeschichtlicher Zeit [Kongreß Halle 1985] (Berlin 1989) 273–282.

1510 Krauße, Hochdorf III.

sowohl politische wie auch religiöse Aufgaben in seiner Person vereinte:[1511]

„Es wäre nun sicherlich verfehlt, die späthallstattzeitlichen Prunkbestattungen pauschal als Gräber von religiösen Würdenträgern zu deuten. In diesem Sinne ist die oben aufgeworfene Frage, ob es sich bei dem Bestatteten von Hochdorf um einen ‚Sakralkönig' gehandelt haben könnte, mehr rhetorischer Natur. Das Beispiel Hochdorf macht jedoch schlagartig deutlich, dass einzelne Mitglieder der sozialen Elite neben (im engeren Sinne) politischer und ökonomischer Macht auch einen herausragenden religiösen Status besaßen."[1512]

Krausses Interpretation blieb nicht ohne Kritik[1513], wenngleich er von anderer Seite deutlichen Zuspruch erhielt:

„Diese plausible Interpretation ist nicht nur ein Indiz für sakrale Funktionen hallstattzeitlicher Führungspersönlichkeiten, sondern beleuchtet auch zugleich seine Rolle als ‚Redistributor' innerhalb einer Deszendenz- oder Gefolgschaftsgruppe, was durchaus nicht im Widerspruch zum vorangegangenen Schlachtopfer steht."[1514]

Demhingegen sieht M. K. H. Eggert in dem Toten weniger einen mächtigen Fürsten o. Ä., sondern vielmehr ein Oberhaupt[1515] von Verwandtschaftsverbänden:

„Es ist ja durchaus nicht von der Hand zu weisen, dass die angeblich dynastisch-feudalen Territorialherren, die so genannten ‚Hallstattfürsten', in Wirklichkeit nichts anderes als die Oberhäupter von relativ kleinen Verwandtschaftsverbänden gewesen sind. Als Repräsentanten solcher Familiengruppen übten sie die in sie investierten Hoheitsrechte somit vermutlich eher lokal bzw. kleinräumig, denn regional oder gar überregional aus."[1516]

Dem widerspricht Krausse[1517] vehement und verweist auf den enormen Materialwert der Grabfunde und der Herkunft der Objekte aus einheimischer und fremder Produktion. Gerade die Bronzegegenstände aus keltischen Werkstätten bezeugen, dass es zu dieser Zeit hoch spezialisierte Handwerker gegeben haben muss, was zwangsläufig für eine arbeitsteilige Gesellschaft spricht. Auch die Analyse der im Grab aufgefundenen Tierfelle, Textilien und nicht zuletzt der botanischen Reste zeigen, dass hier ein Mann begraben wurde, dessen „Einzugsgebiet" sich über ein großes Territorium hinauszog.[1518] Für Krausse spricht daher vieles dafür, „dass sich im Verlauf der Späthallstattzeit ein Gesellschaftssystem von einer Komplexität entwickelte, wie sie bis dahin nördlich der Alpen unbekannt war."[1519] Für die Späthallstattzeit ist dabei auffällig, dass in den Prunkgräbern auch Frauen und Kinder anzutreffen sind, was nach Krausse zum Schluss führt, dass man es mit einer Gesellschaft zu tun hat, „in der ererbter Besitz und Status über den gesellschaftlichen Rang entscheiden."[1520]

Auch W. Schier sieht in der Späthallstattzeit Züge großer gesellschaftlicher Komplexität, auch wenn diese nicht von einem dauerhaften Zustand gewesen sei. Von einer Tendenz zur Dynastiebildung, wie es Krausse vermutet, könne hingegen keine Rede sein:

„Die eisenzeitliche Ranggesellschaft nimmt partiell und regional gewissermaßen ruckartig Merkmale eines komplexen Häuptlingstums an, lässt ansatzweise Züge einer beginnenden Stratifizierung erkennen. Zahlreiche Indizien sprechen jedoch gegen ein allzu gefestigtes System soziopolitischer Machtverteilung. Die politische Führungsschicht steht unter starkem Druck der Konkurrenz und Selbstbehauptung. Hierin drückt sich die Labilität errungener Führungspositionen aus, die wieder verloren werden können, da eben noch kein *dynastisch* legitimierter Machtanspruch bestand. Der individuelle Rang bedurfte deshalb ständiger Bestätigung durch verschwenderische Großzügigkeit gegenüber konkurrierenden Statusträgern, vor allem aber musste er sichtbar für die eigene Gefolgschaft ablaufen."[1521]

U. Veit[1522] weist jedoch zu Recht darauf hin, dass Schier hier weniger eine Position beschreibt, die auf einen Häuptling zutrifft, sondern vielmehr als Big Man zu bezeichnen ist. Eine endgültige Entscheidung zwischen diesen beiden Positionen zu treffen,

---

1511 Krauße, Hochdorf III, 299 ff.
1512 D. Krauße, Der „Keltenfürst" von Hochdorf: Dorfältester oder Sakralkönig. Anspruch und Wirklichkeit der sog. Kulturanthropologischen Hallstatt-Archäologie. Arch. Korrbl. 29, 1999, 355.
1513 M. K. H. Eggert, Der Tote von Hochdorf: Bemerkungen zum Modus archäologischer Interpretation. Arch. Korrbl. 29, 1999, 211–222; U. Veit, König oder Hohepriester? Zur These einer sakralen Gründung der Herrschaft in der Hallstattzeit. Arch. Korrbl. 30, 2000, 549–568.
1514 Schier, Fürsten 512.
1515 In ähnlicher Weise auch St. Burmeister, der in den Toten aus den Prunkgräbern nicht die Vertreter einer Elite, sondern die Sippenältesten sah (St. Burmeister, Späthallstattzeit).
1516 M. K. H. Eggert, Prestigegüter und Sozialstruktur in der Späthallstattzeit: Eine kulturanthropologische Perspektive. Saeculum 42, 1991, (1–28), 27.
1517 Krauße, Keltenfürst 345.
1518 Gleichwohl Eggert selbst verschiedene Belege für die Größe dieses „Herrschaftsgebietes" aufzählt, überzeugen ihn diese Ergebnisse nicht (Eggert, Wirtschaft und Gesellschaft 291).
1519 Krauße, Keltenfürst 345.
1520 Krauße, Prunkgräber 72.
1521 Schier, Fürsten 514.
1522 Veit, König 558.

hält Schier jedoch nicht für möglich, da bezüglich der Prunkgräber der Eisenzeit nicht gesagt werden könne, ob diese einen Ausdruck von Statuskonkurrenz (Big Man) oder einer Ahnenverehrung[1523] (Häuptlinge) darstellen.

Betrachtet man noch einmal abschließend die für die Späthallstattzeit diskutierten Begriffe, so wird die Position des „Fürsten" von Hochdorf irgendwo in einem Spektrum von Häuptling, Ältestem, Verwandtschaftsoberhaupt, Gefolgsherrn oder Sakralkönig angesiedelt. Zur Bewertung der verschiedenen Ansätze sagt Krausse:

„Den sozialhistorischen Interpretationen der späthallstattzeitlichen Prunkgräber haftet somit zweifellos etwas Spekulatives an. Zwar lassen sich plausible Deutungen von weniger plausiblen unterscheiden, so dass betreffende Auslegungen der archäologischen Quellen nicht gänzlich beliebig sind, letztlich fehlt es aber an archäologischen Daten, Methoden und Ansätzen zur Falsifikation der Hypothesen."[1524]

Als Ausblick ist festzuhalten, dass in den letzten Jahren zunehmend auch neue Methoden der Anthropologie[1525] eingesetzt werden, indem am prähistorischen Knochenmaterial Proben zur genetischen Bestimmung des Erbmaterials entnommen werden.[1526] Ermittelt werden soll, in welchem verwandtschaftlichen Verhältnis die Toten zueinander standen. Für die Späthallstattzeit zeigen erste Ergebnisse, dass etwa die beiden männlichen Toten aus den relativ zeitnahen Zentralgräbern vom Asperg-Grafenbühl und Hochdorf über die mütterliche Linie miteinander verwandt waren.[1527] S. Verger[1528] erstellte auf der Basis dieser paläogenetischen Untersuchungsergebnisse und der Hinzunahme weiterer späthallstattzeitlicher Gräber ein Modell, welches Erbfolgen und Verwandtschaftsbeziehungen innerhalb und zwischen den „Fürsten" vom Asperg und Hochdorf veranschaulicht. Damit postuliert er vererbbare Statuspositionen und die Existenz von Herrscherdynastien in der Späthallstattzeit.

Während es in der Tat überrascht, dass die Erblinie offenbar über die Matrilinie verläuft, ist die große Bedeutung von verwandtschaftlichen Verhältnissen schon seit jeher erkannt worden. Es erscheint sinnvoll, dass gerade Familien mit großem Besitz bemüht sind, diesen durch Heiraten innerhalb eines (größeren) Verwandtschaftskreises zu erhalten. Interessant ist in diesem Zusammenhang das späteisenzeitliche Gräberfeld im schweizerischen Münsingen-Rain, Kt. Bern (Lt A2–C2).[1529] Hier zeigte eine morphologische Verwandtschaftsanalyse[1530] von etwa einem Drittel aller 230 Gräber, dass die Toten eng miteinander verwandt waren und offensichtlich über viele Generationen eine endogame Heiratspolitik betrieben wurde. Das Gräberfeld von Münsingen-Rain wird als Bestattungsplatz zweier durch Heiraten miteinander in verwandtschaftlicher Beziehung stehenden Verwandtschaftsgruppen interpretiert. Auch hier scheint eine Verwandtschaft vor allem über die weibliche Linie weitergegeben worden zu sein. Da etliche Gräber mit Waffen, Gold, Tracht etc. ausgestattet sind, wird hier der Prozess einer Adelsbildung vermutet, welcher sich durch die Betonung der Abstammung und der Anlage eines Gräberfeldes speziell für diese sozial abgrenzbare Gruppe ausdrückt. Das Fehlen von Prunkgräbern, wie man sie aus der oben gezeigten Späthallstattzeit kennt, spricht „für stabile Verhältnisse innerhalb der Sippe ohne eine ausgeprägte Konkurrenzsituation."[1531]

Diese beiden Beispiele zeigen, welch überaus wichtige neue Erkenntnisse die Anthropologie für die Interpretation prähistorischer Gesellschaften liefern kann. Für die Herausbildung und vor allem für die Etablierung von Eliten ist der Nachweis von über Generationen aufrechterhaltenem Reichtum und Machtstellungen überaus notwendig. Sie tragen wesentlich dazu bei, Aussagen treffen zu können, ob es sich beispielsweise bei dem urnenfelderzeitlichen Gräberfeld Volders tatsächlich, wie es Sperber ver-

---

1523 Als eine Form der Ahnenverehrung oder des Heroenkultes können die bekannten Steinstelen von Hirschlanden (H. Zürn, Eine hallstattzeitliche Stele von Hirschlanden, Kr. Leonberg [Württemberg]. Germania 42, 1964, 27–36) und Glauberg (M. Bosinski/F. R. Herrmann, Zu den frühkeltischen Statuen vom Glauberg. Berichte der Kommission für archäologische Landesforschung in Hessen 5, 1998/99 [2000], 41–48) verstanden werden.

1524 Krauße, Prunkgräber 65; in gleicher Weise auch Eggert, Wirtschaft und Gesellschaft 288.

1525 S. Hummel, Ancient DNA Typing. Methods, Strategies and Applications (Heidelberg 2003).

1526 Ein derartiges Vorhaben wurde bereits testweise an Knochenmaterial aus dem Neckarsulmer Grab 18 vorgenommen. Es ist spannend, abzuwarten, welche Ergebnisse die nun von der Universität München durchgeführten Untersuchungen an den übrigen Bestattungen des Neckarsulmer Gräberfeldes erbringen werden.

1527 S. Hummel/D. Schmidt/B. Herrmann, Molekulargenetische Analysen zur Verwandtschaftsfeststellung an Skelettproben aus Gräbern frühkeltischer Fürstensitze. In: J. Biel/D. Krauße (Hrsg.), Frühkeltische Fürstensitze. Älteste Städte und Herrschaftszentren nördlich der Alpen? Arch. Inf. aus Baden-Württemberg 51 (Stuttgart 2005) 67–70; Krauße, Prunkgräber 72ff.

1528 S. Verger, La grande tombe de Hochdorf: mise en scène funéraire d'un *cursus honorum* tribal hors pair. Siris 7, 2006, 40f.

1529 K. W. Alt u. a., Biologische Verwandtschaft und soziale Struktur im latènezeitlichen Gräberfeld von Münsingen-Rain. Jahrbuch RGZM 52, 2005, 157–210.

1530 Zur Verwandtschaftsanalyse konnte kein DNA-Material gewonnen werden.

1531 K. W. Alt u. a., Münsingen-Rain 204f.

mutet, um den Bestattungsplatz vornehmer Familien handelt oder nicht. Gelänge es zudem, eine verwandtschaftliche Bindung zwischen den Toten aus einigen reichen Gräbern der Urnenfelderzeit nachzuweisen, käme man auch hier einen Schritt weiter, um die Hypothese von „adligen" Erbschaftsfolgen zu verifizieren oder zu falsifizieren.

3.6 Fazit

Bezüglich der Frage, ob es sich bei der Gesellschaft der Urnenfelderzeit um segmentär organisierte Stammesverbände oder um Häuptlingstümer gehandelt hat, zeigte der Blick in die Späthallstattzeit, dass auch hier bislang keine einhellige Antwort gefunden wurde. Hielte man an einem neo-evolutionistischen Entwicklungsmodell fest, so müsste die Gesellschaft der Eisenzeit komplexer organisiert gewesen sein als die der Urnenfelderzeit. So könnte man davon ausgehen, dass die Gesellschaften der Urnenfelderzeit in Form segmentärer Stammesgesellschaften organisiert waren und sich aus diesen in der Eisenzeit Häuptlingstümer entwickelt haben. Verkannt würde in dieser Annahme zum einen, dass sich höhere Gesellschaftsformen beispielsweise auch nur regional begrenzt ausbilden können und somit verschiedene Gesellschaftsformen unterschiedlicher Komplexität parallel nebeneinander existieren können. Zum anderen verlaufen Prozesse gesellschaftlicher Stratifizierung nicht linear, sondern es kann ebenso zu Devolution bzw. zu einem „Rückfall" in einfachere Gesellschaftsformen kommen. So zeigt die Archäologie immer wieder auf, dass Gesellschaften erblühen und nach einer gewissen Zeit wieder zerfallen. Ein Kritikpunkt, auf den im obigen Teil aufmerksam gemacht wurde, ist jener der Existenz eines Adels. Es stellt sich hier nämlich die kaum zu beantwortende Frage, über welchen Zeitraum es Familien möglich war, ihre Vorrangstellung innerhalb der eigenen Sippe und, wesentlich bedeutender, in der gesamten Gesellschaft zu halten. Im diachronen Vergleich ist es kaum denkbar, dass sich die „Fürsten" der Hallstattzeit in einer direkten Linie zu den „Wagengrab-Herren" befanden. Eine Kontinuität sehe ich hier eher in der Art und Weise, wie man mittels der Unterstützung durch Verwandte und mittels geschickter Heiratspolitik versuchte, den Besitz in der eigenen Sippe zu halten und zu akkumulieren. Manchen Familien wird dies über einige Generationen gelungen sein, anderen Familien hingegen nicht, worauf diese von weiteren aufstrebenden Familien abgelöst wurden. Eine weitere Kontinuität findet sich in der Art und Weise, wie einzelne Familien ihre Toten im Grab darstellten.

Der Wagen, umfangreiche Trinkgeschirre, Waffen und sakrale Objekte bilden hier einen zeitübergreifenden Kanon, dessen sich scheinbar alle Familien, Sippen oder Clans bedienten, denen es gelungen war, sich hohe gesellschaftliche Positionen zu erarbeiten. Man hat es hier also mit Traditionen in den Bestattungen zu tun, die von verschiedenen Familien bzw. Gruppen aufgegriffen wurden.

Zum Begriff der „Schwertträgerfamilien", den Sperber für die Urnenfelderzeit einführte, ist zu sagen, dass man es hier mit Familiengeschlechtern zu tun hat, denen es gelang, Reichtum und Besitz zu akkumulieren, deren gesellschaftlicher Einfluss und politische Macht nach außen jedoch begrenzt war. Aus diesen Familien treten die so genannten Schwertträger hervor, ohne dass deren genaue Position und Funktion bislang geklärt wurde. Interpretiert werden diese als Familienoberhäupter oder oberste Vertreter mehrerer Familien bzw. Sippen. Dass es sich bei ihrem Kennzeichen, dem Schwert, aber nicht nur um ein reines Statussymbol handelt, sondern um gebrauchsfähige Waffen, wird in dieser Betrachtungsweise zu wenig berücksichtigt. Dies betrifft auch die Rolle der Schwertträger im Kampf. Es wäre stattdessen notwendig, den Fokus, der allzu sehr auf die Einzelpersonen gerichtet ist, zu erweitern und den Blick auch auf die Kriegerverbände zu lenken. Kristiansen spricht zwar von einer „Kriegeraristokratie", andere auch von einer „Kriegerelite", aber bis auf einzelne potenzielle Mitglieder solcher Gruppen, gemeint sind hier die Einzelbestattungen aus Waffengräbern, wurde bislang nicht versucht, diese Gruppe von Waffenträgern und Kämpfern genauer zu fassen. Die verwendeten Begriffe suggerieren zum einen, dass es sich um eine Vereinigung von Kriegern der Oberschicht handelte, eventuell um einen Zusammenschluss der Schwertträger aus den Oberschichtfamilien, zum anderen wird davon ausgegangen, dass sich diese Kriegergruppen zu einer gesellschaftsinternen Elite entwickelten. Unklar ist aber, aus welchen Personen sich die Kriegerverbände tatsächlich rekrutierten, denn die Zahl der Schwertträger dürfte mit Sicherheit zu klein gewesen sein, als dass man mit diesen allein größere Kampfeinheiten hätte aufstellen können. Ebenso wurde bislang keine nähere Erläuterung geliefert, wie man sich den Prozess der Herausbildung von elitären oder besser gesagt gesellschaftlich bedeutenden und wohl auch unabhängig agierenden Kriegerverbänden vorzustellen hat. Im folgenden Kapitel werde ich verschiedene Formen von Kriegerverbänden diskutieren und aufzeigen, wie wichtig diese Gruppen im Prozess zur Herausbildung von Macht- und Herrschaftsstrukturen gewesen sind.

4 Die Bestattungsgemeinschaft von Neckarsulm

In diesem Kapitel erfolgt eine Interpretation der Neckarsulmer Bestattungsgemeinschaft. Zunächst sollen die bereits erarbeiteten Ergebnisse noch einmal kurz zusammengefasst werden. Fest steht, dass es sich bei den Bestattungen nicht um einen repräsentativen Querschnitt der urnenfelderzeitlichen Gesellschaft oder einer Siedlungsgemeinschaft handelt, da Frauen wie Kinder fehlen. Stattdessen, und darin hebt sich das Gräberfeld von allen bislang bekannten Nekropolen der Urnenfelderzeit ab, hat man es mit einer Bestattungsgemeinschaft zu tun, die sich aus männlichen Toten im vorwiegend mittleren und höheren Alter zusammensetzt. Zwar sind einige Tote nur vermutlich oder tendenziell männlichen Geschlechts und bei einigen Toten konnte sogar kein Geschlecht ermittelt werden, wichtig ist jedoch die Feststellung, dass in keinem einzigen Fall Hinweise auf Individuen weiblichen Geschlechts vorliegen. Auch die archäologische Geschlechtsbestimmung, die mit der Art und Vergesellschaftung von Grabbeigaben arbeitet, kann keine weibliche Bestattung ausmachen. Die Physis der Toten liefert keine Hinweise darauf, dass die Männer in ihrem Leben harte körperliche Arbeit verrichtet hatten. Sie waren von großem, kräftigem Körperbau und gut ernährt. Eine weitere Besonderheit ist, dass sich dieses Gräberfeldes betreffend der Bestattungssitte deutlich von anderen, ja allen bislang bekannten Gräberfeldern der Urnenfelderzeit unterscheidet. Die Toten wurden allesamt körperbestattet, eine Ausnahme wurde hier zur Regel. Auch die hohe Zahl der Doppel- und Mehrfachbestattungen überrascht und stellt eine Besonderheit des Neckarsulmer Gräberfeldes dar. Schlussendlich weicht auch die Ausstattung der Gräber von einer gewissen Norm ab. Die Toten bekamen keine umfangreichen Keramiksets als Grabausstattung, sondern nur einzelne Gefäße, darunter eine große Zahl von gehenkelten Schüsseln und Bechern, die als Trinkgefäße interpretiert werden können. Die Zahl der Beigaben aus Bronze ist durchschnittlich sehr gering, etliche Bestattungen verfügten sogar über keine Beigaben. Unter den Beigaben aus Bronze dominieren die Nadeln, besonders häufig ist darunter mit insgesamt sieben Exemplaren der neu definierte Typ Neckarsulm. Bei drei Toten fand sich ein Schwert, was bei insgesamt 50 Bestattungen zunächst recht gering erscheint. Es handelt sich hier aber um einen der größten Waffenfunde der Urnenfelderzeit aus den letzten Jahrzehnten, und dies nicht nur für das Bundesland Baden-Württemberg. Zu vergessen ist aber nicht, dass sich unter den beraubten Bestattungen noch weitere Waffengräber befunden haben können.

Die Datierung der Funde zeigt, dass diese durchweg in die Stufe Ha A, zum Teil auch genauer in die Stufe Ha A1 datiert werden können. Die große Streuung des Nadeltyps Neckarsulm und die große Ähnlichkeit der Schwerter führen zu der Annahme, dass der zeitliche Abstand zwischen den einzelnen Grablegungen nicht allzu weit auseinander gelegen haben mag. Ob hinter den Bestattungen gewisse Ereignisse stehen, die – das fragt man sich besonders bei den Doppel- und Mehrfachbestattungen – zum Tode gleich mehrerer Personen führten, ist zwar nicht gewiss, aber wahrscheinlich. Dass Hinweise auf einen gewaltsamen Tod infolge von Kriegshandlungen fehlen, muss nicht zur Schlussfolgerung führen, die Männer seien überwiegend auf natürliche Weise verstorben.

Auf einen Punkt gebracht, hat man es hier sicherlich mit einem besonderen Bestattungsplatz zu tun. Es handelt sich um eine Gruppe von Männern, welche sich abseits der übrigen Bevölkerung bestatten ließ, und es gilt zu fragen, warum dies so war. Die enge Verbundenheit der Bestattungsgemeinschaft drückt sich nicht nur allein durch die abweichende bzw. in diesem Fall spezifische Bestattungssitte, sondern auch durch die zahlreichen Doppel- und Mehrfachbestattungen aus. Diese Verbundenheit bis in den Tod – ob nun aufgrund gleichzeitigen Todes oder einer Totenfolge ist erst einmal unerheblich – war bislang vor allem aus urnenfelderzeitlichen Doppelgräbern eines schwerttragenden Mannes und einer Frau bekannt. Nun können die genannten Beobachtungen natürlich nicht ohne weitere Deutungsversuche stehen gelassen werden. Vielmehr ist danach zu fragen, in welcher Art und Weise diese Gruppe von Männern organisiert war und in welchem Verhältnis die einzelnen Personen zueinander gestanden haben könnten. Die Ethnologie und Archäologie nennen verschiedene Arten von Gruppenverbänden, welche für die Neckarsulmer Männer zutreffen können, da sie sich, zumindest zu einem gewissen Teil, aus bewaffneten Männern zusammensetzen, die aus verschiedenen Gründen in einem sehr engen Verhältnis zueinander stehen. Gemeinsam ist diesen Gruppenverbänden die Durchführung von bestimmten Aktionen, bei akephalen und prästaatlichen Gesellschaften sind dies häufig kriegerische Unternehmungen und das gemeinsame, häufig auch in einem rituellen Zusammenhang stehende Essen und Trinken. Mit Blick auf die in den vorherigen Kapiteln dargelegten Diskussionen ist zudem zu fragen, aus welchen Bevölkerungsgruppen sich diese Kriegerverbände zusammensetzten. Bildeten sie sich allein aus Vertretern gesellschaftlich herausragender Familien, einer „Elite", oder standen diese Verbände auch anderen Männern offen? Wichtig ist auch, zu klären, welche Bedeutung diesen Gruppen in Hinblick auf gesellschaftliche Wandlungsprozesse zukam. Dieses vor allem in puncto von Prozessen in Richtung der Institutionalisierung von Macht bzw. zur Bildung von Herrschaftsformen, an denen sich der Übergang von Stammesgesellschaften zu Häuptlingstümern aufzeigen ließe. Beginnen möchte ich mit so genannten Gefolgschaften, wie sie sich möglicherweise in den Doppel- und Mehrfachbestattungen des Gräberfeldes widerspiegeln.

4.1 Gefolgschaften

Nach H. Steuer kann zwischen mindestens zwei Formen von Gefolgschaften unterschieden werden.[1532] Die erste Form kennzeichnet sich nach Steuer durch das Fehlen von Hierarchien, da hier alle Personen auf gleicher Ranghöhe stehen. Dennoch bilden sich bei diesem Gefolgschaftstyp, bei gemeinsam durchzuführenden Aktionen wie kriegerischen Angriffen, Beutezügen oder Verteidigungssituationen, temporäre Formen einer hierarchischen Ordnung heraus:

„Bei kriegerischen Gefahren liegt es besonders nahe, dass sich alle Hoffnungen und alle Bewährungen auf *einen* Mann konzentrieren. Die Konzentration von Macht auf einen einzelnen ist schon aus praktischen Gründen einleuchtend: die evidente Zweckmäßigkeit rascher und eindeutiger Entscheidungen. Dazu kommt die Angst und das Bedürfnis nach Vertrauen, nach einem Mann, dem man glauben kann. Der Heerführer kann mit einer ungewöhnlichen Unterwerfungsbereitschaft rechnen."[1533]

Die Krieger derartiger Gefolgschaften, welche ursprünglich von „unterschiedlicher ethnischer, tribaler und sozialer, vom Range her verschiedener Positionen und Herkunft"[1534] sein können, sind dennoch mehr oder weniger untereinander gleichberechtigt. Die Befehlsgewalt des Führers beschränkt sich auf seine Gefolgschaft und geht selten über die Dauer der Kampfhandlungen hinaus. Grund des Zusammenschlusses dieser Gefolgschaften ist eine Verabredung und die Verfolgung eines gemeinsamen Zieles. Bei segmentären Gesellschaften ist davon auszugehen, dass sich Gefolgschaften auf der Basis vorstrukturierter Abstammungsgemeinschaften bilden. Hier zeigt sich eine Erklärung, warum die Macht des Führers beschränkt ist: „Die verwandtschaftliche Beziehung begrenzt den Machtanspruch und bindet die Unterwerfungsbereitschaft an bestimmte überkommene Muster."[1535] Die enge Bindung an die eigenen Verwandtschaftsgruppen und die gleichzeitige feste Bindung an einen Gefolgsherrn würde nämlich in bestimmten Situationen zu einem Interessenskonflikt der Krieger führen, da sie sich entscheiden müssen, wem sie sich mehr verpflichtet fühlen.

Die zweite Form von Gefolgschaften kennzeichnet sich dadurch, dass an der Spitze einer hierarchisch, d.h. auf ungleicher Ranghöhe aufgebauten Gefolgschaft, eine einzelne Person bzw. ein Führer steht, dem eine Gruppe von Gefolgsleuten, in der Regel handelt es sich dabei um Krieger, untergeordnet ist. Diese Organisationsform lässt sich auch als Führer-Gefolgschaftsprinzip bezeichnen. Die Gefolgsleute binden sich durch einen Treuschwur an den Gefolgsherrn und begeben sich dadurch auf Dauer in ein gewisses Abhängigkeitsverhältnis. Nach Popitz ist für Gefolgschaften besonders die Aufrechterhaltung des Gefolgschaftsverhältnisses ein grundlegendes Element: „Von einer ‚Gefolgschaft' wollen wir sprechen, wenn die Bindung an einen Herrn auf Dauer angelegt ist, also in der Regel: wenn eine Chance zur dauerhaften Versorgung der Anhänger besteht."[1536] Da sich Gefolgschaften oder gar ganze Gesellschaften nur in Ausnahmen in einem dauerhaften Kriegszustand befinden, bedeutet der Fortbestand einer Gefolgschaft, dass diese auch in Friedenszeiten bestehen bleibt. Dieses kann in der Gestalt von so genannten „Tischgenossenschaften" geschehen, wie wir sie an späterer Stelle noch in den griechischen Hetairos-Gruppen kennenlernen werden. In welcher Form die Krieger in Friedenszeiten ihre Geselligkeit pflegen und aus welchen Gründen eine Gefolgschaft nun eben nicht auseinanderbricht, ist hier erst einmal weniger wichtig, von Beachtung ist vielmehr der Umstand, dass die Gefolgschaft überhaupt als solche bestehen bleibt:

„Wenn es dem Heerführer gelang, eine soldatische Gefolgschaft um sich zu sammeln, konnte er seine Macht konservieren. Der heimkehrende Sieger, der Kriegsfürst, etabliert sich mit Hilfe dieser Gefolgschaft als Friedensfürst."[1537]

Gefolgschaften stellen nach Popitz also einen bedeutenden Schritt zur Bildung „institutionalisierter

---

1532 H. Steuer, Interpretationsmöglichkeiten archäologischer Quellen zum Gefolgschaftsproblem. In: Beiträge zum Verständnis der Germania des Tacitus: Bericht über die Kolloquien der Kommission für die Altertumskunde Nord- und Mitteleuropas im Jahre 1986 und 1987 (Göttingen 1992) 203.
1533 Ebd. 252 f.
1534 Ebd. 205.
1535 Popitz, Macht 256.
1536 Ebd. 255.
1537 Ebd. 254.

Macht" dar.¹⁵³⁸ Der Gefolgsherr, der ursprünglich eine Kriegergruppe in den Kampf führte, erhält nämlich nun eine neue Aufgabe bzw. er übernimmt zusätzliche Verpflichtungen. Er muss nun zur Vermeidung des Auseinanderbrechens der Gruppe innere Konflikte schlichten und auch Sanktionen verhängen:

„Der Führer einer solchen Gefolgschaft übt dann zusätzlich zu seinen Leitungsfunktionen soziale Kontrolle aus. Gelingt es ihm, innerhalb der Gefolgschaft einen besonderen Erzwingungsstab zu gewinnen, so haben wir eine aus Wandergefolgschaft entstandene Zentralinstanz vor uns."¹⁵³⁹

Popitz beschreibt hier einen Vorgang, in dem Gefolgschaften nun beginnen, sich arbeitsteilig zu organisieren. Da wäre zum einen zunächst der Gefolgsherr als soziale und politische Instanz. Nehmen wir des Weiteren an, dass dieser über eine „rechte Hand" oder einen Beraterstab verfügt, so ist es möglich, dass sich dessen personelle Zusammensetzung im Laufe der Zeit verändert. Während also die jeweiligen Personen austauschbar sind, bleiben die speziellen Positionen und Aufgabenbereiche bestehen. Man hat es dann mit „tradierbaren Kompetenzen" in der Herrschaftsverwaltung zu tun. Anders ausgedrückt, ist die „Basis der Macht" nicht mehr an einzelne Personen gebunden, sondern es entstehen in gewisser Form „Ämter", die mit jeweils anderen Personen neu besetzt werden können. Die Ausübung von Macht wird hier institutionalisiert, was nicht nur für den Gefolgsherrn, sondern auch für weitere Personen eine Zunahme der Machtbefugnis bedeutet. Mit einer Festigung von Machtverhältnissen, der Ausübung von Kontrolle über Mensch, Land und Rohstoffe, setzt sich nun ein Prozess gesellschaftlicher Stratifizierung in Gang. In einer Gesellschaft, die bis dahin keine Formen von festen und auf Dauer ausgelegten Machtpositionen kannte und welche die Etablierung solcher Positionen bislang direkt oder auch nur indirekt verhinderte, wird nun ein Prozess eingeleitet, der spürbare Veränderungen der sozialen Ordnung bewirkt:

„Die Gefolgschaft ist eine mobile gesellschaftliche Gruppe, die je nach Entwicklungsstadium sich immer weiter von den alten Stammes- und Verwandtschaftsbindungen löst und zur selbständigen Institution auf einem beliebigen, auch wechselnden Territorium wird."¹⁵⁴⁰

Derartige gesellschaftliche Wandlungsprozesse und Vorgänge von beginnender gesellschaftlicher Differenzierung mögen sich in ähnlicher Weise zu verschiedenen Zeitpunkten in der Frühgeschichte ereignet haben, diese jedoch archäologisch nachzuweisen ist überaus schwierig.

„Trotzdem wird immer wieder versucht, anhand von Beispielen aus verschiedenen Epochen der Ur- und Frühgeschichte Gefolgschaftswesen im archäologischen Quellenstand zu erkennen, wobei weniger der Zugang zum Gefolge gefunden wird, häufiger demgegenüber der Nachweis der kriegerischen Gefolgschaft zu gelingen scheint. Doch selten lassen sich Gefolgschaften tatsächlich eindeutig über archäologische Befunde nachweisen, andere Deutungen bleiben immer möglich."¹⁵⁴¹

H. Steuer¹⁵⁴² nennt verschiedene Kriterien, die zum Erkennen von (kriegerischen) Gefolgschaften im archäologischen Kontext dienen. Ein erstes Kriterium ist die Beantwortung der Frage, ob Gefolgschaften ein besonderes Opferverhalten pflegten. Dies zu klären, ist nicht nur für die Urnenfelderzeit überaus schwierig. Selbst bei Depotfunden mit einem auffällig hohen Anteil an Waffen sind sowohl deren Urheberschaft wie auch die Motivation der Deponierung kaum zu ermitteln. Eine weitere von Steuer gestellte Frage ist, ob Bestattungen von Kriegern auch in Fremdgebieten auftreten und als Beleg ihrer Mobilität dienen. Diesem Aspekt bin ich in dieser Arbeit nicht weiter nachgegangen, da ich mich bewusst auf den Raum der untermainisch-schwäbischen Kultur beschränkt habe.¹⁵⁴³ Sollte die geplante Strontium-Isotopen-Analyse an den Neckarsulmer Skeletten erfolgreich sein, wird man zum Aspekt der Mobilität und der Herkunft der Krieger vielleicht mehr erfahren. Zu beantworten ist eine weitere von Steuer gestellte Frage, ob bestimmte Rüstungstypen eine überregionale Verbreitung aufweisen, was ebenfalls die hohe Mobilität von Kriegern belegen könnte. Dies ist für die Urnenfelderzeit der Fall, wenn auch die Zahl von Helmen, Schilden, Brustpanzern etc. insgesamt betrachtet überaus gering ist.¹⁵⁴⁴ Die Frage, inwieweit Burgen von Gefolgschaften besetzt wurden, lässt sich für den in dieser

---

1538 Siehe auch M. Weber, Wirtschaft und Gesellschaft (Frankfurt a. M. 2005), 838.
1539 Sigrist, Anarchie 98.
1540 Steuer, Sozialstrukturen 56.
1541 H. Steuer, „Gefolgschaft". Reallexikon der Germanischen Altertumskunde Bd. 10, 546.
1542 Steuer, Interpretationen 207 ff.
1543 Bei der Besprechung der Metallfunde wurde deutlich, dass gerade einige Schwerttypen abseits ihres eigentlichen Verbreitungsraumes auftreten. Beim Grab vom Pohlsberg (Kap. III.4.2.2.5) könnte es sich aufgrund des hier angetroffenen Schwerts um einen ortfremden Krieger gehandelt haben, wenngleich die Keramik innerhalb der Region hergestellt worden sein dürfte.
1544 Aber nicht nur Bronzefunde, auch bestimmte Keramikformen können eine überaus hohe Verbreitung aufweisen. So fand sich im Neckarsulmer Grab 23 ein kleines amphorenartiges Gefäß, das Funden aus dem oberfränkischen und böhmischen Raum nahekommt (Kap. III.4.6.2.7).

Arbeit behandelten Zeitraum nicht beantworten, da die burgenähnlichen „Höhensiedlungen"[1545] erst zum Ende der Stufe Ha A2 und vor allem ab der Stufe Ha B auftreten und somit außerhalb meines zeitlichen Untersuchungsrahmens liegen. Zwar verraten die Höhensiedlungen ein gewisses Schutzbedürfnis, ihre eigentliche Funktion ist aber nach wie vor unklar. Mit Sicherheit stellen sie aber keinen Siedlungstyp dar, welcher den späthallstattzeitlichen „Herrenburgen" bzw. „Fürstensitzen" entspricht. Zu überprüfen sind weitere von Steuer aufgestellte Kriterien zum Nachweis von Gefolgschaften, wie spezielle, von diesen Gruppen verwendete Abzeichen, die Kennzeichen eines besonderen Lebensstils, und als Ergänzung meinerseits das Auftreten von Doppel- und Mehrfachbestattungen von Männern mit oder ohne Waffen. Diese Bestattungsformen scheinen mir ein wesentliches Element von Gefolgschaften zu sein, welches vor allem bei Körpergräbern deutlich zutage tritt. Im Gegensatz dazu handelt es sich bei allen mir bekannten Waffen- bzw. Kriegergräbern der süddeutschen Urnenfelderkultur um Bestattungen von jeweils einem Individuum und um Gräber, die entweder einzeln oder zumindest abseits von zeitgleichen Gräberfeldern angelegt wurden oder aber auf Friedhöfen zu finden sind, auf denen Tote beiderlei Geschlechts und jeder Altersgruppe bestattet wurden. Es ist m.E. überaus problematisch, aus diesen Einzelbestattungen Gefolgschaften zu konstruieren, da schlussendlich keine eindeutige Beziehung zwischen den Toten aus diesen Waffengräbern hergestellt werden kann.

Kehren wir zurück zu den von Steuer vorgebrachten Kriterien von Gefolgschaften, so komme ich nun zum gemeinsamen „Lebensstil" von Kriegern und Gefolgschaften. Darunter fallen unter anderem Aspekte der Körperpflege und die Verwendung von Rasiermessern und Pinzetten, da etwa mit dem Tragen bestimmter Frisuren die Zugehörigkeit zu einer Kriegergruppe angezeigt wurde.[1546] Ich möchte jedoch daran erinnern, dass Rasiermesser auch als Zeichen einer Initiierung oder als Bestandteil einer Bestattungszeremonie interpretiert werden können (Kap. III.4.4.1). Auch die Verzierung der Haut durch permanente Körperzeichen wie Tatauierungen oder mit nicht-permanenten Körperbemalungen ist eine typische Eigenart von Kriegern (Kap. III.4.5.4). Ebenfalls zum Lebensstil gehören der Bereich der Ernährung und vor allem das Durchführen gemeinsamer Trink- und Speiseriten. Dieser Aspekt wird an späterer Stelle noch einmal ausführlich aufgegriffen (s. u.).

Steuer verweist des Weiteren auf gewisse Abzeichen, bei welchen zwischen Rangabzeichen und besonderen Kriegerinsignien unterschieden werden kann. Es wurde bereits darauf verwiesen, dass bei der Darstellung von Kriegerrängen in Gräbern verschiedene Waffentypen und Kombinationen von Waffen verwendet worden sein können, welche von anderer Seite aber auch als Darstellung eines sozialen Status ihrer Träger interpretiert werden. Es wurde gezeigt, dass beide Interpretationsansätze ihre Schwächen haben (Kap. V.1.2.6). Sperber wirft dabei die Frage auf, ob überhaupt alle Waffen in die Gräber gelangten oder ob sie stattdessen im Besitz des Gefolgsherrn blieben:

„Schließlich sei noch vermerkt, dass das Schwert im praktischen Gebrauch, d. h. im Kampf, wohl nicht auf die relativ wenigen Sippenhäupter beschränkt war. Dazu ist die Gesamtzahl der Schwerter aus den verschiedenen Fundgattungen viel zu groß. Vermutlich besaßen die Sippenhäupter ‚Waffenkammern', aus denen im kriegerischen Ernstfall Waffen an Gefolgsleute und Sippenangehörige ausgegeben oder auch langfristig ‚verliehen' wurden, die aber nicht in deren persönliches Besitztum übergingen und so auch nicht in ihre Gräber bzw. zur Verbrennung auf den Scheiterhaufen gelangten."[1547]

Dies wäre eine Erklärung für die Tatsache, warum die Zahl der Waffengräber im Verhältnis zu allen Gräbern der Urnenfelderzeit verhältnismäßig gering ist. Möglicherweise wurde ein Großteil der Waffen den Kriegern durch ihren Gefolgsherrn gestellt und verblieb bis über den Tod des Kriegers hinaus auch in dessen Besitz. Die Krieger standen also „unter den Waffen" ihres Herrn und hatten an diesen nur ein Verfügungsrecht, waren aber nicht deren Eigentümer.

Was mögliche Rangabzeichen innerhalb von Gefolgschaften betrifft, wurde oben bereits auf die Waffen verwiesen. Nun soll der Fokus allein auf jenen Zeichen bzw. Objekten liegen, welche den möglichen Führern vorbehalten waren.[1548] Über derartige Zeichen sagt Steuer:

„Diese ‚Abzeichen' zeigen weitreichende, nicht stammesgebundene und nicht in der materiellen Kultur verhaftete kurzfristige Gemeinsamkeiten kriegerischer Verbände auf Gefolgschaftsbasis an."[1549]

Als Beispiel für mögliche Rangabzeichen nennt Steuer die so genannten Ringschwerter des 6. Jahrhunderts, an deren Knäufe zwei ineinandergefügte

---

1545 Biel, Höhensiedlungen I 23 ff.; ders., Höhensiedlungen II 73 ff.
1546 Treherne, Warrior's Beauty.
1547 Sperber, Schwertträger 645.
1548 Hier seien jedoch die urnenfelderzeitlichen Wagen zunächst einmal ausgeklammert.
1549 Steuer, Interpretationen 212.

Gold- oder Silberringe angebracht waren. Diese Schwerter, welche sich in ca. 100 Gräbern in ganz Mitteleuropa (Skandinavien, Norddeutschland, Frankreich, Südengland, Norditalien) finden, seien ein Zeichen ranghöchster, ja vermutlich „königlicher" Gefolgschaften gewesen.[1550] Für die Urnenfelderzeit fehlt es an derartigen, regelhaft auftretenden Rangabzeichen, hier wird häufig allein im Schwert ein „Häuptlingsabzeichen" o. Ä. gesehen (Kap. V.3.1).

Abschließend sei nochmals auf die Doppel- und Mehrfachbestattungen von Kriegern verwiesen, die seitens der Archäologie als Gräber von Gefolgschaften interpretiert werden. Als historische Grundlage unterstützt unter anderem eine Textstelle in Caesars Werk über den Gallischen Krieg die Existenz von Gefolgschaften bei den Galliern. Caesar berichtet hier über den Oberfeldherrn Adiatuanus und seine Männer, die so genannten Soldurier:

„Sie genießen alle Freuden des Lebens mit den Männern, denen sie sich als Freunde geweiht haben; im Falle ihres gewaltsamen Todes jedoch teilen sie auch dieses Los mit ihnen oder nehmen sich selbst das Leben. Seit Menschengedenken fand sich niemand, der sich nach dem Tod seines eidlich erkorenen Freundes zu sterben geweigert hätte."[1551]

Wie dieses Zitat nahelegt, könnte bei Gefolgschaftsleuten also durchaus von einer Totenfolge ausgegangen werden, bei welcher die Krieger aufgrund eines „Gefolgschaftsvertrages"[1552] durch fremde oder durch eigene Hand den Tod wählten oder verpflichtet waren zu sterben, um ihrem Herrn auch im Jenseits dienen zu können.[1553] Aber auch ein gemeinsamer bzw. gleichzeitiger Tod im Kampf mag bei Mitgliedern einer Gefolgschaft zur gemeinsamen Bestattung in einem Grab geführt haben. Gemeinsam bestattete Männer können daher als Gefolgsleute interpretiert werden, nur stellt sich die Frage nach der Form des Gefolgschaftsverhältnisses. Ich hatte oben bereits auf zwei mögliche Formen hingewiesen, nämlich die ranggleicher Gefolgsleute mit einem temporären Führer und jene, bei welcher sich Gefolgsleute um einen Gefolgsherrn gruppieren. Anhand von Grabfunden verschiedener archäologischer Perioden möchte ich im Folgenden aufzeigen, ob es überhaupt möglich ist, zwischen beiden Formen zu unterscheiden.

Bleiben wir in der Zeit des Krieges zwischen den Römern und Galliern, so ist ein spätkeltischer Grabfund aus dem südfranzösischen Clermont-Ferrand ein möglicher Beleg für die Gleichrangigkeit innerhalb einer Gefolgschaft. Im Februar des Jahres 2002 wurden im Zuge des Baus einer Umgehungsstraße bei Clermont-Ferrand, nahe des bekannten Oppidums von Gondole im Dép. Puy-de-Dôme in der Région Auvergne, mehrere vermutlich spätkeltische Gräber entdeckt. Neben einer Einzelbestattung und einer Grube mit zehn darin deponierten Pferden hat vor allem eine Mehrfachbestattung mehrerer Männer besondere Aufmerksamkeit auf sich gezogen. Nur etwa 300 m vom Oppidum Gondole entfernt, dieses liegt nahe dem älteren Oppidum von Corent und dem zeitgleichen Oppidum von Gergovia, fand sich eben jenes Grab, welches die sterblichen Überreste von insgesamt acht männlichen Toten enthielt. Es handelt sich um die Körperbestattungen von sieben erwachsenen Männern und einem Knaben, die dicht beieinander im östlichen Bereich einer nahezu quadratischen, 3,6 m × 3,2 m großen Grube lagen.[1554] Im westlichen Bereich der Grube fanden sich acht Pferdeskelette. Die Pferde sind mit einer Widerristhöhe von 1,20 m für heutige Verhältnisse recht klein gewesen, damals war dies jedoch die durchschnittliche Größe von Pferden. Die Zahl der Tiere entspricht jener der Toten, weshalb im Prinzip jeder einzelnen Bestattung ein Pferd zugewiesen werden kann. Auch wenn bei den Pferden dieses Grabes keine Schirrung o. Ä. angetroffen wurde, ist klar, dass diese geritten worden sein müssen. Vergleichbare Gräber von Menschen mit Pferden sind in der Eisenzeit überaus selten. Derartige Funde kennt man vor allem aus skytischen Gräbern und denen anderer Steppenvölker, aber auch aus dem frühen Mittelalter.[1555]

Die Pferde und auch die Männer lagen jeweils in einer nördlichen und einer südlichen Reihe untereinander, die Männer dabei mit Blickrichtung nach Osten. Da die Toten und die Pferde in der Grube einander berührten und teilweise auch übereinander lagen, lässt sich die Abfolge der Niederlegung gut nachvollziehen. Die Pferde wurden abwechselnd in der südlichen und der nördlichen Reihe deponiert.

1550 In diesem Zitat widerspricht sich Steuer mit einer an anderer Stelle gemachten Aussage (Steuer, Sozialstrukturen 48), dass es die archäologische Funde nämlich erlauben, auf einen bestimmten absoluten Rang der Anführer, ob nun einfacher Krieger oder König, zu schließen.

1551 Caesar, De bello Gallico III,22,3–4. In: O. Schönberger (Hrsg.), Caesar. Der Gallische Krieg (Düsseldorf/Zürich 1999) 139.

1552 Oeftiger, Mehrfachbestattungen 15.

1553 Dem hingegen sagt K. Peschel, dass „männliches Totengefolge in der aus dem Südosten Europas bekannten eindeutigen Bezogenheit von Herrn und Mann bei uns nicht begegnet" (Peschel, Devotion 278).

1554 U. Cabezuelo/P. Caillat/P. Meniel, La sépulture multiple de Gondole. In: C. Menessier-Jouannet/Y. Deberge (Hrsg.), L'Archéologie de l'Age du Fer en Auvergne. 27ᵉ colloque de l'AFEAF, Clermont-Ferrand, 2003 (2007), 365–384.

1555 Reallexikon der Germanischen Altertumskunde Bd. 23, Stichwort: Pferdegräber, 50 ff.

Erst nachdem alle Pferde niedergelegt waren, bestattete man die Menschen. Zuerst wurde der Knabe in der nördlichen Reihe bestattet, daraufhin vier Männer in der südlichen Reihe. Abschließend folgten in der nördlichen Reihe die übrigen drei Männer. Die Toten lagen dabei allesamt auf ihrer rechten Körperseite, mit leicht angewinkelten Beinen. Besonders auffällig ist die Haltung ihrer Arme. Jeweils der hintere Mann hatte seinen linken Arm angehoben, sodass der Unterarm auf der Schulter bzw. dem Unterarm des Vordermanns lag. Die beiden jeweils vordersten Personen am östlichen Rand der Grube, es sind dies der Knabe und ein erwachsener Mann, hielten hingegen beide Hände wie zum Schutz vors Gesicht.

Dieser Grabfund ist insgesamt betrachtet sehr schwer zu interpretieren, da sich – abgesehen von zwei kleinen Scherben gallischer Machart – keine eigentlichen Grabfunde in der Grabgrube anfanden. Zumindest eine vorläufige Datierung des Grabes in die spätkeltische Zeit ließen die spärlichen Keramikfunde zu. Da in dieser Periode die Niederlegung von Beigaben wie Gefäßen, Trachtbestandteilen und Waffen oder passenderweise auch Reitzeug zu erwarten gewesen wäre, ist das Grab in seiner gesamten Erscheinung als Sonderbestattung zu interpretieren. Das Fehlen von Beigaben in Mehrfachgräbern könnte mit den außergewöhnlichen Todesumständen dieser Personen zusammenhängen, wie ich es bereits im Falle der Mehrfachbestattungen von Stillfried und Wassenaar diskutiert habe (Kap. III.2.8). In der Forschung herrscht betreffend der Interpretation dieses Grabes trotz des Fehlens von Waffen die einhellige Meinung vor, dass hier eine Gruppe berittener Krieger bestattet wurde. Diese Interpretation begründet sich vor allem im Kontext der direkten Lage dieses Grabes zum Oppidum von Gergovia. Hier war es laut schriftlichen Überlieferungen im Jahre 52 v. Chr. zu einer Schlacht zwischen den Kelten und dem römischen Heer, unter der direkten Leitung von Julius Caesar gekommen. Ebenso könnten die Männer aber auch bei einer Schlacht um das bislang noch nicht weiter ergrabene Oppidum von Gondole gestorben sein. Die Theorie, dass es sich um im Kampf gefallene Krieger handelt, könnte insofern infrage gestellt werden, da die Skelette wie im Falle der Männer von Neckarsulm keine Verletzungsspuren aufweisen. Aber auch dies muss nicht, wie bereits gezeigt wurde (Kap. III.2.8), gegen einen gewaltsamen Tod sprechen. Aufgrund des Fehlens von Verletzungsspuren an den Skeletten wurden im Fall von Clermont-Ferrant auch andere Todesumstände in Betracht gezogen. Neben einem Tod infolge einer Hungersnot oder einer Epidemie wurde darüber nachgedacht, ob die Männer in einem besonderen Ritus geopfert wurden. So könnten die Männer zusammen mit den Pferden geopfert worden sein, damit die keltischen Druiden an ihren Körpern Vorhersagen über zukünftige Ereignisse machen konnten. Besonders bei Tieren wurden derartige Zeremonien vor Kriegsschlachten praktiziert. Aber nicht nur die Frage wie, sondern auch wann die Männer starben, lässt sich nur ungefähr klären. Da keine Funde zur Datierung zur Verfügung standen, dient vor allem eine Datierung nach der ^{14}C-Methode zur chronologischen Einordnung dieses Fundes. Das kalibrierte Datum liegt zwischen 120 v. Chr. und 85 n. Chr. Man weiß, dass das Oppidum von Gondole in der Phase Latène D2, d. h. zwischen 70–20 v. Chr. besiedelt war, und in diesem Zeitraum könnte auch das Grab angelegt worden sein.

Obwohl in diesem Fund Waffen fehlen und die Toten keine Verletzungsspuren aufweisen, wurde darauf geschlossen, dass hier eine Kriegergemeinschaft bestattet wurde. Es handelt sich meiner Ansicht nach bei diesem Grabfund um die größte Parallele zum Neckarsulmer Gräberfeld, vor allem zu der Fünffachbestattung aus Grab 7, die für sich allein genommen für die Urnenfelderzeit mehr als außergewöhnlich ist. Die im Grab von Clermont-Ferrant bestatteten Männer lassen sich als Gefolgschaft interpretieren, in welcher zwischen den Toten eine flache Hierarchie herrschte. Keiner der Toten gibt sich als Anführer bzw. Gefolgsherr zu erkennen, da sich kein Individuum durch seine Lage im Grab oder eine Beigabenausstattung von den anderen abhebt. Der enge Zusammenhalt der Bestatteten drückt sich im Grab durch die hintereinander aufgereihte Anordnung – die Toten folgen einander – und die jeweilige Berührung des Vordermannes aus, die wohl stärkste Ausdrucksform im Tode für eine gefolgschaftliche Bindung.

Verfolgen wir Doppel- und Mehrfachbestattungen von Kriegern weiter, so liegen aus der Archäologie nur wenige Funde vor, die aufgrund ihrer Waffenbeigaben als derartige Bestattungen zu interpretieren sind. Nennen möchte ich hier eine Aufstellung von Gräbern aus einer Arbeit von M. Egg[1556], welche wie im obigen Fall in die Latènezeit datieren. Egg nennt hier verschiedene Waffengräber aus Frankreich, Belgien, Deutschland, Österreich, Tschechien, Slowenien und Serbien. Diese Aufstellung zeigt zum einen, dass Waffengräbern mit mehreren Personen

---

[1556] M. Egg, Waffenbrüder? Eine ungewöhnliche Bestattung der Frühlatènezeit in Novo Mesto in Slowenien. Jahrbuch RGZM 1999/2, 317–356.

während dieser Zeit in einem weiten Raum innerhalb Europas auftreten, zugleich aber auch, dass deren Zahl insgesamt sehr gering ist und pro Land nur maximal drei solcher Funde aufgeführt werden können. Im Einzelnen handelt es sich dabei um Doppel-, Dreifach- und Mehrfachbestattungen, wobei die Toten zum einen gleichartig mit Waffen und Schutzwaffen ausgestattet wurden. Daneben finden sich aber auch Gräber, in denen die Waffen ungleich auf die Toten verteilt waren. Egg sieht in solchen Gräbern Bestattungen „hochrangiger Krieger"[1557]. Die Doppelbestattungen interpretiert er wie folgt:
„Zwei im Leben eng verbundene Krieger ließen sich zusammen bestatten, um so auch im Jenseits ihre Zusammengehörigkeit zu manifestieren. Offen bleibt, ob sie durch biologische Verwandtschaft oder ob sie durch eine Art Bluts- oder Waffenbrüderschaft so fest aneinander gebunden waren."[1558]
Eine Waffenbrüderschaft und auch eine Gefolgschaft muss m. E. allerdings nicht bedeuten, dass die Toten nicht miteinander verwandt waren. So können direkte und entfernte Verwandte, wie ich an obiger Stelle bereits dargelegt habe, durchaus in einem Gefolgschaftsverhältnis zueinander gestanden haben. Der größte Teil der von Egg genannten Bestattungen der späten Eisenzeit ist allerdings nur mangelhaft überliefert. Vielfach wurden zwar Beigaben und Knochenfunde dokumentiert, über die genaue Beschaffenheit der Bestattungen fehlen aber weitere Informationen. Nur in wenigen Fällen ließen sich anhand der Beigaben der einzelnen Toten mögliche Rangunterschiede oder äquivalente Ränge beobachten, wobei Egg hier durchgängig von „Waffenbrüdern" spricht und keine hierarchisch aufgebauten Gefolgschaften mit einem Gefolgsherrn in Erwägung zog.[1559]
Ich möchte abschließend noch zwei Beispiele für Mehrfachbestattungen bringen, bei welchen sich deutlich Rangunterschiede zwischen Kriegern aufzeigen lassen. Vorstellen möchte ich fränkische und alamannische Mehrfachbestattungen von Kriegergefolgschaften.
Das Gräberfeld von Niederstotzingen[1560] im Ldkr. Heidenheim in Baden-Württemberg war aufgrund der besonders reich ausgestatteten Gräber sicherlich nicht der Bestattungsplatz der einfachen Bevölkerung. Die Toten gehörten zu einer gehobenen fränkischen Bevölkerungsschicht des frühen 7. Jh. n.Chr., möglicherweise zum Adel. Das Gräberfeld umfasst zehn Gräber mit insgesamt 13 erhaltenen Bestattungen. Hinzu kommen zwei „Pferdegräber", also Gruben, welche die Überreste von drei Pferden enthielten. Bei den menschlichen Bestattungen sind bis auf eine Ausnahme (Grab 2) alle Toten männlichen Geschlechts. Bei einer weiteren Bestattung (Grab 7) könnte es sich ebenfalls um das Grab einer Frau gehandelt haben.[1561] Die übrigen Bestattungen setzen sich aus neun im erwachsenen Alter verstorbenen Männern, einem jungen Mann und zwei Knaben zusammen.[1562] Alle Männer und auch der junge Mann, er starb in einem Alter zwischen 14 und 17 Jahren, waren mit einem Schwert bewaffnet. Mit dieser Dominanz von bewaffneten Männern könnte die Nekropole auch als Kriegerfriedhof bezeichnet werden. Die Altersstruktur der erwachsenen Toten erinnert dabei deutlich an jene des Neckarsulmer Gräberfeldes. Fünf Männer starben in einem Alter zwischen 20 und 30 Jahren und vier in einem Alter von über 30 Jahren. Der jüngste Tote war der genannte Jugendliche, der älteste Mann verstarb in einem Alter von über 50 Jahren.[1563] Die Krieger des Gräberfeldes von Niederstotzingen verstarben nicht zum gleichen Zeitpunkt, anhand der Beigaben ist vielmehr zu erkennen, dass die Gräber in einem Zeitraum von etwa 30 Jahren angelegt wurden. Zwar sind an drei Skeletten diverse Frakturen an den Knochen zu erkennen, diese waren jedoch verheilt und hatten nicht zum Tode geführt. Die jeweilige Todesursache ist unbekannt.

Bei zwei Gräbern, Grab 3 und 12, handelt es sich um Bestattungen jeweils dreier Männer. In Grab 3 waren alle drei Toten mit einer Waffenkombination aus Spatha, Sax und Rundschild bewaffnet. Grab 12, die andere Dreifachbestattung, war erheblich zerstört. Im Grab fanden sich noch ein so genannter Lamellenhelm und ein Brustpanzer. Ein sich wiederholendes Muster bei den beiden Dreifachbestattungen ist, dass jeweils ein Toter etwas abseits der beiden übrigen Bestattungen lag. Dieser Tote ist in beiden Fällen neben einem Schwert, mit Pferdezaumzeug, einer

---

1557 Ebd. 353.
1558 Ebd.
1559 Eine untergeordnete Stellung bzw. eine Rangordnung in einer Gefolgschaft muss sich aber nicht ausschließlich durch eine andersartige Ausstattung mit Beigaben ausdrücken. Auch durch einen nachweislich rituellen Tod der Nebenbestattungen oder durch deren auffällige Lage im Grab ließen sich Unterschiede im Rang aufdecken.
1560 P. Paulsen, Alamannische Adelsgräber in Niederstotzingen, Kreis Heidenheim. Veröff. Staatl. Amt Denkmalpflege A 12, 1 (Stuttgart 1967).
1561 N. Creel, Die menschlichen Skelettreste. In: P. Paulsen, Alamannische Adelsgräber von Niederstotzingen, Kreis Heidenheim. Veröffentlichungen des Staatlichen Amtes für Denkmalpflege Stuttgart 12/2, 27–32.
1562 U. Koch, Der Ritt in die Ferne. Erfolgreiche Kriegszüge im Langobardenreich. In: Archäologisches Landesmuseum Baden-Württemberg (Hrsg.), Die Alamannen. Ausstellungskatalog Stuttgart (Stuttgart 1997) 403.
1563 Ebd.

Bronzeschüssel und einem Kamm ausgestattet. Man könnte diese Toten aufgrund der reicheren Ausstattung als „Hauptbestattung" des Grabes bezeichnen und die beiden anderen Toten als Gefolgsleute. Es ist aber auch Raum für andere Interpretationen: „Die Deutung dieses und ähnlicher Befunde ist umstritten. Während Rainer Christlein hierin ein Zeugnis von Gefolgschaft im Tode sehen wollte, betonte Heide Lüdemann zu Recht profane Möglichkeiten eines gleichzeitigen Todes und gemeinschaftlicher Bestattung. Beide Deutungen könnten auch nebeneinander Bestand haben."[1564]

Immerhin liefern zeitgleiche Schriftquellen viele ergänzende Informationen über die Gesellschaftsstruktur jener Zeit. So weiß man, dass nur freie Männer das Recht besaßen, Waffen zu tragen. Bei den Toten handelt es sich daher definitiv nicht um Diener, Sklaven oder andere Abhängige. Die jeweiligen gesellschaftlichen Ränge, bei den Freien gab es etwa drei, waren nicht gefestigt, sondern jede Person musste sich ihre gesellschaftliche Position immer wieder aufs Neue erstreiten. Der jeweilige gesellschaftliche Rang bestimmte sich durch den wirtschaftlichen Erfolg in der landwirtschaftlichen und gewerblichen Produktion, durch Landbesitz, durch die Besetzung politischer Ämter, den Erfolg im Krieg sowie die hier erworbene Kriegsbeute.[1565]

Eine weitere frühmittelalterliche Mehrfachbestattung wurde im Jahre 1996 auf einem Gräberfeld im bayerischen Greding-Großhöbing im Ldkr. Roth entdeckt.[1566] Zum Gräberfeld dieser alamannischen Bevölkerung gehören mehrere, überwiegend reich ausgestattete Kammergräber, darunter Grab 143, welches auch als „Fürstengrab von Großhöbing" bezeichnet wird. Dieses Grab datiert in den Zeitraum der zweiten Hälfte des 7. bis zum frühen 8. Jh. n. Chr. Im Grab fanden sich die Bestattungen von insgesamt fünf Männern, wobei es ungewöhnlich ist, dass die Toten zu einer Zeit, als sich das Christentum bereits nahezu vollständig durchgesetzt hatte, noch mit Beigaben bestattet wurden. Die Bestattungen lagen in einer überhügelten Grabkammer, um welche ein doppelter kreisförmiger Graben mit einem Durchmesser von 16 m angelegt worden war. Drei Krieger waren mit einem Langschwert, einer so genannten Spatha, und zwei Krieger mit einem Sax, also einem Kurzschwert, bewaffnet. Die Toten lagen in zwei voneinander getrennten Gruppen mit zwei bzw. drei Männern in der Kammer. Der so genannte „Fürst" befand sich am Südende der Grabkammer zusammen mit einem anderen Mann. Er trug, wie später festgestellt werden konnte, einen blau gefärbten Mantel mit einem Besatz aus Goldbrokat. Auch seine Waffe war sehr kostbar, die Scheide seiner Spatha war sehr aufwendig gearbeitet. Der Tote wird als Adliger oder Fürst bezeichnet, die übrigen Männer als seine Gefolgschaft. Die enge Verbundenheit der Toten drückt sich besonders dadurch aus, dass die Arme der Toten eingehakt und ihre Hände ineinandergelegt waren. In diesem Falle ist eindeutig, dass die Männer im Kampf fielen, da sie alle unverheilte Verletzungsspuren an ihren Schädeln aufweisen.[1567]

Bei den Mehrfachbestattungen aus Neckarsulm zeigt sich, dass im Gegensatz zu den Gräbern der Eisenzeit, mit Ausnahme von jenem aus Clermont-Ferrant, und dem Frühmittelalter, in den Waffengräbern nur jeweils ein Individuum ein Schwert trägt. Unklar ist wie gesagt, wie hoch die Zahl der weiteren Waffen in den beraubten Gräbern gewesen war und ob in diesen Gräbern nicht vielleicht mehrere Tote eine Waffe besessen hatten. Den drei Schwertträgern kann ein hoher Rang zugestanden werden, allerdings stellt sich die Frage, welche Rangfolge innerhalb der Schwertträger geherrscht hatte. Herauszustellen ist die Bestattung 22/1, da hier dem Toten zwei Gefäße zugeordnet werden können. Überdies trug dieser einen goldenen Fingerring (Kap. III.4.5.1), ein Fundtyp, der bislang für urnenfelderzeitliche Bestattungen einmalig ist. In diesem Ring könnte zumindest für die Schwertgräber der mittleren Bronzezeit ein Rangabzeichen vermutet werden. Dieses fällt jedoch für die Urnenfelderzeit schwer, da für diese Periode bislang keine weiteren Schwertträger mit goldenem Fingerring bekannt sind und daher keine Regelmäßigkeit für eine derartige Funktion von Goldringen vorliegt.

Folgt man der Annahme, dass die Toten aus den Doppel- und Mehrfachbestattungen in einem Gefolgschaftsverhältnis standen, so ist von relativ gleichrangigen Toten auszugehen. Zum einem heben sich die Schwertgräber nicht durch einen besonders aufwendigen Grabbau von den übrigen Gräbern ab, und auch die Zahl der weiteren Beigaben der mit einem Schwert Bestatteten liegt nicht höher als bei den waffenlosen Bestattungen. Das Gefolgschaftsverhältnis ist anders als bei den oben genannten Grä-

---

1564 I. Stork, Als Persönlichkeit ins Jenseits. Bestattungssitte und Grabraub als Kontrast. In: Archäologisches Landesmuseum Baden-Württemberg (Hrsg.), Die Alamannen. Ausstellungskatalog Stuttgart (Stuttgart 1997) 424.

1565 H. Steuer, Krieger und Bauern – Bauernkrieger: Die gesellschaftliche Ordnung der Alamannen. In: Archäologisches Landesmuseum Baden-Württemberg (Hrsg.), Die Alamannen (Stuttgart 1997) 275ff.

1566 M. Nadler, Fürsten, Krieger, Müller. AiD 3, 2000, 6–11.

1567 K. Kreutz, Das Skelett und die Geschichte(n) von Menschen. Spiegel der Forschung 1/2, 2003. Wissenschaftsmagazin der Justus-Liebig-Universität Gießen, 98.

bern des Frühmittelalters, da dort zwischen einem Gefolgsherrn und Gefolgsleuten unterschieden werden kann. In Neckarsulm hat man es hingegen offenbar mit Gefolgschaften mit flachen Hierarchien zu tun, die Schwertträger sind als *primus inter pares* zu verstehen.

Zieht man bei den Schwertgräbern die Ergebnisse der anthropologischen Untersuchung hinzu, so zeigen sich bezüglich des Sterbealters der Bestatteten keine Regelhaftigkeiten. In Grab 18 sind der Schwertträger ca. 40 Jahre und der andere Tote ca. 70 Jahre alt geworden. In Grab 21 ist der Schwertträger mit einem Sterbealter von 25–30 Jahren relativ jung gewesen, der andere Tote mit ca. 17–19 Jahren sogar noch jünger. In Grab 22 verstarben der Schwertträger in einem spätadulten Alter und die beiden weiteren Toten mit jeweils ca. 40–50 Jahren. Festzuhalten ist nun zum einen, dass die Schwertträger unterschiedlich alt waren. Ob jemand ein Schwert trug, hing demnach nicht mit dem Erreichen eines bestimmten Alters zusammen, da es jüngere, ältere und gleich alte Tote gab, die (nicht) mit einem Schwert bestattet waren. Die Schwertbeigabe stellt innerhalb der Schwertträger das einzige gemeinsame Merkmal dar. Auch das Alter der Gefolgsleute variiert in den Schwertgräbern. Vor allem der enorme Altersunterschied zwischen den waffenlosen Toten aus den Gräbern 18 und 21 erstaunt. Hier finden sich jeweils der Junior und der Senior der Bestattungsgemeinschaft. Man könnte den jungen Mann aus Grab 22 im Sinne des mittelalterlichen Rittertums als „Knappen" bezeichnen, aber welche Bezeichnung eignet sich für den alten Mann aus Grab 18?[1568] Dieser trug die wohl prachtvollste Nadel des gesamten Gräberfeldes, eine Nadel der Form Schwabsburg (Kap. III.4.1.4). Über dem Kopf des Toten lag zudem das einzige Rasiermesser des Gräberfeldes. Bei dem alten Mann handelt es sich zwar nicht um einen Schwertträger, in seiner Grabausstattung liegt er jedoch deutlich vor den meisten Bestattungen des Gräberfeldes.

Dass es in der Bronzezeit und der Urnenfelderzeit im Gegensatz zum Neckarsulmer Befund auch Gefolgschaften mit einer stark ausgeprägten Hierarchie gegeben hat, drückt sich besonders deutlich in den Gefäßausstattungen einiger Waffen- und Wagengräber aus. Die umfangreichen Trinkservice weisen hier auf die Verköstigung von Gefolgsleuten durch den Bestatteten in seiner Rolle als Gefolgsherr, und nicht als militärischer Führer, hin und drücken dessen soziale Verpflichtungen gegenüber seinem Gefolge aus. Im Folgenden möchte ich daher auf den Aspekt des gemeinsamen Trinkens bei Gefolgschaften näher eingehen, ein Ausdruck des „Lebensstils" (s.o.) von Kriegern und eine besondere Form von gefolgschaftlicher Verbundenheit, wie er vor allem von griechischen Hetairos-Gruppen der Bronzezeit bekannt ist.

4.2 Griechische Kriegerverbände und Hetairos-Gruppen

Im Kriegsepos der „Ilias"[1569] werden neben Kriegerverbänden auch Gefolgschaftsgruppen beschrieben, die C. Ulf[1570] in seiner Arbeit über die Homerische Gesellschaft als „Hetairos-Gruppen" bezeichnet: „Die aus eng verbundenen Freunden und Gefährten bestehende Kleingruppe entspricht […] dem Kern einer mehr oder weniger konstanten Gefolgschaft, die in der Kampfaufstellung an der Seite ihres Anführers steht und im Frieden dessen Tischgenossenschaft bildet."[1571]

Das Wort „Hetairos" kann als „Gefährten", „Freunde" oder „Genossen" übersetzt werden, wobei sich letzterer Begriff auch im Sinne von „Tischgenossen" erweitern lässt. Dem gemeinsamen Essen und Trinken kam in der griechischen Kultur in sozialer Hinsicht ein hoher Stellenwert zu: „Sowohl für den Gesamtverband als auch für kleinere Gruppen war das gemeinsame Mahl Ausdruck der Verbundenheit, ein Medium der Kommunikation und der Sozialisation, der Einbindung in soziale Beziehungen."[1572]

Ulf sieht in den Hetairos-Gruppen nicht etwa eine bunt zusammengewürfelte Truppe von Männern, sondern vielmehr einen exklusiven Kreis von männlichen Mitgliedern einer höheren Bevölkerungsschicht. In diesen Gruppen fanden sich Personen zusammen, die einen vergleichbaren sozialen Hintergrund besaßen und einen ähnlichen Lebensstil pflegten. Die einzelnen Mitglieder waren in der Regel Freunde, Genossen etc. und standen darüber hinaus häufig in einem direkt verwandtschaftlichen Verhältnis (Konsanguinität) oder waren durch Heirats-

---

[1568] L. Sperber (Sperber, Goldene Zeichen) verwendet eine Abbildung von Grab 18, um seine Theorie von der Totenfolge als Zeichen eines „Besitz- und Verfügungsrechts" der Schwertträger über Familienangehörige und seine Gefolgschaft zu illustrieren. Ihm war vermutlich nicht bekannt, dass der so genannte Gefolgsmann in einem Alter von ca. 70 Jahren verstarb. Aufgrund des hohen Alters ist es gut möglich, dass dieser Mann eines natürlichen Todes gestorben ist. Könnte man dann nicht auch annehmen, dass der Schwertträger ihm in den Tod folgte und nicht umgekehrt?

[1569] Homer, Ilias. In: R. Hampe (Hrsg.), Homer: Ilias. Reclam Universal-Bibliothek 249 (Ditzingen 2007).

[1570] Ulf, Homerische Gesellschaft 127–138.

[1571] K.-W. Welwei, Polis und Arché. Kleine Schriften zu Gesellschafts- und Herrschaftsstrukturen in der griechischen Welt (Stuttgart 2000) 487.

[1572] Welwei, Polis 484.

allianzen (Affinalität) miteinander verbunden. Die Mitgliedschaft bzw. die Zugangsmöglichkeit zur Gruppe wurde in der Regel vom Vater auf den Sohn vererbt. Dadurch war der Zugang zu einer solchen Gefolgschaft garantiert, nicht jedoch die zwangsläufige Erlangung eines hohen Status innerhalb der Gruppe. Dieser Status musste von jedem Einzelnen erarbeitet und auch aufrechterhalten werden. Ererbter Reichtum war hierfür wiederum eine wichtige und grundlegende Voraussetzung. An der Spitze einer Hetairos-Gruppe stand zumeist eine Person, die im antiken Griechenland, wie etwa im Falle des Odysseus bei Homer, als „Basileus" bezeichnet wurde. Es wurde schon an vorheriger Stelle gezeigt (Kap. V.3.2), dass der Begriff „Basileus" in seiner Bedeutung nur schwer einzugrenzen ist und in den geläufigen Übersetzungen als „König", „Fürst", „Adliger" oder „Landesherr" zum Teil sogar sinnentstellt wiedergegeben wird.[1573] Hinter dem Begriff „Basileus" verbirgt sich vielmehr eine mit besonders großem Grundbesitz bzw. großem Vermögen ausgestattete Person, die darüber hinaus über herausragende Fähigkeiten wie Mut, Charisma, Redegewandtheit etc. verfügte. Zwar konnte Besitztum vererbt werden, die politische Position des Basileus war jedoch nicht direkt übertragbar[1574], weshalb sie einem ständigen Konkurrenzkampf ausgesetzt war. Somit lässt sich die Position des Basileus m. E. gut mit der des Big Man vergleichen, dessen Position ebenfalls nicht formal institutionalisiert war und verloren gehen konnte.

Nun gibt es verschiedene Formen von Hetairos-Gruppen, wobei Ulf[1575] aus den Schriften von Homer insgesamt vier verschiedene Typen herausarbeiten konnte. Vorab zu erklären ist der von Ulf benutzte Begriff des „Ethnos", von ihm auch als „politische Einheit"[1576] bezeichnet. Nach Welwei kann auch von einer „Wehrgemeinschaft"[1577] gesprochen werden. Meines Erachtens wird hiermit eine kulturelle Volksgruppe umschrieben, welche innerhalb eines lokalen Raumes, verteilt auf verschiedene Siedlungen, Oikia, Weiler etc., lebte.

Typ 1 ist eine kleine, um einen Basileus gescharte Gefolgschaft, bei welcher alle Personen aus der gleichen Volksgruppe stammen. Auch in Friedenszeiten bleibt die Gefolgschaft in Form einer Tischgenossenschaft erhalten (z. B. Telemach und seine Gefährten; Oikos-Herren).

Typ 2 ist mit dem Typ 1 nahezu gleich, nur dass man es hier mit einer Großgruppe zu tun hat, die mit der Volksgruppe identisch ist. Die Zahl der Gefolgsleute ist größer als im vorherigen Typ (z. B. Achilles und die Myrmidonen).

Typ 3 ist eine kleinere Gruppe von Anführern, die sich nur für zeitlich begrenzte Unternehmungen, wie z. B. Beutezüge und Kriege, zusammenschließen. Die Anführer stammen entweder aus verschiedenen Ethnien oder sind Oikos-Herren. Ihre Gefolgsleute rekrutierten sich aus einer oder mehreren Siedlungseinheiten (z. B. der Zusammenschluss von Achilles, Odysseus, Menelaos und Agamemnon, wobei Letzterer über die höchste Autorität verfügt).

Typ 4 ist eine Großgruppe, die sich aus Anführern und deren Gefolgsleuten zusammensetzt. Dieses ist eine Vereinigung mehrerer Volksgruppen (z. B. die Achaier oder die Trojaner).

Die von Ulf aufgestellten Gruppentypen unterscheiden sich vor allem in ihrer Größe. Die Kernfigur bildet dabei jeweils der Gefolgsherr, der darum bemüht sein muss, die Gruppe zusammenzuhalten. Bei Zusammenschlüssen mit anderen Gruppen entsteht zudem ein ausgesprochenes Konkurrenzverhältnis zu anderen Gefolgsherren. Unter Typ 1 können auch die so genannten „Hausgefolgschaften"[1578] eines Oikos eingeordnet werden. Bei einem Oikos hätte man es somit nicht nur mit einer politischen, sondern auch mit einer wirtschaftlichen Einheit zu tun:

„Diese ökonomischen Zellen stellen relativ selbständige politische Einheiten dar, deren Stellenwert und Einfluss in erheblichem Umfange auch von der Anzahl und Befähigung der an einen Oikos gebundenen Gefolgschaft abzuleiten ist. Die Gefolgsleute repräsentieren unmittelbar die personelle „Hausmacht" des Besitzers und verkörpern nach außen dessen wirtschaftliches, politisches und kriegerisches Potenzial."[1579]

In den Gefolgschaften eines Oikos konnten Männer verschiedener Herkunft zusammengeführt sein, darunter die persönliche Gefolgschaft des Herrn, Verwandte des Oikos-Herrn, Freie und Unfreie, aber auch Fremde bzw. Gäste. Innerhalb des Oikos ergibt sich dadurch eine gewisse Arbeitsteilung aus Perso-

---

1573 Vgl. Tomedi, Eliten 666.
1574 Im Falle des Telemachos, dem Sohn des Odysseus, ist dieser der direkte Erbe des Besitzes seines Vaters, dessen Rolle als Basileus war aber nicht zwingend auf den eigenen Sohn übertragbar. Dies verdeutlichen Telemachos erfolglose Versuche, aus eigener Kraft die Freier seiner Mutter aus dem Haus zu vertreiben. Erst mithilfe seines Vaters, der über die erforderlichen Eigenschaften eines Basileus verfügte, gelang ihm dies.
1575 Ulf, Homerische Gesellschaft 127 ff.; siehe auch Welwei, Polis 485 ff.; D. Boehringer, Heroenkulte in Griechenland von der geometrischen bis zur klassischen Zeit. Attika, Argolis, Messenien. Klio. Beiträge zu Alten Geschichte Neue Folge 3 (Berlin 2001) 106 ff.
1576 Ulf, Homerische Gesellschaft 127 ff.
1577 Welwei, Polis 485.
1578 Drexler, Macht 58 ff.
1579 Oeftiger, Mehrfachbestattungen 112.

nen, die zur wirtschaftlichen Produktion eingesetzt werden, und solchen, die nach außen politische und auch ökonomische Interessen des Herrn vertreten. Letzteres geschieht meist mittels der Ausübung von Gewalt.[1580] Interessant ist beim Okois, und natürlich auch bei den anderen Hetairos-Gruppen, die Aufnahme von Fremden in die Gefolgschaft, da diese auch bei internen Konflikten eingesetzt werden können. Der Vorteil für den Gefolgsherrn besteht darin, dass diese Krieger aufgrund ihrer Herkunft keine Rücksicht auf gewisse interne Regeln nehmen müssen, da sie nur ihrem Herrn gegenüber verpflichtet sind. Mit der Einbindung von Fremden kann sich ein gewisses Machtgefälle zwischen den einzelnen Oikia und innerhalb der Gesellschaft entwickeln[1581], da der Oikos-Herr mit einer solchen Gefolgschaft nun unabhängiger agieren kann. Im Oikos-Herrn findet sich die zentrale Führungsperson von Gefolgschaften, die nicht nur im Kampf, sondern auch zu Tisch die leitende Position einnimmt. Die Verpflegung der Gefolgsleute ist die Pflicht eines jeden Gefolgsherrn und verdeutlicht auch nach außen dessen Status. Die Person des Wirtes findet sich, wie ich es bereits im vorherigen Kapitel angedeutet habe, auch in den urnenfelderzeitlichen Wagengräbern wieder:

„Als Oberhaupt seiner Familie, Sippe und Hofgemeinschaft („pater familias") fungierte er zugleich als deren Herr über das tägliche gemeinsame Mahl. Als eines der führenden Häupter in seiner Region war er ebenso Herr über gemeinsame zeremonielle Essen und Trinkgelage und nahm damit eine von der Gemeinschaft erwartete soziale Funktion war. [...] Die Neuerungen in den Trink- und Mahlausstattungen zeigen aber auch, dass dieser Wandel zu Beginn der Urnenfelderzeit mit einem tief greifenden sozialen Funktionswandel dieser führenden Familien und ihrer Häupter in ihren Gemeinschaften verbunden war."[1582]

Das Bild, das R. Kreutle hier für die Urnenfelderzeit entwirft, lehnt sich deutlich an die Rolle des Oikos-Herrn an. Zwar ist bei den umfangreichen Gefäßsets der urnenfelderzeitlichen Gräber die genaue Funktion der einzelnen Gefäße nicht bekannt, es ist aber ersichtlich, dass man es hier nicht mit der Gefäßausstattung für eine einzelne Person zu tun hat, sondern an die Beköstigung weiterer Personen gedacht wurde. Es liegen allerdings nur wenige Gräber aus der Urnenfelderzeit vor, in denen sich in einer mehrteiligen Keramikausstattung rituelle Trinkfeste für mehrere Personen erkennen lassen, eine gewisse Regelhaftigkeit im Auftreten dieser großen Geschirrsätze ist aber gerade in besonders reichen Bestattungen zu beobachten.[1583] So etwa in den Wagengräbern von Hart a.d. Alz und Poing mit ihren umfangreichen Geschirrsätzen (Kap. V.1.4), Siebgefäßen und Bronzetassen, im Grab von Mengen mit seiner enorm vielteiligen Keramikausstattung[1584] und auch in den Schwertgräbern von Eschborn (Kap. III.4.1.4.1./4.2.2.4) und Mimbach (Kap. III.4.1.4.2). Gemeinsam sind diesen Gräbern große Mischgefäße, gelegentlich auch als Urne genutzt, z.T. Siebgefäße und vor allem ein Set mehrerer Trinkgefäße, wie Becher und Schüsseln. Die hohe Stellung des Bestatteten drückt sich in seiner Rolle als Bewirtender aus, der seinen Gästen aus einem großen Gefäß heraus ein vermutlich alkoholhaltiges Getränk zuteilte. Dass derartige Zeremonien auch in späterer Zeit auftreten und als ein Festhalten an urnenfelderzeitlichen Traditionen interpretiert werden können, verdeutlicht das späthallstattzeitliche Grab des „Fürsten von Hochdorf".[1585] Dem „Fürsten" kann ein besonders großes Trinkhorn zugeordnet werden, während seinem Gefolge bzw. dem engsten Kreis um ihn kleinere Trinkhörner zugedacht waren.[1586] K. Peschel[1587] sieht in den Trinkgefäßen von Hochdorf den Beleg einer „kultischen Devotion", wie sie auch in antiken, zumeist griechischen Quellen beschrieben und dargestellt wird:

„Dabei hätten sich Krieger gegen Geschenke einem Anführer zu einer teilweise sogar ihr irdisches Leben überdauernden Gemeinschaft verpflichtet. Diese Form des Bündnisses habe sich unter anderem in der Form einer durch feste Regeln bzw. Riten strukturierten Trinkgemeinschaft der Mitwelt vermittelt."[1588]

Auch H. Steuer sieht in den Trink- und Speiseservicen aus Gräbern einen wesentlichen Bestandteil von Gefolgschaften:

„Wesentliche Elemente des Gefolgschaftswesens sind einerseits Kampf und Krieg mit und für den Gefolgsherren und andererseits der das Bündnis stiftende Trunk und diese Verbindung bestätigenden

---

1580 Drexler, Macht 61.
1581 Ebd. 62.
1582 Kreutle, Schwarzwald und Iller 372.
1583 P. Schauer, Tongeschirrsätze als Kontinuum urnenfelderzeitlichen Grabbrauches in Süddeutschland. In: T. Kovács (Hrsg.), Studien zur Metallindustrie im Karpatenbecken und den benachbarten Regionen (Budapest 1996) 361–377.
1584 Ebd.
1585 Krauße, Hochdorf III.
1586 Gegen diese Zuordnung spricht sich S. Verger aus, der das größte Trinkhorn so interpretiert, dass es zum kollektiven Gebrauch gedacht war – als ein Trinkhorn, gefüllt mit einem alkoholischen Getränk, das unter den Tischgenossen reihum gereicht wurde (Verger, Hochdorf 18 f.).
1587 Peschel, Devotion 272 ff.
1588 Veit, König 551.

Gaben, verbunden zumeist mit religiösen Praktiken."[1589]

In ähnlicher Weise auch P. Treherne über die Verhältnisse in der Bronzezeit:

„By this time, male drinking rituals may have been a key social mechanism by which the paramount élite could gather a following of warrior companions: the creation and reproduction of an armed body of supporters through warrior feasting and hospitality."[1590]

Die Trinkservice aus den urnenfelderzeitlichen Gräbern legen nahe, dass sich wie in den griechischen Hetairos-Gruppen oder der Späthallstattzeit auch die Gefolgschaften der Urnenfelderkultur in Friedenszeiten nicht (unbedingt) auflösten, sondern in Form einer Gemeinschaft von Tisch- oder Trinkgenossen bestehen blieben. Bei den Hetairos-Gesellschaften hatte man gesehen, dass diese Gruppen in ihrer Größe differieren, wobei von einer gewissen „Kerngruppe", einem engen Personenkreis um den Gefolgsherrn, in jedem Fall ausgegangen werden kann. Nun sind Geschirrsätze und Gefäße in prähistorischen Gräbern nichts Ungewöhnliches, in der Urnenfelderzeit sind sie sogar ein wesentlicher Bestandteil fast jeder Grabausstattung, wenn sie auch häufig offensichtlich nur zur Versorgung einer einzelnen Person, nämlich des Bestatteten, gedacht waren. Im Falle des Gräberfeldes von Neckarsulm ist es nun aufschlussreich festzustellen, dass umfangreiche Keramiksets fehlen, Trinkgefäße aber bis auf wenige Ausnahmen zur festen Grundausstattung der Bestattungen gehören. Die in einigen Gräbern aufgefunden Keramikscherben legen nahe, dass die ursprüngliche Zahl der Grabgefäße ursprünglich höher war, weshalb auch in den vermeintlich fundleeren Gräbern Gefäße gelegen haben könnten. Der gemeinsame Umtrunk der Toten im Jenseits stand demnach auch bei der Bestattungsgemeinschaft aus Neckarsulm deutlich im Vordergrund. Dass in diesem Fall allerdings nur einzelne Gefäße in den Bestattungen auftreten, bedeutet jedoch nicht zwangsläufig, dass der Tote im Jenseits für sich alleine trinken musste. Vielmehr war er mit seinem persönlichen Gefäß dafür ausgerüstet, zusammen mit den anderen Toten im Jenseits an gemeinsamen Feiern teilnehmen zu können. Darin verdeutlicht sich zugleich auch, dass die Toten untereinander gleichrangig waren, denn selbst die Schwertträger besitzen bis auf den Toten der Bestattung 22/1 nur ein einzelnes Gefäß. Die Schwertträger übernahmen also nicht die Rolle des Gastgebers, sondern reihten sich unter die übrigen Männer der Bestattungsgemeinschaft ein. Auch dies spricht sehr klar für eine flache Hierarchie zwischen den Neckarsulmer Männern.

4.3 Krieger und Kriegerverbände

Ich hatte bereits an verschiedenen Stellen meine Interpretation dargelegt, dass es sich bei den in Neckarsulm bestatteten Männern um eine Kriegergemeinschaft handelt. Nun ließe sich hier als Gegenargument anführen, dass ja tatsächlich nur drei der Toten mit einer Waffe bzw. einem Schwert ausgestattet wurden und zudem bei keinem Individuum ein Hinweis auf einen gewaltsamen Tod vorliegt. Dies ist richtig, es liegen dennoch gewichtige Gründe vor, trotzdem bei allen Bestatteten von Kriegern auszugehen. Das Hauptargument liegt vor allem im Ritus der Körperbestattung, da dieser aufs Engste mit Waffengräbern verbunden ist, wenn er auch nicht ausschließlich bei diesen anzutreffen ist.[1591] Die zahlreichen Doppel- und Mehrfachbestattungen sind mehr als ungewöhnlich und zeugen von einer engen Beziehung der Toten untereinander, die, soweit es sich ermitteln ließ, ausschließlich männlichen Geschlechts sind. Meines Erachtens geben zudem die Schwertgräber den interpretatorischen Rahmen vor, dass es sich bei einigen Toten nachweislich um Krieger handelt. Deren Bezug zu den übrigen, waffenlosen Bestattungen ist überaus eng, da die Schwertträger zwischen den unbewaffneten Männern und nicht etwa abseits liegen, also voll in die Gruppe integriert waren. Gebrauchsspuren an den Waffen bezeugen zudem, dass die Schwerter keine reinen Statusobjekte waren, sondern sich tatsächlich in Gebrauch befanden. Die zahlreichen Waffenfunde der Urnenfelderzeit weisen deutlich auf ein spezialisiertes Waffenhandwerk hin, woraus geschlossen werden kann, dass auch die Träger von Waffen in deren Gebrauch geübt waren. Die unterschiedlichen Waffentypen zeigen zudem, dass zwischen verschiedenen Kriegertypen unterschieden werden kann, etwa Bogenschützen, Lanzen- und Schwertträgern. Da in einigen Gräbern verschiedene Waffenkombinationen auftreten, gab es offensichtlich auch Krieger, die verschiedenste Kampftechniken beherrschten. Es kann auch davon ausgegangen werden, dass Waffen in Gebrauch waren, welche archäologisch keine Spuren hinterließen. Zu denken wäre hier an Pfeile mit Spitzen aus Knochen, Lanzen

---

1589 H. Steuer, „Gefolgschaft". Reallexikon der Germanischen Altertumskunde Bd. 10, 547.
1590 Treherne, Warriors Beauty 110.
1591 „Eigenständige Begräbnistraditionen scheinen von Kriegern der beginnenden Eisenzeit fortgeführt worden zu sein. Schon G. Kossack hatte darauf aufmerksam gemacht, daß in der älteren Hallstattzeit (Ha C) Waffenträger überwiegend körperbestattet wurden, während die übrige Bevölkerung die Sitte der Brandbestattung beibehielt." (Clausing, Untersuchungen 138)

mit im Feuer gehärteten Spitzen und Steinschleudern etc. Das Fehlen von Waffen kann aber ebenso, abgesehen von Grabraub, mit besonderen Bestattungssitten erklärt werden, etwa dass nicht jeder Krieger Anspruch darauf hatte, Waffen mit ins Grab zu bekommen (s.o.).

Insgesamt betrachtet ergibt sich aufgrund der großen Zahl von Waffenfunden und der spezialisierten Produktion derselben für die Bronzezeit ein Bild, in dem Gewalt und Krieg ihren festen Platz im täglichen Leben hatten[1592]:

„Warfare was probably institutionalized in sociopolitical and ritual live to the extent that it was a necessary process in the reproduction of sociopolitical organization, group identity, and community relationships."[1593]

Derartige Überlegungen führten in der Archäologie schon früh zu einer allgemeinen Gewohnheit, alle mit Waffen bestatteten Männer als „Krieger" zu bezeichnen. Diese Vorgehensweise zeigt sich bereits bei der Ansprache von Gräbern mit Pfeilen und Streitäxten aus dem Neolithikum[1594] und zieht sich hinein bis in die Perioden des Frühmittelalters. In den letzten Jahren setzte ein kritischeres Denken ein, was den Gebrauch bzw. die Funktion von Waffen betrifft, und man betrachtete Waffen nun auch als Mittel zur Darstellung der männlichen Identität als Krieger.[1595] So sagt etwa J. Whitley: „Instead we should see this ‚weapon burial ritual' in more symbolic terms, as a metaphor for a certain kind of masculine ideal."[1596] Für die Archäologie sind die Bestattungssitten dabei ein Mittel, nicht nur ein neues Ideal bzw. den Topos des Kriegers einzuführen, sondern auch kulturelle Identitäten zu generieren: „To bury a man as a warrior (whether or not he was one) is therefore to make ideological claims about status, hierarchy, authority and gender."[1597] Auch H. Vankilde sieht in der Rolle des Kriegers eine neue Form männlicher Identität, allerdings nur einer von vielen: „Warriorhood must be understood as a specific social identity, which feeds on warfare and which overlaps variably with other social identities depending on specific context."[1598] Diese, vor allem in der Bronzezeit deutlich zutage tretende Darstellung des Mannes als Krieger, hat P. Treherne[1599] in einer Arbeit ausführlich behandelt. Es würde an dieser Stelle zu weit führen, die Arbeit von Treherne in allen Facetten wiederzugeben, weshalb exemplarisch das folgende Zitat angeführt sei, welches seinen Ansatz auf den Punkt bringt:

„For the late-Bronze-Age warrior, an aesthetic of male beauty appears to have been central in life as well as death, the two states mutually constituting one another and together the individual's self-identity. In this light, we shall consider *hair*, the modification of which the razors, tweezers, and combs were principally associated with."[1600]

Nun sollte man den bronzezeitlichen Kriegern keine Eitelkeiten in der Körperpflege unterstellen, sondern die angesprochene Haartracht etc. als Ausdrucksform der Kriegeridentität verstehen. Dieses erinnert, nicht unbedingt zufällig, an die Mitglieder von Gefolgschaften und Männerbünden (s.u.), die ihre Zugehörigkeit zu einer Gruppe mittels Insignien, Kleidung, Haartracht, Tatauierungen etc. bewusst nach außen anzeigen. Im Falle der Krieger liegt es nahe, dass diese aber vor allem durch das Tragen von Waffen zu erkennen waren. Ebenso ist zu vermuten, dass es in der Bronzezeit auch andere Kennzeichen des Kriegers gegeben hat, welche sich allerdings in den Gräbern nicht erhalten haben. Das Rasiermesser der Bestattung 18/2 und der Pfriem aus Grab 20 liefern für das Gräberfeld von Neckarsulm einige wenige in diese Richtung deutbare Hinweise. Wie bei den oben aufgezeigten Problemen zum Nachweis von Gefolgschaften ist auch der Nachweis von Kriegergruppen schwierig, auch wenn von vielen Seiten fest von der Existenz solcher Gruppen in der Urnenfelderzeit ausgegangen wird. Wie bei den Gefolgschaften begegnet man hier wieder dem Problem, dass der allergrößte Teil der Waffengräber in Form von Einzelbestattungen vorliegt und sich keine Gruppierungen von Kriegern im archäologischen Fundbild anzeigen. Finden sich andererseits gleich mehrere Waffengräber auf einem Gräberfeld, auf welchem auch waffenlose Männer, Frauen und Kinder bestattet wurden, so werden die Waffenträger tendenziell als Familienoberhaupt, Häuptling etc. angesprochen und nicht in ihrer Rolle als Krieger. Häufig steht also der einzelne Waffenträger im Vor-

---

1592 A. Harding, Warfare: A defining characteristic of Bronze Age Europe? In: J. Carman/A. Harding (Hrsg.), Ancient Warfare. Archaeological Perspectives (Stroud 1999) 157–173; Jockenhövel, Gewalt 101 ff.; J. Carman/P. Carman, War in Prehistoric Society: Modern Views of Ancient Violence. In: M. Parker-Pearson/I. J. N. Thorpe (Hrsg.), Warfare, Violence and Slavery in Prehistory. BAR Int. Ser. 1374 (Oxford 2005) 217–224; H. Peter-Röcher, Gewalt und Krieg im prähistorischen Europa (Bonn 2007).
1593 Peregrine/Ember, Urnfields 419.
1594 T. Sarauw, Male symbols or warrior identities? The „archery burials" of the Danish Bell Beaker Culture. Journal of Anthropological Archaeology 26, 2007, 65–87.
1595 Harrison, Warriors.
1596 Whitley, Objects 220.
1597 Ebd. 227.
1598 H. Vankilde, Commemorative tales: archaeological responses to modern myth, politics, and war. World Archaeology 35/1, 2003, 139.
1599 Treherne, Warrior's Beauty.
1600 Ebd. 125.

dergrund, was viele Archäologen interpretatorisch zu einer gewissen und nicht weiter belegbaren Erhöhung von dessen Person bzw. dessen Funktion in der Gesellschaft verführt. Die Zugehörigkeit zu einem größeren Kriegerverband oder einer Gefolgschaft gibt sich zwar häufig nicht zu erkennen, sollte aber bei einer Interpretation nicht vernachlässigt werden. Andererseits stellt sich die Frage, ob denn überhaupt jeder bewaffnete Mann ständiges Mitglied einer Kriegergruppe war oder ob er sich nur im Falle eines Krieges einer Kampfgruppe anschloss.

Geht man von der Existenz von Kriegergruppen in der Urnenfelderzeit aus, stellt sich auch die Frage, wie groß diese Kriegergruppen überhaupt gewesen sind. Wie K. Kristiansen gezeigt hat, können Depotfunde von Waffen hier mögliche Hinweise liefern:

„Some weapon hoards give an indication that a group of sword fighters of 6–7 was maximum, and the same is true of spear fighters. However, the number of men without prestige weapons, equipped with bow and arrow and lance with a bone spearhead cannot be estimated."[1601]

An anderer Stelle bezieht sich Kristiansen auf eine Arbeit von K. Randsborg[1602], der ausgehend von dem ungefähr in das Jahr 350 v. Chr. datierenden Bootsfund aus dem dänischen Hjortspring sowie anderen Hortfunden die Gruppenstärke bronzezeitlicher Kriegerverbände rekonstruierte:

„Randsborg's method of using a few distinctive weapon hoards to reconstruct war parties thus seems partly justified (selection also occurred, so hoards are not representative, in a strict sense, of what constitutes war equipment), and suggests variations in the scale of Bronze Age warfare from small chiefly combats to a larger military phalanx of 50 (10 commanders and 40 commoners)."[1603]

Als weitere Quelle, in welcher Kriegerverbände beschrieben werden, möchte ich auf den Kriegsepos „Ilias" von Homer zurückkommen. Homer, welcher vermutlich im 8. Jh. v. Chr. lebte, beschrieb in seiner „Ilias" einen Krieg und eine Gesellschaft des 13.–12. Jh. v. Chr., also einer Zeit, welche auch für ihn zu einer länger zurückliegenden Vergangenheit gehörte. Dieser Umstand war auch H. van Wees bewusst, welcher dennoch in einer überzeugenden Arbeit aufzeigen kann, in welcher Art man sich die griechischen Kriegerverbände zur Zeit des Trojanischen Krieges vorzustellen hat. Dabei zeigen sich jedoch gewisse Probleme, da Homer weniger auf die Verbände als vielmehr auf einzelne Heroen wie Achilles fokussiert. Unklar sind daher die Angaben zu den Größen der Verbände und verwendete Begriffe zur Schlachtordnung wie vor allem der „Phalanx"[1604]. Während in der „Ilias" an vielen Stellen von mobilen Kolonnen von Kriegern die Rede ist, bezeichnet die Phalanx die größte militärische Einheit einer Armee. „The phalanx was about eight ranks deep and of more variable width, and it numbered between a hundred and a thousand or so men."[1605]

Nach van Wees rekrutieren sich Kriegerverbände aus kleinen regionalen Gruppen bzw. Stammesverbänden, die von mehreren Kriegern angeführt werden. Die oben genannten Typen von Hetairos-Gruppen bieten wohl eine treffende Umschreibung dieser kleinen und größeren Kriegereinheiten. Den Kern jeder Einheit bilden die *bands*, also kleine Gefolgschaften. Aus den Anführern der einzelnen *bands* ragen einige aufgrund ihrer Persönlichkeit, ihrem Mut etc. heraus, und sie gelangen hierdurch zu einer Position von gruppenübergreifender Autorität. Van Wees beschreibt die Hierarchie zwischen und innerhalb der Kriegergruppen wie folgt:

„Stripping away this fictional layer, we can discern features of the army of some period of Greek history. It consists of many small bands of warriors. In battle, the leaders of these bands act independently. Their authority is based on a personal relation to those who follow, rather than being derived from, and exercised within, an institutionalised hierarchy of command. When coordination of their actions is required, the most prominent among the leaders is, apparently by consensus, authorised to gather the army and command the advance to battle. He shares this authority with a number of other leaders, probably the next order of prominence, each picked by him to supervise the advance of a ‚section' of the army."[1606]

Zusammengefasst muss man sich die Kriegerverbände der Bronzezeit als kleine Gefolgschaften vorstellen, die von jeweils einer Person angeführt werden. Innerhalb dieser Kleingruppen, aber auch zwischen den einzelnen Gruppen, existierte eine gestaffelte

---

1601 K. Kristiansen, From Stone to Bronze. The Evolution of Social Complexity in Northern Europe. In: K. Kristiansen/M. Rowlands, Social transformations in Archaeology (New York 1998) 119.
1602 C. Randsborg, Hjortspring: Warfare and Sacrifice in early Europe (Aarhus 1995).
1603 Kristiansen, Warrior 179.
1604 Uneins ist sich die Forschung, ob im 13./12. Jh. v. Chr., in der Zeit, in welcher die „Ilias" wohl gespielt hat, die Kampfeinheiten bereits in der Kampfformation der Phalanx, also in hintereinander stehenden Kampflinien, kämpften oder aber, ob hier Homer dem 8./7. Jh. v. Chr., aufkommende Kampftaktik auf die frühere Zeit übertrug (siehe Hellmann, Ilias 14ff.).
1605 M. Mann, The Sources of Social Power. Vol. 1 (Cambridge 1986) 200.
1606 H. van Wees, Leaders of Men? Military Organisation in the Illiad. The Classical Quarterly, New Series 36/2, 1986, 303.

Rangfolge von Autorität. Leider finden sich auch in der Ilias keine absoluten Zahlen zu den kleinsten Kampfeinheiten. Trotzdem lassen diese Quelle, wie auch die Depot- und Grabfunde der Urnenfelderzeit erahnen, wie groß man sich diese Gefolgschaften vorzustellen hat. Die für mehrere Personen gedachten Keramikausstattungen aus den Gräbern und die Waffen aus den Depotfunden zeigen, dass von kleinen Kriegergruppen, Gefolgschaften oder *bands* mit etwa vier bis maximal zehn Personen auszugehen ist. Da die Kriegergruppen im Kampf sehr mobil sein müssen, ist kaum davon auszugehen, dass größere Gruppen eine derartige Mobilität überhaupt noch erlaubt hätten. Natürlich können sich mehrere Kriegergruppen zusammenschließen und ein oberster Anführer kann kurzfristig die Kampfaufstellung und eine Kampftaktik planen, doch dieser Anführer verfügt im Feld über keine wirkliche Befehlsgewalt über die anderen Gefolgschaften.

Im Falle des Gräberfeldes von Neckarsulm zeigen sich in den Doppel- und Mehrfachbestattungen nur kleine Einheiten von zwei, drei bis maximal fünf Personen. Die hier zusammen Bestatteten müssen aber nicht die gesamte Gefolgschaft darstellen, sondern nur jene Mitglieder, die im Kampf oder auf andere Weise einen gleichzeitigen Tod fanden. Bereits bei der Frage, ob es sich bei diesen Personen um Gefolgschaften handelte, kam ich zu dem Ergebnis, dass sich in Neckarsulm keine hierarchischen Strukturen zwischen den Männern abzeichnen und sich bis auf die Schwertträger keine potenziellen Anführer bzw. Gefolgsherrn zu erkennen geben. Man könnte es sich nun einfach machen und auf jeden der drei Schwertträger die übrigen 47 Bestattungen verteilen. Mit dieser Rechnung hätte man es mit jeweils einem Schwertträger und 16 Gefolgsleuten zu tun. Da wir aber nicht wissen, wie viele weitere Waffen- bzw. Schwertgräber es unter den beraubten und zerstörten Bestattungen gegeben hat, ist diese Rechnung fragwürdig. Ebenso lässt sich anhand der Datierung der Grabfunde nicht sagen, ob das Anlegen der Gräber gleichzeitig erfolgte oder nicht. Mit einer maximalen Zeitspanne bei der Nutzung des Gräberfeldes von zwei Generationen müssen auch nicht alle Männer zum gleichen Zeitpunkt verstorben sein. Wir wissen also nicht, ob es sich um nachrückende Mitglieder einer Gefolgschaft handelte oder um zeitlich aufeinander folgende Gefolgschaften, die vielleicht nicht einmal gemeinsam kämpften. Akzeptiert man die oben postulierte maximale Größe von max. zehn Personen pro Gefolgschaft, könnte man es dennoch mit mehreren kleinen, aber aufgrund des gemeinsamen Bestattungsplatzes stark miteinander verbundenen Gefolgschaften bzw. *bands* zu tun gehabt haben, die sich im Krieg zu einer großen Kriegergruppe zusammengeschlossen haben können.

Da es sich, wie man es vor allem der „Ilias" entnehmen kann, bei den kleineren Gruppen um Gefolgschaften auf lokaler Ebene und bei den größeren Einheiten um solche auf regionaler Ebene handelt, lässt sich hierdurch auch auf die internen Beziehungen zwischen den Kriegern schließen. Das Spektrum reicht hier zum einen von engen (konsanguinen) verwandtschaftlichen Bindungen wie Vätern und Söhnen, Onkeln und Cousins, Geschwistern oder auch weiter auseinanderliegenden Graden bis hin zu angeheirateten Personen (affinale Verwandte). Zum anderen, man hatte diese bei den Oikos gesehen, ist auch mit integrierten Kriegern fremder Herkunft zu rechnen. Da C. Ulf bei den Hetairos-Gruppen Kriegergruppen ausschließt, die sich aus einzelnen Siedlungsverbänden rekrutieren, hat man es mit Kriegern zu tun, die aus einer größeren „politischen Einheit" stammen. Dieses meint vermutlich, dass sich die Krieger aus verschiedenen Abstammungsgruppen bzw. Verwandtschaftsverbänden rekrutiert haben. Eine derartige Bündnisform begegnet uns auch in den Männerbünden wieder, die ich nun vorstellen werde.

4.4 Männerbünde

Bei der Interpretation der Neckarsulmer Bestattungsgemeinschaft kommt vor allem den anthropologischen Geschlechtsbestimmungen von Prof. Dr. J. Wahl eine hohe Bedeutung zu, durch die offensichtlich wurde, dass sich unter den anthropologisch bestimmbaren Toten ausschließlich männliche Individuen befinden.[1607] Diese Ergebnisse bilden eine wesentliche Grundlage für das Verständnis dieser Gruppe, die sich im Zusammenhang mit dem Bestattungsritus als sehr exklusive Gruppe, ja vielleicht sogar als „Bund" zu erkennen gibt. Was ist unter dem Begriff Bund eigentlich zu verstehen?

„Bünde sind organisierte Zusammenschlüsse. Sie haben Aufnahmeregeln und ein mehr oder weniger festgelegtes Regelwerk aus Rechten, Pflichten und Aufgaben. Die Ideologie eines Bundes beruht auf Überzeugungen und Interessen, die von seinen Mitgliedern geteilt werden sollen. Gemeinsame Veranstaltungen und Unternehmungen führen die Mitglieder zusammen."[1608]

Aus dieser Definition tritt deutlich zutage, wie ge-

[1607] Siehe hierzu den Beitrag von J. Wahl in diesem Buch.
[1608] G. Völger/K. v. Welck (Hrsg.), Männerbande, Männerbünde: Zur Rolle des Mannes im Kulturvergleich. Führer zur Ausstellung im Rautenstrauch-Joest-Museum für Völkerkunde in Köln 1990 (Köln 1990) 12.

schlossen man sich Bünde vorzustellen hat. In Bünden herrscht ein dominierendes „Wir-Gefühl", das durch eine gemeinsame ideologische Auffassung getragen wird. Bünde stellen ein Phänomen bzw. ein Element in nahezu sämtlichen historischen und rezenten Kulturen dar. Ihnen kommt je nach Ausprägung eine mehr oder weniger große gesellschaftliche Bedeutung in politischer, ökonomischer und religiöser Hinsicht zu. Dies vor allem, da sie nicht ausschließlich auf Verwandtschaftsbeziehungen beruhen, sondern über diese Beziehungen hinausgreifen und auch nicht miteinander verwandte Personen zusammenführen. Eine spezielle Form von Bünden sind die Männerbünde[1609], welche sich ausschließlich aus Personen männlichen Geschlechts zusammensetzen. Frauen und Kinder können dieser Gruppe in der Regel nicht angehören:

„Männerbünde haben nicht immer nur den einen Zweck, Frauen auszugrenzen. In Altersklassenverbänden geht es oftmals um die Kontrolle der jungen Männer durch die älteren. Dass Männer und Frauen keinen gemeinsamen Verband bilden, liegt an der strikten Trennung ihrer Lebensbereiche und der Geschlechterrollen, die besonders für viele nicht-industrialisierte Gesellschaften typisch ist. Auf ihr basiert zu einem guten Teil die gesellschaftliche Ordnung."[1610]

Da es unterschiedlichste Ausprägungen von Männerbünden gibt, die je nach Gesellschaft und Kultur über bestimmte Eigenheiten verfügen[1611], ist es hilfreich, zunächst nur die allgemeinen Charakteristika von Männerbünden herauszustellen. In traditionellen Gesellschaften setzen sich Männerbünde in erster Linie aus erwachsenen Männern einer Sippe, mehrerer Abstammungsgruppen, einer Siedlungsgemeinschaft oder gar verschiedener Ethnien zusammen.[1612] Auch Nicht-Stammesmitglieder und Fremde können aufgenommen werden. In Mythen wird oftmals eine gemeinsame Abstammung aller Männer betont. Dies bedeutet, dass sich der Kreis der aufnahmefähigen Männer ausweiten kann, wenn pseudo-verwandtschaftliche Beziehungen konstruiert werden.[1613] Dem Bund können alle Männer der Gesellschaft angehören, ebenso können aber auch gewisse Aufnahmebeschränkungen existieren. Etwa in der Art, dass nur Männern einer bestimmten Glaubensrichtung, mit einer bestimmten gesellschaftlichen Position etc. der Zugang zum Bund möglich ist. Oftmals sind Bünde dauerhafte Körperschaften, die sich durch die Aufnahme neuer Mitglieder verjüngen bzw. reproduzieren. Daneben gibt es auch temporäre Verbände bestimmter Altersklassen, der Beitritt und der Austritt liegen hier innerhalb einer genau vorgegebenen Zeitspanne.

Der Beitritt zu einem Bund kann entweder freiwillig erfolgen oder er ist gesellschaftlich, etwa durch das Erreichen eines bestimmten Alters oder sozialen Reife, vorgegeben. Nur in seltenen Fällen, etwa bei kriminell arbeitenden Personen oder bei von Verfolgung bedrohten Bünden, wird die Mitgliedschaft in einem Bündnis geheim gehalten.[1614] Ein wichtiges Kennzeichen von Männerbünden ist, dass der Aufnahme in den Bund ein Initiationsritus vorausgeht. Der Zeitpunkt des Eintritts liegt häufig am Übergang vom Knaben- zum Mannesalter bzw. dem Erreichen eines bestimmten sozialen Alters. Die Initiation ist ein Übergangsritus (*rite de passage*), der nach van Gennep[1615] in drei Phasen unterteilt werden kann. Die erste Phase ist eine Herauslösung aus der Gesellschaft, die als symbolischer Tod verstanden wird. Es folgt eine Übergangsphase, in welcher sich die Person auf den Eintritt vorbereitet, „wobei oft Mut, Geschicklichkeit, spezifisches Wissen oder Verlässlichkeit auf die Probe gestellt werden."[1616] Die dritte Phase ist der Eintritt in den Bund, der dem Aufgenommenen einen neuen sozialen Status, ja sogar eine neue Identität verleiht. Der vollzogene Aufnahmeritus wird dabei als eine „Wiedergeburt" verstanden, und zwar der Art, dass die biologische Geburt durch die Mutter nun durch die Geburt im Kreise der männlichen Mitglieder des Bundes „abgelöst" wird. Knaben werden in dieser Zeremonie zu Männern, wobei in vielen Kulturen das Verständnis von einem „Mann" gleichbedeutend mit dem eines „Kriegers" ist. Es ist in diesen Fällen daher schwierig, zwischen Männerbünden und Kriegergemeinschaften zu unterscheiden.

Männerbünde sind eine besondere soziale Organisationsform, da sie sich formal von der übrigen Gesellschaft abgrenzen. Sie sind daher als exklusiv zu bezeichnen, da Frauen, aber auch andere Männer aufgrund einer strikten Reglementierung ausge-

---

1609 Das Konzept des „Männerbundes" geht zurück auf den deutschen Ethnologen Heinrich Schurtz (H. Schurtz, Altersklassen und Männerbünde: Eine Darstellung der Grundformen der Gesellschaft [Berlin 1902]), der bei ostafrikanischen Völkern Initiationsrituale untersuchte. Sein Konzept dieser sozialen Organisationsform wurde von der Jugendbewegung im 20. Jh. aufgegriffen und trug somit maßgeblich zur Verbreitung dieses Begriffs bei.
1610 Völger u. a., Männerbünde 15.
1611 Ebd.
1612 Fischer, Ethnologie 135.
1613 Hirschberg, Völkerkunde 74.
1614 Eine besondere Form bilden so genannte „Geheimbünde" oder „Geheimgesellschaften", in denen die Mitglieder in ein mystisches, okkultes, spirituelles oder zum Teil nur vermeintliches Geheimwissen eingeweiht werden.
1615 A. van Gennep, Les Rites de Passage (Paris 1909).
1616 Hirschberg, Völkerkunde 231.

schlossen werden. Auch wenn dies auf den ersten Blick anders erscheint, spalten die Bünde auf diese Weise nicht die Gesellschaft, sondern sie sorgen vielmehr für deren Zusammenhalt und Stabilität, da sie quer zu den Verwandtschaftsverbänden liegen. Als geschlossene Gruppe verfolgen sie zwar eigene Interessen und Ziele, sie übernehmen jedoch auch gewisse Aufgaben und Pflichten, die im Interesse der gesamten Gesellschaft sind. Ihnen fallen Aufgaben im politischen und ökonomischen Bereich zu und sie garantieren auch den Schutz und die Verteidigung der übrigen Bevölkerung. Männerbünde sind demnach als eine zusätzliche und komplementäre soziale Bindungsform zu verstehen, da sich die Mitglieder nicht aus miteinander verwandten Gruppen, sondern aus bestimmten Altersgruppen verschiedener Verwandtschaftsverbände rekrutieren. (siehe Kap. V.2.2.2) Die Zusammengehörigkeit der Gruppe wird in ihrem Inneren durch gemeinsam vollzogene Rituale, Zeremonien und Feste sowie durch in der Gruppe ausgeführte Aktionen gestärkt. Zur Aktivität von Männerbünden gehören in traditionellen Gesellschaften häufiger Beutezüge und kriegerische Auseinandersetzungen mit anderen Gruppen, worin sie sich kaum von den Gefolgschaften und Kriegergruppen unterscheiden.[1617] Nicht zu verallgemeinern ist die innere Struktur von Männerbünden, da sowohl hierarchielose wie auch sehr ausgeprägte hierarchische Strukturen vorliegen können. Sind Rangstufen zu beobachten, so basieren diese häufig auf der Dauer der Mitgliedschaft und dem Alter der Mitglieder.[1618] Die älteren Mitglieder, welche die Jungen bei ihrer Initiation empfangen, genießen dabei das höchste Ansehen. Gemeinsam ist vielen Bünden, dass die Zugehörigkeit zum Bund nach außen angezeigt wird. Dies geschieht bspw. durch eine spezielle Kleidung und besondere Haartracht, durch die Verwendung spezifischer Insignien, Schmuckstücke und durch Tatauierungen. Permanente und nichtpermanente Körperverzierungen sind ein typisches Kennzeichen solcher Gruppen (Kap. III.4.5.4).

Nun gibt es nur wenige archäologische Grabfunde, die im Sinne eines Männerbundes interpretiert werden können.[1619] Gräberfelder, auf denen ausschließlich nur ein Geschlecht bestattet wurde oder zumindest ein Geschlecht deutlich dominiert, kennt man vor allem aus der Römischen Kaiserzeit in Norddeutschland. Zu Beginn des 20. Jahrhunderts stellte G. Schwantes die Hypothese auf, dass es in dieser Periode getrennte Männer- und Frauenfriedhöfe gegeben hat.[1620] Am Beispiel zweier Gräberfelder in Niedersachsen definierte Schwantes[1621] zwei Friedhofstypen, die er als „Typ Rieste" und „Typ Darzau" bezeichnete. Aufgrund der hohen Zahl von Waffen und römischen Importgütern meinte er, im „Typ Rieste" eine Form von „Männer- bzw. Kriegerfriedhöfen" erkennen zu können. Mit der Zeit wurde jedoch deutlich, dass es auch Mischformen zwischen den beiden von Schwantes definierten Gräberfeldtypen gibt, mit regionalen Unterschieden in den Bestattungssitten bzw. den Bestattungsplätzen zu rechnen ist und nicht immer eine vollständige Ausgrabung der Gräberfelder vorgenommen wurde. Anthropologische Untersuchungen lieferten zwar teilweise sich widersprechende Ergebnisse[1622] hinsichtlich der Geschlechtsbestimmungen der Toten, insgesamt zeigte sich jedoch, dass häufig tatsächlich ein unausgewogenes Geschlechterverhältnis vorliegt. Diese Männerfriedhöfe als Bestattungsplätze von Männerbünden der germanischen Gesellschaft[1623] zu interpretieren geht auf eine Publikation von O. Höfler[1624] aus dem Jahr 1934 zurück. Wie viele Archäologen nach ihm, bezog sich Höfler in puncto der Existenz von Männerbünden bei den Germanen auf eine Textstelle in Tacitus' „Germania". Hier berichtet Tacitus über das germanische Volk der Chatten, welches damals im Raum des heutigen Hessen lebte:

„Was auch bei anderen germanischen Stämmen geübt wurde – jedoch selten und nur in persönlicher Kühnheit des einzelnen –, ist bei den Chatten allgemeine Sitte geworden; sobald sie herangewachsen sind, lassen sie (nämlich) Haar und Bart wachsen, und erst, wenn sie einen Feind erschlagen haben, legen sie diese der (Göttin der) Tapferkeit in einem Gelübde verpfändete Tracht ihres Kopfes ab. Über dem Blut und den erbeuteten Waffen machen sie die Stirn frei und behaupten, nun erst hätten sie den

---

[1617] Es ist aber zu betonen, dass es auch gewaltfreie Formen von Männerbünden gibt, wie man es etwa von Freimaurern, Rotaryklubs, Klostergemeinschaften etc. kennt.
[1618] Ebd. 74.
[1619] Siehe Reallexikon der Germanischen Altertumskunde Bd. 19, Stichwort „Männerbund", 105–110.
[1620] Siehe auch Steuer, Sozialstrukturen 190 ff.
[1621] G. Schwantes, Die Gräber der ältesten Eisenzeit im östlichen Hannover. Prähistorische Zeitschrift 1, 1909, 140–162; ders., Die Urnenfriedhöfe vom Typ Rieste und Darzau. Zeitschrift Mecklenburg 34, 1929, 134–147; siehe auch C. Redlich, Zur Entstehung und frühesten Entwicklung der Langobarden. Studien zur Sachsenforschung 3, 1982, 169–183.
[1622] W. Wegewitz, Der Urnenfriedhof von Wetzen, Kr. Harburg, und andere Funde aus dem 1. Jahrhundert v. Chr. im Gebiet der Niederelbe. Die Urnenfriedhöfe in Niedersachsen 11 (Hildesheim 1970); C. Eger, Das Gräberfeld von Wetzen – ein Frauenfriedhof? Anmerkungen zur Frage der getrennt-geschlechtlichen Bestattungssitte im Niederelbegebiet. Die Kunde NF 45, 1994, 77–90.
[1623] Siehe auch Drexler, Macht.
[1624] O. Höfler, Kultische Geheimbünde der Germanen, Bd. 1 (Frankfurt a. M. 1934).

Preis für ihre Geburt erstattet und seien damit des Stammeslandes und ihrer Eltern würdig; (dagegen) Feigen und Kriegsuntauglichen bleibt das struppige Aussehen. Gerade die Tapfersten tragen überdies einen eisernen Ring – das gilt sonst bei diesem Volk (den Germanen) als Schande – gleichsam als Fessel, bis sie sich durch Tötung eines Feindes davon befreien. Vielen Chatten gefällt diese Tracht, und so tragen sie denn dies Kennzeichen noch mit grauen Haaren, und ebenso von den Feinden wie von den eigenen Leuten wird mit Achtung auf sie gezeigt. In ihren Händen liegt die Eröffnung eines jeden Kampfes, sie bilden immer die erste Reihe, unheimlich anzusehen. Denn nicht einmal im Frieden werden sie durch eine mildere Lebensweise sanfter. Keiner hat (nämlich) Haus, Acker und irgendeine Beschäftigung; (sondern) bei wem sie jeweils einkehren, bei dem erhalten sie stets Nahrung, Verschwender fremden, doch Verächter eigenen Besitzes, bis ein blutleeres Alter sie einem so rauen Heldenleben nicht mehr gewachsen sein lässt."[1625]

Interessant ist, dass Tacitus nicht nur einen Initiationsritus beschreibt, der erst mit dem Töten eines Feindes den Mann zum vollständigen Manne bzw. zum Krieger macht, sondern dass er auch über die Art und Weise berichtet, wie diese Männer lebten. Sie leben nämlich ohne immobilen Besitz bzw. Haus und Feld, was sie, abgesehen von ihrem Äußeren, deutlich von der übrigen Bevölkerung unterscheidet. In Übereinstimmung mit der obigen Definition von Männerbünden kann daher von einer Gruppe gesprochen werden, welche eigene Rituale praktizierte und einen speziellen Lebensstil pflegte. Inwieweit diese Textstelle jedoch die germanischen Männerfriedhöfe erklären kann, ist in der Archäologie umstritten. Dies weil auf einigen Männerfriedhöfen auch Frauen und Kinder bestattet wurden, was nach Steuer mit der Exklusivität von derartigen Bünden nicht vereinbar sei.[1626] In jüngster Zeit sprach sich Heidrun Derks[1627] gegen die Annahme aus, dass die getrenntgeschlechtlichen Bestattungsplätze der norddeutschen Eisenzeit ursächlich mit der Existenz von Männerbünden zu begründen seien. In einer umfangreichen Analyse ethnologischer Quellen kam sie betreffend Männerbünden zu folgendem Ergebnis:

„Bündische Organisationen – Männerbünde, Kriegerbünde, Geheimgesellschaften – stellen [somit] keine zwingende Voraussetzung für die Durchführung geschlechtsspezifischer Formen der Bestattung in traditionellen Gesellschaften dar. Eher gilt es zu überlegen, ob dem Merkmal ‚sozialer Status der Geschlechter' eine solche Bedeutung zukommen könnte und warum dieser Aspekt in seßhaft lebenden, Ackerbau und Viehzucht betreibenden Gesellschaften hierfür häufiger von Bedeutung ist, als in anderen Gesellschaften."[1628]

Im Vergleich zwischen den Gräberfeldern der Urnenfelderzeit und jenen der Römischen Kaiserzeit ist festzuhalten, dass in der Urnenfelderzeit, mit Ausnahme des Gräberfeldes von Neckarsulm, bislang kein reiner Männerfriedhof beobachtet werden konnte. Es ist nach bisherigem Kenntnisstand auch nicht davon auszugehen, dass es in dieser Periode üblich war, die Toten je nach Geschlecht auf gesonderten Friedhöfen zu bestatten. Der außergewöhnliche Bestattungsritus in Neckarsulm deutet vielmehr darauf hin, dass es nicht nur das Geschlecht war, welches die abweichende Sitte der Körperbestattung und das Anlegen dieses Gräberfeldes bestimmte, sondern vielmehr die Zugehörigkeit zu einer besonderen, aber eben aus Männern bestehenden sozialen Gruppe. Demgegenüber steht Derks Aussage, dass die Existenz von Männerbünden, Kriegerbünden etc. keine *zwingende* Voraussetzung für geschlechtsspezifische Bestattungssitten sein muss. Allerdings lässt die von ihr gewählte Formulierung ebenso offen, dass dies andererseits durchaus der Fall sein *kann*. Im Falle der Toten von Neckarsulm muss m.E. von einem besonderen Status der Bestatteten und von einem besonderen Verhältnis zwischen ihnen ausgegangen werden. Es könnte sich um einen Männerbund gehandelt haben, belegen lässt sich diese Vermutung jedoch nicht.

4.5 Fazit

Wir haben nun zwei mögliche Organisationsformen von Kriegergruppen kennengelernt: Gefolgschaften, darunter die griechischen Hetairos-Gruppen, und Männerbünde. In beiden Gruppen organisieren sich Krieger, jedoch unterscheiden sie sich hinsichtlich ihrer inneren hierarchischen Ordnung und ihrer Größe. Letzteres ist jedoch kein eigentliches Unterscheidungskriterium, da sich zum einen Gefolgschaften zu größeren Kriegergruppen zusammenschließen können (siehe Kap. V.4.2, Hetairos-Typen 2–3) und sich auch die Männerbünde, in welchen ja

---

[1625] Tacitus, Germania 31, 1–3. In: Tacitus, Germania. Lateinisch und deutsch von G. Pearl, Griechische und lateinische Quellen zur Frühgeschichte Mitteleuropas bis zur Mitte des 1. Jahrtausends u.Z., hrsg. von J. Herrmann, Zweiter Teil = Schriften und Quellen der alten Welt Bd. 37, 2 (Berlin 1990) 109ff.
[1626] Steuer, Sozialstrukturen 158.
[1627] H. Derks, Geschlechtsspezifische Bestattungssitten: ein archäologischer Befund und ein ethnoarchäologischer Ansatz. Ethnographisch-Archäologische Zeitschrift 34, 1993, 340–353.
[1628] Ebd. 349f.

zum Teil alle Männer bzw. Krieger einer Gesellschaft organisiert sind, in kleinere Gruppen bzw. Gefolgschaften untergliedern können. Auch die Zahl der miteinander verwandten Krieger scheint keine eindeutige Unterscheidungsmöglichkeit zu bieten. In Gefolgschaften können die einzelnen Krieger miteinander verwandt sein, sie müssen es aber nicht, da gelegentlich auch fremde Krieger aufgenommen werden. Männerbünde rekrutieren Mitglieder aus mehreren Verwandtschaftsverbänden, es ist sogar ihr Kennzeichen, dass sie eben nicht (allein) auf verwandtschaftlichen Beziehungen aufgebaut sind, sondern sich quer durch die gesamte Gesellschaft ziehen. Hauptunterschied ist, dass sich Gefolgschaften deutlich um eine Führungsperson bilden, während Männerbünde eine gesamtgesellschaftliche Institution sind. Männerbünde sind eine dauerhafte Einrichtung, in welche über Generationen hinweg junge Männer bzw. neue Mitglieder aufgenommen werden. Gefolgschaften hingegen gründen sich in der Regel nur für kurzfristige Aktionen. Es ist ein besonderer Schritt, wenn diese sich, wie bei den Tischgenossenschaften der Hetairos-Gruppen, noch in Friedenszeiten aufrechterhalten. Die Grenzen zwischen Gefolgschaften verschiedenster Ausprägung und Männerbünden sind sicherlich fließend. In einigen Fällen stellte der Männerbund vielleicht auch eine Vorstufe zu den Gefolgschaften dar und nur wer sich im Männerbund als Krieger auszeichnete, wurde zusätzlich in eine Gefolgschaft aufgenommen. Und umgekehrt können Mitglieder von Männerbünden in Gefolgschaften organisiert sein oder es können sich auch innerhalb von Männerbünden Gefolgschaften bilden.

Für die Kriegergruppen der Urnenfelderzeit stellt sich nun die wichtige Frage, in welcher der beiden genannten Form die Krieger organisiert waren: „How was rulership institutionalised, what institutional forms did warrior retinues or religious institutions, etc. take, and how were they interlinked vertically and horizontally? Warriors may be part of an institution of chiefly retinues (a vertical relationship), but they may also be part of an institutionalised horizontal relationship of warrior sodalities that allowed them to move geographically."[1629]

Um diese Frage zu beantworten, ist zunächst die archäologische Nachweisbarkeit von Gefolgschaften und Männerbünden kritisch zu beurteilen. Anhand von Grabfunden verschiedener Perioden habe ich aufgezeigt, dass sich zwei Arten von Gefolgschaften beobachten lassen. Zum einen jene mit flachen Hierarchien wie Clermont-Ferrant bzw. gleichrangigen Kriegern aus anderen latènezeitlichen Gräbern Europas. Die frühmittelalterlichen Gräber aus Niederstotzingen und Greding-Großhöbing zeigen demgegenüber Gefolgschaften mit hierarchischer Ordnung, d.h. einen Gefolgsherrn und einen bis mehrere Gefolgsleute. Das Gräberfeld von Neckarsulm wäre aufgrund verschiedener Faktoren (s.o.) zum ersten Typ zu zählen. Die Schwertträger, deren Nebenbestattungen und weitere ebenfalls waffenlose Bestattungen zeigen kaum Unterschiede in der Behandlung und Darstellung der Toten. Doch wie ließe sich nun ein Männerbund von Gefolgschaften unterscheiden? Die Antwort darauf ist ernüchternd. Vermutlich gar nicht, da allein schon der Nachweis von Männerbünden überaus schwierig ist und die Grenze zu den Gefolgschaften fließend ist. Selbst wenn es gelingen würde, mittels einer Untersuchung des Erbmaterials eine Verwandtschaft zwischen den Toten nachzuweisen bzw. eine Verwandtschaft auszuschließen, werden sich wohl keine befriedigenden Antworten, sondern vermutlich weitere Fragen ergeben. Denn wie ich oben bereits dargelegt habe, ist sowohl bei Gefolgschaften wie auch Männerbünden mit verwandten und nicht miteinander verwandten Kriegern zu rechnen. Es ist sogar im Falle der Neckarsulmer Bestattungsgemeinschaft allein aufgrund der hohen Zahl der Toten auszuschließen, dass diese alle aus einer einzigen Familie stammen, da eine einzelne Familie niemals eine derart große Zahl von Kriegern hervorbringen kann. Eine derart große Gruppe muss sich aus mehreren Familien, einer größeren Verwandtschaftsgruppe oder gar mehreren Verwandtschaftsgruppen und vielleicht Fremden zusammengesetzt haben. Damit wäre eine Unterscheidung zwischen Gefolgschaften und einem Männerbund nicht möglich, da sich, wie gesagt, beide Gruppen derart zusammensetzen können. Aber welche Kennzeichen für Männerbünde gibt es noch? Eine vorausgegangene Initiation der einzelnen Mitglieder ist archäologisch nicht nachweisbar. Der Ausschluss von weiblichen Mitgliedern trifft auch für Gefolgschaften zu und auch der innere Aufbau von Männerbünden, ob nun hierarchisch untergliedert oder nicht, bietet kein Unterscheidungskriterium zu Gefolgschaften. So bleibt die Erkenntnis, dass Männerbünde und Gefolgschaften archäologisch wohl kaum voneinander unterschieden werden können, was aber nicht dazu verleiten soll, Gefolgschaften als Männerbünde zu bezeichnen, wie es etwa K. Peschel[1630] getan hat. Denn per Definition gibt es strenge Unterschiede, nur fehlt der Archäologie die Möglichkeit, hier eine genaue Unterscheidung zu

---

1629 Kristiansen/Larsson, Bronze Age Society 10.
1630 Peschel, Devotion 273; 276.

treffen. Trotz dieser Unsicherheiten möchte ich im Folgenden ein Gesellschaftsmodell vorstellen, in welchem der Fokus vor allem auf den Kriegergruppen und Gefolgschaften liegt.

Entgegen der vor allem im englischsprachigen Raum wiederholt dargelegten Behauptung handelte es sich bei den Gesellschaften der süddeutschen Urnenfelderkultur nicht um Häuptlingstümer (siehe Kap. V.3). In Siedlungs- oder Grabfunden liegen keine eindeutigen Hinweise auf eine stratifizierte Gesellschaft mit einer Zentralinstanz vor. Man hat es hier mit einer überwiegend bäuerlich lebenden Bevölkerung zu tun, welche in kleinen Siedlungen, Dörfern oder Weilern lebte, und es gelang nur wenigen Familien, zu einem gewissen Wohlstand zu kommen, der sich in den Gräbern ausdrückte.

In der Urnenfelderzeit ist stattdessen von akephalen Stammesgesellschaften auszugehen, die sich aus einzelnen Segmenten (Verwandtschaftsverbänden) zusammensetzten (Diagramm 2). Das Gräberfeld von Neckarsulm bietet hier neue Ansätze, in welcher Form sich die Krieger in diese segmentäre Gesellschaft der Urnenfelderzeit einfügten und wie diese organisiert waren:

„Neckarsulm is indeed one of the most important discoveries for understanding Bronze Age Europe since it provides the clearest evidence for a warrior elite, of a kind compatible with a tribal society […]."[1631]

Ich stimme der Einschätzung von Harrison zu, dass man die Neckarsulmer Männer durchaus als „Kriegerelite" bezeichnen könnte. Verwechselt werden darf der Begriff jedoch nicht mit der „Machtelite" einer Gesellschaft, da der überwiegende Teil, der in Neckarsulm Bestatteten weder im Grabbau noch in der Grabausstattung Kennzeichen für einen hohen Status, eine überragende Machtposition etc. zeigt. Es ist daher nicht davon auszugehen, dass man es bei allen Toten mit Mitgliedern reicher Schwertträger- oder Adelsfamilien zu tun hat. Eine Ausnahme könnten allein die Schwertträger bilden. Insgesamt betrachtet liegen jedoch die Grabausstattungen der übrigen Neckarsulmer Bestattungen in der Regel, aufgrund der wenigen Bronzen und vor allem der dürftigen Ausstattung mit Gefäßen, sogar unterhalb der durchschnittlichen Urnenbestattung. „Elitär"[1632] ist diese Gruppe vor allem in dem Sinne, dass nur bestimmte Personen in die Gruppe aufgenommen wurden, und zwar Personen männlichen Geschlechts, die offensichtlich das Mannesalter erreicht haben mussten. „Elitär" ist die Gruppe aufgrund ihrer deutlichen Abgrenzung zu den übrigen Bestattungen der Urnenfelderzeit sowohl im Bestattungsritus als auch in der Bestattungsform.

Geht man von einer segmentären Gesellschaft aus, so ist es sehr wahrscheinlich, dass der größte Teil der Krieger bündisch organisiert war. Für segmentäre Gesellschaften ist die Institution eines Männerbundes typisch, welcher quer zu den Segmenten liegt, sich also aus Personen, Männern, Kriegern der gesamten Bevölkerung, also aus allen Verwandtschaftsverbänden zusammensetzt. Ich lehne es aus diesem Grunde daher ab, hier von einer Gruppe von „Adelskriegern"[1633], einer „Kriegeraristokratie" o. Ä. zu sprechen.

Nun konnte man in der Beschreibung griechischer Kriegergruppen in der „Ilias" sehen, dass diese sich im Kampf in kleine Einheiten aufteilen. So hat es vermutlich auch in Neckarsulm kleine Gefolgschaften unter der Leitung eines Schwertträgers gegeben, nur war die Hierarchie innerhalb der Gefolgschaften sehr flach (siehe Diagramm 2, Gefolgschaft b). Die Schwertträger hatten eine integrative Position, aber keine Macht, die über die eigene Gefolgschaft hinausging. Auch zwischen den Gefolgsherrn bzw. Schwertträgern gab es keine ausgeprägte Hierarchie, vielmehr standen diese in einer ständigen Konkurrenz um das höchste Ansehen und um Autorität. Letztere führte zu einer eingeschränkten Befehlsgewalt, welche außerhalb des Schlachtfeldes nur eine geringe Rolle spielte. Auch innerhalb des eigenen Verwandtschaftsverbandes hatten die Schwertträger ein hohes Ansehen und es mag Schwertträger gegeben haben, die als Oberhäupter in der Art eines Big Man in eine hohe Position gelangten. Aber auch in dieser Position war deren Macht begrenzt, nicht gefestigt und reichte nicht in die gesamte Gesellschaft hinein. Die segmentäre Gesellschaftsstruktur und die Konkurrenz zwischen den Schwertträgern bzw. einzelnen Familien machte es unmöglich, dass es zu einer Form institutionalisierter Macht kam und dass sich eine soziale Vorherrschaft und politische Machtposition entwickelte, die sich über Generationen hinweg im Sinne einer „Herrscherdynastie" etablieren konnte.

Nun ist in einigen Gräbern der Urnenfelderzeit, ich hatte hier einige Schwert- und Wagengräber genannt, in ihrer Ausstattung mit Gefäßen ein fest etablierte Gefolgschaftsstruktur zu erkennen, wie man sie später auch in späthallstattzeitlichen Gräbern wie jenem von Eberdingen-Hochdorf wiederfindet. Es ist also davon auszugehen, dass sich ab der Spätbronzezeit Gefolgschaften etablierten, die deut-

---

1631 Harrison, Warriors 176.
1632 Der Begriff leitet sich vom lat. „electus" = ausgelesen ab.
1633 Clausing, Untersuchungen 130.

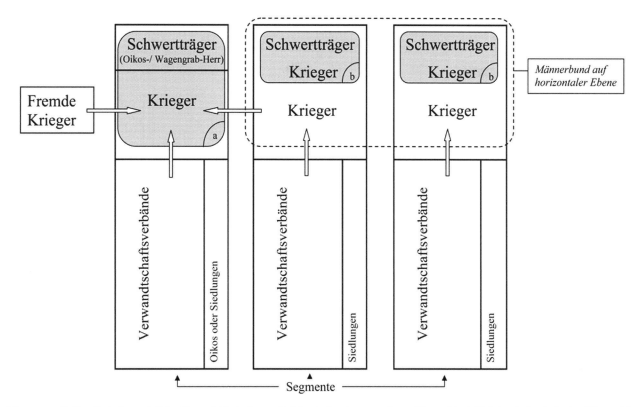

Diagramm 2: Gesellschaftsmodell der Urnenfelderkultur. a Gefolgschaft mit ausgeprägter Hierarchie; b Gefolgschaft mit flacher Hierarchie.

lich hierarchische Strukturen aufweisen und von beständiger Dauer waren. Nun sagt die (hohe) Position eines Gefolgsherrn zunächst nichts über seinen sozialen Rang aus:

„Durch die – zeitlich durchaus begrenzte – Verfügungsgewalt über eine Gefolgschaft erhöht sich der Rang des Gefolgschaftsherrn. Damit bezeichnet Gefolgschaft nur eine *Beziehung* und sie sagt nichts über den absoluten Rang des Herrn, der auch König sein kann, aber auch ein beliebiger reicher Krieger, ebenso wenig etwas über den Rang der Gefolgschaftskrieger. Kann der Archäologe eine derartige Beziehung nachweisen, dann darf er den Begriff Gefolgschaft verwenden, nicht jedoch um rechtliche Positionen zu beschreiben."[1634]

Wie gesagt ist es auszuschließen, dass es in der Urnenfelderzeit so etwas wie Häuptlinge, Fürsten, geschweige denn Könige gegeben hat. Für die Urnenfelderzeit ist davon auszugehen, dass es einigen Schwertträgern gelang, ein Gefolge dauerhaft, also auch in Friedenszeiten, an sich zu binden. Integriert der Gefolgsherr in sein Gefolge auch fremde Krieger und Krieger, die zuvor in einem Männerbund oder einfachen Gefolgschaften organisiert waren, so gewinnt er an politischen Handlungsfreiräumen (siehe Diagramm 2, Gefolgschaft a). Seine Macht reicht nun über seine Verwandtschaftsgruppe hinaus, hinein in die gesamte Gesellschaft. Er kann unabhängiger agieren und seine Interessen verfolgen.

„The development of military retinues marks a significant evolutionary change in all tribal societies. When chiefs are able to mobilise young warriors in a retinue, fighting for their chief rather than their kin group, the road is paved for a breaking up of the solidarity of kinship society."[1635]

Durch die Festigung seiner Macht, vor allem durch die Vererbung seiner Position und die Einsetzung von Ämtern innerhalb seiner Gefolgschaft, kommt es zum Prozess der Institutionalisierung von Macht bzw. der Herausbildung von Herrschaft. Allerdings sind auch solche Gefolgschaften, obwohl sie auf Dauer ausgelegt sind, instabil, da der Gefolgsherr seine Gefolgsleute durch Gegenleistungen (Anteil an der Beute, Verpflegung, Sold, Schlichtung von Streit, etc.) stets bei Laune halten und ihre Loyalität bewahren muss. Bei Misserfolgen, falschen Entscheidungen usw. kann es zu einem Auseinanderbrechen der Gefolgschaft kommen. Da die Krieger infolge einer Arbeitsteilung im Oikos nicht an der wirtschaftlichen Produktion (Landwirtschaft, Hand-

---

1634 Steuer, Sozialstrukturen 48.
1635 Kristiansen, Europe 122.

werk etc.) beteiligt sind, müssen die Mittel für ihren Unterhalt auf anderem Wege aufgebracht werden. Die Beute aus den Kriegszügen und möglicherweise die Eroberung von Land kann hier als „Einkommensquelle" gesehen werden. Das würde bedeuten, dass die Krieger in gewissen Abständen in den Krieg zogen bzw. auf Beutezüge gingen. Zudem wäre es denkbar, dass sie Handelswege sicherten und dafür entlohnt wurden. Vielleicht begleiteten sie auch Händler oder übernahmen selber diese Handelsaufgabe.

Der Prozess der Herausbildung von Herrschaftsstrukturen wurde in der Urnenfelderzeit eingeleitet, er verblieb aber insgesamt eher instabil und brachte keine dauerhaft stabilen Machtverhältnisse mit sich. Der Wettbewerb zwischen den Schwertträgern als Anführer von Gefolgschaften war zu groß, als dass es einer Person oder gar einer Familie gelang, über mehrere Generationen hinweg die höchste Position zu halten. Am Beispiel der griechischen Hetairos-Gruppen konnte man aber sehen, dass sich bestimmte Gefolgschaften tatsächlich zu elitären Gruppierungen reicher Familien entwickelten und der Zugang zu solchen Gruppen vererbt wurde. So begann sich dieser Personenkreis zunehmend von der übrigen Gesellschaft abzusondern. Von Häuptlingstümern bzw. Formen zentralisierter Machtinstanzen kann aber während der Urnenfelderzeit noch keine Rede sein, auch wenn über gewisse Zeitphasen hinweg eine Gesellschaftsordnung wie jene der *simple Chiefdoms* erreicht worden sein könnte. Hier hat man es jedoch mit regionalen Phänomenen von kurzer Dauer zu tun, die nicht auf die Verhältnisse der gesamten Gesellschaft übertragen werden können. Die reichen Gräber der Bronzezeit mit ihrer Ausstattung mit Waffen, Wagen etc., ihrem aufwendigen Grabbau und den Doppelbestattungen von Mann und Frau dürfen nicht als Beleg von Herrschaftsdynastien bzw. einen Adel im hergebrachten Sinne verstanden werden. Vielmehr benutzen die verschiedenen Familien dieselben Ausdrucksformen ihres Status und ihrer Macht. Bei den Schwertträgern handelt es sich gelegentlich um die Oberhäupter von Familien- und Verwandtschaftsverbänden in ihrer Rolle als Gefolgschaftsherr und Besitzer wirtschaftlich und politisch einflussreicher Siedlungseinheiten. „Keinesfalls gestatten die Grabfunde die generalisierte Ansprache der Waffenträger als Adelskrieger oder gar als Häuptlinge."[1636] Die oftmals zitierten Adelskrieger, Kriegereliten oder *warrior aristocracies* waren meiner Ansicht nach vielmehr die Mitglieder von Gefolgschaften, eventuell auch innerhalb von Männerbünden organisierte Krieger.

1636 Clausing, Untersuchungen 130.

VI Schluss

Der im Jahr 2001 entdeckte urnenfelderzeitliche Männerfriedhof von Neckarsulm gehört zweifellos zu den bedeutendsten Funden der letzten Jahre in Baden-Württemberg. Waren aus der Urnenfelderzeit bislang in erster Linie kleine Urnenfriedhöfe und nur wenige Körperbestattungen bekannt, so liegt nun zum ersten Mal ein Gräberfeld aus dieser Zeit vor, auf dem alle Toten unverbrannt bestattet wurden. Die in gestreckter Rückenlage beerdigten Individuen weisen zum Teil auffällige Armhaltungen auf, die eine bewusste Inszenierung der Toten verdeutlichen. Erstaunlich ist neben dem abweichenden Bestattungsritus auch die Bestattungsform, denn die insgesamt 50 Toten verteilen sich auf nur 32 Gräber. Darunter finden sich 20 Einzelbestattungen, acht Doppelbestattungen, drei Dreifachbestattungen und eine Fünffachbestattung. Während Doppelbestattungen, auch als Körpergräber, bislang bekannt waren, hier vor allem in der Zusammensetzung Mann/Frau oder Frau/Kind, so stellen besonders die Mehrfachbestattungen eine bislang unbekannte Grabform dar. Der mit der Untersuchung des Skelettmaterials beauftragte Anthropologe Prof. Dr. J. Wahl brachte weitere ungewöhnliche Dinge ans Licht.[1637] So ist der überwiegende Teil der Bestatteten, darunter allerdings einige unsichere Fälle, männlichen Geschlechts. Allein bei acht Individuen besteht aufgrund ihres grazilen Körperbaus die potenzielle Möglichkeit, dass sie weiblichen Geschlechts waren. Zwar war in diesen Fällen keine Geschlechtsbestimmung mittels der Methoden der physischen Anthropologie möglich, es fanden sich bei der Untersuchung dieser Individuen aber keine Merkmale, die für ein weibliches Geschlecht sprechen würden. Es könnte sich daher ebenso um Männer mit einem grazilen Körperbau gehandelt haben. Selbst wenn sich einige Frauen unter den Toten befinden würden, läge immer noch kein ausgewogenes Geschlechterverhältnis vor. Im Übrigen besteht aus archäologischer Sicht kein Anlass, von Frauenbestattungen auszugehen, da paarig getragene Nadeln, Trachtschmuck etc. fehlen. Auch die durch die Anthropologie aufgedeckte Altersstruktur der hier Bestatteten ist ungewöhnlich, da der größte Teil der Männer in einem Alter zwischen 30 und 40 Jahren verstarb. Die ältesten Toten erreichten ein Alter um die 60 Jahre, ein Individuum wurde sogar etwa 70 Jahre alt. Kinder und Jugendliche, mit Ausnahme eines Individuums mit einem Sterbealter zwischen 17 und 19 Jahren, fehlen. Nach all den genannten Ergebnissen seitens der Anthropologie ist nicht davon auszugehen, dass man es hier mit einem repräsentativen Querschnitt durch die damalige Gesellschaft zu tun hat. Vielmehr handelt es sich aufgrund der abweichenden Sitte der Körperbestattung und der zahlreichen Doppel- und Mehrfachbestattungen um einen als Sonderfriedhof anzusprechenden Bestattungsplatz. Die Toten grenzten sich bewusst von der normalen Bevölkerung ab und verdeutlichten durch die wiederholte Bestattung mehrerer Männer in einem Grab die enge Zusammengehörigkeit der Gruppe.

Das Gräberfeld von Neckarsulm ist nicht als ein reicher Friedhof zu bezeichnen und dies nicht allein aufgrund der Tatsache, dass einige Gräber nachweislich beraubt wurden. Einige Tote wurden offensichtlich ohne jegliche Beigaben oder mit nur einem Gefäß ausgestattet. Umfangreiche Geschirrsätze, wie sie sonst in der Urnenfelderzeit üblich sind, fehlen. Stattdessen verfügte der größte Teil der Männer über ein Trinkgefäß in Form einer gehenkelten Schüssel oder eines Bechers. Die Zahl der Bronzen ist bei den unberaubten Bestattungen durchschnittlich sehr gering und beschränkt sich in der Regel auf eine Nadel. In drei Fällen wurde bei einer Bestattung ein Messer und in einem Fall ein Rasiermesser angetroffen. Die in situ aufgereihten Pflocknieten an den Griffen der Messer verdeutlichen sehr schön, wie man sich das ursprüngliche r diese Objekte vorzustellen hat. Ein interessanter Fund ist ein Pfriem, eine mit einem Schafknochen geschäftete Bronzenadel, die als Allzweckgerät, aber auch als Tatauiernadel interpretiert werden kann. In drei Gräbern wurde je ein Mann mit einem Schwert bestattet, die Schwertträger gehören zu zwei Doppel- und einer Dreifachbestattung. Bei den Schwertern handelt es sich um ein so genanntes Griffangel- und zwei Griffzungenschwerter, wovon eines zerbrochen und unvollständig ist. Das Griffangelschwert aus Grab 22 und das Griffzungenschwert aus Grab 18 sind sich,

---

1637 Die anthropologischen Untersuchungsergebnisse. Siehe hierzu Wahl S. 339.

obwohl es sich per Definition um zwei unterschiedliche Schwerttypen handelt, überaus ähnlich. Es ist mit einiger Wahrscheinlichkeit davon auszugehen, dass beide in derselben Werkstatt gefertigt wurden. Ungewöhnlich ist bei beiden Schwertern eine Punktverzierung am scharf gezähnten Ricasso, ein Verzierungsstil, welcher normalerweise erst bei Schwertern ab der Stufe Ha A2, im Fall des Grabes von Gammertingen eventuell bereits zum Ende der Stufe Ha A1, auftritt. Einer der Schwertträger besaß ein vielteiliges Schwertgehänge und eine Gürteltasche, ein anderer Schwertträger trug einen goldenen Fingerring. Dies ist das erste aus der Urnenfelderzeit Süddeutschlands bekannte Goldobjekt dieser Art. Die Schwertfunde sowie die als Streufund gefundene Lanzenspitze ergeben zusammen den größten Waffenfund dieser Periode, der in den letzten drei Jahrzehnten in Baden-Württemberg gemacht wurde. Die Bronzefunde und die keramischen Gefäße datieren durchgehend in die Stufe Ha A, etliche Funde lassen sich sogar genauer in die Stufe Ha A1 datieren. Gerade bei der Keramik sind gelegentlich Anleihen an Formen und Verzierungsstile an Gefäße der Spätbronzezeit (Bz D) zu erkennen. Überaus interessant ist ein kleines amphorenartiges Gefäß aus Grab 27, da solche Gefäße normalerweise nur im oberfränkischen und im böhmischen Raum zu finden sind. Bis auf diesen Fund fügen sich aber alle Funde in den Raum der untermainisch-schwäbischen Gruppe ein. Dies zeigt die Keramik in ihrer Verzierung mit Riefen- und Rillendekor sowie die Schwerter, welche Ähnlichkeit zu bislang gemachten Funden aus Süddeutschland aufweisen. Neu definiert habe ich einen Nadeltyp, den Typ Neckarsulm, der mit sieben Exemplaren in nahezu allen Bereichen des Gräberfeldareals auftritt. Dieses Verteilungsmuster, die große Ähnlichkeit zwischen den Schwertern und zwischen den Gefäßen zeigen an, dass der zeitliche Abstand zwischen der Anlage der einzelnen Gräber nicht weit auseinanderlag. Da für die Stufe Ha A1 in der Forschung ein Zeitraum von ca. 50 Jahren veranschlagt wird, wurden die Toten daher maximal innerhalb von zwei Generationen bestattet. Der enge Zeitraum und das Sterbealter der Toten führten zu dem Schluss, dass die Männer größtenteils nicht einen natürlichen Tod starben, sondern zeitgleich in einem oder mehreren Ereignissen zu Tode kamen. Der hohe, ja vermutlich ausschließliche Anteil von männlichen Toten und die Waffen bilden den Kontext für die Interpretation dieses Befundes: In Neckarsulm wurde eine Gruppe von Kriegern bestattet.

Über die mögliche Organisationsform der in Neckarsulm bestatteten Gruppe habe ich zwei verschiedene Gruppentypen vorgestellt, welche in der Ethnologie, der Soziologie und der Archäologie diskutiert werden. Zum einen sind dies Männerbünde, welche sich jedoch archäologisch kaum nachweisen lassen, zum anderen Gefolgschaften, wobei hier zwischen zwei Typen unterschieden wurde: solchen mit ausgeprägten und solchen mit flachen Hierarchien innerhalb der Gruppe. Da sich die Schwertträger in Neckarsulm unter den übrigen Bestattungen befinden, d.h. diese nicht gesondert und auch nicht anders als die übrigen Männer bestattet wurden, sehe ich hier eine Gefolgschaft mit einer flachen Hierarchie. Nun öffnet die Diskussion über Gefolgschaften ein wichtiges Fenster für die Rekonstruktion der damaligen Gesellschaftsordnung. Denn die Größe der Neckarsulmer Bestattungsgemeinschaft weißt darauf hin, dass die Krieger sich aus verschiedenen Familien bzw. einem bis mehreren Verwandtschaftsverbänden rekrutierten. Dies erinnert deutlich an die oben erwähnten Männerbünde, wie man sie in segmentären Gesellschaften findet. Es handelt sich hier also um eine Kriegergruppe bzw. mehrere kleinere Verbände oder Gefolgschaften, mit Männern aus unterschiedlichen Verwandtschaftsverbänden. Der Befund macht also deutlich, dass für die Urnenfelderzeit Hinweise auf soziale Organisationseinheiten auf einer „horizontalen Ebene" in Form einer geschlechtsspezifischen Subgruppe vorliegen. Die bisherigen Untersuchungen fokussierten hingegen mehr auf hierarchische Strukturen im vertikalen Sinne, brachten jedoch m.E. keine überzugenden Ergebnisse hervor. Dieses verwundert nicht, denn die Gesellschaft der Urnenfelderzeit war weder stratifiziert noch besaß sie eine zentralisierte Herrschaftsform. Von der in der englischsprachigen Archäologie favorisierten Idee, dass es sich in der Urnenfelderzeit um Gesellschaften mit Häuptlingstümern handelte, sollte man Abstand nehmen.

Die Physis der Toten weißt zwar nicht darauf hin, dass hier einfache Männer bäuerlicher Herkunft bestattet wurden, aber weder Grabbau noch die Grabausstattung sprechen dafür, dass es sich hier (überwiegend) um Angehörige einer gehobenen Bevölkerungsschicht handelte. Ich möchte für die Bestattungsgemeinschaft von Neckarsulm keine Begriffe wie „Kriegeradel" oder „Adelskrieger" verwenden, da der uns geläufige, auf den mittelalterlichen Feudalismus bezogene Adelsbegriff missverständlich ist (s.o.). Die in urnenfelderzeitlichen Steinkistengräbern und anderen Gräbern aufgefundenen Waffengräber stellen vielmehr die Repräsentanten oder gar die Oberhäupter von Familien dar, denen es gelang, sich wirtschaftlich von der übrigen Bevölkerung abzusetzen und ihren Besitz über einige wenige Generationen zu halten. Dabei ist von einer hohen Konkurrenz zwischen mehreren Familien auszugehen, welche um Einfluss, Macht und Status kämpfen. Die einzelnen Familien, auch jene, denen es erst mit der Zeit gelang, zu Reichtum und Einfluss zu kommen, bedienten sich alle der gleichen Darstellungsformen ihrer hohen gesellschaftlichen Stellung. Von fortgeführten Bestattungstraditionen nur einiger weniger Familien ist nicht auszugehen.

Aber auch für den zweiten Typ von Gefolgschaften, jenen mit deutlich ausgeprägter Hierarchie zwischen Gefolgsherrn und Gefolgsleuten, existieren Belege aus urnenfelderzeitlichen Gräbern. Derartige Gefolgschaften manifestieren sich in einigen Wagen- und Waffengräbern in der Gestalt von Trink- und Speiseservice (Kap. V.1.2.5 / Kap. V.4.2), wie man sie bspw. auch im späthallstattzeitlichen Grab des „Fürsten" von Eberdingen-Hochdorf findet (Kap. V. 3.5). Durch die auch in Friedenszeiten (weiter-)bestehende Bindung der Gefolgsleute an den Gefolgsherrn wird ein gesamtgesellschaftlicher Prozess in Gang gesetzt, der die soziale und politische Organisation spürbar verändern kann. Es kommt zu einer Loslösung der Krieger aus den Verwandtschaftsverbänden bzw. der „Stammesgesellschaft" und zur Herausbildung zentralisiert organisierter politischer Einheiten. Es handelt sich hier jedoch um gesellschaftliche Veränderungen, die auf lokaler und regionaler Ebene ablaufen, die in sich nicht stabil sind und keine dauerhaften Machtverhältnisse hervorbringen müssen. Denn wie man es noch in der Diskussion um die Sozialstruktur der Späthallstattzeit verfolgen kann, wird auch für diese Periode nicht unbedingt von Häuptlingstümern ausgegangen, wenn auch einiges dafür spricht, dass sich bereits lokale Herrschaftsdynastien etabliert hatten.

Es bleibt zu hoffen, dass die Interpretation des Neckarsulmer Gräberfeldes durch die geplanten DNA- und Strontium-Isotopen-Analysen weitere Impulse erhält. Es wäre nämlich überaus spannend zu wissen, ob einige der Toten miteinander verwandt waren und ob es sich um Mitglieder einer ortsansässigen Bevölkerung oder um (fremde) Einwanderer handelte. Die an das Gräberfeldareal angrenzende Siedlung zeigt, dass die Region um Neckarsulm noch in der Stufe Ha B besiedelt war. Da erst ein Teil dieser Siedlung in kleinen Sondiergrabungen angeschnitten wurde, bietet sich dieser Bereich für zukünftige Ausgrabungen an. Zudem weisen einige urnenfelderzeitliche Funde darauf hin, dass auch der Scheuerberg nordöstlich von Neckarsulm in die damalige Siedlungslandschaft eingebunden war. Diese Anhebung hätte sich durchaus für die ab der Stufe Ha A2 entstehenden Höhensiedlungen als Standort angeboten. Auch hier könnten weitere Prospektionen unternommen werden. Der Heilbronner und der Neckarsulmer Raum haben sich nicht zuletzt mit diesem Befund als ein während der Urnenfelderzeit dicht besiedeltes Gebiet erwiesen. Das Spektrum der Gräber reicht in dieser Region von Grabhügeln (Bad Friedrichshall-Jagstfeld) über Steinkistengräber (Heilbronn und Möckmühl) bis zu einzelnen Urnengräbern, und mit dem an den Heilbronner Raum angrenzenden Ldkr. Ludwigsburg ist auch ein biritueller Friedhof aus Gemmrigheim vertreten. Die Gräberlandschaft setzt sich also aus verschiedensten Grab- und Friedhofstypen zusammen. Das Gräberfeld von Neckarsulm verdeutlicht, dass die verschiedenen Facetten der Gesellschaft sich auch in den Gräbern widerspiegeln, und es wäre zu wünschen, wenn unser Bild, das wir uns über die Urnenfelderzeit machen, durch weitere Funde vervollständigt wird.

VII Bibliografie

Adamy, Dietzenbach	R. Adamy, Quartalblätter des historischen Vereins für das Großherzogtum Hessen N.F. 1, 1891–1895 (1899), 718.
Alt u. a., Münsingen-Rain	K. W. Alt / P. Jud / F. Müller u. a., Biologische Verwandtschaft und soziale Struktur im latènezeitlichen Gräberfeld von Münsingen-Rain. Jahrbuch RGZM 52, 2005, 157–210.
Aner / Kersten, Nordische Bronzezeit	E. Aner / K. Kersten, Die Funde der älteren Bronzezeit des nordischen Kreises in Dänemark, Schleswig-Holstein und Niedersachsen. Band 1: Frederiksborg und Københavns Amt (Neumünster 1973).
Armbruster / Pernot, Bourgogne	B. Armbruster / M. Pernot, La technique du tournage utilisé à l'Âge du Bronze final pour la fabrication d'épingles de bronze trouvées en Bourgogne. Bulletin de la Société préhistorique française 103, 2006, 305–311.
Baumeister, Kraichgau	R. Baumeister, Ein Grabfund der älteren Urnenfelderzeit aus dem Kraichgau. Archäologische Nachrichten aus Baden 47/48, 1992, 6–26.
Baumeister, Denkmäler	R. Baumeister, Urnenfelder- und Hallstattkultur. In: Führer zu archäologischen Denkmälern in Deutschland 36: Heidelberg, Mannheim und der Rhein-Neckar-Raum (Stuttgart 1999).
Beck, Beiträge	A. Beck, Beiträge zur frühen und älteren Urnenfelderkultur im nordwestlichen Alpenvorland. PBF XX,2 (München 1980).
Beck / Reindl, Altötting	P. Beck / L. Reindl, Bayerische Vorgeschichtsblätter 15, 1938, 88.
Behrens, Inventaria	H. Behrens, Die Funde aus dem großen Grabhügel „Pohlsberg" bei Latdorf, Kr. Bernburg. Inventaria Archaeologica, Deutschland. Steinzeit- Bronzezeit Heft 13. (Berlin 1964).
Beiler, Heilbronn	G. Beiler, Die vor- und frühgeschichtliche Besiedlung des Oberamts Heilbronn a. N. Veröffentlichungen des Historischen Vereins Heilbronn 18 (Heilbronn 1938).
Von Berg, Neuwieder Becken	A. von Berg, Untersuchungen zur Urnenfelderkultur im Neuwieder Becken und angrenzenden Landschaften (Marburg 1987).
Bernbeck, Theorien	R. Bernbeck, Theorien in der Archäologie (Tübingen / Basel 1997).
Betzler, Fibeln	P. Betzler, Die Fibeln in Süddeutschland, Österreich und der Schweiz. PBF XIV,3 (München 1974).
Bianco Peroni, Schwerter	V. Bianco Peroni, Die Schwerter in Italien. PBF IV,1 (München 1970).
Biehn, Gau-Algesheim	H. Biehn, Urnenfeldergrab von Gau-Algesheim, Rheinhessen. Germania 20, 1936, 87–89.
Biel, Höhensiedlungen I	J. Biel, Die bronze- und urnenfelderzeitlichen Höhensiedlungen in Südwürttemberg. Archäologisches Korrespondenzblatt 10, 1980, 23–32.
Biel, Hochdorf	J. Biel, Ein Fürstengrab der späten Hallstattzeit bei Eberdingen-Hochdorf, Kr. Ludwigsburg (Baden-Württemberg). Germania 60, 1982, 61–104.
Biel, Gemmrigheim	J. Biel, Ein neuer Friedhof der Urnenfelderzeit bei Gemmrigheim, Kreis Ludwigsburg. Archäologische Ausgrabungen in Baden-Württemberg 1984 (1985), 57–60.
Biel, Höhensiedlungen II	J. Biel, Vorgeschichtliche Höhensiedlungen in Südwürttemberg-Hohenzollern. Forschungen und Berichte zur Vor- und Frühgeschichte in Baden-Württemberg 24 (Stuttgart 1987) 73–90.
Biel, Schweinebratereien	J. Biel, Polynesiche Schweinebratereien in Hochdorf. In: S. Hansen / V. Pingel (Hrsg.), Archäologie in Hessen. Neue Funde und Befunde. Festschrift für Fritz-Rudolf Herrmann zum 65. Geburtstag (Rahden 2001) 113–117.
Binford, Practices	L. R. Binford, Mortuary Practices. Their Study and Potenzial. In: J. A. Brown (Hrsg.), Approaches to the Social Dimensions of Mortuary Practices. Memoirs of the Society for American Archaeology 25. Publiziert in American Antiquity 36/3, 1971, 6–29.
Blakholmer, Körperzeichen	F. Blakholmer, Körperzeichen in der ägäischen Frühzeit: Ästhetik, Stigma und Ritual. In: Mitteilungen der Anthropologischen Gesellschaft in Wien 134/135, 2004/2005, 55–71.
Blecher, Münzenberg	G. Blecher, Fundchronik 1.1.–31.6.1928. Germania 12, 1928, 186.
Bockisch-Bräuer, Nordbayern	C. Bockisch-Bräuer, Zur Aussagefähigkeit von Gräbern bei der Rekonstruktion sozialer Strukturen – Überlegungen am Beispiel der Spätbronze- und Urnenfelderzeit in Nordbayern. In: Eliten in der Bronzezeit. Ergebnisse zweier Kolloquien in Mainz und Athen. RGZM 43 (Mainz a. Rhein 1999) 533–563.
Boehringer, Griechenland	D. Boehringer, Heroenkulte in Griechenland von der geometrischen bis zur klassischen Zeit. Attika, Argolis, Messenien. Klio. Beiträge zur Alten Geschichte Neue Folge 3 (Berlin 2001) 103–114.
Born / Hansen, Sammlung Guttmann	H. Born / S. Hansen, Helme und Waffen Alteuropas. Bd. IX, Sammlung Guttmann (Mainz 2001).
Bosinski / Herrmann, Glauberg	M. Bosinski / F. R. Herrmann, Zu den frühkeltischen Statuen vom Glauberg. Berichte der Kommission für archäologische Landesforschung in Hessen 5, 1998/99 (2000), 41–48.

Bouzek, Etagengefäße	J. Bouzek, Etážovité nádoby v Čechách (Die Etagengefäße in Böhmen). Archeologické Rozhledy 10, 345–348; 363–408.
Bouzek, Böhmen und Bayern	J. Bouzek, Böhmen und Bayern in der Urnenfelderkultur I. Germania 83, 2005, 215–256.
Breitinger, Stillfried	E. Breitinger, Skelette aus einer späturnenfelderzeitlichen Speichergrube in der Wallburg von Stillfried an der March, NÖ. In: Forschungen in Stillfried 4. Veröffentlichungen der Österreichischen Arbeitsgemeinschaft für Ur- und Frühgeschichte Bd. XIII / XIV (Wien 1980) 45–106.
Breuer, Archaische Staat	St. Breuer, Der archaische Staat. Zur Soziologie charismatischer Herrschaft (Berlin 1990).
Brockhaus Lexikon, Tatauierung	Stichwort „Tatauierung". In: Brockhaus Enzyklopädie (19. Auflage), Bd. 21.
Brøndsted, Nordische Vorzeit	J. Brøndsted, Nordische Vorzeit. Bronzezeit in Dänemark. Band 2 (Neumünster 1962).
Von Brunn, Osternienburg	W. A. von Brunn, Ein Grabhügel bei Osternienburg (Anhalt). In: H. J. Eggers / J. Werner (Hrsg.), Festschrift für Ernst Sprockhoff zum 60. Geburtstag. Jahrbuch des Römisch-Germanischen Zentralmuseums Mainz 2, 1955, 76–94.
Burmeister, Späthallstatt	St. Burmeister, Geschlecht, Alter und Herrschaft in der Späthallstattzeit Württembergs. Tübinger Schriften zur Ur- u. Frühgeschichtlichen Archäologie 4 (Münster / New York 2000).
Cabezuelo u. a., Gondole	U. Cabezuelo / P. Caillat / P. Meniel, La sépulture multiple de Gondole. In: C. Menessier-Jouannet / Y. Deberge (Hrsg.), L'Archéologie de l'Âge du Fer en Auvergne. 27e colloque de l'AFEAF, Clermont-Ferrand, 2003 (2007), 365–384.
Caesar, De bello Gallico	In: O. Schönberger (Hrsg.), Caesar. Der Gallische Krieg (Düsseldorf / Zürich 1999).
Carman, War	J. Carman / P. Carman, War in Prehistoric Society: Modern Views of Ancient Violence. In: M. Parker-Pearson / I. J. N. Thorpe (Hrsg.), Warfare, Violence and Slavery in Prehistory. BAR Int. Ser. 1374 (Oxford 2005) 217–224.
Carneiro, Origin	R. Carneiro, A Theory of the Origin of the State. Science 169, 1970, 733–738.
Carneiro, State	R. Carneiro, Precursor of the State. In: G. Jones / R. Kautz (Hrsg.), The Transition to Statehood in the New World (Cambridge 1981) 37–79.
Cherry u. a., Social Change	J. Cherry / C. Scarre / S. Shennan (Hrsg.), Explaining Social Change: Studies in Honour of Colin Renfrew (Oxford 2004).
Chropovský u. a., Slowakai	B. Chropovský / M. Dušek / B. Polla, Gräberfelder aus der älteren Bronzezeit in der Slowakei I (Bratislava 1960).
Clausing, Pfullingen	C. Clausing, Ein späturnenfelderzeitlicher Grabfund mit Wagenbronzen aus Pfullingen, Baden-Württemberg. Archäologisches Korrespondenzblatt 27, 1997, 567–582.
Clausing, Sozialstrukturen	C. Clausing, Zur Bedeutung der Bronze als Anzeiger urnenfelderzeitlicher Sozialstrukturen. In: C. Mordant / M. Pernot / V. Rychner (Hrsg.), L'Atelier du bronzier en Europe (Paris 1998) 309–321.
Clausing, Mitteleuropa	C. Clausing, Untersuchungen zur Sozialstruktur in der Urnenfelderzeit Mitteleuropas. In: Eliten in der Bronzezeit. Ergebnisse zweier Kolloquien in Mainz und Athen. RGZM 43,2 (Mainz 1999) 319–420.
Clausing, Untersuchungen	C. Clausing, Untersuchungen zu den urnenfelderzeitlichen Gräbern mit Waffenbeigaben vom Alpenkamm bis zur Südzone des Nordischen Kreises. Eine Analyse ihrer Grabinventare und Grabformen. BAR Int. Ser. 1375 (Oxford 2005).
Cordier, Vierzon	G. Cordier, Les Champs d'Urnes en Orléanais. Revue archéologique du Nord du Loiret 3, 1977, 9–39.
Cowen, Griffzungenschwerter	J. D. Cowen, Eine Einführung in die Geschichte der bronzenen Griffzungenschwerter in Süddeutschland und den angrenzenden Gebieten. Bericht der Römisch-Germanischen Kommission 36, 1955, 52–155.
Creel, Niederstotzingen	N. Creel, Die menschlichen Skelettreste. In: P. Paulsen, Alamannische Adelsgräber von Niederstotzingen, Kr. Heidenheim. Veröffentlichungen des Staatlichen Amtes für Denkmalpflege Stuttgart 12, 2, 27–32.
Čujanova-Jílková, Gold	E. Čujanova-Jílková, Zlaté předměty v hrobech českofalcké mohylové kultury – Gegenstände aus Gold in Gräbern der böhmisch-oberpfälzischen Hügelgrabkultur. Památky Archeologické 66, 1975, 74–132.
D'Altroy / Earle, Finance	T. D'Altroy / T. K. Earle, Staple finance, wealth finance, and storage in the Inca political economy. Current Anthropology 26/2, 1985, 187–206.
Dehn, Kreuznach	W. Dehn, Kreuznach VII, Teil 1 und 2. Urgeschichte des Kreises. Katalog west- und süddeutscher Altertumssammlungen 7 (Berlin 1941).
Dehn, Oberboihingen	R. Dehn, Ein Gräberfeld der Urnenfelderkultur von Oberboihingen (Kr. Nürtingen). Fundber. Schwaben N. F. 19, 1971, 68–81.
Dehn, Nordwürttemberg	R. Dehn, Die Urnenfelderkultur in Nordwürttemberg. Forschungen und Berichte zur Vor- und Frühgeschichte in Baden-Württemberg 1 (Stuttgart 1972).
Dehn, Bad Krozingen	R. Dehn, Ein frühurnenfelderzeitlicher Grabfund von Bad Krozingen, Kr. Breisgau-Hochschwarzwald. Archäologische Ausgrabungen in Baden-Württemberg 1983 (1984) 74–76.
De Noordhout, Boppard	J. M. de Noordhout, Catalogue du Musée des Antiquités de l'Université de Gand (Gent 1938).
Derks, Bestattungssitten	H. Derks, Geschlechtsspezifische Bestattungssitten: ein archäologischer Befund und ein ethnoarchäologischer Ansatz. Ethnographisch-Archäologische Zeitschrift 34, 1993, 340–353.

Deutscher Wetterdienst, Klimaatlas	Deutscher Wetterdienst (Hrsg.), Klimaatlas von Baden-Württemberg (Bad Kissingen 1953).
Dieck, Tatauierung	A. Dieck, Tatauierung in vor- und frühgeschichtlicher Zeit. Archäologisches Korrespondenzblatt 6, 1976, 169–173.
Dobiat, Grabhügelgruppen	C. Dobiat, Forschungen zu Grabhügelgruppen der Urnenfelderzeit im Marburger Raum. Marburger Studien zur Vor- und Frühgeschichte. Sonderband 17 (Marburg 1994).
Dorfer u. a., Acupuncture	L. Dorfer / M. Moser / K. Spindler / F. Bahr / E. Egarter-Vigl / G. Dohr, 5200-Year-Old Acupuncture in Central Europe. In: Science 282, No. 5387, 1998, 242–243.
Drews, Warfare	R. Drews, The End of the Bronze Age. Changes in Warfare and the Catastrophe ca. 1200 B.C. (Princeton 1993).
Drexler, Macht	H. P. Drexler, Metamorphosen der Macht. Die Entstehung von Herrschaft, Klassen und Staat untersucht am Beispiel der germanisch-fränkischen Gesellschaftsgeschichte (Marburg 2001).
Earle, Complex Chiefdom	T. K. Earle, Economic and Social Organization of a Complex Chiefdom: The Halelea District, Kaua'i, Hawaii (Michigan 1978).
Earle, Perspective	T. K. Earle, Chiefdoms in Archaeological and Ethnohistorical Perspective. Annual Review of Anthropology 16, 1987, 279–308.
Earle, Chiefdoms	T. K. Earle (Hrsg.), Chiefdoms: Power, Economy and Ideology (Cambridge 1991).
Earle, Evolution	T. K. Earle, Political Domination and Social Evolution. In: T. Ingold (Hrsg.), Companion Encyclopedia of Anthropology (London / New York 1994) 940–961.
Earle, Power	T. K. Earle, How Chiefs Come to Power: The Political Economy in Prehistory (Stanford 1997).
Eckhardt, Pfeil und Bogen	H. Eckhardt, Pfeil und Bogen. Eine archäologisch-technologische Untersuchung zu urnenfelder- und hallstattzeitlichen Befunden. Internationale Archäologie 21 (Espelkamp 1996).
Eger, Wetzen	C. Eger, Das Gräberfeld von Wetzen – ein Frauenfriedhof? Anmerkungen zur Frage der getrenntgeschlechtlichen Bestattungssitte im Niederelbegebiet. Die Kunde NF 45, 1994, 77–90.
Egg, Waffenbrüder	M. Egg, Waffenbrüder? Eine ungewöhnliche Bestattung der Frühlatènezeit in Novo Mesto in Slowenien. Jahrbuch RGZM 1999/2, 317–356.
Eggert, Rheinhessen	M. K. H. Eggert, Die Urnenfelderkultur in Rheinhessen. Geschichtliche Landeskunde XIII. (Wiesbaden 1976).
Eggert, Fürstensitze	M. K. H. Eggert, Die „Fürstensitze" der Späthallstattzeit: Bemerkungen zu einem archäologischen Konstrukt. Hammaburg NF 9, 1989 (= Festschrift Wolfgang Hübener), 53–66.
Eggert, Prestigegüter	M. K. H. Eggert, Prestigegüter und Sozialstruktur in der Späthallstattzeit: Eine kulturanthropologische Perspektive. Saeculum 42, 1991, 1–28.
Eggert, Hochdorf	M. K. H. Eggert, Der Tote von Hochdorf: Bemerkungen zum Modus archäologischer Interpretation. Archäologisches Korrespondenzblatt 29, 1999, 211–222.
Eggert, Archäologie	M. K. H. Eggert, Prähistorische Archäologie. Konzepte und Methoden (Tübingen 2005).
Eggert, Wirtschaft und Gesellschaft	M. K. H. Eggert, Wirtschaft und Gesellschaft im früheisenzeitlichen Mitteleuropa: Überlegungen zum „Fürstenphänomen". Fundber. Baden-Württemberg 29, 2007, 256–302.
Eibner, Stillfried	C. Eibner, Die Mehrfachbestattung aus einer Grube unter dem urnenfelderzeitlichen Wall in Stillfried an der March, NÖ. In: Forschungen in Stillfried 4. Veröffentlichungen der Österreichischen Arbeitsgemeinschaft für Ur- und Frühgeschichte Bd. XIII/XIV (Wien 1980) 107–142.
Eisenbeiß, Moorleichen	S. Eisenbeiß, Berichte über Moorleichen aus Niedersachsen im Nachlass von Alfred Dieck. Die Kunde N. F. 45, 1994, 91–120.
Eisenbeiß / van der Sanden, Bog Bodies	S. Eisenbeiß / W. A. B. van der Sanden, Imaginary people – Alfred Dieck and the bog bodies of northwest Europe. Archäologisches Korrespondenzblatt 1, 2006, 111–122.
Endrich, Elsenfeld	P. Endrich, Bayerische Vorgeschichtsblätter 18–19, 1951/52, 255.
Engels, Ursprung	F. Engels, Der Ursprung der Familie, des Privateigentums und des Staats. In: K. Marx / F. Engels, Gesammelte Werke (Berlin 1975).
Evans-Pritchard / Fortes, Systems	E. Evans-Pritchard / M. Fortes (Hrsg.), African Political Systems (London 1940).
Falkenstein, Katastrophe	F. Falkenstein, Eine Katastrophen-Theorie zum Beginn der Urnenfelderzeit. In: C. Becker u.a. (Hrsg.), Chronos. Beiträge zur prähistorischen Archäologie zwischen Nord- und Südosteuropa. Festschrift Bernhard Hänsel. Internationale Archäologie. Studia Honoraria 1 (Leidorf 1997) 549–561.
Falkenstein, Alter und Geschlecht	F. Falkenstein, Aspekte von Alter und Geschlecht im Bestattungsbrauchtum der nordalpinen Bronzezeit. In: J. Müller (Hrsg.), Alter und Geschlecht in ur- und frühgeschichtlichen Gesellschaften [Tagung Bamberg 2004]. Universitätsforschungen zur Prähistorischen Archäologie 126, 2005, 73–90.
Feest / Janata, Technologie I	C. Feest / A. Janata, Technologie und Ergologie in der Völkerkunde I (Berlin 1999).
Feest / Janata, Technologie II	C. Feest / A. Janata, Technologie und Ergologie in der Völkerkunde II (Berlin 1989).
Felgenhauer, Stillfried	F. Felgenhauer (Hrsg.), Forschungen in Stillfried Bd. 1–6. Veröffentlichungen der Österreichischen Arbeitsgemeinschaft für Ur- und Frühgeschichte (Wien 1974–1984).
Fellmann, Körperornamente	B. Fellmann, Zur Deutung frühgriechischer Körperornamente. In: Jahrbuch des Deutschen Archäologischen Instituts 93, 1978, 1–29.

Fisch, Totenfolge	J. Fisch, Tödliche Rituale. Die indische Witwenverbrennung und andere Formen der Totenfolge (Frankfurt a.M. 1998).
Fischer, Innovation	C. Fischer, Innovation und Tradition in der Mittel- und Spätbronzezeit: Gräber und Siedlungen in Neftenbach, Fällanden, Dietikon, Pfäffikon und Erlenbach. Monographien der Kantonsarchäologie Zürich 28 (Zürich 1997).
Fischer, Ethnologie	H. Fischer (Hrsg.), Ethnologie. Einführung und Überblick (Berlin 1988).
Fokkens, Urnfields	H. Fokkens, The Genesis of Urnfields: Economic Crisis or Ideological Change? Antiquity 71, 1997, 360–373.
Foltiny, Griffangelschwerter	S. Foltiny, Zur Frage der urnenfelderzeitlichen Griffangelschwerter in Österreich und in Nordostoberitalien. Archaeologia Austriaca 36, 1964, 39–49.
Fried, Evolution	M. Fried, The Evolution of Political Society: An Essay in Political Anthropology (New York 1967).
Fried, Tribe	M. Fried, The Notion of Tribe (Menlo Park 1975).
Friedman, Tribes and States	J. Friedman, Tribes, States, and Transformations. In: M. Bloch (Hrsg.), Marxist Analyses and Social Anthropology (London 1975) 161–202.
Friedman/Rowlands, Evolution	J. Friedman/M. Rowlands, Notes toward an Epigenetic Model of the Evolution of ‚Civiliszation'. In: dies. (Hrsg.), The Evolution of Social Systems (London 1977) 201–276.
Fundort: Ergolding	Fundchronik für das Jahr 1991. Bayerische Vorgeschichtsblätter Beiheft 1994, 100.
Fundort: Heilbronn	Fundber. Schwaben N.F. 15, 1959, 146f.
Fundort: Nierstein	Westdeutsche Zeitschrift für Geschichte und Kunst 13, 1894, 293.
Fundort, Wiesloch	Badische Fundberichte 22, 1962, 263.
Fyllingen, Violence	H. Fyllingen, Society and Violence in the Early Bronze Age: An Analysis of Human Skeletons from Nord-Trøndelag, Norway. Norwegian Archaeological Review 36/1, 2003, 27–43.
Gallay, Rollenadeln	G. Gallay, Bemerkungen zu mitteleuropäischen Rollennadeln. Germania 60, 1982/2, 547–553.
Gemeinde Flonheim, Flonheim und Uffhofen	Gemeinde Flonheim (Hrsg.), Flonheim und Uffhofen: Geschichte und Gegenwart im Wiesbachtal (Alzey 2001).
Gerlach, Eßfeld	S. Gerlach, Ein frühurnenfelderzeitliches Steinkammergrab aus Eßfeld. Das archäologische Jahr in Bayern 1998 (Stuttgart 1999) 33–36.
Goessler, Heilbronn	P. Goessler, Fundber. Schwaben 17, 1909, 12–13.
Goessler, Jagstfeld	P. Goessler/A. Schliz, Grabhügel von Jagstfeld. Fundber. Schwaben N.F. 20, 1912, 14–18.
Götze, Tätowierung	A. Götze, Stichwort „Tätowierung". In: F. Ebert (Hrsg.) Reallexikon der Vorgeschichte Bd. XIII (Berlin 1929) 189–199.
Gollup, Ernzen	S. Gollup, Neue Funde der Urnenfelderkultur: Ernzen. Trierer Zeitschrift 32, 1969, 7–29.
Goodenough, Status and Role	W. H. Goodenough, Rethinking ‚Status' and ‚Role': Toward a General Model of the Cultural Organization of Social Relationships. In: M. Banton (Hrsg.), The Relevance of Models for Social Anthropology (London 1965) 1–24.
Griesinger, Neckarsulm	B. Griesinger (Hrsg.), Neckarsulm. Die Geschichte einer Stadt (Stuttgart 1992).
Grimmer-Dehn, Oberrhein	B. Grimmer-Dehn, Die Urnenfelderkultur im südöstlichen Oberrheingraben. Materialhefte zur Vor- und Frühgeschichte in Baden-Württemberg 15 (Stuttgart 1991).
Großkopf, Leichenbrand	B. Großkopf, Leichenbrand – Biologisches und kulturhistorisches Quellenmaterial zur Rekonstruktion vor- und frühgeschichtlicher Populationen und ihrer Funeralpraktiken. (Dissertation Universität Leipzig 2004) 15 Tab. 2.
Grünberg, Grabfunde	W. Grünberg, Die Grabfunde der jüngeren und jüngsten Bronzezeit im Gau Sachsen (Berlin 1943).
Haas, Evolution	J. Haas, A Brief Consideration of Cultural Evolution: Stages, Agents, and Tinkering. Complexity 3/3, 1998, 12–21.
Hansen, Metalldeponierungen	S. Hansen, Studien zu den Metalldeponierungen während der älteren Urnenfelderzeit zwischen Rhônetal und Karpatenbecken. Universitätsforschungen zur Prähistorischen Archäologie 21 (Bonn 1994).
Hansen, Gabentausch	S. Hansen, Aspekte des Gabentauschs und Handels während der Urnenfelderzeit in Mittel- und Nordeuropa im Lichte der Fundüberlieferung. In: B. Hänsel (Hrsg.), Handel, Tausch und Verkehr im Bronze- und früheisenzeitlichen Südosteuropa (München/Berlin 1995) 67–80.
Hänsel, Glockenhelme	B. Hänsel, Bronzene Glockenhelme. Bemerkungen zu einem Altfund an der Neiße. In: J. Eckert (Hrsg.), Archäologische Perspektiven. Analysen und Interpretationen im Wandel. Studia Honoraria 20 (Rahden/Westf. 2003).
Hänsel/Kalicz, Mezösát	B. Hänsel/N. Kalicz, Das bronzezeitliche Gräberfeld von Mezösát, Kom. Borsod, Nordostungarn. Bericht der Römisch-Germanischen Kommission 67, 1986, 5–88.
Häusler, Lenzburg	A. Häusler, Probleme der Interpretation ur- und frühgeschichtlicher Bestattungssitten und das Gräberfeld von Lenzburg. Helvetia Archaeologica 31, 2000, 51–84.
Häusler, Bestattungssitten	A. Häusler, Probleme der Interpretation ur- und frühgeschichtlicher Bestattungssitten. Struktur der Bestattungssitten, archäologische Periodengliederung. Archäologische Informationen 24/2, 2001, 209–227.

Harding, Warfare	A. F. Harding, Warfare: A defining characteristic of Bronze Age Europe? In: J. Carman / A. Harding (Hrsg.), Ancient Warfare. Archaeological Perspectives (Stroud 1999)
Harding, European Societies	A. F. Harding, European Societies in the Bronze Age (Cambridge 2000).
Harrisons, Warriors	R. J. Harrison, Symbols and Warriors. Images of the European Bronze Age (Bristol 2004).
Heinz / Pinkl, Lebensspuren	M. Heinz / P. Pinkl, Lebensspuren hautnah. Eine Kulturgeschichte der Tätowierung. Begleitheft zur Ausstellung im Museum der Siegel und Stempel in Wels / Österreich vom 4. April – 26. Okt. 2003 (Wels 2003).
Hellerschmid, Stillfried	I. Hellerschmid, Die urnenfelder-/hallstattzeitliche Wallanlage von Stillfried an der March: Ergebnisse der Ausgrabungen 1969–1989 unter besonderer Berücksichtigung des Kulturwandels an der Epochengrenze Urnenfelder-/Hallstattkultur. Mitteilungen der Prähistorischen Kommission 63 (Wien 2006).
Hellmann, Ilias	O. Hellmann, Die Schlachtszenen der Ilias (Stuttgart 2000).
Hennig, Obermain	H. Hennig, Urnenfelderzeitliche Grabfunde aus dem Obermaingebiet. In: K. Spindler (Hrsg.), Vorzeit zwischen Main und Donau. Erlanger Forschungen Reihe A, 26 (Erlangen 1980) 98–158.
Hennig, Ober- und Mittelfranken	H. Hennig, Die Grab- und Hortfunde der Urnenfelderkultur aus Ober- und Mittelfranken. Materialhefte zur bayerischen Vorgeschichte 23 (Kallmünz / Opf. 1982).
Herodot, Historien	In: J. Feix (Hrsg.), Herodot Historien Bd. 1 (München 1977).
Herrmann, Hessen	F.-R. Herrmann, Die Funde der Urnenfelderkultur in Mittel- und Südhessen. Römisch-Germanische Forschungen 27 (Berlin 1966).
Herrmann / Jockenhövel, Vorgeschichte Hessen	F.-R. Herrmann / A. Jockenhövel (Hrsg.), Die Vorgeschichte Hessens (Stuttgart 1990). 220–232.
Herrmann, Militärische Demokratie	J. Herrmann, Militärische Demokratie und die Übergangsperiode zur Klassengesellschaft. Ethnographisch-Archäologische Zeitschrift 23, 1982, 11–31.
Hirschberg, Völkerkunde	W. Hirschberg, Neues Wörterbuch der Völkerkunde (Berlin 1988).
Hochuli u. a.; SPM III	S. Hochuli u. a. (Hrsg.), Bronzezeit. SPM III: Die Schweiz vom Paläolithikum bis zum frühen Mittelalter 3 (Basel 1998).
Höfer, Pohlsberg	P. Höfer, Der Pohlsberg bei Latdorf, Kr. Bernburg. Jahresschrift der Vorgeschichte sächsisch-thüringischer Länder 4, 1905, 63–101.
Höfler, Geheimbünde	O. Höfler, Kultische Geheimbünde der Germanen, Bd. 1 (Frankfurt a. M. 1934).
Holste, Bronzezeit	F. Holste, Die Bronzezeit in Süd- und Westdeutschland. Handbuch der Urgeschichte Deutschlands 1 (Berlin 1953).
Holstein, Bronzezeitliche Funde	D. Holstein, Die bronzezeitlichen Funde aus dem Kanton Basel-Stadt. Materialhefte zur Archäologie in Basel 7 (Basel 1991).
Homer, Ilias	Homer, Ilias. In: R. Hampe (Hrsg.), Homer: Ilias. Reclam Universal-Bibliothek 249 (Ditzingen 2007).
Horst, Oranienburg	F. Horst, Vorstellung der Dissertation: Die jüngere Bronzezeit im Havelgebiet. Ethnographisch-Archäologische Zeitschrift 10, 1969, 51–55.
Hummel, DNA	S. Hummel, Ancient DNA Typing. Methods, Strategies and Applications (Heidelberg 2003).
Hummel u. a., Analysen	S. Hummel / D. Schmidt / B. Herrmann, Molekulargenetische Analysen zur Verwandtschaftsfeststellung an Skelettproben aus Gräbern frühkeltischer Fürstensitze. In: J. Biel / D. Krauße (Hrsg.), Frühkeltische Fürstensitze. Älteste Städte und Herrschaftszentren nördlich der Alpen? Internationaler Workshop zur keltischen Archäologie in Eberdingen-Hochdorf 12. Und 13. September 2003. Arch. Inf. Aus Baden-Württemberg 51 (Stuttgart 2005) 67–70.
Hundt, Frankfurt-Berkersheim	H. J. Hundt, Ein spätbronzezeitliches Doppelgrab in Frankfurt-Berkersheim. Germania 36, 1958, 344–361.
Hundt, Behringersdorf	H. J. Hundt, Ein spätbronzezeitliches Adelsgrab von Behringersdorf, Ldkr. Lauf a. d. Pegnitz. Jahresbericht der Bayerischen Bodendenkmalpflege 15–16, 1974–1975, 42–57.
Ille, Totenbrauchtum	P. Ille, Totenbrauchtum in der älteren Bronzezeit auf den dänischen Inseln. Internationale Archäologie 2 (Rahden / Westf. 1991).
Ivanovič, Tätowierung	V. Ivanovič, Die Tätowierung bei der antiken Bevölkerung Sibiriens. Mitteilungen der Anthropologischen Gesellschaft in Wien. Bd. 134/135, 2004/2005, 95–114.
Jacob, Alfred Schliz	C. Jacob (Hrsg.), Schliz, ein Schliemann im Unterland? 100 Jahre Archäologie im Heilbronner Raum. Museo 14 (Heilbronn 1999).
Jerchel / Seeger, Kunstdenkmäler	H. Jerchel / J. Seeger, Die Kunstdenkmäler des Kreises Niederbarnim (Berlin 1939).
Joachim, Plaidt	H.-E. Joachim, Neue älterurnenfelderzeitliche Grabfunde aus dem Neuwieder Becken. Archäologisches Korrespondenzblatt. 3, 1973, 191–197.
Jockenhövel, Rasiermesser	A. Jockenhövel, Die Rasiermesser in Mitteleuropa (Süddeutschland, Tschechoslowakei, Österreich, Schweiz). PBF VIII, 1 (München 1971).
Jockenhövel, Metall	A. Jockenhövel, Struktur und Organisation der Metallverarbeitung in urnenfelderzeitlichen Siedlungen Süddeutschlands. Veröffentlichungen des Museums für Ur- und Frühgeschichte Potsdam 20, 1986, 213–234.

Jockenhövel, Gewalt	A. Jockenhövel, Zur Archäologie der Gewalt: Bemerkungen zu Aggression und Krieg in der Bronzezeit Alteuropas. Anodos. Studies oft he Ancient World 4/5, 2004/2005, 101–132.
Jockenhövel/Kubach, Deutschland	A. Jockenhövel/W. Kubach (Hrsg.), Bronzezeit in Deutschland. Archäologie in Deutschland, Sonderheft (Stuttgart 1994).
Johnson/Earle, Evolution	A. W. Johnson/T. Earle, The Evolution of Human Society: From Foraging Group to Agrarian State (Stanford ^{1}1987, ^{2}2000).
Junker, Chiefdom	L. L. Junker, The Archaeology of Chiefdoms. In: International Encyclopedia of the Social & Behavioral Sciences (2001), 1667–1672.
Kamphaus, Bronze Weapons	B. Kamphaus, Usewear and Functional Analysis of Bronze Weapons and Armor. Journal of World Anthropology Vol. 3, No.1, 2007, 113–138.
Kienlin, Processual Archaeology	T. L. Kienlin, Die britische Processual Archaeology und die Rolle David L. Clarkes und Colin Renfrews: Herausbildung, Struktur, Einfluss. In: M. K. H. Eggert (Hrsg.), Theorien in der Archäologie: Zur englischsprachigen Diskussion. Tübinger Archäologische Taschenbücher 1 (Münster 1998) 67–113.
Kilian-Dirlmeier, Anhänger	I. Kilian-Dirlmeier, Gürtelhaken, Gürtelbleche und Blechgürtel der Bronzezeit in Mitteleuropa (Ostfrankreich, Schweiz, Süddeutschland, Österreich, Tschechoslowakei, Ungarn, Nordwest-Jugoslawien). PBF XII, 2 (München 1975).
Kimmig, Baden	W. Kimmig, Die Urnenfelderkultur in Baden, untersucht aufgrund der Gräberfunde. Römisch-Germanische Forschungen 14 (Freiburg i.Br. 1940).
Kimmig, Neufunde	W. Kimmig, Neufunde der Urnenfelderkultur aus Baden. Badische Fundberichte 18, 1948–50, 80–95.
Kimmig, Adelssitze	W. Kimmig, Zum Problem späthallstattzeitlicher Adelssitze. In: K.-H. Otto/J. Herrmann (Hrsg.), Siedlung, Burg und Stadt. Studien zu ihren Anfängen. Festschrift Paul Grimm. Akademie der Wissenschaften Berlin, Sektion Ur- und Frühgeschichte 25 (Berlin 1969) 96–113.
Kimmig, Bemerkungen	W. Kimmig, Bemerkungen zur Terminologie der Urnenfelderkultur im Raum nordwestlich der Alpen. Archäologisches Korrespondenzblatt 1, 1982, 33–46.
Kimmig, Wasserburg Buchau	W. Kimmig (Hrsg.), Die Wasserburg Buchau – eine spätbronzezeitliche Siedlung. Forschungsgeschichte und Kleinfunde. Materialhefte zur Archäologie in Baden-Württemberg 16 (Stuttgart 1992).
Kluge, Etymologie	F. Kluge, Etymologisches Wörterbuch der deutschen Sprache (Berlin/New York 1999).
Knüsel, Warfare	C. J. Knüsel, The Physical Evidence of Warfare – Subtle Stigmata? In: M. Parker Pearson/I. J. N. Thorpe (Hrsg.), Warfare, Violence and Slavery in Prehistory. BAR Int. Ser. 1374 (Oxford 2005) 49–65.
Koch, Griffzungenschwerter	R. Koch, Zwei Griffzungenschwerter von Bad Wimpfen und Heilbronn. Fundber. Baden-Württemberg 4, 1979, 18–28.
Koch, Kriegszüge	U. Koch, Der Ritt in die Ferne. Erfolgreiche Kriegszüge im Langobardenreich. In: Archäologisches Landesmuseum Baden-Württemberg (Hrsg.), Die Alamannen. Ausstellungskatalog Stuttgart (Stuttgart 1997) 403.
Koch, Mannheim-Sandhofen	U. Koch, Gräber der Urnenfelder- und der Frühlatènezeit in Mannheim-Sandhofen, Scharhof. Archäologische Ausgrabungen in Baden-Württemberg 2003, 52–55.
Kolling, Saar und Mosel	A. Kolling, Späte Bronzezeit an Saar und Mosel. Saarbrücker Beiträge zur Altertumskunde 6 (Bonn 1968).
Kolling, Mimbach	A. Kolling, Ein neues Schwertgrab der späten Bronzezeit von Mimbach (Kr. Homburg-Saar). In: 17. Bericht der staatlichen Denkmalpflege im Saarland. Beiträge zur Archäologie und Kunstgeschichte 1970, 41–58.
Kossack, Südbayern	G. Kossack, Südbayern während der Hallstattzeit. Römisch-Germanische Forschungen 24 (Berlin 1959).
Kossack, Religion	G. Kossack, Religiöses Denken in dinglicher und bildlicher Überlieferung Alteuropas aus der Spätbronze- und frühen Eisenzeit (9.–6. Jahrhundert v.Chr. Geb.). Bayerische Akademie der Wissenschaften. Phil.-Hist. Klasse N.F., H. 116 (München 1999).
Kraft, Süddeutschland	G. Kraft, Beiträge zur Kenntnis der Urnenfelderkultur in Süddeutschland ('Hallstatt A'). Bonner Jahrbücher 131, 1926, 153–212.
Kraft, Bronzezeit	G. Kraft, Die Kultur der Bronzezeit in Süddeutschland (Augsburg 1926).
Krahe, Speyer	G. Krahe, Ein Grabfund der Urnenfelderkultur von Speyer. Mitteilungen des Historischen Vereins der Pfalz 58, 1960, 1–17.
Krauße, Treibstachel	D. Krauße, Treibstachel und Peitsche. Bemerkungen zur Funktion hallstattzeitlicher Stockbewehrungen. Archäologisches Korrespondenzblatt 22, 1992, 515–523.
Krauße, Hochdorf III	D. Krauße, Hochdorf III. Das Trink- und Speiseservice aus dem späthallstattzeitlichen Fürstengrab von Eberdingen-Hochdorf (Kr. Ludwigsburg) Forschungen und Berichte zur Vor- und Frühgeschichte in Baden-Württemberg 64 (Stuttgart 1996).
Krauße, Keltenfürst	D. Krauße, Der „Keltenfürst" von Hochdorf: Dorfältester oder Sakralkönig. Anspruch und Wirklichkeit der sog. Kulturanthropologischen Hallstatt-Archäologie. Archäologisches Korrespondenzblatt 29, 1999, 339–358.

Krausse, Prunkgräber	D. Krausse, Prunkgräber der nordwestalpinen Späthallstattkultur. Neue Fragestellungen und Untersuchungen zu ihrer sozialhistorischen Deutung. In: C. von Carnap-Bornheim u. a. (Hrsg.), Herrschaft – Tod – Bestattung [Kongress Kiel 2003]. Universitätsforschungen zur Prähistorischen Archäologie 139 (Bonn 2006) 61–80.
Kreutle, Württemberg	R. Kreutle, Spätbronzezeit und Urnenfelderzeit in Württemberg. In: D. Planck (Hrsg.), Archäologie in Württemberg (Stuttgart 1988) 171–197.
Kreutle, Grabsitten	R. Kreutle, Die Grabsitten der Urnenfelderzeit. In: Goldene Jahrhunderte. Die Bronzezeit in Südwestdeutschland (Stuttgart 1997) 108–115.
Kreutle, Schwarzwald und Iller	R. Kreutle, Die Urnenfelderkultur zwischen Schwarzwald und Iller – südliches Württemberg, Hohenzollern und südöstliches Baden (Bübenbach 2006).
Kreutz, Skelett	K. Kreutz, Das Skelett und die Geschichte(n) von Menschen. Spiegel der Forschung 1/2, 2003.Wissenschaftsmagazin der Justus-Liebig-Universität Gießen, 98.
Kristiansen, Häuptlinge	K. Kristiansen, Krieger- und Häuptlinge in der Bronzezeit Dänemarks. Ein Beitrag zur Geschichte des bronzezeitlichen Schwertes. Jahrbuch RGZM 31, 1982, 187–205.
Kristiansen, Formations	K. Kristiansen, The Formation of Tribal Systems in Later European Prehistory: Northern Europe, 4000–500 BC. In: M. J. Rowlands/B. A. Seagraves (Hrsg.), Theory and Explanation in Archaeology (New York 1982) 241–280.
Kristiansen, Social Evolution	K. Kristiansen, Chiefdoms, State, and Systems of Social Evolution. In: T. Earle (Hrsg.), Chiefdoms: Power, Economy, Ideology (Cambridge 1991) 16–43.
Kristiansen, Chiefdoms	K. Kristiansen, Chiefdoms, States and Systems of Social Evolution. In: K. Kristiansen/M. Rowlands, Social Transformations in Archaeology (London 1998) 243–267.
Kristiansen, World System	K. Kristiansen, The Emergence of the European World System in the Bronze Age. In: K. Kristiansen/M. Rowlands, Social transformations in Archaeology (New York 1998) 287–323.
Kristiansen, Evolution	K. Kristiansen, From Stone to Bronze. The Evolution of Social Complexity in Northern Europe. In: K. Kristiansen/M. Rowlands, Social transformations in Archaeology (New York 1998) 106–141.
Kristiansen, Europe	K. Kristiansen, Europe before History (Cambridge 1998).
Kristiansen, Warrior	K. Kristiansen, The Emergence of Warrior Aristocracies in Later European Prehistory and their long-term History. In: J. Carman/A. Harding (Hrsg.), Ancient Warfare. Archaeological Perspectives (Stroud 1999) 175–189.
Kristiansen, Rulers	K. Kristiansen, Rulers and Warriors: Symbolic Transmission and Social Transformation in Bronze Age Europe. In: J. Haas (Hrsg.), From Leaders to Rulers (New York 2001) 85–104.
Kristiansen, Swordfighters	K. Kristiansen, The Tale of the Sword – Swords and Swordfighters in Bronze Age Europe. Oxford Journal of Archaeology 21/4, 2002, 319–332.
Kristiansen/Larsson, Bronze Age	K. Kristiansen/T. B. Larsson, The Rise of Bronze Age Society. Travels, Transmissions and Transformations (Cambridge 2005).
Kromer, Mitteleuropa	K. Kromer, Das östliche Mitteleuropa in der frühen Eisenzeit (7.–5. Jh. v.Chr.) – seine Beziehungen zu den Steppenvölkern und antiken Hochkulturen. Jahrbuch des Römisch-Germanischen Zentralmuseums Mainz 33/1, 1986, 1–97.
Kubach, Nadeln	W. Kubach, Die Nadeln in Hessen und Rheinhessen. PBF XIII, 3 (München 1977).
Kuhn, Hemigkofen	E. Kuhn, Von Hemigkofen und Nonnenbach zur Gemeinde Kressbronn. Ein langes Werben und eine späte Zwangsheirat. Kressbronner Jahrbuch 14, 2001, 34–39.
Kunter, Tatauierung	M. Kunter, Zur Geschichte der Tatauierung und Körperbemalung in Europa. Paideuma. Mitteilungen zur Kulturkunde XVII, 1971, 1–20.
Kutsch, Erbenheim	F. Kutsch, Ein jüngstbronzezeitliches Skelettgrab aus Erbenheim. Nassauische Annalen 48, 1927, 37–43.
Lamesch, Burmerange	M. Lamesch, Une sépulture plaste a incinération de la civilisation des champs d'urnes a Burmerange (Canton de Remich). Hémecht 23, 1971, 92–101.
Lang, Güterverteilung	A. Lang, Güterverteilung in der Urnenfelderzeit. In: H. Dannheimer/R. Gebhard (Hrsg.), Das keltische Jahrtausend. Ausstellungskatalog. Prähistorische Staatssammlung München 23 (Mainz 1993),194–196.
Laux, Nadeln	F. Laux, Die Nadeln in Niedersachsen. PBF XIII, 4 (München 1976).
Lentz, Ethnizität	C. Lentz, Ethnizität und ‚Tribalismus' in Afrika. Ein Forschungsüberblick. Leviathan 23, 1995, 115–145.
Lewellen, Political Anthropology	T. Lewellen, Political Anthropology (Westport 2003).
Lindenschmit, Vorzeit	L. Lindenschmit, Die Alterthümer unserer heidnischen Vorzeit. (Mainz 1858).
Lindenschmit, Weinheim	F. Lindenschmit, Nadel Weinheim. Westdeutsche Zeitschrift für Geschichte und Kunst 4, 1885, 213.
Lindenschmit, Mainz-Weisenau	L. Lindenschmit, Westdeutsche Zeitschrift für Geschichte und Kunst 13, 1894, 292.
Linton, Study of Man	R. Linton, The Study of Man (New York 1936).
Louwe Kooijmans, Wassenaar	L. P. Louwe Kooijmans, An Early/Middle Bronze Age multiple burial at Wassenaar, the Netherlands. Analecta Praehistorica Leidensia 26, 1993, 1–20.

Maise, Umwelt	C. Maise, Umwelt und Sozialwirtschaft. In: S. Hochuli u. a. (Hrsg.), Bronzezeit. SPM III: Die Schweiz vom Paläolithikum bis zum frühen Mittelalter 3 (Basel 1998) 138–139.
Mann, Social Power	N. Mann, The Sources of Social Power. A History of Power from the Beginning to A.D. 1760. Vol. 1 (Cambridge 1986).
Maus / Raub, Bodenschätze	H. Maus / C. Raub, Bodenschätze in Württemberg – Gewinnung und Nutzung in Geschichte und Gegenwart. In: D. Planck (Hrsg.), Archäologie in Württemberg (Stuttgart 1988) 539–551.
Mead, Maori	S. M. Mead, Traditional Maori Clothing. A Study of Technological and Functional Change (Wellington 1969).
Mordant, Marolles-sur-Seine	C. et D. Mordant, Le site protohistorique des Gours-aux-Lions à Marolles-sur-Seine (Seine-et-Marne). Mémoires de la Société Préhistorique Française 8 (Paris 1970).
Mordant u. a., Villethierry	C. Mordant / D. Mordant / J.-Y. Prampart, Le Dépôt de Bronze de Villethierry (Yonne). IXe Supplément à Gallia Préhistoire (Paris 1976).
Morgan, Society	L. H. Morgan, Ancient Society (New York 1877).
Müller, Dietzenbach	A. Müller, Westdeutsche Zeitschrift für Geschichte und Kunst 16, 1897, 330.
Müller, Altertumskunde I	S. Müller, Nordische Altertumskunde nach Funden und Denkmälern aus Dänemark und Schleswig, gemeinfasslich dargestellt. Band 1: Steinzeit, Bronzezeit (Straßburg 1897).
Müller-Karpe, Hanau	H. Müller-Karpe, Die Urnenfelderkultur im Hanauer Land (Marburg 1948).
Müller-Karpe, Hessen	H. Müller-Karpe, Hessische Funde von der Altsteinzeit bis zum frühen Mittelalter (Marburg 1949).
Müller-Karpe, Hart a. d. Alz	H. Müller-Karpe, Das urnenfelderzeitliche Wagengrab von Hart a. d. Alz, Oberbayern. Bayerische Vorgeschichtsblätter 21, 1956, 46–75.
Müller-Karpe, Münchener Urnenfelder	H. Müller-Karpe, Münchener Urnenfelder (Kallmünz / Opf. 1957).
Müller-Karpe, Bayern	H. Müller-Karpe, Neues zur Urnenfelderkultur Bayerns. Bayerische Vorgeschichtsblätter 23, 1958, 4–34.
Müller-Karpe, Chronologie	H. Müller-Karpe, Beiträge zur Chronologie der Urnenfelderzeit nördlich und südlich der Alpen. Römisch-Germanische Forschungen 22 (Berlin 1959).
Müller-Karpe, Vollgriffschwerter	Müller-Karpe, Die Vollgriffschwerter der Urnenfelderzeit aus Bayern. Münchner Beiträge zur Vor- und Frühgeschichte 6 (München 1961).
Müller-Karpe, Handbuch	H. Müller-Karpe, Handbuch der Vorgeschichte Band IV (München 1968).
Müller-Scheeßel, Armhaltungen	N. Müller-Scheeßel, Auffälligkeiten bei Armhaltungen hallstattzeitlicher Körperbestattungen – postdepoanale Eingriffe, funktionale Notwendigkeiten oder kulturelle Zeichen? In: C. Kümmel / B. Schweizer / U. Veit (Hrsg.), Körperinszenierung – Objektsammlung – Monumentalisierung: Totenritual und Grabkult in frühen Gesellschaften. Tübinger Archäologische Taschenbücher 6 (Tübingen 2008) 517–535.
Nadler, Fürsten	M. Nadler, Fürsten, Krieger, Müller. Archäologie in Deutschland 3, 2000, 6–11.
Nass, Hessen	K. Nass, Die Nordgrenze der Urnenfelderkultur in Hessen. 1. Teil: Oberhessen, 2. Teil: Niederhessen (Marburg 1952).
Naue, Schwerter	J. Naue, Die prähistorischen Schwerter (München 1885).
Naue, Oberbayern	J. Naue, Bronzezeit in Oberbayern (München 1894).
Naue, Vorrömische Schwerter	J. Naue, Die vorrömischen Schwerter aus Kupfer, Bronze und Eisen (München 1903).
Nationalmuseum Nürnberg, Gold	Germanisches Nationalmuseum Nürnberg (Hrsg.), Gold und Kult der Bronzezeit. Katalog zur Ausstellung im Germanischen Nationalmuseum Nürnberg, 22. Mai bis 7. September 2003 (Nürnberg 2003).
Neth, Neckarsulm	A. Neth, Ein außergewöhnlicher Friedhof der Urnenfelderzeit in Neckarsulm, Kreis Heilbronn. Archäologische Ausgrabungen in Baden-Württemberg 2001, 51–55.
Neth, Grabfunde	A. Neth, Neue Grabfunde der Urnenfelderzeit aus dem nördlichen Kreis Heilbronn. Archäologische Ausgrabungen in Baden-Württemberg 2004, 65–68.
Oberrath, Goldfingerringe	S. Oberrath, Bandförmige Goldfingerringe der Bronzezeit aus Baden-Württemberg. Fundber. Baden-Württemberg 20, 1995, 329–357.
Oberrath, Bronzezeit	S. Oberrath, Tod und Bestattung in der Bronzezeit: Untersuchungen zum Bestattungsbrauchtum der mittleren und späten Bronzezeit in Südwürttemberg (Tübingen 2003).
O'Connor, El Kantara	B. O'Connor, Zum Griffangelschwert von „El Kantara" (Ägypten). Archäologisches Korrespondenzblatt 8, 1978, 187–188.
Oeftiger, Mehrfachbestattungen	C. Oeftiger, Mehrfachbestattungen im Westhallstattkreis. Zum Problem der Totenfolge. Antiquitas. Reihe 3, Abhandlungen zur Vor- und Frühgeschichte, zur klassischen und provinzial-römischen Archäologie und zur Geschichte des Altertums 26 (Bonn 1984).
Osgood, Tormarton	R. Osgood, The dead of Tormarton – Middle Bronze Age combat victims? In: M. Parker Pearson / I. J. N. Thorpe (Hrsg.), Warfare, Violence and Slavery in Prehistory. BAR Int. Ser. 1374 (Oxford 2005) 139–144.
Pare, Zeremonialwagen	C. F. E. Pare, Der Zeremonialwagen der Bronze- und Urnenfelderzeit – seine Entstehung, Form und Verbreitung. In: F. E. Barth (Hrsg.), Vierrädrige Wagen der Hallstattzeit (Mainz 1987) 25–67.
Pare, Wagons	C. F. E. Pare, Wagons and Wagon-Graves of the Early Iron Age in Central Europe. Oxford University. Committee for Archaeology, Monograph 35 (Oxford 1992).

Paret, Urgeschichte	O. Paret, Urgeschichte Württembergs mit besonderer Berücksichtigung des mittleren Neckarlandes (Stuttgart 1921).
Paret, Fundberichte	O. Paret, Fundber. Schwaben N. F. 12, 1938–51, 28–29.
Parker Pearson, Death	M. Parker Pearson, The Archaeology of Death and Burial (Sutton 2003).
Parzinger, Skythen	H. Parzinger, Die Skythen (München 2004).
Paulsen, Niederstotzingen	P. Paulsen, Alamannische Adelsgräber in Niederstotzingen, Kreis Heidenheim. Veröffentlichungen des Staatlichen Amtes für Denkmalpflege Stuttgart A 12, 1 (Stuttgart 1967).
Peregrine/Ember, Urnfields	P. Peregrine/M. Ember, Western European Late Bronze Age, ‚Urnfields'. In: Encyclopedia of Prehistory Vol. 4 (New York 2001) 415–428.
Pescheck, Katalog Würzburg	C. Pescheck, Katalog Würzburg 1. Die Funde von der Steinzeit bis zur Urnenfelderzeit im mainfränkischen Museum. Materialhefte zur Bayerischen Vorgeschichte 12 (Kallmünz/Opf. 1958).
Pescheck, Kesselwagen	C. Pescheck. Ein reicher Grabfund mit Kesselwagen aus Unterfranken. Germania 50, 1972, 29–56.
Peschel, Devotion	K. Peschel, Zur kultischen Devotion innerhalb der keltischen Kriegergemeinschaft. In: F. Schlette/D. Kaufmann (Hrsg.), Religion und Kult in ur- und frühgeschichtlicher Zeit [Kongress Halle 1985]. Tagung Fachgruppe Ur- und Frühgeschichte 13 (Berlin 1989) 273–282.
Peter-Röcher, Gewalt	H. Peter-Röcher, Gewalt und Krieg im prähistorischen Europa. Beiträge zur Konfliktforschung auf der Grundlage archäologischer, anthropologischer und ethnologischer Quellen. Universitätsforschungen zur Prähistorischen Archäologie 143 (Bonn 2007).
Pfauth, Herrnwahlthann	U. Pfauth, Die urnenfelderzeitliche Nekropole von Herrnwahlthann, Gem. Hausen, Lkr. Kehlheim. Bericht der Bayerischen Bodendenkmalpflege 28/29, 1987/88, 7–105.
Planck, Württemberg	D. Planck (Hrsg.), Archäologie in Württemberg (Stuttgart 1988).
Plinius, Naturalis Historiae	In: K. Brodersen (Hrsg.), C. Plinius Secundus d. Ä. Naturalis Historiae. Buch VI (Zürich/Düsseldorf 1996).
Plinius, Naturalis Historiae	In: R. König/G. Winkler (Hrsg.), C. Plinius Secundus d. Ä. Naturalis Historiae. Buch XXXIII (München/Zürich 1984).
Plinius, Naturalis Historiae	In: R. König/G. Winkler (Hrsg.), C. Plinius Secundus d. Ä. Naturalis Historiae. Buch XXI/XXII (München/Zürich 1985).
Popitz, Macht	H. Popitz, Phänomene der Macht (Tübingen 1992).
Pyatt/Beaumont, Bog Bodies	F. B. Pyatt/E. H. Beaumont (u. a.), Mobilisation of Elements from the Bog Bodies Lindow II and III and some Oberservations on Body Painting. In: R. C. Turner/R. G. Scaife (Hrsg.), Bog Bodies. New Discoveries and New Perspectives (London 1995) 62–75.
Raddatz, Grabraub	K. Raddatz, Zum Grabraub in der Frühen Bronzezeit und in der Römischen Kaiserzeit. In: H. Jankuhn u. a. (Hrsg.), Zum Grabfrevel in vor- und frühgeschichtlicher Zeit. Untersuchungen zu Grabraub und „haugbrot" in Mittel- und Nordeuropa. Bericht über ein Kolloquium der Kommission für die Altertumskunde Mittel- und Nordeuropas vom 14.–16. Februar 1977. Abhandlungen der Akademie der Wissenschaften in Göttingen. Philol.-hist. Kl. 3 Folge 113 (Göttingen 1978) 48–52.
Ramseyer, Four polynésien	D. Ramseyer, Des fours de terre (polynésiens) de l'époque de hallstatt à Jeuss FR. Archäologie Schweiz 8, 1985, 44–46.
Randsborg, Hjortspring	C. Randsborg, Hjortspring: Warfare and Sacrifice in early Europe (Aarhus 1995).
Randsborg, Plundering	C. Randsborg, Plundered Bronze Age Graves. Archaeological & Social Implications. Acta Archaeologica 69, 1998, 113–138.
Rau, Aschaffenburg-Strietwald	H. G. Rau, Das urnenfelderzeitliche Gräberfeld von Aschaffenburg-Strietwald. Materialhefte zur bayerischen Vorgeschichte 26 (Kallmünz/Opf. 1972).
Redlich, Langobarden	C. Redlich, Zur Entstehung und frühesten Entwicklung der Langobarden. Studien zur Sachsenforschung 3, 1982, 169–183.
Reichel, Gemmrigheim	M. Reichel, Das urnenfelderzeitliche Gräberfeld von Gemmrigheim, Kreis Ludwigsburg. Fundber. Baden-Württemberg 24, 2000, 215–306.
Reim, Griffangelschwerter	H. Reim, Bronze- und urnenfelderzeitliche Griffangelschwerter im nordwestlichen Voralpenraum und in Oberitalien. Archäologisches Korrespondenzblatt 4, 1974, 17–26.
Reim, Dautmergen	H. Reim, Ein urnenfelderzeitliches Flachgräberfeld bei Dautmergen, Zollernalbkreis. Archäologische Ausgrabungen in Baden-Württemberg 1982, 69–73.
Reinecke, Gliederung	P. Reinecke, Zur chronologischen Gliederung der süddeutschen Bronzezeit. Germania 8, 1924, 43–44.
Reinecke, Dolche	P. Reinecke, Kyprische Dolche aus Mitteleuropa? Germania 17, 1933, 256–259.
Renfrew, Wessex	C. Renfrew, Wessex without Mycenae. Annual of the British School of Archaeology at Athens 63, 1968, 277–285.
Renfrew, Culture	C. Renfrew (Hrsg.), The Explanation of Culture Change: Models in Prehistory (London 1973).
Renfrew, Monuments	C. Renfrew, Monuments, Mobilization and Social Organisation in Neolithic Wessex. In: C. Renfrew (Hrsg.), The Explanation of Culture Change: Models in Prehistory (London 1973) 539–558.
Renfrew, Economy	C. Renfrew, Beyond a Subsistence Economy: The Evolution of Social Organization in Prehistoric Europe. In: C. B. More (Hrsg.), Reconstructing Complex Societies: An Archaeological Colloquium (Cambridge 1974) 69–85.

Richter, Arm- und Beinschmuck	I. Richter, Der Arm- und Beinschmuck der Bronze- und Urnenfelderzeit in Hessen und Rheinhessen. PBF X, 1 (München 1970).
Rieckhoff/Biel, Kelten	S. Rieckhoff/J. Biel, Die Kelten in Deutschland (Stuttgart 2001).
Riek, Hohmichele	G. Riek, Der Hohmichele. Ein Fürstengrabhügel der späten Hallstattzeit. Heuneburgstudien I. Römisch-Germanische Forschungen 26 (Berlin 1962).
Rieth, Goldfunde	A. Rieth, Württembergische Goldfunde der Hügelgräberbronzezeit. Germania 23, 1939, 147–149.
Ritterling, Eschborn	E. Ritterling, Grabfund bei Eschborn. Mitteilungen des Vereins für Nassauische Altertumskunde 1911–12, 1–8.
Rittershofer, Grabraub	K.-F. Rittershofer, Grabraub in der Bronzezeit. Bericht der Römisch-Germanischen Kommission 68, 1987, 5–23.
Robley, Tattooing	H. G. Robley, Moko or Maori Tattooing (London 1896).
Rolle, Mumienfunde	R. Rolle, Die skythenzeitlichen Mumienfunde von Pazyryk – Frostkonservierte Gräber aus dem Altaigebirge. In: K. Spindler u. a. (Hrsg.), Der Mann aus dem Eis 1. Bericht über das Internationale Symposium in Innsbruck. Veröffentlichungen der Universität Innsbruck 187. (Innsbruck 1992) 334–358.
Rowlands, Concepts	M. Rowlands, Conceptualizing the European Bronze and Early Iron Ages. In: K. Kristiansen/M. Rowlands, Social transformations in Archaeology (New York 1998) 49–69.
Rühl, Wiesbaden-Erbenheim	G. Rühl, Das urnenfelderzeitliche Gräberfeld von Wiesbaden-Erbenheim. Hessen Archäologie 2001 (2002), 47–50.
Sahlins, Political Types	M. Sahlins, Poor Man, Rich Man, Big-Man, Chief: Political Types in Melanesia and Polynesia. Comparative Studies in Society and History, 5/3, 1963, 285–303.
Sahlins, Tribesmen	M. Sahlins, Tribesmen (New York 1968).
Sahlins/Service, Evolution	M. Sahlins/E. Service, Evolution and Culture (Michigan 1960).
Sarauw, Warrior	T. Sarauw, Male symbols or warrior identities? The „archery burials" of the Danish Bell Beaker Culture. Journal of Anthropological Archaeology 26, 2007, 65–87.
Saxe, Dimensions	A. Saxe, Social Dimensions of Mortuary Practices (Dissertation Ann Arbor 1970).
Schauer, Schwerter	P. Schauer, Die Schwerter in Süddeutschland, Österreich und der Schweiz I. PBF IV, 2 (München 1971).
Schauer, Helme	P. Schauer, Urnenfelderzeitliche Helmformen und ihre Vorbilder. Fundber. Hessen 19–20, 1979–1980, 521–543.
Schauer, Kompositpanzer	P. Schauer, Deutungs- und Rekonstruktionsversuche bronzezeitlicher Kompositpanzer. Archäologisches Korrespondenzblatt 12, 1982, 335–349.
Schauer, Beinschienen	P. Schauer, Die Beinschienen der späten Bronze- und frühen Eisenzeit. Jahrbuch RGZM 29, 1982, 100–155.
Schauer, Waffengräber	P. Schauer, Überregionale Gemeinsamkeiten bei Waffengräbern der ausgehenden Bronzezeit und älteren Urnenfelderzeit des Voralpenraums. Jahrbuch RGZM 31, 1984, 209–235.
Schauer, Adelskrieger	P. Schauer, Die Bewaffnung der „Adelskrieger" während der späten Bronze- und frühen Eisenzeit. In: Ausgrabungen in Deutschland 1/3, 1984, 305–311.
Schauer, Tongeschirr	P. Schauer, Tongeschirrsätze als Kontinuum urnenfelderzeitlichen Grabbrauches in Süddeutschland. In: T. Kovács (Hrsg.), Studien zur Metallindustrie im Karpatenbecken und den benachbarten Regionen. Festschrift für Amália Mozsolics zum 85. Geburtstag (Budapest 1996) 361–377.
Schier, Fürsten	W. Schier, Fürsten, Herren, Händler? Bemerkungen zu Wirtschaft und Gesellschaft der westlichen Hallstattkultur. In: H. Küster/A. Lang/P. Schauer (Hrsg.), Archäologische Forschungen in urgeschichtlichen Siedlungslandschaften [Festschrift G. Kossack] (Regensburg 1998) 493–514.
Scholl, Neckarsulm	G. Scholl, Funde aus Neckarsulm. Fundber. Schwaben N. F. 14, 1957, 181.
Schumacher, Rheinlande	K. Schumacher, Siedlungs- und Kulturgeschichte der Rheinlande von der Urzeit bis in das Mittelalter. Bd. 1: Die vorrömische Zeit (Mainz 1921).
Schurtz, Altersklassen	H. Schurtz, Altersklassen und Männerbünde: Eine Darstellung der Grundformen der Gesellschaft (Berlin 1902).
Schwantes, Hannover	G. Schwantes, Die Gräber der ältesten Eisenzeit im östlichen Hannover. Prähistorische Zeitschrift 1, 1909, 140–162.
Schwantes, Rieste und Darzau	G. Schwantes, Die Urnenfriedhöfe vom Typ Rieste und Darzau. Zeitschrift Mecklenburg 34, 1929, 134–147.
Schwantes, Vorgeschichte	G. Schwantes, Die Vorgeschichte Schleswig-Holsteins (Neumünster 1939).
SGUF, Daten	Schweizerische Gesellschaft für Ur- und Frühgeschichte (Hrsg.), Archäologische Daten der Schweiz. Antiqua 15 (Basel 1986).
Schreg, Keramik	R. Schreg, Keramik aus Süddeutschland. Eine Hilfe zur Beschreibung, Bestimmung und Datierung archäologischer Funde vom Neolithikum bis zur Neuzeit (Schönaich 1998).
Schreiner u. a., Verwaltungsraum	H. Schreiner/U. Schreiner/C. Bräutigam, Verwaltungsraum Neckarsulm. Fortschrei-Neckarsulm bung des Landschaftsplanes zur 4. Änderung des Flächennutzungsplanes – hier Gewerbegebiet „Trendpark Süd" (Stuttgart 2001).

Seidel, Sammlungen	U. Seidel, Bronzezeit. Sammlungen des Württembergischen Landesmuseums Stuttgart 2 (Stuttgart 1995) 88–137.
Seiler u. a., Neckarsulm	A. Seiler / D. Bader / B. Demel, Neckarsulm und der Deutsche Orden 1484–1805–1984. Katalog zur Ausstellung (Ludwigsburg 1984).
Service, Evolution	E. Service, Primitive Social Evolution: An Evolutionary Perspective (New York 1962).
Shennan, Evolution	S. Shennan, After social Evolution: a new archaeological agenda? In: N. Yoffee / A. Sherrat (Hrsg.), Archaeological Theory: Who sets the Agenda? (Cambridge 1993) 53–59.
Sherrat, Economy	A. Sherrat, Economy and Society in Prehistoric Europe (Edinburgh 1997).
Sigrist, Anarchie	C. Sigrist, Regulierte Anarchie. Untersuchungen zum Fehlen und zur Entstehung politischer Herrschaft in segmentären Gesellschaften Afrikas (Frankfurt a.M. 1979).
Simmons, Moko	D. R. Simmons, Moko. In: M. Mead / B. Kernot (Hrsg.), Art and Artists of Oceania (Palmerston 1983) 226–243.
Simon, Salz	T. Simon, Salz und Salzgewinnung im nördlichen Baden-Württemberg. Geologie – Technik – Geschichte. Forschungen aus Württembergisch-Franken 42 (Sigmaringen 1995).
Smits / Maat, Wassenaar	E. Smits / G. Maat, An Early / Late Middle Bronze Age common grave at Wassenaar, the Netherlands. The physical anthropological results. Analecta Praehistorica Leidensia 26, 1993, 21–28.
Sperber, Chronologie	L. Sperber, Untersuchungen zur Chronologie der Urnenfelderkultur im nördlichen Alpenvorland von der Schweiz bis Oberösterreich. Antiquitas Reihe 3, Abhandlungen zur Vor- und Frühgeschichte, zur klassischen und provinzial-römischen Archäologie und zur Geschichte des Altertums 29 (Bonn 1987).
Sperber, Goldschmuck	L. Sperber, Bemerkungen zur sozialen Bewertung von goldenem Trachtschmuck und Schwert in der Urnenfelderkultur. Archäologisches Korrespondenzblatt 22 / 1, 1992, 63–77.
Sperber, Vorgeschichte	L. Sperber, Die Vorgeschichte. (Speyer 1995).
Sperber, Schwertträger	L. Sperber, Zu den Schwertträgern im westlichen Kreis der Urnenfelderkultur: Profane und religiöse Aspekte. In: Eliten in der Bronzezeit. Ergebnisse zweier Kolloquien in Mainz und Athen. RGZM 43 (Mainz 1999) 605–659.
Sperber, Goldene Zeichen	L. Sperber, Goldene Zeichen. Kult und Macht in der Bronzezeit. Begleitheft zur Ausstellung im Historischen Museum der Pfalz in Speyer, 7. Mai bis 11. September 2005 (Speyer 2005).
Sperber, Zeugnisse	L. Sperber, Zeugnisse der „Schwertträger". In: Landesverein Badische Heimat (Hrsg.), Nachrichten & Notizen zur Landeskunde in der Region. 4/97, 2ff. http://www.zum.de/Faecher/G/BW/Landeskunde/rhein/geschichte/archaeol/schwerttraeger.htm [Stand: 15.04.2008].
Sprater, Pfalz	F. Sprater, Die Urgeschichte der Pfalz. Veröffentlichungen der Pfälzischen Gesellschaft zur Förderung der Wissenschaften 5 (Speyer 1928).
Sprenger, Franzhausen	S. Sprenger, Zur Bedeutung des Grabraubes für sozialarchäologische Gräberfeldanalysen. Eine Untersuchung am frühbronzezeitlichen Gräberfeld von Franzhausen I, Niederösterreich. Fundber. Österreich, Materialheft A 7 (Horn 1999).
Sprockhoff, Handelsgeschichte	E. Sprockhoff, Vorgeschichtliche Forschungen Heft 7. Zur Handelsgeschichte der germanischen Bronzezeit (Berlin 1930) 44–48.
Sprockhoff, Griffzungenschwerter	E. Sprockhoff, Die germanischen Griffzungenschwerter. Römisch-Germanische Forschungen 5 (Berlin / Leipzig 1931).
Staehle, Enzgebirge	K. F. Staehle, Urgeschichte des Enzgebirges (Augsburg 1923).
Stahl, Bernstein	C. Stahl, Mitteleuropäische Bernsteinfunde von der Frühbronze- bis zur Frühlatènezeit. Ihre Verbreitung, Formgebung, Zeitstellung und Herkunft. Würzburger Studien zur Sprache & Kultur Bd. 9 (Dettelbach 2006).
Stary, Häuptlingsgrab	P. F. Stary, Das spätbronzezeitliche Häuptlingsgrab von Hagenau, Kr. Regensburg. In: K. Spindler (Hrsg.), Vorzeit zwischen Main und Donau. Erlanger Forschungen Reihe A (1980).
Steuer, Sozialstrukturen	H. Steuer, Frühgeschichtliche Sozialstrukturen in Mitteleuropa: Eine Analyse der Auswertungsmethoden des archäologischen Quellenmaterials. Abhandlungen der Akademie der Wissenschaften in Göttingen, Philologisch-Historische Klasse, Dritte Folge Nr. 128 (Göttingen 1982).
Steuer, Interpretationen	H. Steuer, Interpretationsmöglichkeiten archäologischer Quellen zum Gefolgschaftsproblem. In: Beiträge zum Verständnis der Germania des Tacitus: Bericht über die Kolloquien der Kommission für die Altertumskunde Nord- und Mitteleuropas im Jahre 1986 und 1987 (Göttingen 1992) 203–257.
Steuer, Alamannen	H. Steuer, Krieger und Bauern – Bauernkrieger: Die gesellschaftliche Ordnung der Alamannen. In: Archäologisches Landesmuseum Baden-Württemberg (Hrsg.), Die Alamannen. Ausstellungskatalog Stuttgart (Stuttgart 1997) 275–287.
Steward, Culture	J. H. Steward, The Theory of Cultural Change: The Methodology of Multilinear Evolution (Urbana 1955).
Stork, Grabraub	I. Stork, Als Persönlichkeit ins Jenseits. Bestattungssitte und Grabraub als Kontrast. In: Archäologisches Landesmuseum Baden-Württemberg (Hrsg.), Die Alamannen. Ausstellungskatalog Stuttgart (Stuttgart 1997) 418–432.
Strabon, Geographika.	In: S. Radt (Hrsg.), Strabons Geographika Bd. 2. Buch V–VIII (Göttingen 2003).

Tacitus, Germania	In: Tacitus, Germania. Lateinisch und deutsch von G. Pearl, Griechische und lateinische Quellen zur Frühgeschichte Mitteleuropas bis zur Mitte des 1. Jahrtausends u.Z., hrsg. Von J. Herrmann, Zweiter Teil = Schriften und Quellen der alten Welt Bd. 37,2 (Berlin 1990).
Tainter, Practices	J. Tainter, Mortuary Practices and the Study of Prehistoric Social Systems. In M. Schiffer (Hrsg.) Advances in Archaeological Theory and Method 1, 1978, 105–141.
Testart, Classification	A. Testart, Les Éléments de classification des sociétés (Paris 2005).
Theel, Rekonstruktion	A. Theel, Die Rekonstruktion von Sozialstrukturen am Beispiel des so genannten Fürstengrabes von Hochdorf (Baden-Württemberg): Ein Beitrag zur Anwendung ethnologischer Modelle in der archäologischen Theoriediskussion. Leipziger online-Beiträge zur Ur- und Frühgeschichtlichen Archäologie 20, 2006, 1–12 [www.uni-leipzig.de/~ufg/reihe/files/l20.pdf]
Thevenot, Passy-Richebourg	J.-P. Thevenot, Informations Archéologiques. Circonscription de Bourgogne. Gallia préhistoire 28, 1985, 205 f.
Thomsen, Egtved	T. Thomsen, Egekistefundet fra Egtved, fra den ældre Bronzealder. Nordiske Fortidsminder II (Kopenhagen 1929).
Thrane, Denmark	H. Thrane, Late Bronze Age Graves in Denmark seen as Expressions of Social Ranking – an Initial Report. In: H. Lorenz (Hrsg.), Studien zur Bronzezeit (Mainz 1981) 475–488.
Tomedi, Eliten	G. Tomedi, Eliten und Dynasten der späten Urnenfelderzeit und Hallstattzeit im Südostalpenraum. Eliten in der Bronzezeit. Ergebnisse zweier Kolloquien in Mainz und Athen. RGZM 43 (Mainz a. Rhein 1999) 661–681.
Torbrügge, Oberpfalz	W. Torbrügge, Die Bronzezeit in der Oberpfalz. Materialhefte zur Bayerischen Vorgeschichte 13 (Kallmünz 1959).
Treherne, Warriors Beauty	P. Treherne, The Warrior's Beauty: The Masculine Body and Self-Identity in Bronze-Age Europe. In: Journal of European Archaeology 3, 1995, 105–144.
Von Trotha, Herrschaft	T. von Trotha, Koloniale Herrschaft. Zur soziologischen Theorie der Staatsentstehung am Beispiel des „Schutzgebietes Togo" (Tübingen 1994).
Ucko, Funerary	P. Ucko, Ethnography and Archaeological Interpretation of Funerary Remains. World Archaeology 1, 1969, 262–280.
Uenze, Keltisches Jahrtausend	H. P. Uenze, Ein keltisches Jahrtausend? Kontinuität und Diskontinuität. In: H. Dannheimer/R. Gebhard, (Hrsg.), Das keltische Jahrtausend. Prähistorische Staatsammlung München Bd. 23 (Mainz 1993) 7–14.
Ulf, Homerische Gesellschaft	C. Ulf, Die homerische Gesellschaft. Materialien zur analytischen Beschreibung und historischen Lokalisierung (München 1990).
Ullrich, Grundfeld 1	M. Ullrich, Neues vom urnenfelderzeitlichen Friedhof bei Grundfeld. Stadt Bad Staffelstein, Landkreis Lichtenfels, Oberfranken. Das archäologische Jahr in Bayern 2003, 41–43.
Ullrich, Grundfeld 2	M. Ullrich, Das urnenfelderzeitliche Gräberfeld von Grundfeld/Reundorf, Lkr. Lichtenfels, Oberfranken. Materialhefte zur Bayerischen Vorgeschichte Reihe A, 26 (Kallmünz/Opf. 2004).
Unz, Keramik	C. Unz, Die spätbronzezeitliche Keramik in Südwestdeutschland, in der Schweiz und in Ostfrankreich. Prähistorische Zeitschrift 48, 1973, 1–124.
Van Gennep, Passage	A. van Gennep, Les Rites de Passage (Paris 1909).
Vankilde, Tales	H. Vankilde, Commemorative tales: archaeological responses to modern myth, politics, and war. In: World Archaeology 35/1, 2003, 126–144.
Wees, Illiad	H. van Wees, Leaders of Men? Military Organisation in the Illiad. The Classical Quarterly, New Series 36/2, 1986, 285–303.
Veit, König	U. Veit, König oder Hohepriester? Zur These einer sakralen Gründung der Herrschaft in der Hallstattzeit. Archäologisches Korrespondenzblatt 30, 2000, 549–568.
Verger, Hochdorf	S. Verger, La grande tombe de Hochdorf: mise en scène funéraire d'un *cursus honorum* tribal hors pair. Siris 7, 2006, 5–44.
Villes, Vierzon	A. Villes, Du bronze final Ib au bronze final IIIa dans le secteur de la Loire Moyenne. In: P. Brun/C. Mordant (Hrsg.), Le groupe Rhin-Suisse-France orientale et la notion de civilisation des Champs d'Urnes. Mémoires du Musée de Préhistoire d'Ile-de-France n° 1 (Nemours 1988) 383–415.
Völger u. a., Männerbünde	G. Völger/K. v. Welck (Hrsg.), Männerbande, Männerbünde: Zur Rolle des Mannes im Kulturvergleich. Führer zur Ausstellung im Rautenstrauch-Joest-Museum für Völkerkunde in Köln 1990 (Köln 1990).
Vogt, Villa Sulmana	A. Vogt, Villa Sulmana Neckarsulm – Bilder einer Stadtentwicklung (Neckarsulm 2000).
Vogt, Keramik	E. Vogt, Die spätbronzezeitliche Keramik der Schweiz und ihre Chronologie. Denkschriften der Schweizerischen Naturforschenden Gesellschaft 66 (Zürich 1930).
Vosteen, Wagen	M. U. Vosteen, Urgeschichtliche Wagen in Mitteleuropa. Eine archäologische und religionswissenschaftliche Untersuchung neolithischer bis hallstattzeitlicher Befunde. Freiburger Archäologische Studien 3 (Rahden/Westf. 1999), 52–88; 163–165.
Wagner, Fundstätten	E. Wagner, Fundstätten und Funde aus vorgeschichtlicher, römischer und alemannisch-fränkischer Zeit im Großherzogtum Baden. Band II (Tübingen 1911).

Wahl, Neckarsulm	J. Wahl, Nur Männer ‚im besten Alter'? Erste anthropologische Erkenntnisse zum urnenfelderzeitlichen Friedhof von Neckarsulm, Kreis Heilbronn. Archäologische Ausgrabungen in Baden-Württemberg 2001, 55–56.
Wahl, Forschung	J. Wahl, Karies, Kampf und Schädelkult. 150 Jahre anthropologische Forschung in Süddeutschland (Stuttgart 2007).
Wahl/König, Talheim	J. Wahl/H. G. König, Anthropologisch-traumatische Untersuchung der menschlichen Skelettreste aus dem bandkeramischen Massengrab bei Talheim, Kreis Heilbronn. Fundber. Baden-Württemberg 12, 1987, 65–186.
Waringo, Luxemburg	R. Waringo, Le bronze final I–IIb au Grand-Duché de Luxembourg. In: P. Brun/C. Mordant (Hrsg.), Le groupe Rhin-Suisse-France orientale et la notion de civilisation des Champs d'Urnes. Mémoires du Musée de Préhistoire d'Ile-de-France n° 1 (Nemours 1988) 137–152.
Weber, Wirtschaft und Gesellschaft	M. Weber, Wirtschaft und Gesellschaft (Frankfurt a.M. 2005).
Wegewitz, Wetzen	W. Wegewitz, Der Urnenfriedhof von Wetzen, Kr. Harburg, und andere Funde aus dem 1. Jahrhundert v. Chr. im Gebiet der Niederelbe. Die Urnenfriedhöfe in Niedersachsen 11 (Hildesheim 1970)
Weiss/Rehberg, Schorfheide und Spree	M. Weiss/M. Rehberg, Zwischen Schorfheide und Spree. Heimatbuch des Kreises Niederbarnim (Berlin 1940).
Wels-Weyrauch, Anhänger	U. Wels-Weyrauch, Die Anhänger und Halsringe in Südwestdeutschland und Nordbayern. PBF XI, 1 (München 1978).
Welwei, Polis	K.-W. Welwei, Polis und Arché. Kleine Schriften zu Gesellschafts- und Herrschaftsstrukturen in der griechischen Welt. Historia Einzelschriften 146 (Stuttgart 2000).
White, Evolution	L. White, The Evolution of Culture: The Development of Civilization to the Fall of Rome (New York 1959).
Whitley, Objects	J. Whitley, Objects with Attitude: Biographical Facts and Fallacies in the Study of Late Bronze Age and Early Iron Age Warrior Graves. Cambridge Archaeological Journal 12/2, 2002, 217–232.
Wilbertz, Unterfranken	O. M. Wilbertz, Die Urnenfelderkultur in Unterfranken. Materialhefte zur Bayerischen Vorgeschichte 49 (Kallmünz/Opf. 1982).
Willroth, Anmerkungen	K.-H. Willroth, Prunkbeil oder Stoßwaffe, Pfriem oder Tätowierstift, Tüllengerät oder Treibstachel? Anmerkungen zu einigen Metallobjekten der älteren nordischen Bronzezeit I. In: C. Becker (Hrsg.), Beiträge zur prähistorischen Archäologie zwischen Nord- und Südosteuropa. Festschrift für Bernhard Hänsel (Espelkamp 1997) 469–492.
Winghart, Poing I	St. Winghart, Ein Wagengrab der späten Bronzezeit von Poing. Das archäologische Jahr in Bayern 1989 (Stuttgart 1990) 74–75.
Winghart, Poing II	St. Winghart, Das Wagengrab von Poing, Lkr. Ebersberg, und der Beginn der Urnenfelderzeit in Südbayern. In: H. Dannheimer/R. Gebhard (Hrsg.), Das keltische Jahrtausend (Mainz 1993) 88–93.
Winghart, Elitenbildung	St. Winghart, Die Wagengräber von Poing und Hart a.d. Alz. Evidenz und Ursachen spätbronzezeitlicher Elitenbildung in der Zone nordwärts der Alpen. In: Eliten in der Bronzezeit. Ergebnisse zweier Kolloquien in Mainz und Athen. RGZM 43 (Mainz a. Rhein 1999) 515–532.
Wohlrab u.a., Körperschmuck	S. Wohlrab/B. Fink/P. M. Kappeler, Menschlicher Körperschmuck aus evolutionärer Perspektive – Diversität und Funktionen von Tätowierungen, Piercings und Skarifizierungen. In: Mitteilungen der Anthropologischen Gesellschaft in Wien Band 134/135, 2004/2005, 1–10.
Wolters, ΕΛΑΦΟΣΙΚΤΟΣ	P. Wolters, ΕΛΑΦΟΣΙΚΤΟΣ. Hermes 38, 1903, 265–273.
Wüstemann, Ostdeutschland	H. Wüstemann, Die Schwerter in Ostdeutschland. PBF IV, 15 (Stuttgart 2004).
Yoffee, Chiefs	N. Yoffee, Too many Chiefs? (or, Safe texts for the '90s). In: N. Yoffee/A. Sherrat (Hrsg.), Archaeological Theory: Who sets the Agenda? (Cambridge 1993) 60–78.
Zürn, Hirschlanden	H. Zürn, Eine hallstattzeitliche Stele von Hirschlanden, Kr. Leonberg (Württemberg). Germania 42, 1964, 27–36.
Zürn, Schwäbisch Hall	H. Zürn, Katalog Schwäbisch Hall. Die vor- und frühgeschichtlichen Funde im Keckenbergmuseum. Veröffentlichungen des Staatlichen Amtes für Denkmalpflege Stuttgart Reihe A, Heft 9 (Stuttgart 1965).
Zürn, Hallstatt	H. Zürn, Hallstattforschungen in Nordwürttemberg. Die Grabhügel von Asperg, Hirschlanden und Mühlacker. Veröffentlichungen des Staatlichen Amtes für Denkmalpflege Stuttgart, Reihe A, Heft 16 (Stuttgart 1970).
Zylmann, Pfalz	D. Zylmann, Die Urnenfelderkultur in der Pfalz. Grab- und Depotfunde, Einzelfunde aus Metall. Veröffentlichungen der Pfälzischen Gesellschaft zur Förderung der Wissenschaften 72 (Speyer 1983).
Zylmann, Worms-Herrnsheim	D. Zylmann, Ein spätbronzezeitliches Waffengrab aus Worms-Herrnsheim, Rheinland-Pfalz. Archäologisches Korrespondenzblatt 36, 2006, 49–58.

VIII Kurzkatalog

Grab 1 (Taf. 1)

Befund: Einzelbestattung. Körperbestattung in gestreckter Rückenlage. Orientierung: nordsüdlich, Kopf im Süden. Grabgrube: 2,35 m × 0,67 m. Grabtiefe: 0,02 m unter Planum 1.
Anthropologie: Knochenerhaltung: schlecht. Alter: ~20 Jahre. Geschlecht: unbest.

Funde:
1 Bronzering (Fd.-Nr. 2001-48-1-3). Äußerer Dm. 2,4 cm. (Taf. 30,2)
2 Frag. Becher (Fd.-Nr. 2001-48-1-2). Farbe: dunkelbraun. Gefäßh.: unbest. Mündungsdm.: ca. 10,0 cm. (Taf. 30,1)
3 Scherben schwarzer Keramik, z. T. mit Riefenlinien und Strichschraffur verziert.
4 Tierknochen (verloren).

Grab 2 (Taf. 2)

Befund: Dreifachbestattung. Drei Körperbestattungen in gestreckter Rückenlage. Orientierung: nordsüdlich, Köpfe im Süden. Grabgrube: 2,43 m × 2,12 m. Grabtiefe: unbest.

Individuum 1 = östliches Skelett

Anthropologie: Knochenerhaltung: gut. Alter: ~30–40 Jahre. Geschlecht: männlich.

Funde:
1 Nadel Typ Neckarsulm (Fd.-Nr. 2001-48-2-8). L.: 12,9 cm. Kdm.: 1,15 cm. (Taf. 30,3)
2 Frag. Gefäß (Fd.-Nr. 2001-48-2-7). Farbe: rötlich-braun. Nicht restauriert.
3 Scherben dünnwandig brauner Keramik.
4 Scherben schwarzer Keramik.

Individuum 2 = mittleres Skelett

Anthropologie: Knochenerhaltung: gut. Alter: ~25 Jahre. Geschlecht: (männlich).

Funde:
5 Nadel Typ Wollmesheim Var. Weinheim (Fd.-Nr. 2001-48-3-5). L.: 14,3 cm. Kdm.: 1,5 cm. (Taf. 30,4)
6 Scherbe schwarzer Keramik, vermutlich Schrägrandgefäß.

Individuum 3 = westliches Skelett

Anthropologie: Knochenerhaltung: mäßig bis schlecht. Alter: ~30 (–40) Jahre. Geschlecht: (männlich).

Funde:
7 Messer mit durchl. Griffdorn (Fd.-Nr. 2001-48-4-2). L.: 18,3 cm. Zum Messer sieben Pflockniete. L.: je 1,2 cm. (Taf. 31,1)
8 Bronzering (Fd.-Nr. 2001-48-4-3). Äußerer Dm. 2,5 cm. (Taf. 31,2)
9 Nadel Typ Wollmesheim Var. Plaidt (Fd.-Nr. 2001-48-4-10). L.: 20,0 cm. Kdm.: 2,8 cm. (Taf. 31,3)
10 Knickwandschale (Fd.-Nr. 2001-48-4-1). Farbe: graubraun. Gefäßh.: ca. 8,5 cm. Mündungsdm.: ca. 23 cm. (Taf. 32)

Grab 3 (Taf. 3)

Befund: Einzelbestattung. Körperbestattung in gestreckter Rückenlage. Orientierung: nordsüdlich, Kopf im Süden. Grabgrube: 2,05 m × 0,48–0,68 m. Grabtiefe: unbest. Grab offensichtlich beraubt.
Anthropologie: Knochenerhaltung: schlecht. Alter: spätmatur. Geschlecht: männlich.
Funde: keine.

Grab 4 (keine Zeichnung)

Befund: Einzelbestattung. Körperbestattung. Orientierung: unbest. Grabgrube: 2,05 m × 0,48–0,68 m. Grabtiefe: ca. 0,26 m unter Planum 1. Grab offensichtlich beraubt.
Anthropologie: Knochenerhaltung: sehr schlecht. Alter: erwachsen. Geschlecht: (männlich).

Funde:
1 Nadel Typ Neckarsulm (Fd.-Nr. 2001-48-6-1). L.: noch 13 cm. Kdm.: 1,2 cm. (Taf. 33,1)
2 Scherben rötlich-grauer Farbe, darunter Randscherbe.
3 Scherben schwarzer Keramik, z. T. mit Riefenverzierung.

Grab 5 (Taf. 4)

Befund: Einzelbestattung. Körperbestattung in gestreckter Rückenlage. Grabgrube: unbest. Grabtiefe: 0,01–0,02 m unter Planum 1. Grab vollständig zerstört.
Anthropologie: Knochenerhaltung: sehr schlecht. Alter: unbest. Geschlecht: unbest.

Funde:
1 Scherben schwarzer Keramik.

Grab 6 (keine Zeichnung)

Befund: Einzelbestattung. Vermutlich Körperbestattung in gestreckter Rückenlage. Orientierung: nordsüdlich. Grabgrube: unbest. Grabtiefe: unbest. Grab vollständig zerstört.
Anthropologie: Knochenerhaltung: sehr schlecht. Alter: erwachsen. Geschlecht: unbest.

Funde:
1 Scherben rötlicher Keramik.
2 Frag. Nadel (vergangen).

Grab 7 (Taf. 5)

Befund: Mehrfachbestattung. Fünf Körperbestattungen in gestreckter Rückenlage. Orientierung: nordsüdlich, Köpfe im Süden. Grabgrube: 2,00 m × 2,07 m. Grabtiefe: 0,15 m unter Planum 1. Grab offensichtlich beraubt.

Individuum 1 = östliche Bestattung
Anthropologie. Knochenerhaltung: mäßig bis gut. Alter: ~40 Jahre. Geschlecht: männlich.

Funde:
1 Nadel Typ Neckarsulm (Fd.-Nr. 2001-48-9-1). L.: 11,9 cm. Kdm.: 1,0 cm. (Taf. 33,2)

Individuum 2 = 2. Bestattung von Osten
Anthropologie: Knochenerhaltung: schlecht. Alter: erwachsen. Geschlecht: unbest.
Funde: keine.

Individuum 3 = mittlere Bestattung
Anthropologie: Knochenerhaltung: sehr schlecht. Alter: erwachsen. Geschlecht: unbest.
Funde: keine.

Individuum 4 = 2. Bestattung von Westen
Anthropologie: Knochenerhaltung: schlecht. Alter: erwachsen. Geschlecht: unbest.
Funde: keine.

Individuum 5 = westliche Bestattung
Anthropologie: Knochenerhaltung: schlecht. Alter: erwachsen. Geschlecht: (männlich)?
Funde: keine.

Ohne Fundangabe
Scherben schwarzer Keramik, z.T. mit Riefenverzierung.

Grab 8 (Taf. 6)
Befund: Doppelbestattung. Zwei Körperbestattungen in gestreckter Rückenlage. Orientierung: nordsüdlich, Köpfe im Süden. Grabgrube: unbest. Grabtiefe: unbest.

Individuum 1 = östliches Skelett
Anthropologie: Knochenerhaltung: sehr schlecht. Alter: erwachsen. Geschlecht: unbest.

Funde:
1 Plattenkopfnadel (Fd.-Nr. 2001-48-15-6). L.: 14,0 cm. Kdm.: 1,45 cm. (Taf. 33,3)
2 Mittelgroße Schrägrandschüsseln mit Henkel (Fd.-Nr. 2001-48-15-5). Farbe: grau-schwarz. Gefäßh.: ca. 9,8 cm. Mündungsdm.: ca. 14,0 cm. (Taf. 34,1)

Individuum 2 = westliches Skelett
Anthropologie: Knochenerhaltung: sehr schlecht. Alter: unbest. Geschlecht: unbest.

Funde:
3 Henkelschale mit Schrägrand (Fd.-Nr. 2001-48-16-4). Farbe: hell-dunkelbraun. Gefäßh.: ca. 5,7 cm. Mündungsdm.: ca. 12,5 cm. (Taf. 34,2)
4 Frag. Bronzenadel (vergangen).

Grab 9 (Taf. 7)
Befund: Einzelbestattung. Körperbestattung in gestreckter Rückenlage. Orientierung: nordsüdlich, Kopf im Süden. Grabgrube: unbest. Grabtiefe: unter Planum 1.
Anthropologie: Knochenerhaltung: schlecht. Alter: ~60 Jahre. Geschlecht: männlich.
Funde: keine.

Grab 10 (Taf. 8)
Befund: Einzelbestattung. Körperbestattung. Orientierung: unbest. Grabgrube: unbest. Grabtiefe: unbest. Grab vollständig zerstört.
Anthropologie: Knochenerhaltung: sehr schlecht. Alter: (früh-)adult. Geschlecht: männlich.

Funde:
1 Scherbe schwarzer Keramik.
2 Scherben rötlich-orange Keramik.

Grab 11 (Taf. 9)
Befund: Doppelbestattung. Zwei Körperbestattungen in gestreckter Rückenlage. Orientierung: nordsüdlich, Köpfe im Süden. Grabgrube: unbest. Grabtiefe: unbest. Grab offensichtlich beraubt.

Individuum 1 = östliches Skelett
Anthropologie: Knochenerhaltung: mäßig bis schlecht. Alter: erwachsen. Geschlecht: unbest.
Funde: keine.

Individuum 2 = westliches Skelett
Anthropologie: Knochenerhaltung: mäßig bis schlecht. Alter: jüngerer Erwachsener. Geschlecht: (männlich)?

Funde:
1 Scherben schwarzer Keramik.
2 Scherbe dunkelgrauer Keramik mit kammstrichartiger Verzierung.

Grab 12 (Taf. 10)
Befund: Doppelbestattung. Zwei Körperbestattungen in gestreckter Rückenlage. Orientierung: nordsüdlich, Köpfe im Süden. Grabgrube: unbest. Grabtiefe: 0,06 m unter Planum 1.

Individuum 1 = östliche Bestattung
Anthropologie: Knochenerhaltung: mäßig bis gut. Alter: ~(35–) 40 Jahre. Geschlecht: männlich.

Funde:
1 Scherbe rötlicher Keramik, evtl. Schrägrandgefäß.
2 Scherben schwarzer Keramik.

Individuum 2 = westliche Bestattung
Anthropologie: Knochenerhaltung: mäßig bis gut. Alter: ~25–30 Jahre. Geschlecht: männlich.

Funde:
3 Frag. Schrägrandgefäß (Fd.-Nr. 2001-48-21-2). Gefäßh.: unbest. Mündungsdm.: ca. 12,0 cm. (Taf. 35,1)
4 Nadel Typ Neckarsulm (Fd.-Nr. 2001-48-22-3). L.: 14,5 cm. Kdm.: 1,2 cm. (Taf. 35,2)

5 Scherben rötlicher Keramik.
6 Scherben schwarzer Keramik.
7 Silexabschlag (evtl. kein Fund).

Grab 13 (Taf. 11)

Befund: Doppelbestattung. Zwei Körperbestattungen in gestreckter Rückenlage. Orientierung: nordsüdlich, Köpfe im Süden. Grabgrube: 2,00 m × 0,96 m. Grabtiefe: 0,16 m unter Planum 1. Grab offensichtlich beraubt.

Individuum 1 = östliches Individuum

Anthropologie: Knochenerhaltung: sehr schlecht. Alter: älterer Erwachsener. Geschlecht: (männlich).

Funde :
1 Kl. Schleifsteinfragment.

Individuum 2 = westliches Individuum

Anthropologie: Knochenerhaltung: schlecht bis sehr schlecht. Alter: adult. Geschlecht: (männlich).

Funde :
2 Scherben grau-schwarzer Keramik, darunter Henkelfragment.

Grab 14 (Taf. 12)

Befund: Einzelbestattung (?). Orientierung: unbest. Grabgrube: 2,60 m × 1,20 m. Grabtiefe: 0,42 m unter Planum 1. Grab vollständig zerstört, offensichtlich beraubt.
Anthropologie: Knochenerhaltung: sehr schlecht. Alter: erwachsen. Geschlecht: (männlich).
Funde: keine.

Grab 15 (Taf. 13)

Befund: Doppelbestattung. Zwei Körperbestattungen in gestreckter Rückenlage. Orientierung: nordsüdlich, Köpfe im Süden. Grabgrube: unbest. Grabtiefe: unbest.

Individuum 1 = östliche Bestattung

Anthropologie: Knochenerhaltung: gut. Alter: frühmatur. Geschlecht: männlich.

Funde :
1 Becher (Fd.-Nr. 2001-48-27-1). Farbe: schwarz. Gefäßh.: ca. 8,0 cm. Mündungsdm.: ca. 10,8 cm. (Taf. 35,3)

Individuum 2 = westliche Bestattung

Anthropologie: Knochenerhaltung: gut. Alter: ~30 Jahre. Geschlecht: männlich.

Funde:
2 Keramikscherbe (verloren).

Grab 16 (Taf. 14)

Befund: Einzelbestattung. Körperbestattung in gestreckter Rückenlage. Orientierung: nordsüdlich, Kopf im Süden. Grabgrube: 1,95 m × 0,90 m. Grabtiefe: 0,13 m unter Planum 1.
Anthropologie: Knochenerhaltung: sehr gut. Alter: spätmatur. Geschlecht: männlich.
Funde: keine.

Grab 17 (Taf. 15)

Befund: Einzelbestattung. Körperbestattung in gestreckter Rückenlage. Orientierung: nordsüdlich, Kopf im Süden. Grabgrube: 2,35 m × 0,88 m. Grabtiefe: 0,45 m unter Planum 1.
Anthropologie: Knochenerhaltung: sehr gut. Alter: ~30–35 Jahre. Geschlecht: männlich.

Funde:
1 Nadel Typ Neckarsulm (Fd.-Nr. 2001-48-30-1). L.: 14,7 cm. Kdm.: 1,15 cm. (Taf. 36,2)
2 Schrägrandschüssel mit Henkel (Fd.-Nr. 2001-48-30-2). Farbe: grau-schwarz. Gefäßh.: ca. 9,2 cm. Mündungsdm.: ca. 16,5 cm. (Taf. 36,1)

Grab 18 (Taf. 16)

Befund: Doppelbestattung. Zwei Körperbestattungen in gestreckter Rückenlage. Orientierung: nordsüdlich, Köpfe im Süden. Grabgrube: 2,50 m × 2,10 m. Grabtiefe: 0,09 m unter Planum 1.

Individuum 1 = östliche Bestattung

Anthropologie: Knochenerhaltung: gut. Alter: ~40 Jahre. Geschlecht: männlich.

Funde:
1 Griffzungenschwert Typ Hemighofen, Var. Uffhofen (Fd.-Nr. 2001-48-31-6). L.: 53,5 cm. Dunkelgrüne Patina. (Taf. 37,8)
2 Nadel Typ Neckarsulm (Fd.-Nr. 2001-48-31-8). L.: 16,6 cm. Kdm.: 1,3 cm. (Taf. 38,2)
3 Messer mit durchl. Griffdorn (Fd.-Nr. 2001-48-31-7). L.: 18,3 cm. Zum Messer 11 Pflocknieten. L.: je 1,2 cm. (Taf. 38,1)
4 Bronzeblechstreifen/-zwinge (Fd.-Nr. 2001-48-31-5a). L.: ca. 2,8 cm. B.: ca. 0,7 cm. (Taf. 40,2)
5 Bronzeblechstreifen/-zwinge (Fd.-Nr. 2001-48-31-5b). L. ca. 2,4 cm. B.: max. 0,6 cm. (Taf. 40,3)
6 Bronzeblechstreifen/-zwinge (Fd.-Nr. 2001-48-31-5c). L. ca. 2,6 cm. B.: max. ca. 0,6 cm. (Taf. 40,4)
7 Bronzeblechstreifen/-zwinge (Fd.-Nr. 2001-48-31–12). L.: ca. 1,1 cm. B.: ca. 1,7 cm. (Taf. 37,3)
8 Bronzeblechstreifen/-zwinge (Fd.-Nr. 2001-48-31-15a). L.: 1,7 cm. B.: ca. 1,2 cm. (Taf. 37,1)
9 Bronzeblechstreifen/-zwinge (Fd.-Nr. 2001-48-31-15b). L.: ca. 2,0 cm. B.: ca. 1,0 cm. (Taf. 40,1)
10 Bronzeblechstreifen/-zwinge (Fd.-Nr. 2001-48-31-18a). L.: ca. 2,1 cm. B.: max. ca. 0,7 cm. (Taf. 40,5)
11 Bronzeblechstreifen/-zwinge (Fd.-Nr. 2001-48-31-18d). L.: ca. 3,3 cm. B.: max. 0,5 cm. (Taf. 40,6)
12 Bronzehülse (Fd.-Nr. 2001-48-31-9a). L.: ca. 1,1 cm. B.: ca. 0,7 cm. (Taf. 37,5)
13 Bronzehülse (Fd.-Nr. 2001-48-31-9b). L.: ca. 1,0 cm. B.: ca. 0,7 cm. (Taf. 39,2)
14 Bronzehülse (Fd.-Nr. 2001-48-31-18b). L.: ca. 1,1 cm. B.: ca. 0,7 cm. (Taf. 39,3)
15 Bronzehülse (Fd.-Nr. 2001-48-31-18c). L.: ca. 0,9 cm. B.: ca. 0,6 cm. (Taf. 39,4)
16 Zwei Bronzeringe und zwei Bronzehülsen (Fd.-Nr. 2001-48-31–14). Ringe: Dm.: ca. 2,7 u. 2,2 cm. Hülsen: L.: ca. 1,7 cm. B.: ca. 1,0 cm; L.: 1,2 cm. B.: 0,7 cm. (Taf. 37,6)
17 Zwei Bronzeringe (Fd.-Nr. 2001-48-31-11). Dm.: ca. 2,3 cm u. ca. 2,4 cm. (Taf. 37,2)

18 Drei Bronzeringe (Fd.-Nr. 2001-48-31–19). Dm.: jeweils ca. 2,5 cm. (Taf. 40,5)
19 Doppelknopf aus Bronze (Fd.-Nr. 2001-48-31-13). Kdm.: ca. 1,9 cm. B.: ca. 1,0 cm. (Taf. 37,4)
20 Bronzeknebel (Fd.-Nr. 2001-48-31-21). L.: ca. 3,2 cm. (Taf. 37,7)
21 Vier Bruchstücke eines tordierten Rings o. Ä. (Fd.-Nr. 2001-48-31-20). L.: zw. 3,0 bis 5,0 cm. Je 0,4 cm breit. (Taf. 39,6)
22 Wetzstein (Fd.-Nr. 2001-48-31-10). L.: 7,0 cm. B.: max. 2,2 cm. Dicke: ca. 0,8 cm. (Taf. 38,3)
23 Frag. Schrägrandschüssel Gefäß (Fd.-Nr. 2001-48-31-4). Farbe: dunkelgrau. Gefäßh.: — Mündungsdm.: unbest. (Taf. 39,1)

Individuum 2 = westliche Bestattung

Anthropologie: Knochenerhaltung: mäßig bis gut. Alter: ~70 Jahre. Geschlecht: unbest.

Funde:
24 Nadel Form Schwabsburg (Fd.-Nr. 2001-48-32-1). L.: 21,4 cm. Kdm.: 3,4 cm. (Taf. 41,1)
25 Rasiermesser Typ Lampertheim (Fd.-Nr. 2001-48-32-2). L.: 12,0 cm. B.: 4,5 cm. (Taf. 41,2)
26 Bronzeknebel (2001-48-32-3). L.: ca. 1,6 cm. (Taf. 41,3)
27 Bronzedrahtring (verloren)

Grab 19 (Taf. 17)

Befund: Einzelbestattung. Körperbestattung in gestreckter Rückenlage. Orientierung: nordsüdlich, Kopf im Süden. Grabgrube: 2,20 m × 0,80 m. Grabtiefe: 0,10 m unter Planum 1.
Anthropologie: Knochenerhaltung: gut. Alter: ~30–40 Jahre. Geschlecht: männlich.

Funde:
1 Stabkopfnadel (Fd.-Nr. 2001-48-33-1). L.: 13,4 cm. Kdm.: 0,8 cm. (Taf. 42,2)
2 Schrägrandschüssel mit Henkel (Fd.-Nr. 2001-48-33-2). Farbe: dunkelgrau. Gefäßh.: noch ca. 8,5 cm. Mündungsdm.: ca. 14,5 cm. (Taf. 42,1)

Grab 20 (Taf. 18)

Befund: Einzelbestattung. Körperbestattung in gestreckter Rückenlage. Orientierung: nordsüdlich, Kopf im Süden. Grabgrube: 2,20 m × 0,80 m. Grabtiefe: 0,02 m unter Planum 1.
Anthropologie: Knochenerhaltung: mäßig bis schlecht. Alter: ~30–40 Jahre. Geschlecht: männlich.

Funde:
1 Messer mit umgeschl. Griffdorn (Fd.-Nr. 2001-48-34-1). L.: 16,2 cm. (Taf. 43,1)
2 Zwei Pflockniete (Fd.-Nr. 2001-48-34-3; Fd.-Nr. 2001-48-34-4) L.: je 1,2 cm. (Taf. 43,3.4)
3 Bronzeringfragment (Fd.-Nr. 2001-48-34-7). Äußerer Dm.: 2,2 cm. (Taf. 43,6)
4 Bronzehülse (Fd.-Nr. 2001-48-34-8). L.: 1,0 cm. (Taf. 43,5)
5 Bernsteinperle (Fd.-Nr. 2001-48-34-6). Dm.: ca. 1,1 cm. (Taf. 43,7)
6 Pfriem (Fd.-Nr. 2001-48-34-2). Gesamtl.: ca. 16 cm. Knochengriff (Schaf): L.: 1,9 cm; B.: 1,2 bis 2,1 cm. Bronzenadel: L.: 9,4 cm. (Taf. 43,2)

Grab 21 (Taf. 19)

Befund: Doppelbestattung. Zwei Körperbestattungen in gestreckter Rückenlage. Orientierung: nordsüdlich, Köpfe im Süden. Grabgrube: 2,12 m × 0,90 m. Grabtiefe: 0,05 m unter Planum 1.

Individuum 1 = westliche Bestattung

Anthropologie: Knochenerhaltung: schlecht bis sehr schlecht. Alter: ~25 (–30) Jahre. Geschlecht: männlich.

Funde:
1 Griffzungenschwert Typ Hemigkofen (Fd.-Nr. 2001-48-35-1). L.: ca. 8,2 cm u. 31,4 cm. Dunkelgrüne Patina. (Taf. 44,1)
2 Plattenkopfnadel (Fd.-Nr. 2001-48-35-3). L.: noch 2,7 cm. Kdm.: 1,9 cm. (Taf. 44,2)
3 Bronzearmreif (Fd.-Nr. 2001-48-35-2). Gr. Dm.: 0,7 cm. Ringbreite: ca. 7,8 cm. (Taf. 44,3)
4 Scherbe schwarzer Keramik.

Individuum 2 = östliche Bestattung

Anthropologie: Knochenerhaltung: schlecht. Alter: 17–19 Jahre. Geschlecht: unbest.

Funde:
5 Rollennadel (Fd.-Nr. 2001-48-36-6). L.: 14,1 cm. Kdm.: 0,8 cm. (Taf. 44,4)
6 Scherbe schwarzer Keramik.

Grab 22 (Taf. 20)

Befund: Dreifachbestattung. Drei Körperbestattungen in gestreckter Rückenlage. Orientierung: nordsüdlich, Köpfe im Süden. Grabgrube: 2,40 m × 1,90 m. Grabtiefe: 0,13 m unter Planum 1. Grab teilweise beraubt.

Individuum 1 = westliches Individuum

Anthropologie: Knochenerhaltung: mäßig. Alter: spätadult. Geschlecht: männlich.

Funde:
1 Griffangelschwert Typ Unterhaching (Fd.-Nr. 2001-48-37-3). L.: 54,0 cm. Dunkelgrüne Patina. (Taf. 45,8)
2 Goldfingerring (Fd.-Nr. 2001-48-37-4). Dm.: 2,25 cm (Ringgröße 60). B.: 0,15 mm. (Taf. 46,1)
3 Vier Pflockniete (Fd.-Nr. 2001-48-37-5; 2001-48-37-6; 2001-48-37-7; 2001-48-37-8). L.: jeweils ca. 1,6 cm. (Taf. 45,1–4)
4 Bronzeknebel (Fd.-Nr. 2001-48-37-11). L.: 1,6 cm. (Taf. 45,6)
5 Bronzeknebel (Fd.-Nr. 2001-48-37-10). L.: 1,6 cm. (Taf. 45,7)
6 Bronzehülse (Fd.-Nr. 2001-48-37-12). L.: ca. 1,6 cm. B.: ca. 1,0 cm. (Taf. 45,5)
7 Schrägrandschüssel mit Henkel (Fd.-Nr. 2001-48-37-2). Farbe: dunkelbraun. Gefäßh.: ca. 14,0 cm. Mündungsdm.: ca. 15,7 cm. (Taf. 46,3)
8 Schrägrandschüssel mit Henkel (Fd.-Nr. 2001-48-37-1). Farbe: dunkelbraun-grau. Gefäßh.: ca. 10,5 cm. Mündungsdm.: ca. 17,5 cm. (Taf. 46,2)

Individuum 2 = mittleres Individuum

Anthropologie: Knochenerhaltung: mäßig bis gut. Alter: ~40 (–50) Jahre. Geschlecht: männlich.
Funde: keine.

Individuum 3 = östliches Individuum

Anthropologie: Knochenerhaltung: mäßig. Alter: ~40 (–50) Jahre. Geschlecht: (männlich).
Funde: keine.

Grab 23 (Taf. 21)

Befund: Einzelbestattung. Körperbestattung in gestreckter Rückenlage. Orientierung: nordsüdlich, Kopf im Süden. Grabgrube: unbest. Grabtiefe: 0,09 m unter Planum 1.
Anthropologie: Knochenerhaltung: gut bis sehr gut. Alter: ~25 (–30) Jahre. Geschlecht: männlich.

Funde:
1 Rollennadel (Fd.-Nr. 2001-48-41-5). L.: 16,5 cm. Kdm.: 0,95 cm. (Taf. 47,2)
2 Kl. Amphora (Fd.-Nr. 2001-48-41-2). Farbe: rotbraun. Gefäßh.: noch 8,2 cm. Mündungsdm.: 6,9 cm. (Taf. 47,1)
3 Scherben rötlicher Keramik.
4 Scherbe.

Grab 24 (Taf. 22)

Befund: Doppelbestattung. Zwei Körperbestattungen in gestreckter Rückenlage. Orientierung: nordsüdlich, Köpfe im Süden. Grabgrube: 2,00 m × 1,0 m. Grabtiefe: 0,07 unter Planum 1.

Individuum 1 = östliches Individuum

Anthropologie: Knochenerhaltung: mäßig bis gut. Alter: ~30 (–40) Jahre. Geschlecht: männlich.

Funde:
1 Scherben schwarzer Keramik, darunter Henkelfragment.

Individuum 2 = westliches Individuum

Anthropologie: Knochenerhaltung: mäßig bis gut. Alter: ~50 (–60) Jahre. Geschlecht: männlich.

Funde:
2 Nadel Typ Neckarsulm (Fd.-Nr. 2001-48-43-1). L.: 16,4 cm. Kdm.: 1,2 cm. (Taf. 48,1)
3 Scherben schwarzer Keramik, z.T. mit Riefenverzierung.

Grab 25 (Taf. 23)

Befund: Dreifachbestattung. Drei Körperbestattungen in gestreckter Rückenlage. Orientierung: nordsüdlich, Köpfe im Süden. Grabgrube: unbest. Grabtiefe: unbest.

Individuum 1 = östliche Bestattung

Anthropologie: Knochenerhaltung: schlecht. Alter: ~30 Jahre. Geschlecht: unbest.
Funde: keine.

Individuum 2 = mittlere Bestattung

Anthropologie: Knochenerhaltung: schlecht. Alter: (früh-)adult. Geschlecht: (männlich)?

Funde:
1 Kl. Schüssel (2001-48-45-1). Farbe: dunkelbraun bis schwarz. Gefäßh.: ca. 8 cm. Mündungsdm.: 13,5 cm. (Taf. 48,2)
2 Scherben schwarzer Keramik.
3 Schweineknochen (verloren).

Individuum 3 = westliche Bestattung

Anthropologie: Knochenerhaltung: schlecht. Alter: (spät-)matur. Geschlecht: männlich.

Funde:
4 Scherben schwarzer Keramik.

Grab 26 (Taf. 24)

Befund: Einzelbestattung. Körperbestattung in gestreckter Rückenlage. Orientierung: nordsüdlich, Kopf im Süden. Grabgrube: unbest. Grabtiefe: direkt unter Planum 1.
Anthropologie:
Knochenerhaltung: gut. Alter: ~50–60 Jahre. Geschlecht: männlich.

Funde:
1 Plattenkopfnadel (Fd.-Nr. 2001-48-47-1). L.: ca. 11,0 cm. Kdm.: 1,4 cm. (Taf. 48,3)

Grab 27 (keine Zeichnung)

Befund: Einzelbestattung. Körperbestattung in gestreckter Rückenlage. Orientierung: unbest. Grabgrube: unbest. Grabtiefe: direkt unter Planum 1. Grab vollständig zerstört.
Anthropologie: Knochenerhaltung: sehr schlecht. Alter: erwachsen. Geschlecht: unbest.
Funde: keine.

Grab 28 (Taf. 25)

Befund: Einzelbestattung. Körperbestattung in gestreckter Rückenlage. Orientierung: nordsüdlich, Kopf im Süden. Grabgrube: unbest. Grabtiefe: 0,25–0,30 m unter Planum 1.
Anthropologie: Knochenerhaltung: mäßig bis gut. Alter: ~30 Jahre. Geschlecht: männlich.

Funde:
1 Kleine Nadel Form Schwabsburg (Fd.-Nr. 2001-48-49-1). L.: 16,4 cm. Kdm.: 2,1 cm. (Taf. 49,1)
2 Scherben dünnwandiger schwarzer Keramik.

Grab 29 (Taf. 26)

Befund: Einzelbestattung. Körperbestattung in gestreckter Rückenlage. Orientierung: nordsüdlich, Kopf im Süden. Grabgrube: unbest. Grabtiefe: 0,04 m unter Planum 1.
Anthropologie: Knochenerhaltung: gut. Alter: ~40 Jahre. Geschlecht: männlich.
Funde: keine.

Grab 30 (Taf. 27)

Befund: Einzelbestattung. Körperbestattung in gestreckter Rückenlage. Orientierung: nordsüdlich, Kopf im Süden. Grabgrube: unbest. Grabtiefe: direkt unter Planum 1. Grab vollständig zerstört.
Anthropologie: Knochenerhaltung: sehr schlecht. Alter: (früh-)adult. Geschlecht: (männlich).
Funde: keine.

Grab 32 (Taf. 28)

Befund: Einzelbestattung. Körperbestattung in gestreckter Rückenlage. Orientierung: nordsüdlich, Kopf im Süden. Grabgrube: unbest. Grabtiefe: direkt unter Planum 1.
Anthropologie: Knochenerhaltung: mäßig bis schlecht. Alter: ~30–40 Jahre. Geschlecht: männlich.

Funde:
1 Becher (2001-48-53-1). Gefäßh.: mind. 8,0 cm. (Taf. 49,2)
2 Scherben rötlicher Keramik, darunter Wandscherbe.

Grab 33 (Taf. 29)

Befund: Einzelbestattung. Körperbestattung in gestreckter Rückenlage. Orientierung: nordsüdlich, Kopf im Süden. Grabgrube: unbest. Grabtiefe: direkt unter Planum 1.
Anthropologie: Knochenerhaltung: gut. Alter: ~30 Jahre. Geschlecht: (männlich)?

Funde:
1 Rollennadel (Fd.-Nr. 2001-48-54-1). L.: 10,5 cm. Kdm.: 0,75 cm. (Taf. 49,3)
2 Scherben dünnwandiger schwarzer Keramik.

Streufunde (Taf. 50 / Taf. 51)

1 Messer mit durchlochtem Griffdorn (Fd.-Nr. 2001-48-59-1). L.: 18,0 cm. (Taf. 50,1)
2 Lanzenspitze (Fd.-Nr. 2001-48-55-1). L.: 13,5 u. 7,9 cm. Max. B.: 4,25 cm. Tüllendm.: 2,5 cm. Dunkelgrüne Patina. Keine Patina an der Bruchstelle. (Taf. 50,2)
3 Nadel mit kugeligem Kopf (Fd.-Nr. 2001-48-56-1). L.: ca. 4,7 cm. Kdm.: 0,8 cm. Keine Patina, sondern goldgelbe Farbe. (Taf. 51,1)
4 Fragment eines Armreifs oder Rings. Dm.: ca. 4,0 cm; Pflockniet (Fd.-Nr. 2001-48-60). L.: 1,3 cm. (Taf. 51,2)
5 Bronzehülse (Fd.-Nr. 2001-48-57-1). L.: ca. 1,3 cm. B.: ca. 0,8 cm. (Taf. 51)

Tafeln

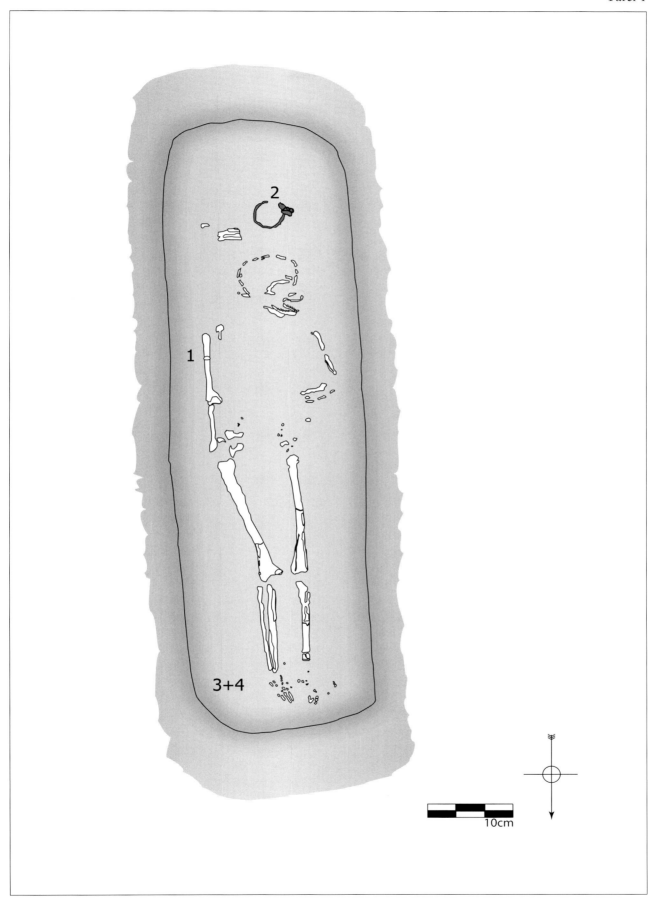

Tafel 1

Neckarsulm „Trendpark-Süd", Grab 1. – 1 Bronzering (Fd.-Nr. 2001-48-1-3).
2 Frag. Becher (Fd.-Nr. 2001-48-1-2). 3 Scherben schwarzer Keramik. 4 Tierknochen.

Tafel 2

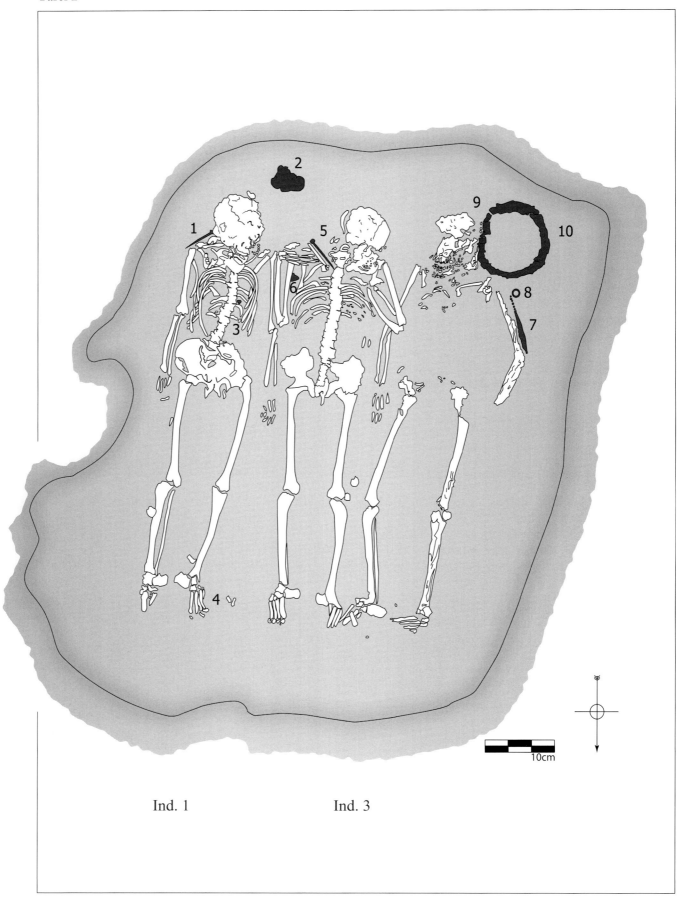

Neckarsulm „Trendpark-Süd", Grab 2. – 1 Nadel (Fd.-Nr. 2001-48-2-8). 2 Frag. Gefäß (Fd.-Nr. 2001-48-2-7). 3 Scherben brauner Keramik. 4 Scherben schwarzer Keramik. 5 Nadel (Fd.-Nr. 2001-48-3-5). 6 Scherbe schwarzer Keramik. 7 Messer (Fd.-Nr. 2001-48-4-2). 8 Bronzering (Fd.-Nr. 2001-48-4-3). 9 Nadel (Fd.-Nr. 2001-48-4-10). 10 Knickwandschale (Fd.-Nr. 2001-48-4-1).

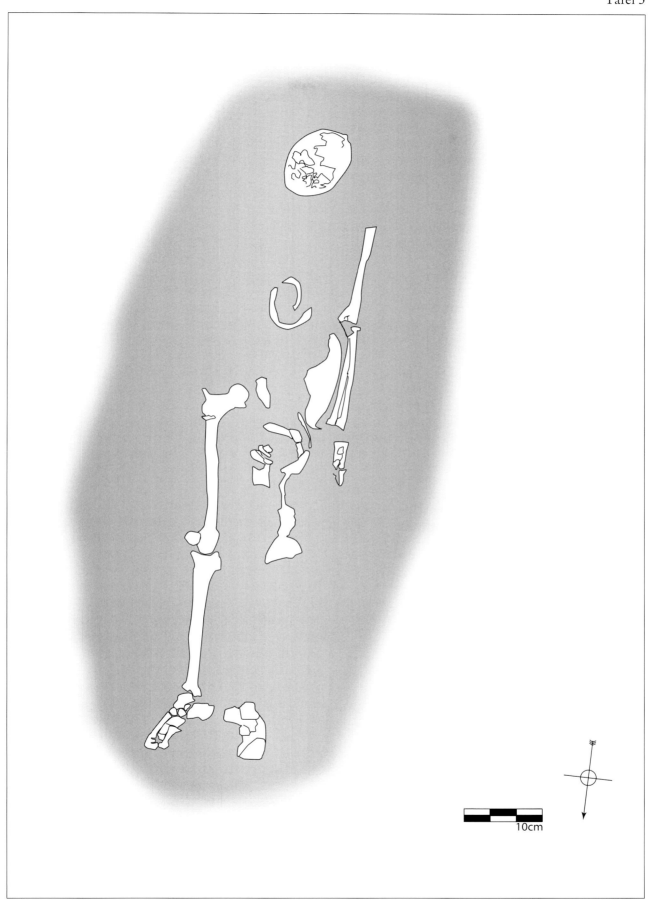

Neckarsulm „Trendpark-Süd", Grab 3.

Tafel 4

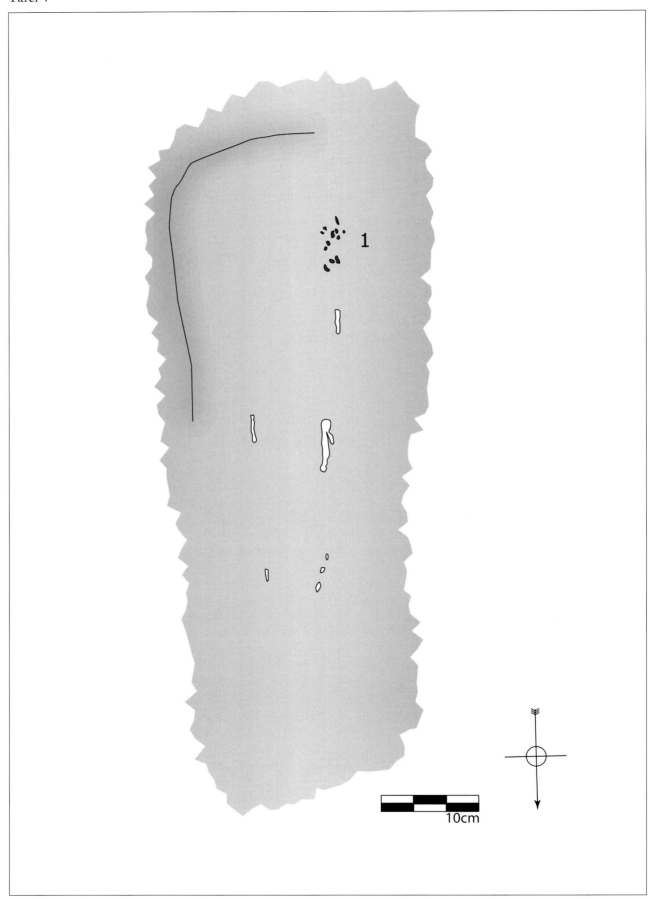

Neckarsulm „Trendpark-Süd", Grab 5. – 1 Scherben schwarzer Keramik.

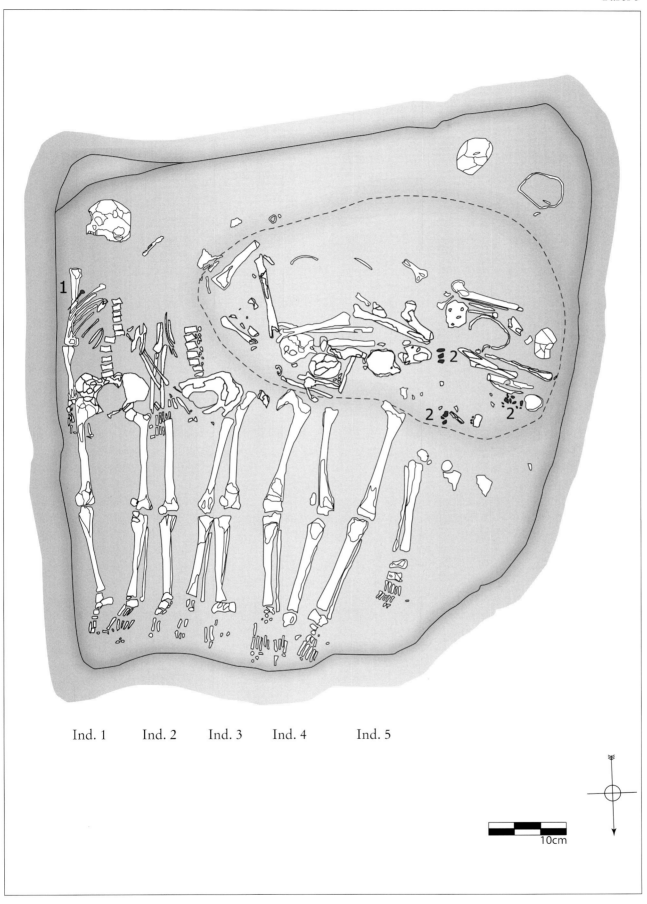

Neckarsulm „Trendpark-Süd", Grab 7. – 1 Nadel (Fd.-Nr. 2001-48-9-1). 2 Scherben.

Tafel 6

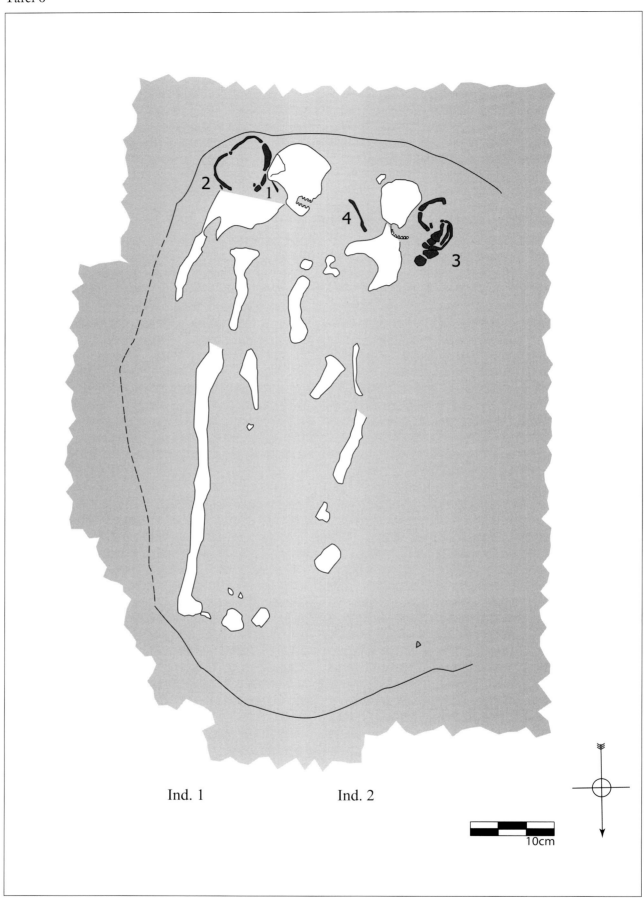

Neckarsulm „Trendpark-Süd", Grab 8. – 1 Nadel (Fd.-Nr. 2001-48-15-6).
2 Schüssel (Fd.-Nr. 2001-48-15-5). 3 Schale (Fd.-Nr. 2001-48-16-4). 4 Nadelfragment.

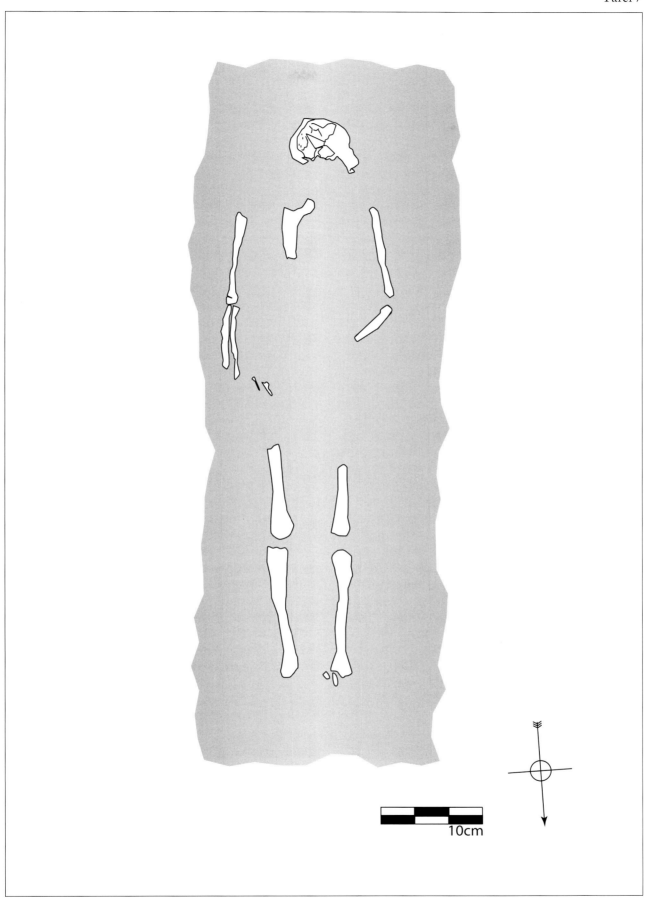

Neckarsulm „Trendpark-Süd", Grab 9.

Tafel 8

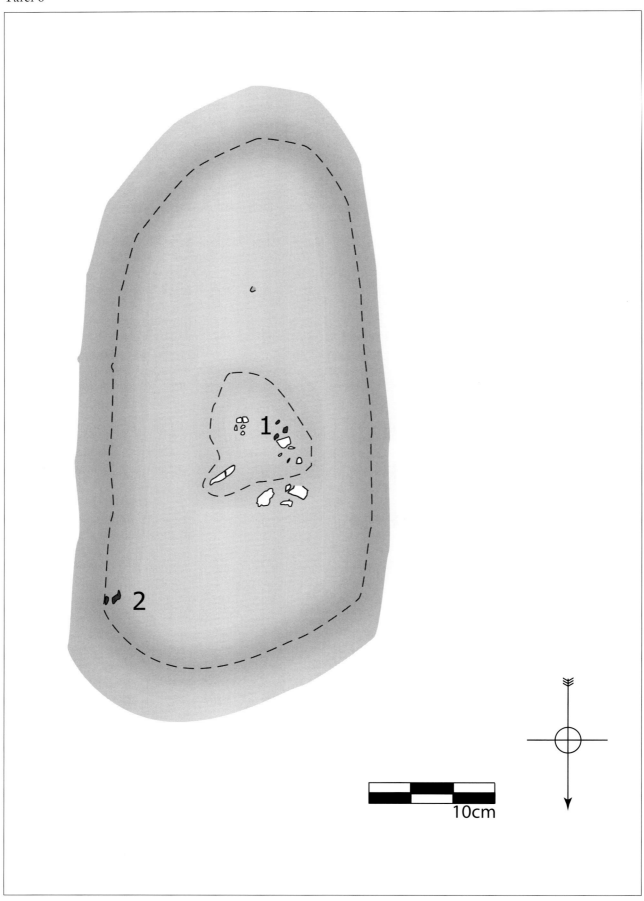

Neckarsulm „Trendpark-Süd", Grab 10. – 1 Scherben schwarzer Keramik. 2 Scherben rötlich-orange Keramik.

Tafel 9

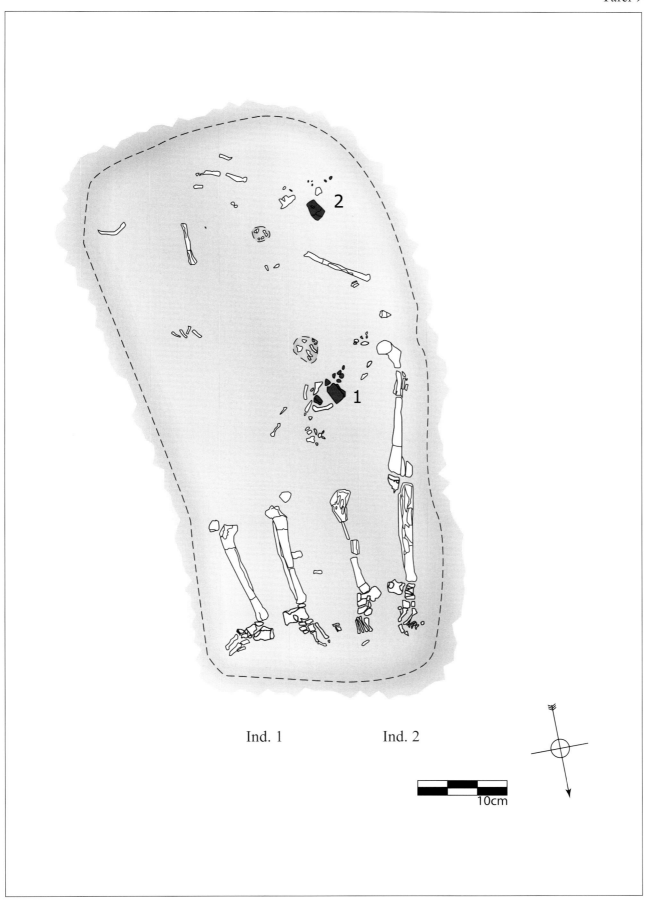

Ind. 1 Ind. 2

10cm

Neckarsulm „Trendpark-Süd", Grab 11. – 1 Scherben schwarzer Keramik. 2 Scherbe dunkelgrauer Keramik.

Tafel 10

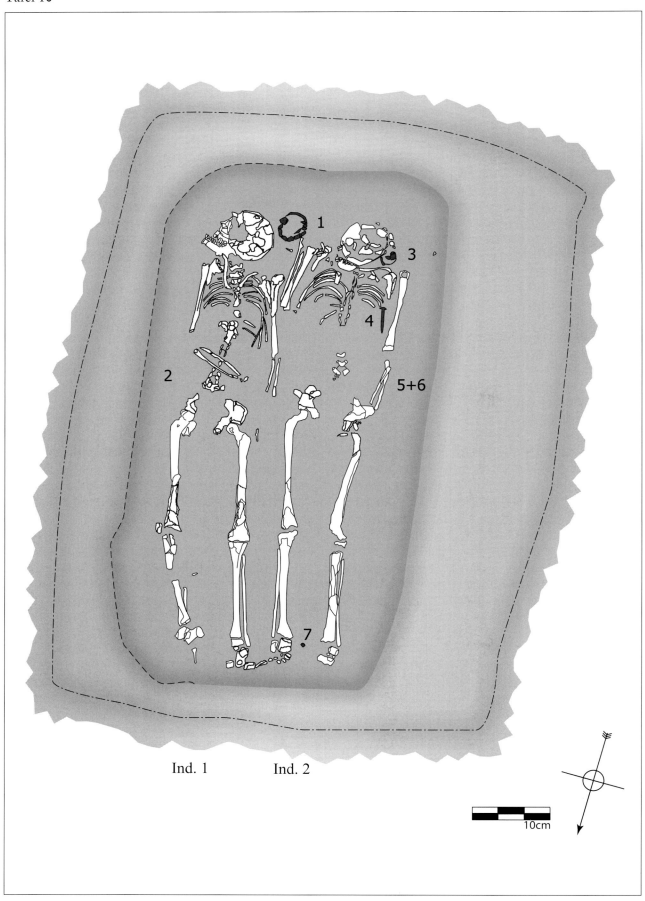

Neckarsulm „Trendpark-Süd", Grab 12. – 1 Scherbe rötlicher Keramik. 2 Scherben schwarzer Keramik. 3 Gefäß (Fd.-Nr. 2001-48-21-2). 4 Nadel (Fd.-Nr. 2001-48-22-3). 5 Scherben rötlicher Keramik. 6 Scherben schwarzer Keramik. 7 Silexabschlag.

Tafel 11

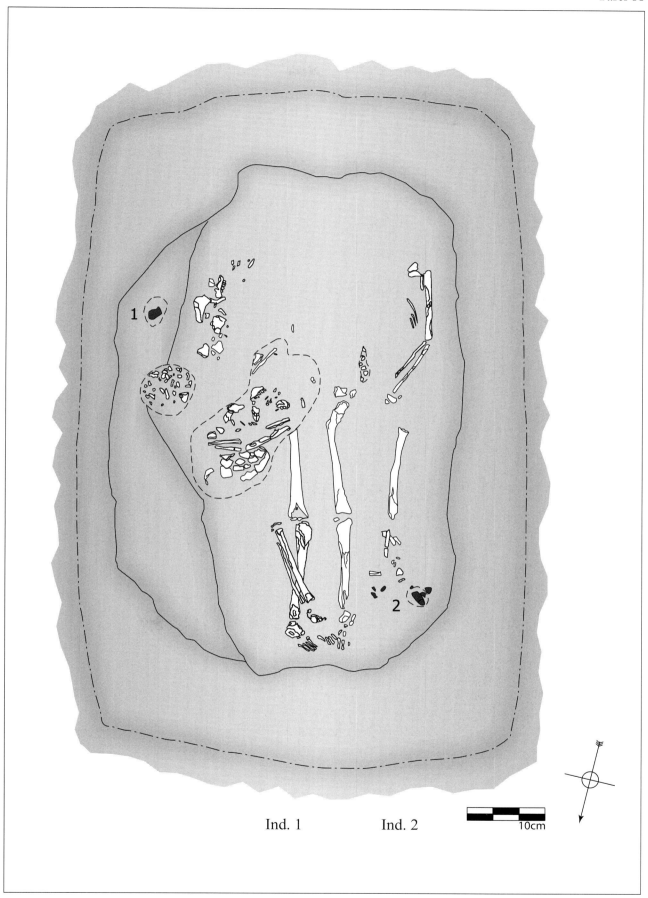

Neckarsulm „Trendpark-Süd", Grab 13.

Tafel 12

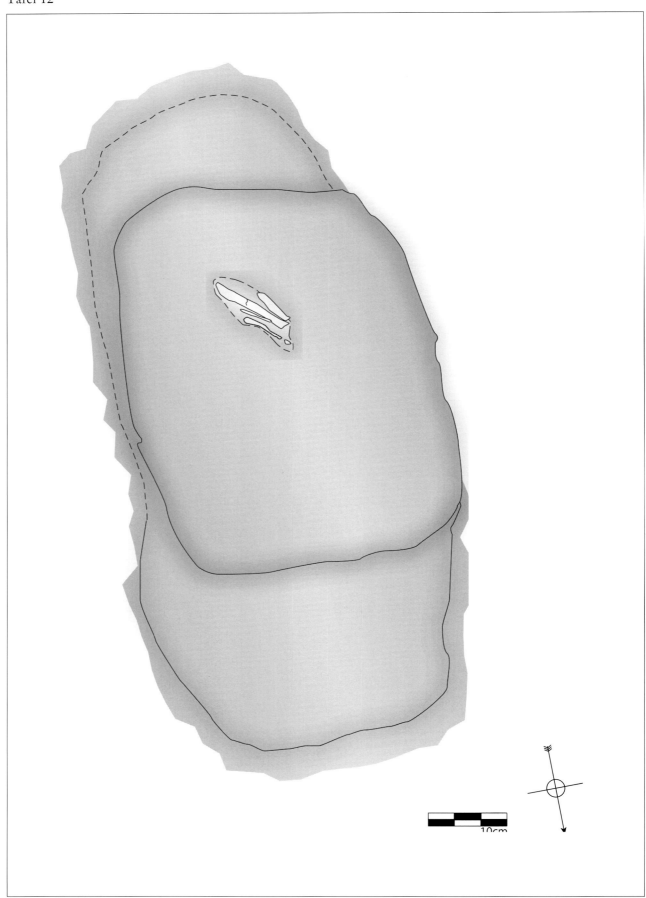

Neckarsulm „Trendpark-Süd", Grab 14.

Tafel 13

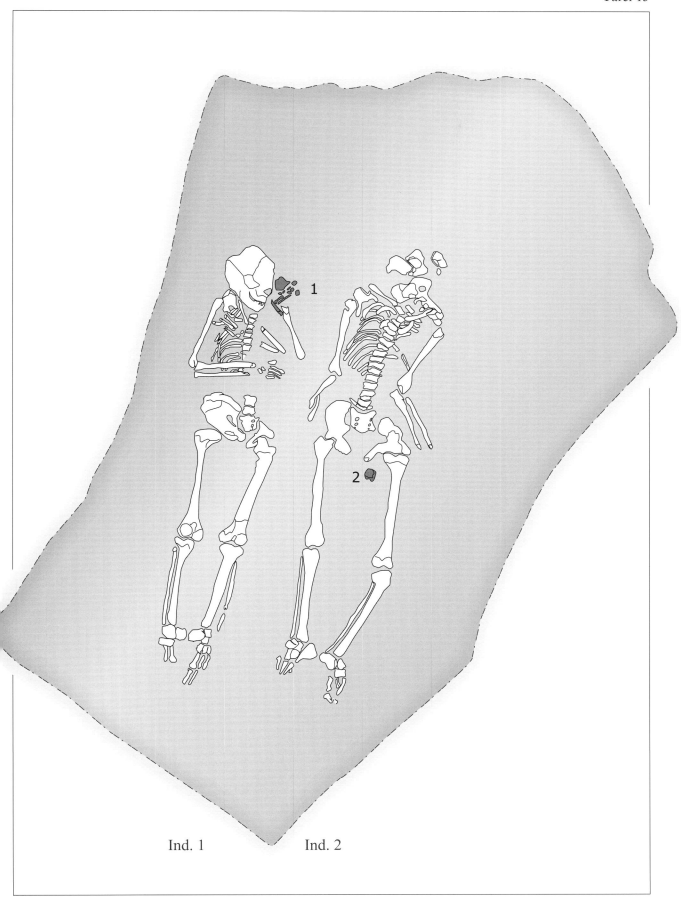

Neckarsulm „Trendpark-Süd", Grab 15. – 1 Becher (Fd.-Nr. 2001-48-27-1). 2 Scherbe.

Tafel 14

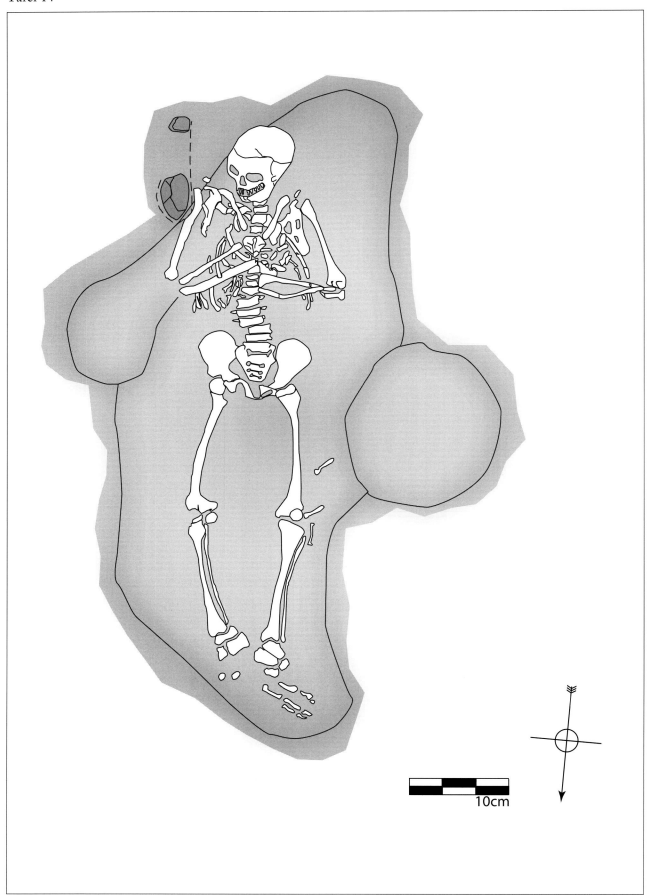

Neckarsulm „Trendpark-Süd", Grab 16.

Tafel 15

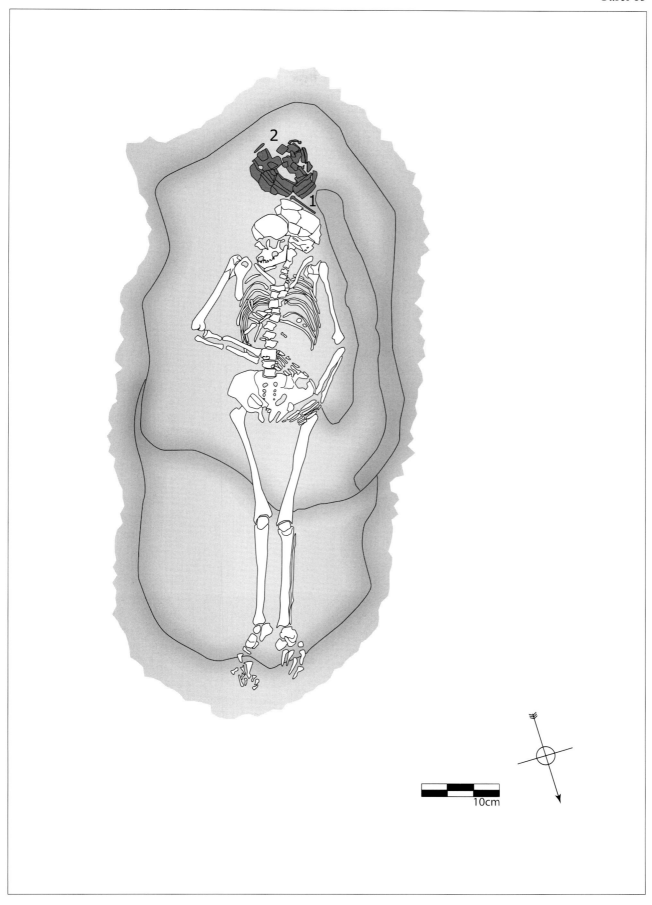

Neckarsulm „Trendpark-Süd", Grab 17. – 1 Nadel (Fd.-Nr. 2001-48-30-1). 2 Schüssel (Fd.-Nr. 2001-48-30-2).

Tafel 16

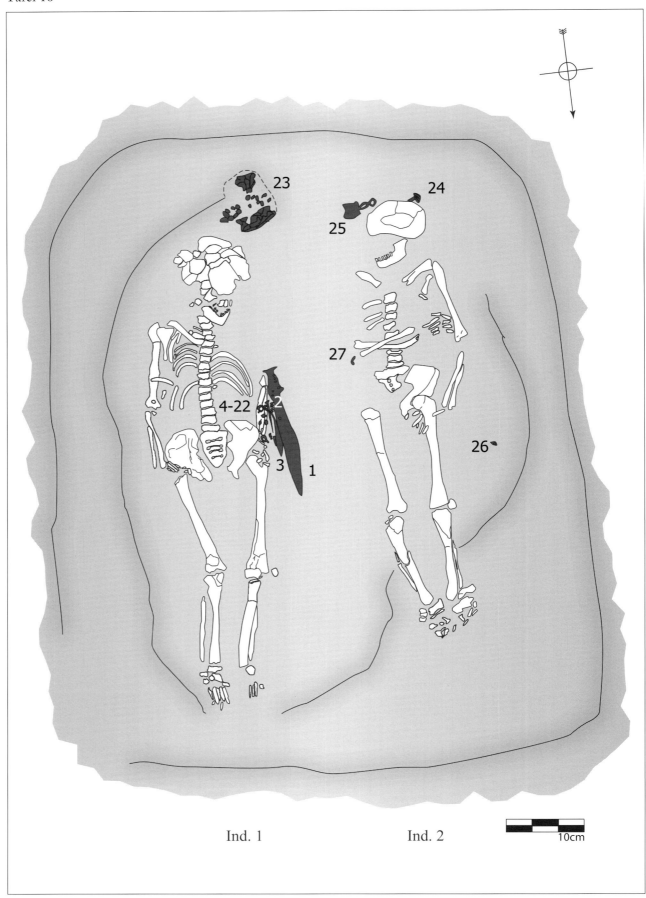

Neckarsulm „Trendpark-Süd", Grab 18. – 1 Schwert (Fd.-Nr. 2001-48-31-6). 2 Nadel (Fd.-Nr. 2001-48-31-8). 3 Messer (Fd.-Nr. 2001-48-31-7); 4-21: Kleinfunde (Fd.-Nr. 2001-48-31-5/a–c, Fd.-Nr. 2001-48-31-/9a–21). 22 Wetzstein (Fd.-Nr. 2001-48-31-10). 23 Gefäß (Fd.-Nr. 2001-48-31-4). 24 Nadel (Fd.-Nr. 2001-48-32-1). 25 Rasiermesser (Fd.-Nr. 2001-48-32-2). 26 Bronzeknebel (2001-48-32-3). 27 Bronzedrahtring (verloren).

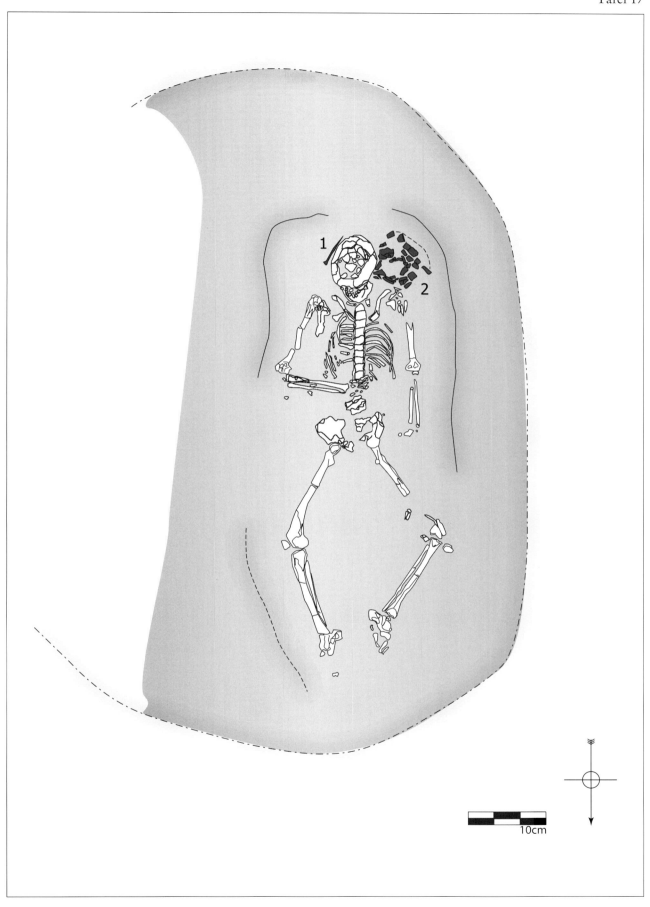

Neckarsulm „Trendpark-Süd", Grab 19. – 1 Nadel (Fd.-Nr. 2001-48-33-1). 2 Schüssel (Fd.-Nr. 2001-48-33-2).

Tafel 18

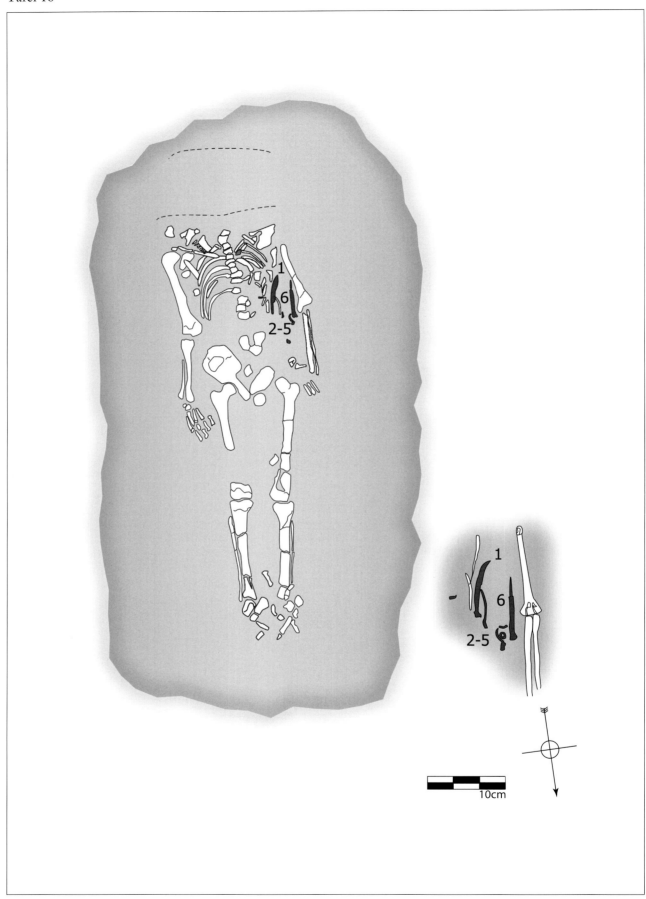

Neckarsulm „Trendpark-Süd", Grab 20. – 1 Messer (Fd.-Nr. 2001-48-34-1); 2-5: Kleinfunde (Fd.-Nr. 2001-48-34-/ 3-8). 6 Pfriem (Fd.-Nr. 2001-48-34-2).

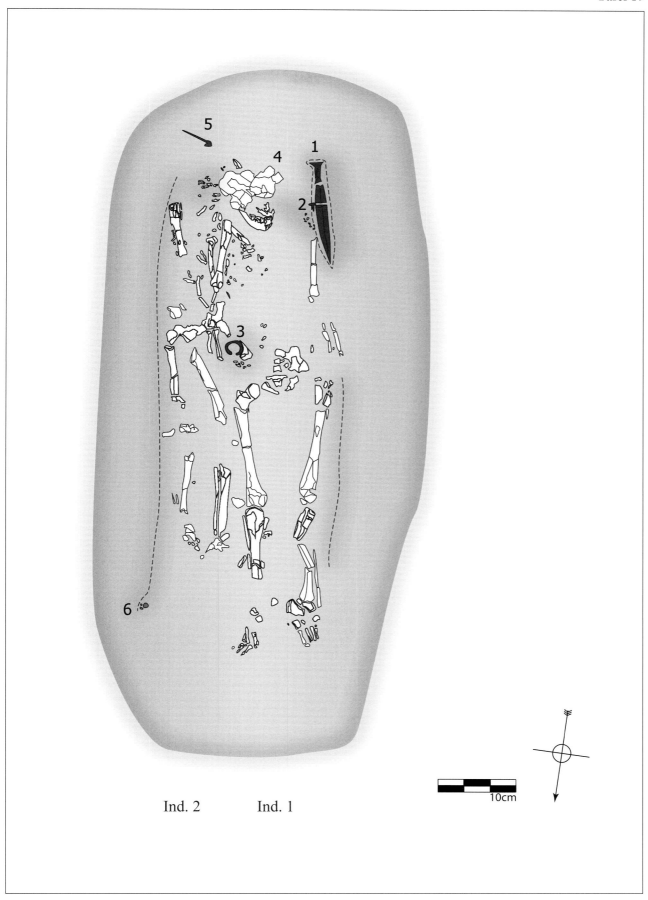

Neckarsulm „Trendpark-Süd", Grab 21. – 1 Schwert (Fd.-Nr. 2001-48-35-1). 2 Nadelkopf (Fd.-Nr. 2001-48-35-3). 3 Armreif (Fd.-Nr. 2001-48-35-2). 4 Scherbe schwarzer Keramik. 5 Nadel (Fd.-Nr. 2001-48-36-6). 6 Scherbe schwarzer Keramik.

Tafel 20

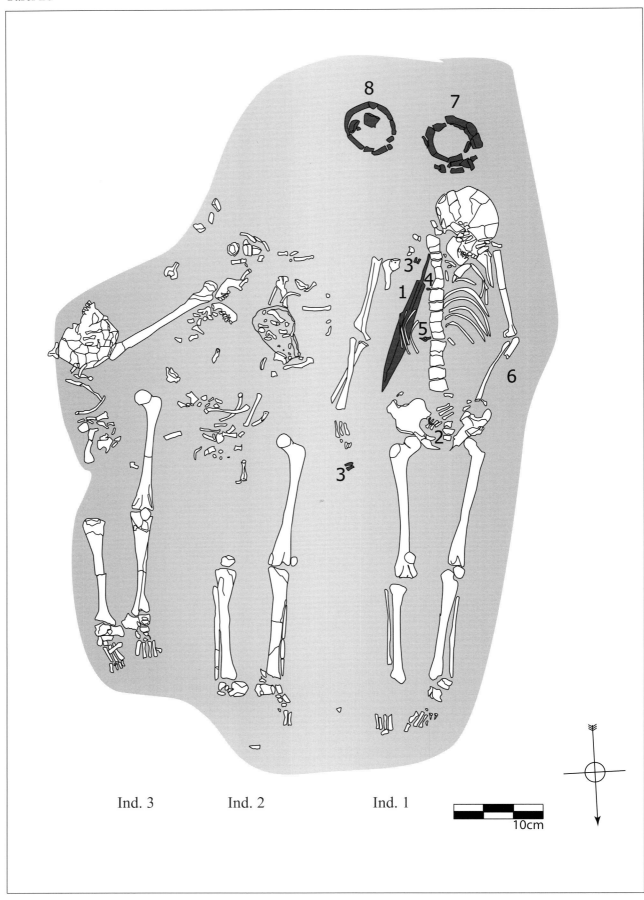

Neckarsulm „Trendpark-Süd", Grab 22. – 1 Schwert (Fd.-Nr. 2001-48-37-3). 2 Goldring (Fd.-Nr. 2001-48-37-4). 3 Niete (Fd.-Nr. 2001-48-37-/ 5-8). 4 Knebel (Fd.-Nr. 2001-48-37-11). 5 Knebel (Fd.-Nr. 2001-48-37-10). 6 Hülse (Fd.-Nr. 2001-48-37-12). 7 Schüssel (Fd.-Nr. 2001-48-37-2). 8 Schüssel (Fd.-Nr. 2001-48-37-1).

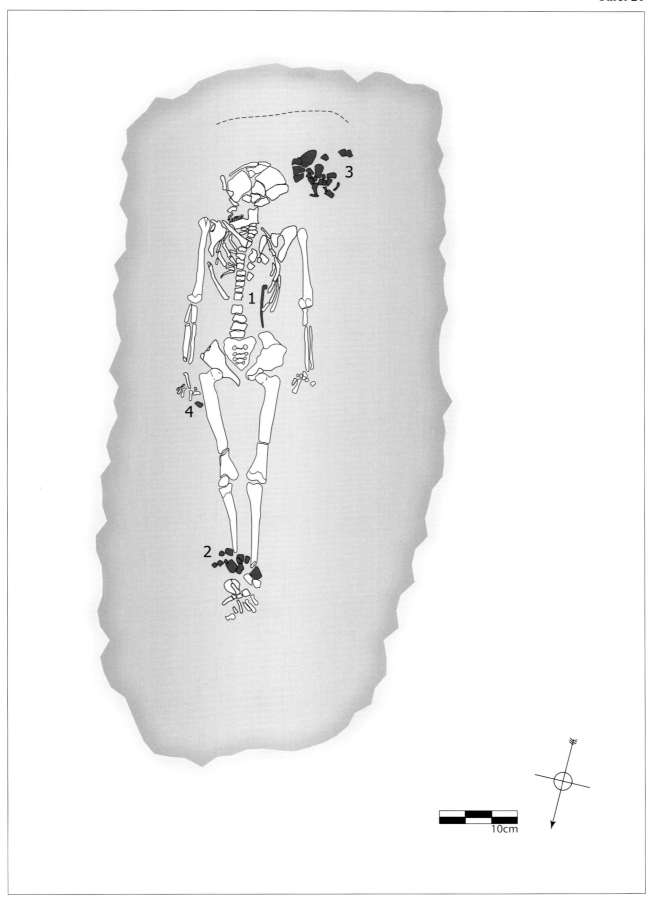

Neckarsulm „Trendpark-Süd", Grab 23. – 1 Nadel (Fd.-Nr. 2001-48-41-5). 2 Amphora (Fd.-Nr. 2001-48-41-2). 3 Scherben rötlicher Keramik. 4 Scherben.

Tafel 22

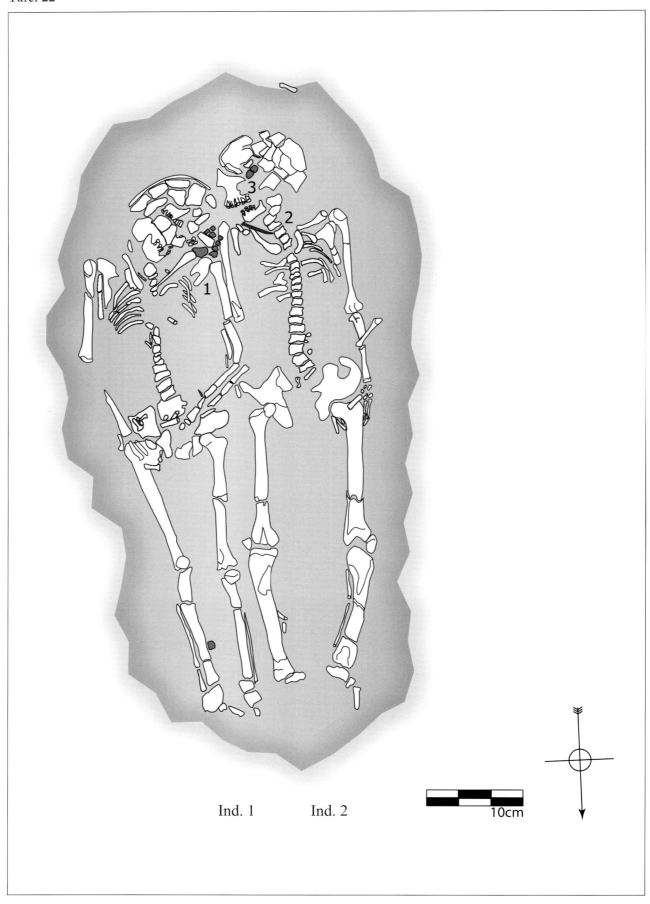

Ind. 1   Ind. 2

Neckarsulm „Trendpark-Süd", Grab 24. – 1 Scherben. 2 Nadel (Fd.-Nr. 2001-48-43-1).
3 Scherben schwarzer Keramik.

Tafel 23

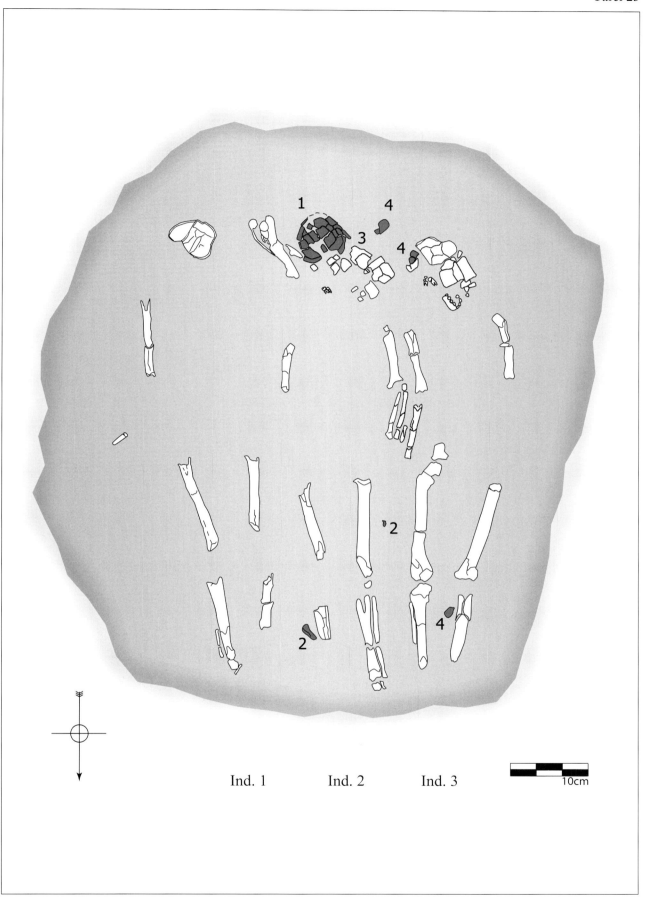

Neckarsulm „Trendpark-Süd", Grab 25. – 1 Schüssel (Fd.-Nr. 2001-48-45-1).
2 Scherben schwarzer Keramik. 3 Tierknochen. 4 Scherben schwarzer Keramik.

Tafel 24

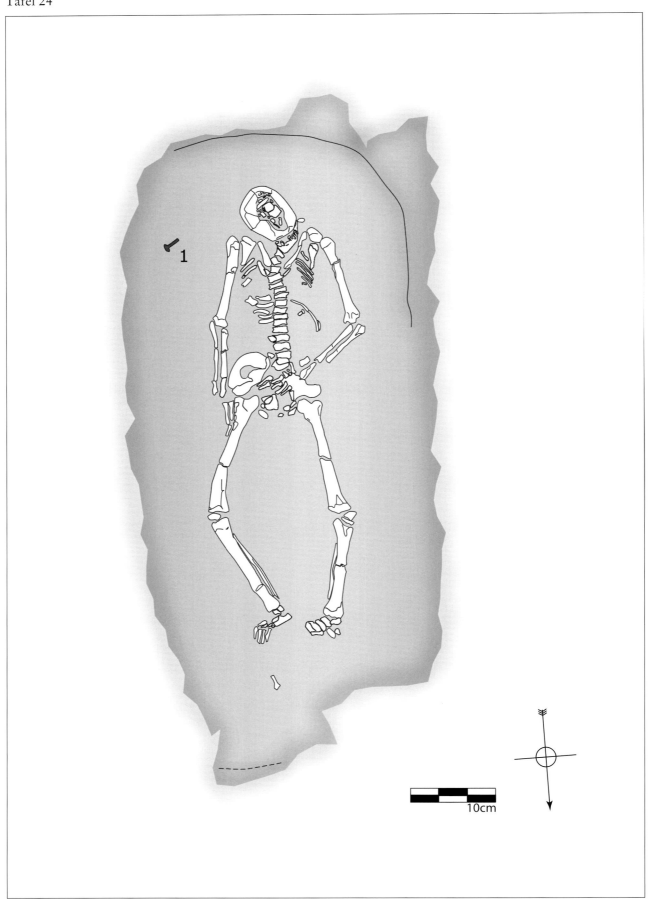

Neckarsulm „Trendpark-Süd", Grab 26. – 1 Nadel (Fd.-Nr. 2001-48-47-1).

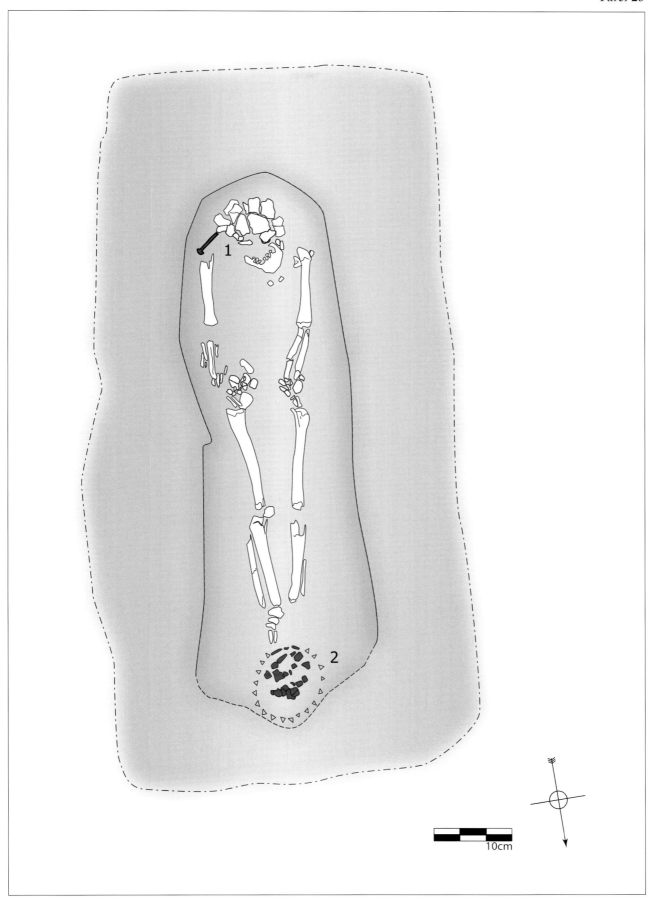

Neckarsulm „Trendpark-Süd", Grab 28. – 1 Nadel (Fd.-Nr. 2001-48-49-1). 2 Scherben schwarzer Keramik.

Tafel 26

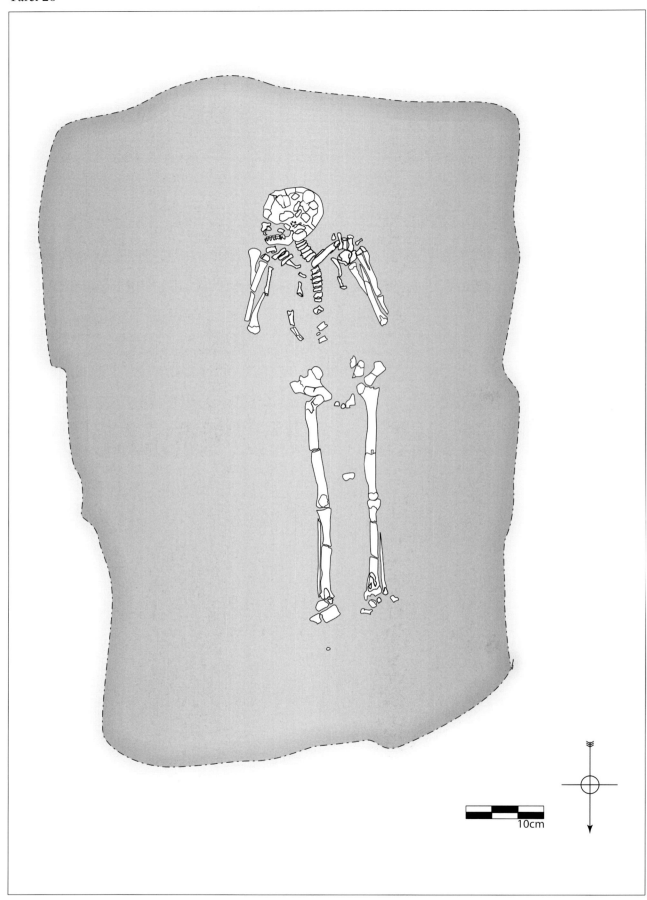

Neckarsulm „Trendpark-Süd", Grab 29.

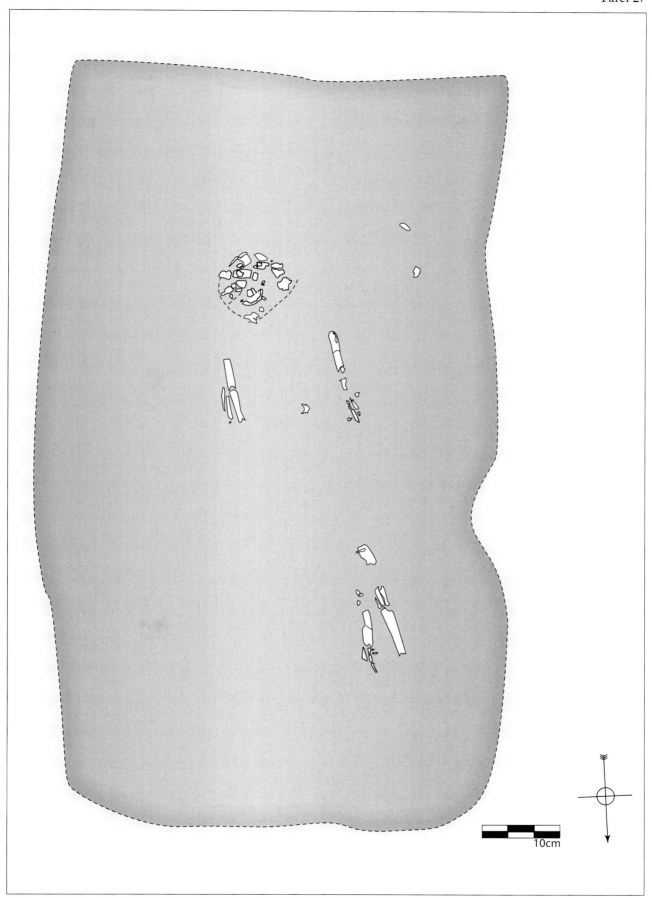

Neckarsulm „Trendpark-Süd", Grab 30.

Tafel 28

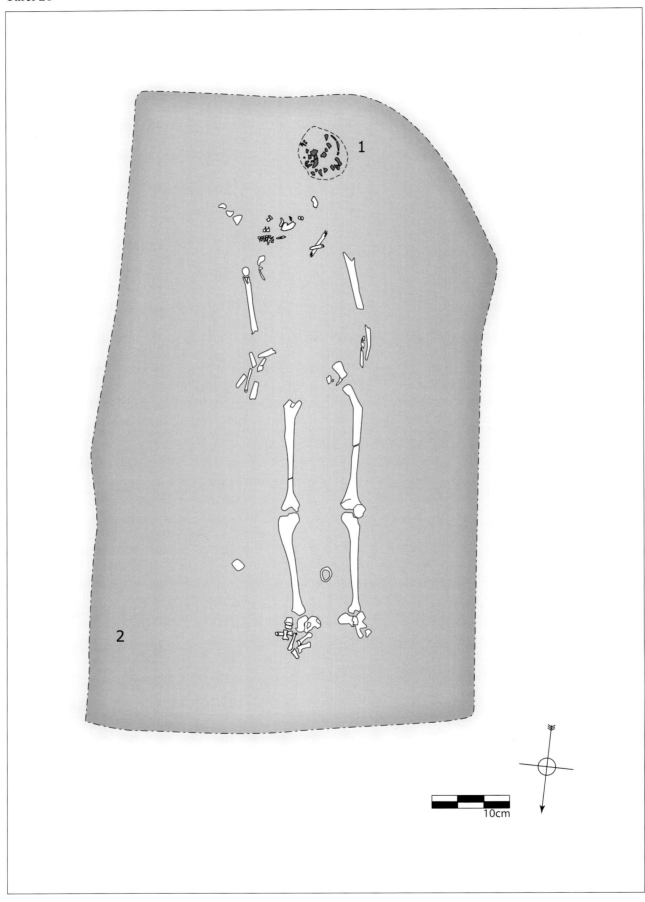

Neckarsulm „Trendpark-Süd", Grab 32. – 1 Becher (Fd.-Nr. 2001-48-53-1). 2 Scherben rötlicher Keramik.

Tafel 29

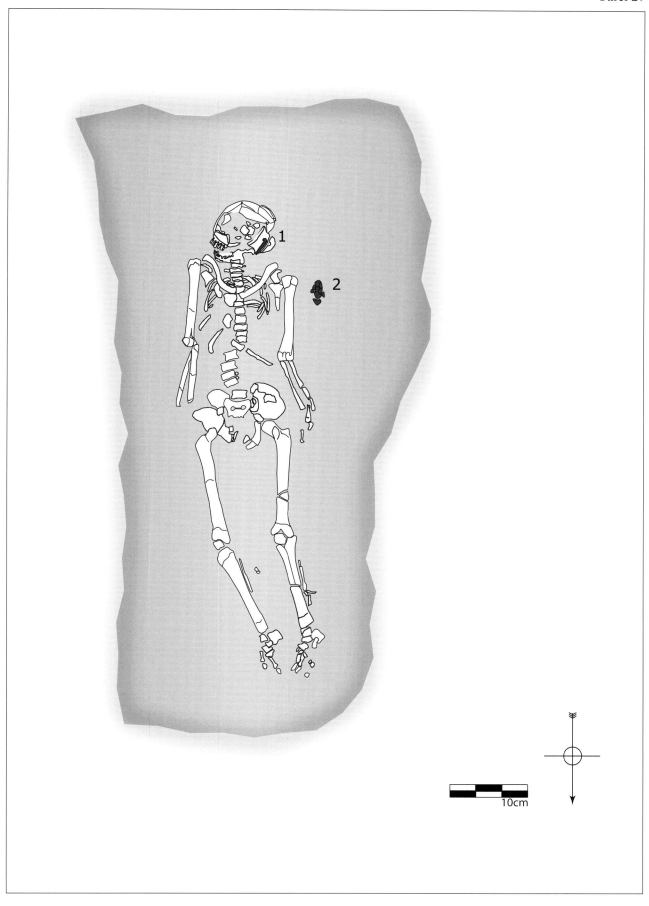

Neckarsulm „Trendpark-Süd", Grab 33. – 1 Nadel (Fd.-Nr. 2001-48-54-1). 2 Scherben schwarzer Keramik.

Tafel 30

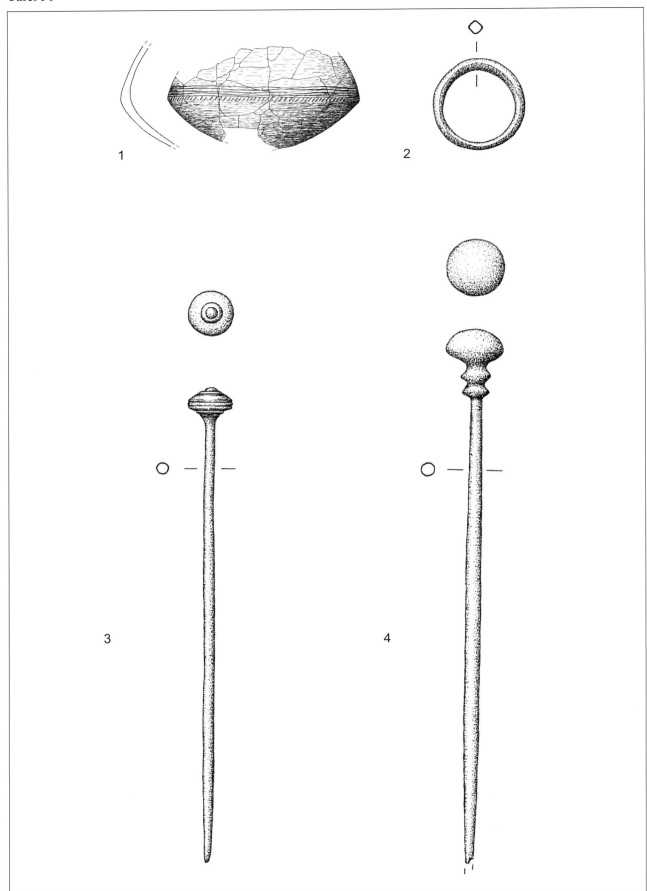

1–2 Grab 1: 1 Gefäß Fd.-Nr. 2001-48-1-2 (M. 1:2). 2 Bronzering Fd.-Nr. 2001-48-1-3. – 3 Grab 2/1, Nadel Typ Neckarsulm Fd.-Nr. 2001-48-2-8. – 4 Grab 2/1, Nadel Typ Wollmesheim Var. Weinheim Fd.-Nr. 2001-48-3-5.

Tafel 31

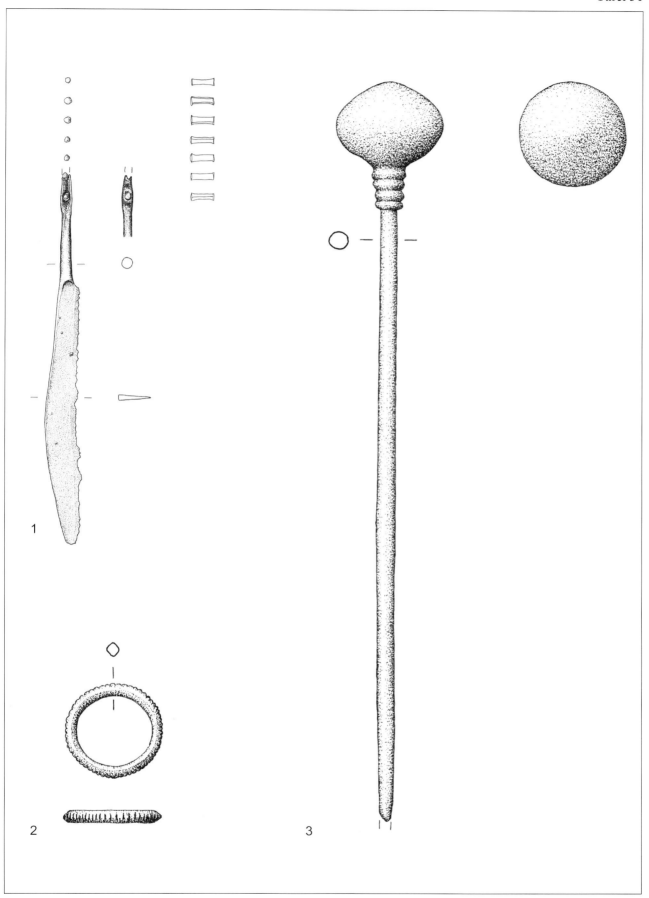

Grab 2/3. 1 Messer inkl. Nieten Fd.-Nr. 2001-48-4-2 (M. 1:2). 2 Bronzering Fd.-Nr. 2001-48-4-3.
3 Nadel Typ Wollmesheim Var. Plaidt Fd.-Nr. 2001-48-4-10.

Tafel 32

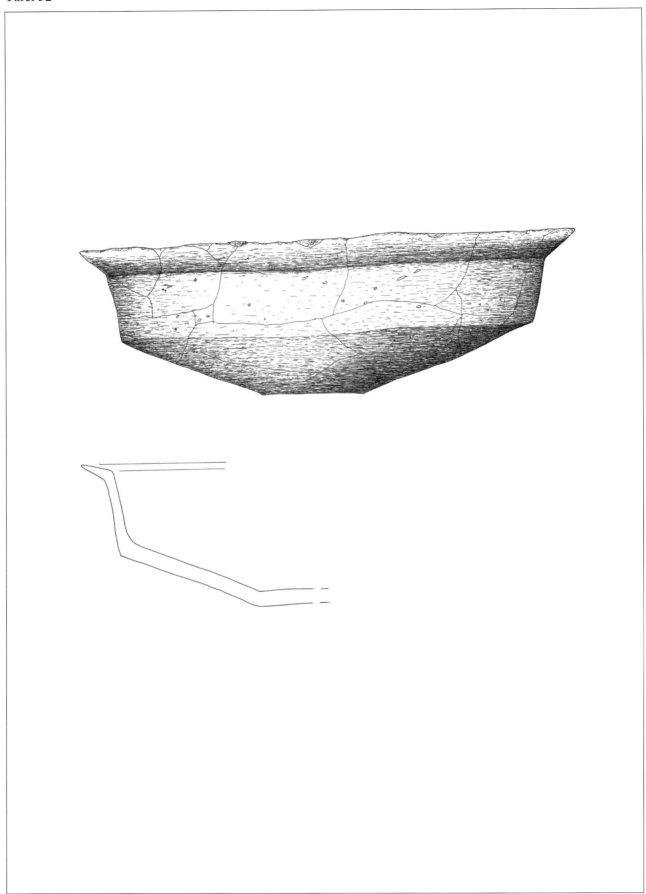

Grab 2/3. Gefäß Fd.-Nr. 2001-48-4-1 (M. 1:2).

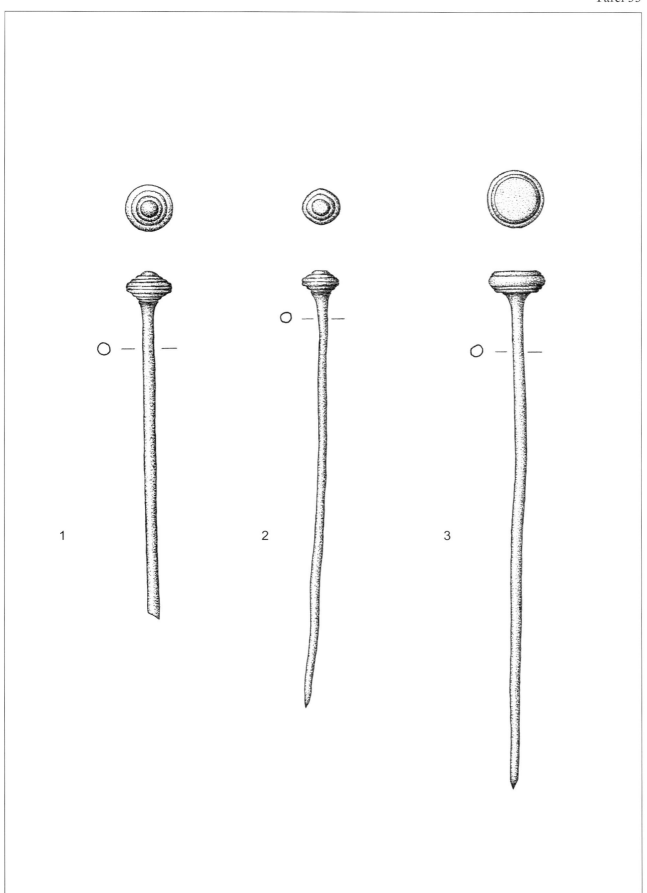

1 Grab 4, Nadel Typ Neckarsulm Fd.-Nr. 2001-48-6-1. – 2 Grab 7/1, Nadel Typ Neckarsulm Fd.-Nr. 2001-48-9-1. – 3 Grab 8/1, Plattenkopfnadel Fd.-Nr. 2001-48-15-6.

Tafel 34

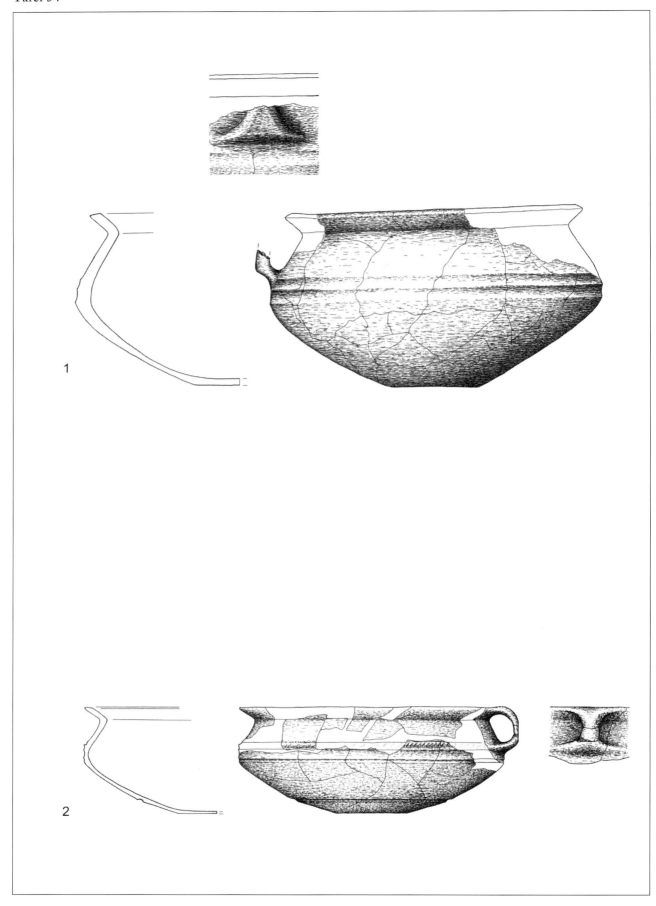

1 Grab 8/1, Gefäß Fd.-Nr. 2001-48-15-5 (M. 1:2). – 2 Grab 8/2, Gefäß Fd.-Nr. 2001-48-16-4 (M. 1:2).

Tafel 35

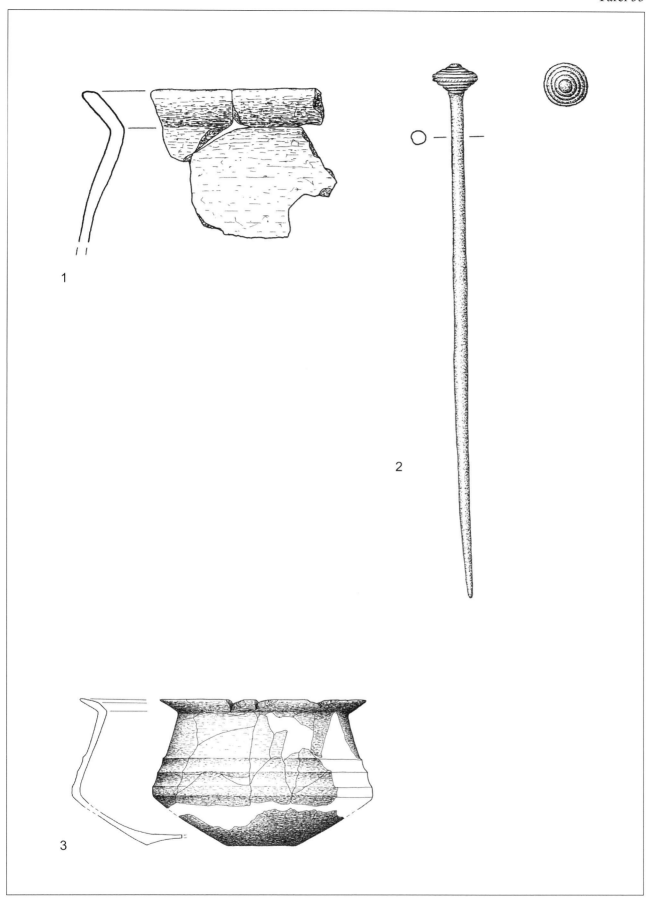

1–2 Grab 12/2, Gefäßreste Fd.-Nr. 2001-48-21-2 und Nadel Typ Neckarsulm Fd.-Nr. 2001-48-22-3.
3 Grab 15/1, Gefäß Fd.-Nr. 2001-48-27-1 (M. 1:2).

Tafel 36

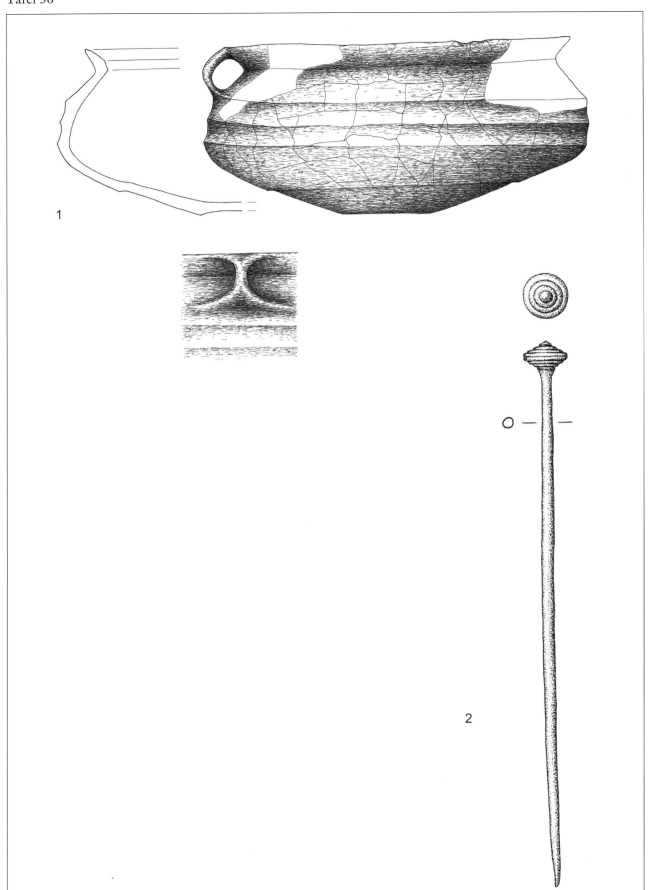

Grab 17. – 1 Gefäß Fd.-Nr. 2001-48-30-2 (M. 1:2). 2 Nadel Typ Neckarsulm Fd.-Nr. 2001-48-30-1.

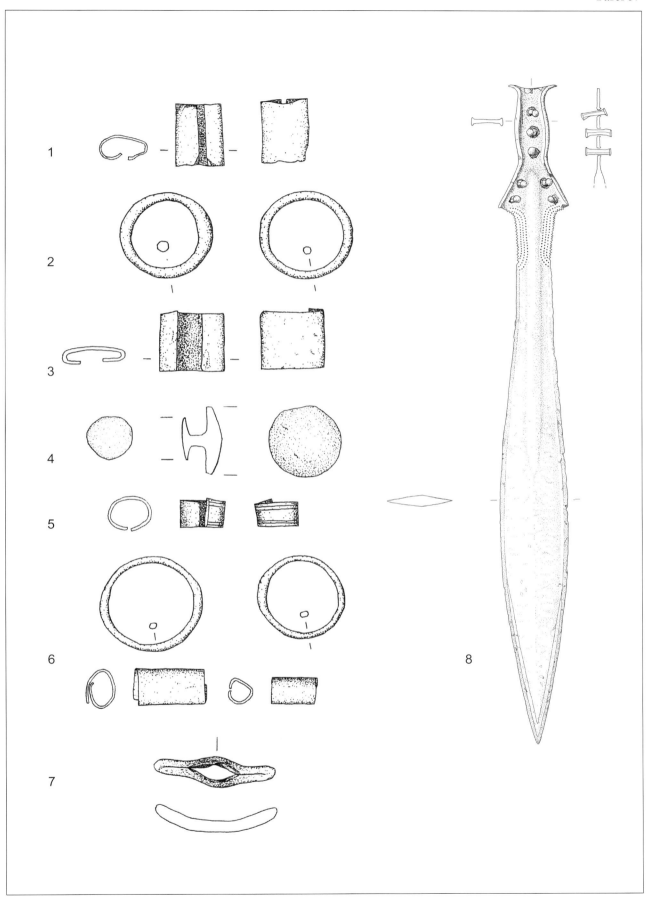

Grab 18/1. – 1 Bronzezwinge Fd.-Nr. 2001-48-31-15a. 2 Bronzeringe Fd.-Nr. 2001-48-31-11. 3 Bronzezwinge Fd.-Nr. 2001-48-31-12. 4 Doppelknopf Fd.-Nr. 2001-48-31-13. 5 Bronzehülse Fd.-Nr. 2001-48-31-9a. 6 Bronzeringe u. Bronzehülsen Fd.-Nr. 2001-48-31-14. 7 Bronzeknebel Fd.-Nr. 2001-48-31-21. 8 Griffzungenschwert Typ Hemigkofen Var. Uffhofen Fd.-Nr. 2001-48-31-6 (M. 1:3).

Tafel 38

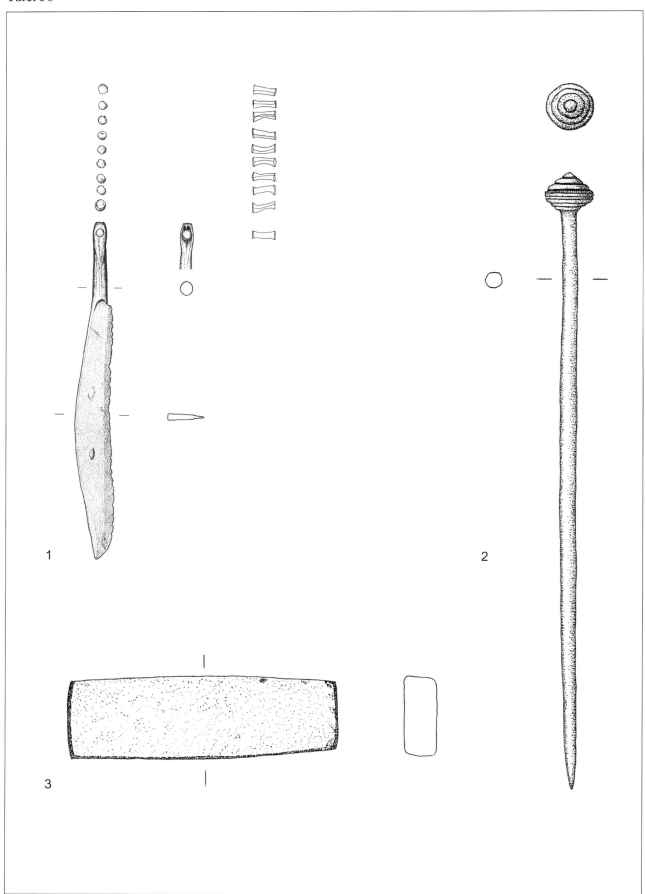

Grab 18/1. – 1 Messer mit Nieten Fd.-Nr. 2001-48-31-7 (M. 1:2).
2 Nadel Typ Neckarsulm Fd.-Nr. 2001-48-31-8. 3 Wetzstein Fd.-Nr. 2001-48-31-10.

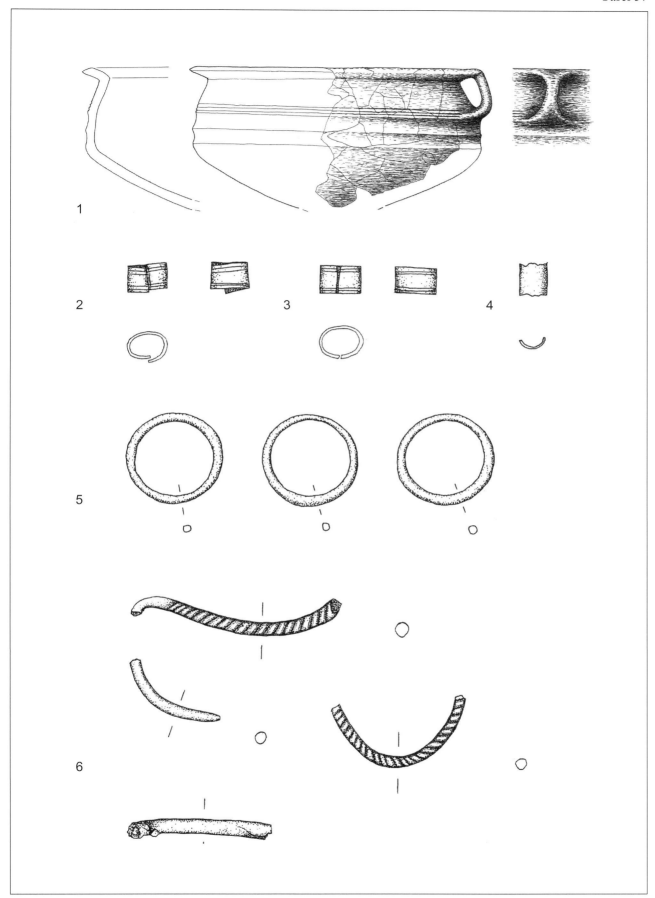

Tafel 39

Grab 18/1. – 1 Gefäß Fd.-Nr. 2001-48-31-4 (M. 1:2). 2 Bronzehülse Fd.-Nr. 2001-48-31-9b. 3 Bronzehülse Fd.-Nr. 2001-48-31-18b. 4 Bronzehülse Fd.-Nr. 2001-48-31-18c. 5 Bronzeringe Fd.-Nr. 2001-48-31-19. 6 Bronzefragmente Fd.-Nr. 2001-48-31-20.

Tafel 40

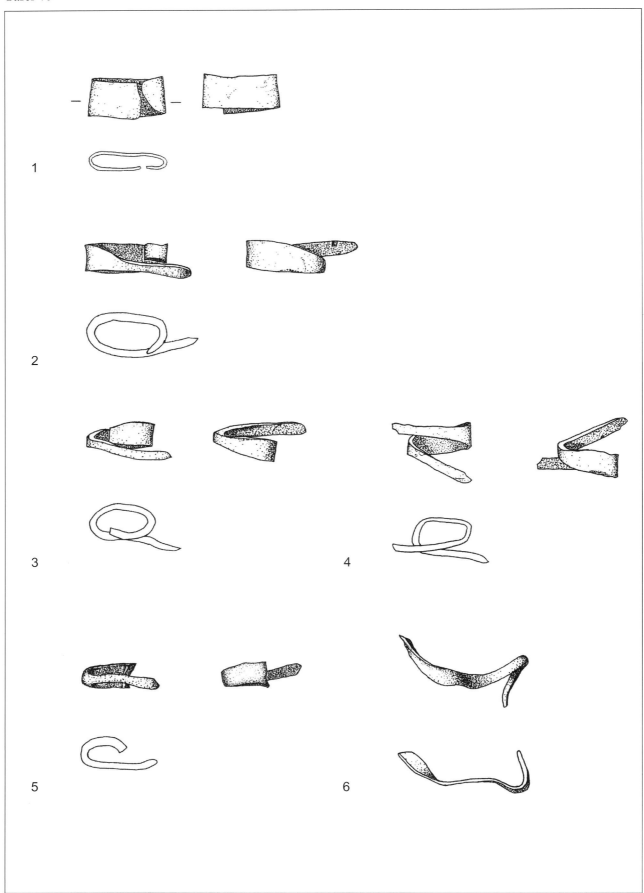

Grab 18/1. – 1 Bronzezwinge Fd.-Nr. 2001-48-31-15b. 2 Bronzezwinge Fd.-Nr. 2001-48-31-5a.
3 Bronzezwinge Fd.-Nr. 2001-48-31-5b. 4 Bronzezwinge Fd.-Nr. 2001-48-31-5c.
5 Bronzezwinge Fd.-Nr. 2001-48-31-18a. 6 Bronzezwinge Fd.-Nr. 2001-48-31-18d.

Tafel 41

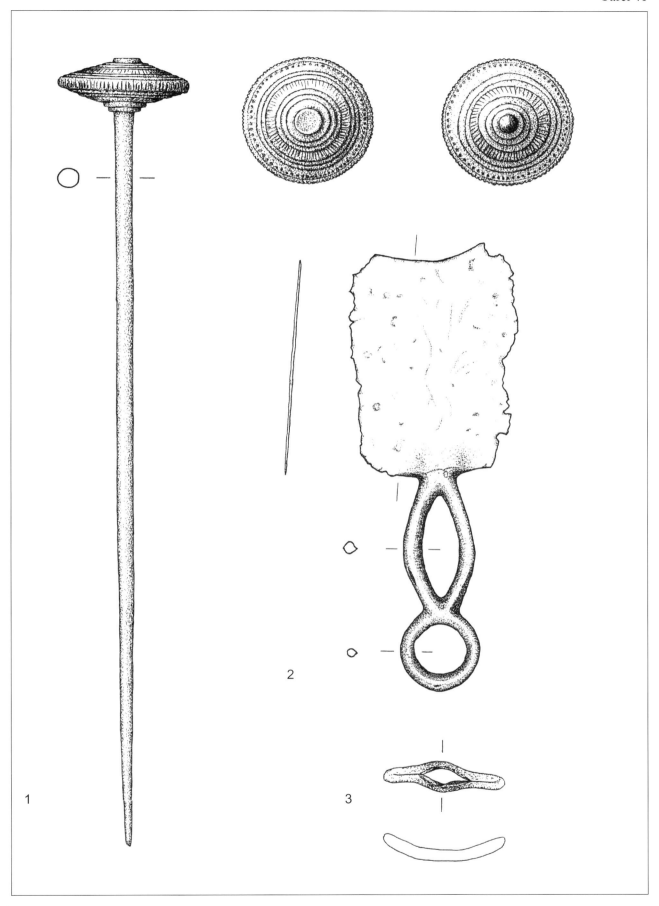

Grab 18/2. – 1 Nadel Form Schwabsburg Fd.-Nr. 2001-48-32-1. 2 Rasiermesser Fd.-Nr. 2001-48-32-2.
3 Bronzeknebel Fd.-Nr. 2001-48-32-3.

Tafel 42

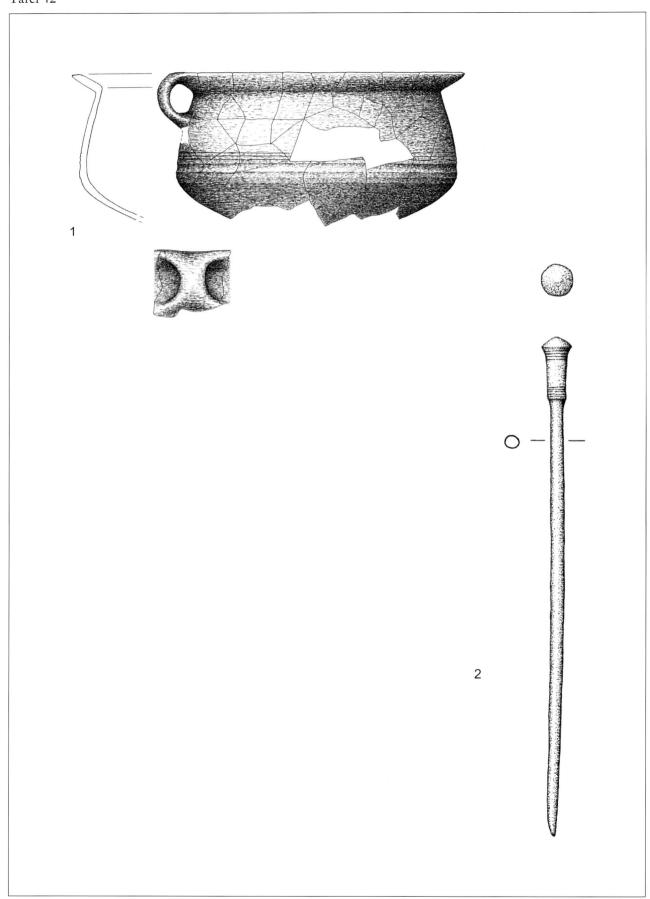

Grab 19. – 1 Gefäß Fd.-Nr. 2001-48-33-2 (M. 1:2). 2 Stabkopfnadel Fd.-Nr. 2001-48-33-1.

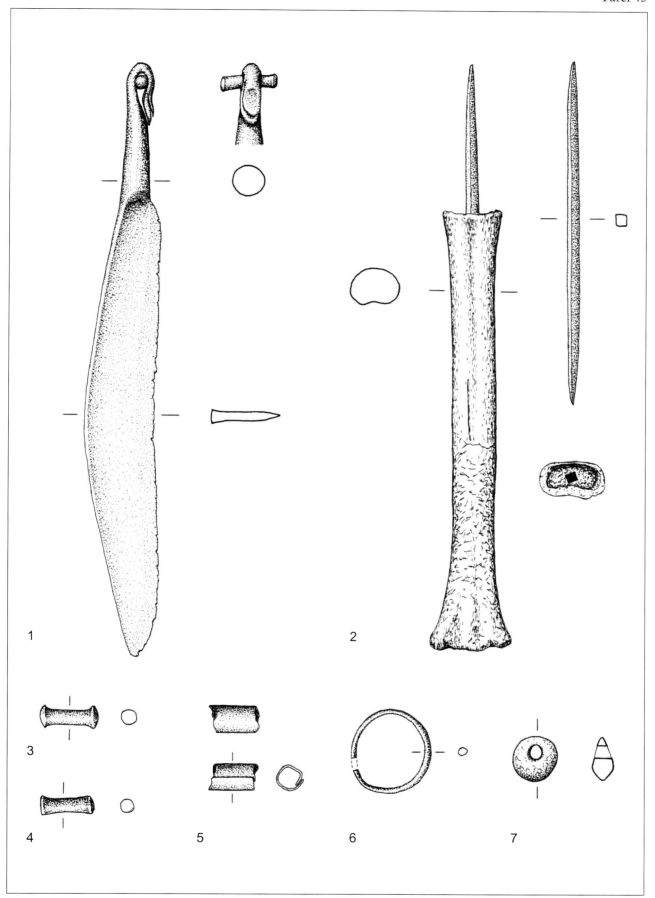

Tafel 43

Grab 20. – 1 Messer mit Niet Fd.-Nr. 2001-48-34-1. 2 Pfriem Fd.-Nr. 2001-48-34-2.
3 Niet Fd.-Nr. 2001-48-34-3. 4 Niet Fd.-Nr. 2001-48-34-4. 5 Bronzehülse Fd.-Nr. 2001-48-34-8.
6 Bronzering Fd.-Nr. 2001-48-34-7. 7 Bernsteinperle Fd.-Nr. 2001-48-34-6.

Tafel 44

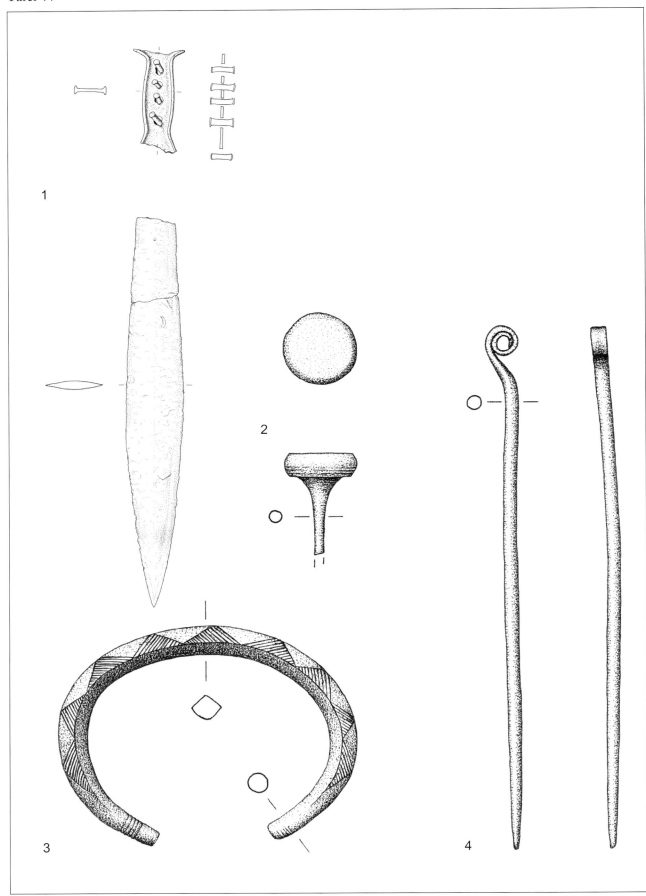

1–3 Grab 21/1: 1 Griffzungenschwert Typ Hemigkofen Fd.-Nr. 2001-48-35-1 (M. 1:3). 2 Plattenkopfnadel Fd.-Nr. 2001-48-35-3. 3 Armreif Fd.-Nr. 2001-48-35-2. – 4 Grab 21/2, Rollennadel Fd.-Nr. 2001-48-36-6.

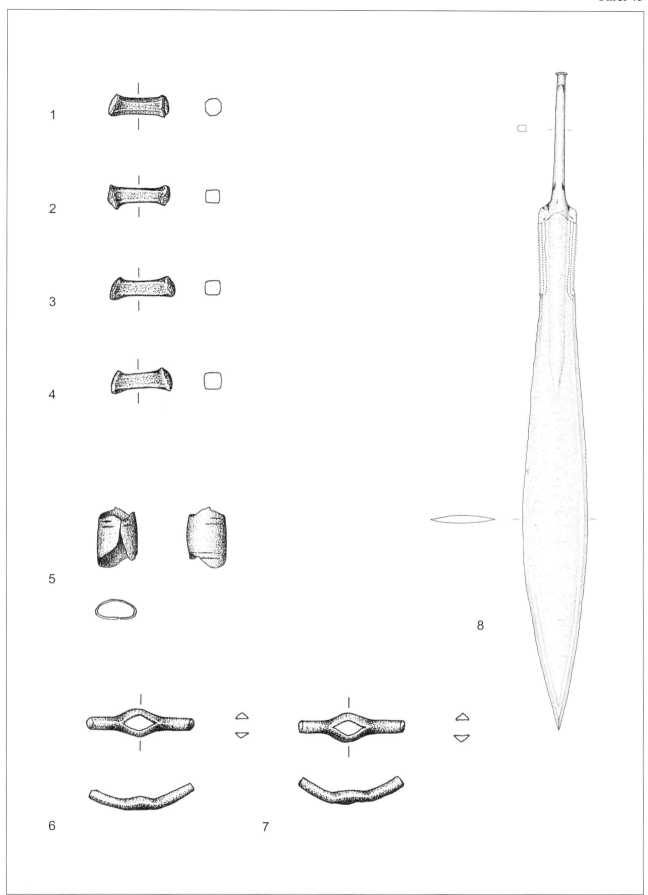

Tafel 45

Grab 22/1. – 1 Niet Fd.-Nr. 2001-48-37-5. 2 Niet Fd.-Nr. 2001-48-37-6. 3 Niet Fd.-Nr. 2001-48-37-7. 4 Niet Fd.-Nr. 2001-48-37-8. 5 Bronzehülse Fd.-Nr. 2001-48-37-12. 6 Bronzeknebel Fd.-Nr. 2001-48-37-11. 7 Bronzeknebel Fd.-Nr. 2001-48-37-10. 8 Griffangelschwert Typ Unterhaching Fd.-Nr. 2001-48-37-3 (M. 1:3).

Tafel 46

Grab 22/1. – 1 Goldener Fingerring Fd.-Nr. 2001-48-37-4. 2 Gefäß Fd.-Nr. 2001-48-37-1 (M. 1:2).
3 Gefäß Fd.-Nr. 2001-48-37-2 (M. 1:2).

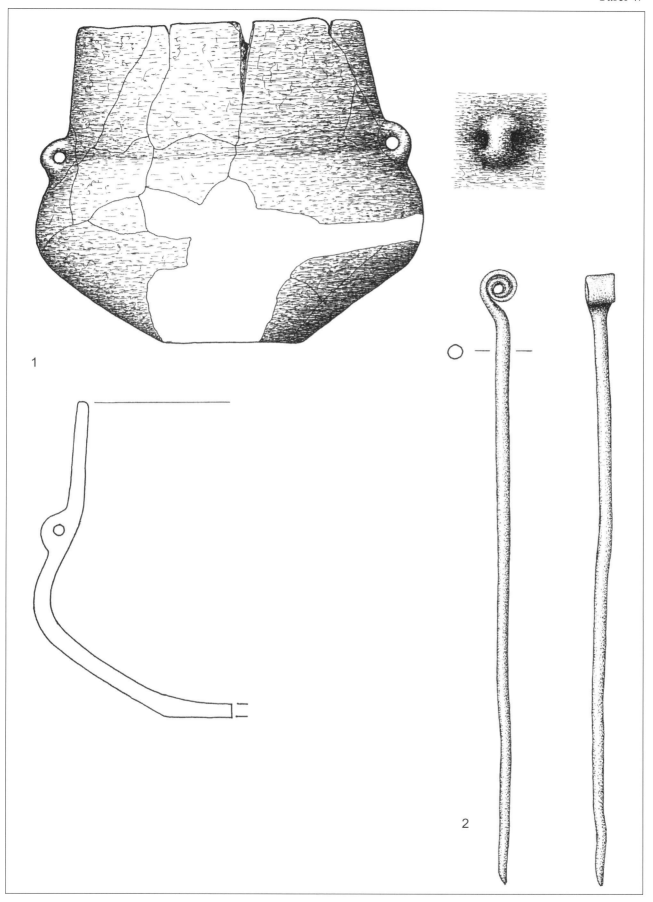

Grab 23. – 1 Gefäß Fd.-Nr. 2001-48-41-2. 2 Rollennadel Fd.-Nr. 2001-48-41-5.

Tafel 48

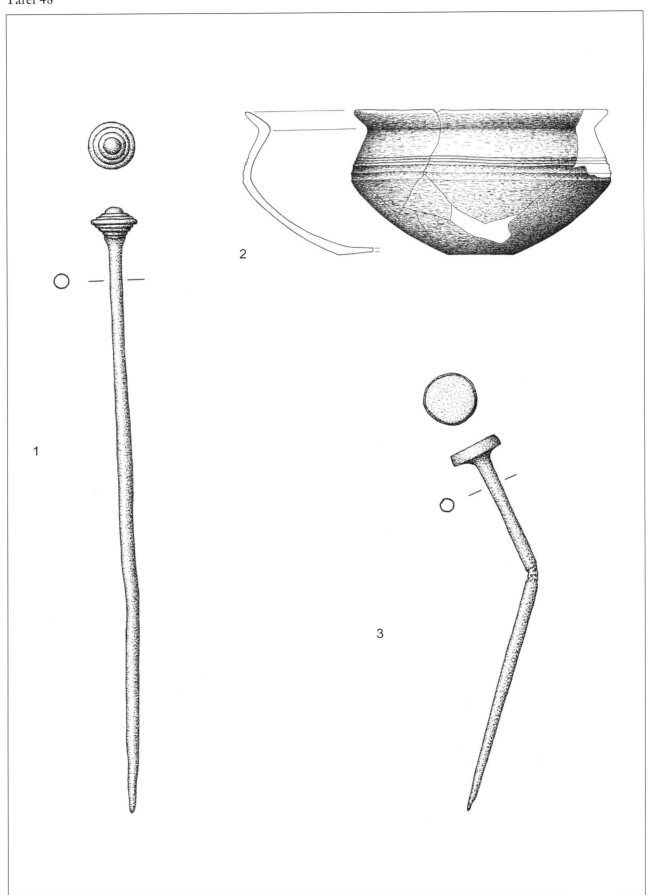

1 Grab 24/2, Nadel Typ Neckarsulm Fd.-Nr. 2001-48-43-1. – 2 Grab 25/2, Gefäß Fd.-Nr. 2001-48-45-1 (M. 1:2). – 3 Grab 26, Plattenkopfnadel Fd.-Nr. 2001-48-47-1.

Tafel 49

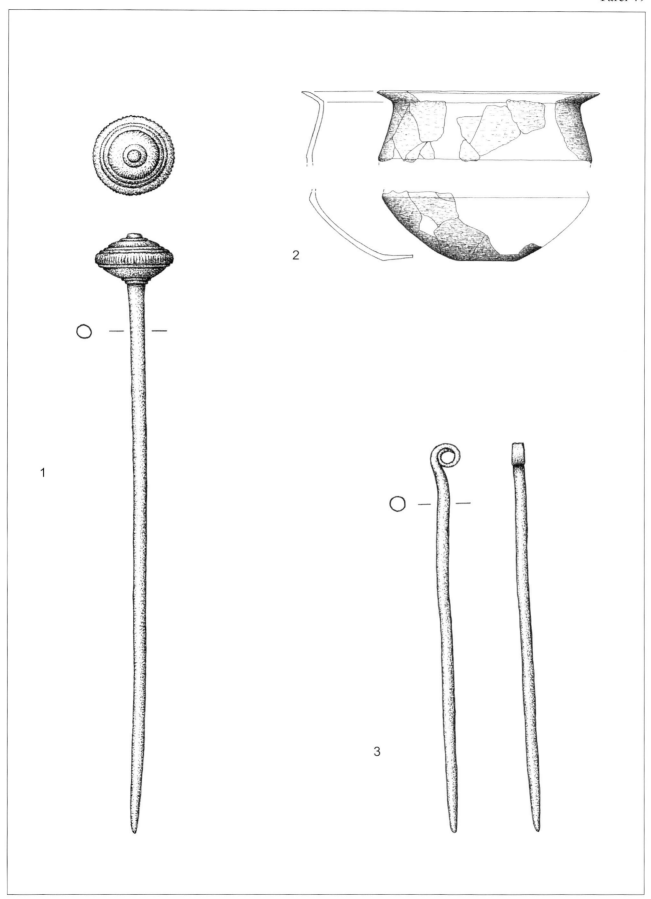

1 Grab 28, kleine Nadel Form Schwabsburg Fd.-Nr. 2001-48-49-1. 2 Grab 32, Gefäß Fd.-Nr. 2001-48-53-1 (M. 1:2). – 3 Grab 33, Rollennadel Fd.-Nr. 2001-48-54-1.

Tafel 50

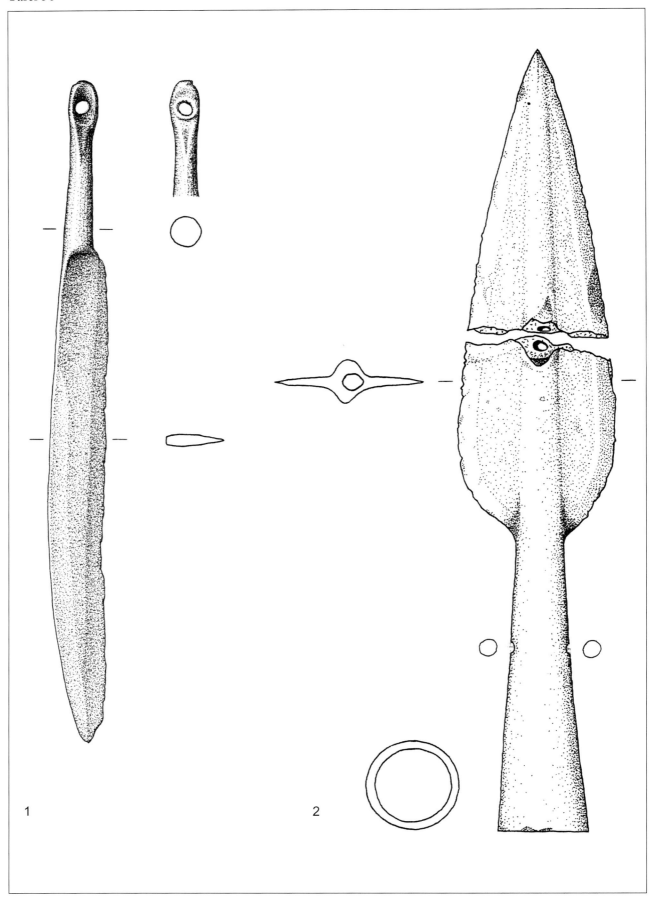

Streufunde. – 1 Messer Fd.-Nr. 2001-48-59-1. 2 Lanzenspitze Fd.-Nr. 2001-48-55-1.

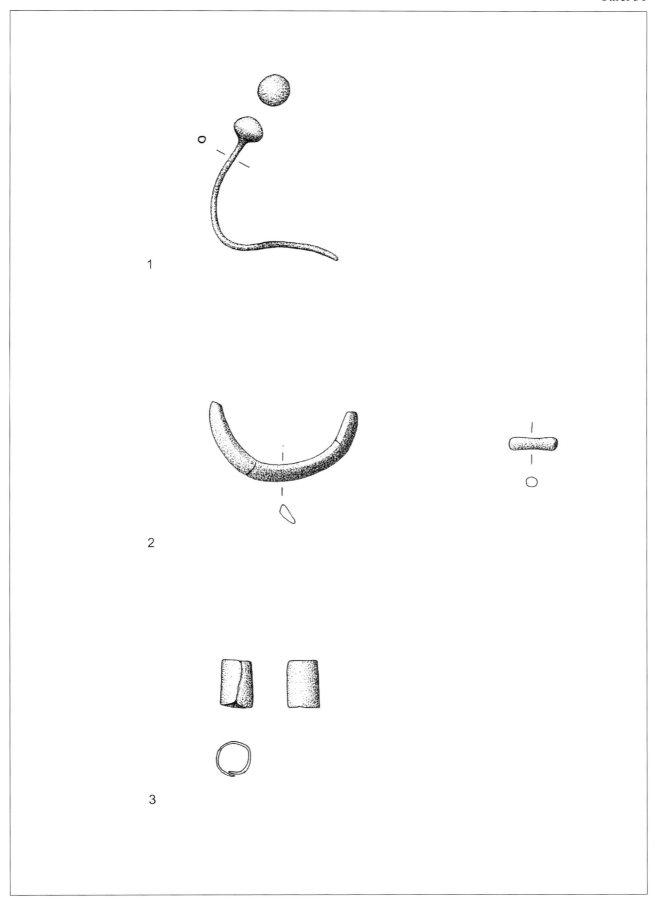

Streufunde. – 1 Nadel Fd.-Nr. 2001-48-56-1. 2 Bronzefragment u. Niet Fd.-Nr. 2001-48-60. 3 Bronzehülse Fd.-Nr. 2001-48-57-1.

Tafel 52

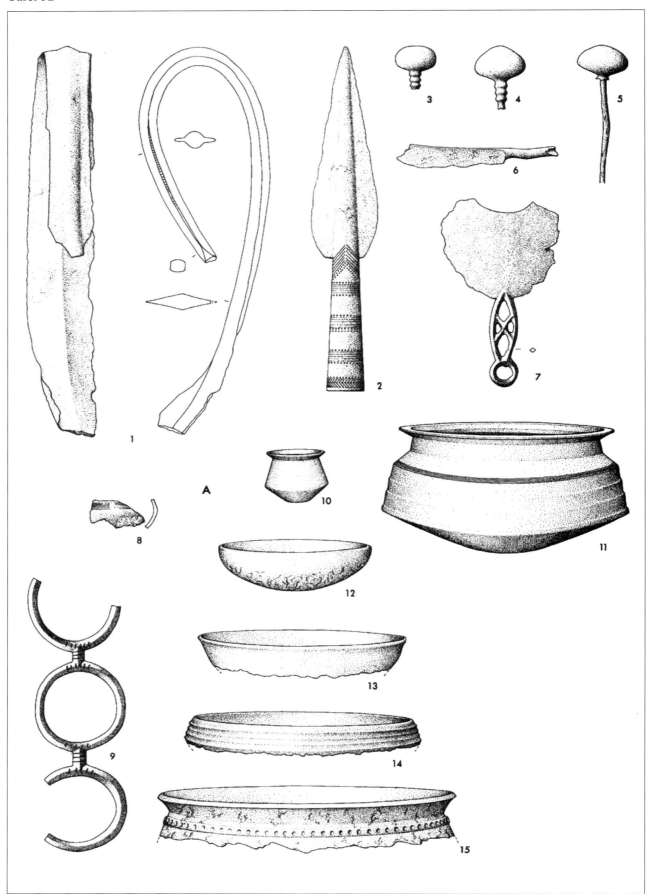

Dietzenbach (nach Jockenhövel, Rasiermesser Taf. 66 A).

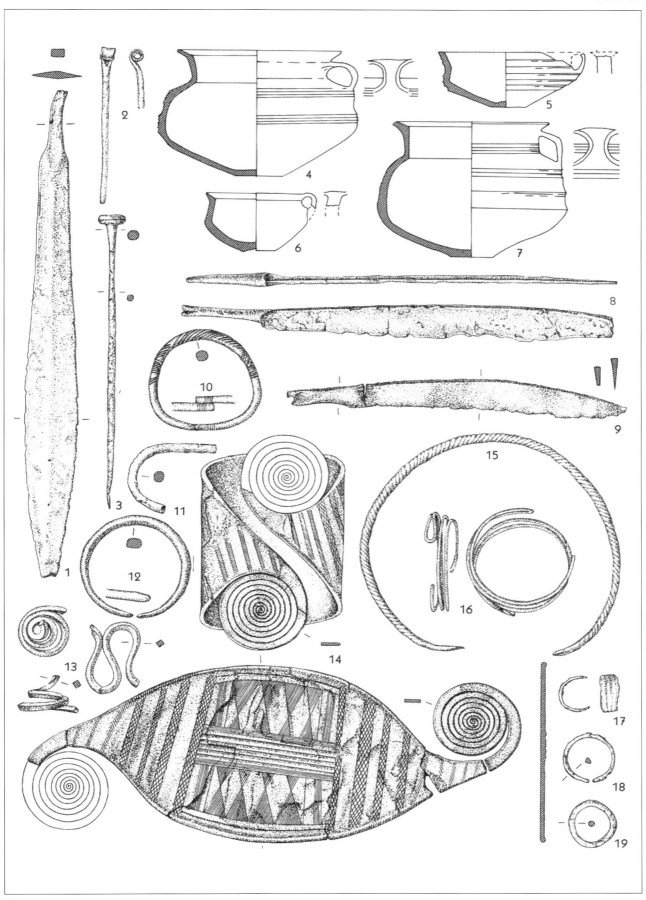

Eßfeld (nach Wilbertz, Unterfranken Taf. 53).

Tafel 54

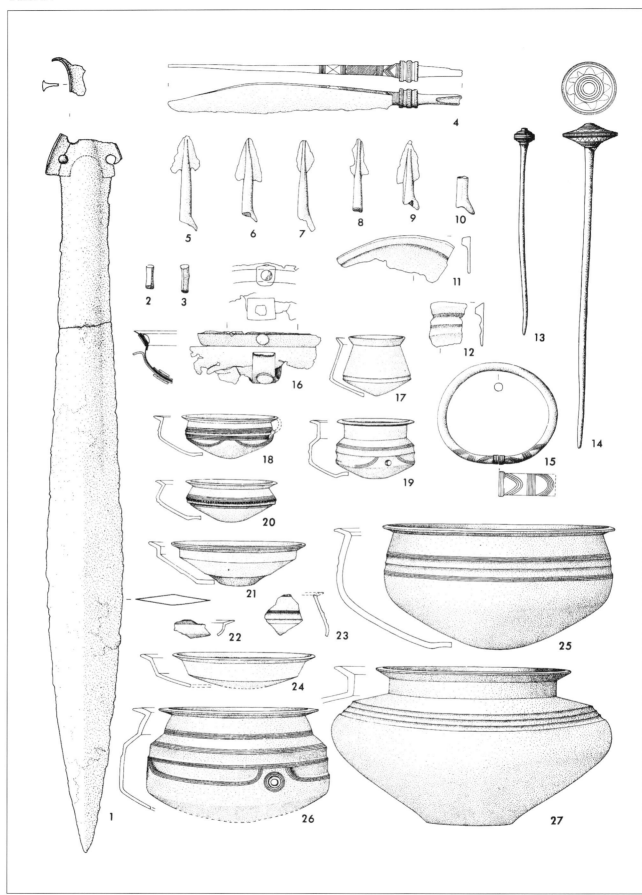

Eschborn (nach Richter, Arm- und Beinschmuck Taf. 86).

Tafel 55

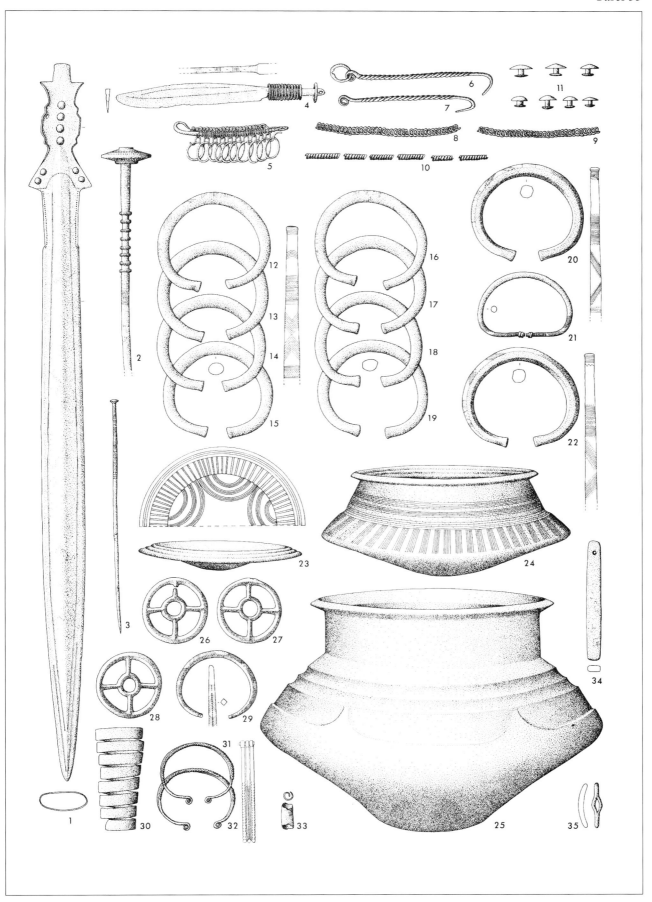

Gammertingen (nach Schauer, Schwerter Taf. 146).

Tafel 56

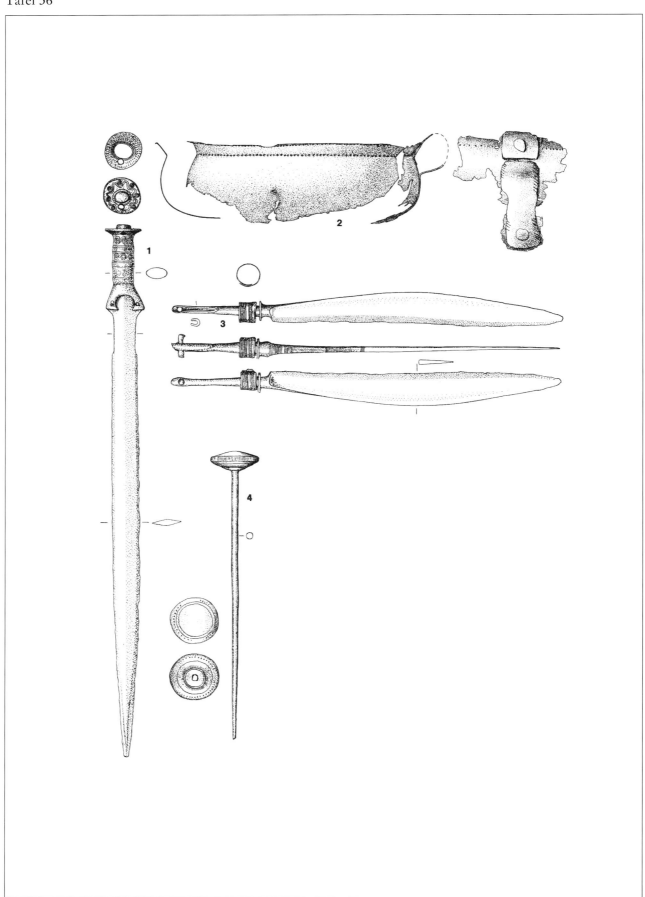

Gundelsheim (nach Spindler, Vorzeit 117).

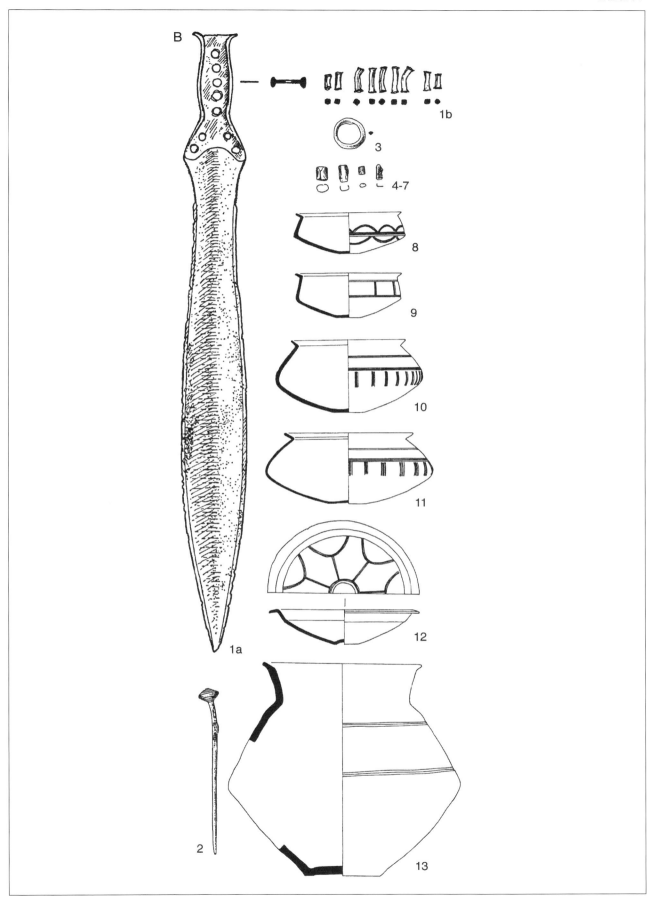

Tafel 57

Mimbach (nach Clausing, Untersuchungen Taf. 40 B).

Tafel 58

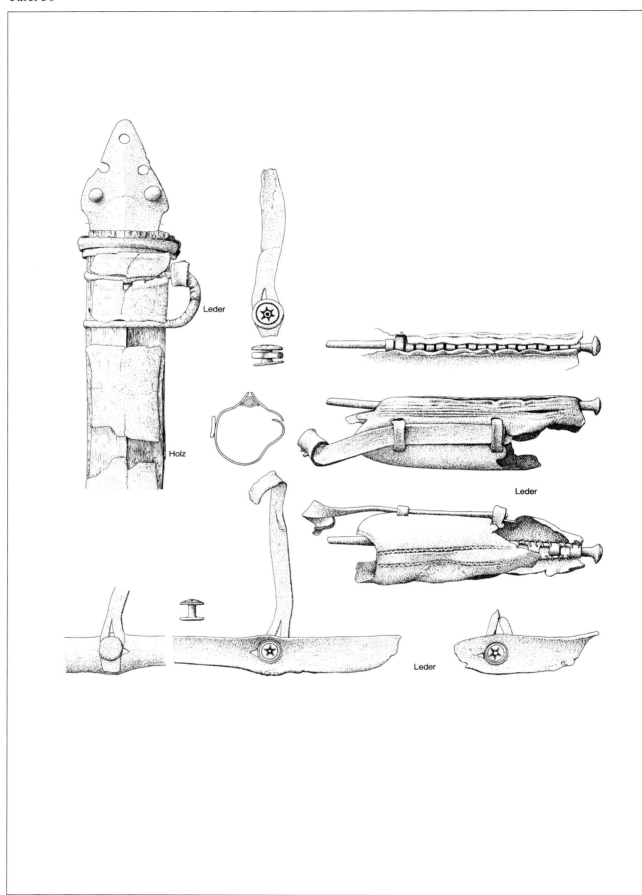

Grabfunde Hvidegaard (nach Aner/Kersten, Nordische Bronzezeit Taf. 83).

Tafel 59

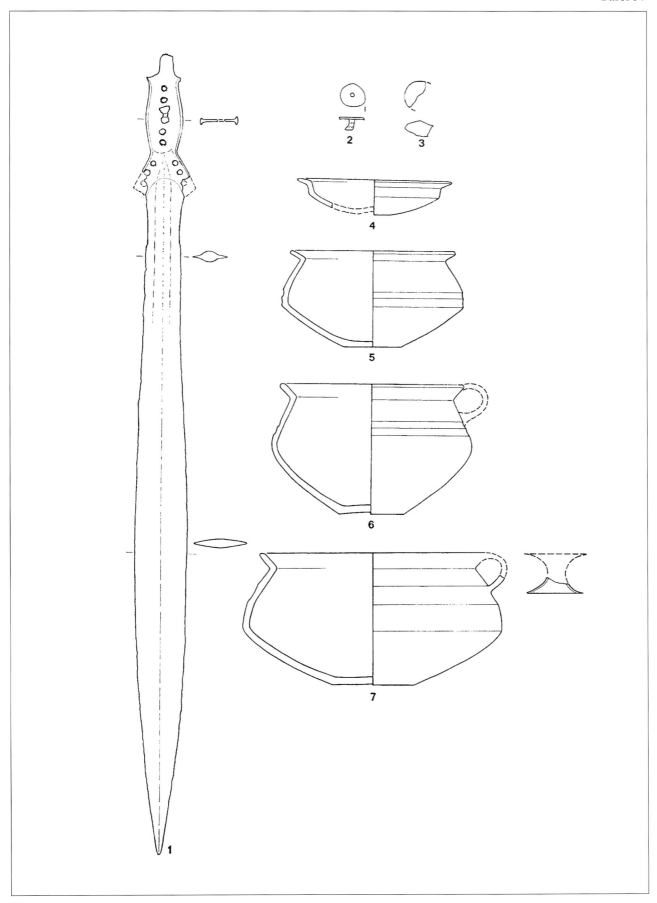

Heilbronn (nach Koch, Fundber. B-W 1979, Abb. 3).

Tafel 60

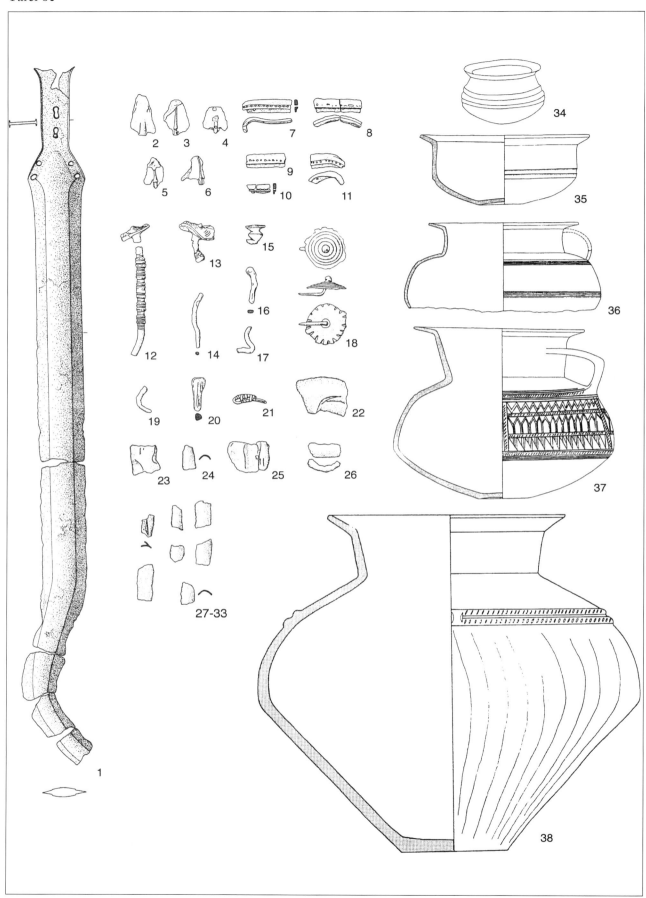

Reutlingen (nach Clausing, Untersuchungen Taf. 20)

Die menschlichen Skelettreste aus dem urnenfelderzeitlichen Männerfriedhof von Neckarsulm „Trendpark Süd"

JOACHIM WAHL

Einleitung und Vorbemerkung

Die spätbronzezeitliche Nekropole von Neckarsulm wurde im Frühjahr 2001 entdeckt und innerhalb von vier Monaten komplett ausgegraben. Nach typologischen Vergleichen der zahlreichen Grabbeigaben lässt sich der Fundplatz in einen älteren Abschnitt der Urnenfelderzeit, speziell die Phase Hallstatt A1 datieren.[1] In dieser Periode ist die Brandbestattung die vorherrschende Bestattungsform. Die Toten wurden eingeäschert und ihre knöchernen Überreste in Urnen meist in kleineren Friedhöfen beigesetzt. In Neckarsulm fanden sich demgegenüber ausschließlich Körpergräber,[2] die Skelette z. T. vollständig im anatomischen Verband, z. T. durch Grabräuber gestört und nurmehr fragmentarisch überliefert, das Knochenmaterial selbst zumeist stark verwittert.

Eine weitere Besonderheit des vorliegenden Ensembles ist die Häufigkeit von Doppel- und Mehrfachbestattungen. Aus 32 Gräbern konnten insgesamt 50 Individuen geborgen werden.[3] Darunter achtmal zwei, dreimal drei und einmal fünf Personen, die jeweils gemeinsam beigesetzt worden waren.[4] Zu den qualitätvollen Beigaben gehören neben Gefäßen und Gewandnadeln u. a. Schwerter, Messer, Bronzeringe sowie ein goldener Fingerring.[5] Nach allgemeiner Einschätzung werden die Schwertträger als eindeutig privilegierte Persönlichkeiten eingestuft.[6] Ob diese, im vorliegenden Fall als kurze, bauchige Hiebschwerter bezeichneten, Waffen jedoch tatsächlich im Kampf benutzt wurden, oder eher als Statussymbol bzw. Rangabzeichen zu beurteilen sind und damit mehr repräsentativen Charakter hatten, wird von einigen Spezialisten diskutiert.[7]

Die anthropologische Untersuchung der Skelettreste aus Neckarsulm ist noch nicht abgeschlossen. Es ist geplant, die Ergebnisse in einer separaten, ausführlichen Publikation vorzustellen, die dann – neben den üblichen Individualdaten sowie einer Gegenüberstellung mit chronologisch vergleichbaren Grabfunden aus dem näheren und weiteren Um-

---

1 Vgl. Neth 2001 sowie St. Knöpke im Hauptteil des vorliegenden Buches. Als Belegungshorizont kristallisiert sich von archäologischer Seite die Phase Hallstatt A1 mit einer Dauer ca. 50 Jahren heraus. D.h. man kann für das gesamte Gräberfeld einen relativ engen Belegungszeitraum von zwei bis drei Generationen annehmen.
2 In jüngeren Phasen gilt die Körperbestattung als Reminiszenz an ältere Traditionen. Die Beisetzung nicht kremierter Verstorbener erfolgte häufig in aufwändig errichteten Steinkisten und mit umfangreicher Ausstattung. In diesen Fällen kann von einem höheren Sozialstatus des Bestatteten ausgegangen werden.
3 Nach der ursprünglichen Zählung waren 33 Gräber gefunden worden. Bei dem zunächst als „Grab 31" bezeichneten Befund handelte es sich nach näherer Betrachtung um eine Grube. Sie enthielt einen Tierknochen.
4 Aus dem niederländischen Wassenaar ist ein früh- bis mittelbronzezeitliches Massengrab mit Überresten von zwölf Individuen (sechs Männer, zwei Frauen sowie vier Kinder und Jugendliche im Alter zwischen 1,5–2 und 15–16 Jahren), bekannt. Die demographische Struktur der dort beigesetzten Personen unterscheidet sich jedoch grundlegend von den Neckarsulmer Befunden. Bei drei der Männer wurden Spuren von Gewalteinwirkungen, bei einem vierten eine Flintpfeilspitze zwischen den Rippen gefunden.
5 Die einzelnen Grabinventare im Detail sind dem Katalogteil von S. Knöpke zu entnehmen. Trotz der Verluste infolge Grabraubs kann der Friedhof von Neckarsulm als eines der waffenreichsten Gräberfelder seiner Zeit betrachtet werden.

6 Das gilt auch, wenn sie eingeäschert wurden, wie z.B. bei einem Grabfund aus dem saarländischen Mimbach (Kolling 1970), wobei allerdings die Details der zugehörigen Leichenbrandanalyse durch K. H. Booz (ebd., S. 48) gewisse Fragen aufwerfen: Zum Beispiel werden weder das Leichenbrandgewicht, noch Hinweise zum Verbrennungsgrad oder die durchschnittliche Fragmentgröße mitgeteilt; 27 Bruchstücke werden als Reste von Plattknochen angesprochen, ohne, dass zwischen Teilen der Schädelkalotte, der Scapula oder des Beckens unterschieden werden kann, was für einen erfahrenen Untersucher kein Problem darstellen sollte; als Beleg für ein kindliches Individuum wird ein über 10 cm großes Ulnafragment mit vollständig erhaltener distaler Epiphyse erwähnt. Bei einem Sterbealter von 8–10 Jahren hätte diese jedoch als loses Teilstück überliefert sein müssen; am Ende der Expertise heißt es, dass unter den „unbestimmbaren" Fragmenten evtl. enthaltene Tierknochen „natürlich nicht" angesprochen werden könnten, was so pauschal keinesfalls zutrifft. Weitere Befunde sollen hier nicht im Einzelnen diskutiert werden, es wäre jedoch angebracht, die Brandknochen dieser „Doppelbestattung" einer erneuten Begutachtung zu unterziehen. Bei den Doppelbestattungen aus Essfeld, Gammertingen, Speyer und Wollmesheim kann anhand der Grabinventare die gemeinsame Beisetzung von Mann und Frau angenommen werden.
7 Zum Beispiel Falkenstein 2006/2007; Peter-Röcher 2007. So weisen z.B. auch die Stücke aus Neckarsulm im Klingenbereich keinerlei Scharten auf, sind jedoch überschliffen und wurden offensichtlich für den Gebrauch scharf gehalten.

feld[8] – u.a. auch eine Synopse der laufenden Auswertungen der vorgenommenen Isotopenanalysen enthalten wird. Der anthropologische Beitrag an dieser Stelle ist v.a. als inhaltliche Ergänzung zu der Arbeit von St. Knöpke gedacht und stellt in groben Zügen den momentanen Stand der Bearbeitung dar.[9]

Der anthropologische Befund

Erhaltungszustand und Überlieferungsgrad

Das Skelettmaterial von Neckarsulm liegt in sehr unterschiedlichem Zustand vor. Während z.B. die Überreste aus Grab 16 oder Individuum 22/1 eine vergleichsweise gute Erhaltung aufweisen, auch größere Partien von Becken, Wirbelsäule, Brustkorb sowie zahlreiche Hand- und Fußknochen überliefert sind, konnten aus anderen Grabgruben nur noch spärliche Reste, teilweise insgesamt weniger als eine Hand voll Knochenfragmente (z.B. Grab 6, 8 und 27), geborgen werden. Aus Grab 10 sind keine Anteile des Postkraniums repräsentiert, aus Grab 4 nur ein größeres Bruchstück des linken Humerus und von Individuum 8/2 lediglich noch sandkorngroße Schmelzsplitter der Zahnkronen erhalten. Von elf Individuen fehlen Zahnreste komplett. Dazu erscheint die Knochenoberfläche vielfach rissig, partiell abgetragen und erodiert. Die Schädel sind häufig postmortal deformiert (Abb. 1), nur ein Teil von ihnen lässt sich (partiell) rekonstruieren. Abtragungen im Bereich der Tabula externa können bisweilen als Verwitterungsspiegel angesprochen werden.

Die Fehlbestände, insbesondere auch an kleineren und fragilen Skelettelementen, lassen sich jedoch nur zum Teil dem ungünstigen Liegemilieu zuschreiben. Ein erheblicher Prozentsatz der Verluste geht auf postmortale Störungen infolge von Grabraub zurück. Dabei wurden meistens der Oberkörper- und Kopfbereich zerwühlt. In der Folge lassen sich bei beraubten Mehrfachbestattungen (besonders Grab 7) verlagerte Teile häufig auch nicht mehr einem bestimmten Individuum zuordnen. Fragliche und sichere Beraubungs- bzw. Sondierungsspuren an Knochen können an den Skelettresten von mindestens fünf Individuen direkt nachgewiesen werden. Bei dreien davon (Ind. 12/2, Grab 20 und 28) gingen die nachträglich erfolgten Eingriffe offenbar sehr subtil vonstatten und ohne in situ erkennbare Lageveränderungen der Knochen einher. In diesem Zusammenhang ist die Dreifachbestattung Grab 22 erwähnenswert. Der Mann 22/1 ist u.a. mit einem Schwert und einem goldenen Fingerring ausgestattet und blieb nach seiner Beerdigung offensichtlich unange-

Abb. 1: Stark fragmentierter und postmortal auf weniger als 10 cm komprimierter Schädel des ca. 40- bis möglicherweise 50-jährigen Mannes 22/3. Links vor, rechts nach der Restaurierung.

tastet. Seine beiden Begleiter im Tode wurden demgegenüber eindeutig beraubt. Entweder entging den Grabschändern, dass hier in unmittelbarer Nähe noch weitere Preziosen zu holen gewesen wären (dann müssen auch die Diageneseprozesse sowie die Verdichtung der Grabfüllung schon ziemlich weit fortgeschritten gewesen sein) oder sie haben diesen Toten bewusst gemieden.[10]

Mehr oder weniger intensive Grünfärbungen an Knochen aus verschiedenen Körperregionen korres-

---

8 In Frage kommen hierfür u.a. die Gräberfelder von Bad Friedrichshall, Mannheim-Sandhofen, Dautmergen, Wiesbaden-Erbenheim und Gemmrigheim oder die Funde aus dem Steinkistengrab von Oberrimsingen sowie dem bereits erwähnten Gemeinschaftsgrab von Wassenaar.
9 Neben der rein archäologisch-anthropologischen Bearbeitung sind einzelne Gräber aus Neckarsulm auch Gegenstand aktueller Untersuchungen zu taphonomischen Prozessen. Vgl. Fiedler u.a., in Vorb.
10 Vielleicht nahmen die Männer, die durch ein Schwert als Status- und Rangabzeichen ausgestattet waren, wie u.a. auch für den Keltenfürsten von Hochdorf angenommen wird, nicht nur eine zentrale Rolle im weltlichen, sondern auch im religiösen Leben ein und durfte deren Totenruhe demzufolge unter keinen Umständen gestört werden?

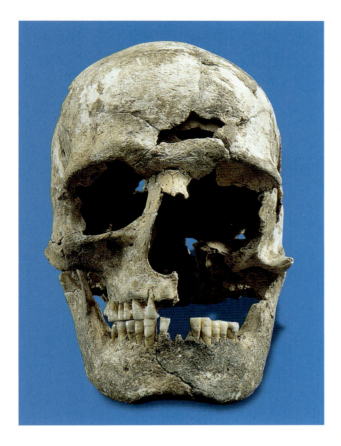

pondieren dagegen weitestgehend mit den nahebei angetroffenen Bronzegegenständen.[11] Die massive Verfärbung am linken Humerus des Mannes aus Grab 20 könnte vielleicht darauf hinweisen, dass hier ehedem ebenfalls ein Schwert deponiert war. Alles in allem sind damit die Aussagemöglichkeiten hinsichtlich der Individualbefunde zwar teilweise stark eingeschränkt, doch lassen sich einige der Verdachtsdiagnosen zum Geschlecht der Bestatteten bei vergleichender Betrachtung zumindest tendenziell erhärten.

Untersuchungsmethoden

Die Untersuchung der menschlichen Knochenreste erfolgte nach bewährten konventionellen Methoden zur Alters-, Geschlechts- und Körperhöhenbestimmung.[12] Die Diagnose des Sterbealters basiert demnach im Wesentlichen auf dem Zahnbefund, dem Epi- und Apophysenschluss, der Verwachsung der Sphenobasilarfuge sowie der Schädelnähte und der Struktur der Symphysenfuge. Als zusätzliche Kriterien wurden die Zahnkronenabrasion und degenerative Veränderungen im Bereich der Wirbelsäule und Gelenke herangezogen.[13] Histologische Verfahren, wie die Erfassung der Osteonenstruktur oder die TCA kamen im Hinblick auf die Vergleichbarkeit der Ansprachen und unter Berücksichtigung der stark variierenden Überlieferung der Skelette nur in Zweifelsfällen zur Anwendung.

Die Geschlechtsdiagnose erfolgte in erster Linie anhand der üblichen Formunterschiede an Becken und Schädel. Unter Berücksichtigung des schlechten Erhaltungszustands wurden vielfach auch Detailmerkmale wie z.B. des Felsenbeins sowie metrische Daten und Diskriminanzanalysen verschiedener Skelettelemente einbezogen. Dazu kamen allgemeine Proportions- und Größenverhältnisse, Robustizität/Grazilität und das Muskelmarkenrelief – wie einzelne Parameter zur Altersbestimmung in Anlehnung an die intraserial angetroffene Variation.[14]

In einem Fall (Ind. 18/1) konnte die auf morphologischen Kriterien basierende Geschlechtsdiagnose durch eine DNA-Analyse bestätigt werden.[15] Zur Ermittlung der Körperhöhe wurden die bekannten Vergleichstabellen verschiedener Autoren herangezogen.[16]

Da die großen Langknochen oftmals nur unvollständig erhalten sind, mussten dabei die entsprechenden Ausgangsmaße häufig als Schätzwerte in die Berechnung eingehen (siehe Klammerwerte in Tab. 1).

Pathologische Befunde treten sowohl im Bereich der Zähne als auch an den Knochen insgesamt nur selten in Erscheinung. So dürften in Anbetracht der eingeschränkten Erhaltung u. a. die meisten die Knochenoberfläche betreffenden Veränderungen (Periostitis, cribröse Erscheinungen o. ä.) der milieubedingten Erosion zum Opfer gefallen sein. Bzgl. der sonstigen

---

11 Grünfärbungen am Knochen können in der Regel mit patinierten kupferhaltigen Gegenständen in Verbindung gebracht werden. Es hat sich jedoch gezeigt, dass auch Schwarzfärbungen gleichen Ursprungs sein können. Vgl. Otto u. a. 2003.

12 Vgl. u. a. Ferembach u. a. 1979; Herrmann u. a. 1990; Buikstra/Ubelaker 1997. Ein vergleichbares Methodenspektrum kam u. a. bei der umfangreichen Bearbeitung von Teilskeletten und vielfach nur bruchstückhaft erhaltenen Streuknochen aus Fundzusammenhängen der Michelsberger Kultur zum tragen: Wahl 2008.

13 Zum Beispiel Brothwell 1972; Hecking 1991; Işcan 1989; Kemkes-Grottenthaler 1993; Meindl/Lovejoy 1985; Moorrees u. a. 1963; Perizonius 1984; Rösing/Kvaal 1998; Vallois 1937; Wolf-Heidegger 1972.

14 U.a. Bruzek 2002; Murail u. a. 2005; Henke 1979; Ahlbrecht 1997; Introna u. a. 1997; Robling/Ubelaker 1997; Holman/Bennett 1991; Ditch/Rose 1972; Graw 2001.

15 mündl. Mitt. C. M. Pusch vom 28.9.2006. Bei dieser Knochenprobe waren acht Aufbereitungsschritte erforderlich, um entsprechende Strukturen der Kern-DNA zu isolieren. Alle übrigen Proben (n = 9; Grab 2/1–3, 18/2, 21/1+2 und 22/1–3), die bislang in Labors in Tübingen und München analysiert wurden, blieben – in Anbetracht des Erhaltungszustands der Skelettreste erwartungsgemäß – ohne Ergebnis.

16 Hier speziell Breitinger 1937, Olivier u. a. 1978, Rösing 1988 sowie Jacobs 1992.

Tabelle 1: Alters- und Geschlechtsdiagnosen sowie Körperhöhendaten zu den Skelettresten aus Neckarsulm „Trendpark Süd" (o. ä. = oder älter; * = Werte in einfacher oder Doppelklammer basieren auf erhaltungsbedingt mehr oder weniger stark eingeschränkten Ausgangsmaßen).

Grabnr.	Ind.nr	Alter	Geschlecht	Körperhöhe
1	1	um 20 Jahre	unbestimmt	((1,64 m))*
2	1	spätadult	männlich	1,72 m
	2	frühadult	eher männlich	1,74 m
	3	spätadult	eher männlich	1,73 m
3	1	(spät)matur (o. ä.)	männlich	1,74 m
4	1	erwachsen	eher männlich	((1,71 m))
5	1	unbestimmt	unbestimmt	—-
6	1	erwachsen	unbestimmt	—-
7	1	um 40 Jahre	(eher) männlich	(1,67 m)
	2	erwachsen	unbestimmt	((1,75 m))
	3	wohl erwachsen	unbestimmt	((1,66 m))
	4	erwachsen	unbestimmt	((1,64 m))
	5	erwachsen	eher männlich?	((1,75 m))
8	1	spätjuvenil o. ä.	unbestimmt	—-
	2	unbestimmt	unbestimmt	—-
9	1	um 60 Jahre	männlich	((1,75 m))
10	1	(früh)adult	(eher) männlich	—-
11	1	erwachsen	unbestimmt	((1,66 m))
	2	jüngerer Erwachsener	eher männlich?	(1,73 m)
12	1	spätadult	männlich	1,73 m
	2	frühadult	männlich	1,74 m
13	1	älterer Erwachsener	eher männlich	(1,71 m)
	2	adult	eher männlich	(1,70 m)
14	1	erwachsen	eher männlich(?)	((1,65 m))
15	1	frühmatur	männlich	1,74 m
	2	um 30 Jahre	männlich	1,76 m
16	1	spätmatur	männlich	1,70 m
17	1	(spät)adult	männlich	1,76 m
18	1	um 40 Jahre	(eher) männlich	(1,72 m)
	2	um 70 Jahre	unbestimmt	((1,74))
19	1	spätadult	männlich	1,71 m
20	1	spätadult	(eher) männlich	1,73 m
21	1	frühadult	männlich	1,75 m
	2	17–19 Jahre	unbestimmt	((1,63 m))
22	1	spätadult	männlich	1,75 m
	2	frühmatur	(eher) männlich	1,75 m
	3	(früh)matur	eher männlich?	1,68 m
23	1	frühadult	männlich	1,71 m
24	1	spätadult	männlich	1,71 m
	2	spätmatur	männlich	1,73 m
25	1	um 30 Jahre	unbestimmt	((1,67 m))
	2	(früh)adult	eher männlich?	((1,65 m))
	3	(spät)matur	(eher) männlich	(1,69 m)
26	1	spätmatur	männlich	1,74 m
27	1	erwachsen	unbestimmt	—-
28	1	um 30 Jahre	männlich	(1,69 m)
29	1	um 40 Jahre	männlich	1,75 m
30	1	(früh)adult	eher männlich	((1,66 m))
31	kein Grab			
32	1	spätadult	männlich	1,77 m
33	1	um 30 Jahre	eher männlich (?)	1,73 m

Befunde war in der Regel eine Differenzialdiagnose auf makroskopischem Weg möglich.[17]

Zusätzliche Untersuchungen wurden inzwischen im Hinblick auf die Isotopenrelationen $^{87}Sr/^{86}Sr$, $\delta^{13}C$, $\delta^{15}N$, $\delta^{34}S$ durchgeführt.[18] Die entsprechenden Auswertungen sind allerdings noch nicht abgeschlossen. Es können im Nachfolgenden also lediglich erste Aspekte bzw. Deutungsansätze zu den daraus resultierenden Ergebnissen zum Nahrungsspektrum und Migrationsverhalten der Neckarsulmer mitgeteilt werden (s. u.).

Alters- und Geschlechtsverteilung

Die Ergebnisse der individuellen Alters- und Geschlechtsdiagnose gehen aus Tabelle 1 hervor, die Altersverteilung der Bestatteten aus Abbildung 2. Demnach sind auf dem Gräberfeld von Neckarsulm weder Neugeborene noch Kinder und Jugendliche bis zu einem Alter von ca. 15 Jahren, noch Frauen beigesetzt worden. Der Friedhof von Neckarsulm repräsentiert damit in zweierlei Hinsicht keinen Querschnitt der Bevölkerung bzw. keine natürliche Absterbeordnung und muss daher eindeutig als Sonderfriedhof bezeichnet werden. Als Selektionsfaktor hinsichtlich des Sterbealters könnte die Pubertät eine Rolle gespielt haben, die im Zuge der Akzeleration heute bei durchschnittlich 12–14 Jahren stattfindet,[19] in früheren Epochen jedoch offensichtlich ca. zwei Jahre später einsetzte.[20] Für die jungen Männer waren möglicherweise der damit einher gehende Wachstumsschub, der erste Bartwuchs, das Erlernen bestimmter Fertigkeiten im Umgang mit Waffen oder spezifische Initiationsriten von entscheidender Bedeutung.

---

17 Hierzu wurde auf die eigene Vergleichssammlung sowie Referenzstücke aus der Osteologischen Sammlung der Paläoanthropologie in Tübingen und diverse Standardwerke zurückgegriffen: Zum Beispiel Ortner/Putschar 1981; Schultz 1988; Czarnetzki 1996; Adler 1998.

18 Die Analysen wurden dankenswerter Weise von T. D. Price (Strontiumisotope) in Madison, Wisconsin (USA) sowie O. Nehlich (Kohlenstoff-, Stickstoff- und Schwefelisotope) im Max-Planck-Institut in Leipzig durchgeführt. Vgl. Wahl u. a. im Druck. Die Ergebnisse sollen demnächst im Einzelnen veröffentlicht werden. Zu den methodischen Grundlagen siehe z. B. DeNiro/Epstein 1978 und 1981; Minagawa/Wada 1984; Ambrose 1993; Bocherens/Drucker 2003; Price u. a. 2003; Knipper 2004; Müldner/Richards 2005.

19 Bei Mädchen etwas früher als bei Knaben.

20 Vgl. Stloukal/Hánaková 1978; Wahl 1988; Welte 2009.

Abb. 2: Neckarsulm „Trendpark Süd", Altersverteilung der 48 bestimmbaren Individuen (für Grab 5 sowie für Individuum 8/2 ist keine Angabe zum Sterbealter möglich).

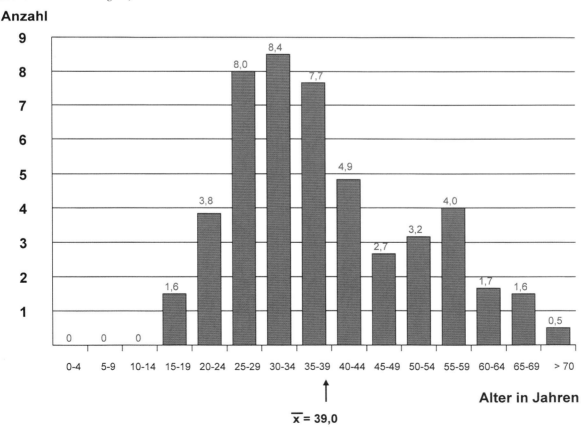

Das jüngste Individuum (21/2) ist mit 17–19 Jahren in „spätjuvenilem" Alter gestorben und gemeinsam mit einem der drei Männer beigesetzt worden (21/1), die durch die Beigabe eines Schwertes ausgewiesen sind. Die älteste Person (18/2) dürfte etwa 70 Jahre alt geworden sein und fand seine letzte Ruhestätte ebenso in einem Doppelgrab mit einem Schwertträger (18/1).[21] Das durchschnittliche Sterbealter der Bestatteten liegt bei 39 Jahren. Die Altersverteilung in Fünfjahresgruppen zeigt jedoch eindeutig einen Schwerpunkt bei den 25–40-jährigen, die alleine die Hälfte der Verstorbenen ausmachen. Hierbei handelt es sich wohl um die körperlich fitteste Gruppe innerhalb des gesamten Kontingents, die womöglich auch am ehesten in „kriegerische Auseinandersetzungen" verwickelt war. Ein kleinerer Peak zeichnet sich noch bei den spätmaturen Männern ab. Er weist auf ein leicht erhöhtes Sterberisiko in dieser Altersgruppe hin, könnte aber ebenso gut ein statistisches Artefakt darstellen, da auch eine Individuenzahl von 48 nicht in jeder Hinsicht repräsentativ ist.[22]

Bei den Personen, deren Skelettreste eine morphologische Geschlechtsbestimmung erlauben, handelt es sich ausschließlich um Männer: 25× männlich, 7× eher männlich und 5× männlich?. Diesen 37 Individuen stehen 13 Individuen gegenüber, die als „unbestimmt" eingestuft wurden.[23] Davon wiederum sind fünfmal überhaupt kein Knochenmaterial oder lediglich millimetergroße Knochensplitter erhalten. Es verbleiben acht aufgrund uneindeutig ausgeprägter oder fehlender Geschlechtsmerkmale und/oder ihrer Grazilität potenziell weibliche Individuen (Grab 1, Ind. 7/2-4, 11/1, 18/2, 21/2 und 25/1).[24] Von diesen wiederum fügen sich fünf aufgrund physischer Vergleiche anhand von Körperhöhe, Knochenindizes u.a. Parameter unauffällig in die vorhandene Variationsbreite der Männer ein. Lediglich die restlichen drei Skelette (Ind. 7/2, 11/1 und 25/1) müssen demnach weiterhin als „unbestimmt" gelten.

Auch unter der Annahme, es handele sich bei allen fraglichen Individuen um Frauen, würde sich daraus für das Neckarsulmer Gräberfeld kein auch nur annäherungsweise ausgeglichenes Geschlechterverhältnis ergeben. Es deutet vielmehr alles darauf hin, dass wir es mit einem Männerfriedhof zu tun haben, in dem auch grazilere Vertreter des „starken Geschlechts" vertreten sind.

Physische Eigenschaften

Basierend auf den Längenmaßen der langen Extremitätenknochen ließ sich bei 44 Individuen aus Neckarsulm die Köperhöhe kalkulieren. Die Variationsbreite liegt demnach zwischen 1,63 m und 1,77 m, der Mittelwert bei 172,1 cm. Etwa die Hälfte aller Männer ist mit 1,73 m oder mehr größer als der Durchschnitt der männlichen Bevölkerung Südwestdeutschlands in dieser Zeit.[25] Mit 1,72 m (Ind. 18/1) und zweimal 1,75 m (21/1 und 22/1) finden sich die Schwertträger zwar im oberen Mittelfeld, sie fallen jedoch nicht durch besonders herausragende Werte auf. Ähnliches gilt für eine Korrelation zwischen dem Robustizitätsindex (Femur) und der Breite der Linea aspera (als Maß für das Muskelmarkenrelief). Hier liegen zwei von ihnen (Ind. 18/1 und 22/1) innerhalb der allgemeinen Verteilung, lediglich 21/1 fällt durch hohe Werte aus dem Rahmen und lässt sich damit deutlich von allen anderen Männern absetzen. Hinsichtlich der Strontiumwerte gehört dieser zu den Zugewanderten (s.u.).

Die Robustizität der Neckarsulmer kann allgemein als mittel-robust angegeben werden.[26] Sie schwankt von grazil-mittel (Grab 1, Ind. 7/3+4 und 18/2) bis sehr robust (Grab 14 und Ind. 21/1). Die Ausprä-

---

21 Dies mag ein Zufall sein, könnte aber ebenso gut darauf hinweisen, dass aufgrund geringer Erfahrung oder höheren Alters Schutzbedürftige vielleicht einer besonderen Obhut bedurften. Für Grab 22 zeichnen sich derartige Verknüpfungen nicht ab. Zumindest bei einem der beiden „Begleiter" des Schwertträgers, die nach anthropologischen Kriterien unauffällig sind, handelt es sich aufgrund der Sr-Daten allerdings um einen Zugereisten (s.u.). Zu Alterskombinationen in mittel- bis spätbronzezeitlichen Gruppengräbern siehe z.B. Falkenstein 2005, Abb. 18.

22 In Abb. 1 sind lediglich 48 der insgesamt 50 nachgewiesenen Personen enthalten, da die spärlichen Überreste aus Grab 5 laut Grabungsdokumentation „nicht zu bergen" waren und von Individuum 8/2 nurmehr kleinste Zahnkronensplitter überliefert sind, beide also keine Altersbestimmung zulassen.

23 Es sei explizit festgehalten, dass kein einziges Individuum in der gesamten Serie zweifelsfrei als weiblich einzustufende Merkmalsvarianten aufweist.

24 18/2 ist mit Rasiermesser und Nadel, 21/2 ebenfalls mit einer einzelnen Nadel ausgestattet, zumindest Ersterer also auch nach archäologischer Interpretation als männlich einzustufen. Alle anderen, hier in Diskussion stehenden Individuen sind beigabenlos (vgl. Beitrag Knöpke), sodass von dieser Seite aus ebenfalls keine Annäherung an die geschlechtliche Zuordnung möglich ist.

25 Der Durchschnittswert für 28 urnenfelderzeitliche Männer aus verschiedenen Fundorten mit Brand- und Körpergräbern aus Baden-Württemberg liegt bei knapp 1,72 m. Bei getrennter Betrachtung beider Bestattungsformen ergeben sich für kremierte Männer etwas niedrigere Werte als für unverbrannt beigesetzte. Für die Körperhöhen der sechs Männer aus dem Massengrab im niederländischen Wassenaar ergab sich ein Mittelwert von 174,5 cm. Diese wurden allerdings nach den 1952 und 1958 publizierten Tabellenwerten von M. Trotter & G. C. Gleser berechnet (Smits/Maat 1993, 23), die für mitteleuropäische Serien meist etwas zu hohe Werte liefern.

26 Nachstehende Indizes aus dem Bereich des Postkraniums wurden berechnet: Robustizitätsindex (Femur) durchschnittlich zwischen 12 und 13 (var.: 11,6–14,0); Längendicken-Index im Mittel zwischen 19 und 20 (var.: 18,1–22,0); Index platymericus um 75 bis 80 (var.: 58,1–90,3); Index cnemicus um 60 bis 70 (var.: 56,8–76,2); Femoro-Tibial-Index um 80 bis 85 (var.: 77,1–88,5).

gung der Muskelansatzstellen variiert erheblich zwischen sehr schwach (Ind. 7/3) und sehr kräftig (Grab 17) und pendelt sich im Schnitt auf mittel(-kräftig) ein. Alles in allem lassen sich die Männer aus Neckarsulm damit als relativ groß, eher schlankwüchsig und relativ muskulös beschreiben.

Im Hinblick auf Körperhaltung und Aktivitäten wurden zwei weitere Phänomene in unerwartet großer Häufigkeit beobachtet, die so genannten Hocker- und Reiterfacetten, die sich als erweiterte Gelenkflächen im Bereich des distalen Schienbeinendes sowie am Talus bzw. am Oberschenkelkopf ansprechen lassen. Erstere sind eher typisch für (jung)steinzeitliche Skelettreste und lassen sich auf eine häufig und/oder über einen längeren Zeitraum eingenommene Hockhaltung bzw. starkes Anwinkeln zwischen Unterschenkel und Fuß zurückführen. Letztere werden vielfach bei frühmittelalterlichen Skeletten angetroffen und gehen mit – wie beim Reiten – oft eingenommener Sitzhaltung mit gespreizten Beinen einher. Nachdem nicht von allen Individuen die entsprechenden Knochenpartien erhalten sind, reduziert sich das Gesamtkontingent der diesbezüglich ansprechbaren Skelette. So finden sich Hockerfacetten bei 21 von 23 und Reiterfacetten noch bei immerhin 14 von 17 entsprechend beurteilbaren Individuen. D.h., bei über 90% der Männer können Hocker- und bei mehr als 80% Reiterfacetten festgestellt werden. Auf welche konkreten körperlichen Tätigkeitsmuster diese Befunde in Neckarsulm zurückgehen, bedarf allerdings noch weiterer Erörterungen.[27]

Zahnstellungsanomalien, die auf evtl. genetische Verbindungen zwischen einzelnen Männern schließen lassen könnten, kommen insgesamt 15 mal vor, darunter auch bei dem Schwertträger 18/1, aber nur einmal bei einem Individuum mit Migrationshintergrund (Ind. 12/1). Sie sollen im Zusammenhang mit anderen anatomischen Varianten im Rahmen der Endpublikation näher diskutiert werden.

Pathologische und traumatische Befunde

Dem eingeschränkten Erhaltungszustand der Skelettreste entsprechend sowie der Tatsache geschuldet, dass bei prähistorischem Fundmaterial in der Regel nur diejenigen krankhaften Veränderungen erkennbar sind, die Spuren an den Knochen oder Zähnen hinterlassen, sind auch für Neckarsulm nur rudimentäre Aussagen zur Morbidität möglich.

Von 39 Personen sind Zahnreste überliefert. Bei sieben davon findet sich mindestens ein kariöser Defekt (Abb. 3). Das bedeutet eine Kariesfrequenz von ca. 18%. Unter Berücksichtigung der pro Individu-

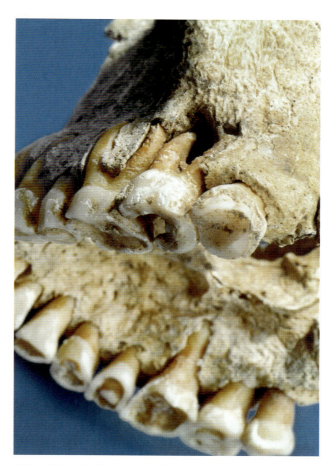

Abb. 3: Linke Maxilla des (spät)adulten Mannes aus Grab 17 mit kariös zerstörtem zweiten Molaren sowie bukkalem Wurzelabszess und Zahnsteinauflagerungen.

um erhaltenen Zahnzahl, steigt diese auf rund 24% bezogen auf 29 Personen, bei denen mindestens zehn Zähne geborgen werden konnten.[28] Bezogen auf die insgesamt nachgewiesene Zahnzahl von n = 671 (54% der potenziell vorhandenen Zähne), ergibt sich eine Kariesintensität von 1,3%. Die Befallsrate liegt damit deutlich unter den Werten, die allgemein z.B. für das Endneolithikum (3,7%), die metallzeitlichen Epochen (5%) oder das Frühmittelalter

---

27 Reiterfacetten können sich auch bei bestimmten handwerklichen Aktivitäten ausbilden, wie z.B. beim Sitzen („rittlings") auf einer Dengelbank. Hockerfacetten können sich, je nach Fußhaltung, u.a. bei häufigem Knien entwickeln. Hocker- und Reiterfacetten könnten zusammen beim Reiten entstehen, wenn die Trittschlaufe bzw. der Steigbügel – ähnlich wie bei Jockeys – sehr hoch am Sattel angesetzt ist. Der Mann aus Grab 19 wird im Fundbericht als „O-beinig" beschrieben. Bei den zugehörigen Skelettresten sind sowohl deutliche Hockerfacetten als auch links eine schwächere Reiterfacette anzusprechen. Der rechte Oberschenkelkopf ist nicht erhalten.

28 Das komplette Gebiss eines Erwachsenen besteht aus 32 Zähnen, abzüglich der Weisheitszähne 28. Eine Überlieferung in dieser Größenordnung wird nur für elf der 50 Individuen aus Neckarsulm erreicht.

(10 %) in Südwestdeutschland ermittelt wurden,²⁹ was für die Neckarsulmer auf eine weniger kohlenhydrathaltige Nahrung schließen lässt. Von den Schwertträgern weist keiner einen kariösen Zahn auf. Parodontose/itis lässt sich nur bei intakten Kieferresten ansprechen. Hiervon sind etwa die Hälfte aller beurteilbaren Individuen betroffen, darunter auch alle drei Männer mit Schwertbeigabe. Zum Teil ziemlich massive Konkrementanlagerungen an den Zähnen (Zahnstein) finden sich dagegen bei über 70 % aller Individuen (u. a. auch bei 22/1). Das lässt auf eine verbreitet mangelhafte Zahn- und Mundhygiene schließen. Die Zahnkronenabrasion ist in den meisten Fällen altersgemäß, (deutlich) stärker als zu erwarten nur bei drei Personen (Grab 3, 28 und Ind. 7/1), schwächer allerdings bei sieben Individuen, darunter wieder der Schwertträger 22/1, was auf höherwertige Nahrung mit geringeren abrasiven Bestandteilen resp. eine höhere soziale Stellung hinweisen könnte.³⁰

Hinweise auf Mangelerscheinungen (z. B. Cribra orbitalia) sind eher selten und schwach ausgeprägt. Anders so genannte Schmelzhypoplasien, die auf ernährungs- oder krankheitsbedingte Mangelsituationen in der Kindheit zurückzuführen sind. Derartige Befunde treten bei immerhin 60 % aller beurteilbaren Individuen auf, u. a. auch bei dem Schwertträger 21/1. Seine „Kollegen" 18/1 und 22/1 zeigen demgegenüber nur schwache bzw. gar keine Querriefen auf den Zahnkronen.³¹ Insgesamt sind etwas mehr Einheimische von Schmelzhypoplasien betroffen als Zugewanderte, was auf ähnliche Lebensbedingungen in beiden Kontingenten schließen lässt (s. u.). Degenerative Veränderungen im Bereich der Wirbelsäule und Gelenke erscheinen in der vorliegenden Serie in der Mehrzahl aller beurteilbaren Fälle mehr oder weniger moderat und altersgemäß ausgeprägt.

Abb. 5: Rechtes Schulterblatt des eher männlichen, frühmaturen Individuums 22/2 mit Knochenwucherung nach Luxation des Schultergelenks.

In diese Gruppe gehören auch die drei Schwertträger. Deutlich schwächer als zu erwarten treten diese bei vier Männern in Erscheinung: Ind. 2/1+3, 18/2 und 22/3, eine Merkmalskombination, die eher für sozial höher gestellte Personen typisch ist. Markant stärkere Verschleißerscheinungen als dem Sterbealter entsprechend sind dagegen nur bei drei Individuen anzutreffen: Grab 17, 23 und 29.³² Für sie müsste im Umkehrschluss eher ein niedrigeres Sozialniveau angenommen werden.³³ Fünf dieser insgesamt sieben von der „Norm" abweichenden Männer gehören hinsichtlich ihrer Strontium-Daten zu den einheimisch Aufgewachsenen, der Mann aus Grab 29 zu den Einwanderern und von Individuum 22/3 liegen leider keine entsprechenden Daten vor. Summa summarum lässt sich festhalten, dass die Männer aus Neckarsulm zwar körperlich aktiv aber keinen lang andauernden, schweren körperlichen Belastungen ausgesetzt und offensichtlich relativ gesund waren. Traumatische Befunde sind nur in wenigen Fällen ansprechbar. Als Beispiele seien erwähnt:

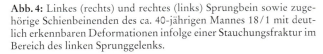

Abb. 4: Linkes (rechts) und rechtes (links) Sprungbein sowie zugehörige Schienbeinenden des ca. 40-jährigen Mannes 18/1 mit deutlich erkennbaren Deformationen infolge einer Stauchungsfraktur im Bereich des linken Sprunggelenks.

---

29 Vgl. Wahl 2007, 36.
30 Die Abnutzung der Zähne hängt, abgesehen von der Zusammensetzung der Nahrung, auch von der Härte und Dicke des Zahnschmelzes ab. Beides kann erblich bedingt variieren.
31 D. h. diese beiden hatten in ihrer Kindheit (die Kronen der bleibenden Zähne werden im Alter zwischen ca. sechs Monaten und zwölf Jahren gebildet) keine nennenswerten Krisenzeiten zu überstehen. Röntgenologische Untersuchungen zur Erfassung von Harris-Linien konnten bislang allerdings aus technischen Gründen noch nicht durchgeführt werden.
32 Bei dem Mann aus Grab 23 wurde u. a. ein Gefäß böhmischer Herkunft gefunden (vgl. Beitrag Knöpke). Er ist aufgrund seiner Strontium-Werte allerdings nicht als fremdstämmig anzusehen.
33 Robb u. a. (2001, 218ff.) fanden für den Fundort Pontecagnano (7.–3. Jh. v. Chr.), dass biologische Parameter wie Traumata, Schmorlsche Knötchen und Periostitis mit der Beigabenausstattung (d. h. dem Sozialstatus) korrelierten, andere wie Schmelzhypoplasien, Cribra orbitalia und die Körperhöhe dagegen nicht.

Das linke Fußgelenk des ca. 40-jährigen Schwertträgers 18/1 ist infolge einer Stauchungsfraktur deformiert. Sowohl die distale Gelenkfläche der Tibia als auch die Trochlea tali des zugehörigen Sprungbeins sind abgeflacht (Abb. 4), es sind eine kleine Eburnisationsfläche sowie arthrotische Randleisten entstanden. Zusätzlich sind bei ihm ein Defekt an der rechten Schulter (verheilte Teilabsprengung der Cavitas glenoidalis) sowie entzündliche Veränderungen (Knochenauflagerungen) im Bereich der linken Orbita zu diagnostizieren. Alles in allem Verletzungen, die sich der Mann möglicherweise bei einem Sprung oder Sturz aus größerer Höhe zugezogen haben könnte.

Die rechte Scapula des frühmaturen Mannes 22/2 weist im Gelenkbereich eine Exostose auf (Abb. 5), die infolge einer Luxation oder Überdehnung des Bandapparates entstanden ist.

Eine völlig andere Genese ist im folgenden Fall anzunehmen: Der rechte Oberschenkelknochen des frühadulten Mannes 12/2 zeigt auf seiner Ventralseite, etwa in der Schaftmitte, eine unregelmäßig kantig berandete Perforation (Abb. 6) mit randlichen Substanzverlusten (Absprengungen), die am spröden, d. h. bereits länger inhumierten, Knochen entstanden sind und sehr wahrscheinlich als von Grabräubern verursachte Sondenspur zu deuten ist. Als Werkzeug kommt ein Instrument mit vierkantiger Spitze und grob rautenförmigem Querschnitt in der Art eines geschmiedeten, vierflächigen Dorns in Frage.

Hinweise, die auf die Todesursache der in Neckarsulm vorgefundenen Individuen deuten könnten, liegen in keinem Fall vor.

Isotopendaten

Hinsichtlich der Auswertung der Analysenergebnisse der stabilen Isotope können an dieser Stelle nur vorläufige Resultate und Anhaltspunkte mitgeteilt werden.[34] Die Vorstellung und Diskussion der kompletten Datensätze ist in absehbarer Zeit geplant.[35]

Das Strontiumisotopenverhältnis dokumentiert den geologischen Untergrund. Sobald die in Knochen und Zahnschmelz gemessenen Werte desselben Individuums voneinander abweichen, heißt das, dass die betreffende Person entweder an einem Ort mit abweichender Geologie aufgewachsen und erst später in die Region eingewandert ist, in der sie beerdigt wurde, oder ihre Nahrungsgrundlage zumindest in dem Zeitraum, in dem die Zahnkronen gebildet wurden, von anderswoher stammte.[36] Trotz der eingeschränkten Überlieferung konnten für 37 Individuen aus Neckarsulm entsprechende Analysen durchgeführt werden.[37]

Je nachdem, wie eng die „local range" gefasst wird, können mindestens acht, möglicherweise zehn bis zwölf oder maximal 13 Individuen davon als Zuwanderer eingestuft werden.[38]

Abb. 6: Detailaufnahme des rechten Oberschenkelknochens des frühadulten Mannes 12/2 mit kantig berandeter, wahrscheinlich durch die Sonde eines Grabräubers verursachter Perforation auf der Ventralseite.

---

34 Vgl. Wahl u.a. im Druck.
35 Price/Wahl in Vorb; Nehlich/Wahl in Vorb. Die Ergebnisse standen Herrn Knöpke zum Zeitpunkt der Abfassung seiner Arbeit noch nicht zur Verfügung.
36 Ein vorübergehender Aufenthalt von Kindern bestimmter Altersgruppen in anderen Regionen (als „Hütejungen" o.ä.) wird z.B. für die Bandkeramik diskutiert. In der Region von Neckarsulm herrschen Keuper- und Löss-Böden vor, in der Nähe auch Muschelkalk. Das entspricht $^{87}Sr/^{86}Sr$-Werten von 0,709–0,713, 0,708–0,710 und 0,708–0,709.
37 Neunmal wurden Zähne des Frontgebisses, 15× Prämolaren und 13× Molaren beprobt. Kein oder nicht ausreichendes Zahnmaterial lieferten zwei Individuen aus Grab 7, ein Individuum aus Grab 13 sowie die Individuen 4/1, 5/1, 6/1, 8/1+2, 9/1, 11/1+2, 22/2 und 27/1. Die konkret gemessenen Daten schwanken zwischen 0,7084 und 0,7130.
38 Unter diesen verbergen sich möglicherweise noch drei bis vier Untergruppen (mündl. Mitt. T. D. Price). Der nachfolgenden Gegenüberstellung liegt ein Kontingent von zwölf Zuwanderern und 25 Einheimischen zugrunde.

Vergleicht man nun die vor Ort Aufgewachsenen mit den Fremdstämmigen unter verschiedenen Parametern, ergeben sich sowohl Gemeinsamkeiten als auch interessante Unterschiede zwischen beiden Gruppen: Die mittlere Körperhöhe der Einheimischen liegt bei 1,71 m, diejenige der Zugewanderten fast identisch bei 1,72 m. Für das gesamte Gräberfeld ergibt sich ein Wert von 1,72 m. Dabei repräsentieren beide Kontingente nahezu die gesamte Variationsbreite von 1,63 m bis 1,77 m. Das durchschnittliche Sterbealter liegt für die „locals" bei rund 38 Jahren, für die „non-locals" bei etwas über 34 Jahren und für die gesamte Serie bei 39 Jahren. Schlüsselt man diese Daten auf, wird ersichtlich, dass die vor Ort Aufgewachsenen einen mehr als doppelt so hohen Anteil von Über-50-jährigen stellen. Nahezu identische aber durchgehend bei den Einheimischen etwas erhöhte Werte finden sich bzgl. der Hocker- und Reiterfacetten sowie der Schmelzhypoplasien und der Kariesfrequenz. Das bedeutet, dass die Lebens- und Ernährungsbedingungen für beide Teilgruppen relativ ähnlich waren. Insgesamt hatten knapp 60 % der Männer während ihrer Kindheit mit Mangelsituationen und/oder Infektionskrankheiten zu tun.

Während die anthropologischen Daten somit also nur tendenzielle Unterschiede zwischen den Individuen mit und ohne Migrationshintergrund erkennen lassen, ergeben sich aus der Verknüpfung mit den archäologischen Befunden zur Grabsitte bzw. Beigabenausstattung möglicherweise interessante Anhaltspunkte. So wurden z. B. fast 50 % der Ortsansässigen, aber nur 25 % der Zuwanderer in Einzelgräbern bestattet. Bezogen auf den gesamten Friedhof fanden sich 42 % aller Individuen in Einzelgräbern. Störungen durch Raubgräber und/oder entsprechende Defekte an den Skelettresten finden sich bei 52 % der Einheimischen, aber nur bei ca. einem Drittel der Zugewanderten. Das korrespondiert mit dem Beigabenbefund: Die vor Ort Aufgewachsenen sind durchweg doppelt so häufig mit Beigaben (Gefäßen und Bronzenadeln) ausgestattet wie die Fremdstämmigen. Und bestimmte Accessoires, wie Messer oder Bronzeringe, sind scheinbar alleine den Ortsansässigen vorbehalten. Innerhalb der neun komplett beurteilbaren Doppel- und Mehrfachbestattungen finden sich sechsmal Kombinationen von Einheimischen und Zugereisten, aber nur zwei- bzw. einmal (Grab 18 und 24 bzw. Grab 25) jeweils ausschließlich vor Ort oder in der Fremde Aufgewachsene beieinander.

Von den Schwertträgern, die für sich genommen ein durchschnittliches Sterbealter von 34,2 Jahren und eine mittlere Körperhöhe von 1,74 m aufweisen,

wären bei diesem Ansatz zwei (Ind. 18/1 und 22/1) als einheimisch und der dritte (Ind. 21/1) als fremd anzusprechen. Würde man die „local range" weiter fassen, müssten alle drei als „eingeborene" Neckarsulmer eingestuft werden.[39]

Die Analyse stabiler Isotope von Kohlenstoff, Stickstoff und Schwefel aus dem Knochenkollagen eines Konsumenten erlaubt Aussagen über die Zusammensetzung seiner Nahrung, z. B. ob diese vorwiegend aus marinen oder terrestrischen Ressourcen bestand, ob es sich um einen Herbivoren, Omnivoren oder Carnivoren gehandelt hat oder um Frischwasserökosysteme von Landökosystemen zu unterscheiden. Für die Untersuchung des Knochenkollagens hinsichtlich seiner isotopischen Zusammensetzung wurden alle Individuen, aus Neckarsulm, von denen Knochenmaterial verfügbar war, beprobt. Dazu noch fünf Tierknochen, die mehr oder weniger eindeutig als Grabbeigaben angetroffen wurden und allesamt von Herbivoren stammen.[40] Neben den Tierknochen lieferten 42 menschliche Individuen hinreichend aussagefähiges Material.[41]

Aus den absoluten Analysedaten sowie der Kombination aller drei Isotopensysteme lässt sich ableiten, dass die Ernährung im vorliegenden Fall nicht alleine auf der Grundlage terrestrischer Tiere basierte, sondern eine Mischdiät mit einem erheblichen Anteil von Frischwassertieren darstellte.[42] Zudem zeigt die geringe Streuung der Messwerte eine für alle Mitglieder der Gruppe relativ homogene, gleichartige Nahrungsgrundlage an.[43] Es deutet also alles darauf hin, dass sich die Männer aus Neckarsulm in unerwartet hohem Maße bevorzugt von Fischen und Muscheln aus dem nahe gelegenen Neckar ernährt haben. Die weitergehende Auswertung der Ergebnisse wird zeigen, ob sich dies-

---

39 Das wäre der Fall, wenn man von einer Anzahl von acht migrierten gegenüber 29 am Ort aufgewachsenen Individuen ausginge. Bzgl. der vorab angesprochenen Parameter ergeben sich dabei selbstverständlich ebenfalls abweichende Zahlenwerte.
40 Die Vorab-Bestimmung und Beprobung der Tierknochen erfolgte dankenswerter Weise durch E. Stephan vom Landesamt für Denkmalpflege beim Regierungspräsidium Stuttgart, Arbeitsstelle Konstanz, Osteologie. Zur Untersuchung gelangten 2× Pferd, 2× Rothirsch und 1× Rind.
41 Ich danke Herrn O. Nehlich ganz herzlich für die kürzlich übersandten Detaildaten. Eine gemeinsame Publikation der Ergebnisse ist in Arbeit.
42 Bereits im Rahmen einer vorab durchgeführten Pilotstudie an den drei Individuen aus Grab 2 konnten Isotopenwerte eruiert werden, die einen großen Fischanteil an der Nahrung anzeigten (Wahl u. a. im Druck).
43 Mündl. Mitt. O. Nehlich. Bis auf eine Handvoll Individuen fallen alle in die Gruppe der „Piscivoren".

bezüglich evtl. noch Unterschiede zwischen den Ortsansässigen und Zugewanderten, bestimmten Altersgruppen oder verschieden ausgestatteten Individuen zu erkennen geben.

Zusammenfassung

Die Untersuchung der menschlichen Skelettreste aus Neckarsulm ist weit fortgeschritten, allerdings noch nicht abgeschlossen. Insbesondere die Auswertung der gewonnenen Isotopenwerte in Kombination mit den anthropologischen und archäologischen Individualdaten lässt noch interessante Ergebnisse erwarten.

Alles in allem kann bereits jetzt festgehalten werden, dass es sich bei dem komplett erfassten, und zum Teil beraubten Gräberfeld von Neckarsulm um einen Männerfriedhof mit einer offenbar durch ein Mindestalter von ca. 15 Jahren begrenzten Altersstruktur handelt. Ob neben der Altersbeschränkung noch weitere Selektionsfaktoren zugrunde liegen, welche den Personenkreis der hier Bestatteten bestimmten, wird sich möglicherweise anhand der weiteren Untersuchungen klären lassen. Die bislang vorliegenden osteologischen Ergebnisse unterstützen die in der Arbeit von S. Knöpke aufgestellte Hypothese, dass auf dem Gräberfeld von Neckarsulm vorrangig Vertreter einer bestimmten Sozialgruppe (Männerbund, Gefolgschaft o. ä.) beigesetzt wurden.[44]

Einige wenige Individuen müssen zwar hinsichtlich ihres Geschlechts morphognostisch unbestimmt bleiben, aber es liegen in keinem einzigen Fall eindeutige Hinweise auf „weiblich" vor. Diese Einschätzung kann mit Blick auf die Ausstattung der Verstorbenen von archäologischer Seite bestätigt werden. Sowohl die vergleichsweise hochwertigen Beigaben als auch einige anthropologische Parameter deuten auf Angehörige eines privilegierten Personenkreises hin, wobei bestimmte somatische Eigenschaften eine relativ große Variationsbreite dokumentieren, mithin einige der Bestatteten auch Mitglieder weniger hochgestellter Gruppierungen darstellen könnten. Besonders erwähnenswert erscheint in diesem Zusammenhang, dass auch die Schwertträger keine durchgehend herausragenden Merkmale erkennen lassen.

Die vorliegenden Skelettreste weisen weder markante pathologische noch nennenswerte degenerative Veränderungen auf, sodass davon ausgegangen werden kann, dass die Männer aus Neckarsulm keine andauernde, schwere körperliche Arbeit leisten mussten. Sie waren relativ gesund, etwas überdurchschnittlich groß und litten nicht unter Mangelerscheinungen. Die nahezu durchgehend vorhandenen Hocker- und Reiterfacetten harren noch einer Deutung hinsichtlich eines entsprechenden Tätigkeitsmusters.

Erste Ergebnisse der Strontiumisotopenanalysen deuten auf eine Gruppe von Zugewanderten hin, die sich wahrscheinlich noch in mehrere Subgruppen aufgliedern lässt. Die Verstorbenen mit Migrationshintergrund unterscheiden sich dabei weniger anhand anthropologischer Kriterien als bzgl. ihrer Beigabenausstattung von den Ortsansässigen und die in der Mehrzahl der vorgefundenen Doppel- und Mehrfachbestattungen angetroffene Mischung von Angehörigen beider Gruppen weist, zumindest unter diesem Aspekt, auf eine weitgehende Gleichbehandlung hin.

Die vorgefundenen Verhältnisse der stabilen Isotope von Kohlenstoff, Stickstoff und Schwefel lassen sich nur dadurch erklären, dass auf dem Speiseplan der Neckarsulmer die Ressource Frischwasserfisch eine herausragende Rolle spielte. Es ist gut denkbar, dass zwischen dieser Nahrungspräferenz und dem guten Gesundheitsstatus der Bestatteten ein Zusammenhang besteht.[45] Erst kürzlich wurde die bislang vielfach unterschätzte Bedeutung der Binnengewässer als Hauptnahrungsquelle auch für einen 40 000 Jahre alten Skelettfund aus China nachgewiesen.[46]

---

44 Hinsichtlich verschiedener Modelle zur Gesellschaftsstruktur sowie zum Kriegs- und Waffenwesen der Bronzezeit sei auf die ausführliche Diskussion bei S. Knöpke sowie den interessanten Beitrag von Falkenstein 2006/2007 hingewiesen.
45 Nach modernen ernährungsphysiologischen Gesichtspunkten gilt Süßwasserfisch als besonders gesund (Deutsche Gesellschaft für Ernährung e. V. Info 06/2006 vom 29. Juni 2006: „Fettsäurenmuster von Süß- und Salzwasserfischen").
46 Hu u. a. 2009.

Literatur

Adler 1998 — Cl.-P. Adler, Knochenkrankheiten. Diagnostik makroskopischer, histologischer und radiologischer Strukturveränderungen des Skeletts ²(Berlin, Heidelberg, New York 1998).

Ahlbrecht 1997 — M. Ahlbrecht, Geschlechtsdifferenzierung an der Pars petrosa ossis temporalis. Dissertation (Tübingen 1997).

Ambrose — S. H. Ambrose, Isotopic Analysis of Paleodites: Methodological and Interpretive Considertaions. In: M. K. Sandford (Hrsg.), Investigations of ancient human tissue (Pensylvania 1993) 59–130.

Bocherens 2003 — H. Bocherens / D. Drucker, Trophic level isotopic enrichments for carbon and nitrogen in collagen. Int. Journal Osteoarch. 13, 2003, 46–53.

Breitinger 1937 — E. Breitinger, Zur Berechnung der Körperhöhe aus den langen Gliedmaßenknochen. Anthr. Anz. 14, 1937, 249–274.

Brothwell 1972 — D. R. Brothwell, Digging up Bones. The Excavation, Treatment and Study of Human Skeletal Material (London 1972).

Bruzek 2002 — J. Bruzek, A Method for Visual Determination of Sex, Using the Human Hip Bone. Am. Journal Phys. Anthr.117, 2002, 157–168.

Buikstra / Ubelaker 1997 — J. E. Buikstra / D. H. Ubelaker, Standards for Data Collection from Human Skeletal Remains. Arkansas Arch. Survey Research Ser. 44 ³(Fayetteville 1997).

Czarnetzki 1996 — A. Czarnetzki (Hrsg.), Stumme Zeugen ihrer Leiden Krankheiten und Behandlung vor der medizinischen Revolution (Tübingen 1996).

DeNiro / Epstein 1978 — M. J. DeNiro / S. Epstein, Influence of diet on the distribution of carbon isotopes in animals. Geochimica et Cosmochimica Acta 42, 1978, 495–506.

DeNiro / Epstein 1981 — M. J. DeNiro / S. Epstein, Influence of diet on the distribution of nitrogen isotopes in animals. Geochimica et Cosmochimica Acta 45, 1981, 341–351.

Ditch / Rose 1972 — L. E. Ditch / J. C. Rose, A multivariate dental sexing technique. Am. Journal Phys. Anthr. 37, 1972, 61–64.

Falkenstein 2005 — F. Falkenstein, Aspekte von Alter und Geschlecht im Bestattungsbrauchtum der nordalpinen Bronzezeit. In: J. Müller (Hrsg.), Alter und Geschlecht in ur- und frühgeschichtlichen Gesellschaften. Univ.forsch. Prähist. Arch. 126 (Bonn 2005) 73–90.

Falkenstein 2007 — F. Falkenstein, Gewalt und Krieg in der Bronzezeit Mitteleuropas. Ber. Bayer. Bodendenkmalpfl. 47/48, 2006/2007, 33–52.

Ferembach u. a. 1979 — D. Ferembach / I. Schwidetzky / M. Stloukal, Empfehlungen für die Alters- und Geschlechtsdiagnose am Skelett. Homo 30, 1979, (1)-(32).

Fiedler u. a. in Vorb. — S. Fiedler / J. Breuer / J. Ingwersen / C.M. Pusch / S. Holley / J. Wahl / M. Graw, Grave yards – special landfills. In Vorbereitung.

Graw 2001 — M. Graw, Morphometrische und morphognostische Geschlechtsdiagnostik an der menschlichen Schädelbasis. In: M. Oehmichen / G. Geserick (Hrsg.), Osteologische Identifikation und Altersschätzung. Research in Legal Medicine 26, 2001, 103–121.

Hecking 1991 — M. Hecking, Untersuchungen zur Altersbestimmung der Individuen zweier spätneolithischer Skelettserien aus Baden-Württemberg anhand verschiedener Abrasionsphänomene. Dissertation (Tübingen 1991).

Henke 1979 — W. Henke, Beitrag zur Optimierung der metrischen Geschlechtsbestimmung am postkranialen Skelett. Mém. Soc. Hell. Anthr. 48, 1979, 112–122.

Herrmann u. a. 1990 — B. Herrmann / G. Grupe / S. Hummel / H. Piepembrink / H. Schutkowski, Prähistorische Anthropologie. Leitfaden der Feld- und Labormethoden (Berlin, Heidelberg, New York 1990).

Holman u. a. 1991 — D. J. Holman / K. A. Bennett, Determination of Sex from Arm Bone. Am. Journal Phys. Anthr. 84, 1991, 421–426.

Hu u. a. 2009 — Y. Hu / H. Shang / H. Tong / O. Nehlich / W. Liu / Ch. Zhao / J. Yu / Ch. Wang / E. Trinkaus / M. P. Richards, Stable Isotope Dietary Analysis of the Tianyuan 1 Early Modern Human. Proc. Nat. Acad. Sci. 106, 2009, No. 27.

Introna jr. u. a. 1997 — F. Introna jr. / G. Di Vella / C. P. Campobasso / M. Dragone, Sex Determination by Discriminant Analysis of Calcanei Measurements. Journal Forensic Sci. 42, 1997, 725–728.

Işcan 1992 — M. Y. Işcan (Hrsg.), Age Markers in the Human Skeleton (Springfield 1989).

Jacobs 1992 — K. Jacobs, Estimating Femur and Tibial Length from Fragmentary Bones. Am. Journal Phys. Anthr. 89, 1992, 333–346.

Kemkes 1993 — A. Kemkes-Grottenthaler, Kritischer Vergleich osteomorphognostischer Verfahren zur Lebensaltersbestimmung Erwachsener. Dissertation (Mainz 1993).

Knipper 2004 — C. Knipper, Die Strontiumisotopenanalyse: Eine naturwissenschaftliche Methode zur Erfassung von Mobilität in der Ur- und Frühgeschichte. Jahrb. RGZM 51 (Mainz 2004) 589–685.

Kolling 1970 — A. Kolling, Ein neues Schwertgrab der späten Bronzezeit von Mimbach (Krs. Homburg-Saar). 17. Bericht staatl. Denkmalpfl. Saarland 1970, 41–55.

Meindl u. a. 1985 — R. Meindl / C. O. Lovejoy, Ectocranial suture closure. A revised method for the determination of skeletal age at death based on the lateral anterior sutures. Am. Journal Phys. Anthr. 68, 1985, 57–66.

Minagawa/Wada 1984	M. Minagawa/E. Wada, Stepwise enrichment of 15N along food chains. Geochimica et Cosmochimica Acta 48, 1984, 1135–1140.
Moorrees u. a. 1963	C. Moorrees/E. A. Fanning/E. E. Hunt jr., Age variation of formation for the permanent teeth. Journal of Dental Research 42, 1963, 1490–1502.
Müldner/Richards 2005	G. Müldner/M. P. Richards, Fast or feast: reconstructing diet in later medieval England by stable isotope analysis. Journal Arch. Sci. 32, 2005, 39–48.
Murail u. a. 2005	P. Murail/J. Bruzek/F. Houet/E. Cunha, DSP: a probabilistic sex diagnosis tool using worldwide variability in hip bone measurements. Bull. Mém. Soc. Anthr. Paris 17, 2005, 167–176.
Nehlich/Wahl in Vorb.	O. Nehlich/J. Wahl, Stabile Kohlenstoff-, Stickstoff- und Schwefelisotope aus dem Kollagen menschlicher und tierischer Knochenreste aus der urnenfelderzeitlichen Nekropole von Neckarsulm (Arbeitstitel). In Vorbereitung.
Neth 2001	A. Neth, Ein außergewöhnlicher Friedhof der Urnenfelderzeit in Neckarsulm, Kreis Heilbronn. Arch. Ausgr. Baden-Württemberg 2001, 51–55.
Olivier u. a. 1978	G. Olivier/C. Aaron/G. Fully/G. Tissier, New Estimations of Stature and Cranial Capacity in Modern Man. Journal Human Evol. 7, 1978, 513–518.
Ortner u. a. 1981	D. J. Ortner/W. G. Putschar, Identification of Pathological Conditions in Human Skeletal Remains. Smithsonian Contrib. Anthr. 28 (Washington 1981).
Otto u. a. 2003	S. C. Otto/F. Schweinsberg/M. Graw/J. Wahl, Über Aussagemöglichkeiten von Grün- und Schwarzfärbungen an (prä)historischem Knochenmaterial. Fundber. Baden-Württemberg 27, 2003, 59–77.
Perizonius 1984	W. R. K. Perizonius, Closing and Non-closing Sutures in 256 Crania of Known Age and Sex from Amsterdam (A.D. 1883–1909). Journal Human Evol. 13, 1984, 201–216.
Peter-Röcher 2007	H. Peter-Röcher, Gewalt und Krieg im prähistorischen Europa. Beiträge zur Konfliktforschung auf der Grundlage archäologischer, anthropologischer und ethnologischer Quellen (Bonn 2007).
Price u. a. 2003	T. D. Price/J. Wahl/C. Knipper/E. Burger-Heinrich/G. Kurz/R. A. Bentley, Das bandkeramische Gräberfeld vom „Viesenhäuser Hof" bei Stuttgart-Mühlhausen: Neue Untersuchungsergebnisse zum Migrationsverhalten im frühen Neolithikum. Fundber. Baden-Württemberg 27 (Stuttgart 2003) 23–58.
Price/Wahl in Vorb.	T. D. Price/J. Wahl, Die Strontiumisotopenverhältnisse auf dem spätbronzezeitlichen Männerfriedhof von Neckarsulm (Arbeitstitel). In Vorbereitung.
Robling/Ubelaker 1997	A. G. Robling/D. H. Ubelaker, Sex Estimation from the Metatarsals. Journal Forensic Sci. 42, 1997, 1062–1069.
Rösing 1988	F. W. Rösing, Körperhöhenrekonstruktion aus Skelettmaßen. In: R. Knussmann (Hrsg.), Anthropologie. Handbuch der vergleichenden Biologie des Menschen I/1 (Stuttgart, New York 1988) 586–600.
Rösing/Kvaal 1998	F. W. Rösing/S. I. Kvaal, Dental Age in Adults – A Review of Estimation Methods. In: K. W. Alt/F. W. Rösing/M. Teschler-Nicola (Hrsg.), Dental Anthropology. Fundamentals, Limits and Prospects (Wien, New York 1998) 443–468.
Robb u. a. 2001	J. Robb/R. Bigazzi/L. Lazzarini/C. Scarsini/F. Sonego, Social „Status" and Biological „Status": A Comparison of Grave Goods and Skeletal Indicators From Pontecagnano. Am. Journal Phys. Anthr. 115, 2001, 213–222.
Schultz 1988	M. Schultz, Paläopathologische Diagnostik. In: R. Knussmann (Hrsg.), Anthropologie. Handbuch der vergleichenden Biologie des Menschen I/1. Wesen und Methoden der Anthropologie (Stuttagrt, New York 1988) 480–496.
Smits/Maat 1993	E. Smits/G. Maat, An Early/Middle Bronze Age common grave at Wassenaar, The Netherlands. The physical anthropological results. Analecta Praehist. Leidensia 26, 1993, 21–28.
Sperber 2005	L. Sperber, Goldene Zeichen. Kult und Macht in der Bronzezeit. Hrsg. Historisches Museum der Pfalz Speyer, Begleitheft zur Ausstellung 7.5.–11.9.2005 (Speyer 2005).
Stloukal/Hánaková 1978	M. Stloukal/H. Hánaková, Die Länge der Längsknochen altslawischer Bevölkerungen – Unter besonderer Berücksichtigung von Wachstumsfragen. Homo 29, 1978, 53–69.
Vallois 1937	H. V. Vallois, La durée de la vie chez l'homme fossile. L'Anthropologie (Paris) 47, 1937, 499–523.
Wahl 1988	J. Wahl, Süderbrarup. Ein Gräberfeld der römischen Kaiserzeit und Völkerwanderungszeit in Angeln. II Anthropologische Untersuchungen. Offa-Bücher 64 (Neumünster 1988).
Wahl 2001	J. Wahl, Nur Männer „im besten Alter"? Erste anthropologische Erkenntnisse zum urnenfelderzeitlichen Friedhof von Neckarsulm, Kreis Heilbronn. Arch. Ausgr. Baden-Württemberg 2001, 55–56.
Wahl 2007	J. Wahl, Nur Männer „im besten Alter"? Ein Sonderfriedhof der Urnenfelderzeit aus Neckarsulm. In: Ders., Karies, Kampf & Schädelkult. 150 Jahre anthropologische Forschung in Südwestdeutschland. Materialh. Arch. Baden-Württemberg 79, 2007, 70–72.
Wahl 2008	J. Wahl, Profan oder kultisch – bestattet oder entsorgt? Die menschlichen Skelettreste aus den Michelsberger Erdwerken von Heilbronn-Klingenberg, Neckarsulm-Obereisesheim und Ilsfeld. Materialh. Arch. Baden-Württemberg 81/3, 2008, 703–848.
Wahl u. a. im Druck	J. Wahl/O. Nehlich/T. D. Price/C. M. Pusch, Fürsten, Fakten, Forschungslücken – Anthropologische Schlaglichter zur Urnenfelder- und Hallstattzeit in Südwestdeutschland (im Druck).
Welte 2009	B. Welte, Metrische Untersuchungen zu Wachstumstendenzen bei frühneolithischen Kindern und Jugendlichen. Magisterarbeit (Tübingen 2009).
Wolf-Heidegger 1972	G. Wolf-Heidegger, Atlas der systematischen Anatomie des Menschen Bd. I (Basel u. a. 1972).

VERÖFFENTLICHUNGEN DES
LANDESAMTES FÜR DENKMALPFLEGE BADEN-WÜRTTEMBERG
Archäologische Denkmalpflege

FORSCHUNGEN UND BERICHTE ZUR VOR- UND FRÜHGESCHICHTE IN BADEN-WÜRTTEMBERG
Kommissionsverlag Konrad Theiss Verlag Stuttgart

Band 1–58	auf Anfrage beim Verlag.
Band 3/1	Robert Koch, Das Erdwerk der Michelsberger Kultur auf dem Hetzenberg bei Heilbronn-Neckargartach (2005).
Band 59	Rainer Wiegels, LOPODVNVM II. Inschriften und Kulturdenkmäler aus dem römischen Ladenburg am Neckar (2000).
Band 60	Ursula Koch, Das alamannisch-fränkische Gräberfeld bei Pleidelsheim (2001).
Band 61	Eberhard Wagner, Cannstatt I. Großwildjäger im Travertingebiet (1995).
Band 62	Martin Luik, Köngen-Grinario I. Topographie, Fundstellenverzeichnis, ausgewählte Fundgruppen (1996).
Band 63	Günther Wieland, Die Spätlatènezeit in Württemberg. Forschungen zur jüngeren Latènezeit zwischen Schwarzwald und Nördlinger Ries (1996).
Band 64	Dirk Krausse, Hochdorf III. Das Trink- und Speiseservice aus dem späthallstattzeitlichen Fürstengrab von Eberdingen-Hochdorf (Kr. Ludwigsburg). Mit Beiträgen von Gerhard Längerer (1996).
Band 65	Karin Heiligmann-Batsch, Der römische Gutshof bei Büßlingen, Kr. Konstanz. Ein Beitrag zur Siedlungsgeschichte des Hegaus (1997).
Band 66	Hanns Dietrich, Die hallstattzeitlichen Grabfunde aus den Seewiesen von Heidenheim-Schnaitheim (1998).
Band 67	Wolfgang Brestrich, Die mittel- und spätbronzezeitlichen Grabfunde auf der Nordstadtterrasse von Singen am Hohentwiel (1998).
Band 68	Siedlungsarchäologie im Alpenvorland V (1998).
Band 69	Gerhard Fingerlin, Dangstetten II. Katalog der Funde (Fundstellen 604–1358) (1998).
Band 70	Johanna Banck-Burgess, Hochdorf IV. Die Textilfunde aus dem späthallstattzeitlichen Fürstengrab von Eberdingen-Hochdorf (Kreis Ludwigsburg) und weitere Grabtextilien aus hallstatt- und latènezeitlichen Kulturgruppen (1999).
Band 71	Anita Gaubatz-Sattler, SVMELOCENNA, Geschichte und Topographie des Römischen Rottenburg (1999).
Band 72	Siegfried Kurz, Die Heuneburg-Außensiedlung (2000).
Band 73	Jutta Klug-Treppe, Hallstattzeitliche Höhensiedlungen im Breisgau (2003).
Band 74	Ursula Maier / Richard Vogt, Siedlungsarchäologie im Alpenvorland VI. Botanische und pedologische Untersuchungen zur Ufersiedlung Hornstaad-Hörnle IA (2001).
Band 75	Barbara Sasse, Ein frühmittelalterliches Reihengräberfeld bei Eichstetten am Kaiserstuhl (2001).
Band 76	Reinhard Sölch, Die Topographie des römischen Heidenheim (2001).
Band 77	Gertrud Lenz-Bernhard, LOPODVNVM III, Ladenburg-Ziegelscheuer (Rhein-Neckar-Kreis) – neckarswebische Siedlung und Villa rustica (2002).
Band 78	Claus-Michael Hüssen, Die römische Besiedlung im Umland von Heilbronn (2001).
Band 79	Andrea Neth, Eine Siedlung der frühen Bandkeramik in Gerlingen, Kreis Ludwigsburg (1999).
Band 80	Günther Wieland, Die keltischen Viereckschanzen von Fellbach-Schmiden und Ehningen (1999).
Band 81	Veit Dresely, Schnurkeramik und Schnurkeramiker im Taubertal (2004).
Band 82	Martin Luik, Köngen-Grinario II. Historisch-Archäologische Auswertung (2004)
Band 83	Gebhard Bieg, Hochdorf V. Der Bronzekessel aus dem späthallstattzeitlichen Fürstengrab von Eberdingen-Hochdorf (Kr. Ludwigsburg) (2002).
Band 84	Dieter Quast, Die frühalamannische und merowingerzeitliche Besiedlung im Umland des Runden Berges bei Urach. Mit Beiträgen von Wilhelm Tegel und Klaus Düwel (2006).
Band 85	Joachim Köninger, Siedlungsarchäologie im Alpenvorland VIII. Die frühbronzezeitlichen Ufersiedlungen von Bodman-Schachen I. Mit einem Beitrag von Kai-Steffen Frank (2006).
Band 86	Abbau und Verhüttung von Eisenerzen im Vorland der mittleren Schwäbischen Alb (2003).
Band 87	Siegfried Kurz / Siegwalt Schiek, Bestattungsplätze im Umfeld der Heuneburg (2002).
Band 88	Claus-Joachim Kind, Das Mesolithikum in der Talaue des Neckars. Die Fundstellen von Rottenburg Siebenlinden 1 und 3 (2003).
Band 89	Julia Katharina Koch, HOCHDORF VI. Der Wagen und das Pferdegeschirr (2006).
Band 90	Jutta Hoffstadt, Siedlungsarchäologie im Alpenvorland VII. Die Untersuchung der Silexartefakte aus der Ufersiedlung Hornstaad-Hörnle IA (2005).
Band 91	Thomas Schmidts, LOPODVNVM IV. Die Kleinfunde aus den römischen Häusern an der Kellerei in Ladenburg (2004).
Band 92	Forschungen zur keltischen Eisenerzverhüttung in Südwestdeutschland (2005).
Band 93	Regina Franke, ARAE FLAVIAE V. Die Kastelle I und II von Arae Flaviae/Rottweil und die römische Okkupation des oberen Neckargebietes (2003).
Band 94	Ernst und Susanna Künzl, Das römische Prunkportal von Ladenburg. Mit Beiträgen von Bernmark Heumekes (2003).
Band 95	Klaus Kortüm / Johannes Lauber, Wahlheim I. Das Kastell II und die nachfolgende Besiedlung (2004).
Band 96	Egon Gersbach, Die Heuneburg, eine Wehrsiedlung/Burg der Bronze- und frühen Urnenfelderzeit und ihre Stellung im Siedlungsgefüge an der oberen Donau. Mit einem Beitrag von Jutta Precht (2006).
Band 97	Peter Knötzele, Zur Topographie des römischen Stettfeld (Landkreis Karlsruhe). Grabungen 1974–1987. Mit einem Beitrag von Gerwulf Schneider (2006).
Band 98	Siedlungsarchäologie im Alpenvorland IX (2006).
Band 99	Kristine Schatz, Cannstatt II. Die Sauerwasserkalke vom Stuttgarter Neckartal und das altpaläolithische Fundlager „Bunker" (2007).
Band 100	Jörg Biel, Jörg Heiligmann und Dirk Krausse, Landesarchäologie, Festschrift für Dieter Planck zum 65. Geburtstag (2009)
Band 101	Frühe Zentralisierungs- und Urbanisierungsprozesse. Zur Genese und Entwicklung frühkeltischer Fürstensitze und ihres territorialen Umlandes. Kolloquium des DFG-Schwerpunktprogramms 1171 in Blaubeuren, 9.–11. Oktober 2006 (2009).
Band 102	Ingo Stork, Die spätkeltische Siedlung von Breisach-Hochstetten (2007).
Band 103	Katrin Roth-Rubi, Dangstetten III: Das Tafelgeschirr aus dem Militärlager von Dangstetten (2007).
Band 104	Sebastian Gairhos, Stadtmauer und Tempelbezirk von SVMELOCENNA. Die Ausgrabungen 1995–99 in Rottenburg am Neckar, Flur „Am Burggraben" (2008).
Band 105	Siegfried Kurz, Untersuchungen zur Entstehung der Heuneburg in der späten Hallstattzeit (2008).
Band 107	Kristine Schatz und Hans-Peter Stika, HOCHDORF VII. Archäobiologische Untersuchungen zur frühen Eisenzeit im mittleren Neckarraum. Mit einer Einführung von Jörg Biel (2009).
Band 108	Andreas Hensen, Das römische Brand- und Körpergräberfeld von Heidelberg I (2009).
Band 110	Markus Scholz, Das römische Reiterkastell Aquileia/Heidenheim. Die Ergebnisse der Ausgrabungen 2000–2004 (2009).
Band 112	Siedlungsarchäologie im Alpenvorland X (2009).